GEORGES PEREC
LA CONTRAINTE DU RÉEL

FAUX TITRE

Etudes
de langue et littérature françaises
publiées

sous la direction de Keith Busby,
M.J. Freeman, Sjef Houppermans,
Paul Pelckmans et Co Vet

No. 162

Rodopi

Amsterdam - Atlanta, GA 1999

GEORGES PEREC
LA CONTRAINTE DU RÉEL

Manet van Montfrans

ISBN: 90-420-0595-5
©Editions Rodopi B.V., Amsterdam - Atlanta, GA 1999
Printed in The Netherlands

à Bibi
à Gert

Table des matières

Introduction

Le lemme de la réalité

Lorsque Georges Perec revient en octobre 1981 d'un séjour comme écrivain-résident à l'Université du Queensland à Brisbane, il ramène dans ses bagages le manuscrit d'un roman intitulé *«53 jours»*. Ce roman s'élabore autour de la célèbre maxime de Stendhal dont des générations de romanciers se sont réclamés, 'un roman : c'est un miroir qu'on promène le long d'un chemin'.

Perec avait invité ses étudiants australiens à varier sur cette définition du roman, préalablement réduite à un semblant de formule algébrique, 'un R est un M qui se P le L de la R'.[1] Et, alors qu'à l'extérieur, sur le campus de Saint Lucia, l'oiseau emblématique du continent austral, le kookaburra[2] faisait entendre son rire moqueur, les participants à l'atelier d'écriture dirigé par Perec se livraient avec application à des expansions sur la maxime qu'un écrivain du XIXe siècle avait inscrite en exergue à l'un des chapitres de sa 'Chronique de 1830', *Le Rouge et le Noir*.[3] Parmi les nombreuses phrases conçues à partir de cette formule figurait notamment celle-ci : 'Un romancier est un maniaque qui se propose le lemme de la réalité'.

Qualifié lors de sa parution plaisamment de 'musée Beaubourg du roman', l'ouvrage majeur de Perec, *La Vie mode d'emploi* (1978), l'évocation d'un immeuble parisien et de ses habitants, témoigne d'une ambition totalisatrice, encyclopédique, d'un désir d'exhaustivité taxinomique qui rappelle celle des grands romanciers réalistes du XIXe siècle. Perec, qui admettait vouloir rivaliser avec le dictionnaire plutôt qu'avec l'état civil, a dû se reconnaître dans la définition du romancier, teintée d'ironie, générée lors d'un atelier d'écriture oulipien sous le tropique du Capricorne. Il l'a, en tout cas, jugée suffisamment intéressante pour la retenir dans les brouillons de *«53 jours»* sans pouvoir soupçonner que ce roman allait faire office de

---

1. 'Chemin' est remplacé par R(oute). C'est sous cette forme qu'apparaît la formule de Stendhal en exergue à la deuxième partie de *«53 Jours»*.

2. Kookaburra ou Australian jackass ('dacelo gigas' ou 'dacelo novaeguineae'), en français martin-chasseur géant.

3. Cette définition du roman-miroir se retrouve à plusieurs reprises et avec de légères variations sous la plume de Stendhal qui l'attribue à un auteur du XVIIe siècle, Saint-Réal.

testament littéraire.[4] L'évocation de la réalité que Perec avait entreprise presque trente ans auparavant, vers le milieu des années cinquante, lorsqu'il prit 'presque en même temps la décision de se faire écrivain et celle d'écrire sa propre histoire'[5], s'est trouvée figée, à tout jamais inachevée, le 3 mars 1982.

Le projet réaliste : une contrainte originelle

Qualifier Georges Perec d'écrivain réaliste, n'est pas chose évidente. Cependant, c'est une étiquette que Perec lui-même a revendiquée à plusieurs reprises, au début de sa carrière d'écrivain, mais aussi plus tard après son adhésion, en 1967, à l'Oulipo (Ouvroir de Littérature Potentielle), alors que certaines de ses pratiques scripturales ne semblaient plus guère justifier une telle revendication et le faisaient considérer plutôt comme un jongleur virtuose de mots et de formes, un cruciverbiste surdoué.

C'est dans une série d'articles publiés au début des années soixante que Perec balise son territoire et jette les bases d'une réflexion théorique sur les options qui s'offrent alors à l'écrivain moderne.[6] Perec y prend fait et cause contre le credo littéraire des écrivains regroupés sous la bannière du Nouveau roman et de *Tel Quel*. Confrontés à l'échec de la littérature engagée et animés par le désir de briser le carcan des conventions narratives du réalisme du XIXe siècle, les porte-parole de ces deux mouvements d'avant-garde font front commun contre le roman traditionnel et prônent en première instance un réalisme plus véridique. Mais au cours des années soixante, ces mêmes romanciers tendent de plus en plus à présenter l'œuvre littéraire comme une construction langagière autonome. Larguant toutes amarres référentielles,

---

4. *«53 jours»* a été publié en 1989 chez POL dans une édition établie par Harry Mathews et Jacques Roubaud. Il comprend, d'une part, ce que Perec avait déjà rédigé et qui recouvre onze des vingt-huit chapitres prévus ; d'autre part un abondant dossier de notes et de brouillons laissés par l'auteur, permettant le déchiffrement du reste du livre. Le texte, qui se présente comme un pastiche de roman d'espionnage sous les tropiques, comporte de nombreuses allusions à *La Chartreuse de Parme*, roman que Stendhal avait su terminer en 53 jours. Les variations australiennes se trouvent dans les notes reproduites aux pages 277-282.

5. C'est ainsi que Perec s'exprime dans son récit autobiographique, *W ou le souvenir d'enfance* (Paris : Denoël, «Les Lettres nouvelles», 1975) p. 41.

6. Ces articles ont paru en 1962-1963 dans la revue *Partisans* et ont été republiés, pourvus d'une préface de Claude Burgelin, dans Georges Perec, *L.G. Une aventure des années soixante* (Paris : Seuil, «La Librairie du XXe siècle», 1992).

ils se penchent sur la pratique de l'écriture et confinent la 'bonne' littérature au territoire exigu de la représentation de ses propres mécanismes, à l'auto-réflexivité.

La critique de Perec, fortement inspirée par la lecture de Lukács, porte essentiellement sur la vision anhistorique, la profonde désaffection à l'égard de la réalité sociale et politique que ses contemporains semblent professer. Il plaide pour une littérature réaliste, référentielle, qui sans tomber dans les pièges du naturalisme, sache dire la vie sociale dans toute sa complexité. Manifester la volonté de dire la réalité sociale à une époque où les avant-gardes littéraires envoyaient le problème de la mimésis au purgatoire des questions stériles ou secondaires, fait preuve d'une remarquable indépendance d'esprit. Et il est hautement significatif que le seul écrivain qui dans cette série d'articles ait pu trouver grâce aux yeux du jeune Perec, soit l'auteur d'un livre-témoignage sur les camps de concentration nazis, Robert Antelme.

Mise à l'épreuve par l'écriture et par les recherches formelles dans lesquelles Perec s'engagera par la suite, sa conception d'une littérature réaliste formulée au début des années soixante subira des modifications considérables. Mais, sous une forme ou une autre, la volonté tenace de dire le réel restera l'une de ses préoccupations majeures. Les romanciers du Nouveau Roman et de *Tel Quel* cherchaient le renouveau de la littérature surtout dans le domaine des procédés narratifs. Perec se plie à la discipline oulipienne des contraintes, et adopte, en amont du travail de l'écriture, des règles formelles particulièrement astreignantes. Alors que ses contemporains dénoncent 'l'arbitraire' des conventions du roman du XIXᵉ siècle, montrent l'impossibilité de la mimésis ou l'écartent au profit de la notion de création autonome, Perec transforme l'arbitraire formel en moteur d'invention, tout en accordant dans son œuvre une place centrale à la représentation de la réalité.[7]

---

7. Le paradoxe que présente l'alliance d'un programme réaliste et d'un formalisme sophistiqué n'est évidemment pas l'apanage de Perec. Comme le remarque Henri Mitterand dans une étude sur le roman du XIXᵉ siècle, 'les plus zélés défenseurs de l'esthétique réaliste, ou naturaliste, sont aussi les artistes les plus visionnaires, ou les plus formalistes'. Henri Mitterand, *L'Illusion réaliste. De Balzac à Aragon* (Paris, PUF, 1994) pp. 6, 7. Mitterand cite en exemple Zola et son recours à l'arbitraire des régularités numériques dans *L'Assommoir* et *Une page d'amour*. La question du réalisme a été de tout temps relativisée par celle de la composition. C'est la spécificité des formes que Perec cultive et le primat qu'il leur accorde qui permettent de le distinguer de ses prédécesseurs.

Un itinéraire tâtonnant

Perec a laissé une œuvre remarquablement diversifiée, diversification qu'il a revendiquée à plusieurs reprises comme stratégie consciente. Ainsi, en 1978, parlant de son programme poétique, il dit : 'Mon ambition d'écrivain serait de parcourir toute la littérature de mon temps sans avoir jamais le sentiment de revenir sur mes propres pas ou de remarcher dans mes propres traces, et d'écrire tout ce qui est possible à un homme d'aujourd'hui d'écrire', et encore : 'Je crois plutôt trouver – et prouver – mon mouvement en marchant. De la succession de mes livres naît pour moi le sentiment [...] qu'ils parcourent un chemin, balisent un espace, jalonnent un itinéraire tâtonnant'.[8]

Un survol rapide de la production littéraire de Perec suffit pour constater que ce programme présenté en 1978 sous forme de projet avait déjà été partiellement accompli au moment de son énonciation. L'œuvre de Perec se compose de textes aux statuts très hétéroclites. Bien que montrant déjà un usage radicalisé de la citation, les trois textes narratifs en prose par lesquels il marque, entre 1965 et 1967, son entrée sur la scène littéraire, *Les Choses*, *Quel petit vélo au guidon chromé dans la cour ?* et *Un homme qui dort*[9] s'inscrivent dans la tradition du roman réaliste dont ils comportent, sous une forme épurée, les ingrédients principaux – intrigue, chronologie, personnages, ancrage dans l'époque. Mais c'est à partir de 1967, après son adhésion à l'Oulipo, que les activités créatrices de Perec vont se déployer. Il entame simultanément plusieurs projets autobiographiques, publie le récit de son enfance, des poèmes, des essais, un recueil de cent vingt-quatre rêves, un autre recueil de quatre cent quatre-vingts micro-souvenirs, des traités de jeux, des scénarios, des articles critiques, des pièces radiophoniques et

---

8. Intitulé *Notes sur ce que je cherche*, ce bilan-programme, paru dans *Le Figaro*, 8 décembre 1978 (repris dans *Penser/Classer*, Paris : Hachette, «Textes du XXᵉ siècle», 1985), est l'un des textes métadiscursifs perecquiens les plus fréquemment cités. On retrouve la même revendication de la diversification comme stratégie consciente dans d'autres entretiens comme celui avec Bernard Noël pour France Culture, 'Poésie ininterrompue : Georges Perec', diffusé le 20 février 1977, et celui avec Patrice Fardeau, 'En dialogue avec l'époque' dans *France nouvelle*, 16 avril 1979, n° 1744, pp. 44-50.

9. *Les Choses* porte comme sous-titre, *Une histoire des années soixante*, le canularesque ouvrage *Quel petit vélo ?* est présenté par son auteur comme un 'récit épique en prose', *Un homme qui dort* a été publié sans indication de genre et ce n'est qu'à l'occasion d'une des rééditions dans les années soixante-dix qu'il a été pourvu du sous-titre de roman. Malgré ce flou générique, la critique perecquienne n'a pas hésité à qualifier ces trois textes fictionnels de romans.

théâtrales. Et puis, il y a les romans oulipiens, écrits sous contrainte – le diptyque lipogrammatique *La Disparition* (1969) et *Les Revenentes* (1972) –, *La Vie mode d'emploi* (1978) portant l'indication générique 'romans', *Un cabinet d'amateur* (1979), annexe de ce 'romans' monumental, et le texte qui scelle l'exit de Perec, «*53 jours*».

A l'instar de Perec lui-même, les exégètes soulignent tous l'importance de sa rencontre avec l'Oulipo qui coïncide avec le début des premiers projets autobiographiques. Ils situent fin 1966, début 1967, un premier tournant dans sa carrière d'écrivain, dont les débuts longs et difficiles[10] avaient fini par être récompensés par le succès éclatant des *Choses*, couronné en 1965 par le Prix Renaudot. Au cours d'un entretien (1980) sur Raymond Queneau, créateur de l'Oulipo, Perec déclarait notamment : 'Je me considère vraiment comme un produit de l'Oulipo, c'est-à-dire que mon existence d'écrivain dépend à quatre-vingt-dix-sept pour cent du fait que j'ai connu l'Oulipo à une époque tout à fait charnière de ma formation, de mon travail d'écriture'.[11] A partir de 1967, Perec se voue à l'exploration des contraintes oulipiennes.

Un deuxième tournant, moins abrupt, se situerait en 1975 après la publication de *W ou le souvenir d'enfance* qui scelle de longues années d'une activité autobiographique intense menée de front avec l'exploitation non moins intense de la veine oulipienne. Une fois débarrassé du fardeau que constituait pour lui l'écriture de cette autobiographie, Perec s'est trouvé disponible pour d'autres aventures scripturales, reliant dans *La Vie mode d'emploi* et *Un cabinet d'amateur* l'écriture à contrainte de la seconde période à l'écriture réaliste de la première.

A œuvre diversifiée, thématique resserrée

Cependant, si le parcours perecquien se place du point de vue des genres et des structures formelles sous le signe d'un mouvement d'expérimentation et de diversification, cette mobilité va de pair avec une thématique extrêmement cohérente et resserrée. Cette thématique est encore fortement censurée

---

10. Entre 1957 et 1961 Perec a écrit quatre romans qui ont tous été refusés et sont restés inédits.

11. Cité par Jacques Bens, 'Oulipien à 97 %', *Magazine littéraire*, n° 193, mars 1983, p. 26.

dans les premiers textes fictionnels et ne se déploiera que peu à peu dans l'œuvre ultérieure.

C'est l'autobiographie *W ou le souvenir d'enfance*, texte-charnière situé au cœur de l'entreprise littéraire, qui a permis de mettre en relation cette œuvre hétéroclite et l'histoire personnelle de Georges Perec.[12] Fils d'immigrés polonais juifs, Perec naît en 1936 à Paris. Son père périt au front en juin 1940, sa mère disparaît dans un camp de concentration en février 1943. Le jeune Perec passe la guerre dans un internat catholique dans le Vercors et sera élevé à Paris, par la sœur de son père, dans un milieu assimilé et aisé.

Ainsi, le réel perecquien a été ravagé d'emblée par l'incursion violente de l'Histoire, le premier tournant décisif dans la vie de Perec s'est produit avant qu'il n'atteigne l'âge de raison, son élaboration du lemme de la réalité a été programmée d'avance. C'est ce vide, laissé par la perte des parents et par la rupture avec leur culture, qui constitue le noyau existentiel et la contrainte originelle dans l'œuvre de Perec, c'est à cette contrainte du vide que les contraintes scripturales vont faire diversion. Si l'acharnement de Perec à plaider pour une littérature réaliste, référentielle, procède des manœuvres rituelles d'un jeune écrivain désirant démarquer son territoire, il s'explique également par l'obsession du manque, d'une réalité qui se dérobe.

Peut-on dire alors que le projet réaliste de Perec est essentiellement de nature autobiographique, qu'il concerne un réel que l'entrecroisement de l'Histoire et de l'histoire personnelle a réduit à une poignée de noms, de dates, de quelques faits bruts ? Les quatre modes d'interrogation qui, dit Perec dans le programme cité ci-dessus, guident son écriture – sociologique, autobiographique, ludique, romanesque – se laissent-ils hiérarchiser autour

---

12. La place centrale de *W ou le souvenir d'enfance*, ouvrage autobiographique qui porte comme indication générique 'récit', a été reconnue par les exégètes perecquiens depuis le milieu des années quatre-vingt. Ce récit d'une enfance a fait l'objet de nombreux travaux, au premier plan desquels il faut situer celui de Claude Burgelin, *Georges Perec* (Paris : Seuil, « Les Contemporains», 1988), celui, génétique, de Philippe Lejeune, *La Mémoire ou l'oblique. Georges Perec autobiographe* (Paris : POL 1991), et les articles réunis (Bernard Magné, Mireille Ribière e.a.) dans *Cahiers Georges Perec*, n° 2, «W ou le souvenir d'enfance», *une fiction* (*Textuel*, Paris VII, n° 21, 1988). Voir encore mon article, 'Lieux de mémoire, lieux d'exil', J. Th. Leerssen, Manet van Montfrans éd., *Yearbook of European Studies, France Europe* (Atlanta/Amsterdam : Rodopi, 1989) pp. 15-34. La saga familiale et personnelle de Perec a été reconstituée par David Bellos, *Georges Perec. A Life in Words* (Londres : Harvill/Harper/Collins, 1993). Je me référerai à la version française établie à partir de l'anglais par Françoise Cartano et l'auteur et parue au Seuil en 1994, sous le titre *Georges Perec. Une vie dans les mots*.

de l'autobiographique ? Si l'on répond de manière affirmative à cette question comme l'a fait dès 1988 l'un des exégètes les plus perspicaces de Perec, Claude Burgelin[13], on peut interpréter toute l'œuvre perecquienne, toutes ses caractéristiques thématiques et formelles comme renvoyant à ou découlant de ce vide. Ce vide qui constituerait 'l'étoffe' de son œuvre permettrait d'expliquer pourquoi Perec entretient en priorité un rapport à l'Histoire et au monde.

Afin d'échapper à la force aspiratrice de ce vide, Perec se serait astreint à multiplier les stratégies de distraction qui lui permettent d'évoquer ce vide sans le dire, de le contourner. Son intérêt pour le monde concret, sa volonté de se présenter comme témoin de la contemporanéité serait l'endroit de son aversion pour un repli sur lui-même qui ne lui paraît guère prometteur. Selon Burgelin : 'Les zigzags autobiographiques de Perec conduisent toujours plus vers un «déchiffre le monde» que vers un «connais-toi toi-même»', et : 'l'introversion autobiographique se métamorphose en un propos tout d'extraversion'.[14] Productrices d'un hasard contrôlé, les contraintes, règles, structures 'lèvent', dit Perec dans un entretien en 1977, 'la censure, l'inhibition, le blocage, ils donnent la possibilité de construire à partir de ce vide, de cette sensation d'impossible'.[15] Ainsi, le carcan de la contrainte devient une condition de la liberté créatrice.

Admettre avec Burgelin que le projet réaliste et le recours aux contraintes, oulipiennes ou autres, ont la même origine, que l'œuvre de Perec constitue en quelque sorte une autobiographie éclatée, n'évacue pas la question posée par leurs rapports dans les textes. Comment Perec est-il parvenu à dire les choses, le monde, la réalité, tout en se soumettant à des réseaux serrés d'exigences formelles qui varient d'un usage radicalisé de la citation et de certaines structures narratives complexes à des contraintes linguistiques telles que lipogrammes, anagrammes et palindromes, et à des modèles permutationnels ? Comment a-t-il réussi à articuler une référence

---

13. Claude Burgelin, *Georges Perec*, éd. citée, 1988 ; *Les Parties de dominos chez Monsieur Lefèvre. Perec avec Freud – Perec contre Freud* (Strasbourg : Circé, 1996). L'approche de Burgelin est d'ordre biographico-psychanalytique ; ses lectures sont d'une subtilité et d'une finesse remarquables. Les nombreux travaux de Bernard Magné, également incontournables, sont beaucoup plus formalistes. Ses analyses des structures extrêmement complexes de *La Vie mode d'emploi*, mais aussi celles des recueils de poèmes hétérogrammatiques, ont facilité l'accès au versant raide de l'œuvre perecquienne et montré le fonctionnement de l'inscription formelle de la biographie dans l'œuvre.

14. Claude Burgelin, *Georges Perec*, p. 35.

15. Entretien avec Bernard Noël (Voir la note 8).

obsessionnelle aux faits décisifs de son histoire sur une représentation micro-événementielle et souvent ludique de la contemporanéité ? Et s'il nous ramène toujours au même noyau existentiel, quels sont les chemins obliques dans lesquels il nous engage ?

Perception, mémoire, mimésis

C'est l'intérêt pour la manière dont s'articulent dans l'œuvre de Perec un formalisme poussé très loin et un projet réaliste jamais renié qui se situe à l'origine de ma recherche et qui en justifie la double orientation. Je me suis proposé d'une part de retracer les différentes étapes de l'élaboration progressive de la poétique à partir des textes métadiscursifs – conférences, entretiens, essais, bilan-programmes, lettres – dans lesquels Perec s'exprime avec une rare simplicité et une précision bienvenue sur ses motivations et ses moyens. D'autre part, j'ai voulu confronter ce projet d'écriture fondé sur l'exploration infatigable de formes nouvelles à l'analyse de trois textes narratifs en prose, *Un homme qui dort*, *W ou le souvenir d'enfance*, et *Un cabinet d'amateur*, qui occupent, pour différentes raisons, une position-clé dans l'itinéraire perecquien.

Ecrit en 1966 et publié en 1967, *Un homme qui dort*, fiction sombre, nocturne, constitue l'envers des *Choses*, et se situe à la lisière entre la période du réalisme relativement traditionnel et celle des projets autobiographiques et des travaux oulipiens. *Les Choses* relate, par le biais d'un narrateur hétérodiégétique, l'histoire de deux personnages en quête du bonheur, qui, faute de mieux, se laissent conditionner par la société de consommation et cherchent à se créer une identité par la possession de biens matériels. *Les Choses* est l'histoire d'un désir à la dérive. *Un homme qui dort* porte, par contre, sur l'absence de tout désir, de tout élan vital. L'unique personnage, situé dans un temps et un lieu précis, n'a rien d'exceptionnel si ce n'est une volonté obstinée de marcher sur la corde raide d'un double refus, celui du monde extérieur et celui des profondeurs psychologiques du moi, refus qui s'exprime dans une appréhension exclusivement littérale du monde qui l'entoure et une prédilection pour les états entre veille et sommeil. Par les particularités de son dispositif énonciatif – les rapports de force entre un *tu* amnésique, héros et narrataire, et un *je* implicite, narrateur anonyme, qui n'a qu'un accès limité à la psyché de son interlocuteur –, ce texte, inspiré par une période de dépression et une cure psychanalytique en 1956-1957, annonce *W ou le souvenir d'enfance*.

Egalement marqué par l'expérience de la psychanalyse, *W ou le souvenir d'enfance* (1975) constitue la fin de la période des écrits ouvertement auto-biographiques. Cette autobiographie peu orthodoxe qui précède le renou-veau du genre sous la plume des auteurs du Nouveau Roman au début des années quatre-vingt, entrelace le récit d'une enfance hypothéquée par une amnésie forcée et l'évocation fictionnelle d'une société totalitaire. Le récit d'enfance fait apparaître un je-narrateur qui s'érige en auto-analyste et harcèle sa mémoire rétive pour ressusciter un passé disparu. Si la principale particularité de cette autobiographie est l'entrecroisement des souvenirs d'enfance et du récit fictionnel, l'intertexte étonnamment hétéroclite du récit fictionnel en est une autre. Composé à la fois de sources documentai-res et de sources fictionnelles, cet intertexte renvoie à un réel non vécu par le narrateur lui-même, celui du monde concentrationnaire. Nulle part ailleurs l'œuvre perecquienne ne nous montre aussi clairement que l'auteur a inventé ses stratégies d'écriture le dos au mur.

Un cabinet d'amateur (1979) est le dernier texte fictionnel que Perec a pu mener à terme. Perec a caractérisé cette histoire ludique d'une escroquerie à la peinture, localisée aux Etats-Unis du début du XXᵉ siècle, comme une reproduction en miroir de *La Vie mode d'emploi*, roman dont les échafaudages oulipiens sont accessibles au lecteur depuis la publication des avant-textes dans le *«Cahier des charges» de la Vie mode d'emploi* en 1993.[16] De par les principes qui ont présidé à sa conception et à sa structuration, *Un cabinet d'amateur* permet de capter non seulement le reflet de *La Vie mode d'emploi* mais aussi celui des pratiques scripturales et des thèmes qui se sont forgés au cours de l'itinéraire perecquien.

Le projet réaliste fait du personnage le relais obligé d'un savoir sur le monde. On imagine facilement pourquoi, dans le cas de Perec, ce savoir est lacunaire et pourquoi il dénie à ses personnages l'exercice de certaines

---

16. Hans Hartje, Philippe Lejeune, Bernard Magné et Jacques Neefs se sont attaqués au chantier laissé par Perec. Lejeune a publié les résultats de son examen des avant-textes de *W ou le souvenir d'enfance* dans *La Mémoire et l'oblique* ; Hartje a proposé un état des lieux détaillé de certains dossiers préparatoires et avant-textes dans sa thèse de doctorat, *Georges Perec écrivant*, Université Paris VIII, 1995. C'est aux efforts réunis de Hartje, Magné et Neefs que nous devons l'accès aux avant-textes de *La Vie mode d'emploi*, édités sous le titre *«Cahier des charges» de La Vie mode d'emploi* (Paris : Zulma/CNRS, 1993).

facultés intellectuelles et émotionnelles. S'il y a lieu de parler d'une évolution thématique dans l'œuvre perecquienne, celle-ci devient visible dans l'émancipation, par ailleurs toute relative, des personnages fictionnels qui métaphorisent d'une manière exemplaire les rapports amputés de leur auteur avec le réel.

Un homme qui dort, ouvrage fictionnel, fait passer les rapports du personnage avec le monde qui l'entoure par l'étroit canal des perceptions sensorielles – savoir, émotions et surtout souvenirs sont censurés. Les renvois intertextuels servent à cerner ce vide intellectuel et affectif. Dans *W ou le souvenir d'enfance*, texte autobiographique, l'approche du réel extra-textuel, historique, se fait par le biais d'une mémoire réfractaire, la mémoire directe ne fonctionne pas, l'accès au passé est assuré de manière indirecte par le détour des documents et des fictions. Dans les fictions de *La Vie mode d'emploi* et d'*Un cabinet d'amateur*, les relations des protagonistes avec le monde sont médiatisées essentiellement par des représentations picturales qui deviennent l'enjeu de situations parfois fortement conflictuelles. Ainsi, Bartlebooth et Winckler, protagonistes de *La Vie mode d'emploi*, sont pris dans un échange maniaque et interminable de cinq cents aquarelles médiocres. Mus par un désir de vengeance et de tromperie, les protagonistes rusés d'*Un cabinet d'amateur* profitent de la crédulité d'un public naïf pour vendre leurs faux tableaux.

Au niveau des techniques scripturales, le projet réaliste de Perec passe par un usage systématique de la citation non-avouée, et cela dès les premiers textes narratifs. L'ouverture sur le monde s'articule à ou est relayée par une ouverture extraordinaire sur la Bibliothèque. Ainsi, *Les Choses* s'inspire de quatre ouvrages – *Mythologies* de Barthes, *L'Education sentimentale* de Flaubert, *La Conspiration* de Paul Nizan et *L'Espèce humaine* de Robert Antelme. Le récit d'*Un homme qui dort* emprunte son titre à Proust et est tendu entre une citation de Kafka et le résumé d'une nouvelle de Melville, *W ou le souvenir d'enfance* fait se rencontrer des auteurs aussi différents que Robert Antelme et Jules Verne. Dans *La Vie mode d'emploi* et *Un cabinet d'amateur*, ce sont notamment les évocations de représentations picturales, réelles ou fictives, qui servent de support à l'immense appareil citationnel comportant des renvois à une trentaine d'auteurs, parmi lesquels Perec lui-même. Cette réécriture d'autres textes, cet art de faire du neuf avec du vieux, relève du jeu, certes, mais elle ne s'y réduit pas. Loin de viser à une perte de contact avec la réalité, cette pratique du palimpseste, de la mimésis au second degré, est dans l'œuvre de Perec, au contraire, souvent le seul

moyen pour renvoyer à un réel autrement irrécupérable. C'est par ce recours spécifique aux pratiques citationnelles que Perec se distingue d'autres
adeptes de l'intertextualité, de prédécesseurs comme Thomas Mann ou de
contemporains comme Michel Butor et Claude Simon.

Approches

La double orientation de mon travail en sous-tend la structure : chaque
analyse est précédée d'une réflexion sur l'évolution de la poétique perecquienne. Pour en saisir la singularité, il me paraît indispensable d'esquisser
d'abord le contexte historique et littéraire dans lequel cette poétique est née
et a évolué. Dans la première partie de ce travail, je pars des sources, à savoir
les articles parus dans *Partisans* pour examiner ensuite comment la conception lukacsienne de la littérature que Perec y préconise, évolue sous l'influence de la lecture d'écrivains admirés tels que Kafka, Flaubert et Melville.

L'analyse d'*Un Homme qui dort*, texte entaché d'une incohérence fondamentale qui n'a pas beaucoup retenu l'attention de l'exégèse perecquienne,
est centrée sur l'appareil énonciatif, sur les jeux de voix et de focalisation
qui constituent l'originalité de cette reprise d'un thème classique, celui d'un
homme enfermé dans sa chambre, pris dans un tête-à-tête claustral avec lui-
même. Je montrerai comment s'y articulent les thèmes de l'indifférence, du
sommeil (interrompu/ non-admis) et de la mémoire (censurée). La seule
issue de cet enfermement dépressif nous est offerte par la littérature. Aussi
cette analyse débouchera-t-elle sur celle du fonctionnement de l'inter- et de
l'autotextualité.

La deuxième partie de ce travail porte essentiellement sur l'entreprise
autobiographique. La genèse de l'autobiographie a coïncidé avec une
diversification des pratiques scripturales. D'un côté, il y a l'écriture extrêmement contrainte des premiers textes oulipiens, de l'autre, une écriture sans
aucun souci formel apparent, élaborée dans le cadre de la revue *Cause
commune*. Comme l'autobiographie porte les traces de ces deux stratégies
d'écriture diamétralement opposées – le corps à corps avec l'alphabet et la
transcription neutre du réel –, je mets d'abord en perspective cette diversification scripturale. L'impact des particularités de la genèse de *W ou le
souvenir d'enfance* sur l'interprétation de la version définitive publiée en
1975, m'a paru justifier ensuite l'évocation du programme autobiographique
sur lequel Perec a travaillé entre 1967 et 1975.

L'analyse de *W ou le souvenir d'enfance* vise à mettre en relief les deux particularités principales de cette autobiographie, à savoir l'entrecroisement de la fiction et du récit de l'enfance et le fonctionnement de l'intertextualité dans la fiction. Je repérerai les réseaux alphabétiques, onomastiques, numériques et graphématiques qui, pour emprunter un terme à Bernard Magné, 'suturent' les deux récits, fictionnel et autobiographique.[17] L'analyse du fonctionnement de l'intertextualité dans la deuxième partie de la fiction, permettra de faire ressortir le passage graduel de l'utopie à l'univers concentrationnaire.

L'analyse d'*Un cabinet d'amateur*, texte conçu par Perec comme annexe de *La Vie mode d'emploi*, m'a amenée à visiter préalablement, dans la troisième partie de mon travail, le chantier oulipien de ce grand roman, à reconstituer le cheminement des formes et thèmes engendrés par la réflexion perecquienne sur la peinture et à dégager les fonctions que Perec lui attribue dans cette troisième période.

Les lectures qui ont été faites jusqu'ici d'*Un cabinet d'amateur* ont mis l'accent sur les dimensions méta- et intertextuelles du texte.[18] Par sa fonction de miroir-rétroviseur, *Un cabinet d'amateur* renvoie essentiellement à *La Vie mode d'emploi* et offre de multiples exemples de réécriture au deuxième ou au troisième degré. L'intertextualité y frôle l'autotextualité : par la réécriture, l'auteur brouille les pistes et s'approprie les fragments de textes empruntés. Cependant, le seul inventaire des renvois à *La Vie mode d'emploi* ne permet pas une interprétation cohérente de ce texte, dont la majeure partie est constituée par des énumérations et des descriptions de tableaux. Ce n'est qu'en délaissant provisoirement les pistes de l'intertexte indiquées par Perec et en s'engageant résolument dans une autre direction que l'on découvre qu'*Un cabinet d'amateur* a encore d'autres textes-sources que ceux qui sont médiatisés par *La Vie mode d'emploi*. L'étude du dossier génétique m'a conduite à la découverte d'un de ces textes-sources inédits, ce qui me permettra de pousser plus loin l'interprétation de ce récit énigmatique.

---

17. Bernard Magné, 'Les Sutures dans W', *Cahiers Georges Perec*, n° 2, 1988, pp. 39-55.
18. A ce sujet, voir les études réunies dans les *Cahiers Georges Perec*, n° 6, *L'Œil d'abord*, 1996.

Contrat de lecture : un ludisme exigeant

'Ecrire est un jeu qui se joue à deux, entre l'écrivain et le lecteur', a dit Perec.[19] Qui a besoin d'un viatique avant de s'engager dans le labyrinthe des textes perecquiens, pourrait s'armer de cette formulation séduisante du contrat que l'auteur propose ainsi à son lecteur. Or, si le lecteur de Perec est destiné à devenir son partenaire, ou son complice, ceci est encore plus le cas pour son exégète. Le lecteur peut se permettre de résister à l'aspiration du gouffre des interprétations continuellement repoussées à l'infini, l'exégète, par contre, qui s'est attelé à la tâche de débrouiller l'écheveau des stratégies de l'écriture perecquienne, doit consentir à suivre l'auteur dans ses chemins obliques. Et ce ne sera qu'après s'être engagé irrémédiablement dans cette expérience et en relisant dans le Préambule de *La Vie mode d'emploi* les remarques sur l'art du puzzle, qu'il pourra mesurer pleinement leur portée :

> en dépit des apparences, ce n'est pas un jeu solitaire : chaque geste que fait le poseur de puzzle, le faiseur de puzzle l'a fait avant lui ; chaque pièce qu'il prend et reprend, [...] chaque combinaison qu'il essaye et essaye encore, chaque tâtonnement, chaque intuition, chaque espoir, chaque découragement, ont été décidés, calculés, étudiés par l'autre.[20]

L'œuvre de Perec, fortement programmée et chiffrée jusque dans les plus petits détails, impose des modalités d'approche spécifiques. Lire Perec, c'est se vouer à suivre ses pistes, à déchiffrer ses secrets. Perec a encrypté dans son œuvre une multitude de références – à l'Histoire, à la contemporanéité, à la littérature, à l'histoire de l'art. Cette ouverture sur le monde, sur la Bibliothèque et sur le Musée, constitue l'une des forces d'attraction de son œuvre. Lire Perec nous amène à nous interroger sur l'Allemagne, sur la France de l'Occupation et sur celle des Trente Années Glorieuses, nous incite à relire ses auteurs favoris – Flaubert, Kafka, Thomas Mann, Melville, Queneau, Roussel, Stendhal, Verne – et à (re)visiter les grands musées européens ou à étudier leurs catalogues. Mais si lire Perec nous fait prendre le risque de la submersion, cette lecture nous impose également le devoir de nous soustraire à sa tyrannie insidieuse, de relever son défi et de remonter à la surface.

---

19. Entretien avec A lain Hervé, 'La vie : règle du jeu', *Le Sauvage*, n° 60, 1978, pp. 8-25.

20. Ces remarques qui constituent le Préambule sont reprises en termes identiques dans le chapitre XLIV de *La Vie mode d'emploi*, p. 251.

PREMIÈRE PARTIE

GENÈSE ET ILLUSTRATION
D'UNE POÉTIQUE

Chapitre 1

Les années de genèse

> Nulle damnation ne pèse sur le vocabulaire. Le mal qui ronge les mots n'est pas dans les mots. (Georges Perec, *Engagement ou crise du langage*)

En dialogue avec l'époque

On ne peut saisir la singularité de la poétique de Perec qu'en la resituant dans le contexte historique et littéraire où elle est née et a évolué. Comme tout écrivain, Perec a développé sa conception de la littérature en prenant position par rapport à ses prédécesseurs, mais également par rapport à ses contemporains.[1] Pour cerner les origines de cette poétique, il faut remonter aux années cinquante.

Perec cherche très tôt à se démarquer du milieu assimilé et aisé dans lequel il est élevé. Après avoir passé une année en hypokhâgne au Lycée Henri-IV, il commence une licence d'histoire à la Sorbonne en 1955 et, la même année, débute sur la scène littéraire. Parrainé par Jean Duvignaud et par Maurice Nadeau, il écrit dès 1955 des notes de lecture pour la *Nouvelle Nrf* et *Les Lettres nouvelles*. Duvignaud, anti-stalinien en rupture avec le parti communiste français depuis 1950, est l'ancien professeur de philosophie de Perec.[2] Nadeau, ancien trotskiste, fonde en 1953 *Les Lettres nouvelles*, dont il veut faire la plate-forme d'une littérature qui se fraie une voie entre l'engagement de Sartre et l'esthétisme des nouveaux Hussards.[3]

---

1. La genèse de la poétique perecquienne a fait l'objet d'une première publication de ma part, 'Le réalisme de Georges Perec', *Rapports – Het Franse Boek* (Amsterdam/Atlanta : Rodopi, 1992) pp. 71-80. Pour l'itinéraire de Perec entre 1954 et 1967, voir David Bellos, *Georges Perec. Une vie dans les mots*, éd. citée, pp. 152-385. Je ne retiens ici que les faits permettant de mettre en relief la position de Perec dans la vie intellectuelle et littéraire de son époque.

2. Duvignaud a quitté le Parti communiste en 1950 lors du premier exode des intellectuels français après l'affaire Rajk (1949) et les révélations sur les camps de travail soviétiques. Il a eu Perec comme élève au lycée d'Etampes.

3. Sur la fondation des *Lettres nouvelles*, voir Maurice Nadeau, *Grâces leur soient rendues, Mémoires littéraires* (Paris : Albin Michel, 1990) pp. 232-247. Les autres fondateurs sont Maurice Saillet et Adrienne Monnier. Jean Duvignaud et Roland Barthes sont conseillers de rédaction. *Les Lettres nouvelles* se situent résolument hors de l'univers de l'engagement et sont ouvertes tant sur l'étranger que sur la modernité artistique. La revue disparaîtra en 1976.

Perec abandonne ses études définitivement en 1957, et fait son service militaire comme parachutiste à Pau, de janvier 1958 à décembre 1959, à l'époque où la question algérienne engendre un climat de pré-guerre civile en France.[4] Entre 1957 et 1960, il participe à quelques réunions du groupe constitué autour de la revue *Arguments*, fondée par le sociologue Edgar Morin en 1956, 'à l'heure où l'éclatement du stalinisme incite les intellectuels de gauche à reposer les problèmes et à rouvrir les perspectives'.[5] Entre 1959 et 1963, il met avec quelques-uns de ses amis en chantier un projet de revue, baptisé *La Ligne générale*.[6] Cette *Ligne générale* ne verra jamais le jour, mais les travaux préparatoires aboutissent à une série d'articles que Perec publie en 1962 et 1963 dans *Partisans*, revue politique et culturelle fondée en 1961 par François Maspero.[7] Auteur de quatre romans refusés et restés inédits[8], Perec pose au début des années soixante les premiers jalons

4. L'isolement, loin de Paris dans un milieu étranger, incite aux correspondances. Celle entre Georges Perec et son ami de jeunesse Jacques Lederer, a été publiée par ce dernier sous le titre '*Cher, très cher, admirable et charmant ami...*' *Correspondance Georges Perec & Jacques Lederer* (Paris : Flammarion, 1997).

5. C'est avec ces mots que Morin ouvre le premier numéro d'*Arguments* (janvier 1957). Conçu sur le modèle de la revue italienne *Ragionamenti*, *Arguments* a pour objectif d'étudier des questions politiques et sociales à partir des ouvrages qui leur sont consacrés. Dans le comité de rédaction siègent Colette Audry, Roland Barthes, Edgar Morin et Jean Duvignaud. Parmi les habitués des réunions figure également Jacques Delors. La transcription d'un enregistrement d'une réunion en 1959 d'*Arguments*, avec une intervention de Perec sur son expérience de parachutiste, a été insérée dans l'*Internationale de l'Imaginaire*, n° 11, hiver 1988/1989 (Paris : CNRS, 1988) pp. 41-75. Reprise dans *Je suis né* (Paris : Seuil, 1990) pp. 33-45. La revue *Arguments* qui a cessé de paraître en 1962, a été réédité en deux volumes par les Editions Privat, Toulouse, en 1983.

6. La *Correspondance Perec/Lederer*, éd. citée, comporte de nombreuses lettres consacrées à ce projet. Ainsi, la fondation du groupe est mentionnée dans une lettre datée de juillet 1959 (pp. 452-454).

7. Maspero avait débuté comme éditeur d'ouvrages politiques, en 1959, avec la Collection *Cahiers libres contre la guerre d'Algérie*. Exprimant les idées de la gauche non communiste, *Partisans* jouera un rôle de premier plan entre 1961 et 1972, l'année de sa disparition. *Le Figuier*, roman publié par Maspero en 1988 au Seuil, est situé à cette époque et en reconstitue le climat intellectuel et politique.

8. Entre 1957 et 1962, sont refusés successivement *L'Attentat de Sarajevo* (1957), *Gaspard pas mort* (1959), *Le Condottiere* (1960), et *J'avance masqué* (1961). Le tapuscrit du *Condottiere* se trouve dans le Fonds Perec déposé à la Bibliothèque de l'Arsenal, celui de *L'Attentat de Sarajevo* a été retrouvé par David Bellos. Jusqu'à ce jour il n'y a aucune trace des deux autres romans. Cependant, *Gaspard pas mort* est le remaniement d'un roman terminé en 1958 qui devait s'intituler *La Nuit* et dont subsistent quelques fragments. Bellos en donne un résumé qui montre dans quelle mesure ces ouvrages de jeunesse sont marqués autobiographiquement : 'Le premier des fragments conservés est l'autobiographie de Gaspard Winckler, un petit gars de Belleville (quartier où Perec a habité avec ses parents, rue Vilin), qui a fait son apprentissage de charpentier mais est devenu pickpocket et s'apprête à encaisser son premier million en enlevant «Régis D». (D. =Debray). Dans un autre fragment, Gaspard rêve de

d'une poétique personnelle. Le milieu intellectuel que Perec fréquente à cette époque est un milieu de gauche[9] qui tient ses distances par rapport à l'orthodoxie communiste. Les tentatives de Perec pour définir le statut de la littérature à faire portent l'empreinte des principaux débats littéraires et idéologiques qui y sont menés.

Perec se marie en 1960 et part en septembre de la même année avec sa femme, Colette Pétras, pour la Tunisie. Sa femme y occupe un poste dans l'enseignement secondaire. Perec entreprend l'écriture du roman qui lui vaudra le Prix Renaudot en 1965. Entre 1961 et 1965, il travaille en effet sur les versions successives des *Choses*, appelé en un premier temps *La Bande magnétique*, et ensuite, jusqu'à la fin de 1964, *La Grande Aventure*.[10] Avant son départ pour la Tunisie, Perec avait gagné sa vie comme enquêteur sociopsychologique pour des études de marché. Après son retour, en 1961, il est engagé comme documentaliste au centre de neurophysiologie médicale de l'hôpital Saint-Antoine, emploi qu'il gardera jusqu'en 1978 lorsque le succès de son grand roman, *La Vie mode d'emploi*, lui permettra de se consacrer exclusivement à ses activités littéraires. Perec assiste en 1963 au séminaire sur la sociologie de la littérature de Lucien Goldmann, à qui il soumet le projet d'un mémoire sur le roman français de l'après-guerre.[11] Il suit également un premier séminaire de Roland Barthes sur le *Cours de linguistique générale* de Saussure et, en 1964-1965, un second sur la rhétorique. On retrouve des traces de cet enseignement dans *Quel Petit vélo à guidon chromé dans la cour?* (1966) qui, dédié au groupe d'amis de *La Ligne générale*, présente, dans l'index, un répertoire de toutes les (pseudo)figures

---

devenir le plus grand criminel que la terre ait jamais porté, *le roi des faussaires, le prince des escrocs, l'Arsène Lupin du vingtième siècle*. Dans un troisième fragment, l'identification auteur-personnage est encore beaucoup plus forte, puisque la mère de Gaspard y disparaît dans une rafle de la Gestapo rue de l'Ermitage, tout près de la rue Vilin'. David Bellos, *op. cit.*, pp. 217, 218.

9. Les contributions de Perec à la *Nouvelle Nrf*, qui fait figure d'exception parmi ces périodiques de gauche, se limitent à quelques 'Notes de lecture' écrites en 1955.

10. Pour une évocation des principales étapes de l'élaboration des *Choses*, voir David Bellos, *op. cit.*, pp. 303-324, et Hans Hartje, *Georges Perec écrivant*, pp. 51-102. Du point de départ de l'histoire, le cambriolage d'une maison de campagne appartenant à un riche collectionneur d'art, il ne restera dans la version définitive que deux paragraphes. (*Les Choses*, Julliard, 1990, pp. 103, 104) Le personnage du collectionneur d'art réapparaîtra dans *Un cabinet d'amateur* (1979).

11. Ce mémoire, jamais écrit, aurait eu pour titre 'Les choix du roman français aux alentours des années cinquante'. Voir David Bellos, *op. cit.*, p. 308.

de rhétorique enjolivant ce récit sur la guerre d'Algérie. En septembre 1967, enfin, paraît *Un homme qui dort*.

Entre 1966 et 1969, Perec conçoit plusieurs projets qui s'inscrivent soit dans une entreprise de nature autobiographique, soit dans les pratiques de l'Oulipo, qu'il rejoint en mars 1967. Ces projets, dont certains seront abandonnés assez vite tandis que l'élaboration d'autres prendra des années, annoncent un changement d'orientation par rapport à la période précédente caractérisée par la volonté de peindre la société contemporaine. Dans une conférence donnée à Warwick en mai 1967, au lendemain de son entrée à l'Oulipo et au seuil de l'entreprise autobiographique, Perec fait le bilan de son travail et indique le sens dans lequel il veut développer son écriture.[12]

Motivations et objectifs

Trois objectifs sous-tendent cette première partie de mon travail. En premier lieu, je me propose de dégager des articles de *Partisans* les points de départ de la poétique de Perec et de montrer comment ceux-ci ont été élaborés en réaction aux textes théoriques et à la production littéraire des années quarante et cinquante. Les trois références principales de ces articles sont Sartre (*Situations II*), Barthes (*Le Degré zéro de l'écriture*) et Lukács (*La Signification présente du réalisme critique*). Avant de commenter la position de Perec dans ces articles, je rappellerai brièvement celles qu'occupent ces trois auteurs dans la vie intellectuelle et littéraire de l'époque. Je ne retiendrai de leurs textes que les notions et analyses reprises et revues par Perec – l'engagement, l'art pour l'art, la crise du langage, l'écriture blanche, le réalisme critique.

Mon deuxième objectif est de montrer comment, sous l'influence de la lecture assidue de certains auteurs préférés et pendant le travail sur *Les Choses* et sur *Un homme qui dort*, la poétique perecquienne a évolué d'un réalisme d'inspiration lukacsienne vers un 'réalisme citationnel'. Je m'arrêterai sur les entretiens, lettres et conférences qui se rapportent à cette évolution entre 1962 et 1967, tout en insistant sur le rôle de trois écrivains qui, à cette période, ont servi de modèles à Perec, à savoir Flaubert, Kafka et Melville.

---

12. Georges Perec, 'Pouvoirs et limites du romancier français contemporain', *Parcours Perec*, Textes réunis par Mireille Ribière (Lyon : Presses Universitaires 1990) pp. 31-40.

Mon troisième objectif est de confronter le métadiscours de cette première période à l'œuvre. Pour des raisons que je préciserai plus loin (p. 77 s.q.), j'ai choisi d'analyser dans ce but le roman qui clôture cette période, *Un homme qui dort*. Cette analyse me permettra de répondre aux questions suivantes. Que devient dans ce roman le projet réaliste de Perec ? Comment y prend forme l'art 'citationnel' dont Perec élabore la notion dans les entretiens de cette époque ? Et, si Perec s'oppose dans les articles de *Partisans* à la production de l'avant-garde littéraire de son époque, et plus précisément à celle du Nouveau Roman, sur quels points *Un homme qui dort* s'en distingue-t-il ?

Les années de genèse : le réalisme critique

Les articles de Perec dans *Partisans* font écho aux débats qui ont été menés dans des revues culturelles et littéraires de signatures politiques différentes et se ressentent du climat intellectuel fortement polarisé et manichéen, caractéristique de la France de la guerre froide.[13] Sartre contribue de manière importante à ces débats avec la présentation programmatique des *Temps Modernes* en 1945 et les quatre célèbres essais, publiés dans la même revue entre février et juillet 1947, puis réunis dans *Situations II* (1948), sous le titre *Qu'est-ce que la littérature ?*[14]

Introduite en France par Aragon en 1935, lors des débats de l'organisation des peintres et sculpteurs de la Maison de la culture à Paris et baptisée 'jdanovisme' ou 'réalisme socialiste', la théorie marxiste-léninniste en matière de littérature, de peinture et de musique y est propagée après 1945, avec une vigueur redoublée, par un parti communiste puissant et prestigieux qui exige avec rigidité le conformisme intellectuel et artistique. La 'querelle du

---

13. Tony Judt évoque ainsi ce climat : 'Dans les écrits de tous les intellectuels français de ces années-là se tapit une fureur masquée et à demi avouée. [...] Suivant un mode de pensée déjà caractéristique de la IIIe République, que la lutte contre Vichy avait transformé en un vocabulaire moral, ils divisaient tout – l'expérience, les choix, l'humanité entière – en catégories binaires : tout était bon ou mauvais, positif ou négatif, dans un monde peuplé de camarades ou d'ennemis'. Tony Judt, *Un passé imparfait, Les intellectuels en France, 1944-1956* (Paris : Fayard, 1994) pp. 47-53.

14. J.-P. Sartre, *Situations II* (Paris : Gallimard, 1948). Je me réfère à la réédition de 1964. Les quatre essais sont précédés de la présentation programmatique des *Temps modernes* de 1945, premier manifeste de l'engagement, et d'un article paru dans le troisième numéro des *Temps modernes*, 'La nationalisation de la littérature'.

réalisme' qui avait éclaté en 1935 à Paris, renaît de ses cendres.[15] Dans *L'existentialisme n'est pas un humanisme* (1947), Jean Kanapa, rédacteur en chef de *La Nouvelle Critique*, traite de fascistes et d'ennemis de l'humanité les existentialistes réfractaires au dirigisme intellectuel et artistique du Parti. Aux œuvres 'décadentes' des esthètes bourgeois, partisans de l'art pour l'art, au 'pessimisme' des philosophes existentialistes, au 'formalisme' des peintres pour qui l'art commence là où le tableau n'a pas de contenu, le parti communiste oppose un art qui s'inspirerait du réalisme socialiste et serait compris de la classe ouvrière, un art qui aiderait cette classe dans sa lutte libératrice. *Qu'est-ce que la littérature ?* naît d'une réflexion sur la position de l'écrivain de gauche, du philosophe existentialiste qui, malgré son désir d'engagement, n'est pas prêt à sacrifier son autonomie intellectuelle et artistique à un parti communiste qui 'progressiste et révolutionnaire dans sa doctrine et ses fins avouées, est devenu conservateur dans ses moyens'. (*Sit. II*, p. 288)[16]

Dans les essais de *Situations II*, Sartre définit la prose littéraire comme le haut lieu d'un engagement défini dès la phrase d'ouverture du recueil par une prise de position contre les 'bourgeois'.[17] Une analyse socio-historique marxisante de l'évolution littéraire en France lui permet de renvoyer dos à dos le réalisme et la théorie de l'art pour l'art développés au XIXe siècle, et de les qualifier de manœuvres défensives d'écrivains bourgeois qui détestent leur classe sociale et essayent d'y échapper – les uns par une prétendue impartialité et objectivité qui doit leur permettre de révéler le monde 'tel

---

15. C'est au premier Congrès des écrivains soviétiques à Moscou en 1934 et sur l'instigation d'Andreï Jdanov, secrétaire du Comité général chargé de la propagande, qu'est adopté le 'réalisme socialiste' comme méthode principale de la littérature et de la critique littéraire soviétiques qui exige de l'artiste 'la présentation véridique et historiquement concrète de la réalité dans son développement révolutionnaire'. *Statuts de l'Union des écrivains soviétiques*, cités par Jacqueline Bernard, *Le Parti communiste français et la question littéraire de 1921 à 1939* (Grenoble : PU, 1972) p. 118. En 1950 paraît aux éditions de La Nouvelle Critique un recueil de textes de Jdanov, *Sur la littérature, la philosophie et la musique*, où est reproduit le discours du 17 août 1934 ainsi que d'autres textes plus récents portant condamnation de la poétesse Ahkmatova et des partisans de l'art pour l'art.

16. Cette génération d'intellectuels de gauche est entraînée dans un mouvement qui lui demande d'abandonner son identité intellectuelle autonome. Pour un florilège des textes qui ponctuent, dès 1945, la polémique entre Sartre et les intellectuels communistes tels que Roger Garaudy et Jean Kanapa, voir Jeannine Verdès-Leroux, *Au service du parti, le parti communiste, les intellectuels et la culture, 1944-1956* (Paris : Fayard-Minuit, 1983) pp. 544-550.

17. Cf. la phrase d'ouverture : 'Tous les écrivains d'origine bourgeoise ont connu la tentation de l'irresponsabilité'. Sartre reprend ce qui, depuis la deuxième moitié du XIXe siècle, est un lieu commun dans le monde artistique français, la 'haine du bourgeois'.

qu'il est', les autres en se réfugiant dans un esthétisme vide. Tout en désignant l'engagement comme la seule issue permettant à l'écrivain contemporain d'échapper à son appartenance bourgeoise et de se mettre du côté des ouvriers et des autres 'exploités', Sartre s'oppose au réalisme socialiste qu'il qualifie de dernier rejeton du réalisme bourgeois.

Dans *Le Degré zéro de l'écriture* (1953), Roland Barthes réunit des articles écrits entre 1947 et 1953 pour la page littéraire de *Combat*, qui est dirigée alors par Maurice Nadeau et constitue l'une des cibles préférées des marxistes communistes qui propagent les normes jdanoviennes dans *Les Lettres françaises* et *La Nouvelle Critique*, respectivement organes littéraire et intellectuel du Parti.[18] Tout en radicalisant l'analyse sartrienne de l'évolution littéraire en France, Barthes tente de montrer dans *Le Degré zéro* l'impasse dans laquelle se trouve l'engagement tel qu'il se manifeste dans les revues marxistes et dans l'écriture intellectuelle des *Temps modernes* et d'*Esprit*.[19]

Les représentants de ce jeune Nouveau Roman, Nathalie Sarraute, Alain Robbe-Grillet et Michel Butor, publient de leur côté des articles théoriques où ils s'acharnent sur les vieilles formes sclérosées que le roman traditionnel, balzacien utilise pour capter la réalité.[20] Mais ce sont surtout les textes de

18. Fondée par des intellectuels résistants, Jean Paulhan et Jacques Decour, en 1942, *Les Lettres françaises* sont prises en main par les communistes après 1945. *La Nouvelle Critique*, revue du marxisme militant, est créée en 1948, afin de mener la bataille d'idées contre les 'nouveaux délits de guerre et d'agression de l'impérialisme'.

19. *Les Temps modernes* entrent, en 1952, avec Sartre dans une phase de compagnonnage de route. D'inspiration chrétienne, *Esprit* dénonce, après 1945, l'anticommunisme au nom de la solidarité nécessaire avec le parti de la classe ouvrière. Si la revue défend les thèses d'un marxisme ouvert contre un marxisme dogmatique, elle se refuse jusqu'en 1956 à condamner radicalement le système stalinien. Pour un aperçu des positions occupées entre 1944 et 1956 par les différentes revues intellectuelles, voir Michel Winock, *Le Temps de la guerre froide* (Paris : Seuil, 1994) pp. 96-112, et pour une analyse détaillée de la position des *Temps modernes*, Anna Boschetti, *Sartre et 'Les Temps modernes'* (Paris : Minuit 1985) pp. 185-220. La revue intellectuelle anticommuniste la plus brillante, comparable par son tirage à *Esprit* et aux *Temps modernes*, est *Preuves*, dont le premier numéro voit le jour en mars 1951. *Preuves* se situe dans une perspective de troisième force et s'appuie principalement sur la SFIO et le MRP.

20. Ce roman traditionnel que l'on combat avec tant de zèle à cette époque, n'est en fait qu'un fantôme, une réduction extrêmement schématique et simplificatrice du roman balzacien dont l'apparition périodique ponctue l'histoire de la littérature française. Dans les années cinquante on croit le reconnaître dans les produits du réalisme socialiste et dans la littérature engagée. Dans *L'Ere du soupçon*, Nathalie Sarraute évoque le 'soupçon' qui est en train de détruire le personnage du roman traditionnel et tout l'appareil désuet qui lui assurait sa puissance. (*Les Temps modernes*, 1950), repris dans *L'Ere du soupçon*, Gallimard,«Idées», 1956, pp. 69-94). Alain Robbe-Grillet évoque également la désagrégation du personnage et

Sartre et Barthes qui serviront à la fois de bréviaires et de repoussoirs à toute une génération d'écrivains et théoriciens.

Dès 1953, Barthes affirme donc que la littérature engagée est une impasse – dans sa version sartrienne comme dans sa version jdanovienne communiste. Or, il apparaît vite que pour les aspirants-écrivains en mal d'idéologie et de poétique, l'issue de cette impasse n'est pas offerte par la production littéraire des années cinquante – que ce soient les romans dits réactionnaires des Hussards (Blondin, Nimier), l'humanisme de Camus, la métaphysique de l'absurde de Blanchot et de Beckett, ou encore le jeune Nouveau Roman, tout révolutionnaire que celui-ci paraisse dans les articles théoriques d'un Robbe-Grillet.

Fréquentant une gauche qui aimait se désigner comme marxiste et qui était en proximité conflictuelle avec le parti communiste, une gauche à laquelle se joignent vers le milieu des années cinquante ceux qui se révoltent contre l'orthodoxie stalinienne et se mobilisent par rapport à la guerre d'Algérie, Perec conçoit avec un groupe d'amis le projet de *La Ligne générale*. Cette nouvelle revue dont le titre est repris du film d'Eisenstein (1929), doit poser les fondements d'une nouvelle esthétique d'inspiration à la fois marxiste et anti-jdanovienne et doit fournir une alternative d'une part à *La Nouvelle Critique* et *Les Lettres françaises*, et d'autre part aux *Temps modernes* et à *Esprit*. Autour du projet se réunissent des khâgneux du lycée Louis-le-Grand (Marcel Bénabou, Régis Debray, Claude Burgelin) et des amis de Perec qui faisaient leurs études à la Sorbonne ou avaient déjà une activité professionnelle (Roger Kleman, Jacques Lederer, Pierre Getzler).[21]

Le projet de la revue naît fin 1958 et les membres du groupe accueillent avec enthousiasme les traductions françaises des ouvrages de Lukács, parmi lesquels *Histoire et conscience de classe* et *La Signification présente du réalisme*

---

de l'intrigue dans le roman contemporain dans 'Sur quelques notions périmées' (*La Nouvelle Nrf*, 1957, repris dans *Pour un nouveau roman*, Gallimard,, 1963, pp. 29-53). Il dénonce le réalisme socialiste qui emprunterait ses procédés au roman d'avant 1848 et proclame qu'il faut cesser de craindre l'art pour l'art. Moins polémique et plus concis, Michel Butor constate dans *Le roman comme recherche* [1955] qu'à des réalités différentes correspondent des formes de récit différentes. Les techniques traditionnelles du récit étant incapables d'intégrer tous les nouveaux rapports, l'invention formelle est d'une importance cruciale et, loin de s'opposer au réalisme comme on l'imagine trop souvent, elle est la condition sine qua non d'un réalisme plus poussé. (Repris dans *Répertoire*, Minuit, 1960, pp. 7-11.)

21. Voir sur l'histoire de ce projet jamais réalisé, la préface de Claude Burgelin aux articles de Perec réunis sous le titre *L.G. Une aventure des années soixante* (Paris : Seuil, «La librairie du XXᵉ siècle», 1992) pp. 7-23.

critique. Alors que le premier ouvrage date de 1923[22], le second a été écrit partiellement au printemps de 1956 et est, par conséquent, contemporain des discussions engendrées par le XXe congrès du parti communiste de l'Union soviétique.[23]

Offrant une issue à l'impasse créée par l'opposition sartrienne entre l'art engagé et l'art pur, cet ouvrage de 1956 sera important pour *La Ligne générale* et pour la formation de Perec. Lukács, qui sous Staline avait dû renier tous les principes d'une esthétique qu'il avait élaborée avant 1940 et n'avait pas hésité à exiger que l'art reflète sans médiation les rapports de production, revient dans ce livre à des positions antérieures, et condamne l'influence stalinienne dans le domaine littéraire. Marginalisé à plusieurs reprises au sein du marxisme orthodoxe, Lukács figure, comme Paul Nizan, parmi les écrivains maudits du camp marxiste qui, après 1956, sont adoptés par l'intelligentsia française. *La Signification présente du réalisme critique* présente un attrait indéniable pour une gauche intellectuelle et littéraire désorientée.[24]

S'inspirant d'un modèle aussi peu orthodoxe, *La Ligne générale* ne verra jamais le jour, faute de l'appui du parti communiste dont certains représentants du groupe étaient membres et entendaient le rester.[25] Pour le parti communiste, il n'est pas question d'autoriser une publication qui échapperait à son contrôle et ferait concurrence à ses propres revues. Ce qui reste de ce projet avorté, ce sont les articles publiés par Perec en 1962 et 1963, pour la plupart dans *Partisans*.

22. Le troisième numéro d'*Arguments* (avril-mai 1957) présente en traduction le premier chapitre de cet ouvrage de Lukács qui lui avait valu la désapprobation du Parti communiste au Cinquième Congrès de l'Internationale communiste en 1924. Il sera édité en entier en 1960 par Minuit dans la collection *Arguments*.

23. György Lukács, *La Signification présente du réalisme critique*, paru en 1958 à Hambourg chez l'éditeur Claassen sous le titre *Wider den missverstandenen Realismus* ; la traduction française (Maurice de Gandillac) paraît en 1960 chez Gallimard.

24. Maurice Merleau-Ponty consacre au Lukács d'*Histoire et conscience de classe* un chapitre de ses *Aventures de la liberté* (Paris : Gallimard, 1955) pp. 48-89. Dans *Le Dieu caché* (Paris : Gallimard, 1956) Lucien Goldmann applique l'esthétique lukacsienne à l'étude de Pascal et de Racine. Goldmann a également écrit une 'Introduction aux premiers écrits de Georges Lukács', en postface à *La Théorie du Roman* [Berlin, 1920] (Paris : Denoël-Gonthier, 1963).

25. Pour les détails de cet échec, voir David Bellos, *op. cit.*, p. 241.

Sartre : Pour une littérature engagée

Les essais de *Qu'est-ce que la littérature ?* comportent l'essentiel de la réflexion sartrienne sur l'engagement littéraire et philosophique. Comment
un écrivain, en situation dans son époque, peut-il dépasser l'antinomie de
la parole et de l'action ? Dans sa réponse à cette question, Sartre lutte sur
deux fronts. D'un côté, il soutient la primauté du sujet et la liberté individuelle face au déterminisme marxiste, de l'autre il affirme que la pensée et
la littérature sont la forme suprême de l'action et légitime la littérature
comme activité intrinsèquement révolutionnaire.[26]

On connaît les célèbres dichotomies – entre prose et poésie, entre l'art
engagé et l'art pour l'art – qui structurent les essais de *Situations II*. Sous-
jacente à ces dichotomies est l'opposition entre deux approches du langage
qui, évoquées sur le ton du constat, se chargent rapidement de valorisations
polémiques. On peut, écrit Sartre dans le premier essai, 'Qu'est-ce qu'écrire ?', traverser le signe comme une vitre et poursuivre à travers lui la chose
signifiée, ou bien tourner son regard vers la réalité du signe et le considérer
comme objet. La première approche est ou devrait être, selon Sartre, propre
aux prosateurs, la seconde est celle des poètes.

Cette distinction stricte entre prose et poésie constitue le point de départ
d'un enchaînement d'affirmations dogmatiques qui permettent à Sartre de
désigner la prose comme le lieu de l'engagement politique et social et de
reléguer la poésie avec les autres arts dans le domaine de l'art pour l'art.
Selon le Sartre de *Situations II*, seule la prose, 'utilitaire par essence', peut
être engagée. Le style y est une qualité secondaire, il doit passer inaperçu,
il est subordonné à l'engagement. (*Sit. II*, pp. 70-76) Or, non seulement sa
description des emplois que l'on peut faire du langage est-elle fortement
réductrice et normative (Sartre n'évoque que l'emploi dénotatif du langage),
mais, dès qu'il s'agit de distinguer la littérature engagée de la propagande,
Sartre laisse tomber le critère distinctif de l'utilité et, du même coup, la
séparation entre prose et poésie, pour pouvoir défendre l'indépendance de
l'art, qu'il définit comme une fin en soi. (*Sit. II*, p. 98)

De la possibilité d'engagement découle le devoir d'engagement. S'il opte
pour la prose, l'écrivain ne peut pas ne pas s'engager et cela pour plusieurs

---

26. Ces essais de Sartre ont suscité des réflexions et critiques multiples. Je ne mentionne-
rai ici qu'une étude particulièrement éclairante de Robert Champigny, *Pour une esthétique
de l'essai. Analyses critiques, Breton, Sartre, Robbe-Grillet* (Paris : Minard, 1967).

raisons. En premier lieu, tout écrivain, qu'il le veuille ou non, est ancré dans la situation politique et historique de son époque et lié à une communauté face à laquelle il doit se définir : il est, par conséquent, responsable de ce qu'il écrit. Dans ce sens, tous les écrivains sont engagés. Nécessairement engagé, l'écrivain doit assumer ses responsabilités et prendre position de manière consciente, car, même s'il s'abstient d'une prise de position, il est responsable des implications politiques de l'univers imaginaire qu'il évoque. L'impartialité et l'objectivité prônées par des écrivains réalistes comme Flaubert sont illusoires de même qu'est illusoire la gratuité prônée par les partisans de l'art pour l'art. Mais, si Sartre érige ainsi l'engagement en essence et en critère de valeur, il prend soin de le distinguer de l'asservissement aveugle à une cause : l'utilitarisme communiste est à rejeter.[27]

En second lieu, écrire est, selon Sartre, 'dévoiler' le monde. Toute chose qu'on nomme n'est déjà plus tout à fait la même, elle a perdu son innocence, 'dévoiler' est changer ; en révélant sa vision du monde l'écrivain change les rapports de ses lecteurs avec ce monde. (*Sit. II*, 'Pourquoi écrit-on ?', pp. 109, 110). Cependant, si l'engagement est inévitable, il est en même temps l'expression de la liberté de l'écrivain et fait appel à celle du lecteur. L'écrivain est libre de créer un monde imaginaire, et le lecteur est libre de recréer cet univers, de le reprendre à son compte. Définissant l'art comme un dialogue entre deux libertés, Sartre homologue du même coup liberté artistique et liberté politique. Si l'art dépend de la liberté des hommes, il doit aussi contribuer à la sauvegarde de cette liberté.

Dans 'Pour qui écrit-on ?', Sartre explore, dans une analyse historique et selon un schéma assez proche de ceux qui étaient produits par les théoriciens marxistes dans les années vingt et trente, les rapports entre l'écrivain et son public – le clerc au Moyen Age, l'écrivain classique, les philosophes du XVIIIᵉ siècle, l'écrivain au XIXᵉ siècle. Cette analyse lui permet d'identifier à l'expression d'un échec et d'une défaite l'approche poétique du langage, définie dans 'Qu'est-ce qu'écrire ?' encore comme l'expression d'un simple choix personnel. Optimiste et volontariste, l'approche que Sartre adopte

---

27. Dans un passage bien représentatif du ton polémique caractéristique de ces discussions entre intellectuels au temps de la guerre froide, Sartre répond ainsi à un pamphlet du communiste Roger Garaudy, *Une littérature de fossoyeurs : un faux prophète, Jean Paul Sartre* (Paris : Ed. sociales, 1948) : 'C'est pourtant un M. Garaudy, communiste et propagandiste, qui m'accuse d'être un fossoyeur. Je pourrais lui retourner l'insulte, mais je préfère plaider coupable : si j'en avais le pouvoir, j'enterrerais la littérature de mes propres mains plutôt que de lui faire servir les fins auxquelles il l'utilise'. (*Sit. II*, p. 287)

lui-même dans ces essais et qu'il appelle l'approche 'rhétorique', témoigne de la croyance que la pensée n'existe qu'à travers le langage, que le langage est par conséquent adéquat et coïncide avec la pensée. L'approche poétique ou 'terroriste', par contre, part de l'assomption que la pensée précède le langage qui, inadéquat et trompeur, ne peut que la trahir.[28] Cette approche 'terroriste' est, selon Sartre, le résultat d'une 'crise du langage' qui, éclatée au début du XXe siècle, serait l'aboutissement de l'aliénation de l'écrivain dans une société bourgeoise.[29] L'écrivain 'terroriste' se méfie d'un langage porteur des valeurs qu'il déteste. Ce terrorisme ne s'est pas fait sentir seulement dans le domaine de la poésie, mais se retrouve chez les surréalistes et des auteurs contemporains tels que Bataille, Blanchot, Camus, chez qui il donne lieu au 'culte du silence'.

Le profit que Sartre tire de cette explication historique de la prétendue crise du langage est double. En premier lieu, elle lui permet d'éviter la transformation des questions que pose le langage en problème métaphysique. En second lieu, elle lui permet d'affirmer avec optimisme que, dans la France de 1947, dans une société qu'il croit à la veille de la révolution, on est 'au-delà du terrorisme', de cette crise du langage. (*Sit. II*, p. 192) Dans sa lutte contre des conceptions littéraires qu'il juge politiquement dangereuses, Sartre s'interdit les nuances : 'Si l'on se met à déplorer l'inadéquation du langage à la réalité, on se fait complice de l'ennemi, c'est-à-dire de la propagande. Notre premier devoir d'écrivain est donc d'établir le langage dans sa liberté. [...] Notre pensée ne vaut pas mieux que notre langage et l'on doit la juger sur la façon dont elle en use'. (*Sit. II*, p. 305) Aux écrivains qui cultivent le silence, il rappelle que 'se taire n'est pas être muet, c'est refuser de parler, donc parler encore'. (*Sit. II*, p. 75) Dans *Situations II*,

---

28. Sartre a repris les termes *rhétorique/terroriste* à l'essai de Jean Paulhan, *Les Fleurs de Tarbes ou la Terreur dans les lettres* (Gallimard, 1941). Cf. *Sit. II*, pp. 191, 192. Pour le Sartre de 1947, ce sont les relations du prosateur avec le langage qui constituent la norme, l'écrivain est un parleur, c'est-à-dire 'un homme qui se sert des mots : il désigne, démontre, ordonne, refuse, interpelle, supplie, insulte. S'il le fait à vide, il ne devient pas poète pour autant ; c'est un prosateur qui parle pour ne rien dire'. (*Sit. II*, p. 70.)

29. Cf. Sartre : 'A partir de 1848 et jusqu'à la guerre de 1914, l'unification radicale de son public amène l'auteur à écrire par principe *contre tous ses lecteurs*. Il vend pourtant ses productions, mais il méprise ceux qui les achètent et s'efforce de décevoir leurs vœux ; c'est chose entendue qu'il vaut mieux être méconnu que célèbre [...]. Ce conflit fondamental entre l'écrivain et son public est un phénomène sans précédent dans l'histoire littéraire. [...] Mais après 1850 il n'y a plus moyen de dissimuler la contradiction profonde qui oppose l'idéologie bourgeoise aux exigences de la littérature'. (*Sit. II*, pp. 161, 162)

Sartre choisit d'ignorer la complexité des rapports entre langage, pensée et réalité pour les besoins de sa cause.

La place centrale qu'occupent les notions conjointes de liberté et d'engagement dans la pensée de Sartre fonde sa critique bien connue des techniques utilisées par les écrivains réalistes traditionnels. Adopter le point de vue extérieur et intemporel de 'dieu fait romancier', raconter une histoire au passé simple, présenter les sentiments et les actes comme des exemples typiques des lois du cœur, tout cela trahit la mauvaise foi de l'écrivain réaliste qui, en interposant entre lui-même et le lecteur des personnages dont le destin a été scellé, se soustrait à l'engagement direct. Pour présenter à la société un miroir critique, l'écrivain doit essayer de rendre le vécu à l'état pur, il doit créer des héros non point positifs, mais problématiques, esquisser des questions et non pas des solutions, susciter le doute et non pas des émotions vertueuses. 'La plupart des romans français sous la Troisième République', écrit Sartre, 'prétendent, quel que soit l'âge de leur auteur réel et d'autant plus vivement que cet âge est plus tendre, à l'honneur d'avoir été écrits par des quinquagénaires, [...], ni l'auteur ni le lecteur ne courent de risques, aucune surprise n'est à craindre, c'est la France bourgeoise, [...], sommeillant sur la gloire de sa Révolution'. (*Sit. II*, p. 184)

Qu'est-ce que la littérature ? rappelle certaines analyses de Lukács. Comme l'auteur de *La Signification présente du réalisme critique*, Sartre érige sa vision en un schéma universel et réductionniste d'interprétation et d'évaluation des phénomènes littéraires, comme lui, il s'efforce de maintenir les prérogatives de la subjectivité ; comme lui, il veut sauver la primauté du sujet et la liberté individuelle.

Barthes : pour une éthique de la forme

Conçu en réaction au *Qu'est-ce que la littérature ?* de Sartre, *Le Degré zéro de l'écriture* de Barthes s'ouvre sur la tripartition entre 'langue', 'style' et 'écriture'.[30] S'opposant à Sartre qui considère le style comme le produit d'un

---

30. Roland Barthes, *Le Degré zéro de l'écriture* (Paris : Seuil, 1953) pp. 9-83. Je me réfère à une réédition chez Gonthier de 1964. Composé en majeure partie à partir d'articles écrits pour *Combat* entre 1947 et 1953, *Le Degré zéro* comporte également des textes inédits. Ainsi, les chapitres 'Ecriture et Révolution' (pp. 59-64), et 'Ecritures politiques' (pp. 21-28), datent de 1953. Dans son étude sur Barthes, Philippe Roger confronte la version définitive et les états antérieurs fournis par les articles de *Combat*, ce qui lui permet de montrer combien Barthes

choix conscient, Barthes définit dans le chapitre d'ouverture, 'Qu'est-ce que l'écriture ?' le style et la langue comme des réalités incontournables, des données qui délimitent d'emblée le territoire de l'écrivain. (*Degré zéro*, pp. 13-20) Alors que la langue est un phénomène social, supra-individuel, de nature historique, le style est un langage autarcique qui plonge dans la mythologie personnelle de l'écrivain et est le produit naturel de la personne biologique. L'écriture, par contre, est définie par Barthes comme 'une réalité formelle indépendante de la langue et du style', c'est le choix réfléchi de telle ou telle forme littéraire, de telle ou telle convention en fonction de l'usage social visé par l'écrivain. Dans l'écriture s'exprime la position prise par l'écrivain par rapport à la société de son temps, elle est le lieu d'un engagement social, un acte de solidarité historique. Cependant, cet engagement est devenu, selon Barthes, impossible depuis la rupture politique et sociale de 1848 et, dans la suite de ses essais, Barthes ne fera rien d'autre qu'exhiber l'impasse dans laquelle se trouve l'écrivain contemporain.

Dans les chapitres 'L'écriture du roman' et 'Triomphe et rupture de l'écriture bourgeoise', les analyses de Barthes rejoignent celles de Sartre.[31] La révolution avortée de 1848 a disjoint la littérature de la société qui la consomme. Jusque-là, le romancier écrivait pour une classe dont il provenait et qui le lisait. Son écriture était marquée par certaines formes – l'emploi du récit à la troisième personne, un récit raconté au passé simple par un narrateur omniscient. L'écriture du roman d'avant 1848 exprimerait de la sorte une vision universellement acceptée à cette époque : celle d'un univers cohérent, sans contradictions, maîtrisé. Cependant, à partir de 1848, ce roman, produit par et pour la bourgeoisie, écrit dans la langue de celle-ci, se voit stigmatisé dans ses origines et renvoie aux fractures sociales causées par la révolution. Le pacte entre l'écrivain et son public, grâce auquel fonctionne le mécanisme référentiel, est rompu. La référence échoue, la vitre du langage s'embue et la littérature ne renvoie plus qu'à elle-même. Désormais, l'écrivain a le choix entre assumer ou rejeter sa condition bourgeoise ; s'il l'assume, il continuera à employer naïvement les formes du

oscille entre deux pôles antagoniques : d'un côté, un 'sentiment tragique' de l'écriture, de l'autre la séduction intellectuelle qu'exercent sur lui les principes d'explication mis à sa portée par l'analyse sartrienne. En replaçant ces articles dans le contexte polémique de l'époque, Roger montre quels sont les facteurs extérieurs qui ont pu amener Barthes à ces différentes et parfois contradictoires prises de position. Voir à ce sujet Philippe Roger, *Roland Barthes, roman* (Paris : Grasset, «Figures», 1986) pp. 245-261.

31. Dans 'L'écriture du roman' (pp. 29-38) Barthes a repris et remanié deux articles de 1951. 'Triomphe et rupture de l'écriture bourgeoise' (pp. 49-54) remonte à un article de 1950.

roman d'avant 1848, qui, correspondant à une vision périmée du réel, ne renverront plus qu'à l'idée générale de littérature. S'il la rejette, il se retirera dans le travail de la forme, dans l'écriture artisanale de l'art pour l'art – la flaubertisation de la littérature – ou s'acharnera à miner les formes périmées. La littérature commence à devenir auto-réflexive.

On comprend pourquoi pour Sartre, pour Barthes et également, comme nous le verrons plus loin, pour les Nouveaux Romanciers, Flaubert constitue une référence fondamentale : son œuvre est profondément marquée par l'échec de 1848 et par la 'haine' de la bourgeoisie :

> Entre la troisième personne de Balzac et celle de Flaubert, il y a tout un monde (celui de 1848) : là une Histoire âpre dans son spectacle, mais cohérente et sûre, le triomphe d'un ordre ; ici un art qui, pour échapper à sa mauvaise conscience, charge la convention ou tente de la détruire avec emportement. (*Degré zéro*, p. 36)

Dans 'Ecriture et Révolution' [1953], Barthes dénonce le réalisme littéraire sous toutes les formes qu'il a revêtues après 1848 – du naturalisme au réalisme socialiste français. (*Degré zéro*, pp. 59-64) Il caractérise l'écriture des naturalistes (Maupassant, Zola, Daudet) comme la combinaison des signes formels de la littérature (passé simple, style indirect, rythme écrit) et des signes non moins formels du réalisme (pièces rapportées du langage populaire, mots forts, et cetera). Barthes avance qu'aucune écriture n'est plus artificielle que celle qui a prétendu dépeindre au plus près la nature. C'est une littérature qui en affichant ainsi son réalisme, montre son masque du doigt. A l'aide de quelques citations bien choisies, il ridiculise le réalisme socialiste de romanciers communistes comme Roger Garaudy et André Stil qui ont repris l'écriture du 'réalisme petit-bourgeois'.[32]

Par ailleurs, dans le chapitre intitulé 'Ecritures politiques', autre ajout de 1953, Barthes ne se montre guère plus positif à l'égard de l'écriture engagée, que ce soit celle de la presse communiste ou celle pratiquée par *Les Temps modernes* et *Esprit*. (*Degré zéro*, p. 21-28) Se désolidarisant de Sartre, compagnon de route depuis 1952, Barthes assimile toutes les écritures politiques ou engagées à ce qui définit la littérature bourgeoise, 'artistico-

---

32. André Stil avait reçu en 1952 le Prix Staline pour sa trilogie, *Le Premier Choc* (Ed. La Nouvelle Critique, 1952), une histoire édifiante de dockers faisant la grève, dans un port de l'Atlantique, contre le débarquement des armes américaines. Sur les représentants principaux du socialisme réaliste en littérature, voir Jeannine Verdès-Leroux, *op. cit.*, pp. 269-299.

réaliste' : 'Chaque mot n'y est plus qu'une référence exiguë à l'ensemble des principes qui, jamais remis en question, les soutiennent d'une façon inavouée'. (*Degré zéro*, p. 24) Cette écriture pèche, selon Barthes, par sa tautologie, ne faisant rien d'autre qu'afficher son engagement. L'hostilité de Barthes aux écritures engagées doit donc être interprétée dans le contexte du climat intellectuel polémique en 1953 et peut être qualifiée de tactique. Sa profonde méfiance à l'égard du réalisme traditionnel tient à des sentiments plus personnels, tels que son ambivalence par rapport aux romans du XIXᵉ siècle. Le soir, il lisait avec délices les romanciers qu'il critiquait publiquement, Zola et Dumas.[33]

Je rappelle la conclusion[34] du *Degré zéro* : à l'écrivain de gauche qui ne veut ni s'engager de cette façon ni renoncer à la littérature, il ne reste qu'à faire preuve de sa solidarité sociale en exprimant dans la forme de son œuvre, par la recherche d'un 'degré zéro de l'écriture', une anticipation d'un état absolument homogène de la société. (*Degré zéro*, p. 75) C'est par la fameuse 'écriture blanche', libérée de toute servitude à un ordre marqué du langage, écriture purement dénotative, débarrassée de toutes les connotations, que, selon Barthes, l'écrivain bourgeois peut racheter son essentielle inauthenticité, porté par l'idéal 'd'un langage rêvé dont la fraîcheur, par une sorte d'anticipation idéale, figurerait la perfection d'un nouveau monde adamique'. (*Degré zéro*, p. 76)[35] Barthes a développé cet idéal d'écriture – l'écriture blanche, neutre – qui opérerait la saisie du monde tel qu'il est en lui-même, dans les années quarante, à partir d'une analyse de *L'Etranger* d'Albert Camus.[36] Il l'attribuera par la suite à, entre autres, Jean Cayrol et

---

33. Sur cette ambivalence de Barthes, voir encore Philippe Roger, *op. cit.*, pp. 285-291.

34. Roger montre combien Barthes dans cette conclusion, 'L'utopie du langage', s'écarte de la version originale, 'Le sentiment tragique de l'écriture', qui date de 1950 et dans lequel il valorisait encore une littérature d'explication et de combat. Philippe Roger, *op. cit.*, pp. 259, 260.

35. Avec son rêve d'une langue adamique, Barthes s'inscrit dans une longue tradition qui remonte jusqu'au Cratyle de Platon et dont les représentants croient à l'existence d'une langue parfaite et d'origine divine, absolument transparente par rapport aux choses et leur ressemblant, langue qui se serait perdue mais dont des débris subsistent dans le chaos apparent des langages existants.

36. Barthes a publié son premier article sur Camus, 'Réflexion sur le style de «*L'Etranger*»' en 1944, dans *Existences*, n° 33, juillet 1944, revue fondée par les étudiants du sanatorium Saint-Hilaire-du-Touvet où Barthes a séjourné de 1942 à 1945 (voir Roland Barthes, *Œuvres complètes*, Paris : Seuil, 1993, tome 1, pp. 60-67). Pour les rapports de Barthes avec Camus, voir Philippe Roger, *op. cit.*, pp. 264-271.

Maurice Blanchot.[37] Les auteurs à qui Sartre reproche de cultiver le silence, sont ainsi élus par Barthes. Faisant prévaloir la moralité de la forme sur les positions idéologiques, Barthes ramène le problème de la responsabilité de l'artiste à une problématique du langage et prétend apporter ainsi une solution au conflit entre forme et contenu, entre éthique et esthétique.

Telle est donc la position de Barthes en 1953 : portée par la quête d'une littérature à faire, marquée par une sociologie marxisante, tantôt pour et tantôt contre Sartre, mais surtout profondément hostile à la convention réaliste en littérature telle que l'exégèse jdanovienne l'a remise à l'honneur.

Si dans *Le Degré zéro* Barthes axe son analyse 'sur la condition historique' du langage littéraire, dans *Mythologies* (1957), il l'élargit au langage quotidien et aux ensembles des images et des objets non-verbaux (nourriture, vêtement, ameublement). Barthes est fasciné par la publicité, ce mélange d'images et de textes cherchant à conditionner les gens dans leurs désirs. Il déteste les valeurs petites-bourgeoises de la France de son époque, et cherche à démasquer dans les connotations ce qu'il appelle l'opinion publique ou le consensus petit-bourgeois, la voix du naturel ou la violence du préjugé, ou encore le mythe, le stéréotype ou la doxa, termes qui renvoient tous à l'idéologie dominante. La vision du monde qui se présente dans les connotations comme normale, correcte et naturelle, n'exprime en réalité que des valeurs étroitement liées à leur contexte historique et, par définition, passagères. Le lien entre les signes et leur connotation est donc de nature événementielle et historique, mais à partir d'un certain moment il devient 'naturel', au sens de 'conforme à la nature des choses'. Barthes cherche à démasquer partout où elle se manifeste, la naturalisation du culturel. On ne peut déjouer les connotations qu'en mettant en évidence leur historicité.[38]

---

37. Dans l'Introduction du *Degré zéro*, p. 12. Nous verrons plus loin (p. 184) que Jean Cayrol, auteur de *Poèmes de la nuit et du brouillard* (Seghers, 1946 ; réed. Seuil, 1988 et 1995), écrits en déportation, auteur aussi du commentaire du court-métrage éponyme sur les camps de concentration d'Alain Resnais (1955), compte parmi les écrivains apparaissant en filigrane dans l'autobiographie de Perec.

38. Cependant, Barthes fait preuve d'une forte ambivalence par rapport à la connotation ; s'il la déteste, elle lui sert également d'alibi pour parler du réel qui, même enrobé de connotations, l'intéresse beaucoup.

Du réalisme littéral à l'anti-mimétisme

Après un revirement qui l'amène à se quereller avec Camus, à rejoindre le camp des *Temps Modernes* et à s'afficher ouvertement comme 'matérialiste historique', comme 'marxiste' et 'sartrien'[39], Barthes projette son idéal d'un 'art littéral', d'une 'écriture blanche', d'un 'réalisme objectif' sur l'œuvre du représentant le plus bruyant du tout jeune Nouveau Roman, Alain Robbe-Grillet.[40] Selon Barthes, si Robbe-Grillet décrit quasi géométriquement les objets, c'est pour les dégager de la signification humaine, les corriger de la métaphore et de l'anthropomorphisme. Dans les romans de Robbe-Grillet (*Les Gommes*, 1953, et *Le Voyeur*, 1955), les objets seraient présentés sans profondeur, sans épaisseur, sans secret et sans alibi. Ils apparaissent dans leur être-là et non dans leur être-quelque chose. Le mot *est* l'objet, signifiant et référent ne sont plus séparés par le signifié. Le mot permet d'opérer la saisie du monde dans son 'ainsité'.

Cependant, l'œuvre de Robbe-Grillet se montre, à la longue, réfractaire aux exigences de Barthes qui voudrait voir réalisée son utopie de roman sans fable, présentant 'un univers chosiste qui n'affirmerait que sa solidité objective et littérale', décourageant toute tentative d'interprétation. L'étude de Bruce Morrissette qui, derrière les jalousies et les bananiers, découvre les obsessions et les fantasmes de Robbe-Grillet marque la fin des espoirs de Barthes.[41] Il renonce à sa mainmise sur le Nouveau Roman, pour rallier en 1965 les écrivains de *Tel Quel*. Son soutien de *Tel Quel* ne s'explique plus par l'espoir d'une nouvelle littérature mais se place plutôt sur le terrain politique.

---

39. La rupture entre Sartre et Camus se produit en 1952. Pour une interprétation du cheminement sinueux de Barthes, voir Philippe Roger, *op. cit.*, pp. 262-278. Si dans les essais publiés en 1953, Barthes projette son idéal d'écriture – l'écriture blanche, le degré zéro – sur l'*Etranger* de Camus, il se livre en 1954 à une critique sévère de *La Peste*, en reprochant entre autres à Camus d'avoir allégorisé abusivement une situation historique précise, l'Occupation. A Camus qui lui dit ne pas croire au réalisme en art, Barthes répond :' Pour moi, j'y crois ; ou du moins (car ce mot réalisme a une hérédité bien lourde) je crois à un art littéral, où les pestes ne sont rien d'autre que les pestes, et où la Résistance, c'est *toute* la Résistance'. Cité d'après Philippe Roger, p. 276.

40. Dans les premiers articles qu'il consacre aux romans de Robbe-Grillet, 'Littérature objective', *Critique* (n° 86-87, 1954), et 'Littérature littérale', *Critique* (n° 100-101, 1955), Barthes parle d'une 'nouvelle littérature objective' et d'un 'réalisme littéral'. Ces articles contribueront beaucoup au renom du Nouveau Roman. Les deux articles ont été repris dans Roland Barthes, *Essais critiques* (Paris : Seuil, 1964), pp. 29-40 et pp. 69-70. *Critique* est la revue où publient des auteurs comme Blanchot et Bataille.

41. Bruce Morrissette, *Les Romans d'Alain Robbe-Grillet* (Paris : Minuit, «Arguments», 1963), précédé d'une préface de Barthes.

L'abandon – provisoire – de cet idéal d'une écriture dénotative coïncide avec la période sémiologique de Barthes. Sa réflexion sur le réel et sa saisie ou mise en forme, sa mise en langage, se nourrit de la linguistique saussurienne. Barthes lâche, non sans regret, le lest des 'matières premières' non verbales dont il parle encore si abondamment dans les articles réunis dans *Mythologies*, et se concentre sur les signes linguistiques. Partant de la volonté de surmonter l'opposition de l'art et de l'engagement, Barthes, et à sa suite tous les penseurs d'inspiration linguistique en feront autant, anéantit simplement l'un des deux pôles en l'engageant dans l'autre. Puisque tout est signe, tout est langage ; il n'y a rien en dehors du langage et, par conséquent, aucune raison de s'occuper de la réalité historique et sociale.

Son idéal 'd'un réalisme littéral' s'étant révélé hors d'atteinte, Barthes le remplace par une écriture abandonnée à la prolifération des connotations. Cette prolifération est alors un moyen efficace pour empêcher la monopolisation du texte par une seule interprétation, mais marque aussi un retrait dans le langage et une rupture avec le réel.[42]

Lukács : le réalisme critique

Au moment où le débat sur le réalisme semble verrouillé par l'opposition insurmontable entre l'engagement et l'esthétisme, Lukács fait figure de sauveur. L'esthétique lukacsienne se caractérise par la tentative de concilier l'héritage culturel classique, de Balzac à Tolstoï, et l'engagement marxiste. Dans *La Signification présente du réalisme critique*, Lukács reprend la tripartition qu'il avait élaborée dans les débats des années trente autour du réalisme – avec entre autres Bertolt Brecht, Anna Seghers et Ernst Bloch – lorsqu'il combattait le formalisme de toute littérature contemporaine d'une part et d'autre part le naturalisme de la littérature prolétarienne, premier avatar du réalisme socialiste.[43] Les trois essais réunis dans *Signification*

---

42. Sur l'évolution de Barthes ultérieure à 1970, voir aussi Henk Hillenaar, *Roland Barthes, existentialisme, semiotiek, psychoanalyse* (Assen : Van Gorcum, 1982).

43. Les essais écrits dans le cadre de ce débat, ont paru entre 1931 et 1940 dans trois revues, *Die Linkskurve*, *Internationale Literatur* et *Das Wort*. *Die Linkskurve* a été publiée de 1929 à 1932 par des écrivains communistes allemands. Fondée en 1931, *Internationale Literatur* était l'organe central de l'Association internationale des écrivains révolutionnaires siégeant à Moscou. Publiée également à Moscou de 1936 à 1939, *Das Wort* était la revue des intellectuels allemands antifascistes exilés. Les essais de Lukács, parmi lesquels le célèbre *Il y va du réalisme* [1938] ont été réunis dans *Probleme des Realismus I* (Neuwied : Luchterhand, 1971 ;

présente s'intitulent respectivement 'La vision du monde sous-jacente à l'avant-garde littéraire', 'Franz Kafka ou Thomas Mann ?', et 'Le réalisme critique dans la société socialiste'.

Sous l'étiquette de 'littérature d'avant-garde' ou de 'littérature décadente', Lukács classe tous les auteurs dont les recherches formelles découlent, à son avis, d'une conception irrationnellement pessimiste des rapports entre l'homme et le monde – des grands auteurs de la première moitié du siècle comme Proust, Joyce, Musil, Kafka, aux représentants des différents mouvements d'avant-garde, futuristes, expressionnistes et surréalistes.[44] Désignés par Lukács comme 'les pensionnaires du Grand Hôtel de l'Abîme', ces auteurs contemporains représentent l'homme comme un individu isolé, replié sur lui-même, n'éprouvant à l'égard du monde qui l'entoure qu'un sentiment d'angoisse.[45] Devant un monde perçu comme statique, incompréhensible et absurde, l'homme en est réduit à l'impuissance, à une attitude passive. Dans cette littérature, toute idée d'évolution est rejetée. Les procédés scripturaux – tels le monologue intérieur de Joyce, le travail du détail réaliste chez Kafka, la désagrégation des personnages chez Beckett – révèlent la solitude de l'individu. Dans la littérature réaliste, écrit Lukács, tout détail descriptif est à la fois individuel et typique ; la littérature 'décadente', par contre, nie le typique : en détruisant la cohérence du monde, elle réduit le détail au niveau de la pure particularité.[46]

Le réalisme socialiste qui en principe devrait fournir une alternative viable à cette littérature décadente, ne trouve pas non plus grâce aux yeux de Lukács. Sous le poids des normes jdanoviennes, ce réalisme socialiste a glissé vers un déterminisme économique, niant l'interaction entre l'homme et le monde, et réduisant la littérature à n'être qu'une expression tronquée

---

une traduction française de Claude Prévost et Jean Guégan, *Problèmes du réalisme*, a paru en 1975 à Paris chez L'Arche).

44. György Lukács, *op. cit.*, p. 34.

45. 'Bien des écrivains', écrit Lukács dans l'Avant-Propos de la traduction française de la *Théorie du Roman*, 'se sont installés dans ce grand «Hôtel de l'Abîme» que j'ai décrit ailleurs à propos de Schopenhauer : «C'est un hôtel pourvu de tout le confort moderne, mais suspendu aux abords de l'abîme, du néant, de l'absurde. Le spectacle quotidien de l'abîme, situé entre la qualité de la cuisine et les distractions artistiques, ne peut que rehausser le plaisir que trouvent les pensionnaires à ce confort raffiné»'.

46. Si le 'type' littéraire, selon Lukács, est un individu aux traits personnels bien précis, il n'en est pas moins le reflet total de la société à laquelle il appartient et de l'époque à laquelle il vit. Le héros balzacien possède à la perfection cette dualité de personnage d'être à la fois individuel et fortement intégré dans un milieu et une classe déterminés. Le 'type' est pour Lukács le critère de la conception réaliste de la littérature, c'est une synthèse particulière qui lie organiquement le général et l'individuel.

du réel. Or, Lukács n'accorde le prédicat 'réaliste' qu'à la littérature qui conçoit l'homme comme 'zoon politikon', comme 'animal social', comme membre actif d'une communauté humaine au sein de laquelle il lui appartient de jouer son propre rôle, avec plus ou moins d'efficacité, déterminant le monde autant qu'il est déterminé par lui.[47] C'est cette vision du monde qui, selon lui, est la base indispensable de toute création artistique valable et qu'il désigne du terme de 'réalisme critique'. Dans son optique, bien penser la réalité est donc une condition préalable à l'écriture d'une œuvre réaliste. Cependant, contre le réductionnisme, le schématisme et le simplisme esthétique du réalisme socialiste, il défend également la nécessité de la forme.

Pour Lukács, l'opposition entre réalisme et modernisme ne coïncide par conséquent pas (encore) avec l'opposition entre écrivains socialistes et écrivains bourgeois. Il situe, au contraire, cette opposition au sein de la littérature bourgeoise, dont certains représentants satisfont pleinement aux exigences de son réalisme critique, alors que d'autres, nihilistes et pessimistes, sont rejetés comme décadents. Lukács a toujours préféré l'œuvre de Gœthe, de Heine, des écrivains français de la première moitié du XIXe siècle, Stendhal et Balzac, aux produits du réalisme socialiste.[48] Tout écrivain bourgeois, à condition qu'il ne rejette pas à priori le socialisme et qu'il refuse de se complaire dans un nihilisme noir, est susceptible d'entrer au panthéon de Lukács. C'est entre Kafka et Mann que passe la ligne qui sépare en deux groupes les écrivains bourgeois contemporains.[49] Kafka est relégué, bien sûr, dans le camp des décadents, alors que Thomas Mann, aux

47. Lukács : 'Aristote, qui a posé cette définition (de l'homme comme animal social) sans référence à aucun problème esthétique, indiquait la voie à tous ceux qui après lui, ont entrepris de considérer le monde ; mais en même temps il touchait ainsi au problème central de toute grande littérature réaliste. Qu'il s'agisse d'Achille ou de Werther, d'Œdipe ou de Tom Jones, [...] le caractère proprement humain de ces personnages, ce qu'ils ont de plus profondément singulier et typique, rien de tout cela n'est séparable de leur enracinement concret dans des relations historiques humaines et sociales qui sont le tissu de leur existence'. (*Signification présente*, pp. 30, 31).

48. La première moitié du XIXe siècle est pour Lukács l'apogée du 'grand' réalisme qui, après la Révolution de 1848, et surtout sous le Second Empire, au début de la Troisième République, est suivie d'un temps de 'basses eaux'. (*Signification présente*, p. 22).

49. Selon Lukács, 'Kafka qui peint toujours le détail de façon réaliste, concentre tous les moyens de son art pour exprimer comme si elle constituait effectivement le réel, cette vision angoissée qu'il a lui-même de l'essence du monde, c'est-à-dire qu'à sa façon il supprime le réel. Chez lui, les détails réalistes servent de matière et de support à un irréel fantomatique, à un monde de cauchemar qui n'exprime plus qu'une angoisse subjective'. (*Signification présente*, p. 43.)

yeux de Lukács, est le dernier représentant et le modèle le plus achevé du réalisme critique. L'auteur de *La Montagne magique* et du *Docteur Faustus* a eu le mérite particulier de traiter la totalité des problèmes de la société bourgeoise. Ainsi, à la fin de la période stalinienne, Lukács situe le véritable réalisme entre la décadence du formalisme 'bourgeois' qu'il a combattu tout au long de sa vie et les déviations naturalistes du réalisme socialiste. Le réalisme littéraire s'identifie alors avec une certaine vision du monde et cette vision se traduit le mieux, selon lui, par les techniques littéraires héritées du réalisme du XIXe siècle qu'il érige en norme au détriment de la littérature 'décadente' du XXe siècle.

Perec : pour une 'troisième' voie

Perec rédige les articles de *Partisans* au début des années soixante, à un moment où les conditions sociales et politiques dont l'engagement avait été l'expression, ont déjà disparu. La reprise économique, la fin de la guerre froide, la consolidation du gaullisme, et, en 1962, la conclusion de la guerre d'Algérie, prive la gauche intellectuelle des mythes qui l'avaient mobilisée dans l'immédiat après-guerre. Les sommaires des premiers numéros de *Partisans* sont révélateurs à cet égard. Ils montrent que si la gauche maintient le marxisme comme système de référence, l'Union soviétique a dû céder son rôle de pays modèle aux pays du Tiers Monde en voie de décolonisation. Le couple prolétariat/bourgeoisie a fait place à celui du Tiers Monde et de l'impérialisme occidental.

L'ébranlement de 1956 ôte tout poids au terrorisme culturel qu'exercent les communistes et amoindrit la polarisation de la vie intellectuelle. En 1958, Claude Lévi-Strauss lance dans son *Anthropologie structurale* le structuralisme comme mouvement d'innovation en proposant la linguistique structurale comme modèle à l'anthropologie, et plus généralement aux sciences humaines. Dans cet ouvrage qui recueille certains articles écrits dans les années quarante sous l'influence de Roman Jakobson, Lévi-Strauss érige la linguistique saussurienne et notamment les modèles phonologiques développés par Jakobson comme science modèle sur laquelle toutes les autres sciences humaines doivent se calquer.[50] Dans les différents courants qui se

---

50. Notamment l'article 'L'Analyse structurale en linguistique et en anthropologie', daté de 1945 et repris dans *Anthropologie structurale I* (Paris : Plon, 1958) pp. 37-75. Aussi différents

manifestent dans les années soixante au sein du structuralisme[51], on retrouve une philosophie du langage qui, élaborée à partir du principe de l'arbitraire du signe et de la conception du langage comme système d'oppositions binaires (concepts-clés du *Cours de linguistique générale*, 1916), aboutit à une forme d'idéalisme linguistique. Cet idéalisme linguistique affirme la nature exclusivement langagière de notre conceptualisation du monde, ou bien, thèse plus extrême, dénie l'existence même de la réalité extra-linguistique. Il identifie donc d'une part langage et pensée, d'autre part langage et réel. Le réel est toujours conventionnel et, étant déjà une sorte de représentation, doit être dépourvu de tout privilège ontologique. Dans cette conception on trouve l'amalgame de deux idées, celle de l'idéalisme philosophique du XIXe siècle qui veut que la structure du monde des phénomènes soit un produit de l'esprit, et celle de la philosophie du sujet, élaborée en France dans les années soixante, pour qui l'activité intellectuelle se réduit au schématisme linguistique, et l'esprit ou le sujet à un produit du langage. C'est cette philosophie du langage qui va nourrir dans les années soixante et soixante-dix le point de vue anti-mimétique des mouvements d'avant-garde littéraires. Par son anti-humanisme, anhistoricisme et sa doctrine de la dissolution du sujet, le structuralisme s'oppose diamétralement aux idées sartriennes de l'engagement, de la responsabilité personnelle et de l'autonomie du sujet.

Les articles de Perec dans *Partisans* ne font pas mention, cependant, de cet avènement récent du structuralisme : ils se situent sans hésitation dans le cadre de la culture de l'engagement. Un peu dépaysés entre les dossiers tiers-mondistes qui font l'essentiel de la revue, ces articles portent sur les développements dans la littérature française de l'après-guerre. Reprenant les principales notions de Lukács, Perec passe toute la production littéraire d'après 1945 au crible des exigences de son 'réalisme critique', tout comme Sartre et Barthes avaient évalué l'évolution littéraire après 1848 à la lumière de la lutte des classes. Le bilan est négatif, comme on pouvait s'y attendre.

---

qu'en soient les objets d'étude, les disciplines qui, à la suite de l'anthropologie structurale, ont suivi le modèle saussurien, à savoir la poétique, la psychanalyse et l'épistémologie, se sont inspirées dans les années cinquante et soixante de l'espoir que l'étude du langage allait offrir la clé de la philosophie et des sciences humaines et que la linguistique saussurienne pourrait apporter une modernisation méthodologique de ces sciences au moyen de l'introduction de techniques formalisatrices et ainsi mettre fin au clivage entre les sciences de la nature et les sciences humaines. Pour une explication de cette révolution paradigmatique, voir Thomas Pavel, *Le Mirage linguistique* (Paris : Minuit, 1988) pp. 179-206.

51. Thomas Pavel, *op. cit.*, pp. 13-15.

Bien qu'il ne puisse que rejoindre tous ceux qui, avant lui, ont proclamé l'échec de la littérature engagée, Perec rejette, comme Lukács, toute forme de littérature qui ne s'inscrit pas dans la perspective de l'avènement inéluctable d'une société socialiste. Ainsi, Perec se distancie-t-il de Barthes, ou plutôt de ses préférences littéraires. S'il critique également Sartre, il reste dans son camp, et c'est ce qui le distingue des autres jeunes auteurs qui jettent l'anathème sur toute forme d'idéologie.[52] Perec est d'avis qu'à l'exception du roman engagé, la littérature française contemporaine – du Nouveau Roman à *Tel Quel* en passant par la littérature du silence de Beckett et de Blanchot – marie un nihilisme profond à un formalisme excessif et peut être renvoyée par conséquent au purgatoire de la littérature dite décadente. Ne se contentant pas de faire ainsi table rase, Perec prétend esquisser une solution à l'impasse créée par l'opposition de l'engagement à l'esthétisme de l'art pour l'art. Alors que Sartre avait sacrifié la forme à l'engagement, et que Barthes, au fond, avait fait l'inverse, Perec essaie de réconcilier les deux pôles de l'opposition et de sauver l'intention réaliste, première victime d'une victoire de l'esthétisme sur l'engagement.

L'essentiel de ce plaidoyer pour un nouveau réalisme est constitué par les quatre articles publiés en 1962. Des trois articles publiés en 1963, c'est seulement le dernier, un compte-rendu du livre de Bruce Morrissette sur Robbe-Grillet de décembre 1963, qui nous intéresse ici : il a pour fonction de prouver le bien-fondé du refus de Perec de suivre Barthes dans son engouement pour le Nouveau Roman.[53]

Les articles

Perec ouvre cette série d'articles sur une attaque en règle contre le Nouveau Roman et certains de ses représentants – Alain Robbe-Grillet, Nathalie Sarraute et Claude Simon. Le titre, 'Le nouveau roman et le refus du réel',

52. Ainsi, dans le premier volet de son autobiographie *Romanesques*, Robbe-Grillet écrit que la découverte des atrocités du national-socialisme lui avait fait prendre en horreur l'idéal de l'ordre cultivé dans le milieu d'extrême-droite où il avait été élevé, et l'avait amené par la suite à soupçonner toute idéologie, qu'elle soit de droite ou de gauche, politique ou artistique, de visées totalitaires. Il affirme que cette découverte est à l'origine de toute sa stratégie d'écriture. Alain Robbe-Grillet, *Le Miroir qui revient* (Paris : Minuit, 1984) pp. 131-133.

53. Georges Perec, 'Le mystère Robbe-Grillet', *Partisans*, n° 11, juin 1963, pp. 167-171.

indique d'emblée l'enjeu de cette attaque.[54] Plutôt que d'analyser les ouvrages de ces auteurs, Perec commente leurs énoncés théoriques et l'interprétation de leur projet artistique par Sartre (Sarraute) et par Barthes (Robbe-Grillet). Butor, qui avec Leiris et Queneau compte parmi les écrivains contemporains favoris de Perec, reste à l'abri.

Si Lukács considère Thomas Mann comme le représentant par excellence du réalisme critique[55], il nourrit également une grande admiration pour les romanciers de la première moitié du XIXᵉ siècle, et surtout pour Balzac. Or, c'est justement à Balzac et ses descriptions anthropomorphiques que s'attaque Robbe-Grillet dans *Pour un nouveau roman* et c'est à la psychologie 'schématique' des personnages et à l'omniscience du narrateur balzacien que Sarraute s'en prend dans *L'Ere du soupçon*. Mais, dit Perec dans ce premier article, si l'entreprise d'abolir les conventions réalistes héritées du XIXᵉ siècle – les descriptions anthropomorphes, la psychologie des personnages, le statut privilégié de l'auteur, l'ordre chronologique – est parfaitement légitime, les Nouveaux Romanciers n'ont fait que déboucher sur d'autres conventions qui, 'au lieu de renvoyer à une réalité sclérosée, se réfèrent fondamentalement à l'irrationnel'. (*LG*, p. 33) Et tomber dans l'irrationnel est pour le Perec volontariste et lukacsien de *Partisans* un péché capital.

S'il faut en croire Barthes dans son article de 1954 sur *Les Gommes* ('Littérature objective'), Robbe-Grillet donne à voir le monde tel qu'il est, c'est-à-dire sans signification, sans profondeur, il le décrit de manière neutre et objective. Mais, selon Perec, cette technique de l'écriture objective, blanche, renvoie non au monde et aux hommes tels qu'ils sont, mais tels que, de façon erronée, ils sont perçus. L'homme est représenté comme un être solitaire, replié sur lui-même, démuni devant une réalité qui lui échappe, arraché à ce qui fait de lui un être social, le monde est perçu comme vide, absurde, angoissant. (*LG*, p. 39) On reconnaît là le vocabulaire auquel Lukács a eu recours pour dénoncer la littérature 'décadente'. Tout en se réclamant d'un réalisme plus véridique que celui pratiqué par les romanciers du passé, tout en refusant leur interprétation du monde, l'écriture soi-disant

54. Cosigné par Claude Burgelin, cet article a paru dans *Partisans*, n° 3, février 1962, pp. 108-118, et a été repris dans *L.G. Une aventure des années soixante*, éd. citée, pp. 25-45. La pagination des citations mentionnée dans le texte renvoie à cette édition.

55. Le premier travail de Lukács sur Thomas Mann remonte à 1909, le dernier date de 1955. Ecrites en 1934-1935, ses études sur le réalisme balzacien ont paru en traduction sous le titre *Balzac et le réalisme français* à Paris, chez Maspero, en 1967.

objective ne se laisse pas décrire, comme le voudrait Barthes, comme une 'démarche hygiénique, chirurgicale, comme une tentative de décrasser notre sensibilité', mais exprime en fait un refus de toute interprétation, un recul devant le réel.

Dans l'article qui clôt la série dans *Partisans*, 'Le mystère de Robbe-Grillet', Perec enfoncera ce clou en se faisant sans réserves le porte-parole de Morrissette dont les thèses coïncident avec les siennes. En montrant que les romans de Robbe-Grillet prétendument exempts de psychologie, sont structurés en réalité par des thèmes psychologiques obsessionnels, Morrissette va à l'encontre de l'interprétation imposée par Barthes. Bien que différente de la démarche de Robbe-Grillet, celle de Sarraute, qui se propose expressément d'explorer les régions encore à peine défrichées de 'l'inconscient', ne s'en prête pas moins à la critique : 'Point de personnages, point d'anecdote, mais des créatures insituables («on», «il») qui échangent lieux communs sur lieux communs'. (*LG*, p. 37) Chez les deux auteurs il est question, selon Perec, d'une négation totale et définitive de la conscience, de la volonté, de la liberté. Ce défaitisme, les représentants du Nouveau Roman l'ont en commun avec leur public bourgeois qui a peur du temps, qui veut vivre un présent «aseptisé» dans un monde clos et qui se nourrit d'absurde. (*LG*, p. 42). Et avec une allusion à Paul Nizan, il caractérise l'école du Nouveau Roman comme celle des nouveaux chiens de garde d'une bourgeoisie peureuse. (*LG*, p. 41) Si Perec prend pour cible de sa critique du Nouveau Roman justement Sarraute et Robbe-Grillet, c'est parce qu'à travers eux il vise ceux (Sartre et Barthes) qui ont pris en charge leur projet poétique, mais peut-être aussi parce qu'il est profondément hostile à la psychologie des profondeurs qui est au centre de leur œuvre. Fondée donc en 1962 sur un parti-pris volontariste et rationnel, cette hostilité deviendra, comme nous le verrons plus loin, une constante dans l'œuvre ultérieure.

C'est au nom d'une vision marxiste concevant la réalité comme compréhensible et comme l'expression de lois immuables, que Perec réfute à son tour les prétentions réalistes du Nouveau Roman. Dans le deuxième article, 'Pour une littérature réaliste', Perec essaye de formuler les exigences auxquelles une nouvelle littérature devrait répondre et reprend dans ce but les notions lukacsiennes de la 'totalité', de la 'dialectique entre le 'particulier' et le 'général', et de la 'perspective historique'.[56] Un roman est 'total' quand il donne à voir l'ensemble du monde dans sa complexité. Il doit mettre en rapport le particulier et le général, l'individu et les conditions historiques, socio-économiques et culturelles qui le déterminent et sur lesquelles, à leur tour, il agit. En outre, il doit indiquer les grandes lignes à partir desquelles va se poursuivre l'évolution de la société. L'écrivain réaliste inscrit des actions individuelles dans la réalité, mais il les inscrit également dans l'avenir, plus précisément dans les perspectives de la réalité en mouvement, de l'avènement futur d'une société socialiste.

Avec tout l'aplomb convenant à un jeune intellectuel de gauche, Perec présente la vision marxiste du monde comme la seule valable et comme la seule à permettre la création d'une littérature vraiment réaliste :

> Ce que nous appelons œuvre d'art, ce n'est justement pas cette création sans racines qu'est l'œuvre esthétiste, c'est, au contraire, l'expression la plus totale des réalités concrètes : si la littérature crée une œuvre d'art, c'est parce qu'elle ordonne le monde, c'est parce qu'elle le fait apparaître dans sa cohérence, c'est parce qu'elle le dévoile, au-delà de son anarchie quotidienne, en intégrant et en dépassant les contingences qui en forment la trame immédiate, dans sa nécessité et dans son mouvement. Ce dévoilement, cette mise en ordre du monde, c'est ce que nous appelons le réalisme. (*LG*, p. 51).

Décrire la réalité, ce n'est pas rester à la surface des choses comme les Nouveaux Romanciers mais 'plonger en elles et leur donner forme, c'est mettre à jour l'essence du monde, son mouvement, son histoire'. (*LG*, p. 51) Bref, pour le Perec de 1962, le réalisme est une représentation adéquate de la vision marxiste du monde et, à l'instar de Lukács, il identifie littérature et réalisme :

> Il ne s'agit pas d'une école, d'une technique ou d'une tradition ; la fonction de la littérature est d'être réaliste, c'est quand elle est réaliste qu'elle est littérature ; c'est quand elle s'en écarte qu'apparaissent les failles, les lacunes, les échecs. Le réalisme est, d'abord, la volonté de maîtriser le réel, de le comprendre et de l'expliquer. (*LG*, p. 53)

56. Paru dans *Partisans*, n° 4, avril/mai 1962, pp. 121-130.

Perec commence le troisième article de la série, 'Engagement ou crise du langage'[57], en caractérisant l'histoire de la littérature française d'après-guerre comme l'histoire de deux échecs, d'une part celui du roman engagé, d'autre part celui du Nouveau Roman. Il refuse les grandes tendances du roman contemporain ; il refuse surtout la relation d'opposition 'stérile' entre l'engagement et l'esthétisme de l'art pour l'art qu'il caractérise comme un va-et-vient entre un échec et une faillite. Pour montrer comment cette fausse opposition amène ceux qui s'opposent à Sartre à se réfugier dans l'esthétisme vide, il cite la déclaration liminaire de *Tel Quel* du printemps de 1960 : 'Les idéologues ont suffisamment régné sur l'expression pour que celle-ci se permette enfin de leur fausser compagnie, de ne plus s'occuper que d'elle-même, de sa fatalité et de ses règles particulières'. (*LG*, pp. 72, 73) Cela lui suffit pour rejeter la poétique de ce mouvement récemment fondé, moins présent sur la scène littéraire que le Nouveau Roman.[58] Il se contente de constater que si le Nouveau Roman a pu paraître aux yeux de certains (Barthes) comme une propédeutique nécessaire à une description rénovée du monde, cette profession de foi parnassienne montre que sur *Tel Quel* on ne peut se faire aucune illusion. Perec passe ensuite rapidement à une question plus urgente : Comment interpréter l'échec du roman engagé qui obéissait pourtant aux exigences idéologiques formulées dans l'article précédent ?

Selon Perec, on peut ramener cet échec de la littérature engagée, ainsi que celui du Nouveau Roman, à une 'crise du langage', parfois mal, parfois bien comprise, mais toujours mal résolue. Dans son analyse des causes de cette crise, Perec se conforme aux vues du Sartre de 1947 et du Barthes de 1953. Comme eux, il considère la problématisation des rapports entre langage, pensée et réalité comme le reflet de l'aliénation de l'écrivain bourgeois qui déteste la classe pour laquelle il écrit et ne peut s'adresser à celle dont il se voudrait solidaire. Il reprend à Sartre la notion de 'terrorisme', en citant longuement les pages de *Situations II* qui s'y rapportent et refuse avec Sartre d'attribuer la crise du langage à la nature même de celui-ci. A l'instar de Sartre, il critique Blanchot et sa notion de l'incommunicable, Paulhan et sa méfiance par rapport au langage.

---

57. Paru dans *Partisans*, n° 7, nov.- déc. 1962, pp. 171-182. Repris dans *L.G. Une aventure des années soixante*, pp. 67-86.

58. Sur l'alliance entre le Nouveau Roman et *Tel Quel* entre 1960 et 1964, voir Philippe Forest, *Histoire de Tel Quel, 1960-1982*, Seuil, 1995, pp. 69-93.

S'il partage l'analyse de Sartre et de Barthes, Perec croit qu'ils se sont trompés dans les remèdes. A la recherche du degré zéro de l'écriture, Barthes s'est laissé leurrer par les tours de passe-passe de Robbe-Grillet, 'la critique des significations s'est transformée bien vite en un refus des significations' (*LG*, p. 83), tandis que l'échec de la littérature engagée est dû principalement à une absence de forme. Sartre a commis l'erreur d'identifier un nouveau réalisme à une brutale restitution du réel, et de sacrifier la forme à l'engagement. Or, tout art étant médiation (autre leçon lukacsienne), l'échec des romans sartriens serait dû principalement à une absence de réflexion sur les techniques littéraires possibles. (*LG*, p. 84)

Que tout art soit médiation, Perec entend le montrer dans le quatrième article portant sur *L'Espèce humaine* de Robert Antelme, ouvrage que celui-ci a écrit en 1946-1947, après son retour de Dachau.[59] Pour qu'il y ait littérature, écrit Perec, il faut procéder à une mise en forme. Même dans la description de situations extrêmes qui semblent exclure une approche esthétique et imposer une restitution immédiate du réel, même si l'atrocité des faits décrits semble garantir, à elle seule, l'intérêt du lecteur, même si toute tentative d'esthétisation semble par décence exclue, comme c'est le cas dans la littérature concentrationnaire. Celle-ci ne peut être approchée comme la 'vraie' littérature, parce que les expériences décrites inspirent la pitié ou le respect et que toute critique de la forme paraît déplacée. S'opposant à cette attitude, Perec souligne à la fois le lien indissoluble entre littérature et vie, et la nécessité d'une médiation :

> Nous vivons dans un monde de parole, de langage, de récit. [...] La littérature est, indissolublement, liée à la vie, le prolongement nécessaire de l'expérience, son aboutissement évident, son complément indispensable. (*LG*, pp. 88, 89)

59. Georges Perec, 'Robert Antelme ou la vérité de la littérature', in *Partisans*, n° 8, déc. 1962, pp. 121-134. Repris dans *L.G. Une aventure des années soixante*, pp. 87-114. Robert Antelme faisait partie du groupe résistant de la rue Saint Benoît – avec Dionys Mascolo, Edgar Morin, Marguerite Duras, Claude Roy – et avait été arrêté et déporté en 1944. Il publiera un seul livre-témoignage sur ses expériences dans les camps, *L'Espèce humaine* [1947] (rééd. Gallimard «Tel», 1978). Antelme entre au parti communiste en 1946, et il est actif dans l'opposition à la politique gouvernementale dans le conflit algérien, conflit qui concerne directement la génération de Perec. La revue *Lignes* lui a consacré un dossier, 'Robert Antelme : Présence de *L'Espèce humaine*', *Lignes*, n° 21, janvier 1994 (Paris : Hazan, 1994).

Ce serait cependant une erreur que de croire que la littérature puisse se contenter de transcrire, de décrire ce qui est, d'entasser les faits, de multiplier les descriptions exhaustives. Les faits ne parlent pas d'eux-mêmes.

L'ouvrage d'Antelme fournit à Perec l'occasion de préciser sa conception d'une littérature réaliste. *L'Espèce humaine* montre comment il faut procéder pour transformer en littérature ce genre d'expériences sans pour autant les trahir. En premier lieu, Antelme élabore et transforme, en les intégrant dans un cadre littéraire spécifique, les faits et les conditions de sa déportation. En second lieu, il présente le camp non pas comme une parenthèse abominable dans l'histoire de l'humanité, mais bien comme une donnée de celle-ci, une plaie toujours latente qui fait partie de son essence même. Il n'y a pas de différence de nature entre le régime normal d'exploitation de l'homme et celui des camps. Le camp est simplement l'image nette de l'enfer plus ou moins voilé dans lequel vivent encore de nombreux hommes.

Deux caractéristiques, entreliées, semblent particulièrement importantes pour Perec. En premier lieu, c'est la grille d'une mémoire, d'une conscience allant jusqu'au bout, qu'Antelme interpose entre son expérience et son lecteur. Par la présence de cette grille, l'écriture n'est plus soumise à la dictée de l'expérience. En second lieu, il y a le refus de tout appel au 'spectaculaire', au 'gigantesque', à 'l'apocalyptique', refus qui freine toute émotion immédiate. (*LG*, p. 94) C'est une caractéristique que l'on retrouvera dans l'œuvre ultérieure de Perec, notamment dans *W ou le souvenir d'enfance*, évocation distanciée d'une enfance tragique sous l'Occupation. Les fragments de *L'Espèce humaine* que Perec cite dans *Partisans* constituent une sorte de réservoir dans lequel il puisera pour l'écriture de ses différents ouvrages. Nous verrons plus loin (p. 203) quel est le rôle précis joué par le texte d'Antelme dans l'autobiographie.

Perec loue la manière dont Antelme a présenté les faits. Les faits ne sont pas donnés, mais émergent lentement grâce à un va-et-vient continuel entre le souvenir et la conscience, entre l'expérimental et l'exemplaire, entre l'anecdote et son interprétation. Antelme montre dans son livre que la conquête de la réalité historique passe par l'intégration des détails quotidiens, concrets, minuscules dans un cadre d'interprétation plus vaste. C'est la mise en scène du travail de la mémoire, de la conscience, la présence d'une grille d'interprétation qui explique l'admiration qu'éprouve Perec pour cet ouvrage : 'l'univers des camps apparaît pour la première fois sans qu'il nous soit possible de nous y soustraire'. (*LG*, p. 98)

Ceux qui infèrent de l'histoire récente une malédiction éternelle, une angoisse métaphysique qui pèse sur la condition humaine, sont des défaitistes aux yeux de Perec. Et reprenant à son compte les arguments de Lukács contre une littérature cultivant le nihilisme, il s'oppose de nouveau avec vigueur à la conception littéraire dominante en France, celle de Blanchot, de Beckett, de Barthes et du Nouveau Roman, où l'inexprimable est une valeur, l'indicible un dogme, et selon laquelle la fin de l'écriture est de masquer et de tendre vers le silence, au lieu de dévoiler le monde. Dans l'ouvrage d'Antelme, par contre, la volonté de parler et d'être entendu, débouche sur 'cette confiance illimitée dans le langage et dans l'écriture qui fonde toute la littérature'. Si nous pouvons dominer le monde, c'est justement par le langage qui :

> jetant un pont entre le monde et nous, instaure cette relation fondamentale entre l'individu et l'Histoire d'où naît notre liberté. (*LG*, p. 114)

Une troisième voie

Le discours tenu par Perec dans *Partisans* pèche parfois par une phraséologie qui, à un regard rétrospectif, paraît naïve et relève d'une idéologie qu'il est trop facile de dénigrer aujourd'hui. Il semble pourtant permis d'y déceler un moment décisif dans sa formation d'écrivain.

Au moment où les mouvements d'avant-garde à la mode s'enfoncent dans le refus du réalisme dit balzacien, tombé en discrédit lors des débats polémiques de la guerre froide, et qu'ils s'abandonnent à un idéalisme linguistique de plus en plus accusé, le réalisme critique de Lukács et la conception sartrienne du langage permettent à Perec de ne pas mettre entre parenthèses un réel pour lui trop présent ou trop grave pour être ignoré, et ainsi de ne pas tomber dans l'anhistoricisme qu'il reproche à ses contemporains.[60] Les mots d'ordre dans ces articles – volonté, liberté, maîtrise de soi, maîtrise du monde – rappellent le volontarisme de ses modèles. En ce qui concerne les auteurs réalistes du XIXᵉ siècle, Perec épouse également les convictions de Lukács. Cela lui permet d'apprécier ces auteurs sans les partipris de ses contemporains qui habillent leur recherche légitime de nouvelles

---

60. Voir au sujet des positions politiques des auteurs de *Tel Quel* au début des années soixante, Philippe Forest, *op. cit.*, pp. 94-109.

formes romanesques d'un discours idéologique qui révèle leur obsession à renier leurs origines bourgeoises.

A aucun moment, enfin, Perec ne remet en question la possibilité d'un langage transparent, et on constate qu'ici il se range du côté de Sartre pour qui les problèmes que pose le langage sont de nature éthique, sociale ou politique, mais jamais métaphysique. Bien que très sensible au travail de Barthes sur les connotations dans *Mythologies*, un travail qu'il refera dans *Les Choses*, Perec refusera de suivre Barthes dans ses aventures sémiologiques. L'autre profit que Perec tire de Lukács, est sa revendication d'un art engagé où la recherche formelle joue un rôle important ; par là, il se distancie encore de Sartre. Ce qui permet de sauver à la fois l'intention réaliste et la recherche formelle.

A la différence des mouvements du Nouveau Roman et de *Tel Quel* qui sont en pleine effervescence au début des années soixante et préconisent un anti-mimétisme fondé sur la mise en cause du sujet libre (assujetti aux contraintes psychologiques et aux contraintes du système linguistique), Perec revendique donc en 1962-1963 explicitement un réalisme qui présuppose un langage transparent, un sujet capable de maîtriser ce réel par son intelligence et un appareil littéraire formel. Ainsi occupe-t-il dès le début de sa carrière d'écrivain une position excentrique : il esquisse une troisième voie, entre l'engagement sartrien d'une part et *Tel Quel* et le Nouveau Roman d'autre part.

Chapitre 2

Du réalisme critique au réalisme citationnel

I would rather not (Herman Melville, *Bartleby the scrivener*)

Vers une écriture sous influence

Dans sa mise à l'épreuve par l'écriture, la conception de la littérature et du réalisme formulée dans *Partisans* subit des modifications considérables.[1] Je m'arrêterai ici sur quelques textes qui permettent de retracer l'évolution de la poétique de Perec dans la période qui va de la publication des articles dans *Partisans* à la consécration du jeune écrivain par le Prix Renaudot en 1965 et à son adhésion à l'Oulipo en mars 1967.

Il y a tout d'abord la lettre à Denise Getzler dans laquelle Perec parle de ses lectures à cette époque, Flaubert, Kafka et Melville. Dès *Le Condottiere* (1960), l'histoire de l'échec d'un peintre faussaire, Perec se montre fasciné par la relation en art entre la copie et le modèle. Dans les romans auxquels il travaille après 1961, Perec va se conduire lui-même comme faussaire/copiste. Il y emploie ses auteurs préférés non seulement comme modèles mais aussi comme matière pour l'écriture, il les copie au sens propre du terme, ne leur empruntant pas seulement procédés rhétoriques et figures de style, mais encore scènes et phrases entières. Ainsi, *Les Choses* a été écrit sous le parrainage du Barthes des *Mythologies*, d'Antelme, de Nizan, mais surtout de Flaubert. *Quel petit vélo ?* est un exercice de style à la Queneau mêlé à des réminiscences des cours de rhétorique de Barthes, *Un homme qui dort* doit beaucoup à Melville et à Kafka.

Si l'approche que Perec pratiquait dans les articles de *Partisans* était plus idéologique que proprement littéraire, la réflexion sur les thèmes et techniques de ses écrivains préférés et le travail d'écriture l'amènent à donner à sa revendication réaliste une forme plus précise : par un recours systématique à l'intertextualité se construit un nouveau type de représentation du réel.

---

1. Pour les détails biographiques de cette période, je renvoie encore à David Bellos, *Georges Perec Une vie dans les mots*, pp. 270-384. *Quel petit vélo ?* a été écrit pendant l'été 1965 avant la publication des *Choses* et publié en février 1966. *Un homme qui dort* a été écrit au cours de l'année 1966, et publié, comme nous l'avons vu, en avril 1967. En plus, Perec a rédigé pendant l'été 1965 une nouvelle, *Les Lieux d'une fugue*, qui ne sera publiée qu'en 1975.

Perec, dans divers entretiens, fera le point sur son 'réalisme'.[2] Il consacre-
ra une conférence à l'Université de Warwick (1967) à la genèse des *Choses*
et d'*Un homme qui dort*. Cette conférence coïncide avec le premier tournant
décisif dans sa carrière littéraire – Perec se tourne vers l'autobiographie et
devient membre de l'Oulipo – et décrit le trajet parcouru depuis les années
cinquante en énumérant les différentes prises de conscience qui ont jalonné
ce parcours : du réalisme critique de Lukács à un art de la citation, à un
réalisme 'citationnel', en passant par la lecture assidue de certains écrivains
modèles et par l'expérience de l'écriture.[3]

- La lettre à Denise Getzler
'J'ai passé une bonne partie de la journée à lire *Bartleby*, *L'Education sentimentale*, *le Procès*, *Moby Dick* etc.', écrit Perec à Denise Getzler dans une
lettre au début des années soixante.[4] Perec travaille sur *Les Choses*, dont il
achève une première version en 1962, une deuxième et une troisième version
respectivement en juillet et en octobre 1963.

Dans la lettre de Perec, on retrouve peu de traces des idées exprimées
dans *Partisans*. L'essentiel étant consacré à une analyse de *Bartleby*, la
célèbre nouvelle de Melville, Perec n'y dit pas ce qui lui a ouvert les yeux
aux mérites de Kafka. Cependant, dans 'Le nouveau roman et le refus du
réel', l'article publié en février 1962 dans *Partisans*, il mentionnait déjà
Kafka de manière positive, en renvoyant à une étude publiée par Marthe
Robert en 1960.[5] En 1967, lors de la conférence à Warwick, il situera cette

---

2. Entretien avec Jean Chalon, 'Georges Perec, l'homme sans qui « les choses» ne seraient
pas ce qu'elles sont', *Le Figaro littéraire*, 25 novembre 1965, p. 3. Entretien avec Marcel
Bénabou et Bruno Marcenac, 'Le bonheur est un processus', *Les Lettres françaises*, n° 1108,
2 décembre 1965, pp. 14-15. Entretien avec Jean Duvignaud 'Le bonheur de la modernité',
Le Nouvel Observateur n° 57, 15-21 décembre 1965, pp. 32-33. Tous ces entretiens ont été
republiés dans *Le Cabinet d'amateur, Revue d'études perecquiennes*, n° 2 (Les Impressions
nouvelles, 1993) pp. 57-72.

3. Georges Perec, 'Pouvoirs et Limites du romancier français contemporain', *Parcours
Perec*, Actes du colloque de Londres, mars 1988, textes réunis par Mireille Ribière (Lyon :
Presses Universitaires, 1990) pp. 31-40.

4. Lettre à Denise Getzler, professeur d'anglais et traductrice, publiée sous le titre de
'Lettre inédite' dans *Littératures*, no 7, printemps 1983 (Toulouse : Presses Universitaires du
Mirail) pp. 60-67. La date exacte de cette lettre n'est pas connue, mais se situe entre 1962 et
1964.

5. Marthe Robert, *Seul, comme Franz Kafka* (Paris : Calmann-Lévy, 1960 ; réédition
«Agora», 1979). Certains des articles sur Kafka publiés par Marthe Robert dans les années
soixante ont été réunis dans *La Traversée littéraire* (Paris : Grasset 1994). Marthe Robert était
la compagne de Michel de M'Uzan, l'analyste que Perec a fréquenté en 1956-1957.

même étude à l'origine de sa découverte de Kafka.[6] Au sujet de Melville, il cite dans sa lettre à Getzler l'auteur Pierre Frédérix qui, en 1950, avait publié une biographie de l'auteur américain.[7]

Les textes de Flaubert, Melville et Kafka que Perec mentionne dans cette lettre, sont loin de déboucher sur la vision d'un monde meilleur, et ne répondent pas aux critères du réalisme critique formulés par Lukács. Celui-ci considère Flaubert comme un 'curieux cas limite dans l'histoire du réalisme bourgeois'. Si à la rigueur son œuvre, 'sans espoir mais aussi sans angoisse', peut être classée sous l'étiquette du réalisme critique[8], Kafka, par contre, est décrit comme un écrivain à la merci d'une angoisse aveugle et, par conséquent, comme un représentant typique de la littérature 'décadente' que Lukács déteste.

Perec écrit que ce qui relie pour lui les textes de ces trois auteurs, c'est le sens de l'irrémédiable, du vide, le fait que les événements, les aventures qui y sont décrites, ouvrent sur une issue bouchée, un point d'interrogation pour lequel il n'y a pas de réponse possible. On voit ce que devient dans cette lettre 'la lueur à l'horizon', la perspective d'un avenir socialiste, jugée encore absolument indispensable à une littérature à prétention réaliste dans *Partisans*.

Flaubert, un narrateur impassible

Perec a souligné à plusieurs reprises combien, dès *Les Choses*, il faisait de Flaubert une référence et, à sa suite, ses exégètes ont attiré l'attention sur les

6. Georges Perec, 'Pouvoirs et Limites du romancier français contemporain', *Parcours Perec*, p. 37.

7. Pierre Frédérix, *Herman Melville* (Paris : Gallimard, 1950). Tout Melville avait été publié en France entre 1937 et 1956. *Moby Dick* avait paru dans une traduction de Jean Giono (Gallimard, 1941), *Bartleby* dans une traduction de Pierre Leyris (Gallimard, 1945). Une monographie de Jean-Jacques Mayoux, *Melville par lui-même* (Paris : Seuil, 1958) se termine sur une version abrégée de *Bartleby*. Un compte rendu de cette monographie par Maurice Nadeau dans *Les Lettres nouvelles* (mars 1959) figure à la même page qu'un compte rendu par Perec de *Pays sans justice*, les mémoires du dissident yougoslave Milovan Djilas, ancien collaborateur de Tito. Dans sa lettre à Getzler Perec ne cite cependant que la biographie de Frédérix.

8. 'Dans son œuvre [...] l'image du présent ne doit ni se défaire, ni se figer, mais elle peut conserver, sous une forme atténuée, l'ancienne richesse du réel, et c'est résolument, dans une parfaite fidélité au vrai qu'il nous décrit un monde où l'on discerne déjà certaines des contradictions qui s'étaleront, plus tard, en plein jour'. (*Signification présente du réalisme critique*, pp. 118, 119).

traces concrètes de cette référence dans ses textes.[9] Dans *Les Choses*, histoire d'une génération aux velléités révolutionnaires bien vite récupérée par la société bourgeoise, Perec s'est inspiré de *L'Education sentimentale* (également un des livres de chevet de Kafka), roman dans lequel l'échec de la révolution de 1848 joue un rôle central : Cette relation à *L'Education sentimentale* entraîne dans *Les Choses* toute une thématique de rêves non réalisés, de désirs insatisfaits et un récit presque sans mouvement. Il n'est pas difficile de retrouver les dilemmes de Frédéric Moreau, ni de reconnaître une ironie tout à fait flaubertienne dans la situation sans issue dans laquelle Perec emprisonne les protagonistes des *Choses*, résumée ainsi : 'Pour un jeune intellectuel il n'y a que deux issues, désespérées l'une comme l'autre : devenir un grand bourgeois ou ne pas le devenir'.[10]

Dans les débats sur le réalisme littéraire des années 1950, Flaubert, ce 'bourgeois furieusement anti-bourgeois' (la formule est de Bourdieu), qui disait avoir écrit *Madame Bovary* 'par haine du réalisme'[11], avait occupé une place à part. Alors qu'écrivains et théoriciens démolissaient à grands coups d'idéologie le roman traditionnel, balzacien, ils faisaient de *Madame Bovary* la source du roman moderne. Barthes situait Flaubert au point de départ du roman moderne, Robbe-Grillet le considérait comme l'un des ancêtres du Nouveau Roman.[12] Perec, par contre, et ce n'est plus surprenant, si l'on connaît sa position en 1962-63 par rapport au Nouveau Roman, tire Flaubert vers le réalisme tout en reconnaissant d'emblée la tension constitutive de son projet artistique. Ainsi, interrogé sur l'indétermination de la relation du narrateur aux personnes dont parle le récit des *Choses*, Perec dit en 1965 :

9. Dans le numéro Flaubert de *L'Arc*, n° 79, 1980, pp. 49-50, Perec a dressé une liste des emprunts systématiques à Flaubert qui figurent dans *La Vie mode d'emploi*. Voir sur le goût des inventaires et du copiage commun à Flaubert et Perec, Claude Burgelin, 'Perec lecteur de Flaubert', *Revue des Lettres modernes*, 1984, pp. 135-171 ; et Jacques Neefs, 'De Flaubert à Perec', *Théorie/Littérature/Enseignement* (Paris : PUV, 1987) pp. 35-47.

10. Entretien avec Jean Duvignaud à propos des *Choses*, pp. 32,33. L'autre roman de formation dont Perec s'est inspiré dans *Les Choses* est *La Conspiration* de Paul Nizan (Paris : Gallimard, 1938) qui met en scène un groupe de jeunes bourgeois parisiens faisant de l'espionnage par sympathie pour le Parti Communiste.

11. Flaubert : 'On me croit épris du réel tandis que je l'exècre. Car c'est en haine du réalisme que j'ai entrepris ce roman, mais je n'en déteste pas moins la fausse idéalité dont nous sommes bernés par le temps qui court', *Correspondance* (Paris : Gallimard, «Pléiade», 1980) tome II, 'Lettre à Edma Roger de Genettes' (1856), pp. 643, 644.

12. Barthes : 'Pour Flaubert, l'état bourgeois est un mal incurable qui poisse à l'écrivain et qu'il ne peut traiter qu'en l'assumant dans la lucidité – ce qui est le propre d'un sentiment tragique'. (*Le Degré zéro*, éd. citée, p. 57). Et Robbe-Grillet : 'Mais voilà que, dès Flaubert, tout commence à vaciller'. (*Pour un nouveau roman*, éd. citée, p. 37).

C'est là sans doute ma plus grande dette envers Flaubert. Tout Flaubert est faite de cette tension entre un lyrisme presque épileptique et une discipline rigoureuse. C'est cette froideur passionnée que j'ai voulu adopter, sans toujours y réussir d'ailleurs.[13]

Et dans une note dactylographiée au sujet de *Quel petit vélo ?* qui, à ses dires, correspond le plus à son écriture la plus naturelle, sa 'pente', il écrit :

Je vis à ma façon le conflit flaubertien entre romantisme et réalisme : *Quel petit vélo* a pour moi un peu la fonction que pouvait avoir pour Flaubert *Novembre* ou la plupart des lettres : ne plus chercher à se martyriser.[14]

Dans *Les Règles de l'art*, étude dans laquelle il réécrit l'histoire littéraire dans une perspective sociologique et retrace la genèse des rapports de force qui régissent la vie littéraire contemporaine, Pierre Bourdieu attribue la fameuse impassibilité de Flaubert, son goût pour la froide neutralité du regard scientifique et son impersonnalité à la position paradoxale qu'il a occupée dans l'univers social et littéraire de son époque.[15] Selon Bourdieu, Flaubert a tenté toute sa vie de se maintenir dans une position indéterminée, dans une relation de distance objectivante à l'égard du monde qui l'entoure, dans un lieu neutre d'où il pouvait survoler les groupes et leurs conflits, les différentes espèces d'intellectuels et d'artistes.[16] Repoussant à la fois le sentimentalisme romantique et la doctrine de l'art pour l'art de Gautier et

13. Entretien avec Bénabou et Marcenac, pp. 14-15.

14. Cité d'après Jacques Neefs, Hans Hartje, *Georges Perec, Images* (Paris : Seuil, 1993) p. 91.

15. La thèse principale qui sous-tend la sociologie génétique de Bourdieu est que l'artiste se laisse déterminer dans ses choix artistiques non seulement par ce qui est possible en matière d'esthétique, de genre et de manière, mais aussi par les rapports de force qui régissent le monde de l'art et par la place qu'il cherche à y occuper. *Les Règles de l'art* comporte comme illustration une lecture socio-analytique de *L'Éducation sentimentale* (une réponse à *L'Idiot de la famille* de Sartre), et essaie de montrer que ce roman d'éducation présente une structure d'homologie avec le monde social réel dans lequel se meut l'auteur Flaubert. Pierre Bourdieu, *Les Règles de l'art, Genèse et structure du champ littéraire* (Paris : Seuil, 1992).

16. Bourdieu énumère l'ensemble des caractéristiques stylistiques dans lequel s'exprime l'impassibilité flaubertienne : l'usage délibérément ambigu de la citation qui peut avoir valeur de ratification ou de dérision, exprimer à la fois l'hostilité et l'identification ; l'enchaînement savant du style direct et du style indirect libre qui permet de varier la distance entre le sujet et l'objet du récit et le point de vue du narrateur sur le point de vue des personnages ; l'emploi du 'comme si', qui introduit une vision hypothétique et rappelle explicitement que l'auteur attribue à ses personnages des pensées probables, l'emploi des temps verbaux, le recours à des blancs qui, à la façon d'immenses points de suspension ouvrent une place pour la réflexion silencieuse de l'auteur et du lecteur. (*Les Règles de l'art*, pp. 58, 59)

des Parnassiens, Flaubert combat son propre penchant à l'effusion romantique en se réfugiant dans des sujets 'réalistes'[17] qui ne risquent pas de l'entraîner dans un enthousiasme périlleux. A l'exagération du romantisme, il oppose l'exactitude littérale, à son lyrisme, la soumission froide et patiente à la réalité, à son moralisme, une sorte de neutralisme qui n'est pas loin d'un nihilisme éthique. Ce choix du réalisme ne l'empêche pas de s'opposer à Duranty et Champfleury, chefs de file des jeunes écrivains réalistes en 1850, qui voulaient une littérature de pure observation, sociale, populaire, et tenaient le style pour une qualité secondaire.[18] Styliste par-dessus tout, Flaubert introduit les exigences de la forme de l'art pour l'art dans le réalisme. Les formules dans lesquelles il résume son programme esthétique, témoignent de cette position paradoxale : il dit vouloir faire du 'réel écrit', 'bien écrire le médiocre', faire ce qui définit en propre la littérature mais à propos du réel le plus platement réel, le plus ordinaire et par là, dit Bourdieu, il contredit la définition tacite du réalisme.[19] Flaubert impose les exigences formelles les plus hautes à des sujets banaux de la vie ordinaire, tour de force qui le met au supplice. Confronté aux différents mouvements artistiques de son époque, il élabore ainsi une esthétique qui est fondée sur la conciliation de possibles séparés par la représentation dominante de l'art, ce qui amène Bourdieu à se servir à son tour d'un oxymore et de parler du 'formalisme réaliste' de Flaubert.[20]

Perec a fait à plusieurs reprises l'inventaire des différentes formes dans lesquelles s'exprime dans *Les Choses* l'influence de *L'Education sentimentale* – thèmes, scènes, rythme ternaire des phrases, goût pour le détail concret, impassibilité du narrateur et citations littérales.[21] Ce sont surtout ces trois

---

17. La grande bataille du réalisme se déroule entre 1840-1860 et atteint son apogée avec l'exposition particulière consacrée en 1855 à Gustave Courbet, le procès intenté en 1857 contre Mme Bovary et le recueil d'articles *Le Réalisme* (1857) de Champfleury. Selon Duranty, rédacteur de la revue éphémère *Le Réalisme* (1856-1857), le réalisme est 'la reproduction exacte, complète, sincère du milieu social, de l'époque dans laquelle on vit'. Cité d'après Stephan Kohl, *Realismus, Theorie und Geschichte* (München : Wilhelm Fink Verlag, 1977) p. 81.

18. Flaubert : 'J'ai fait Madame Bovary pour embêter Champfleury ; j'ai voulu montrer que les tristesses bourgeoises et les sentiments médiocres peuvent supporter la belle langue'. Cité d'après Bourdieu, *op. cit.*, p. 138.

19. Pierre Bourdieu, *op. cit.*, p. 143.

20. *Ibid.*, pp. 157-158.

21. Par exemple dans 'Emprunts à Flaubert', *L'Arc*, n° 79, 1980, pp. 49, 50.

dernières caractéristiques qui, essentielles pour la représentation du réel dans l'œuvre perecquienne, m'intéressent ici. Si Perec exprimait déjà dans les articles de *Partisans* son intérêt pour l'observation du détail concret chez Antelme, il le développe dans *Les Choses* et *Un homme qui dort* pour se l'approprier définitivement en élaborant, dans le cadre du travail pour la revue *Cause Commune*, la notion d'"infra-ordinaire".[22] L'impassibilité et l'objectivité, la neutralité sont des notions auxquelles il a recours pour caractériser l'attitude qu'en tant qu'écrivain, il veut revêtir par rapport au réel et qui se reflète dans la position de ses narrateurs. Attitude que Perec aime comparer à celle du sociologue ou de l'anthropologue et qui va de pair avec le refus de la psychologie. Ainsi, Perec décrit dans *Les Choses* une réalité historiquement, géographiquement et socialement située, mais tout jugement clair sur l'univers et les personnages décrits est absent. Perec ne dit pas comment on échappe à l'emprise des choses et de la magie sociale de la publicité, il ne dit même pas s'il faut le faire. C'est par la pratique systématique de l'intertextualité, enfin, que Perec élabore la forme de réalisme qui lui est propre.

S'interrogeant sur le pourquoi de ses emprunts systématiques à Flaubert, Perec dit que dans le cas des *Choses* il s'est agi d'un 'accaparement, d'un vouloir être Flaubert'.[23] En premier lieu, si l'on se reporte à la lettre à Getzler, cette identification paraît avoir été induite, comme chez Melville et Kafka, par une sensibilité particulière au sens de l'irrémédiable, du vide, qui se dégage de l'histoire d'un héros impuissant, inactif, refusant toutes les déterminations sociales, en désarroi devant un réel qu'il n'arrive pas à maîtriser.[24] En second lieu, Perec a, en commun avec Flaubert, le désir d'exhaustivité taxinomique, l'attention méticuleuse pour les plus petits détails du monde matériel, bref ce que Flaubert définit comme le désir de faire entrer le monde entier dans son œuvre, l'océan dans une carafe d'eau.[25] En

---

22. Perec développe cette notion dans 'Approches de quoi ?', *Cause commune*, n° 5, février 1973, pp. 3,4 ; republié dans Georges Perec, *L'infra-ordinaire* (Paris : Seuil, 1989) pp. 9-13.

23. 'Emprunts à Flaubert', p. 50. Ce vouloir être Flaubert rappelle le désir d'identification du protagoniste du *Condottiere* qui, lui, voulait être un Antonello de Messine.

24. C'est une attirance que Perec dit ne pas pouvoir expliquer, mais que l'on peut mettre en rapport avec son histoire personnelle.

25. Mais comme le remarque à juste titre Claude Burgelin, si *Les Choses* est un ouvrage fortement marqué par le pessimisme flaubertien, dans les textes ultérieurs les rapports de Perec aux objets sont plus positifs que ceux de Flaubert qui les frappe de dérision et ne les met en scène que pour signifier la fugacité, la contingence du désir et des intermittences du

troisième lieu, Perec construit, comme Flaubert, son esthétique à partir d'une double contrainte, celui du réalisme et celui du formalisme et comme lui, il essaie d'en concilier les exigences contraires dans un 'formalisme réaliste' où il réunit la recherche de la forme au souci de représenter le réel.

Melville, un personnage modèle

L'histoire énigmatique de Bartleby, le pâle clerc de Wall Street, plongé dans son interminable rêverie de mur aveugle, opposant à toute exigence du monde extérieur un refus poli, a suscité de nombreuses interprétations.[26] Il est cependant possible de resituer ce récit apparemment abstrait dans un contexte historique concret. Après l'échec commercial de *Moby Dick* [1851] et de *Pierre* [1852], rivé à sa table de travail par la nécessité de pourvoir aux besoins d'une famille toujours croissante, pressé par un éditeur mécontent, Melville aurait projeté sur le copiste Bartleby ses propres sentiments de claustration et d'impuissance, sa révolte contre les lois d'une société soi-disant démocratique mais caractérisée par des pratiques politiques et économiques ressenties comme malhonnêtes et despotiques.[27]

Engagé comme copiste par un homme de loi qui a son bureau dans Wall Street, le clerc Bartleby bouleverse d'abord la routine quotidienne et ensuite toute la vie de son patron en répondant à toutes ses demandes et à tous ses ordres par 'je préférerais ne pas (le faire), j'aimerais mieux ne pas (*I would prefer not to*)'. Préférence négative qui tient le milieu entre un refus et une acceptation, entre l'affirmation et la négation, et qui permet au clerc de garder pour lui ses motivations et ses émotions, de taire l'essentiel de son

---

cœur. Dans l'œuvre de Perec, souligne Burgelin, les objets métaphorisent la chaîne des générations, certains nous ont précédés, certains nous survivront, ils sont les porteurs d'une trace. ('Perec lecteur de Flaubert', pp. 151-154).

26. Herman Melville, *Bartleby the scrivener, A story of Wall Street* (New York, 1853). Je me réfère à l'édition française de *Bartleby* dans la traduction de Michèle Causse avec une postface de Gilles Deleuze (Paris : Flammarion 1989). On a parfois comparé le copiste à une Mona Lisa de la littérature. Le refus de Melville d'orienter la lecture de sa nouvelle, est évidemment à l'origine du grand nombre d'interprétations. Pour un aperçu bibliographique des exégèses de cette nouvelle, voir W.B. Dillingham, *Melville's Short Fiction, 1853-1856* (Athens : The University of Georgia Press, 1977) p. 49.

27. Sur l'arrière-plan socio-politique de cette nouvelle, voir Michael Paul Rogin, *Subversive Genealogy. The politics and art of Herman Melville* (Berkeley/Los Angeles/London : University of California Press, 1985) pp.192-201.

histoire, sans se faire mettre à la porte.[28] Devant ces refus incongrus et l'absence totale de vitalité dans leur expression, dont malgré tous ses efforts il n'arrive pas à saisir les causes, le juriste se sent peu à peu envahi par la mélancolie émanant de cette présence morne. Cependant, s'il y a lieu de croire que Melville a fait son autoportrait dans ce récit et que le clerc au refus obstiné fonctionne comme un double de l'auteur, celui-ci s'est peint également sous les traits du juriste, le narrateur dans le récit, qui, à y regarder de plus près, est le personnage central de l'histoire.

Perec remarque à juste titre que *Bartleby* n'est pas l'histoire de Bartleby mais l'histoire de celui qui le voit vivre, qui veut l'aider, le comprendre, l'intégrer, lui faire avoir une attitude raisonnable. ('Lettre inédite', p. 64) Ecartelé entre sa *loyauté* envers la société dont il représente les lois, et sa pitié pour Bartleby, le juriste finit par trahir celui-ci et le laisse périr sans jugement, enfermé entre les quatre murs aveugles d'une prison, The Tombs. Et ceci moins parce qu'il s'efforce de défendre des lois dont le bien-fondé, sous l'influence du silence corrosif de son clerc, commence à lui échapper, que parce qu'il refuse de se laisser entraîner dans les néants de Bartleby. Le juriste qui raconte l'histoire de Bartleby après la mort mystérieuse de celui-ci est le témoin fasciné, le récitant, l'interprétant d'une vie qui se termine dans un vide désespéré. 'Le juriste est plus à plaindre que celui qui meurt', écrit Perec, 'le juriste ressent cette mélancolie et nous la ressentons derrière lui et comment elle s'oppose au monde, elle attaque tout, ce n'est pas la mort, c'est pire, ce n'est pas le désespoir, c'est pire, c'est le temps, l'oubli, la mémoire, la précarité'. ('Lettre inédite', p. 64)

Dans sa lettre, Perec dit ne pas pouvoir expliquer l'attrait qu'exerce cette nouvelle sur lui, mais à la lumière de son œuvre ultérieure, on voit s'y esquisser, à partir de la conception d'un personnage, d'une part les thèmes majeurs de cette œuvre et d'autre part un dispositif narratif auquel Perec aura recours dans plusieurs de ses textes. Le personnage est une figure de témoin survivant, de rescapé, engagé dans la reconstitution de l'histoire d'hommes disparus ou morts. Dans cette tâche, il s'affronte avec le temps et ses corollaires, l'oubli et les déformations de la mémoire, thèmes perec-

---

28. Deleuze donne dans la postface à *Bartleby* (éd. citée, pp. 171-203) une analyse pertinente de cette formule insolite dont l'avatar le plus comique est peut-être : 'je préfère ne pas être un peu raisonnable *(I prefer not to be a little reasonable)*'. Deleuze remarque que la formule est ravageuse 'parce qu'elle élimine aussi impitoyablement le préférable que n'importe quel préféré'. Cette postface, 'Bartleby ou la formule', a été republiée dans Gilles Deleuze, *Critique et Clinique* (Paris : Minuit, 1993) pp. 89-114.

quiens par excellence. Le dispositif narratif est celui d'une narration à la première personne : le je-narrateur est un témoin profondément affecté par l'histoire qu'il a à raconter mais dont il ne connaît pas tous les tenants et aboutissants. Dans ses efforts pour percer l'énigme du héros insaisissable, il ne fait finalement que se révéler lui-même.

C'est en effet du dédoublement opéré par Melville – Bartleby représentant ce par quoi il est hanté, et le narrateur ce qu'il est et devient sous la pression de cette hantise – que semble découler en premier lieu pour Perec la force suggestive de cette nouvelle. D'un côté il y a le copiste, héros qui vit son refus de la vie jusqu'à la mort, de l'autre le juriste au point de vue partiel, témoin impuissant d'un dépérissement dont il ne connaît pas les causes mais auquel il ne saurait rester insensible. C'est une technique narrative que Melville a utilisée à plusieurs reprises, et dont l'exemple le plus célèbre se trouve dans *Moby Dick* où le mystère du personnage de Achab reste partiellement intact, parce qu'il n'est vu que par les yeux du narrateur Ishmaël, seul rescapé du naufrage du Péquod.

Chez Perec, on trouve ce dédoublement dans *Un homme qui dort*, écrit à la deuxième personne, avec un *tu* modelé sur Bartleby, tandis que le locuteur anonyme, celui qui tutoie, est plus proche du juriste ou d'Ishmaël.[29] De même, dans *W ou le souvenir d'enfance*, l'un des narrateurs, Gaspard Winckler, doit raconter une enquête menée pour retrouver un enfant naufragé, l'autre narrateur, le *je* autobiographique témoigne de la mort de ses parents. Ces deux narrateurs remplissent également un rôle analogue à celui du juriste de Wall Street, à celui du rescapé du naufrage du Pequod : ils mènent une enquête sur des personnages dont la vie s'est terminée dans 'un vide désespéré et désespérant'. Le *je* narrateur fictionnel de *W ou le souvenir d'enfance*, Gaspard Winckler, emprunte en outre explicitement certains traits à Bartleby : 'Ce n'est pas la fureur bouillante d'Achab qui m'habite, mais la blanche rêverie d'Ishmaël, la patience de Bartleby, c'est à eux, encore une fois, après tant d'autres, que je demande d'être mes ombres tutélaires' dit ce *je*, à la fois survivant et victime d'un désastre qu'il n'a pas vécu lui-même.[30]

---

29. Dans ses propos sur la filiation entre *Un homme qui dort* d'une part et Melville et Kafka d'autre part, Perec souligne notamment ce choix de la deuxième personne, 'Pouvoirs et limites du romancier', *Parcours Perec*, p. 37.

30. *W ou le souvenir d'enfance*, p. 11.

En second lieu, il y a le refus obstiné que Bartleby oppose à tout ce qu'on lui offre – travail, amitié, argent – et qui, découlant d'un désespoir d'ordre insaisissable, débouche sur une contestation des valeurs sociales. Par le biais de son clerc, Melville révèle le monde comme mascarade. Dans Bartleby, Perec trouve reliées deux expériences qu'il a vécues lui-même et vit peut-être toujours au début des années soixante. C'est d'une part le malaise d'ordre personnel dont témoigne par exemple une lettre poignante à Maurice Nadeau datée de juin 1957, malaise qui se double d'une stérilité artistique désespérante. S'excusant auprès de Nadeau pour ne pas lui avoir envoyé les comptes rendus promis pour *Les Lettres nouvelles*, Perec écrit :

> Il m'est d'ailleurs difficile de vous dire exactement de quoi il est question. Je veux écrire, mais rencontre d'insurmontables barrages et j'ai été incapable, en six mois, de terminer un seul des écrits que j'avais entrepris. Un roman illisible, quelques petits textes plus ou moins satisfaisants sont les seules choses que j'ai pu achever en deux ans d'efforts à peu près incessants. Ma volonté d'écrire, ainsi que de nombreuses autres divergences, m'opposant à ma famille, j'ai rompu au début de l'année avec elle, en pure perte d'ailleurs, parce qu'il m'a été impossible de vivre seul. Des raisons identiques m'ont fait abandonner les études. Enfin pour des questions d'un autre ordre, j'ai entrepris il y a un an une analyse avec Michel de M'Uzan, laquelle s'est depuis quelque temps partiellement bloquée ce qui n'a évidemment rien amélioré.[31]

D'autre part, c'est le malaise social et culturel dans une société à laquelle, après les mésaventures de la gauche dans les années cinquante, il est difficile de trouver une alternative viable, et dont les valeurs déjà suspectes sont de nouveau mises en cause par la guerre d'Algérie. De ce malaise social on trouve des traces dans *Les Choses* et, sur le mode canularesque, dans *Quel petit vélo ?*

Dans sa lettre à Denise Getzler, Perec esquisse une interprétation de *Bartleby* qui se lit comme un programme de travail conçu pendant la période précédant la publication des *Choses* et réalisé dans *Un homme qui dort* : 'Il faudrait lier ces deux pôles : l'ennui, le creux, le rien, d'un côté (Melville déchu scribouillant des contes pour survivre) et la contestation, la négation.

---

31. 'Première lettre de Georges Perec à Maurice Nadeau', *Cahiers Georges Perec*, n° 4, *Mélanges* (Ed. du Limon, 1990) p. 63. C'est de la période évoquée dans cette lettre que Perec s'inspire dans *Un homme qui dort*.

Voir comment ils se complètent, débouchent sur une vision du monde'. ('Lettre inédite', p. 65) Alors qu'il présentait dans *Partisans* la contestation de la société bourgeoise comme inspirée du marxisme, Perec la rattache ici à un malaise de nature essentiellement subjective. Car, quelles que soient les contraintes économiques et sociales auxquelles Melville et, à son instar, les personnages de sa nouvelle (le juriste aussi bien que le clerc) doivent se plier, il est indéniable que leur mélancolie prend des proportions tellement excessives qu'elle ne s'explique pas exclusivement par des considérations d'ordre concret. Replié sur lui-même, refusant tout contact avec les autres, mettant en évidence les absurdités de la libre volonté, Bartleby ressemble aux héros solitaires de la littérature décadente rejetée par Lukács. 'Bartleby n'a ni passé, ni avenir, ni présent', remarque Perec à la fin de son analyse, une remarque que l'on retrouvera dans *Un homme qui dort* : 'ton passé, ton présent, ton avenir se confondent'. (*UHQD*, p. 26)[32]

Reste, finalement, le métier répétitif et stérile de Bartleby, copiste auprès du juriste, et avant cela employé aux *Lettres mortes* (Dead Letter Office), porteur de messages sans destinataire. Cette information sur le passé de Bartleby que le juriste n'obtient qu'après la mort de son clerc, est la seule clef fournie par Melville permettant d'expliquer le comportement de celui-ci : les expériences de Bartleby aux *Lettres mortes* lui auraient fait comprendre que la vie n'est que privation et désespoir.[33] On comprend que ce personnage énigmatique qui refuse de partager avec autrui le sens de son refus de la vie, ce copiste réfractaire, ait hanté l'imagination de Perec. De

---

32. *Un homme qui dort* a paru en 1967 dans la collection «Les Lettres nouvelles» aux éditions Denoël. Toutes mes références sont à la réédition de 1987.

33. Perec à Getzler (p. 66) : 'Messages de vie, ces lettres courent vers la mort'. Collins English Dictionary définit *Dead letter* comme : 'A letter that cannot be delivered or returned because it lacks adequate direction'. Cependant, les 'lettres mortes' ne renvoient pas seulement aux lettres dont les destinateurs et les destinataires sont introuvables. De même qu'en français *lettre morte* se dit d'un texte qui n'a plus de valeur juridique, *dead letter* renvoie à une : 'law ordinance that is no longer enforced but has not been formally repealed' (Collins English Dictionary). Si l'on prend le terme dans ce sens, la révolte de Bartleby refusant de copier des textes juridiques aurait un sens plus précis et concernerait le bafouillage des principes énoncés dans le texte fondateur de l'Union américaine de 1776, la déclaration des droits de l'homme, principes qui sont violés par l'acceptation de l'esclavage au début des années 1850. Pourquoi Bartleby se donnerait-il la peine de copier des textes juridiques qui n'ont plus aucune valeur ? Ceci permettrait également d'interpréter les rêveries de mur aveugle de Bartleby (dead wall/dead law) et de comprendre l'intérêt de la remarque sur laquelle s'ouvre la nouvelle et qui se rapporte à la fonction que le juriste vient de perdre à la suite d'une réforme administrative, celle de 'master in chancery'. Voir pour une élaboration de cette interprétation, mon article, 'Eigenlijk liever niet', *De Onrust van Europa*, W.T. Eijsbouts, W.H. Roobol éd. (Amsterdam : Amsterdam University Press, 1993) pp. 252-261.

tous les ouvrages que Perec énumère, c'est la nouvelle de Melville qui évoque pour lui le mieux le sentiment d'irrémédiable :

> Bartleby a ceci de particulier qu'il est, pour moi, tout entier contenu dans ce sentiment trouble – l'étrangeté, l'éloignement, l'inachevable, le vide, etc... – et qu'il en est l'expression, à ma connaissance, la plus achevée. [...] Bartleby est, si l'on veut, la fin d'un livre dont nous ne connaîtrions pas le début, ce qui a pour effet de donner à l'irrémédiable une portée plus grande, une espèce d'universalité. ('Lettre inédite, p. 63)

Kafka et la 'kafkaïté'

Si la nouvelle de Melville comporte une transposition de la situation personnelle de celui-ci en même temps qu'une critique de la société de son époque, les lacunes inexplicables dans l'histoire de Bartleby donnent à cette nouvelle une certaine universalité et la suspendent pour ainsi dire hors de l'espace et hors du temps. On retrouve cette universalité énigmatique dans les récits de Kafka que Perec a découverts à travers l'étude de Marthe Robert et dont les personnages 'fascinent également par les lacunes de leur définition qui font d'eux non pas un objet d'identification, mais une énigme obsédante'.[34] En 1967, Perec résume ainsi sa découverte de Kafka :

> un livre de Marthe Robert sur Kafka qui a éclairé de manière vraiment très, très définitive comment ce qu'on appelle la vision du monde de Kafka était absolument inséparable de la technique littéraire utilisée par Kafka, ce qui fait que, finalement, il est possible que la «kafkaïté» ça soit Kafka, mais la «kafkaïté», c'est d'abord un ensemble de phrases, un ensemble de mots, une certaine technique d'écriture mise au point spécifiquement par Kafka à partir, d'ailleurs, d'autres éléments.[35]

On voit que la notion de 'vision du monde' revient dans les réflexions poétiques de Perec mais que cette notion change de contenu. En 1962, c'est l'idéologie marxiste qui remplit la fonction de vision du monde. Dans la lettre sur Melville, c'est un malaise existentiel doublé de contestation sociale qui la sous-tend ; en 1967, la vision du monde est devenue 'd'abord un langage, un style des mots'.

---

34. Marthe Robert, *Seul, comme Franz Kafka*, p. 13.
35. 'Pouvoirs et limites du romancier contemporain', *Parcours Perec*, p. 37.

Ce sont surtout les 'autres éléments' à partir desquels Kafka a élaboré sa technique littéraire qui, évoqués sans commentaire par Perec dans le passage cité ci-dessus, me paraissent intéressants dans cette genèse d'une poétique. Dans son étude sur Kafka, Marthe Robert reconstitue l'arrière-plan social et culturel de l'œuvre de Kafka, qui, selon elle, avait été négligé systématiquement par ses exégètes français. Adopté successivement par les surréalistes, les existentialistes et les écrivains du Nouveau Roman, Kafka aurait été érigé en rêveur inquiétant, en penseur existentialiste, et en messager d'une littérature sans messages. Dans leur hâte d'accommoder Kafka à leurs propres conceptions, Breton, Sartre, Camus, Blanchot, Sarraute et Robbe-Grillet auraient fait abstraction de tout ce qui avait trait à sa biographie – ses origines, la langue qu'il parle et écrit, ce qu'il lit, ce qu'il admire, la place qu'il a dans sa famille et la société. Tout cela n'aurait été considéré que comme anecdote au regard de l'essentiel qui est identifié tantôt avec le problème métaphysique de l'existence, tantôt avec la quête d'un impossible salut spirituel, tantôt avec la recherche d'une littérature à faire.[36]

Marthe Robert essaie de remédier à ce vacuum. Elle éclaire les rapports complexes et contradictoires entretenus par Kafka avec sa judéité. Faisant partie de la communauté juive aisée de Prague qui, élevée dans la langue allemande, appartient aux yeux des Tchèques nationalistes pauvres au camp de leurs oppresseurs, Kafka est ramené par son père tyrannique vers la religion et la culture juives. Pris ainsi entre deux nécessités contraires – l'identité allemande ou le judaïsme – il essaie de trancher le dilemme en esquivant le débat des nationalités et identités culturelles : le jeune Kafka se veut socialiste, anti-sioniste et athée.

Ensuite, après avoir découvert en 1911 la culture yiddish, par le biais d'un art théâtral juif indépendant et bien vivant, l'intérêt de Kafka pour le judaïsme s'avivera, et il se mettra à étudier la culture et la langue des juifs de l'Est, sans avoir par ailleurs l'illusion de pouvoir s'évader par là de sa condition de juif assimilé, occidentalisé. Ecartelé encore plus qu'auparavant entre deux lois antinomiques, celle d'une assimilation méprisée et celle d'un

---

36. Marthe Robert, 'Kafka en France', *La Traversée littéraire*, pp. 84-89. Kafka constitue une référence fondamentale dans la réflexion littéraire française après 1945. Voir pour des exemples des interprétations de son œuvre, J.-P. Sartre, *Situations II*, éd. citée, p. 255 ; Maurice Blanchot, 'Kafka et la littérature' [1949], republié dans *De Kafka à Kafka* (Paris : Gallimard, 1981) pp. 74-93. Nathalie Sarraute, *L'Ere du soupçon*, éd. citée, pp. 20-22, et pp. 64-65.

judaïsme désormais désiré mais inaccessible, utilisant une langue qu'après la découverte du yiddish il ne considère plus comme sienne, mais comme une langue d'emprunt, Kafka met en place ses récits.[37] Récits impersonnels aux héros sans particularités physiques et morales, situés dans un espace abstrait, conçus à l'image de la dépossession dont il est forcé de s'arranger. Il élève le langage administratif, l'allemand de chancellerie, à la hauteur d'une langue universelle, supprime les explications psychologiques et les monologues intérieurs, de même que toute intervention du narrateur. A l'encontre des exégètes qui considèrent l'abstraction de l'œuvre de Kafka comme exprimant l'aliénation de la personne humaine dans une société moderne nivelée par la technique et la bureaucratie, Marthe Robert essaye de montrer que cette œuvre apparemment impersonnelle est profondément autobiographique et se laisse au moins partiellement expliquer par l'impasse que constitue pour Kafka sa situation de juif occidentalisé :

> Kafka ne peut raconter les tenants et aboutissants de son impossibilité de vivre, pour la simple raison qu'il ne les connaît pas entièrement et que ceux qu'il connaît ne se laissent pas décrire sans tricherie. En revanche, il peut témoigner de cette impossibilité de vivre et de nommer, en montrant dans ses moyens mêmes d'expression à *quelles mesures restrictives* il est forcé de se soumettre pour être conforme à sa vraie condition, en d'autres termes, il transforme directement le fond en forme, ce qui assure au moindre de ses textes inachevés la plus solide unité dont la prose puisse rêver.[38] (C'est moi qui souligne.)

Par l'exclusion de l'anecdotique et de l'accidentel, l'œuvre tout entière, couverte en quelque sorte par l'impersonnalité générique, semble porter un message 'universel'. Ceci permet de concevoir, toujours selon Marthe Robert, que :

> tant d'interprètes soient enclins à affecter les *thèmes* de Kafka – solitude, dédoublement, grâce, justice, exil – d'une majuscule qui les élève sans plus

---

37. Au sujet des rapports difficiles de Kafka avec l'allemand, 'langue d'emprunt', voir Régine Robin, *Le Deuil de l'origine. Une langue en trop, la langue en moins.* (Paris : Presses Universitaires de Vincennes, 1993) pp. 89-129. Régine Robin a consacré cette étude à la problématique du langage chez quatre auteurs juifs – Freud, Kafka, Canetti, et Perec. Voir aussi Hannah Arendt, *The Jew as Pariah : Jewish Identity and Politics in the Modern Age* (sur Heine, Bernard Lazare, Chaplin et Kafka), (New York : Ed. R.H. Feldman, Grove Press, 1978).

38. Marthe Robert, *Seul, comme Franz Kafka*, p. 189.

à la sphère propre de la métaphysique : Kafka lui-même semble les y engager autant par ce qu'il donne à voir, qui n'est jamais lui, que par ce qu'il prend grand soin de dissimuler'.[39]

Dans le cas exemplaire de Kafka, Perec a pu et voulu reconnaître, condensées, les contradictions de sa propre situation.[40] Dans un article sur les rapports de Perec avec sa judéité, Marcel Bénabou décrit une 'évolution qui va du confort relatif de l'ignorance et du refus et aboutit à l'inconfort lié au sentiment d'une rupture, d'une non-appartenance, d'un manque'.[41] Ainsi, à l'instar du jeune Kafka, socialiste athée, Perec a connu une période dans laquelle, intéressé par le marxisme et par l'universel, il prend le contre-pied des valeurs 'bourgeoises' en vigueur dans le milieu de sa famille adoptive. C'est la période de *La Ligne générale* et de *Partisans*. Au cours de cette période, il aurait, selon Bénabou, développé une sorte d'allergie aux manifestations du judaïsme dont il ne peut accepter l'héritage religieux qui contredit son idéal de laïcité, ni la part nationaliste représentée par le sionisme qui apparaît comme une impasse au regard des rêves internationalistes. Cependant, à partir du moment où, à force d'écrire, il comprend qu'il ne peut continuer à ignorer sa propre histoire, Perec se voit obligé d'affronter la question de ses origines et il finira par découvrir que cette prise de conscience n'aboutit qu'au sentiment d'être privé d'appartenance, d'être en rupture de quelque chose. Si son projet d'une biographie familiale, et plus particulièrement l'idée d'une autobiographie ne datent que de 1967, il paraît probable que sa lecture du *Kafka* de Marthe Robert a joué un rôle dans l'éveil aux problèmes liés à sa judéité. Dans un entretien (1979) important dans ce questionnement autour de ses origines, Perec résume ainsi cette évolution :

> Je suis juif. Pendant longtemps ce ne fut pas évident pour moi ; ce n'était pas se rattacher à une religion, à un peuple, à une histoire, à une langue, à peine à une culture ; ce n'était nulle part présent dans ma vie quotidienne, ce n'était même pas inscrit dans mon nom ni dans mon prénom. C'était quelque chose qui appartenait à un passé dont je me souvenais à peine, c'était une détermination qui m'avait été imposée de l'extérieur et même

---

39. *Ibid.*, p. 224, 225.

40. Une des preuves touchantes de cette volonté d'identification est la prédilection de Perec pour une photo prise de lui par Pierre Getzler sur laquelle il ressemble à Kafka.

41. Marcel Bénabou, 'Perec et la judéité', *Cahiers Georges Perec*, n° 1, juillet 1984 (Paris : POL, 1984) p. 23.

si j'avais eu à en souffrir, je ne ressentais pas la nécessité de la prendre en charge, de la revendiquer. En fait, c'était la marque d'une absence, d'un manque (la disparition de mes parents pendant la guerre), et non pas d'une identité (au double sens du terme : être soi, être pareil à l'autre). Je crois que j'ai commencé à me sentir juif lorsque j'ai entrepris de raconter l'histoire de mon enfance et lorsque s'est formé le projet, longtemps différé, mais de plus en plus inéluctable, de retracer l'histoire de ma famille à travers les souvenirs que ma tante m'a transmis.[42]

La quasi-équivalence que Perec établit rétrospectivement entre 'écrire son histoire' et 'se sentir juif' – renforce l'analogie avec la situation de Kafka dont l'œuvre est indissociablement liée à sa judéité. Que Perec ait voulu se reconnaître dans le Kafka peint par Marthe Robert, se comprend aisément. C'est en cherchant sa voie comme écrivain que Perec découvre le problème de sa propre histoire et de ses propres rapports avec sa judéité. Kafka compte parmi les auteurs qui l'ont précédé dans cette voie et ont transformé ce problème en littérature. Adhérent inconditionnel du réalisme critique de Lukács au début des années soixante, Perec évolue dans la période suivante, vers une esthétique plus proche de celle de Kafka. Le principe organisateur de l'univers qu'il évoque, n'est plus une conception du monde déjà arrêtée, ni la plénitude de l'individualité, mais l'absence, la rupture, le vide, un vide qui demande à être formulé et reformulé, qui est impossible à combler. Comme l'œuvre de Kafka, celle de Perec est construite à partir d'un sentiment de dépossession.

La réflexion assidue sur les textes de Flaubert, Kafka et Melville influence profondément les romans que Perec écrit à cette époque et fonde la pratique intertextuelle qui constituera l'un des piliers de son écriture.[43] L'identifica-

---

42. Entretien avec Jean-Marie Le Sidaner, *L'Arc*, n° 76, 1979, p. 9.

43. Le débat théorique sur l'intertextualité remonte à la définition proposée par Julia Kristeva dans 'Le Mot, le dialogue et le roman', *Sémiotikè. Recherches pour une sémanalyse* (Paris : Seuil, 1967) p. 164 : '[...] tout texte se construit comme mosaïque de citations, tout texte est absorption et transformation d'un autre texte. A la place de la notion d'intersubjectivité s'installe celle d'intertextualité'. Après Antoine Compagnon, *La Seconde main ou le travail de la citation* (Paris : Seuil, 1979), c'est Genette qui a repris et nuancé la notion. Genette définit l'intertextualité 'par une relation de coprésence entre deux ou plusieurs textes, c'est-à-dire eidétiquement et le plus souvent, par la présence effective d'un texte dans un autre'. Il distingue trois formes d'intertextualité : 'la pratique traditionnelle de la *citation* (avec guillemets, avec ou sans référence précise) ; celle du *plagiat*, qui est un emprunt non déclaré, mais encore littéral ; et celle de l'*allusion*, c'est-à-dire un énoncé dont la pleine intelligence suppose la perception d'un rapport entre lui et un autre auquel renvoie nécessairement telle ou telle de ses inflexions, autrement non recevable'. Gérard Genette, *Palimpses-*

tion affective avec ces auteurs, avec leurs thèmes et leurs personnages, s'accompagne de l'adoption de leurs techniques narratives – narrateur impassible, absence de psychologie, évocation du réel concret. Il sera clair dès maintenant que ces influences infléchissent l'influence lukacsienne. Si, fidèle aux préceptes de Lukács, Perec enracine les héros de ses trois premiers romans dans la société contemporaine, ses protagonistes n'en appartiennent pas moins par leur vide psychologique à la littérature que Lukács considérait comme décadente. Dans mon analyse d'*Un homme qui dort*, je montrerai en détail comment et à quels niveaux du texte se traduit l'influence des auteurs modèles. Préalablement, je m'arrêterai un instant sur la conférence donnée en mai 1967 à Warwick.

Warwick, un tournant décisif

Texte pivot, à la fois prospectif et rétrospectif, le discours de Warwick présente un bilan et esquisse de nouvelles perspectives.[44] Sur le point de s'engager dans de nouvelles voies d'écriture, Perec jette un regard en arrière sur le chemin parcouru jusque-là.

L'importance de l'année 1967, date charnière dans l'évolution littéraire de Perec, a été montrée de manière décisive par le travail de Philippe Lejeune sur les manuscrits laissés par Perec.[45] Si, à la lecture de Melville, mais surtout de Kafka, Perec avait déjà pris conscience du fait qu'avant de pouvoir rendre compte de la réalité il devait en finir avec le 'qui suis-je' de son introuvable identité, il ne s'attelle à cette tâche qu'en 1967. C'est le projet de roman, intitulé *L'Âge*, abandonné dès 1968, dont Lejeune dit qu'il montre les premières traces de la lente et difficile émergence de la première

---

tes, la littérature au second degré (Paris : Seuil, 1982) p. 8. Bernard Magné précise cette distinction entre citations et allusions pour les textes perecquiens : 'La citation est toujours constituée par un fragment d'énoncé emprunté au texte-source, fragment précis, localisable, mais d'ampleur très variable, pouvant aller de deux mots à plusieurs lignes. L'allusion peut être elle aussi un fragment d'énoncé ; c'est alors, le plus souvent un nom propre. Mais une allusion peut aussi se réduire à l'emprunt d'un élément narratif indépendamment de sa réalisation linguistique dans le texte-source'. Bernard Magné, 'Emprunts à Queneau', *Perecollages*, 1981-1988, éd. citée, pp. 133-134. Chez Perec, citations et allusions sont soumises au même régime : celui de la dissimulation. Les perecquiens parlent à l'instar de Magné d'*impli-citations*. (*Perecollages*, p. 135)

44. 'Pouvoirs et Limites du romancier français contemporain', pp. 31-40.

45. Voir Philippe Lejeune, 'Les projets autobiographiques de Georges Perec', *La Mémoire et l'oblique*, éd. citée, pp. 15-57.

personne comme sujet d'énonciation, d'un 'je' autobiographique.⁴⁶ Ou
encore *L'Arbre. Histoire d'Esther et de sa famille*, également inachevé, première esquisse d'une biographie familiale pour laquelle Perec commence à
rassembler des matériaux au début de 1967 et qui a alimenté en partie le
projet de l'autobiographie, publiée en 1975.

L'entrée à l'Oulipo en mars 1967 et la pratique des jeux langagiers
semblent avoir offert à Perec une issue provisoire à l'impasse où le mènent
ces tentatives autobiographiques, impasse qui ne prendra vraiment fin
qu'avec la publication de *W ou le souvenir d'enfance*. Basés sur une conception du langage comme système qui s'auto-génère, les exercices oulipiens lui
permettent de contourner pendant un certain temps l'impossibilité d'écrire
sa propre histoire, l'évocation de ses souvenirs d'enfance, et de résoudre le
problème de la première personne autobiographique. Mais *La Disparition*
(1969), roman lipogrammatique où l'emploi du 'je' est entravé par l'absence
du 'e' interdit, constitue déjà, dans sa saga d'une lignée maudite une étape
importante dans le cheminement vers l'autobiographie.

Warwick : la poétique des Choses et d'Un homme qui dort

Au seuil de l'entreprise autobiographique et au lendemain de l'entrée à
l'Oulipo, la conférence de Warwick annonce très nettement le changement
d'orientation en train de s'effectuer. La conférence devait porter sur *Les
Choses*, que l'on avait annoncé comme l'œuvre 'd'un moraliste contemporain'. Il sera suffisamment clair après ce qui précède pourquoi Perec ne veut
à aucun prix de cette étiquette. Il essaie de la rejeter en esquissant la genèse
de la poétique qui sous-tend ce roman.

Perec définit les différentes étapes de cette genèse en énumérant les
auteurs qui ont jalonné son parcours – Lukács, Barthes, Flaubert, Nizan,
Antelme, Kafka, Melville. On a vu que ces préférences s'expliquent partiellement par l'histoire intellectuelle des années cinquante, partiellement par
leurs liens avec le projet autobiographique. Cependant, à Warwick, Perec
fait abstraction des débats idéologiques du passé et ne retient que certains
éléments de l'esthétique qui en est issue. Ce qu'il dit devoir à ces différents
écrivains, ce n'est pas une idéologie, mais une leçon de distanciation et
d'ironie (Lukács, Mann et Flaubert), de rhétorique (Barthes), de recul

46. Philippe Lejeune, *La Mémoire et l'oblique*, p. 24.

critique (Nizan), de retenue (Antelme), de technique littéraire (Kafka), bref, une leçon d'assujettissement à des stratégies formelles, au profit d'une certaine liberté par rapport au contenu. Affirmer comme il le fait à Warwick à propos de Kafka, que la vision du réel ou la 'Weltanschauung' n'est pas un ensemble de concepts, mais seulement 'un langage, un style des mots', c'est, en effet, souligner l'importance de la forme.[47]

C'est cette leçon qui, selon ses dires, l'a aidé à s'émanciper de son projet réaliste initial, proche de l'engagement sartrien, et lui a fait comprendre qu'une représentation directe du réel ou d'une vision de la littérature telle qu'elle était prônée par Sartre, n'était ni possible ni souhaitable :

> Alors mon projet à l'époque était – et est toujours resté – proche de la littérature engagée en ce sens que je désirais, je voulais être un *écrivain réaliste*. J'appelle écrivain réaliste un écrivain qui établit une certaine relation avec le réel. Le réel, je ne savais pas ce que c'était, plutôt je le savais mais ça ne m'était pas d'un très grand secours pour écrire, et cette relation que doit établir l'écriture avec le réel, eh bien je ne savais pas en quoi elle consistait. C'est-à-dire que j'avais beau lire Sartre, par exemple, ou tous ses épigones, je ne trouvais pas de chemin qui pouvait m'être, disons, spécifique, ou pouvait m'être particulier.[48] (C'est moi qui souligne.)

A Warwick, Perec insiste sur l'importance des conventions littéraires et procède à la mise en cause du mythe du créateur inspiré. Toute représentation littéraire est liée à un système de conventions narratives, rhétoriques, stylistiques, et par là même à des représentations antérieures. Ignorer ces conventions, nier le lien qu'elles établissent entre les textes de différents auteurs, de différentes époques, revient à oublier que tout texte est engendré à partir d'autres textes, et à se priver de tout recours efficace à ce qui est, de toute façon, incontournable – même pour un écrivain réaliste.

Après avoir constaté que 'tout écrivain se forme en répétant les autres écrivains', Perec affirme que les textes existants peuvent servir de relais entre le texte à écrire et le réel auquel celui-ci veut renvoyer. Cette assertion lui permet de définir les pratiques intertextuelles sous-jacentes à ses premiers livres comme une forme de réalisme qu'on pourrait qualifier, pour re-

---

47. 'Pouvoirs et limites du romancier français contemporain', p. 34.

48. 'Pouvoirs et limites du romancier français contemporain', p. 34. C'est un point de vue qui se trouvait déjà en germe dans l'article de 1962 sur Antelme.

prendre les termes de Leslie Hill, de réalisme citationnel.[49] Invoquant Butor, également adepte fervent de pratiques citationnelles, Perec décrit comment il procède pour s'approprier les textes de ses écrivains modèles et pour les faire entrer dans ses propres romans :

> Il y a en ce qui me concerne une image de la littérature qui se dessine et qui serait l'image d'un puzzle. [...] Butor a expliqué que tout écrivain est entouré par une masse d'autres [...] écrivains [...] et ce puzzle qui est la littérature, dans l'esprit de cet écrivain, a toujours une place vacante, et cette place vacante, c'est évidemment celle que l'œuvre qu'il est en train d'écrire va venir remplir. [...] quand j'ai écrit *Les Choses* [...] il y a eu vraiment une relation nécessaire entre Flaubert, Barthes, Nizan et Antelme. Au centre de ce groupement, il y avait ce livre qui s'appelle *Les Choses* qui n'existait pas encore, mais qui s'est mis à exister à partir du moment où il a été décrit par les quatre autres. De la même manière pour *Un homme qui dort*, la lecture, à outrance, enfin, pendant des semaines et des semaines, d'une nouvelle de Melville qui s'appelle *Bartleby the scrivener* et des *Méditations sur le péché, la souffrance et le vrai chemin* de Kafka, enfin du *Journal intime* de Kafka, m'a conduit presque nécessairement, comme à travers une espèce de voie à la fois royale et tout à fait étroite, m'a conduit au livre que j'ai produit.[50]

Ce n'est pas la première fois que Perec s'explique en public sur son 'art citationnel'. Dans l'entretien de 1965 avec ses amis Bénabou et Marcenac à l'occasion de la publication des *Choses*, Perec avait détaillé les avantages d'une radicalisation de la pratique citationnelle. En premier lieu, cette pratique lui semble permettre un certain progrès puisqu'on prend comme point de départ ce qui était un aboutissement chez les prédécesseurs. En-

---

49. Leslie Hill, 'Perec à Warwick', *Parcours Perec*, p. 28. Ce terme n'est pas utilisé par Perec lui-même, qui ne parle que de 'littérature citationnelle'. Dans un texte écrit en 1967 sur l'œuvre de son ami le plus proche, le peintre Pierre Getzler, Perec ramène l'art de celui-ci à sa réflexion sur le rôle des modèles 'inspirée principalement par la lecture de Gombrich'. ('Chemins de Pierre', publié dans *L'Amateur d'art*, Montreuil : Imprimerie municipale, 1992).

50. 'Pouvoirs et limites du romancier français contemporain', p. 36. Michel Butor souligne également cette inscription inéluctable dans une tradition : 'Toute invention littéraire aujourd'hui se produit à l'intérieur d'un milieu déjà saturé de littérature. Tout roman, poème, tout écrit nouveau est une intervention dans ce paysage antérieur. Nous nous trouvons tous à l'intérieur d'une immense bibliothèque, nous passons nos vies en présence des livres. [...]. Le poète ou romancier qui se sait en même temps critique considère comme inachevée non seulement l'œuvre des autres mais la sienne : il sait qu'il n'en est pas le seul auteur, qu'elle apparaît au milieu des œuvres anciennes et sera continuée par ses lecteurs'. Michel Butor, 'La critique et l'invention', *Répertoire III* (Paris : Minuit, 1968) pp. 7 et 17.

suite, elle peut fonctionner comme relais essentiel de l'invention. Le passage par l'identification à un autre écrivain est la solution qui permet d'accéder à la création : 'Le collage est pour moi comme un schème, une promesse, et une condition de la découverte'. Elle permet, enfin, de s'inscrire dans la tradition : 'c'est la volonté de se situer dans une ligne qui prend en compte toute la littérature du passé. On anime ainsi son musée personnel, on réactive ses réserves littéraires'.[51]

Dans *Les Choses* et *Un homme qui dort*, la présence des autres textes est par ailleurs suffisamment discrète pour qu'elle ne fasse pas écran devant une réalité qui reste très reconnaissable. Ce n'est que plus tard, lorsque Perec poussera beaucoup plus loin son désir imitatif, son envie de refaire des textes admirés, que l'intertextualité nuira parfois à la transparence référentielle.

A Warwick, Perec présente donc la genèse de ses premiers romans comme l'élaboration d'une pratique scripturale qui érige l'intertextualité en principale règle de production. Bien que cela revienne à accepter une conception 'matérialiste' de la production du texte, Perec n'en abandonne pas pour autant son projet référentiel. L'artifice qui lui permet de persister dans sa revendication réaliste, consiste à incorporer les représentations du réel au réel même : 'Par une espèce de métaphore, j'en arrive à ceci, que tout ce que les écrivains ont produit fait partie du réel, de la même manière que le réel'. (p. 35) Si le point de départ de l'évolution décrite par Perec à Warwick est le réalisme du roman engagé, dans lequel le projet référentiel prime et va, en théorie, jusqu'à la négation des conventions littéraires, le point d'arrivée provisoire est un réalisme qui passe par le relais d'autres textes, un réalisme au second degré, un réalisme 'citationnel'.

La poétique telle que Perec la définit à Warwick annonce clairement la nature de son évolution ultérieure. La nécessité d'une certaine distanciation, celle du travail de la forme et de l'intertextualité, une fois établie, il fera de cette nécessité vertu. Après son entrée à l'Oulipo, il multipliera à volonté les exigences formelles par la mise en œuvre des contraintes, et poussera l'intertextualité jusqu'au délire citationnel de *La Disparition* où il réécrit non seulement des poèmes, mais des romans entiers, de *Moby Dick* à *L'Invention de Morel*. Cependant, si la part du jeu et de la joie de l'invention y est grande, ce choix du formalisme et de l'intertextualité renvoie aussi à

---

51. Entretien avec Marcel Bénabou et Bruno Marcenac, p. 15.

la problématique de l'énonciation mise au jour par Lejeune dans son étude des projets autobiographiques. Car, avoir recours à de telles pratiques scripturales, c'est éluder la question du *Qui parle ?*, question qui sera moins facile à contourner dans l'autobiographie.

Warwick, texte rétrospectif et prospectif

Dans son évocation de l'évolution de Perec entre 1958 et 1965, de *La Ligne générale* aux *Choses*, David Bellos présente *Les Choses* comme 'la mise en œuvre élaborée des ambitions littéraires du Perec politique des années 1962/1963'.[52] Toutefois, la conférence de Warwick semble montrer que, s'il existe un lien incontestable entre les articles de *Partisans* et *Les Choses*, le travail sur ce roman a fini par inverser la hiérarchie entre visées politiques et ambitions littéraires : ce que celles-ci ont gagné en netteté, celles-là l'ont perdu.

Quand on compare les idées exprimées dans *Partisans* à celles de la conférence de Warwick afin de mesurer le chemin parcouru, on constate en effet que Perec n'y remplit plus le rôle de porte-parole du marxisme. S'il mentionne Lukács, si abondamment cité cinq ans auparavant, c'est uniquement parce qu'il a découvert grâce à lui l'œuvre de Thomas Mann et la fonction libératrice de l'ironie. L'éblouissement qu'il a éprouvé entre 1962 et 1964 à la lecture de Flaubert, de Melville et de Kafka semble avoir effacé l'aversion pourtant si vigoureusement professée pour toute forme de pessimisme. La passivité du Frédéric Moreau de Flaubert, le désespoir tranquille des écrits de Kafka et la formule avec laquelle le copiste de Melville, Bartleby, s'oppose à la société, semblent l'avoir emporté sur le volontarisme emprunté à Lukács et à Sartre : malgré leur pessimisme, les trois écrivains sont admis au panthéon personnel de Perec. Barthes, encore sévèrement admonesté en 1962 pour son engouement pour le Nouveau Roman, fait en 1967 l'objet d'une mention plus positive. Perec ne dissimule pas que les *Mythologies* de Barthes ont été pour lui dans *Les Choses* une source d'inspiration importante. L'attitude de Perec par rapport au Nouveau Roman reste toujours réservée ; il se montre un peu plus bienveillant à l'égard de *Tel*

52. David Bellos : 'Georges Perec : De *La Ligne générale* aux *Choses*', *Hebrew studies in literature and art*, tome 17 (Université hébraïque de Jérusalem, 1990).

Quel mais met en garde contre la stérilité d'un enfermement exclusif dans le langage.

Ayant cessé d'identifier le réalisme avec la vision marxiste du monde, et ayant troqué provisoirement l'envie de refaire le monde contre l'envie de refaire la littérature, Perec se montre donc à Warwick beaucoup plus ouvert qu'auparavant aux directions dans lesquelles se sont engagés ses contemporains et revendique pour sa part un travail de la forme que certains ne manqueront pas de juger excessif. Son itinéraire montre, comme l'écrit Jean Duvignaud, que 'le mouvement de l'imaginaire, si intellectuel soit-il, ne se réduit pas aux doctrines et, s'il trouve en l'une ou l'autre un appui momentané, c'est à la manière d'un échafaudage qu'on rejette quand il a servi'.[53] Mais, bien que rapidement rejeté, l'échafaudage lukacsien n'en a pas moins constitué un moment décisif dans la carrière de Perec.

---

53. Jean Duvignaud, 'Effet d'éloignement par rapport aux *Choses*', *L'Arc*, n° 76, *Georges Perec*, 1979, p. 23.

Chapitre 3

Jeux de voix et de focalisation
Un homme qui dort

On ne peut bien décrire la vie des hommes si on ne la fait baigner dans le sommeil où elle plonge et qui, nuit après nuit, la contourne comme une presqu'île est cernée par la mer. (Marcel Proust, *Le Côté de Guermantes*)

Yeux ouverts, yeux fermés

Dans les romans de cette première période Perec est tiraillé entre les exigences d'un réalisme lukacsien et l'identification avec des auteurs tels que Flaubert, Melville et Kafka dont la thématique et les procédés scipturaux exercent sur lui une forte attirance. Le vide existentiel qui déclenche l'écriture perecquienne, deviendra thème et forme dès *Les Choses* et *Un homme qui dort*.[1]

Conçu comme 'un exercice sur les *Mythologies* de Barthes, sur le reflet en nous du langage publicitaire'[2], *Les Choses* décrit la fascination mercantile des choses. Les personnages des *Choses* sont 'doués' par leur auteur d'une conscience vide tournée sans discrimination vers le dehors. Entre le monde et leur perception de celui-ci s'interpose le langage, chargé de toutes sortes de bruits parasitaires. La dénotation se double de la connotation, la langue est pervertie par le discours publicitaire, qui développe des systèmes de sens seconds à partir du système premier que lui fournit le langage. Ce sont ces systèmes de sens seconds, dénoncés par Barthes comme 'l'idéologie bourgeoise', qui fonctionnent comme filtre, comme grille de perception.[3] Les

---

1. *Les Choses. Une histoire des années soixante* (Paris : Julliard, 1965). *Quel petit vélo ?* (Paris : Denoël, «Les Lettres nouvelles», 1966), pseudo-traité de rhétorique, reprend des éléments non élaborés dans *Les Choses*, à savoir la guerre d'Algérie et la bande de copains dont les protagonistes, Jérôme et Sylvie, font partie. En 1973, un film a été tiré d'*Un homme qui dort* (paru en 1967) sous la codirection de Georges Perec et Bernard Queysanne. Je me réfère pour *Les Choses* à l'édition poche (Presses Pocket, 1990), pour *Quel petit vélo ?* à une réédition de Denoël de 1988. La pagination des citations est indiquée entre parenthèses dans le texte.

2. Selon la formule de Perec dans l'entretien avec Marcel Bénabou et Bruno Marcenac, p. 14.

3. Dans sa critique de la société de consommation Barthes identifie en effet les mécanismes de la publicité avec ceux de l'idéologie. Mais comme le remarque Pierre Zima, c'est

personnages des *Choses*, Sylvie et Jérôme, sont soumis à tous les condition-
nements possibles, parce que leur perception du monde, en première
instance non orientée, est faussée par ce discours publicitaire.[4] Dès que
celui-ci cesse de fonctionner, ils sont confrontés à leur propre manque de
substance.[5] A l'instar de Barthes qui dans les *Mythologies* se montre fasciné
par ces systèmes de connotations, Perec se déclare également 'tout entier du
côté du langage qui entoure les choses, de ce qu'il y a en dessous, de tout ce
qui les nourrit, de tout ce qu'on leur injecte'.[6] Et alors que dans l'univers
prétendument 'chosiste et purifié' d'un Robbe-Grillet, lunettes, gommes,
cafetières, araignées et mannequins de couture connotent les obsessions
sexuelles des personnages, chez Perec les objets (meubles, vêtements, nourriture) témoignent du conditionnement exclusif du désir par le discours
publicitaire de la société de consommation. Ses personnages ont comme
passion principale 'la frénésie d'avoir', l'acquisition d'objets dont la possession semble leur promettre le bonheur. (*Les Choses*, p. 147) Si ces personnages entretiennent des rapports passionnés, presque voraces avec les choses,
leurs expériences sont racontées, par contre, sur un ton distancié, par un
narrateur invisible et ironique. Pour reprendre les termes mêmes de Perec,
ce narrateur n'est ni au-dessus ni à l'intérieur de ses personnages, mais se
tient à leurs côtés. Tantôt il s'en approche, tantôt il s'en éloigne.[7]

    Né du désir de réécrire *Bartleby*, la nouvelle de Melville, *Un homme qui
dort* constitue l'envers des *Choses*, et est une tentative de saturer le thème de
l'indifférence devant le monde. Dans un entretien avec Duvignaud, Perec
décrit ainsi ce mouvement de pendule :

passer sur une distinction fondamentale entre idéologie et publicité. Les idéologies tendent
à opposer une valeur absolue à l'autre, alors que le discours publicitaire, indifférent à toutes
les valeurs qu'il substitue les unes aux autres selon les conditions que lui impose le marché,
se sert des jargons de nombreuses idéologies hétérogènes et contradictoires pour faire appel
aux consommateurs. Pierre Zima, *L'Indifférence romanesque : Sartre, Moravia, Camus* (Paris :
Sycomore, 1982) p. 20.

    4. Perec souligne ainsi le caractère fatal de ce conditionnement : 'Mes personnages
seraient prêts à se contenter de leur sort si on leur en laissait le loisir, si 'l'information' reçue
du monde extérieur était différente'. Entretien avec Bénabou et Marcenac, p. 14.

    5. Comme en Tunisie où les personnages sont confrontés dans les souks à des objets,
pour eux sans connotation. (*Les Choses*, p. 144).

    6. Entretien avec Jean Duvignaud, *Le Nouvel Observateur*, n° 57, 15-21 décembre 1965,
p. 32.

    7. Entretien avec Bénabou et Marcenac, p. 14.

Par une sorte de réflexe instantané, après avoir fini ce livre où j'ai essayé de décrire la fascination des choses, la pression qu'elles exercent, je suis revenu en arrière dans ma vie personnelle. J'écris un livre sur une période de ma vie où au contraire j'étais absolument indifférent. Ce n'est plus la fascination, mais le refus des choses, le refus du monde.[8]

Perec procède à une tentative de déconditionnement radical. Son protagoniste, un étudiant en sociologie qui habite une chambre de bonne dans un immeuble parisien, 203, rue Saint-Honoré, décide d'arrêter ses études et passe ensuite six mois à ne faire absolument rien. Perec fait subir à son protagoniste l'expérience d'une indifférence totale au monde : le personnage ne peut l'atteindre qu'en annulant dans ses perceptions tout acte interprétatif, qu'en faisant table rase de tout ce que l'homme a l'habitude de mobiliser dans son approche du réel – attention, souvenirs, émotions, idéologie, savoir, langage.[9]

Cette démarche se fait sous l'égide de nouveaux modèles littéraires. Elle prend l'une de ses origines dans le désir de réécrire Bartleby, mais dans la mesure où elle engage un rapport d'étonnement devant le monde, une rupture de familiarité avec celui-ci, elle est également proche de celle de Sartre dans *La Nausée* ou de Camus dans *L'Etranger*. Cependant, Perec ajoute une dimension originale. Dans ses efforts pour s'absenter au monde, pour anesthésier ses facultés cognitives conscientes, le personnage d'*Un homme qui dort* privilégie le sommeil ou plus précisément la somnolence et le somnambulisme. Comme je le montrerai par la suite, ce n'est pas par hasard que l'auteur a choisi ces deux états de transition neurophysiologiquement nettement définis et distincts, l'un entre l'état de veille et le sommeil, l'autre entre le sommeil profond et l'éveil.[10]

8. Entretien avec Jean Duvignaud, p. 33.

9. Perec handicape souvent ses personnages dans l'exercice de leurs facultés intellectuelles. Si le protagoniste d'*Un homme qui dort* refuse de parler et de se souvenir, Anton Voyl dans *La Disparition* est amnésique et l'enfant Gaspard Winckler de *W ou le souvenir d'enfance* est autiste. Dès son second roman (resté inédit), *Gaspard pas mort* (1959), Perec s'est inspiré de l'histoire de Kaspar Hauser. Voir sur la figure de Hauser, David Bellos, *op. cit.*, et *infra*, p. 178.

10. Son travail comme documentaliste au laboratoire de neurophysiologie médicale de l'hôpital Saint-Antoine avait familiarisé Perec avec les recherches sur le sommeil et le rêve. Ces recherches avaient pris un grand essor avec la découverte, dans les années cinquante, de la distinction entre les activités cérébrales conscientes et inconscientes, donc entre l'état de veille et le sommeil d'une part, et entre les différentes phases du sommeil d'autre part – la somnolence, le sommeil léger, le sommeil lent profond, le sommeil rapide, dit paradoxal. Voir à ce sujet, Michel Jouvet, *Le Sommeil et le rêve* (Paris : Odile Jacob, 1992) pp. 94-106.

Les Choses relève du genre 'l'océan dans un verre d'eau', *Un homme qui dort*, par contre, est un livre sur (presque) rien. Rien qu'à lire les phrases-incipits des deux livres, on prend conscience de cette opposition. *Les Choses* s'ouvre sur un regard avide, insatiable :

> L'œil, d'abord, glisserait sur la moquette grise d'un long corridor, haut et étroit. Les murs seraient des placards de bois clair, dont les ferrures de cuivre luiraient. Trois gravures [...]. (*Les Choses*, p. 9)

Le protagoniste d'*Un homme qui dort*, au contraire, se retranche dans la forteresse du sommeil :

> Dès que tu fermes les yeux, l'aventure du sommeil peut commencer. A la pénombre connue de la chambre [...] succède au bout d'un certain temps, un espace à deux dimensions [...]. (*UHQD*, p. 13)

Il s'agit d'une conscience repliée sur elle-même, animée par la seule et farouche volonté d'indifférence, non seulement fermée au discours parasitaire qui vante les attraits innombrables du monde extérieur, mais encore hostile aux profondeurs psychologiques du moi. Cette indifférence fournit à l'auteur un principe de sélection draconienne dans sa représentation du réel matériel, social et psychologique. Le protagoniste de Perec est confronté au monde et à lui-même sans qu'il puisse se prévaloir d'un savoir, d'une psychologie ou d'une métaphysique pour aborder ce qu'il découvre. Il en est réduit à des perceptions extrêmement élémentaires. On pourrait dire que ce roman enseigne à regarder le monde avec les yeux d'un homme qui marche dans la ville sans autre horizon que le spectacle, sans autre pouvoir que celui-là même de ses yeux. Avec cette restriction que dans le cas du

---

Dans *Quel petit vélo ?* le sommeil joue déjà un rôle crucial : l'aspirant-déserteur essaie d'échapper à son envoi en Algérie en avalant des somnifères. Des explorations plus systématiques du domaine du sommeil se trouvent dans *Un homme qui dort*, dans *La Boutique obscure* (1973), où Perec a réuni, sans commentaire, les transcriptions de cent vingt-quatre rêves, et dans 'La chambre' dans *Espèces d'espaces* (1974). D'autres illustrations plus ludiques sont *Le Fonctionnement du système nerveux dans la tête*, une pièce radiophonique que Perec a écrite pour Radio-Cologne, publiée dans *Cause commune*, n° 3, octobre 1972, pp. 42-55, et *Cantatrix sopranica L, An experimental demonstration of the tomatotopic organization in the Soprano* (1974), repris dans *Cantatrix Sopranica L. et autres articles scientifiques* (Seuil, « La Librairie du XXᵉ siècle», 1991).

dormeur perecquien, 'amnésique errant au Pays des Aveugles' (*UHQD*, p. 31), il vaut mieux parler, avec Burgelin, d'"avision' que de 'vision'."[11]

• Motivations et objectifs

Avant d'aborder l'analyse proprement dite d'*Un Homme qui dort*, je préciserai les aspects du roman qui m'ont amenée à lui accorder une position-clé dans ma reconstruction de l'évolution du projet réaliste perecquien, et qui retiendront plus particulièrement mon intérêt.[12] Bien entendu, mon objectif est en premier lieu de déterminer la forme particulière que le projet réaliste de Perec revêt dans ce livre. Il s'agira par la suite de mesurer cette forme d'une part, aux caractéristiques que l'on a l'habitude d'attribuer au roman réaliste traditionnel et, d'autre part de souligner les différences avec le Nouveau Roman, ce que je me propose de faire dans la conclusion de ce chapitre.

Si j'ai choisi d'analyser en détail ce texte, c'est pour trois raisons. En premier lieu, on y retrouve, à plusieurs niveaux et poussée jusqu'à l'extrême, l'approche du réel que Perec semble vouloir traduire dans les trois textes de cette période – une approche soi-disant neutre, distanciée, libre d'émotions, de la réalité contemporaine. En second lieu, de par l'ambiguïté de son dispositif énonciatif, ce roman annonce une deuxième étape de l'approche perecquienne du réel : celui-ci est alors filtré par la mémoire. En troisième lieu, l'architecture du livre, l'organisation en seize chapitres (non-numérotés) et en deux parties (ni numérotées, ni titrées), ainsi que certains motifs d'*Un homme qui dort* renvoient aux *Choses* et préludent à *W ou le souvenir d'enfance*. Ce constat permet à la fois de fonder la position intermédiaire de ce récit et d'éclaircir les problèmes d'interprétation créés par l'ambiguïté du dispositif énonciatif.

---

11. Claude Burgelin, *Georges Perec*, éd. citée, p. 65.

12. Parmi les premières lectures critiques d'*Un homme qui dort*, mentionnons Roger Kleman, 'Lectures : Un homme qui dort, de Georges Perec', *Les Lettres nouvelles*, juillet/septembre 1967, pp. 158-165 ; Walter Motte, *The Poetics of Experiment* (Lexington : French Forum, 1984) pp. 99-101 ; Bernard Pingaud, 'L'indifférence, passion méconnue', *La Quinzaine littéraire*, n° 500, janvier 1988, pp. 6, 7 ; Claude Burgelin, *Georges Perec*, éd. citée, pp. 59-73. Plus récemment ont paru deux études génétiques. Hans Hartje a consacré une vingtaine de pages aux avant-textes d'*Un homme qui dort* dans *Georges Perec écrivant*, pp. 115-148 ; Nicolas Neyman a joint à la description du dossier génétique une transcription de l'intégralité du dossier et une analyse des brouillons, *Un homme qui dort, Analyse et description des brouillons de Georges Perec*, Mémoire de DEA, Université Paris VII, 1996/1997.

Dans *Les Choses*, l'approche soi-disant neutre du réel s'exprime essentiellement dans l'impassibilité flaubertienne du narrateur. Dans *Un homme qui dort*, cette approche ne se retrouve pas seulement dans le dispositif énonciatif, mais constitue la trame même de l'intrigue, la quête du protagoniste, et prend par là un relief exceptionnel même si elle se solde par un échec. *Un Homme qui dort* est la relation d'un exercice mental, de l'exploration méthodique qu'un homme qui se veut indifférent fait de sa propre situation. Perec a calqué son héros sur le clerc taciturne de Melville. Mais alors que Bartleby n'est vu que de l'extérieur et reste une énigme, le roman de Perec pourrait être défini comme une tentative de s'introduire de force dans la conscience d'un indifférent et de répondre aux questions que le personnage de Melville laisse sans réponse. Que signifie au juste être neutre, indifférent à l'égard du monde ? D'où vient cette étrange 'passion' et comment la vit-on ? Revient-elle à donner congé à toute signification, à tout investissement symbolique ou psychologique, et permet-elle ainsi de recouvrer l'innocence originelle du regard ? Toute grille de perception ayant disparu, le monde se révèle-t-il tel qu'il est ? Vient-il, comme le veut la citation de Kafka mise en exergue, 'se tordre devant qui se tient absolument silencieux dans sa chambre' ?

Roman à un seul personnage, *Un homme qui dort* a été écrit à la deuxième personne du singulier. Le *tu* qui est, dans ce livre, à la fois celui dont on parle et celui à qui on parle, héros et narrataire, dissimule un je-narrateur dont la voix se trouve multipliée par des échos venus d'ailleurs. En effet, avec un titre emprunté à Proust, tendu entre une citation de Kafka et un résumé de *Bartleby*, se terminant sur une allusion au *Voyage au bout de la nuit* de Céline, *Un homme qui dort* a été écrit, en grande partie si ce n'est entièrement, à partir d'autres textes.[13]

---

13. Hartje conclut de son étude des manuscrits préparatoires qu'*Un homme qui dort*, texte pourtant pré-oulipien, devait à l'origine être véritablement un texte à contrainte, dans la lignée des textes de Raymond Roussel et, plus en particulier, de ses contes dits de genèse encadrés par deux phrases homophones, mais différentes de sens, mises en miroir au début et à la fin du texte. Perec se proposait de partir d'une phrase de Kafka pour aboutir à une phrase de Melville, tout en utilisant les textes d'une vingtaine, sinon d'une cinquantaine d'auteurs. Le texte devait donc se présenter comme un immense collage de citations. Entre sa conception et l'écriture le projet d'*Un homme qui dort* a évolué, la contrainte s'est assouplie mais les phrases des autres auteurs résonnent encore. Hans Hartje, *op. cit.*, pp. 115-149. Le titre du récit est le début de la célèbre phrase dans l'ouverture de *La Recherche* : 'Un homme qui dort tient en cercle autour de lui le fil des heures, l'ordre des années et des mondes.' (Gallimard, «Pléiade», 1968) tome I, p. 5. L'exergue est empruntée à Franz Kafka, 'Méditations sur le péché, la souffrance, l'espoir et le vrai chemin' [1917-1918], *Préparatifs de noce à la campagne* (trad. de Marthe Robert, Paris : Gallimard, «L'Imaginaire», 1988) p. 54. L'allu-

Ce dispositif énonciatif permet des jeux de voix et de focalisation complexes qui ont une double fonction. D'une part, ces jeux permettent de raconter l'expérience d'indifférence et d'amnésie volontaire qui en est la condition, et qui par la force des choses ne peut être dite par celui qui la vit. D'autre part, tout en esquivant l'énonciation du contenu précis d'une conscience et surtout d'une mémoire en voie d'abolition, ces jeux ne laissent pas de suggérer le poids et la résistance de celle-ci. Ils contournent un vide, un silence – tout en le soulignant. Après le *ils* neutre, désignant les protagonistes dans *Les Choses*, et le *nous* collectif réunissant les fonctions de protagonistes et de narrateurs dans *Quel petit vélo ?*, le *tu* d'*Un homme qui dort* (héros/narrataire) semble hésiter entre la distance impliquée par l'emploi d'un *il*, celui dont on parle, et d'un *je* qui, à la fois narrateur et protagoniste, endosse la pleine responsabilité de l'histoire qu'il raconte : le *tu* tient à distance le *je* (autobiographique) de *W ou le souvenir d'enfance* tout en l'annonçant.[14] Ces thèmes et ces procédés narratifs traduisent l'attitude de refus qui a été longtemps celle de Perec devant sa propre histoire.[15]

Que ce roman puisse être considéré comme point de jonction entre deux périodes se confirme par ailleurs quand on l'examine d'un point de vue biographique. Les expériences personnelles que Perec a transposées dans ses trois premiers livres publiés lui ont toutes été fournies par sa vie d'adulte. *Les Choses* raconte ses expériences du début des années soixante, sa vie en couple, son séjour à Sfax. *Quel petit vélo ?* fait écho à la période du service militaire et à celle de *La Ligne générale* (1958, 1959).[16] Enfin, *Un homme qui dort* s'inspire, si l'on peut dire, d'une période de dépression vécue au seuil de la vie d'adulte, en 1956. En outre, ce texte renoue avec l'un des premiers textes de jeunesse, *Le Fou*, écrit également en 1956, et clôture pour ainsi dire un premier cycle. Tout de suite après avoir terminé *Un homme qui dort*, en

sion au *Voyage au bout de la nuit* de Céline concerne l'une des dernières scènes de ce roman. L.-F. Céline, *Voyage au bout de la nuit* (1932] (Paris : Gallimard, «Livre de Poche», 1967) pp. 479, 480.

14. *La Disparition* (1969), roman qui comporte l'histoire d'une filiation maudite, est considéré par Burgelin comme profondément autobiographique. Claude Burgelin, *Georges Perec*, p. 105. Rappelons que dans *La Disparition* l'emploi du *je* est entravé par l'interdiction de la lettre *e*.

15. Marcel Bénabou, *Perec et la judéité*, art. cité, p. 23.

16. Bellos : 'Le premier livre publié par Perec peut aussi, en un sens, être lu comme le dernier chapitre de son autobiographie. En effet, hormis quelques rares exceptions, tout ce qu'il écrivit après *Les Choses* utilise des éléments de périodes antérieures de sa vie'. David Bellos, *op. cit.*, p. 324.

1966, Perec poursuit cette remontée dans le temps et entreprend d'écrire la biographie de sa famille, ce qui l'obligera à aborder sa propre enfance.

Mais ce n'est pas seulement le dispositif énonciatif qui permet de considérer *Un homme qui dort* comme l'une des étapes importantes sur la voie qui mène des *Choses* à *W ou le souvenir d'enfance*. L'examen de l'architecture, dissimulée, du récit révélera que celui-ci, composé de deux parties et de seize chapitres, répète en grandes lignes les articulations du récit dans *Les Choses* et annonce celles de *W ou le souvenir d'enfance*. De plus, dans la répartition des onze chapitres de la première partie, alternativement consacrés au sommeil et à l'état de veille, *Un homme qui dort* annonce la juxtaposition de deux récits apparemment sans lien, mais en réalité étroitement enchevêtrés dans *W ou le souvenir d'enfance* où s'entrecroisent le texte autobiographique des souvenirs d'enfance et le texte fictionnel.

Trois aspects retiendront donc principalement mon attention dans cette analyse. Je commencerai par résumer de façon globale la trame de l'intrigue à la lumière du thème de l'indifférence. De ce thème je reconstituerai le contexte philosophique et littéraire dans la mesure où celui-ci a été évoqué par Perec, dans des commentaires ou dans le texte même.

Ensuite, je me propose d'éclairer le dispositif énonciatif mis en place par Perec pour faire vivre à la fois de l'extérieur et de l'intérieur l'expérience de l'indifférence. Un roman dont le héros préfère vivre les yeux fermés et se cantonne dans un silence obstiné, roman qui est hanté en outre par des voix venues d'ailleurs, pose avec une urgence particulière les questions de l'instance narrative et de la focalisation. Qui parle ? Qui perçoit ? Si cette analyse des jeux de voix et de focalisation, permettra de montrer comment Perec a procédé pour 'dire' cette expérience de l'indifférence à son lecteur, l'examen de la temporalité narrative montrera comment il a réussi à la lui faire ressentir.

En troisième lieu, j'esquisserai une solution aux problèmes interprétatifs mis au jour par l'analyse du dispositif énonciatif, en examinant le fonctionnement de l'autotextualité que l'on peut considérer comme une forme spécifique de l'intertextualité.[17] Une analyse de quelques exemples illustratifs

---

17. A l'instar de Jean Ricardou (*Lire Claude Simon*, Colloque de Cerisy, Paris : UGC, 10/18, 1975, p. 12) j'entends par autotextualité une forme d'intertextualité restreinte, constituée par les rapports intertextuels entre les textes d'un même auteur.

de ce phénomène d'autotextualité dans *Un homme qui dort* permettra de mettre en évidence les particularités formelles et thématiques que ce roman a en commun avec *Les Choses* et *W ou le souvenir d'enfance* et d'investir ainsi de sens certains passages qui resteraient opaques sans ce recours à d'autres textes.

Le parcours d'un homme indifférent

Dans *Un homme qui dort*, Perec ne s'en tient pas à la seule nouvelle de Melville, mais fait parrainer son texte par de nombreux autres héros solitaires et taciturnes, tels que l'Ishmaël de Melville, le narrateur de *La Recherche*, Joseph K. et le Kafka des journaux intimes, Roquentin et Meursault.[18] Le je-narrateur des *Méditations* de Descartes est un modèle plus ancien, non nommé mais présent en filigrane dans le texte par le biais d'allusions répétées à *La Nausée*. Transposant des expériences vécues en 1956, Perec reprend en effet un thème déjà abordé dans *Le Fou*[19], un texte de jeunesse datant de la même année, et comportant en épigraphe le début de la troisième des *Méditations métaphysiques* de Descartes, 'Sur l'existence de Dieu' :

> je fermerai maintenant les yeux, je boucherai les oreilles, je détournerai tous mes sens, j'effacerai même de ma pensée toutes les images des choses corporelles, ou du moins, parce qu'à peine cela se peut-il faire, je les réputerai comme vaines et fausses, et ainsi, m'entretenant seulement moi-même, et considérant mon intérieur, je tâcherai de me rendre peu à peu plus connu, et plus familier à moi-même [...].[20]

18. Bellos mentionne encore deux autres modèles possibles : le héros taciturne d'une nouvelle du père fondateur de la littérature Yiddish à qui Perec aimait se croire apparenté, à savoir Itzhak Leibush Peretz (1852-1915), 'Bontsha the silent', *Selected Stories* (New York, Schocken Books, 1975), pp. 70-78 ; et l'Ulysse de Kafka, 'Das Schweigen der Sirenen', *Sämtliche Erzählungen* (Frankfurt/Hamburg : Fischer Verlag, 1973) pp. 350, 351.

19. Bellos donne un résumé de ce texte inédit de quatorze pages, prétendument composé par un psychanalyste à partir de papiers laissés par un malade mental qui croyait qu'il se trouvait à l'asile afin de mener sous la direction du psychanalyste une recherche sur le fonctionnement mental. Les premières pages introduisent le lecteur dans la conscience de ce fou, tandis que la suite porte sur la folie de l'activité scientifique. David Bellos, *op. cit.*, pp. 175, 176.

20. Descartes, *Méditations* (Paris : Minuit, 1963) p. 155.

Par une chaude après-midi de mai, le protagoniste d'*Un homme qui dort*, dépose le livre qu'il était en train de lire, les *Leçons sur la société industrielle* de Raymond Aron, et qu'il laisse ouvert à la page cent douze.[21] Avec ce geste, il abandonne toute vie relationnelle et responsable : il suspend ses occupations quotidiennes, rompt ses contacts sociaux, s'enferme dans sa chambre, et essaie de vider son esprit de tout savoir préalable.

Là s'arrête le parallèle entre Descartes et le protagoniste solipsiste de Perec. Ce personnage, plus proche d'un Bartleby, d'un Roquentin ou d'un Meursault que du philosophe rationaliste, ne se replie pas sur lui-même par curiosité intellectuelle, mais par un mouvement inexplicable de dégoût, de lassitude. S'il cherche la réclusion, concrète ou mentale, ce n'est pas en première instance pour examiner le fonctionnement de son esprit dans l'abstraction complète de toute circonstance, mais pour se déprendre du monde, faire l'apprentissage de l'indifférence, et atteindre à l'égard du monde extérieur une neutralité qui ne relève d'aucune idéologie.[22]

'Tu es assis, torse nu, vêtu seulement d'un pantalon de pyjama'. (*UHQD*, p. 19) C'est ainsi que Perec introduit son héros pour ensuite procéder à une saisie épidermique de son personnage et douer celui-ci d'une vie purement physiologique ou végétale.[23] Pendant ses exercices de détachement, décrits dans la première partie du roman (ch. I-XI), le protagoniste s'interdit les

---

21. Ces chiffres, 11 et 2, renvoyant à la date de la disparition de la mère, le onze février 1943, font partie de l'arithmétique perecquienne, essentiellement commémorative. La mention de ce recueil de cours professés par Aron à la Sorbonne en 1955-1956, l'année où Perec commence une licence d'histoire, nous ramène à la période que Perec évoque dans *Un homme qui dort*. Perec habite la rue Saint-Honoré de décembre 1956 à juin 1957 et c'est à ce moment-là qu'il abandonne ses études. Les cours d'Aron avaient été distribués sous forme polycopiée par le Centre de documentation universitaire et ont été publiés en 1962 chez Gallimard dans la collection «Idées», sous le titre de *Dix-huit leçons sur la société industrielle*.

22. 'Le personnage d'*Un homme qui dort* veut arriver à une étape de neutralité qui ne relève d'aucune idéologie', dit Perec au sujet du film qu'il a tiré du livre. Entretien de Georges Perec et Bernard Queysanne (le metteur en scène) avec Jacques Grant, *Cinéma 74*, juillet-août 1974, n° 189, pp. 47-51.

23. Ce début de l'histoire rappelle un texte qui figure dans le dossier génétique, celui de J.-M.G. Le Clézio, *Le Procès-verbal* (Gallimard, 1963) : 'Il y avait une petite fois, pendant la canicule, un type qui était assis devant une fenêtre ouverte.[...] Il était vêtu uniquement d'un pantalon de toile beige abîmée, salie de sueur, dont il avait replié les jambes jusqu'aux genoux'. (p. 11) Le contraste entre le héros à moitié nu d'*Un homme qui dort* et les protagonistes des *Choses* est saisissant. Sylvie et Jérôme consacrent le plus clair de leur temps à des recherches vestimentaires qui leur permettront de jouer convenablement leur rôle dans la société de consommation. Dans *Un homme qui dort*, c'en est fini des choses injectées de sens : 'Ton habillement, ta nourriture, tes lectures ne parleront plus à ta place, tu ne joueras plus au plus fin avec eux. Tu ne leur confieras pas l'épuisante, l'impossible, la mortelle tâche de te représenter'. (*UHQD*, p. 75)

émotions, les désirs, les souvenirs, la communication, et le savoir : il 'ne sait pas grand-chose et surtout il ne pense rien'. (*UHQD*, p. 22) Le bilan de sa vie se réduit à vingt-cinq ans et vingt-neuf dents, trois chemises et huit chaussettes, quelques livres, quelques disques. Il 'n'a pas envie de se souvenir d'autre chose, ni de sa famille, ni de ses études, ni de ses amours, ni de ses amis, ni de ses vacances, ni de ses projets'. (*UHQD*, p. 27) Il n'éprouve que le désir de ne plus entendre, de ne plus voir, de rester seul et silencieux – conformément aux conseils de Kafka cités dans l'exergue : 'Reste à ta table et écoute. N'écoute même pas, sois absolument silencieux et seul. Le monde viendra s'offrir à toi pour que tu le démasques [...]'.

Ce qui reste au protagoniste, ce sont les jeux de la perception interne et externe. Il tue le temps en dressant et en redressant l'inventaire de sa chambre : sous son regard vide surgissent les quelques objets qui s'y trouvent – une banquette étroite, une étagère en bois blanc, un lavabo minuscule, un bol, un cendrier, une bassine en plastique rose où flottent *trois* de ses *quatre* paires de chaussettes.[24] Il se perd dans la contemplation des fissures du plafond, écoute les rares bruits qui lui parviennent de dehors, ou bien il sort, à la tombée de la nuit, pour errer au hasard dans la ville. L'état dans lequel il fait ces promenades est désigné métaphoriquement comme somnambulisme, état de transition entre sommeil et éveil. Semblable à un 'somnambule qui verrait', le personnage traîne dans la ville, qui se réduit à un entrecroisement de boulevards et de rues, à une énumération apparemment indifférenciée de noms de lieux, de monuments, de musées et de cafés. Il voit sans regarder, il enregistre ce qui l'entoure mais de la manière la plus neutre possible, c'est-à-dire en se gardant de donner un sens, une interprétation humaine aux enchaînements d'impressions :

> Des messages du monde extérieur parviennent sans doute encore à tes centres nerveux, mais nulle réponse globale, qui mettrait en jeu la totalité de l'organisme, ne semble pouvoir s'élaborer. Seuls demeurent des réflexes élémentaires [...]. (*UHQD*, p. 102)

Ces scènes d'observation d'un monde singulièrement appauvri alternent avec des séances d'introspection. Cherchant le sommeil, état qui doit lui permettre de parachever son imperméabilité au monde extérieur, le protagoniste guette ce qui se passe dans sa conscience aux moments de passage entre

---

24. Le trois et le quatre sont les autres chiffres liés à la disparition de la mère.

l'état de veille et celui du sommeil. Traduisant son étrangeté au monde, cet état presque permanent de somnolence affaiblit encore ses bases ontologiques déjà exiguës, les perceptions, seul pont non coupé entre le personnage et le monde extérieur, se lient à d'étranges images oniriques et perdent beaucoup de leur fiabilité. Le réel perceptible est réduit à ce qui passe entre la rétine et le cortex au moment de l'endormissement. Le *cogito* cartésien a fait place à une version minimaliste du *percipio*.

Avec ce *percipio*, Perec s'installe d'emblée dans l'incertitude que Descartes alléguait pour justifier son doute méthodologique. La prétendue impossibilité de distinguer entre les perceptions faites en état de veille et celles qu'on a dans le sommeil, amenait Descartes comme on le sait, à bannir radicalement toutes les perceptions de ses réflexions.[25] Le dormeur de Perec, créature d'un auteur initié à la neurophysiologie, ne semble plus croire, comme Descartes, à l'existence d'une *res immateria*, une raison qui puisse fonctionner indépendamment du monde extérieur et des œuvrements du corps. Mais, comme je le montrerai plus loin, c'est à son corps défendant qu'il est amené à fonder son existence sur les sables mouvants de ce *percipio*.

Si le récit se caractérise en général par un vouloir-faire ou un devoir-faire, celui d'*Un Homme qui dort*, parodiant le roman d'apprentissage, raconte donc la quête d'un renoncement, d'un apprendre à vouloir-ne pas-faire. Cependant, à l'encontre de Bartleby qui s'oppose à toute restriction de sa liberté et dont l'abstention totale – de mouvement, de nourriture – aboutit à la mort, le protagoniste de Perec obéit aux besoins de son corps et se contente de la liberté d'indifférence qui consisterait à décider sans aucun motif ni mobile. S'il préfère ne pas continuer ses études, ne plus revoir ses amis, ne pas se souvenir de son passé, il continue pourtant à dormir et à marcher, à se lever et se laver, à manger, à lire, à jouer aux cartes et au billard électrique. Il s'applique tout simplement à faire disparaître toute hiérarchie dans les choix qu'exigent ces occupations (il refuse de 'faire la différence') et à accéder à un état d'ataraxie, d'impassibilité totale :

> tu te déprends de tout, tu te détaches de tout. Tu découvres [...] que tu es libre, que rien ne te pèse, ni te plaît ni te déplaît. [...] Tu connais un repos total [...]. Tu n'existes plus, [...] tu survis, sans gaieté et sans tristesse, sans avenir et sans passé, [...]. (*UHQD*, p. 87)

---

25. Descartes, *Méditation première* et *Méditation troisième*, *op. cit.*, p. 137, p. 155.

Mais sous ce manque d'exigences se cache un désir démesuré : le protagoniste fait semblant de se contenter d'un territoire dérisoire ; en réalité il est en quête de la maîtrise du monde et entend se placer en dehors du temps. La réalisation de ce désir semble atteinte pendant un bref instant :

> maintenant tu es le maître anonyme du monde, celui sur qui l'histoire n'a plus de prise, celui qui ne sent pas la pluie tomber, qui ne voit plus la nuit venir. (*UHQD*, p. 108)

Même dans ce domaine exigu, cependant, le personnage ne réussit pas à maintenir son autonomie. Loin de lui offrir un refuge sûr, la somnolence avec son cortège d'images effrayantes se referme sur lui comme un piège. Acculé au vide, sans refuge, plus proche soudain de Joseph K. que de Bartleby, il ne devient ni fou ni ne meurt (p. 161), mais perd son impassibilité et se laisse envahir par l'angoisse et la terreur des mauvais rêves. Le dormeur ne peut pas faire que le temps s'arrête, le cerveau poursuit ses activités indépendamment de la volonté et, malgré lui, il vit ou revit des expériences auxquelles il essaye en vain de se soustraire. Son expérience minimaliste ne s'ouvre que sur la panique devant un monde qui déjà semble l'avoir marqué profondément et devant lequel l'abandon des habitudes et des idées le laisse démuni. Comme l'angoisse est insupportable, il préfère rompre le ban de son enfermement mental. Ces angoisses et le retour à la vie quotidienne sont racontés dans la deuxième partie du livre (ch. XII-XVI) et se terminent sur un constat laconique. L'allusion au *Voyage au bout de la nuit* revient de manière ironique sur le rêve de maîtrise, cité ci-dessus :

> Tu attends, place Clichy, que la pluie cesse de tomber. (*UHQD*, p. 163)

Les lieux de l'indifférence

Perec a dit vouloir explorer dans *Un homme qui dort* les 'lieux rhétoriques' de l'indifférence. Je ne m'attarderai pas sur les nombreuses discussions qu'a soulevées la définition de cette notion, mais j'essayerai d'en indiquer le sens en m'appuyant sur les explications que Perec a données de la genèse de ce roman.[26] 'Je peux définir mon écriture, dit-il en 1967 à Warwick, 'comme

---

26. Voir au sujet de la notion de lieu rhétorique, A. Kibédi Varga, *Discours, récit, image*

une espèce de parcours, une espèce d'itinéraire que j'essaie de décrire à partir d'une idée vague, d'un sentiment [...], en me servant de tout un acquis culturel qui existe déjà. A partir de là, j'essaie de dire tout ce que l'on peut dire sur le thème d'où je suis parti. C'est ce que les rhétoriciens appelaient des lieux rhétoriques. *Un homme qui dort*, c'est les lieux rhétoriques de l'indifférence'.[27]

Quand on considère maintenant à la lumière de cette explication le recours à l'intertextualité dans *Un homme qui dort*, le terme de 'lieu' prend le sens de fragment, d'extrait, de phrase à reprendre, à imiter ; ces fragments ont été choisis dans des textes littéraires et philosophiques sur telle ou telle forme d'indifférence et sont illustratifs des différentes motivations, manifestations et conséquences de cette étrange passion. Les approches différentes, les 'lieux', auxquels Perec renvoie par citations et allusions, sont comme les pièces d'un puzzle qui, après avoir été reconstitué, dessine les contours d'une place vacante d'où naît alors une vision originale. En effet, si les textes invoqués montrent que Perec a voulu inscrire son histoire dans une tradition, il a également la volonté de se démarquer de ses modèles et ceux-ci lui servent de repoussoir. Le *je* cartésien des *Méditations*, Bartleby et son frère jumeau Joseph K., le narrateur de Proust et le Kafka des journaux intimes, Roquentin, Meursault, sont tous évoqués pour finalement être rejetés.[28]

Le sens d'un passage intertextuel étant le produit de l'interaction du sens original et du sens contextuel, la référence à un texte déterminé incite à un

---

(Liège-Bruxelles : Pierre Mardaga, 1989) pp. 40-64. La notion de *lieu* occupe une place centrale dans l'œuvre de Perec, témoin sa présence dans les titres de certains ouvrages tels que *Les Lieux d'une fugue* (1966), *Les Lieux de la trentaine* (1966, 1968, inachevé), *Les Lieux d'une ruse* (1977), *Lieux* (1969-1975, inachevé), *Lieux communs travaillés* (1981, inachevé).

27. 'Pouvoirs et limites du romancier français contemporain', *op. cit.*, p. 36.

28. Pratique intertextuelle dans laquelle Perec a été précédé par de nombreux auteurs parmi lesquels Thomas Mann, à qui il fait d'ailleurs allusion en incluant dans son panthéon d'indifférents Adrien Leverkühn, et qu'il copiera à son tour dans un résumé sans *e* de l'histoire de l'*Elu* dans *La Disparition*. Thomas Mann a eu recours à la technique citationnelle dès ses premiers ouvrages, mais il ne discute ouvertement ce qu'il désigne comme son 'principe de montage' que dans une lettre à Adorno en 1945 lorsqu'il travaille sur *Doktor Faustus*. Voir Thomas Mann, *Briefe, 1937-1947* (Frankfurt : Fischer Verlag, 1963) p. 469. *Die Entstehung des Doktor Faustus. Roman eines Romans* (Frankfurt : Fischer Verlag, 1966) comporte l'apologie de cette technique qui englobe par ailleurs celle de l'autotextualité. Voir à ce sujet Marguerite de Huszar Allen, *The Faust Legend. Popular Formula and Modern Novel* (New York, Bern, Frankfurt : Peter Lang, Germanic Studies in America, n° 53, 1985) pp. 66-84. En ce qui concerne les contemporains de Perec, relevons que Michel Butor a publié son *Portrait de l'artiste en jeune singe. Cappriccio* (Paris : Gallimard) en 1967. Comme le titre, avec un renvoi à Joyce, l'indique déjà, l'intertextualité joue un rôle de premier plan dans cet ouvrage autobiographique sur la naissance d'une vocation d'écrivain.

double décodage. Comme Perec opère essentiellement selon le principe, 'ce que les autres laissent, je le prends', j'indiquerai brièvement les points principaux sur lesquels il s'écarte des modèles invoqués, à savoir la motivation de l'indifférence, l'état physique et mental recherché par les indifférents, et les conséquences de la pratique de l'indifférence.

Dans *Un homme qui dort* le choix de l'enfermement mental, de la solitude, n'est inspiré ni par l'inquiétude métaphysique cartésienne, ni par la volonté proustienne de mettre à nu un moi profond. Et malgré les apparences, ce n'est pas non plus, ou en tout cas pas seulement, le dégoût de la société qui fonde la rupture avec celle-ci, comme c'est le cas des héros de Sartre et de Camus.[29] Comme Bartleby, le personnage de Perec semble avoir d'autres mobiles pour se détourner du monde. Ces mobiles sont en rapport avec ce qui se passe pendant son entrée dans le sommeil mais ne sont pas explicités.

Contrairement à Descartes, qui écarte le sommeil comme domaine de recherches, le somnolent de Perec semble motivé par une certaine curiosité intellectuelle, mais ses observations se bornent à un inventaire des phases successives du processus d'endormissement. Il s'oppose diamétralement au narrateur de Proust. Celui-ci approche le sommeil comme un état privilégié qui favorise l'activité de la mémoire et lui permet de se soustraire à l'usure du temps. Chez le personnage de Perec, la mémoire se trouve frappée d'interdit, et dès que ses images oniriques risquent de s'enchaîner en séquences cohérentes, il se réveille en sursaut. Tout effort d'interprétation est absent. Le dormeur proustien 'tient en cercle autour de lui le fil des heures, l'ordre des années et des mondes', le personnage de Perec tente de maîtriser le temps par l'oubli. L'objet de prédilection de la mémoire proustienne, l'enfance, n'est mentionnée que du bout des lèvres et de manière stéréotypée.[30]

Par ailleurs, le deuxième moyen dont dispose le personnage pour 's'abstraire', l'observation des choses autour de lui, ne lui inspire aucune nausée salutaire ; elle ne fonde pas l'être comme chez Roquentin, mais débouche sur une certitude beaucoup plus modeste : on ne sait que faire du réel quand on refuse de rapporter ses gestes et paroles à un itinéraire, une

29. Pour une analyse du thème de l'indifférence dans le roman existentialiste, voir Pierre Zima, *L'indifférence romanesque : Sartre, Moravia, Camus*, éd. citée.

30. 'Combray', la première partie de *Du côté de chez Swann*, débute par le sommeil et se termine par le réveil : les pages intermédiaires évoquent l'enfance du narrateur.

ambition, une volonté. Modeste et peu dramatique, telle est également l'issue de cette expérience de l'indifférence. Tandis que Bartleby et Meursault[31] sont emprisonnés et meurent, que Joseph K. est assassiné, et que Roquentin prend la décision de mettre par écrit ses expériences, le personnage de Perec attend qu'il cesse de pleuvoir avant de traverser la place Clichy et de retourner à la vie quotidienne. Reste à savoir ce que devient Kafka à qui Perec a emprunté l'exergue, et dont les conseils, 'écoute, n'écoute même pas, attends seulement. N'attends même pas, sois absolument silencieux et seul', sont répétés avec de minimes variations tout au long du roman et le ponctuent comme un refrain. Si ce passage qui clôt les *Méditations sur le péché..*, fait appel à l'indifférence pour que le monde se découvre, un autre aphorisme du même texte exprime une idée qu'on pourrait retrouver dans le dénouement d'*Un homme qui dort* : 'Dans le combat entre toi et le monde, seconde le monde'.[32] C'est le conseil de prendre distance de soi-même, d'aller jusqu'à 'affronter le monde contre soi', que le dormeur de Perec semble suivre dans sa décision finale.

Si les nombreuses citations et allusions permettent de mesurer l'originalité de l'apport perecquien aux 'lieux' de l'indifférence, elles tendent aussi à inclure dans l'œuvre littéraire même les travaux de déblayage du terrain. Sans doute, l'intertextualité n'est pas repérable dans tous les cas, mais le lecteur est suffisamment averti pour qu'il se méfie et pour qu'il ne s'identifie pas trop aux sombres ressassements du personnage. S'il en avait l'inclination, le détour forcé par d'autres textes lui suffirait pour instaurer une distance salutaire.

31. Le titre originel du roman de Camus était *L'Indifférent*.
32. Franz Kafka, *op. cit.*, p. 54.

La situation énonciative : les instances narratives en présence

La description du sommeil vécu met les romanciers au défi.[33] Comment faire revivre le sommeil de l'intérieur, non pas rétrospectivement, filtré par la conscience, mais au moment où il est vécu par celui qui dort ? Importante dans toute interprétation de récit, l'analyse des phénomènes de voix et de mode se révèle particulièrement indispensable pour avoir prise sur ce texte au silence songeur, réticent à concéder ses sens.[34]

La voix narrative : une voix anonyme

Comme les auteurs qui l'ont précédé dans cette voie (Proust, Mann, Butor), Perec n'évoque pas le sommeil proprement dit, mais ses marges : la somnolence, le sommeil sans cesse interrompu, l'insomnie. 'Dans *Un homme qui dort*', dit Perec dans un entretien en 1981, 'je n'ai pas évoqué des rêves, mais le moment où l'on s'endort, l'état d'endormissement ou d'endormement en français'.[35] Pendant la somnolence, le cerveau est en pleine activité, comme dans le sommeil de rêve, dit paradoxal, mais la conscience réflexive, vigile laisse la scène à la conscience spontanée, à des formes non-verbales de la vie intérieure ; les messages sensoriels provenant du monde extérieur se mêlent aux perceptions entraînées par l'activité spontanée du cortex ; les images pré-oniriques restent isolées et ne s'enchaînent pas en un tout cohérent. La

---

33. Pour un aperçu des approches différentes du thème du sommeil dans la littérature française, voir Paul Renard, 'Périls du sommeil romanesque', *Revue des Sciences humaines*, n° 194, 1984, pp. 31-50. Jacqueline Risset a consacré une série de brefs essais au sommeil littéraire où l'on retrouve, outre Dante, Honoré d'Urfé, Proust, Kafka, Beckett et d'autres, le fidèle compagnon de la nuit, le chat sur un coin d'oreiller, *Puissances du sommeil* (Paris : Seuil, 1997).

34. Cet examen de la structure énonciative s'appuie sur l'analyse narratologique, désormais classique, telle qu'elle a été élaborée notamment par Gérard Genette, *Figures III* et *Nouveau discours du récit* (Paris : Seuil, 1972 et 1983).

35. Dans cet entretien, Perec explique comment il a écrit les passages sur la somnolence : 'ces expériences de l'entrée dans le sommeil, je les ai écrites avec un carnet à côté de moi, en essayant d'écrire pendant quelques secondes les images qui me venaient dans ce moment où l'on a l'impression d'avoir un corps énorme, un pouce très, très gros [...]'. Entretien avec Ewa Pawlikowska, *Littératures*, n° 7, printemps 1983, pp. 72-73. Le somnambulisme, éveil incomplet en fin de sommeil profond, et utilisé métaphoriquement par Perec, se caractérise par l'amnésie : le somnambule n'a, après coup, aucun souvenir de ses déambulations. Sur les différents stades du sommeil et la distinction entre les rêves de l'endormement et ceux du sommeil paradoxal, voir Mels de Jong, *Sprekend nog met de nacht, Over Dromen en droomonderzoek* (Swets & Zeitlinger, 1991) pp. 11-25.

mémoire continue à fonctionner et permet au dormeur de se rappeler après son réveil ses expériences oniriques.

Sous peine de violer la vraisemblance, le récit simultané de ces expériences ne peut pas être fait par un narrateur homodiégétique, héros ou témoin dans un récit à la première personne, ni par un narrateur hétérodiégétique dans un récit à la troisième personne : un protagoniste plongé dans un état de semi-conscience ne peut se regarder et décrire cet état au moment même où il le vit et un narrateur témoin ou un narrateur hétérodiégétique, en position extérieure, ne peut forcer la porte du sommeil du personnage endormi.[36]

Perec a contourné les problèmes énonciatifs propres à cette situation en confiant la narration (presque intégralement conduite au présent) à un énonciateur non représenté et anonyme qui s'adresse à un *tu* : l'emploi de ce pronom installe le lecteur à la fois à l'intérieur et à l'extérieur d'une pensée dont Perec décrit le fonctionnement éclaté.[37] Genette a décrit cette narration à la deuxième personne comme une variante de la narration -hétérodiégétique.[38] Dédoublant le protagoniste, le narrateur anonyme remplit le rôle de la conscience réflexive enregistrant et commentant ce qui se passe dans l'esprit du *tu*, que celui-ci se trouve en état de veille ou de somnolence. Le *tu* est à la fois le héros, celui dont on parle, et le narrataire à qui sont racontées les expériences qu'il vit pendant son sommeil et qu'il ne peut donc pas raconter lui-même.

La spécificité de l'expérience à rendre, 'l'aventure du sommeil', n'épuise cependant pas la motivation de ce dispositif énonciatif. Même dans l'état de veille le *tu* essaie d'atteindre l'indifférence du sommeil en menant une existence végétative, solitaire, silencieuse. Ses seuls objectifs sont l'analyse

---

36. Selon la définition de Genette, le narrateur hétérodiégétique est absent de l'histoire qu'il raconte, le narrateur homodiégétique est présent, comme héros ou témoin dans l'histoire qu'il raconte. Pour le narrateur homodiégétique qui est le héros de son récit, Genette réserve le terme d'autodiégétique. (*Figures III*, éd. citée, p. 252, 253).

37. Dans le choix de cette forme expérimentale, Perec qui préparait en 1963 un mémoire pour Lucien Goldmann sur le roman français de l'après-guerre, s'est sans aucun doute laissé inspirer par *La Modification* (1957) de Michel Butor, jusqu'aujourd'hui l'exemple le mieux connu de cet emploi de la deuxième personne. En 1961, Butor avait publié dans *Les Temps modernes* un article sur 'L'usage des pronoms personnels dans le roman', repris dans *Répertoire II* (Paris : Minuit, 1964) pp. 61-72. Butor y décrit notamment le *je* des *Méditations* de Descartes comme une seconde personne camouflée.

38. Genette : 'La situation dite de «"narration à la deuxième personne», est caractéristique de certains récits judiciaires ou académiques, et naturellement (?) d'œuvres littéraires comme *La Modification* (en *vous*) ou *Un homme qui dort*' (en *tu*)'. (*Nouveau discours du récit*, éd. citée, p. 92)

exhaustive de la vacuité, l'attente sans autre espérance que d'observer l'écoulement de la durée, l'oubli, la vie dans un présent éternel : c'est le narrateur qui prend en charge tout ce qui relève de la réflexion, du jugement, de l'émotion, de la communication et surtout du souvenir. Le *tu* s'étant interdit toute communication, c'est donc le dédoublement narratif qui permet, même dans les passages consacrés à l'état de veille, l'expression verbale de ce qui est vécu à un niveau de conscience préverbal ou de ce que le *tu* refuse de dire :

> Tu t'es arrêté de parler et seul le silence t'a répondu. Mais ces mots, ces milliers, ces millions de mots qui se sont arrêtés dans ta gorge, les mots sans suite, les cris de joie, les mots d'amour, les rires idiots, quand donc les retrouveras-tu ? (*UHQD*, p. 127)

Alors que le *tu* vit silencieusement son aventure solitaire, il incombe au narrateur de communiquer et d'objectiver celle-ci dans un discours explicatif et justificatif. Il enregistre les observations et les actes du *tu*, fait des retours en arrière, interroge, résume et feint d'éclairer ainsi les motivations du personnage.

L'emploi littéraire le mieux connu de la deuxième personne, le *vous* dans *La Modification* de Michel Butor a été interprété par certains critiques comme l'exploitation d'une situation de langue fort courante, celle du dialogue intérieur.[39] Se dédoublant et se parlant à lui-même, le *vous* se verrait de l'extérieur. Mais, comme l'a fait remarquer Butor lui-même, ce *vous* est quelqu'un à qui on raconte sa propre histoire pour qu'il en prenne conscience.[40] Cela interdit d'interpréter ce *vous* exclusivement comme l'expression d'un dialogue intérieur : la voix qui dit *vous* ne peut pas être identifiée sans plus à celle du personnage qui s'adresserait à lui-même. Il me paraît possible d'établir sur ce point un parallèle entre *La Modification* et *Un homme qui*

---

39. Pour une analyse de cet emploi dans *La Modification*, voir Françoise van Rossum-Guyon, *Critique du roman* (Paris : Gallimard, «Tel», 1995 [1970]), pp. 114-174, et pour un résumé des discussions plus générales, Bruce Morrissette, 'Narrative «You»', *Novel and Film, Essays on Two Genres* (University of Chicago Press, 1985) pp. 108-140.

40. Butor : 'C'est parce qu'il y a quelqu'un à qui l'on raconte sa propre histoire, quelque chose de lui qu'il ne connaît pas, ou du moins pas encore au niveau du langage, qu'il peut y avoir un récit à la seconde personne, qui sera par conséquent toujours un récit «didactique». [...] Ainsi, chaque fois que l'on voudra décrire un véritable progrès de la conscience, la naissance même du langage ou d'un langage, c'est la seconde personne qui sera la plus efficace'. (*Répertoire II*, éd. citée, pp. 66, 67).

dort. Chez Butor, il s'agit d'une histoire encore inconnue du héros, chez Perec d'une histoire que le héros feint de ne plus connaître ou qu'il veut oublier. Aussi, comme chez Butor, la voix qui se fait entendre dans *Un homme qui dort* n'appartient-elle pas tout à fait au personnage mais à une instance invisible et omniprésente qui fonctionne comme conscience centrale dans le roman. Dans *La Modification* le *je* finit par apparaître, marquant le progrès dans la prise de conscience, mais le texte de Perec – sans discours rapportés, ni dialogue, ni monologue – ne dit nulle part que ce *je* implicite et le *tu* renvoient au même personnage, nulle part qu'il s'agit d'un *je* qui se dit *tu*. Ni le narrateur ni le *tu* ne disent, à aucun moment, *je*.

Cet appareil énonciatif permet donc de raconter l'expérience de l'indifférence à la fois de l'intérieur et de l'extérieur, de suivre le *tu* pas à pas dans l'aventure de l'indifférence. L'emploi de la deuxième personne enferme narrateur et narrataire dans un huis-clos, qui se déploie en spectacle devant un tiers, le lecteur. Celui-ci assiste à un discours qui lui est destiné même s'il ne lui est adressé que par le relais du *tu*-narrataire et si celui-ci s'interpose entre le *je*-narrateur et le lecteur.

Le mode : un œil hypertrophié

Une analyse de l'emploi de la narration à la deuxième personne ne peut pas s'arrêter au constat de la coprésence dans l'énonciation d'un *je* implicite, d'un *tu* et d'un *il* caché sous le *tu* qui est à la fois celui à qui on parle et dont on parle. Même dans ce roman linéaire, pauvre en événements, apparemment monovocal, ne comptant qu'un seul personnage souvent endormi, la situation communicative est plus complexe. Reportons-nous à ce qu'en dit Perec dans ses notes. Énumérant les définitions possibles du *tu*, il dit :

TU
a. un effort pour mettre le lecteur dans le coup
   tu lis ce livre et tu te dis etc....
b. une forme de journal intime
   tu n'as pas su quoi lui dire ?
   seras-tu toute ta vie etc...
c. une étape vers la relation auteur-personnage :
   Vais-je le faire mourir ? Non, le lecteur serait déçu.
   (voir la fin de *La Montagne magique*)
d. une lettre :
   Tu me dis qu'Ernestine va mieux...

e. le regard d'un je devenant tu ?
Un homme qui dort égale 50 % e), 30 % b), et 20 % c).[41]

Ce qui l'emporte dans cette définition à pourcentages, c'est donc la possibilité mentionnée sous *e* : le regard d'un *je* 'devenant' *tu*. En effet, invisible, jamais identifié au personnage, le narrateur n'est pas seulement une voix, mais encore un regard, une position focale qui tantôt coïncide avec celle du personnage, tantôt s'en éloigne. C'est celui qui peut traduire l'expérience du *tu* en paroles, parce qu'il voit le *tu* à la fois de l'intérieur et de l'extérieur : il regarde le monde à travers les yeux du *tu*, il connaît ses perceptions, ses pensées, il enregistre aussi ses actes et ses gestes. Le narrateur focalise avec et sur le personnage. Le choix de ce type de focalisation, dite focalisation interne, permettrait en principe au narrateur de dire tout ce que le personnage perçoit et tout ce qu'il pense, mais comme je le montrerai plus loin de manière plus précise, la focalisation interne s'accompagne ici de ce que Genette appelle la dissimulation délibérée d'informations pertinentes, c'est-à-dire nécessaires au lecteur pour pouvoir interpréter le récit.

Que cette dissimulation soit ressentie comme une infraction au parti modal choisi s'explique par l'alternance des états de veille et de sommeil qui conditionne l'attente du lecteur d'une telle manière qu'il sera frustré. Dans les passages consacrés au sommeil, le narrateur colle à la conscience de son personnage, ne connaissant rien qui n'appartienne à ses perceptions et à ses émotions ; il partage les limitations cognitives de son personnage. Ceci résulte en des passages énigmatiques qui créent un suspense interprétatif. Dans les évocations de l'état de veille, le narrateur traduit non seulement les perceptions et émotions du héros, mais aussi ses pensées, il peut donc opérer sans les restrictions imposées par l'état de sommeil. Cependant, les informations que le lecteur espère recevoir dans ces passages au sujet des expériences oniriques sont de nouveau retenues ou bien formulées avec une ironie qui ne permet pas d'attribuer sans réserve au protagoniste ce qu'ils expriment. L'instance focalisatrice devient insaisissable. Ces infractions au parti modal choisi, la focalisation interne, me semblent bien traduites par la définition que donne Perec de l'emploi du *tu* : le regard d'un *je* devenant *tu*, d'un *je* en principe muni d'un certain savoir sur ce qui se passe dans sa conscience, qui est en voie de devenir un *tu* partiellement inaccessible.

---

41. Notes de Perec citées d'après David Bellos, *op. cit.*, pp. 366, 367.

C'est ce regard, cet œil que l'on pourrait découvrir, dissimulé, parmi les figures que le *tu*, dont on n'apprend ni le prénom ni le nom de famille, trace avec la pointe de sa chaussure dans le sable d'un square : 'des ronds, des carrés, *un œil*, tes initiales'. (*UHQD*, p. 68) Caractérisation sommaire et ambiguë – les ronds et les carrés composent-ils les initiales du *tu* ou bien les initiales comptent-elles parmi les figures que le *tu* trace dans le sable ? – mais on pourrait y voir l'empreinte de l'instance anonyme qui raconte et perçoit : c'est un regard, un œil.

A l'exception de l'histoire de Bartleby, rédigée à la troisième personne et insérée sans motivation explicite à la fin de l'avant-dernier chapitre, le roman est entièrement écrit à la deuxième personne. En première instance, l'emploi exclusif du pronom *tu* risque de masquer la distinction entre le je-narrateur et le tu-narrataire. Cette distinction, soigneusement maintenue et motivée par le choix d'un héros-dormeur qui se veut amnésique, permet des jeux de focalisation intéressants qu'il s'agit d'examiner de plus près. Je m'occuperai d'abord de la somnolence, ensuite de l'état de veille.

La somnolence
Une partie considérable de l'histoire racontée dans *Un homme qui dort* se situe dans la chambre obscure de l'étudiant.[42] Sur les seize chapitres, quatre (I, III, IX, XI), sont consacrés entièrement à la description des états intermédiaires entre l'éveil et le sommeil. Un cauchemar, raconté au chapitre XI, marque l'échec définitif de l'apprentissage de l'indifférence et un tournant décisif dans le récit. A partir de ce chapitre, c'est l'insomnie qui domine.

Tant que le héros somnole, le narrateur assume le champ perceptif de celui-ci, et traduit dans un récit rédigé au présent ce qui se passe dans la conscience du *tu* : les activités de son cerveau se soustraient à son contrôle, mais la porte entre le cerveau et le monde extérieur n'est pas encore tout à fait close et laisse passer des stimuli qui donnent lieu à des perceptions mi-réelles, mi-fantastiques. Le premier chapitre décrit avec minutie ce qui arrive quand le *tu* cherche le sommeil.[43] Le *tu* explore l'intérieur de son

42. Coïncidence amusante : sur la couverture de l'édition Denoël d'*Un homme qui dort*, figure la photographie bien connue de Perec avec un chat sur l'épaule. Les chats domestiques sont les plus grands dormeurs et rêveurs du règne animal : ils rêvent 200 minutes par 24 heures. Voir Michel Jouvet, *op. cit.*, p. 76.

43. Selon Bellos, ce premier chapitre aurait été ajouté après coup et serait une traduction en termes subjectifs du processus décrit dans la thèse d'André Hugelin, *Les Activités électro-*

propre regard, ce qui se passe entre paupière, rétine et cortex, après qu'il a fermé les yeux. L'espace réel est intégré à la conscience, pas encore fermée entièrement au monde extérieur :

> Dès que tu fermes les yeux, l'aventure du sommeil commence. A la pénombre de la chambre, volume obscur coupé par des détails, où ta mémoire identifie sans peine les chemins que tu as mille fois parcourus [...].(*UHQD*, p. 13)

On est plongé d'entrée de jeu dans l'intimité de la conscience du *tu* et dès la deuxième phrase du livre la mémoire fait une apparition prometteuse. Sur l'écran de ce cinéma intérieur, le *tu* voit défiler des images familières ou obsédantes, des souvenirs incomplets, des énigmes sans solution, des mots sans suite porteurs de sens embroussaillés. Ce qui domine, ce sont d'une part des représentations liées à la position du corps, de l'autre des représentations fantastiques du sommeil qui se développent à partir des objets banaux et rassurants autour du dormeur mais qui aboutissent sans exception à des sensations d'impuissance et d'angoisse. Le dormeur est en proie à une désorientation physique et mentale grandissante. A l'approche du sommeil, il perd le contrôle de ses membres, le corps se morcelle en parties autonomes, devient mou, se liquéfie. Les visions se présentent comme des fragments isolés d'histoires incompréhensibles, les messages verbaux et les images s'excluant mutuellement. Poursuivi avec acharnement, le sommeil ne tarde pas à se retourner contre le dormeur et à se transformer en menace : son approche, agressive, se caractérise par une chaleur insupportable ou par une lumière éblouissante qui ne tardent pas à réveiller tout à fait l'aspirant dormeur. Chaque suite d'images se termine sur une impression d'étouffement et d'angoisse qui se fait, de chapitre en chapitre, plus intense pour culminer en un cauchemar qui marque l'échec de l'indifférence.

Ces passages consacrés au sommeil se caractérisent par de longues phrases sinueuses, ponctuées par de nombreuses locutions modalisantes (*comme si, dirait-on, peut-être, une sorte de*). Celles-ci témoignent du décalage entre le perçu et le connu, entre une conscience passive, spontanée, et une conscience réflexive essayant d'interpréter la vie psychique non-verbale.

---

corticales et les états de veille et de sommeil (Paris : CNRS, 1967) dont Perec avait fait la bibliographie. David Bellos, *op. cit.*, p. 278.

Le *tu* vit dans une sorte de présent désancré ; adverbes, locutions adverbiales et conjonctions (*plus tard, dès que, peu avant, souvent, presque chaque fois*) localisent les expériences les unes par rapport aux autres dans le temps du sommeil, mais il n'y a pas de repères temporels extérieurs à celui-ci. Les déictiques (*maintenant,* p. 16, p. 38) suggèrent parfois la proximité du narrateur et du *tu*, dans une scène singulative. Mais ce sont là des exceptions, le récit étant en majeure partie itératif. Tout se passe comme si l'endormissement s'accompagnait toujours des mêmes images, se présentant seulement dans un ordre chaque fois différent.

Cependant, malgré l'effort d'interprétation suggéré par tous ces procédés le narrateur se borne à décrire ce que fait et perçoit le *tu*. Il ne fournit ni explication véritable ni interprétation personnelle. L'intrusion dans la conscience du héros somnolent ne lui donne pas accès à la mémoire de celui-ci et ne lui permet pas, par conséquent, d'aller au-delà d'une paraphrase des perceptions et des émotions ressenties par celui-ci : les expériences (pré)oniriques restent fragmentaires, morcelées.

L'effet de cette déceptive intrusion dans la conscience du dormeur se laisse comparer à celui du discours faussement introspectif de *L'Etranger* : le héros rapporte ses perceptions, mais tait ses pensées.[44] Dans les passages consacrés à la somnolence, le narrateur d'*Un homme qui dort* épouse le champ perceptif, forcément restreint, du *tu*. Cette perspective interdit un acte interprétatif qui permettrait de relier les images, les bribes de pensées à la vie réveillée.[45] Or, les rêves du quotidien nous apparaissent souvent étranges. Si cette étrangeté profite au réalisme du récit, elle semble cependant violer l'une des lois fondamentales de la fiction littéraire traditionnelle qui veut que celle-ci soit cohérente et qu'elle ne comporte donc pas d'élé-

---

44. Voir sur la situation narrative dans *L'Etranger*, Gérard Genette, *Nouveau discours du récit*, éd. citée. p. 85. Rappelons ici que Barthes a développé son concept d'écriture blanche, du degré zéro de l'écriture, à partir justement de *L'Etranger* de Camus.

45. On pourrait, avec Genette, parler de narration hétérodiégétique à « focalisation interne restreinte avec paralipse presque totale des pensées». (*Nouveau discours du récit*, p. 85). La paralipse est définie par Genette comme la dissimulation d'une information logiquement entraînée par le type de focalisation adopté. Toujours selon Genette, le type classique de la paralipse est, dans le code de la focalisation interne, l'omission de telle action ou pensée importante du héros focal que ni le héros ni le narrateur ne peuvent ignorer mais que le narrateur choisit de dissimuler au lecteur. (*Figures III*, 1972, p. 212). Ainsi, dans *Michel Strogoff* (livre auquel Perec a emprunté l'épigraphe de *La Vie mode d'emploi*), l'auteur nous cache à partir du chapitre VI de la deuxième partie, ce que le héros sait fort bien, à savoir qu'il n'a pas été aveuglé par le sabre incandescent d'Ogareff.

ments non-motivés. Dans la fiction littéraire même les rêves, marginaux dans la vie quotidienne, sont motivés.

Cette restriction du champ perceptif, ce filtrage artificieux, exprime donc le manque de communication entre le narrateur et le *tu*/protagoniste jouant l'un le rôle de la conscience réflexive, l'autre celui de la conscience passive, pré-verbale. Apparemment intimes, ils sont en réalité séparés l'un de l'autre. Signifié indirectement par ce jeu de focalisation, cet écart entre deux niveaux de conscience, qui permet de dire le détachement, l'oubli, sans dire ce dont il est détachement, se trouve mis en scène dans le cauchemar décisif au chapitre XI.

Le dormeur se croit suspendu en l'air, la tête en bas, torturé par un groupe de bourreaux qui se disputent les organes de son corps. Il a vis-à-vis de cette douleur comme vis-à-vis de toutes les sensations qu'il éprouve, toutes les pensées qui le traversent, toutes les impressions qu'il a, un détachement total :

> Tu te vois sans étonnement être étonné, sans surprise être surpris, sans douleur être assailli par les bourreaux. (*UHQD*, p. 116)

C'est grâce au dédoublement propre aux images oniriques que le *tu* peut atteindre l'indifférence tellement désirée face aux angoisses qui s'emparent de lui dès qu'il ferme les yeux. Mais en digne émule de Kafka, Perec a construit son piège en deux temps.[46] C'est justement ce dédoublement, cette distance froide par rapport à la souffrance qui se révèle être la pire des tortures :

> tu n'es plus qu'un œil. Un œil immense et fixe, qui voit tout, aussi bien ton corps affalé, que toi, regardé regardant, comme s'il était complètement retourné dans son orbite et qu'il te contemplait sans rien dire, toi, l'intérieur de toi, l'intérieur noir, vide, glauque, effrayé, impuissant de toi. (*UHQD*, p. 117)

Lieu de refuge par la double indifférence qu'elle offre, tant à la vie réveillée qu'aux angoisses intérieures, la somnolence s'ouvre sur une trappe.

---

46. Dans l'apologue de Kafka, la bête arrache le fouet au maître et se fouette elle-même pour devenir maître, et ne sait pas que ce n'est là qu'un fantasme produit par un nouveau nœud dans la lanière du maître. (*Méditations sur le péché...*, p. 51).

L'indifférence se présente comme un cauchemar dans lequel le *tu* se voit paralysé dans la vision de son propre vide :

> Tu ne dors pas, mais le sommeil ne viendra plus. Tu n'es pas éveillé et tu ne te réveilleras jamais. Tu n'es pas mort et la mort même ne saurait te délivrer.. (*UHQD*, p. 118)

L'œil hypertrophié symbolise la scission irrémédiable du protagoniste en une conscience réflexive et une conscience passive inaccessible, et c'est elle qui est désormais source de souffrances. Le remède se révèle être pire que le mal dont le *tu* ne semble pas avoir gardé des souvenirs précis.

Ce qui pour le *tu* est une torture, constitue pour le lecteur un problème interprétatif. Comment réunir dans une interprétation cohérente ces bribes de pensées, ces images confuses, ces souvenirs mentionnés mais jamais racontés ? Les passages consacrés au sommeil constituent comme des zones d'ombre dans le texte que le récit des expériences vécues en état de veille ne parviendra pas à éclairer.

L'état de veille

Si le narrateur épouse la perspective du *tu* tant que celui-ci somnole, il lui arrive de changer, par contre, de distance et d'optique quand le *tu* est réveillé. Plus que dans la description du pré-sommeil sur lequel le narrateur n'a pas de prise, on ressent dans ces passages une présence qui non seulement décrit une situation, mais l'organise, la dirige et la commente. Tout ce qui est vécu à un niveau de conscience pré-réflexif, exprime la vision avec et sur le *tu* – mais les pensées et les réflexions, parsemées de renvois intertextuels, tissées de proverbes et de lieux communs, sont empreintes d'une ironie qui déplace la perspective narrative vers une instance insaisissable. Initialement neutre et indifférente, la vision du *tu* se teinte d'angoisse dans la deuxième partie du récit.

• Un regard presque neutre

Structuré sur deux mouvements, l'un montant vers l'indifférence, l'autre descendant vers la vie quotidienne, le récit se compose de deux parties. Dans la première partie, l'état de veille et celui de la somnolence alternent ; dans la deuxième partie, par contre, le *tu* est complètement insomniaque, et, en fuite devant l'angoisse, se livre à une activité fébrile : 'Maintenant tu te relèves la nuit'. (*UHQD*, p. 122)

Par l'inertie du *tu*, l'action dans *Un homme qui dort* se réduit à très peu de choses. Perec sélectionne systématiquement les actes minimaux qui, dans d'autres romans, ne constituent que le bruit de fond.

Le *tu* dit, avec une allusion à Blanchot, ne chercher que 'l'attente' et 'l'oubli', l'attente d'un avenir qui n'adviendra jamais et l'oubli d'un passé immémorial, qui, littéralement, est sorti de la mémoire.[47] A l'abri dans sa chambre, il se livre tous les jours aux mêmes observations et répète indéfiniment les mêmes gestes qui relèvent du quotidien infra-ordinaire. Les perceptions visuelles et auditives alternent, s'accrochant à un nombre fixe et réduit d'objets et de bruits. Ce sont une banquette étroite, une étagère en bois blanc, un lavabo minuscule, un bol, un paquet de Nescafé, un cendrier, un miroir fêlé, le plafond lézardé, et une bassine en plastique rose où flottent trois paires de chaussettes. Ou encore, venant de dehors et soulignant le silence dans la chambre, une goutte d'eau qui perle au robinet du palier, les pas d'un voisin, les cloches de Saint-Roch qui sonnent tous les quarts d'heure, le murmure incessant de la ville qui s'affaiblit après minuit et reprend le matin. (p. 56) Les boulevards et les rues de la ville, enfin, entourant comme un troisième cercle le protagoniste, immobile dans sa chambre comme 'une araignée au milieu d'une toile' ou bien 'errant', 'traînant', 'dérivant'[48] dans la ville dont les lieux, évoqués exclusivement par leur nom et apparemment interchangeables, ponctuent le récit comme une litanie.

Mais, à ce regard qui se pose et se repose sur eux, à cette oreille tendue, les objets et les bruits ne renvoient que ce que le *tu* y projette : le vide et la stagnation de son esprit, le rythme lent de sa vie ralentie. Qu'il s'agisse de contemplations faussement robbe-grillettiennes du plafond lézardé, de séances pseudo-sartriennes devant le miroir fêlé ou d'une fascination proprement perecquienne devant les chaussettes extraordinairement infra-ordinaires, croupissant dans leur bassine, tout ne parle que de désintégra-

---

47. C'est un des nombreux exemples qui montrent à quel point le texte d'*Un homme qui dort* est un texte 'emprunté'. *L'attente l'oubli* est le titre d'un essai de Blanchot paru en 1962 chez Gallimard. La notion d'*attente* prend chez Perec des accents faussement blanchotiens. Voir à ce sujet la définition qu'en donne Annelies Schulte Nordholt dans son étude sur Blanchot : 'Attente qui renoue son lien étymologique à l'attention : non pas comme l'effort, la tension, la mobilisation du savoir autour de quelque chose dont on se préoccuperait, mais attente «sans précipitation», jusqu'au «vide de la pensée orientée par une force douce et maintenu en acord avec l'intimité vide du temps»'. Annelies Schulte Nordholt, *Maurice Blanchot. L'Ecriture comme expérience du dehors* (Paris : Corti, 1993) p. 179.

48. Le choix des verbes trahit l'absence de motivation.

tion et de stagnation. Les bruits – les cloches, l'eau du robinet – constituent 'une minuscule brèche dans le mur du silence' par où le temps s'infiltre 'goutte à goutte, presque confondu avec les battements de ton cœur' (p. 58), avec la durée subjective. Le *tu* se trouve dans sa chambre comme dans une île, baignée par les bruits de la ville dont le flux et le reflux ne lui servent qu'à distinguer les jours et les nuits.

C'est avec de minimes variations que les mêmes séries d'objets, de bruits, de gestes et d'actes, sont évoquées d'un chapitre à l'autre.[49] Cette évocation se fait au présent, dans des séquences d'énoncés constatifs et itératifs (*parfois, souvent*), dont le début et la fin restent indéterminés (*d'abord, plus tard*). Dans la première partie du livre (ch. I-XI), ces séquences de perceptions et de promenades, réunies en des paragraphes de longueur plus ou moins égale, tendent à se ressembler, voire à se confondre. Le narrateur épouse le champ perceptif, neutre du *tu*, la focalisation étant concentrée sur le *tu*, et laisse le personnage se faire et se défaire à partir de sa perception 'de plus en plus aiguë et de plus en plus vaine des moindres détails' (p. 124) de ce décor pauvre. La conscience vide se nourrit de ce qui l'entoure, et dans ce vacuum le monde extérieur continue à refuser de faire sens : il est et reste morcelé, fissuré, fêlé. Il n'y a pas de progression, la répétition se fait jusqu'à l'épuisement.[50] Le narrateur se contente de constater périodiquement l'ignorance, l'oubli, le vide du *tu* : 'Tu es un oisif, un somnambule, une huître' (p. 28), 'Amnésique errant au pays des aveugles (p. 31), 'Tu ne sais rien des lois qui font se rassembler ces gens' (p. 66).

Le caractère à la fois itératif et répétitif[51] de ce récit lui donne une valeur d'intemporalité : les notations des actes et gestes du *tu* ne se rapportent pas à des moments particuliers de l'histoire, mais à une série d'innombrables

---

49. Le plafond 6 (ch. 2 : 24, 25, 27, ch. 4 : 42, ch. 5 : 55, ch. 6 : 61, ch. 7 : 80, ch. 8 : 86, ch. 10 : 102, 103, ch. 12 : 125) ; le miroir (ch. 2 : 27, 31, ch. 5 : 55, 56, ch. 10 : 102,103, ch.15 : 149-150) ; les chaussettes (ch. 2 : 24, 26, 29, 33, ch. 5 : 56, ch. 8 : 87, ch. 10 : 101, ch. 12 : 136, ch. 13 : 138) ; les bruits (ch. 2 : 33, ch. 5 : 56, 57, ch. 8 : 85, 87, ch. 13 : 142, 143, ch. 16 : 160).

50. Perec répétera cette tentative d'épuisement d'un lieu dans le texte éponyme, *Tentative d'épuisement d'un lieu parisien* (*Cause commune*, Minuit, «10/18», 1975, rééd. Christian Bourgois, 1982). Voir pour une analyse des limites qui viennent inévitablement borner le champ de l'objectivité discursive, Catherine Kerbrat-Orecchioni, *L'Énonciation de la subjectivité dans le langage* (Paris : Armand Colin, 1980) pp. 131-143.

51. Genette appelle récit *itératif* le type de récit où une seule émission narrative assume ensemble plusieurs occurrences du même événement', qui raconte une seule fois ce qui s'est passé n fois. Il appelle récit *répétitif* le type de récit où les récurrences de l'énoncé ne répondent à aucune récurrence d'événements, qui raconte n fois ce qui s'est produit une seule fois. (*Figures III*, pp. 147, 148).

moments analogues. L'ensemble de l'expérience narrée s'étend sur une durée d'au moins six mois et pendant cette période le protagoniste n'a fait rien d'autre que dormir, regarder, écouter et se promener. Reprises avec de légères variations selon de nombreuses occurrences concentrées dans la première partie du récit, ces notations font vivre au lecteur la monotonie que le protagoniste cherche, lui impose un rythme égal, lent, sans accélérations ou ralentissements, le rythme même de ces jours et nuits interchangeables. Le temps objectif, celui de l'horloge et du calendrier, fait place à une durée subjective, celle du flux de la conscience 'vide' qui vit le passé sur le mode de l'oubli et l'avenir sur le mode de l'attente vaine. Les trois temps deviennent un seul, celui du présent, qui a englobé un passé elliptique et un avenir toujours à venir :

> le temps passe, mais tu ne sais jamais l'heure, le clocher de Saint-Roch ne distingue pas le quart, ni la demie, ni les trois quarts, l'alternance des feux au croisement de la rue Saint-Honoré et de la rue des Pyramides n'intervient pas chaque minute, la goutte d'eau ne tombe pas chaque seconde. (*UHQD*, p. 57)

La deuxième partie, qui ne comporte que cinq chapitres, se précipite, par contre, vers le retour inévitable à la vie quotidienne. Cette précipitation traduit la panique du *tu*, en fuite devant les angoisses qui l'assaillent, panique déclenchée par le cauchemar du dédoublement de l'œil. La perspective se renverse : tout bascule du côté de l'angoisse qui s'est infiltrée, pour imprégner les gestes, les heures, la chambre, la ville, les fissures du plafond, les rides du visage dans le miroir, qui s'est coulée dans la goutte d'eau du robinet (pp. 124, 125), qui suinte des murs dans les rues. Le *tu* reconnaît son angoisse sur les visages de ses semblables, les parias qu'il croise dans la rue, traînant le fardeau de leur échec – clochards, ivrognes, voyageurs misérables, vieillards solitaires. (p. 128) La ville perd son aspect neutre, elle devient 'putride, ignoble', lieu d'enfermement hérissé 'd'interdits, de barreaux de grillages, de serrures'. (pp. 132, 133) Evoqués avec une objectivité, une neutralité apparentes dans la première partie, les choses et les lieux sont inondés par une subjectivité sans bornes et se transforment tous en supports de l'angoisse qui, une fois le sommeil banni, se réfugie dans les perceptions faites en état de veille. Cessant de coïncider avec le temps qui s'écoule, le *tu* perd sa maîtrise sur le temps :

> Tu as pu tricher, gagner des miettes, des secondes : mais les cloches de
> Saint-Roch, l'alternance de feux au croisement de la rue des Pyramides et
> de la rue Saint-Honoré, la chute prévisible de la goutte d'eau au robinet du
> poste d'eau sur le palier, n'ont jamais cessé de mesurer les heures, les
> minutes, les jours et les saisons. Tu as pu faire semblant de l'oublier, tu as
> pu marcher la nuit, dormir le jour. Tu ne l'as jamais trompé tout à fait.
> (*UHQD*, p. 160)

Si les motifs relevés dans la première partie reviennent tous une ou deux fois
dans la deuxième partie, ceux des bruits et du miroir prennent un relief
particulier. Le thème des bruits s'élabore dans une longue spéculation sur
le sens des mouvements de l'habitant de la chambre voisine. (ch. XIII)
L'écoute attentive des bruits amène le *tu* à douer son voisin d'une vie
inventée : sous la pression de la solitude, il donne libre cours à son besoin
d'interpréter et d'affabuler, réprimé si sévèrement jusque-là. La vie du
voisin, double inoffensif, lui sert de succédané pour la sienne dont il refuse
de parler. Dans la scène devant le miroir (ch. XV), on pourrait voir une
nouvelle tentative de brosser un autoportrait, cette fois à partir de deux
modèles, différents et opposés, entre lesquels le *tu* hésite. Le premier modèle
est celui du condottiere italien aguerri dont le *tu* a vu le tableau au Louvre
(p. 105), le second est celui de Bartleby. Le condottiere, 'incroyablement
énergique', affronte le monde et lui impose sa volonté.[52] Figurant dans un
résumé succinct (p. 152) qui par l'emploi de quelques passés simples le
présente comme un personnage historique, Bartleby par contre, rebelle
paisible, préfère éviter la lutte et meurt recroquevillé contre un mur. Placé
devant le choix (implicite) entre ces deux modèles, le *tu* ne sait que faire de
son visage dans le miroir, qui se désintègre en une série de détails insignifiants : stries, rides, cicatrices, excroissances. Dans cette hésitation on peut
lire l'oscillement entre le volontarisme lukacsien et le désarroi devant un réel
qui ne se laisse pas maîtriser.

Les deux scènes, des bruits et du miroir, occupant chacune la totalité
d'un chapitre et marquant deux étapes du retour au réel, sont séparées par
un rêve rapporté (ch. XIV, 'tu rêves que') dans lequel le sommeil est vécu
comme une mort. Ce rêve semble répondre au cauchemar décisif du chapitre XI, lié à l'impossibilité de mourir, et permet de formuler la conclusion

---

52. Perec a consacré son troisième roman, *Le Condottiere*, aux activités d'un faussaire qui
échoue à copier ce portrait d'un inconnu, dit *Le Condottiere*, d'Antonello de Messine. Dans
W ou le souvenir d'enfance (p. 142) Perec cite la description qu'il fait de ce portrait dans *Un
homme qui dort*.

inévitable vers laquelle s'achemine le *tu* : il se voit obligé de se soumettre au temps et d'accepter l'idée de la mort. Le temps qui semblait s'être immobilisé, se révèle irrécupérable.

• Emploi du lieu, emploi du temps

Avant de continuer cette analyse de la focalisation, je voudrais m'arrêter quelques instants pour faire un bilan provisoire. Par l'économie extrême des moyens que Perec a utilisés dans ce texte, l'analyse de la focalisation entraîne inévitablement, comme nous venons de le voir, celle de l'emploi du lieu et du temps. Emploi du lieu par le personnage qui construit et déconstruit son indifférence à partir des perceptions des objets qui l'entourent, obstinés dans leur nature d'objets, banaux, présents jusque dans ses expériences oniriques, d'abord rétifs, durs, indifférents, ensuite empreints d'angoisse. Emploi du lieu par l'auteur qui utilise ces éléments du décor à la fois pour caractériser son personnage, pour construire l'intrigue et pour situer celle-ci dans l'espace et le temps hors-textuels – le premier arrondissement de Paris dans les années cinquante, à l'époque où les étudiants relisaient leurs notes du cours d'Aron tout en buvant du Nescafé tiède. Emploi du lieu qui est également un emploi du temps par les répétitions insistantes. Occupant son esprit à l'analyse exhaustive de la vacuité, le personnage se livre à l'inventaire maniaque, au recensement sans fin des mêmes objets, sans autre espérance que d'observer l'écoulement de la durée. Par la mention répétée des objets, et le morcellement typographique du texte en paragraphes, le temps narratif est découpé en portions plus ou moins égales qui tendent à se confondre et forcent le lecteur par là à s'enliser avec le personnage dans l'indifférence et ensuite à s'en extirper avec lui.

Dans cet emploi du lieu se reconnaissent différents éléments caractéristiques du projet réaliste de Perec : l'approche (initialement) neutre du réel tel qu'il apparaît dans l'expérience sensible, l'intérêt pour l'infra-ordinaire (consigner l'insignifiant), et les efforts pour décrire un personnage exclusivement à partir de ses actes et gestes et par le milieu dans lequel il se déplace.[53] Attaché comme une toile d'araignée par quelques détails au réel

53. Dans l'entretien avec Eva Pawlikowska (1981), Perec dit à ce sujet : 'Je déteste ce qu'on appelle « la psychologie» surtout dans le roman. Je préfère des livres où les personnages sont décrits par leurs actions, par leurs gestes et par ce qui les entoure. Je veux dire, que décrire un personnage à travers la montre qu'il porte – c'est pour moi, d'une certaine manière, beaucoup plus intéressant que dire c'est un homme qui connaît ceci, pense cela. C'est quelque chose qui appartient à la grande tradition du réalisme dans le roman anglais et allemand du XIXᵉ siècle et que j'ai un peu exagéré, presque jusqu'à l'hyperréalisme, en

extra-textuel, le récit d'*Un homme qui dort* tisse entre ces rares points d'accroche un univers fictionnel qui, en première instance, ne semble aucunement entrer en conflit avec la manière dont nous percevons la réalité. Les songes sont présentés comme des songes, il n'y a pas de confusion entre fiction et réalité à l'intérieur du livre, pas d'effets de déréalisation.

Mais ce décor réaliste et neutre finit par basculer du côté de l'angoisse, par refléter la vision subjective du protagoniste et se transformer en une représentation extrêmement subjective, voire expressionniste. Par le refus de la psychologie et surtout par le refus de la mémoire, le pourquoi de ce renversement de la perspective et l'investissement émotionnel du décor, reste une énigme qui finit par peser sur les épaules du lecteur.

• L'ironie
L'analyse de l'appareil énonciatif et perceptif ne saurait s'arrêter ici. Sans solution de continuité, le narrateur passe périodiquement à un niveau de conscience supérieur et de l'évocation d'une sensation ou d'un acte à celle d'une réflexion ou d'un souvenir. Dès qu'il s'agit d'expliquer ou de commenter les motivations et les souvenirs du *je*, le narrateur se fait ironique ou expéditif.

Survenue une journée de mai trop chaude, la décision de rompre avec la société est présentée comme irréversible par l'emploi exceptionnel d'un passé défini qui, dans ce texte dominé par le présent (présent de l'exemple, de l'universel), résonne comme une porte qu'on claque. 'Il y eut ces journées creuses, la chaleur dans ta chambre. [...] Tu poses le livre ouvert à côté de toi'. (p. 33) Tout ce qui aurait précédé cette rupture, l'enfance et la jeunesse du protagoniste, est rejeté irrémédiablement et expédié en une rapide et ironique énumération de lieux communs :

> Tu n'es pourtant pas de ceux qui passent leurs heures de veille à se demander s'ils existent, et pourquoi, d'où ils viennent, ce qu'ils sont, où ils vont. Tu ne t'es jamais sérieusement interrogé sur la priorité de l'œuf ou de la poule. Les inquiétudes métaphysiques n'ont pas notablement buriné les traits de ton noble visage. Mais, rien ne te reste de cette trajectoire en flèche, de ce mouvement en avant où tu as été, de tout temps, invité à

decrivant les objets, en allant encore plus loin dans les détails. Les choses nous décrivent'. *Littératures*, n° 7, printemps 1983, p. 71. On trouve dans *Un homme qui dort* de nombreuses pages annonçant la technique descriptive des textes écrits dans le cadre du travail fait pour *Cause commune*, comme par exemple *Espèces d'espaces*. Même si elle n'est explicitée qu'en 1973, la notion d'infra-ordinaire sous-tend ainsi, dès ses débuts, l'entreprise de Perec.

reconnaître ta vie, c'est-à-dire son sens, sa vérité, sa tension : un passé riche d'expériences fécondes, de leçons bien retenues, de radieux souvenirs d'enfance, d'éclatants bonheurs champêtres, de vivifiants vents du large, un présent dense, compact, ramassé comme un ressort, un avenir généreux, verdoyant, aéré. Ton passé, ton présent, ton avenir se confondent... (*UHQD*, ch. II, pp. 25, 26)

Ce qui est mesuré ici, c'est l'écart du *tu* par rapport à une norme ironisée. La forme utilisée dans ces passages est une sorte de confession négative où sont à la fois énumérés et dévalorisés des motifs, des souvenirs que le *tu* n'a pas, des espoirs qu'il ne nourrit plus. Le narrateur fait ici écho à la doxa, il se fait le porte-parole d'une collectivité qui veut que l'enfance soit une source de richesses, que les penseurs s'interrogent sur la priorité de l'œuf et de la poule, que l'avenir soit prometteur et que l'homme trouve son plus grand bonheur dans le remplissement de tel ou tel rôle social :

Un à un, comme la grenouille, tu grimperas les petits barreaux de la réussite sociale. Tu pourras choisir, dans une gamme étendue et variée, la personnalité qui convient le mieux à tes désirs... (*UHQD*, p. 49)

Dans la norme qui est énoncée dans les passages cités et à d'autres endroits du texte (p. 48), on reconnaît un idéalisme vaguement humaniste qui se mêle à un arrivisme ouvert. L'horizon culturel et idéologique qui se dessine ici est celui de la société évoquée dans *Les Choses* : l'argent y est condition nécessaire au bonheur, l'avenir est aux énergiques. Ces options ne sont proposées que pour être aussitôt rejetées, mais le refus de ces schémas fixes se formule également au moyen d'expressions toutes faites :

Non. Tu préfères être la pièce manquante du puzzle. Tu retires du jeu tes billes et tes épingles. Tu ne mets aucune chance de ton côté, aucun œuf dans nul panier. Tu mets la charrue devant les bœufs, tu jettes la manche après la cognée, tu vends la peau de l'ours, tu manges ton blé en herbe, tu bois ton fonds, tu mets la clé sous la porte, tu t'en vas sans te retourner. (*UHQD*, p. 50)

L'intention de cette énumération de clichés et de proverbes, cette citation de la doxa, est critique, mais le refus présenté comme un autre lieu commun n'est pas non plus pris au sérieux.

Aussi, l'ironie dans ces passages fonctionne-t-elle principalement comme un leurre : son premier objectif ne semble pas être de tourner en dérision une norme trop grossière pour être intéressante, mais de couvrir le silence du *tu*. Il s'agit toujours du même parti modal – focalisation interne avec métalipse des pensées – mais cette fois-ci le silence fondamental du *tu* est masqué par l'invocation d'autres voix. Ces pseudo-réflexions, ces trompe-pensées comme l'on dit trompe-l'œil, laissent le lecteur sur sa faim. Même quand le discours semble moins emprunté, plus authentique, et quand le narrateur examine de façon plus sérieuse ce qui a amené le *tu* à prendre sa décision, les termes utilisés ne sont guère informatifs. C'est le cas par exemple dans ce passage qui se veut une mention de l'enfance et de la mémoire :

> Comme si, sous ton histoire tranquille et rassurante d'enfant sage [...], avait depuis toujours couru un autre fil, toujours présent, toujours tenu lointain, qui tisse maintenant la toile familière de ta vie retrouvée, le décor vide de ta vie désertée, souvenirs resurgis, images en filigrane de cette vérité dévoilée, de cette démission si longtemps suspendue. (*UHQD*, pp. 31, 32)

L'utilisation ironique de proverbes et d'expressions figées n'est qu'un des multiples exemples de l'intertextualité qui empreint ce texte qui va de la citation marquée (l'exergue) à la réécriture de scènes archi-connues (la contemplation d'un arbre sartrien), de la reprise littérale de vers ou de phrases venant tout droit d'une anthologie scolaire des grands écrivains français tels que Lamartine et Saint-Exupéry à la transcription plus ou moins fidèle de passages de *Bartleby*, du *Procès* et de *Moby Dick*, sans mention des sources. Qu'il soit ironique ou non, par ces incessants renvois hors-texte, le commentaire explicatif et justificatif du narrateur ne peut être qu'une approche approximative du *tu*, qui en fin de compte reste inaccessible, une boîte noire. 'Non, tu *préfères* rester la pièce manquante du puzzle', dit le narrateur à plusieurs reprises au *tu*, variant sur la formule ravageuse de Bartleby (*I would prefer not to*) par laquelle celui-ci échappe à toute tentative de déchiffrement.

Aspects de l'intertextualité : Melville et Kafka

Si le protagoniste d'*Un homme qui dort* s'oppose par ce vide à la plénitude du dormeur proustien, il reste très près de Bartleby, principale source d'inspiration de Perec pour ce roman. Avant de conclure sur la situation énonciative, je m'arrêterai un instant sur les références au clerc de Melville dans les deux derniers chapitres du livre afin de montrer comment y fonctionne l'intertextualité et d'indiquer dans quelle mesure l'écriture est réécriture chez Perec. Je me limiterai à l'intertextualité constituée par des renvois implicites ou explicites à des textes préexistants d'autres auteurs. L'autotextualité, qui rappelons-le, consiste dans les références qu'un auteur fait à ses autres ouvrages, fera l'objet de la cinquième partie de ce chapitre.

Comme nous venons de le voir, le chapitre XV du roman se termine sur un résumé de l'histoire de Bartleby. L'emprunt, semblable en cela à tous les autres emprunts qu'on relève dans le texte, n'y est pas assorti de guillemets ou d'un opérateur de discours rapporté. Il reste donc implicite mais se manifeste en premier lieu par le brusque changement, non-motivé, d'univers fictionnel : le *tu* doit céder sa place de protagoniste à un *il* nommé Bartleby. En second lieu, il est signalé par l'irruption d'une série de passés simples qui, insolites, font écart par rapport à la norme dans ce texte rédigé au présent. Ces écarts attirent l'attention du lecteur sur la rupture dans l'isotopie énonciative : à cet endroit l'énonciateur se dédouble en le je-narrateur de Bartleby et le je-narrateur perecquien. Aussi le sens de ce résumé demande-t-il un double décodage, celui du texte-source et celui du texte d'accueil. Ayant suffisamment commenté le texte-source, je m'interrogerai ici sur l'intention du narrateur perecquien. Comment et pourquoi prend-il ici en charge les contenus narrés dans la nouvelle de Melville ?

Même si le *je*-narrateur s'approprie sans crier gare le texte-source, il marque la distance qui le sépare des événements narrés en introduisant sa paraphrase par un localisateur temporel, *jadis*, incipit traditionnel du conte, qui en combinaison avec l'emploi du passé simple, crée l'impression (fausse) d'une histoire vraie qui a eu lieu dans un passé lointain. Cet emploi du passé simple fait écho à celui, signalé déjà dans le dernier paragraphe du chapitre II, dans lequel le narrateur attribue la rupture avec le monde du *tu* à la conjoncture inopportune d'une journée chaude et de six chaussettes croupissant dans un bassine : 'Il y eut ces journées creuses'. (p. 33) Constat auquel le passé simple donne un caractère catégorique excluant toute discussion ultérieure sur ce qui n'est évidemment qu'un prétexte pour dissimuler un silence fondamental. L'histoire de Bartleby, placée en miroir à l'autre bout du texte, et précédant une longue énumération d'autres modèles littéraires, fait écho à ce prétexte des journées creuses. A un double niveau, métatextuel et fictionnel, la nouvelle de Bartleby a servi de pré-texte à l'aventure de l'indifférence.[54] L'évocation de la mort du clerc, située dans

---

54. J'emprunte le terme de métatextuel à Bernard Magné (*Perecollages*, p. 33) qui l'utilise

un passé définitivement révolu, 'On le fit enfermer, mais il s'assit dans la cour de la prison et refusa de se nourrir' (p. 153), semble signaler au *tu* que ce modèle a fait son temps, qu'il convient de couper le cordon ombilical et d'abandonner définitivement le négativisme hypocondriaque de Bartleby.

Mais les lecteurs de Melville savent trop bien que l'opiniâtre Bartleby, sédentaire invétéré, ne se laisse pas expulser sans résistance. Le dernier chapitre d'*Un homme qui dort* s'ouvre sur l'évocation d'une scène empruntée au chapitre final du *Procès* de Kafka et se termine sur l'annonce du retour à la vie quotidienne avec une allusion à Céline.[55] Les renvois qui constituent l'essentiel des paragraphes intermédiaires[56] comptent une allusion(XVI, 3) à la légende insérée dans l'avant-dernier chapitre du *Procès*, une phrase provenant de l'épilogue de *Moby Dick* (XVI, 5) et deux phrases empruntées au premier chapitre du même roman (XVI, 16). Pourquoi ces scènes qui occupent une position stratégique dans les textes-sources, possèdent-elles également une position-clé dans *Un homme qui dort* ? Pourquoi le narrateur y fait-il référence, après avoir congédié Bartleby dans l'avant-dernier chapitre ?

La réponse à cette dernière question s'esquisse dans la lettre à Getzler. Perec y remarque d'une part que l'histoire de Bartleby est une sorte de *Procès* à l'envers et d'autre part que les extraits par lesquels commence *Moby Dick*[57], comportent deux portraits de clercs blêmes et tuberculeux, qui annoncent le personnage de Bartleby.

pour désigner 'l'ensemble des dispositifs par lequel un texte donné désigne soit par dénotation, soit par connotation les mécanismes qui le produisent'.

55. La phrase finale comporte une allusion au *Voyage au bout de la nuit* qui commence et se termine, comme l'on sait, place Clichy. Au début du roman, Bardamu s'y laisse convaincre à s'engager dans l'armée. C'est au même endroit, qu'ensemble avec ses amis, il prend un taxi pour rentrer chez lui, rentrée qui devient fatale à Robinson. 'Nous nous faufilâmes avec bien de la peine à travers la foule pour atteindre le tramway, place Clichy. Au moment juste où nous allions l'attraper le tramway, un nuage a crevé sur la place, la pluie s'est mise à tomber en cascades, le ciel s'est répandu'. L.-F. Céline, *Voyage au bout de la nuit*, éd. citée, pp. 479, 480.

56. Dans l'ordre de leur apparition dans le texte les auteurs qui sont cités ou allusés et que j'ai pu reconnaître sont : Proust (titre), Aron (ch. II, p. 19), Apollinaire (ch. II, p. 27), Lamartine (ch. IV, p. 44), Flaubert (ch. IX, p. 93), Baudelaire (ch. XII, p. 128), Melville (ch. XV, p. 152), Milton, Kafka, Lowry (ch. XVI, p. 155), Shakespeare, Céline, Sartre, Camus, Mann, Saint-Exupéry (ch. XVI, p. 156), Kafka (ch. XVI, p. 157), Melville (ch. XVI, p. 158, p. 162), Joyce (ch. XVI, p. 158), Sophocle (ch. XVI, p. 162), Dante (ch. XVI, p. 162), Céline (ch. XVI, p. 163). Il s'agit souvent de citations au deuxième degré. Ainsi la phrase de Sophocle 'Le temps qui veille à tout, a donné la solution malgré toi', figure également en exergue aux *Gommes* de Robbe-Grillet.

57. *Herman Melville, Moby Dick* [1850] (New York : Modern Library, 1982) pp. XV, XVI.

Comme l'écrit Perec dans sa lettre, il y a plusieurs manières de mettre en cause le monde. Bartleby est un indifférent qui apparaît à contre-courant dans un monde ordinaire, un monde évident, tangible, solide, prudent, dont il ébranle les bases par son silence. Joseph K., par contre, malade de culpabilité, projette les forces obscures qui l'agitent sur le monde qui par là devient angoissant mais au fond n'est qu'indifférent. Quand on considère le récit d'*Un homme qui dort* à la lumière de ce parallèle, l'attitude du *tu* dans la première partie de ce roman correspond au parti pris d'indifférence de Bartleby, alors que celle, paranoïaque, qu'il prend dans la deuxième partie, est plus proche de celle de Joseph K.

C'est ce parallèle qui me semble justifier les allusions à la scène finale du *Procès*. Le renvoi résume cette scène par la compilation de quelques phrases, mais les modifications principales du fragment-source consistent en un changement de protagoniste (le *il* renvoyant à K. est remplacé par un *tu*) et en une négation de l'événement qui y est narré : 'les deux vieux acteurs de seconde zone *ne* sont *pas* venus te chercher, *ne* se sont *pas* collés à toi formant avec toi un tel bloc qu'on n'aurait pu écraser l'un d'entre vous sans anéantir les deux autres'.[58] (C'est moi qui souligne.) Tombés du ciel, ces deux personnages inconnus, dont la venue est annulée, ce qui présuppose qu'elle était attendue, avertissent le lecteur qu'ici encore il y a emprunt.[59]

Le dénouement du *Procès* raconte, on s'en souvient, comment deux hommes emmènent Joseph K. en le serrant étroitement entre eux jusqu'à ne plus faire qu'un avec lui, pour le poignarder à un endroit désert. Marthe Robert considère ces figures, 'vieux acteurs de seconde zone', comme les doubles de K. ; ils endossent les rôles dont K. n'ose pas assumer la responsabilité, ils sont l'apparition à ses côtés de ce qu'il ne supporte pas en lui, une tendance maladive au silence d'un côté et une extériorisation théâtrale et excessive de ses angoisses de l'autre côté.[60] Ces tendances caractérisent également le dormeur perecquien, mais, à l'encontre de K. qui ne peut compter sur aucune aide, le *tu* est éclairé par un narrateur perspicace qui dénigre son besoin théâtral de s'identifier avec des héros littéraires tragi-

---

58. On retrouve des variations sur cette scène du *Procès* à plusieurs autres endroits de l'œuvre perecquienne : c'est la description du tableau préféré de Gaspard Winckler à l'avant-dernier paragraphe du premier chapitre de *La Vie mode d'emploi* (p. 22) et encore le bref récit qui a pour thème la pratique de l'intertextualité, *Le Voyage d'hiver* [1979] (réed. Seuil, 1993)

59. On ne peut annuler une chose que si elle a été prévue ; par ce jeu sur la présupposition, Perec place son récit rétrospectivement sous le signe du *Procès*.

60. Marthe Robert, *Seul, comme Franz Kafka*, p. 235.

ques : 'Cesse de parler comme un homme qui rêve' (p. 162).[61] Même s'il s'est livré au même type d'expériences que K., le *tu* n'en mourra pas. Après Bartleby, c'est K.; le sosie, le frère jumeau du clerc de Melville, qui en tant que modèle est licencié.[62]

Cette opposition entre K., héros aveuglé, et le personnage de Perec, protagoniste averti, est renforcée encore par un renvoi à la célèbre légende insérée dans l'avant-dernier chapitre du *Procès*. Elle aurait pu sauver Joseph K. mais il n'a pas su l'interpréter.[63] Le narrateur explicite l'enseignement de cette légende pour le *tu* : 'Faux prisonnier, ta porte était ouverte'. (*UHQD*, p. 157)

La réapparition de Bartleby par personnage interposé ne se limite pas à ces deux emprunts au *Procès*. Les renvois à Melville cherchent à établir une comparaison entre le *tu* et Ishmaël, le narrateur de *Moby Dick*. Dans le premier renvoi, 'Mais nulle errante Rachel ne t'a recueilli sur l'épave miraculeusement préservée du Péquod pour qu'à ton tour, autre orphelin, tu viennes témoigner' (p. 158)[64], ce parallèle est désigné comme non fondé. Dans le deuxième renvoi, au chapitre d'ouverture de *Moby Dick*, il est, par contre, accepté. Le premier renvoi sert à enlever au *tu* l'illusion prétentieuse que sa position serait comparable à celle d'Ishmaël, seul survivant du naufrage du Péquod et par là tout désigné pour être le narrateur témoin de l'histoire de ceux qui ont péri dans la lutte contre la baleine blanche. Cette mission d'Ishmaël ressemble à celle, plus modeste, de Bartleby, qui, avant son emploi à Wall Street aurait été, en tant que fonctionnaire au bureau des Lettres mortes, porteur de messages provenant de destinateurs disparus et

---

61. Emprunt au *Purgatoire* de Dante, Chant XXXIII, 34.

62. On peut interpréter cette scène des trois hommes également comme une métaphore métatextuelle : les trois hommes figureraient alors le texte d'accueil entouré des deux textes-sources.

63. C'est l'histoire d'un homme qui attend toute sa vie devant la porte de la loi dans l'espoir d'être admis et meurt d'épuisement juste après avoir appris que cette porte n'était faite que pour lui, et la loi écrite pour lui seul. L'homme est perdu parce qu'il n'ose placer sa loi personnelle au-dessus des tabous collectifs dont le gardien personnifie la tyrannie.

64. C'est un renvoi à la phrase finale de l'épilogue de Moby Dick : 'It was the devious-cruising Rachel, that in her retracing search after her missing children, only found another orphan', Herman Melville, *Moby Dick*, éd. citée, p. 823. L'intertexte biblique évoqué par ces noms propres (Ishmaël, le fils d'Abraham enfanté par une servante égyptienne, c'est-à-dire d'après les exégèses bibliques de l'époque fils d'une mère 'noire') renvoie à l'arrière-plan social et politique du roman de Melville (1850). Toléré pour ne pas faire éclater l'Union, l'esclavage était en contradiction flagrante avec la Déclaration de 1776. Le Péquod représente le navire de l'Etat qui sombre dans la crise causée par cet esclavage. C'est par la voix d'Ishmaël, un 'sauvage', que Melville présente cette histoire.

adressés à des destinataires introuvables. Le *tu* s'était antérieurement vu accorder ce rôle de Bartleby, 'tu parcours Paris en tous sens, comme un messager porteur d'une lettre sans adresse', mais la mission d'Ishmaël, à la fois plus héroïque et plus triste, lui est refusée par le narrateur : 'Nulle errante Rachel ne t'a recueilli sur l'épave du Péquod, pour que tu viennes témoigner'. Ce sont les deux noms propres qui signalent au lecteur l'emprunt.

La deuxième citation renvoie au motif qu'avait Ishmaël pour s'embarquer à bord du Péquod, motif exposé au premier chapitre de *Moby Dick*. C'est le dégoût de l'enfermement, de la vie citadine, de la compagnie d'êtres comme Bartleby, pâles et poussiéreux pions de bibliothèque, qui inspire à Ishmaël l'envie de respirer l'air du large, envie qu'il partage avec ses concitoyens new-yorkais, venant tous les samedis se promener au bord de l'océan. Unissant sa voix à celle d'Ishmaël, le narrateur perecquien exhorte le *tu* : 'Regarde ! Regarde-les ! Ils sont là des milliers et des milliers, sentinelles silencieuses, Terriens immobiles, plantés le long des quais, des berges, le long des trottoirs noyés de pluie de la place Clichy, en pleine rêverie océanique, attendant les embruns, le déferlement des marées, l'appel rauque des oiseaux de mer'.[65] (*UHQD*, p. 162) L'insert est signalé par la soudaine emphase du style et du ton, mais surtout par l'apparition inattendue de la mer, place Clichy.

Dans *Moby Dick* la mer symbolise les profondeurs de la vie que la fréquentation de bibliothèques poussiéreuses et de copistes pâles ne permet pas de sonder ; elles ne se révèlent que dans un affrontement à corps perdu. Si la mer garde cette valeur symbolique dans l'emprunt implicite, celui-ci souligne l'opposition entre la bibliothèque et la vie. Ainsi introduit, le paragraphe final d'*Un homme qui dort*, fin d'un voyage livresque au bout de la nuit, renouvelle, en unisson avec l'ouverture de Moby Dick, l'invitation au vrai voyage.

Dans le chapitre final d'*Un homme qui dort*, le narrateur effectue donc un tour d'horizon littéraire dont l'objectif principal semble être d'amener le *tu* à lutter contre la tentation de donner des accents tragiques à sa propre

---

65. 'Posted like silent sentinels all around the town, stand thousands upon thousands of men fixed in ocean reveries... And there they stand – miles of them – leagues. Inlanders all, they come from lanes and alleys, streets and avenues – north, east, south, west'. Herman Melville, *Moby Dick*, éd. citée, p. 2.

histoire en s'identifiant au destin de ses modèles littéraires. Parmi tous ces modèles, ce sont les héros de Kafka et de Melville qui dans des emprunts dissimulés mais chargés de sens, occupent une place de choix. L'ironie ne déteint pas sur les modèles repoussés mais vise la tendance à la théâtralité du *tu* : 'Combien d'histoires modèles exaltent ta grandeur, ta souffrance !' (*UHQD*, p. 156) Un à un ces modèles sont éliminés, dans une longue énumération litanique. Si ce chapitre et le livre se terminent cependant sur l'acceptation d'un modèle, celui d'Ishmaël, c'est pour le suivre dans sa négation de l'enfermement, de l'indifférence, et des activités de copiste de Bartleby.[66] Et ainsi, après ce règlement de comptes avec les mythes littéraires des héros maudits, marginaux ou solitaires, ce texte solipsiste se termine sur le retour du héros à la société. Dénouement lukacsien dont l'optimisme est cependant bien tempéré par l'allusion à Céline.

A la lumière de ces quelques cas d'intertextualité, on mesure mieux l'intrication du travail de réécriture de Perec. Le recours à d'autres textes couronne des moments forts du texte – titre, exergue, dénouement et épilogue. Les emprunts, composés de fragments de phrases du texte-source, ne sont pas marqués par les conventions typographiques d'usage (guillemets ou italiques) ; cependant, la rupture (énonciative, sémantique, syntaxique ou stylistique) avec le contexte est suffisamment nette pour éveiller la vigilance du lecteur et lui permettre de décoder le sens de ces passages, en éclairant l'interaction du sens original et du sens contextuel.

La situation énonciative, épilogue

L'examen de ces jeux de voix et de focalisation permet de mieux comprendre comment fonctionne l'interaction entre le narrateur et le personnage. Les rapports entre le *je* implicite et le *tu* apparaissent non seulement comme des rapports de distance variable, mais comme des rapports de force. Au narrateur anonyme, qui parle, qui présente, dirige, organise, commente, correspond un héros-narrataire docile et silencieux. Cependant, si le narrateur perecquien fait une véritable descente dans la conscience du *tu*, celui-ci se soustrait à l'emprise de ce sévère directeur de conscience, non

---

66. Ces modèles reviendront dans *W ou le souvenir d'enfance* dont le récit autobiographique s'ouvre sur l'invocation du couple Ishmaël et Bartleby : 'c'est à eux que je demande d'être mes ombres tutélaires'. (*Wse*, p. 11)

seulement dans la somnolence, où il semble tout à fait hors d'atteinte, mais encore en état de veille. Il y a une absence fondamentale de communication entre le narrateur et le *tu*, et ceci malgré l'intimité apparente créée par le parti modal choisi, la focalisation avec et sur le *tu*. Dans les fragments consacrés au sommeil, cette absence se justifie : collant à la conscience de son personnage, le narrateur en partage nécessairement les limitations. Dans les passages consacrés à l'état de veille, toute évocation des pensées ou des souvenirs du *tu*, passe par un recours à l'intertextualité. Le narrateur mesure le *tu* à l'aune de la doxa ou de certains modèles littéraires, ce qui l'amène à énoncer exclusivement des certitudes négatives. L'occultation d'informations logiquement entraînées par la vision avec et sur le *tu*, est masquée par l'invocation d'autres voix servant essentiellement de repoussoir. Ce subterfuge permet de contourner toute énonciation de pensées ou de souvenirs plus personnels qui fourniraient une clé pour interpréter les visions préoniriques. Le lecteur se trouve placé devant deux types de textes juxtaposés et fragmentaires qui alternent sans lien apparent. C'est là que se situe l'ellipse qui l'aspire et le force à s'engager.

Aspects de l'autotextualité

Pour relever le défi d'intelligibilité posé par les particularités du dispositif énonciatif, je me propose d'explorer une dimension de l'intertextualité que je n'ai signalée qu'au passage, à savoir l'autotextualité consistant dans le renvoi dans tel ou tel texte à d'autres œuvres du même auteur. L'importance que revêt pour lui cette pratique de l'autotextualité est soulignée ainsi par Perec :

> Je crois qu'il s'agit de relier entre eux mes différents livres, de fabriquer un réseau où chaque livre incorpore un ou plusieurs éléments venus d'un livre antérieur (ou même postérieur : d'un livre encore en projet ou en chantier) ; ces autoréférences commencent à apparaître dans *La Disparition* (qui commence comme une traduction sans *e* d'*Un homme qui dort* ; elles se développent plus ou moins sciemment dans *La Boutique obscure, Espèces d'espaces, W*, et sont beaucoup plus manifestes dans *La Vie mode d'emploi* qui utilise des éléments venus de presque tous mes autres textes.[67]

---

67. Entretien avec Jean-Marie Le Sidaner, *L'Arc*, n° 76, 1979, p. 5. Le premier chapitre de *La Disparition* commence ainsi : 'Qui d'abord a l'air d'un roman jadis fait où il s'agissait

Selon les dires de Perec cette pratique auto-référentielle ne devient systématique et consciente qu'avec *La Disparition* ; mais on en trouve pourtant des traces dès *Un homme qui dort*. Je m'arrêterai ici sur trois exemples, d'ailleurs reliés entre eux et illustratifs du fonctionnement de ce phénomène dans *Les Choses*, *Un homme qui dort* et *W ou le souvenir d'enfance*. L'autotextualité y prend la forme d'un enchâssement comme nous allons le voir.

Ces trois exemples concernent l'architecture du récit, au sens concret du mot, c'est-à-dire la division en parties et en chapitres, le thème du voyage, mis en relief par la structure narrative et marquant une rupture ou tournant dans l'intrigue, et l'état d'esprit singulier dans lequel ce voyage est vécu par les personnages respectifs.

L'architecture du récit

Le récit dans *Un homme qui dort* présente la double construction en miroir qui est une constante dans l'œuvre de Perec : le roman se laisse diviser en deux parties dont la deuxième 'déconstruit' la première.[68] Perec se montre presque toujours prolixe en éléments paratextuels, mais dans ce roman les parties et les chapitres ne sont ni titrés ni numérotés, ce qui empêche la perception immédiate des 'réglages numériques'.[69]

A l'exception d'une ouverture monolithique (elle ne comporte qu'un seul paragraphe) qui présente le protagoniste franchissant le seuil du sommeil, les seize chapitres se composent d'un nombre variable de paragraphes (de 2 à 18) séparés par des blancs. Dans la première partie, c'est dans les chapitres impairs (I, III, IX, XI) que la somnolence est évoquée. La césure tombe après le chapitre XI, où est raconté le cauchemar du dédoublement

---

d'un individu qui dormait tout son saoul'. On y retrouve les éléments désormais familiers du décor de la chambre de bonne, rue Saint Honoré.

68. On trouve cette (dé)construction dès les premiers romans inédits, *L'Attentat à Sarajevo*, *Gaspard pas mort*, *Le Condottiere*. Voir à ce sujet, David Bellos, 'Perec avant Perec', *Ecritures*, n° 2, Liège, 1992, pp. 47-64.

69. Les deux autres ouvrages où ces éléments paratextuels font défaut sont *Quel petit vélo ?* et *Un cabinet d'amateur*. Genette définit le paratexte comme tout ce qui, dans un volume, entoure le texte proprement dit – nom d'auteur, titre, sous-titre, nom de collection, nom d'éditeur, préface, dédicaces, épigraphes, numérotation et titres des chapitres et parties, notes, table des matières. Gérard Genette, *Seuils* (Paris : Seuil, 1987) p. 7. Philippe Lejeune parle de 'la frange du texte imprimé qui commande toute la lecture', *Le Pacte autobiographique* (Paris : Seuil, 1975) p. 45. *Un homme qui dort* a deux dédicataires, Paulette, l'épouse de Perec et un J.P. (*In Memoriam*) dont l'identité n'a pas pu être établie.

psychique. Après ce cauchemar, le *tu*, insomniaque, se promène à travers une ville qui d'indifférente est devenue étrangère, angoissante, policière.

Cette organisation en parties et en chapitres rappelle celle des *Choses* dont la première partie comporte dix chapitres, alors que la deuxième en compte trois suivis d'un épilogue. Le retournement se produit au début du chapitre XI de la de deuxième partie. Epuisés par leur chasse au bonheur, ayant pris conscience de n'être 'qu'un petit îlot de pauvreté sur la grande mer d'abondance', les protagonistes décident de partir pour la Tunisie : 'ils tentèrent de fuir' (*Les Choses*, p. 119). La description de la traversée de la Méditerranée marque le début d'une période creuse, d'ennui et de solitude dans un pays étranger et incompréhensible où ils se sentent exilés. Avec la disparition du conditionnement du désir par le langage publicitaire, le trop-plein du monde parisien fait place à un vide morne dont l'évocation semble annoncer jusque dans les formules choisies celle de la vacuité, de l'indifférence d'*Un homme qui dort*. Les protagonistes n'ont plus de projets, plus d'impatience, ils se livrent à des promenades sans but (p. 132), ils 'n'attendent rien, ni joie ni tristesse ni même ennui' (p. 137). Le temps s'écoule, 'immobile' (p. 137), dans une vie sans rien (p. 139), ils se croient des 'somnambules', 'dépossédés' (p. 147). A leur regard vide le monde semble 'sans souvenirs, sans mémoire' (p. 147).

Dans *W ou le souvenir d'enfance*, composé de trente-sept chapitres répartis également sur deux parties, la césure se produit entre les chapitres XI et XII. Les trois points de suspension entre parenthèses qui marquent cette césure signalent une ellipse temporelle dans les deux récits qui alternent. Dans le récit autobiographique, l'omission porte sur le trajet de Paris à Villard-de-Lans que le je-narrateur a effectué seul au début de la Seconde Guerre mondiale et dont il n'a pas gardé de souvenirs. Dans le récit fictionnel, elle porte sur le voyage projeté par le je-narrateur Winckler à l'île de *W*, en Terre de Feu, et s'accompagne d'une rupture énonciative : Winckler disparaît et est remplacé par un narrateur hétérodiégétique. Dans la deuxième partie, le récit fictionnel est consacré à l'évocation de l'univers totalitaire de *W*, le récit autobiographique évoque le séjour de l'enfant dans la région inhospitalière de Villard-de-Lans.

L'importance des réglages numériques dans l'œuvre perecquienne a été souvent soulignée. Comme le remarque Magné, ces réglages ne relèvent jamais chez Perec d'une symbolique universelle des nombres mais d'une 'arithmétique fantasmatique qui lui est propre puisque la base en est essentiellement autobiographique'.[70] Dans une écriture du manque, de l'absence, les chiffres 11 et 16, liés aux dates de la disparition des parents de l'auteur, respectivement le 16 juin 1940, et le 11 février 1943, revêtent une importance capitale. Marqué autobiographiquement, le 11 qui ne cesse de faire lire dans toute l'œuvre perecquienne la disparition de la mère, fournit en partie le système numérique qui préside à l'organisation des trois romans en question, marqués d'une césure au chapitre 11 ou immédiatement après celui-ci. Comportant au total seize chapitres, *Un homme qui dort* renvoie encore à la mort du père.

Le voyage rupture

Dans les trois ouvrages, le tournant qui précède le séjour dans un environnement étrange et hostile est constitué ou annoncé par un voyage. La traversée de la Méditerranée évoquée dans *Les Choses* se fait sans que les personnages s'en aperçoivent. La mer étant 'mauvaise', ils prennent des somnifères et s'endorment profondément. L'évocation de l'arrivée devant la côte tunisienne est entourée par deux emprunts, le premier légèrement modifié, le second littéral, au chapitre d'ouverture de *L'Education sentimentale* : 'Le soleil brillait. Le navire avançait lentement, silencieusement, sur l'étroit chenal. [...] Il y avait dans le ciel des petits nuages blancs arrêtés'. (*Les Choses*, p. 124)[71]

Dans *Un homme qui dort* (ch. IX), c'est un voyage en mer évoqué dans une vision précédant le sommeil. Il fait nuit et le *tu* se croit être l'étrave d'un navire qui creuse les traces blanches de son passage dans une mer uniformément noire sans points de repère ; la vision se modifie, se précise, le *tu* se dédouble et se regarde tracer son sillage blanc sur la mer extraordinairement plate, et voit alors que : 'le navire avançait lentement, silencieuse-

---

70. Bernard Magné, 'Quelques considérations sur les poèmes hétérogrammatiques de Georges Perec', *Cahiers Georges Perec*, n° 5 (Epinal : Ed. du Limon, 1992) p. 60.

71. Le voyage se trouve annoncé dès la première page des *Choses*, où figure la description d'une gravure du Ville-de-Montereau, le bateau sur lequel Frédéric Moreau fait le voyage de Paris en Normandie. La comparaison du texte-source avec le texte-d'accueil révèle le travail de réécriture. Le fragment de *L'Education sentimentale* repris par Perec commence ainsi : 'Le soleil dardait d'aplomb, en faisant reluire [...] la surface de l'eau ; elle se coupait à la proue en deux sillons qui se déroulaient jusqu'au bord des prairies. [... Il y avait dans le ciel de petits nuages blancs arrêtés'. Gustave Flaubert, *L'Education sentimentale* (Gallimard, «Folio», 1993) p. 22.

ment, sur l'étroit chenal'. (*UHQD*, p. 93) Sans se réveiller tout à fait, le *tu* prend conscience qu'il s'agit d'un souvenir réel, exact dans tous ses détails, mais à la fois 'impossible et irréductible'. (p. 93) Ce souvenir est impossible : il ne peut être admis ou revécu, il constitue un vide dans la mémoire, mais, 'irréductible', il est évoqué par le biais d'un souvenir livresque, renvoyant à la fois aux *Choses* et au début de *L'Education sentimentale*. Ce début raconte le voyage de Frédéric Moreau de Paris à Nogent-sur-Seine. Or, c'est à Nogent-sur-Seine que se trouve le tombeau du père de Perec. Le vide que le refus du souvenir constitue dans la mémoire du dormeur, peut être interprété comme l'origine du dédoublement psychique évoqué dans le cauchemar décisif du chapitre XI.

Cependant, si ici l'intertextualité fait écran, l'aveu autobiographique affleure à la surface dans la série d'images beaucoup plus agressives qui succèdent à cette vision relativement paisible de la mer. Le *tu* devient la cible du sommeil qui le menace sous la forme de points blancs qui se rassemblent, dessinant quelque chose comme un animal vu de profil, avec des crocs, une panthère par exemple, puis un point scintillant, un losange, une étoile qui grandit et frôle le *tu*, 'quelque chose comme un astre blanc qui explose...'. (*UHQD*, p. 94) Malgré des résonances melvilliennes, le sens de cette forme animalière n'est pas évident, mais il est impossible d'ignorer la valeur autobiographique des figures qui finissent par se détacher de cette succession de métamorphoses angoissantes – losange, astre blanc, étoile. Les trois points de suspension après la dernière phrase de ce chapitre IX font penser aux points de suspension qui séparent le chapitre XI et XII de *W ou le souvenir d'enfance*. L'aveu ne semble évité que de justesse, le blocage, le refoulement du souvenir conduit à l'état de conscience évoqué dans le cauchemar du chapitre XI : le *tu* contemple avec horreur son vide intérieur.

Dans *W ou le souvenir d'enfance* on retrouve, répartis sur les deux récits alternés, les différents éléments de cette vision.[72] Dans le récit fictionnel, le voyage en mer était conçu comme un traitement thérapeutique pour arracher à son mutisme l'enfant autiste dont le narrateur porte le nom. Le sillage sur la mer se termine cependant par le naufrage du bateau, l'enfant muet disparaît sans laisser de traces. La forme de l'île invivable nommée *W* est aussi un 'profil d'animal, une tête de mouton' (*Wse*, p. 89), avec la même

---

72. Ces analogies entre *Un homme qui dort* et *Wse* ont été relevées par Geneviève Mouillaud-Fraisse, 'Ou bien, plus tard, quelque part, quelque chose comme un astre blanc, qui explose', *Ex*, n° 2 (Aix-en-Provence, Ed. Alinéa, 1983) pp. 44-55.

mention des mâchoires. Le losange, autrement découpé (triangle blanc) est cousu sur les vêtements des novices à leur entrée dans ce lieu infernal. Dans le récit autobiographique d'une enfance brisée par la déportation de la mère, l'étoile symbolise évidemment tout ce qui renvoie à la disparition de celle-ci.

Le sommeil, la mémoire et l'oubli

Dès *Les Choses* les thèmes du voyage, du sommeil et de la mémoire sont liés. Les personnages des *Choses* font la traversée de la mer plongés dans un sommeil drogué et profond.[73]

Un homme qui dort déplace l'expérience du voyage du domaine du réel vers celui du rêve. Le premier chapitre annonce la vision onirique du voyage en mer et de son dénouement, un naufrage au littéral ou au figuré : le personnage s'imagine qu'il doit grimper sur une planche pour pouvoir s'endormir. Au cours des chapitres suivants, cette vision se fait de plus en plus pressante. Dans le chapitre IX, elle est reconnue comme souvenir et se transforme aussitôt en l'image d'une étoile qui menace le *tu* et éclate. Le chapitre XI est consacré à l'évocation d'une amnésie totale (le vide intérieur) ; celle-ci est suivie à son tour du refus absolu du sommeil. La mer et le voyage font néanmoins un retour triomphal dans le chapitre final du livre.

W ou le souvenir d'enfance, explicitement autobiographique, élabore les thèmes de la mémoire et de l'oubli de manière beaucoup plus complexe. J'y reviendrai plus longuement dans la deuxième partie de ce travail. Dès maintenant, je voudrais faire remarquer que, dans le récit fictionnel, le naufrage du Sylvandre surprend les passagers dans leur sommeil et que ceux-ci périssent sans avoir pu prendre conscience de ce qui leur arrive.

Ces quelques exemples montrent que dans l'œuvre perecquienne l'autotextualité s'impose comme un moyen privilégié pour saisir globalement les enjeux du texte et pour investir d'un sens les passages qui se dérobent à une interprétation, si on ne se reporte pas à d'autres ouvrages. Le réseau autotextuel que je viens d'esquisser permet d'avancer quelques

---

73. Rappelons qu'essayant d'échapper à son envoi en Algérie l'aspirant-déserteur de *Quel petit vélo ?* a également recours aux somnifères.

généralisations qui pourraient contribuer à une interprétation des visions pré-oniriques d'*Un homme qui dort*. Le voyage perecquien est rupture et désastre ; il incite par sa localisation dans les textes à une lecture biographique. Les personnages vivent ou revivent ce désastre dans un état de conscience amoindrie, drogués ou somnolents. Dans cet état, le fonctionnement de la mémoire est ou bien entièrement bloqué, ou bien suspendu par l'éveil dès qu'il risque de se faire trop révélateur.

Il me semble justifié de déduire de leur récurrence dans différents textes l'importance de certains éléments dans ces passages oniriques ; il n'est pas trop difficile de lire ensuite leur enchaînement comme une série de causes et d'effets. La mémoire serait alors bloquée par une expérience traumatisante, reliée à une rupture ou à une disparition. Le sommeil serait ensuite évité comme un état dangereux par lequel les souvenirs risquent de faire irruption.

Par l'autotextualité vers l'autobiographie

L'objectif principal de cette analyse était de déterminer la forme particulière que le projet réaliste de Perec revêt dans *Un homme qui dort*. L'examen des contenus narratifs et de la situation énonciative de ce roman me semble autoriser les conclusions suivantes.

En premier lieu, cette analyse a permis de préciser comment s'élabore dans ce roman l'approche du réel, soi-disant neutre, sans émotions et distanciée, visée par Perec dans ses premiers textes.

Dans *Un homme qui dort* cette approche neutre se trouve transposée à deux niveaux, celui du récit et celui de la situation énonciative, celui des rapports indifférents du tu-protagoniste avec le monde social et matériel, et celui des rapports distanciés entre le je-narrateur et le tu-protagoniste et narrataire. Alors que le *tu* échoue finalement dans sa quête de l'indifférence et bascule dans l'angoisse, le *je*, narrateur invisible, contournant toute explication de cette angoisse, reste étranger au *tu*. Ce sont les jeux de voix et de focalisation qui permettent cette dialectique entre le *je* et le *tu*. Tantôt le narrateur se situe à l'intérieur de la conscience du *tu*, aux prises avec le monde concret des objets et avec les angoisses oniriques, tantôt il se tient à distance et ne fait que délimiter, par l'évocation des 'lieux rhétoriques' de l'indifférence, l'espace dans lequel la pensée et les souvenirs potentiels du *tu*, jamais énoncés directement, pourraient se déployer. Par ce mélange curieux de proximité et de distance, de transparence et d'opacité, le disposi-tif énonciatif se trouve pris dans la contradiction fondamentale qui est une constante dans l'œuvre de Perec, celle qui existe entre découvrir et dissimu-ler.

En second lieu, cette analyse a permis de montrer que l'élaboration de l'approche neutre laisse dans la trame de l'intrigue et dans la définition du protagoniste des lacunes qui portent atteinte à la lisibilité du récit.[74] C'est précisément par là que ce roman s'écarte – dans le choix de ses contenus et des procédés narratifs – des conventions régissant le roman réaliste tradi-tionnel.

Le *tu* est démuni de presque tout ce dont le roman réaliste traditionnel a l'habitude d'étoffer ses personnages – passé, souvenirs, relations émotion-nelles, situation sociale. Le je-narrateur occupe une position problématique et affaiblie par rapport à celle du narrateur traditionnel, qui raconte les aventures des héros en construisant des chaînes causales plus ou moins vraisemblables. Le narrateur d'*Un homme qui dort* n'offre guère d'indices qui permettraient de motiver psychologiquement les différents processus mentaux qu'il enregistre. S'il semble disposer d'une fonction maïeutique dans ses rapports avec le *tu* silencieux et amnésique, ses compétences sont restreintes : il n'a qu'un accès limité à la conscience du *tu* et ne peut jamais franchir le seuil de la mémoire de celui-ci. Semblable en cela aux héros de Melville et de Kafka, le personnage n'est pas un objet d'identification pour le lecteur, mais le fascine par ses lacunes.

L'absence de tout souvenir, de toute motivation psychologique isole dans le texte les évocations du sommeil. Obéissant au principe fondamental de la grammaire onirique, qui remplace obligatoirement les rapports de causalité et d'appartenance par des liens de contiguïté, les passages consacrés au sommeil restent énigmatiques et ne seront pas éclairés par les expériences vécues en état de veille. Ce procédé entraîne une incohérence fondamentale du texte.

---

74. Dans son résumé des contraintes ou procédés qu'il juge caractéristiques du réalisme littéraire du XIXᵉ siècle, Philippe Hamon énumère un ensemble de traits discursifs qui se répartissent sur deux catégories principales : d'une part la richesse d'information qui inclut entre autres l'appel à la mémoire, la distribution du savoir de l'auteur par ses substituts (les personnages), l'abondance des descriptions, redondance et prévisibilité, la multiplicité des héros, et d'autre part la lisibilité ou la cohérence qui s'obtient par la motivation psycholo-gique des personnages, par la démodalisation ou l'écriture transparente et par l'usage de l'histoire parallèle. Philippe Hamon, 'Un discours contraint', dans Roland Barthes, L. Bersani, Philippe Hamon, Michel Riffaterre, Ian Watt, *Littérature et réalité* (Paris : Seuil, 1974) p. 133.

La troisième conclusion concerne le fonctionnement de la référentialité dans *Un homme qui dort*. Si ce roman porte atteinte à la lisibilité qui est une des contraintes principales, non seulement du roman réaliste mais de toute fiction littéraire traditionnelle, on ne saurait en conclure pour autant qu'il est soumis au régime anti-représentatif ou qu'il est dominé par l'impératif de l'autoréflexivité. Contrairement au Nouveau Roman, où la contestation des conventions littéraires traditionnelles s'accompagne de nombreux effets de déréalisation, *Un homme qui dort* ne va pas à l'encontre de notre expérience du réel. Il se contente de déjouer une attente qui a été conditionnée par la fréquentation d'une littérature dans laquelle même les rêves, marginaux et vécus comme étranges dans la vie quotidienne, sont motivés.

Si, par cette atteinte portée à la lisibilité immédiate, *Un homme qui dort* dessine des figures autour d'une faille, ce vide constitue le point de départ d'une hypothèse de lecture ou l'amorce d'un chemin ménagé dans l'œuvre. La contradiction (découvrir et dissimuler) dans laquelle est pris le dispositif énonciatif, mobilise le lecteur qui est alternativement encouragé et frustré dans sa passion du sens. L'imperméabilité du texte le met sur la piste de l'autotextualité et ensuite sur celle de l'autobiographie. Cette piste le guide vers la découverte d'un autre vide, cette fois-ci d'ordre existentiel.

DEUXIÈME PARTIE

LES CHEMINS DE LA MÉMOIRE

Chapitre 4

Les instruments de l'écriture

On se sauve (parfois) en jouant. (Georges Perec, *La Boutique obscure*)

En dialogue avec l'époque

Jusqu'en 1966, l'interrogation autobiographique ne s'exprime que de manière indirecte. Si l'analyse des jeux de voix et de focalisation d'*Un homme qui dort* a permis de cerner le vide que recouvre le silence obstiné du protagoniste, c'est par l'exploration des réseaux autotextuels, par le rapprochement avec, en amont, *Les Choses* et, en aval, *W ou le souvenir d'enfance*, que nous avons pu deviner l'enjeu existentiel de ce texte. Ainsi, les structures numériques dissimulées qui régissent la composition d'*Un homme qui dort* se sont avérées renvoyer aux dates de la mort des parents de l'auteur. Ainsi encore le tournant dans l'histoire, situé entre le chapitre XI et XII, a pu être mis en relation avec les césures qui caractérisent *Les Choses* et *W ou le souvenir d'enfance*.

En 1967, Perec s'engage dans de nouvelles entreprises. D'un côté, le désir de retracer les origines de son projet d'écrire lui fait élaborer un projet ouvertement autobiographique sous la forme d'un vaste programme qui se réalise en partie entre 1969 et 1975. Pour Perec, écrire sa propre histoire, c'est écrire l'histoire de quelqu'un qui écrit, et l'autobiographie devra explorer l'origine existentielle de cette entreprise : 'Le projet d'écrire mon histoire s'est formé presqu'en même temps que mon projet d'écrire'.[1]

De l'autre côté, l'insertion de Perec dans de nouveaux cercles artistiques et sociaux lui ouvre de nouvelles voies et lui permet de prendre définitivement ses distances par rapport aux modes intellectuelles du moment. A partir de 1966, Perec fréquente le Moulin d'Andé, siège d'une association culturelle privée où séjournent écrivains, musiciens, cinéastes, comédiens, et où se réunit parfois l'Oulipo. C'est pendant l'été et l'automne de 1966, dans ce vieux moulin normand au bord de la Seine, lieu de verdure et de plein air (François Truffaut y tourna *Jules et Jim*), que Perec a travaillé sur

---

1. *W ou le souvenir d'enfance*, p. 41.

Un homme qui dort, songe d'une nuit d'été transformé en cauchemar urbain. Au Moulin d'Andé, il rencontre Jacques Roubaud, dont les travaux se situent à l'intersection des jeux mathématiques, des langages formels et du langage tout court.[2] Il y rédige avec Roubaud et Pierre Lusson le premier manuel français du jeu de go, *Le Petit Traité invitant à la découverte de l'art subtil du go*.[3] Il y écrit en 1968 *La Disparition*.

En octobre 1966, Perec se rend pour la première fois en Sarre et fait connaissance avec le groupe autour de son traducteur Eugen Helmlé, membre du Collège de Pataphysique, traducteur des *Exercices de style* et de *Zazie dans le métro* de Raymond Queneau. Cette visite est à l'origine de l'œuvre radiophonique de Perec réalisée pour la Saarländischer Rundfunk.[4] La Sarre avec son histoire mouvementée devient, comme nous le verrons plus loin, un des lieux-clés dans *W ou le souvenir d'enfance*.

En 1966, Perec entame également un projet de 'production automatique de littérature française (P.A.L.F.)' avec Marcel Bénabou.[5] C'est sur ces travaux que Perec et Bénabou sont cooptés pour l'Oulipo, Perec en mars 1967, Bénabou une année plus tard. Au début des années soixante-dix, Perec participe encore à l'équipe de la revue *Cause commune*.

Cet enracinement dans de nouveaux cercles artistiques permet au jeune lauréat du Renaudot de manifester son indépendance. Dans la chronique que Perec tient dans l'hebdomadaire culturel *Arts-Loisirs* entre octobre 1966 et mars 1967, il règle sur un ton détaché ses comptes avec la littérature engagée et les avant-gardes littéraires auxquelles il s'était opposé encore avec tant de sérieux dans les années 1962-1963.[6]

---

2. Un recueil de textes écrits par les différents artistes qui ont séjourné au Moulin d'Andé a été publié en 1992, avec une préface de Suzanna Lipinska et un court texte de Perec. (*Le Moulin d'Andé*, Paris : Quai Voltaire, 1992)

3. *Petit traité invitant à la découverte de l'art subtil du go* (Paris : Christian Bourgois, 1969).

4. Pour les aventures sarroises de Perec et l'œuvre radiophonique qui résulte de sa collaboration avec Helmlé, voir David Bellos, *op. cit.*, pp. 370, 371, pp. 395-409.

5. Georges Perec, Marcel Bénabou, 'La littérature sémo-définitionnelle', 'LSD poétique', 'LSD analytique', dans Oulipo, *La littérature potentielle, Création, recréations, récréations* (Paris : Gallimard, «Idées», 1973) pp. 123-132, pp. 133-137 et pp. 138-140. Repris dans *Cahiers Georges Perec*, n° 3, *Presbytères et Prolétaires, Le dossier P.A.L.F*, présenté par Marcel Bénabou (Valence : Ed. du Limon, 1989).

6. Dans l'article qui ouvre cette série, intitulé 'Les Idées du jour', Perec se moque de l'engouement général pour le structuralisme, sujet de conversation obligatoire pour tout jeune intellectuel parisien : 'Les concepts fondamentaux qui jusqu'ici, dormaient plus ou moins dans le silence des séminaires sont maintenant accessibles à tous. N'importe qui sait aujourd'hui que 'l'homme est une invention du XVIII siècle', que 'l'inconscient est structuré

Avant d'aborder l'entreprise autobiographique, j'évoquerai ici brièvement les notions et les pratiques scripturales que Perec a trouvées et développées au sein de l'Oulipo et, au début des années soixante-dix, au sein de l'équipe de la *Cause Commune*. Il ne s'agira que de mettre en perspective l'évolution de la poétique perecquienne et d'en souligner les continuités et discontinuités. Je reviendrai plus longuement sur la mise en œuvre de certains procédés oulipiens dans la troisième partie de ce travail.

L'Oulipo, la notion de la contrainte

Presque simultanément avec *Tel Quel* mais sans bruit et sans manifestes, est créé, en 1960, autour de Raymond Queneau et de François Le Lionnais, l'Oulipo (*Ou*vroir de *li*ttérature *po*tentielle), groupe de théoriciens et de praticiens littéraires. Queneau est littérateur et amateur de mathématiques, Le Lionnais, mathématicien et amateur de littérature.[7] Les membres de l'Oulipo, écrit Paul Fournel, se proposent de procéder à 'des recherches systématiques et scientifiques qui auront généralement, mais pas exclusivement, une base mathématique et dont le but sera de fournir aux écrivains

comme un langage' [...] et que 'le cru, le cuit et le pourri sont les trois grands axes selon lesquels se distribue l'activité alimentaire des hommes'. (*Arts-Loisirs*, n° 57, 26 octobre – 2 novembre 1966, p. 10) De même, dans l'article, 'Du terrorisme des modes', il s'en prend à la tyrannie des différents mouvements sociaux et artistiques en vogue pour conclure que 'ça ne vaut pas la peine de se battre pour des choses qui après tout ne sont que des querelles de salons'. (*Arts-Loisirs*, n° 75, 1-7 mars 1967, p. 9) Dans cette boutade *Tel Quel* et Sollers ont droit à une mention spéciale.

7. L'idée de l'Oulipo est né à Cerisy-la-Salle en 1960, lors d'un colloque organisé en l'honneur de Raymond Queneau et de ses efforts en faveur du néofrançais, sous le titre *Raymond Queneau ou une nouvelle défense et illustration de la langue française*. La fondation d'un groupe de recherche, branche du Collège de Pataphysique (fondé en 1948) et baptisé Oulipo, a lieu en novembre 1960. Parmi les membres de la première heure comptent Jacques Bens, Claude Berge, Paul Braffort, Jean Lescure, Albert-Marie Schmidt. Vers le milieu des années soixante, le groupe s'élargit de Marcel Bénabou, Italo Calvino, Paul Fournel, Harry Mathews, Georges Perec et Jacques Roubaud. *Les Cent mille milliards de poèmes* (dix sonnets permutables vers par vers) de Queneau (Gallimard, 1961) constituent en quelque sorte l'acte fondateur du mouvement. Voir pour un historique et un exposé des principes de l'Oulipo, Paul Fournel, *Clefs pour la littérature potentielle* (Paris : Denoël, 1972) ; Oulipo, *La Littérature potentielle, Création, recréations, récréations*, éd. citée ; Evert van der Starre, 'De Oulipo', *Raster*, n° 54 (Amsterdam : De Bezige Bij, 1991) pp. 7-21. Aux Pays-Bas, Battus (pseudonyme de Hugo Brandt Corstius) a publié un recueil d'exercices et de jeux langagiers très 'oulipiens', *Opperlandse taal – & letterkunde* (Amsterdam : Querido, 1981) ; Rudy Kousbroek a consacré une série d'essais au ludisme langagier inauguré par 'Un hommage à Georges Perec', *De logologische ruimte*, Amsterdam, Meulenhoff, 1984.

des moules nouveaux pour leur inspiration'.[8] Ces recherches visent non seulement à créer des formes inédites, mais aussi à remettre en vigueur des formes oubliées.

La contrainte, notion centrale dans la poétique oulipienne[9], est une règle formelle adoptée librement, en amont du travail d'écriture, qui peut revêtir des formes diverses, langagières ou mathématiques. Etroitement liée à la notion de contrainte est celle du 'clinamen' (mot emprunté au premier pataphysicien, Alfred Jarry, et à travers lui à l'atomisme grec), à savoir la déviance légère, l'écart à la contrainte, le dysfonctionnement volontaire introduit dans un système réglé pour lui donner du jeu ou pour le faire dérailler.

L'Oulipo se veut un laboratoire d'écriture et met l'accent sur la réactualisation ou l'invention de procédés de fabrication littéraire, et non pas sur leur mise en œuvre. L'Oulipo propose aux écrivains des soutiens de l'inspiration, une aide à la créativité. Le terme 'potentiel' recouvre en première instance les notions de création, d'invention et de découverte, et non pas celle d'engendrement.

Mais les Oulipiens n'en ont pas moins produit de nombreux textes et le déchiffrement de ces textes par le lecteur mobilise un autre sens du terme 'potentiel'. Elaborés à partir de contraintes anciennes ou nouvelles, ces ouvrages exigent un lecteur actif qui puisse apporter différentes solutions aux problèmes formels et interprétatifs devant lesquels les textes à contrainte le placent. 'La littérature potentielle serait donc celle qui attend un lecteur, qui l'espère, qui a besoin de lui pour se réaliser pleinement', écrit Jacques Bens dans l'*Atlas de littérature potentielle*.[10] Et, conformément à cette définition, Perec, rappelons-le, définit l'écriture 'comme un jeu qui se joue à deux, entre l'écrivain et le lecteur. Sans qu'ils se rencontrent jamais'.[11]

L'Oulipo n'est pas tombé du ciel. Confrontés à l'échec de la littérature engagée et à l'inaptitude du roman traditionnel à rendre compte du contemporain, les Oulipiens se sont posé des problèmes de forme analogues à ceux qui préoccupaient les représentants du Nouveau Roman et ceux de

---

8. Paul Fournel, *op. cit.*, p. 24.

9. Le premier sens que le Robert donne de 'contrainte' est 'violence exercée contre quelqu'un, entrave à la liberté d'action'. Le deuxième sens est 'règle obligatoire'.

10. Jacques Bens, 'Queneau oulipien', Oulipo, *Atlas de littérature potentielle* (Gallimard «Idées», 1981) p. 24.

11. Entretien avec Alain Hervé, *Le Sauvage*, décembre 1978, p. 17.

Tel Quel. Comme eux, ils mettent l'accent sur les mécanismes d'engendrement du texte, ce qui relègue à l'arrière-plan les problèmes de la représentation. La singularité de leur approche – le primat absolu de la contrainte et
le recours aux mathématiques – s'explique en partie par le fait que leur
recherche de renouvellement formel porte l'empreinte d'une forte réaction
contre le surréalisme, et en particulier contre l'écriture automatique. De
même que le Nouveau Roman a été marqué fortement par l'aversion de
Robbe-Grillet pour le roman balzacien, que *Tel Quel*, par l'intermédiaire
de Sollers et de Barthes, a été influencé par le structuralisme linguistique et
psychanalytique, l'Oulipo a été déterminé par l'opposition de son fondateur, Queneau, à la primauté accordée par les surréalistes à l'inconscient.
Dans un entretien de 1981, l'Oulipien Paul Fournel commente ainsi la
démarche de Queneau :

> Queneau avait poussé très loin une réflexion sur l'héritage surréaliste. [...].
> Il a très bien et très vite [...] vu que le surréalisme révélait d'abord et avant
> tout que l'homme était manipulé d'une certaine façon, par les formes
> inconscientes, et que écrire ce n'était pas faire un acte absolument libre,
> mais que 'ça' écrivait avec votre stylo. Un des rôles déclarés de la contrainte
> pour Queneau c'était de faire jouer un petit peu les forces inconscientes. Se
> donner des contraintes, c'est résister de toutes ses forces à l'automatisme,
> et aller au-delà de cet automatisme en lui résistant. Il disait volontiers que
> n'importe qui était capable de pousser devant lui une ribambelle de person-
> nages comme des oies ; le problème n'était pas là. Le véritable problème de
> création était d'arriver à se donner des barrières susceptibles de révéler
> quelque chose qui était l'exercice suprême de la littérature. Il y avait cette
> idée-là, claire chez Queneau, pour qui le pendant au surréalisme ou en tout
> cas à la création par l'inconscient était les mathématiques'.[12]

La contrainte a une double fonction. Elle est à la fois une barrière contre les
facilités et les hasards de l'inspiration, et un remède contre la stérilité et le
blocage. Elle permet à l'écrivain qui ne serait pas capable d'écrire pour une
raison ou une autre, de pratiquer son travail d'écriture par l'intermédiaire
du jeu, de la règle qu'il se donne à lui-même. C'est en se soumettant au
carcan d'une règle inflexible que peut naître l'inspiration et qu'on se libère
des recettes rebattues. C'est dans la recherche de contraintes et de structures
que s'exerce d'abord le travail de l'imaginaire, la contrainte détrône

---

12. Entretien avec Jacques Bens et Paul Fournel, *Action Poétique*, n° 85, septembre 1981,
p. 54.

l'inspiration. Dans ce contexte, on cite souvent le célèbre propos de Roland Travy dans *Odile*, roman de Queneau où celui-ci explique ses divergences avec le mouvement surréaliste : 'J'imagine que le vrai poète n'est jamais inspiré ; il se situe précisément au-dessus de ce plus et de ce moins, identiques pour lui, que sont la technique et l'inspiration identiques car il les possède suréminemment toutes deux. Le véritable inspiré ne l'est jamais ; il l'est toujours ; il ne cherche pas l'inspiration et ne s'irrite contre aucune technique'.[13]

L'Oulipo ne se présente pas, par conséquent, comme une école littéraire caractérisée par une conception commune de la littérature, ou, à la façon des surréalistes, par une philosophie de la vie, mais comme un groupe d'écrivains, prosateurs et poètes, liés par une recherche concentrée sur des fins précises, liés aussi par une vision professionnelle du travail d'écriture et par la pratique sérieuse de choses 'dérisoires'. Et en effet, l'apologie du métier va de pair avec un goût prononcé pour le jeu. L'Oulipo s'est longtemps tenu à l'écart des cénacles parisiens et n'a rendu publiques ses activités que dans les années soixante-dix.[14] Il n'y a pas d'orthodoxie oulipienne, pas d'exclusion, ce qui explique peut-être pourquoi ce groupe a survécu, contrairement à un mouvement beaucoup plus sectariste comme *Tel Quel*.

• Anoulipisme/synthoulipisme

Une part importante des travaux de l'Oulipo vise à remettre au goût du jour des formes et structures oubliées qui peuvent présenter des intérêts divers. Par cette tendance qu'ils désignent comme 'anoulipisme', les Oulipiens s'inscrivent explicitement dans une longue tradition. Ainsi, le palindrome, le lipogramme, et l'anagramme sont des jeux langagiers qui remontent à l'Antiquité. De même, les formes poétiques réactualisées par les Oulipiens telles que le triolet et la sextine étaient pratiquées au Moyen Age, mais sont depuis tombées en désuétude.

L'autre versant des activités oulipiennes, appelé 'synthoulipisme', consiste en l'invention de procédés nouveaux, souvent empruntés à des

---

13. Raymond Queneau, *Odile* (Paris : Gallimard, 1937) p. 159.

14. a première publication de l'Oulipo, celle du dossier 17 du Collège de Pataphysique en 1962, était avec un tirage de 600 exemplaires plutôt confidentielle. Ce n'est qu'avec la parution en 1973 de l'ouvrage collectif dans la collection *Idées* de Gallimard, Oulipo, *La Littérature potentielle (Créations, re-créations, récréations)*, que commence la véritable diffusion des travaux oulipiens. D'autres ouvrages collectifs sont l'*Atlas de littérature oulipienne* (Gallimard, «Idées», 1981) et *La Bibliothèque oulipienne*, Vol. I, II, et III (Genève – Paris : Slatkine, 1981 ; Paris : Ramsay, 1987, et Paris : Seghers, 1990).

langages formels tels que ceux des mathématiques, de la logique, de l'informatique et du jeu d'échecs. L'opération dite S + 7 cache sous une formule pseudo-scientifique un procédé simple qui consiste à extraire d'un texte donné tous les substantifs et à les remplacer par le septième nom commun qui les suit dans le dictionnaire choisi. La méthode L.S.D. (Littérature sémo-définitionnelle), mise en œuvre par Perec et Bénabou, revient à prendre une phrase existante et à remplacer chaque mot de cette phrase par la définition qu'en donne un dictionnaire. Puis à recommencer pour chaque mot de cette définition. Plus sophistiqués sont les modèles permutationnels. Dans la mesure, enfin, où il trouve une forte impulsion dans les possibilités offertes par la technologie informatique, l'Oulipo s'ancre tout à fait dans la contemporanéité.

Les Oulipiens aiment s'adonner à des manipulations de textes existants auxquels ils appliquent tel ou tel de leurs procédés. Ainsi l'anagramme, le lipogramme, l'opération S + 7, la transformation définitionnelle, permettent de transformer de fond en comble un texte existant. On peut par exemple réécrire en lipogramme n'importe quel texte.[15]

• Perec oulipien
L'analyse d'*Un homme qui dort* a permis de constater que Perec n'a pas attendu l'Oulipo pour organiser ses livres de manière stricte. L'importance que revêt chez Perec la réécriture, la place primordiale des structures numériques dans la composition, sa prédilection palindromique pour les structures bi-partites, son intérêt pour les agencements narratifs : ce sont sans exception des caractéristiques qui faisaient de lui un candidat tout désigné

---

15. François Le Lionnais annonce, dans l'un des deux textes-manifestes de l'Oulipo, la création de 'l'*Institut de prothèse littéraire*' dont le but est d'améliorer les textes déjà écrits (et parfois même il y a fort longtemps) par quelques «retouches pertinentes»'. Oulipo, *La littérature potentielle Création, re-créations, récréations*, éd. citée, p. 26. Ainsi, Perec a transcrit dans *La Disparition* en e-lipogramme *L'Invention de Morel* [1940] d'Adolfo Bioy Casares (*LD* pp. 32-36), *L'Elu* [1951] de Thomas Mann (ou plutôt le résumé de cette histoire tel qu'il figure dans le chapitre 31 du *Docteur Faustus*) (*LD*, pp. 45-50), et *Moby Dick* de Melville (*LD*, pp. 85-89). Pour une analyse approfondie du fonctionnement de l'intertextualité dans *La Disparition*, on se reportera à Mireille Ribière, *Bridging the gap : A Study of Three Works by Georges Perec* (*W ou le souvenir d'enfance*, *La Disparition* et *Alphabets*), Thèse, Londres, Birkbeck College, 1985.

pour l'Oulipo.[16] Aussi n'est-il pas étonnant que la rencontre entre Perec et le groupe de Queneau ait été si féconde.

L'Oulipo a fourni à Perec la légitimation et le développement des techniques déjà mises en œuvre dans ses textes pré-oulipiens. Chez les autres membres de l'Oulipo Perec a pu reconnaître sa propre passion des nombres[17] ; la notion ludique de 'plagiat par anticipation' l'a stimulé dans ses pratiques citationnelles[18] et le travail au 'laboratoire' oulipien a élargi son répertoire de techniques scripturales. En retour, Perec a fourni leurs lettres de noblesse à certains procédés oulipiens, comme le lipogramme, le palindrome et le recours aux systèmes permutationnels. Tandis que ses projets autobiographiques sont suspendus l'un après l'autre ou s'enlisent, Perec publie ses deux romans lipogrammatiques ; il réalise le plus long palindrome de la langue française (plus de cinq mille lettres), '9691. Edna d'nilu' (1969)[19] et trois ensembles hétérogrammatiques, *Ulcérations* (1974), *Alpha-*

---

16. *Un homme qui dort* est un texte pré-oulipien, mais les avant-textes (le dossier 88 du Fonds Perec) comportent deux plans. Le premier, d'ordre thématique, évoque le parcours du personnage, le second, d'ordre technique, est constitué par une liste d'une cinquantaine d'éléments – thèmes, incipits et citations – destinés à être répartis sur les différentes étapes de ce parcours.

17. De même que l'œuvre de Perec porte en filigrane les dates cruciales de sa vie, celle de Raymond Queneau est structurée de bout en bout par les renvois au nombre de lettres que comporte son nom Raymond Auguste Queneau (3 x 7= 21 lettres), et à sa date de naissance, le 21 février 1903. Parmi les contemporains de Perec, mentionnons Michel Butor qui, proche des Oulipiens, prend grand intérêt aux structures numériques, par exemple dans *L'Emploi du temps* (Minuit, 1956) et *Mobile* (Gallimard, 1962).

18. La réécriture qui est revendiquée par l'Oulipo comme un excellent principe généra-teur de texte, est également l'une des techniques mises en pratique par les adhérents du Nouveau Roman et de *Tel Quel*. La pratique de l'intertextualité est souvent qualifiée de caractéristique constitutive de l'écriture dite 'postmoderne', caractérisée par un profond scepticisme épistémologique. Elle exprimerait l'incapacité du sujet, enfermé dans le langage, à connaître le monde ; l'écrivain serait condamné à tourner en rond dans l'univers des textes et des signes. Jean Baudrillard désigne dans 'La précession des simulacres', *Simulacres et simulation* (Paris : Galilée, 1981, pp. 9-17), le triomphe de ces pratiques citationnelles même comme 'une forme pathologique de la fin de l'art'. Formule étonnamment proche de celle, ironique, que Perec avait mis deux ans plus tôt dans la bouche de son critique d'art fictionnel Lester K. Nowak : 'Cette œuvre (le cabinet d'amateur de Kürz) était une image de la mort de l'art, une réflexion spéculaire sur ce monde condamné à la répétition infinie des ses propres modèles'. (*Un Cabinet d'amateur*, p. 35). Linda Hutcheon, autre théoricien du postmodernisme, s'oppose à la vision nihiliste de Baudrillard : 'It is not that truth and reference have ceased to exist, as Baudrillard claims ; it is that they have ceased to be unproblematic issues'. *A Poetics of Postmodernism* ; *History, Theory, Fiction* (New York/ Londres : Routledge, 1988) p. 223.

19. '9691 Edna D'nilu [...]', *Change*, n° 6, 1970, pp. 217-223. Le titre de ce palindrome révèle l'endroit où et l'année dans laquelle il a été conçu. Republié dans Oulipo, *La Littéra-ture potentielle*, éd. citée, pp. 101-106. Voir aussi le 'Palindrome pour Pierre Getzler', préface à l'exposition de Pierre Getzler à la galerie Camille Renault, 1970. Republié dans Georges

bets (1974-1976) et *La Clôture* (1976).[20] La meilleure illustration de l'emploi de structures mathématiques complexes par Perec, enfin, est *La Vie mode d'emploi* qui utilise des processus formels très sophistiqués.[21]

Perec a confié à plusieurs reprises que la rencontre avec l'Oulipo était survenue à une époque tout à fait charnière de sa formation, à un moment crucial de son travail d'écriture.[22] En 1965, il avoue à Bénabou et Kleman que le recours aux citations l'a tiré d'une impasse ; il fait preuve d'un sentiment de soulagement et de gratitude comparable lorsqu'il évoque son admission à l'Oulipo. Interrogé par Bernard Noël en 1977 sur les rapports des contraintes et de la censure, Perec lui confie que les contraintes lèvent la censure, l'inhibition, le blocage, qu'il a le sentiment d'une libération par la contrainte.[23] Aveu qu'il réitère dans l'entretien avec Le Sidaner en 1979, disant que 'La difficulté et la patience qu'il faut pour parvenir à aligner, par exemple, onze vers de onze lettres chacun ne me semble rien comparées à la terreur que serait pour moi d'écrire «de la poésie librement»'.[24]

Le travail sur la langue, sur les lettres et sur les chiffres, les manipulations de l'alphabet, ont permis à Perec d'aborder de biais ce qu'il ne parvenait pas à énoncer. Au fur et à mesure que la représentation du réel se révèle plus ardue, les contraintes se font plus indispensables : les jeux oulipiens constituent le versant ludique du travail autobiographique. Burgelin a caractérisé

Perec, *La Clôture et autres poèmes* (Paris : Hachette-P.O.L., 1980).

20. *Ulcérations* (Bibliothèque oulipienne n° 1, 1974) ; *La Clôture* (dix-sept textes centrés sur la rue Vilin, accompagnés de dix-sept photographies de Christine Lipinska, Paris : imp. Caniel, 1976, 110 ex.) Ces deux ensembles de poèmes ont été republiés dans *La Clôture et autres poèmes* (Paris : Hachette, «P.O.L.», 1980). *Alphabets. Cent soixante-seize onzains hétérogrammatiques* (Paris : Galilée, 1976). Mireille Ribière et Bernard Magné ont consacré une analyse détaillée aux poèmes hétérogrammatiques de Perec, *Cahiers Georges Perec*, n° 5 (Valence : Ed. du Limon, 1992). L'*Atlas de littérature potentielle* (pp. 231, 232) définit le terme 'hétérogramme', néologisme d'origine oulipienne, comme 'un énoncé qui ne répète aucune de ses lettres' et les textes, généralement poétiques, hétérogrammatiques, comme des énoncés dont chaque segment (vers) est l'anagramme d'un hétérogramme-souche. On retrouve dans cette contrainte une structure proche de la musique sérielle, chaque lettre ne pouvant être utilisée que lorsque la série a été épuisée'.

21. Sur le recours perecquien aux systèmes permutationnels, voir Claude Berge et Eric Beaumatin, 'Georges Perec et la combinatoire', *Cahiers Georges Perec*, n° 4, pp. 83-95.

22. Voir Jacques Bens, 'Oulipien à 97 %', *Magazine littéraire*, n° 193, mars 1983, p. 26.

23. Perec : 'Moi, j'ai une sensation de vide. J'essaie de construire quelque chose à partir de ce vide, de cette sensation d'impossible en me servant de contraintes, de règles, de structures extrêmement anciennes ; les anagrammes dans *Alphabets*, les lipogrammes dans *La Disparition*, des palindromes, etc...' Entretien avec Bernard Noël, 'Poésie ininterrompue', 1977, p. 1.

24. Entretien avec Jean-Marie Le Sidaner, *L'Arc*, n° 76, 1979, p. 8.

La Disparition, où le manque, le vide, problèmes centraux dans l'auto-biographie, s'expriment à la fois au niveau de la langue (suppression du *e*), de la composition (absence du chapitre V) et de l'histoire (longue quête d'un signe disparu), comme un ouvrage profondément autobiographique.[25] Magné et Ribière ont fort bien montré que même les poèmes les plus formalistes de Perec, les hétérogrammes, constituent des textes éminemment autobiographiques. Magné souligne que l'apparition des poèmes hétéro-grammatiques au moment où Perec termine la partie autobiographique de *W ou le souvenir d'enfance* n'est pas simple coïncidence : tous les recueils hétérogrammatiques sont d'une manière ou d'une autre, rattachés au chiffre 11.[26] Magné relie la passion palindromique de Perec à la rupture avec la langue d'origine, l'hébreu. L'esthétique oulipienne constitue chez Perec un moyen pour atteindre un but ; elle est inextricablement liée à l'enjeu exis-tentiel.

Cause commune, la notion de l'infra-ordinaire

Si l'exploration des sentiers de la contrainte avec l'Oulipo tire Perec de l'impasse où le mènent ses travaux autobiographiques, il développe à la même période une autre stratégie d'écriture, neutre, transparente, qui constitue comme un degré zéro de la contrainte.

Il convient ici de rappeler les deux leçons que Perec avait dégagées de la lecture de *L'Espèce humaine* d'Antelme. La première était que la conquête scripturale de la réalité historique passe par l'intégration de détails quoti-diens, concrets, minuscules, dans un cadre d'interprétation plus vaste. L'autre leçon était le refus de tout appel au spectaculaire, au gigantesque, à l'apocalyptique. Or, à l'opposé du spectaculaire, du gigantesque, de l'apocalyptique, se situe le banal, le quotidien, 'l'infra-ordinaire'. C'est à l'étude de cet 'infra-ordinaire' que va se consacrer l'équipe de la *Cause commune*, revue qu'animent de 1972 à 1974 Jean Duvignaud et Paul Virilio, architecte et écrivain, théoricien médiatique de la société contemporaine. Henri Lefebvre, marxiste de la première heure, membre du PCF de 1927 à

---

25. Claude Burgelin, *Georges Perec*, éd. citée, p. 105.

26. Bernard Magné, 'Quelques considérations sur les poèmes hétérogrammatiques de Georges Perec', *Cahiers Georges Perec*, n° 5, p. 64. Le seul nombre des poèmes de ce recueil, 176 (11x16) onzains, est de caractère commémoratif.

1957 et professeur du situationniste Guy Debord, le jeune romancier Pascal Lainé, et l'anthropologue Georges Balandier sont des collaborateurs réguliers. Le but de cette revue typiquement post-soixante-huitarde était d'analyser, à partir d'une position de gauche, la culture quotidienne, de remettre en question les idées et les croyances sur lesquelles repose le fonctionnement de la société occidentale, d'entreprendre une anthropologie de l'homme contemporain.[27]

C'est dans l'article intitulé 'Approches de Quoi ?'[28] que Perec formule les questions qui doivent servir de fil conducteur à ces enquêtes sur l'infra-ordinaire :

> Ce qui se passe chaque jour et qui revient chaque jour, le banal, le quotidien, l'évident, le commun, l'ordinaire, l'infra-ordinaire, le bruit de fond, l'habituel, comment en rendre compte, comment l'interroger, comment le décrire ?[29]

Comment regarder ? Comment commencer de voir dans les choses autre chose que ce que l'on est habitué à voir ? Comment renverser la hiérarchie des schémas de perception habituels ? L'article se termine sur une série d'injonctions maintes fois citées et recitées :

> Décrivez votre rue. Décrivez-en une autre. Comparez. Faites l'inventaire de vos poches, de votre sac. Interrogez-vous sur la provenance, l'usage et le devenir de chacun des objets que vous en retirez. Questionnez vos petites cuillers.[30]

Cette approche engendre une écriture qui s'applique à enregistrer le réel d'une manière aussi neutre que possible, pratiquant une sorte de réalisme brut, calqué sur le modèle scriptural de l'ethnographie. Il s'agit d'une transcription d'observations du quotidien, à la limite de la science, sans aucun souci formel, mais aussi, et c'est plus étonnant, sans souci d'analyse.

---

27. Le numéro 1 de la revue témoigne, non sans pathos, du désarroi des intellectuels de gauche après mai 1968 : '...la société française se désagrège, notre culture se dissout, les institutions se vident : nous n'avons même plus à nous dire nihilistes puisque nous vivons dans le nihilisme'. *Cause Commune*, n° 1, mai 1972, p. 1.

28. *Cause commune*, n° 5, février 1973, pp. 3-4. Repris dans *L'infra-ordinaire* (Paris : Seuil, «Librairie du XXᵉ siècle», 1989) pp. 9-13.

29. *L'infra-ordinaire*, p. 11.

30. *Ibid.*, p. 12.

Dans l'entretien avec Jean-Marie Le Sidaner (1979) Perec énonce très clairement le point de départ a-théorique, neutre, de son étude de l'infra-ordinaire :

> Ma «sociologie» de la quotidienneté n'est pas une analyse, mais seulement une tentative de description, et plus précisément, description de ce que l'on ne regarde jamais parce l'on y est, ou que l'on croit que l'on y est, trop habitués et pour lequel il n'existe habituellement pas de discours : par exemple, énumération des véhicules qui passent au carrefour Mabillon, ou des gestes que fait un conducteur quand il quitte sa voiture, ou des diverses manières dont les passants tiennent le journal qu'ils viennent d'acheter. Il s'agit d'un déconditionnement : tenter de saisir, non ce que les discours officiels appellent l'événement, l'important, mais ce qui est en-dessous, l'infra-ordinaire, le bruit de fond qui constitue chaque instant de notre quotidienneté.[31]

Mais on aurait tort de considérer ces recherches ethnographiques isolément, sans examiner leurs rapports avec l'entreprise autobiographique dans laquelle Perec s'était engagé dès 1966-1967 et dans laquelle il faillit s'enliser au début des années soixante-dix. C'est précisément lorsqu'il se livre à la recherche des traces laissées par l'Histoire 'apocalyptique' dans sa vie personnelle qu'il manifeste ce penchant pour l'anodin, l'insignifiant, pour les micro-événements dont les journaux ne parlent pas. Si la *Cause commune* fournit à Perec le cadre dans lequel il peut s'adonner à son goût pour le concret, pour l'observation impartiale, distanciée du quotidien contemporain qui sous-tend son entreprise littéraire dès le début, elle lui fournit aussi la possibilité de réorienter des projets (*Lieux où j'ai dormi* et *Lieux*) qui faisaient partie du programme autobiographique et qui risquaient d'échouer. De l'enquête sur les ravages de l'Histoire, Perec se distrait alors par celle sur le quotidien contemporain, il substitue à la recherche vaine des traces du passé, le journal d'un usager de l'espace, l'investigation des décors urbains du Paris des années soixante-dix, et une autobiographie collective de sa génération, les quatre cent vingt-quatre souvenirs de *Je me souviens*, recueil qui se situe comme au degré zéro de la nostalgie.[32]

---

31. Entretien avec Le Sidaner, *L'Arc*, n° 76, 1979, p. 4.

32. *Espèces d'espaces* (Galilée, 1974), 'Tentative d'épuisement d'un lieu parisien', *Cause commune*, n° 1, 1975, réédité par Christian Bourgois, 1982 ; *Je me souviens* (Paris : Hachette, «P.O.L.»), 1978 ; réédité par Hachette «Textes du XXᵉ siècle», 1986.

D'un côté, les années 1967-1975 sont donc marquées par une écriture extrêmement formaliste, par le travail sur la matérialité du langage, par la gamme des exercices oulipiens, productrice de fictions. De l'autre, il y a une écriture qui se veut absolument transparente par rapport au réel contemporain, et qui se limite à l'enregistrement énumératif de micro-événements et à la description neutre de lieux parisiens. On pourrait dire que Perec s'accroche à la concrétude du langage d'une part, à celle du réel d'autre part pour ne pas perdre pied dans le vide. Le temps est venu d'aborder l'entreprise qui semble avoir activé ces forces centrifuges et qui est centrale dans cette période, le programme plus strictement autobiographique.

Chapitre 5

L'entreprise autobiographique

> J'ai choisi pour terre natale des lieux publics, des lieux communs.
> (Georges Perec, *Vilin. Souvenirs*)

Trois projets inachevés

Trois projets conçus entre 1966 et 1968 marquent le début de l'écriture plus strictement autobiographique – *L'Age*, *L'Arbre* et *Lieux où j'ai dormi*. *L'Age* dont le premier titre était *Les Lieux de la trentaine*, se proposait de paraphraser et de développer un texte d'André Gorz intitulé *Le Vieillissement*.[33] Perec envisageait *L'Age* dans le prolongement des *Choses* et d'*Un homme qui dort*. Les quelques fragments de ce texte assez rapidement abandonné montrent, cependant, une évolution remarquable par rapport aux romans précédents : une première personne y émerge lentement et difficilement.[34] Entrepris en février 1967, *L'Arbre. Histoire d'Esther et de sa famille* devait devenir un vaste roman généalogique, un roman-arbre, dit Perec, une sorte de saga ou chronique biographique de ses familles paternelle, maternelle et adoptive(s), originaires de la Pologne du début du siècle. Le proustien *Lieux où j'ai dormi*, enfin, partirait comme *Un homme qui dort* du chapitre d'ouverture de *La Recherche* et esquisserait une sorte d'autobiographie vespérale, comportant un catalogue de toutes les chambres où Perec avait dormi ou veillé.

Les deux premiers projets sont conduits simultanément et suspendus en décembre 1967 pour la préparation de l'exercice lipogrammatique de *La Disparition* (terminé en septembre 1968). *L'Age* est repris en octobre 1968,

---

33. André Gorz, écrivain juif originaire de Vienne et francophone, publie en 1958 au Seuil une autobiographie, *Le Traître*, préfacée par Sartre. (Réédité au Seuil, «Points», 1978). Ouvrage que Jacques Lederer recommande à son ami Perec lorsque celui-ci fait son service militaire à Pau. Cf. *Correspondance Georges Perec/Jacques Lederer*, éd. citée, p. 183. Le texte de Gorz a été écrit dans le cadre de la pensée existentialiste et comporte de nombreuses références aux idées sartriennes. Gorz a recours à l'alternance entre le *je* et le *il* pour désigner le sujet ; le livre comporte quatre sections : *Nous*, *Eux*, *Toi* et *Je*.

34. Dans son étude sur les avant-textes des différents projets autobiographiques de Perec, Philippe Lejeune a analysé avec beaucoup d'attention cette émergence de la première personne. Le narrateur de *L'Age* dit en parlant de lui-même à la troisième personne : 'Il faudrait dire je, il voudrait dire je. J'émerge, j'existe : je sors'. Philippe Lejeune, *La Mémoire et l'oblique*, éd. citée, p. 24.

et intégré dans un projet plus large. Dans une longue lettre-programme à Nadeau datée du 7 juillet 1969[35], Perec écrit que *L'Âge* serait un portrait de l'artiste complétant celui tracé dans *Un homme qui dort*. Il caractérise *Un homme qui dort* comme une mise au point sur l'auteur, *Les Choses* comme une mise au point sur l'époque, et *La Disparition* comme une mise au point sur l'écriture. Le projet est cependant abandonné définitivement en janvier 1969. Peut-être, comme le suggère Perec lui-même, par dégoût pour une littérature confessionnelle de type psychologique : 'Les problèmes de mon intériorité me laissent un peu froids'.[36] Remarque qui révèle déjà ce qui va constituer l'une des originalités de son autobiographie. Le projet *Lieux où j'ai dormi* est intégré partiellement dans *Espèces d'espaces* (1974) ; on en retrouve également des fragments dans le recueil posthume *Penser/Classer*.[37]

Dans *Espèces d'espaces* (p. 34), Perec remarque que l'espace de la chambre fonctionne chez lui comme une madeleine proustienne et que le projet de *Lieux où j'ai dormi*, 'placé évidemment sous l'invocation de Proust, ne voudrait être rien d'autre que le strict développement des paragraphes 6 et 7 de l'ouverture de *La Recherche*'.[38] Alors que le paragraphe 5 de *La Recherche* a servi de repoussoir dans *Un homme qui dort*, les paragraphes 6 et 7 constituent donc maintenant une source d'inspiration positive. Mais, si Perec dit garder une mémoire exceptionnelle de tous les lieux où il a dormi, il s'empresse d'ajouter que c'est à l'exception de ceux de sa première enfance – jusque vers la fin de la guerre – lieux 'qui se confondent tous dans la grisaille indifférenciée d'un dortoir de collège'. (*Espèces d'espaces*, p. 31) Différence cruciale avec l'entreprise de Proust dans laquelle la chambre de l'enfance à Combray est centrale.

---

35. Perec avait gardé un double de cette lettre. On en trouve le texte intégral dans le recueil *Je suis né* (Seuil, «La librairie du XXe siècle», 1990) pp. 51-66.

36. 'Lettre à Maurice Nadeau', *Je suis né*, pp. 56, 57.

37. Respectivement 'Fragments d'un travail en cours', *Espèces d'espaces*, éd. citée, pp. 31-35, et 'Trois chambres retrouvées', *Penser/Classer* (Paris : Seuil, « Textes du XXe siècle», 1985) pp. 25-29.

38. Proust : 'Mais j'avais revu tantôt l'une, tantôt l'autre des chambres que j'avais habitées dans ma vie, et je finissais par me les rappeler toutes dans les longues rêveries qui suivaient mon réveil...'. (Gallimard, «Pléiade», 1968) tome I, p. 7. Dans sa lettre à Nadeau (*Je suis né*, p. 61), Perec désigne comme modèle de son 'autobiographie vespérale' encore *Nuits sans nuit et quelques jours sans jour* de Michel Leiris (Paris : Gallimard, 1961). C'est une suite de petits récits datés, tantôt d'événements rêvés, tantôt d'événements réels. Le premier récit date de 1923, le dernier de 1960. Le recueil s'ouvre sur un rêve 'très ancien', dans lequel le rêveur assiste à sa propre exécution, et comporte dix-neuf fragments qui concernent la Seconde Guerre mondiale.

Le troisième projet, celui du roman familial, *L'Arbre*, ne sera ni abandonné ni achevé. Dans la longue lettre-programme à Nadeau, Perec présente ainsi le projet de *L'Arbre* :

> C'est la description, la plus précise possible, de l'arbre généalogique de mes familles paternelle, maternelle et adoptive(s). Comme son nom l'indique, c'est un livre en arbre, à développement non linéaire, un peu conçu comme les manuels d'enseignement programmé, difficile à lire à la suite, mais au travers duquel il sera possible de retrouver [...] plusieurs histoires se recoupant sans cesse. J'ai déjà beaucoup travaillé sur ce projet ; pendant plus de six mois, en particulier, j'ai interviewé ma tante (personnage central du livre) une fois par semaine.[39]

L'essentiel de ce que Perec pouvait utiliser de ce projet est réincorporé dans *W ou le souvenir d'enfance*, d'autres éléments vont être intégrés dans *Les Récits d'Ellis Island, Histoires d'errance et d'espoir*. *Les Récits d'Ellis Island* comportent le texte du film que Perec a réalisé en 1979, avec Robert Bober, sur cette petite île située à quelques centaines de mètres de Liberty Island. De 1892 à 1924, Ellis Island a fonctionné comme centre d'accueil et de tri des candidats à l'immigration aux Etats-Unis et a hébergé seize millions d'immigrants, parmi lesquels de nombreux juifs originaires de Russie et d'Autriche-Hongrie.[40]

---

39. 'Lettre à Maurice Nadeau', *Je suis né*, pp. 53,54. Le projet de *L'Arbre* sera mentionné de nouveau en 1976 dans 'Tentative de description d'un programme de travail pour les années à venir', reproduite dans les *Cahiers Georges Perec*, n° 1 (Paris : POL, 1985) p. 323. Mais ce projet renouvelé passe sous silence la famille maternelle. Burgelin explique ce silence troublant comme l'effet d'une hostilité sourde à l'égard de la mère qui s'est laissée prendre dans une rafle et a ainsi 'abandonné' son fils. (*Les Parties de dominos chez Monsieur Lefèvre*, éd. citée, pp. 84-86) Dans *La Mémoire et l'oblique* (pp. 20-22), Lejeune évoque également le manuscrit de *L'Arbre*, manuscrit 'qui comporte sur les pages de gauche de petits chapitres résumant par génération l'information recueillie, sur les pages de droite un extrait d'arbre généalogique repérant le lien qui unit à Perec les individus dont il parle à gauche'. Le travail sur les documents entamé par Lejeune a été repris et continué par Régine Robin, 'Un projet autobiographique inédit de Georges Perec : '*L'Arbre*', *Le Cabinet d'amateur*, Printemps 93, n° 1, pp. 5-28. Repris dans Régine Robin, *Le Deuil de l'origine* (Paris : Presses Universitaires de Vincennes, 1993) pp. 195-227.

40. *Récits d'Ellis Island. Histoires d'errance et d'espoir* (Paris : Ed. du Sorbier, 1980). Outre le texte que Perec avait écrit pour le film, cette édition comporte aussi les interviews avec des immigrants américains qui se souviennent de leur passage sur cette 'Ile des Larmes'. Après sa fermeture définitive en 1954, Ellis Island est devenu un endroit de pèlerinage, un véritable lieu de mémoire. *Récits d'Ellis Island* ont été réédités sous forme d'un album chez POL, 1994. Dans une nouvelle édition de 1995, toujours chez POL, figure le seul texte de Perec sans interviews ni images, sous le titre d'*Ellis Island*.

Lieux, des souvenirs à l'infra-ordinaire

En janvier 1969, Perec conçoit un quatrième projet autobiographique, dont la réalisation était programmée sur douze ans (1969-1980) mais qui sera abandonné en 1975. Dans sa lettre à Nadeau et dans *Espèces d'espaces* (pp. 76,77), Perec décrit en détail ce programme d'écriture, intitulé *Lieux*. *Lieux* serait la double description de douze lieux de Paris sélectionnés parce qu'ils se rattachent d'une façon ou d'une autre à sa vie. Une première description serait faite sur le lieu même, suivie quelque temps après d'une seconde basée sur la mémoire. La description faite sur le lieu même (un café, un carrefour, une rue, une avenue, une place) devait être la plus neutre possible, une transcription transparente du réel, au degré zéro de l'écriture, une tentative de consigner par écrit, sans parti pris, tout ce qui se passe devant les yeux de Perec observateur – l'insignifiant, 'ce qui se passe quand il ne se passe rien sinon du temps, des gens, des voitures et des nuages'.[41] L'autre description, écrite ailleurs, évoquerait, par contre, des souvenirs personnels rattachés à ce lieu – soit d'événements qui s'y sont déroulés, soit de gens que Perec y a rencontrés.[42] Cette double description devait être faite pendant douze années consécutives sans relecture des descriptions antérieures : les textes devaient être enfermés dans des enveloppes scellées que Perec n'ouvrirait qu'en 1981 pour, par la suite, travailler à partir des textes ainsi accumulés.

Le projet est une lutte contre l'oubli. 'Je ne veux pas oublier', dit Perec dans un de ces textes, 'peut-être est-ce le noyau de tout ce livre : garder intact, répéter chaque année les mêmes souvenirs, évoquer les mêmes visages, les mêmes minuscules événements, rassembler tout dans une mémoire souveraine, démentielle. La vie s'accrochera à des lieux'.[43] De tels passages sont très illustratifs du mécanisme de compensation régissant le fonctionnement d'une mémoire hypertrophiée qui doit remédier au vide existentiel. En 1969, Perec écrit à Nadeau que l'ouverture des enveloppes en

---

41. *Tentative d'épuisement d'un lieu parisien*, éd. citée, p. 12. Le lieu évoqué dans ce texte est la place Saint-Sulpice. Catherine Kerbrat-Orecchioni a consacré une analyse exhaustive à ce texte, un de ces exercices descriptifs qui se veulent absolument neutres et objectifs, mais sont néanmoins empreints de subjectivité. Voir Catherine Kerbrat-Orecchioni, *L'Enonciation de la subjectivité dans le langage* (Paris : Armand Colin, 1980) pp. 131-146.

42. Pour une description de ce projet et de sa motivation, voir Philippe Lejeune, 'Cent trente-trois lieux', *La Mémoire et l'oblique*, pp. 141-204.

43. Cité par Lejeune, *La Mémoire et l'oblique*, pp. 159.

1981 devait permettre de voir tout à la fois le vieillissement des lieux mêmes, celui de ses souvenirs et celui de son écriture. Et tout comme dans la description du projet de *Lieux où j'ai dormi*, il se démarque aussitôt de Proust. Si le projet de *Lieux* était mené à bout, écrit Perec, le temps retrouvé se confondrait ainsi avec le temps perdu : 'le livre n'est plus restitution d'un temps passé, mais mesure du temps qui s'écoule ; le temps de l'écriture qui était jusqu'à présent un temps pour rien, un temps mort, [...] qui restait toujours à côté du livre (même chez Proust), deviendra ici l'axe essentiel'.[44] L'originalité de cette entreprise consiste donc à programmer d'avance le fonctionnement de la mémoire. Après l'abandon du projet en 1975, cinq textes, tous appartenant à la série des descriptions du réel, seront publiés du vivant de Perec.[45] L'une des séries de souvenirs, celle autour de la rue Vilin, où Perec a passé les premières années de sa vie, a été publiée en 1992.

Des douze lieux choisis par Perec, quatre se rattachent à son enfance et à sa jeunesse. Les autres lieux sont liés à des épisodes de sa vie d'adulte avant 1969.[46] L'écriture de *Lieux* évoque une sorte d'ethnographie du quotidien croisée avec une préoccupation autobiographique.[47] Alors que la sélection des détails dans la série des descriptions sur place n'est dictée que par les hasards d'une perception neutre, non-informée et se situe par là dans le

44. *Je suis né*, pp. 59, 60.

45. Ces cinq textes publiés entre 1977 et 1980, sont : *La rue Vilin* (1977) (repris dans *L'infra-ordinaire* (Paris : Seuil, 1989) pp. 15-31 ; *Vues d'Italie* (1977), *Guettées* (1977), *Allées et venues rue de l'Assomption* (1979) et *Stations Mabillon* (1980). Les références complètes de ces textes figurent dans Philippe Lejeune, *La Mémoire et l'oblique*, p. 203. La série 'Vilin. Souvenirs' a paru, pourvue d'une introduction de Philippe Lejeune, dans *Genesis*, n° I, Revue de l'Institut des Textes et Manuscrits Modernes/CNRS (Paris : Jean-Michel Place-Archivos, 1992) pp. 127-151.

46. Les lieux de jeunesse sont la rue Vilin, où il a vécu avec ses parents, l'avenue Junot, où habitaient sa tante Berthe et son cousin Henri, le carrefour Franklin Roosevelt (décrit dans *Les Lieux d'une fugue*) et la rue de l'Assomption, où Esther et David Bienenfeld s'étaient établis après la guerre. Les lieux de sa vie d'adulte comportent la rue Saint-Honoré où Perec a habité par deux fois (en 1956-1957 et en 1959) et où se déroule *Un homme qui dort*, le carrefour Mabillon lié à Paulette Pétras, avec qui il se marie en 1960, la place Jussieu près de son domicile du début des années soixante, rue de Quatrefages, et l'Ile Saint-Louis.

47. Par cet intérêt porté aux lieux de son enfance, Perec se rapproche beaucoup d'un auteur comme Patrick Modiano (1945), également d'origine juive, profondément marqué par la seconde guerre mondiale et attentif aux lieux comme points d'ancrage d'une histoire, comme générateurs de récits susceptibles de baliser un passé énigmatique. Pour une analyse de la fonction des lieux dans les romans de Modiano, voir mon article 'Rêveries d'un riverain, La topographie parisienne dans l'œuvre de Patrick Modiano', Jules Bedner éd., *Patrick Modiano*, *CRIN*, n° 26 (Amsterdam/Atlanta : Rodopi, 1993) pp. 85-101.

prolongement d'*Un homme qui dort*, la série des souvenirs a pour but de faire parler les lieux, considérés comme des traces d'un passé personnel qu'il faut préserver de l'oubli.

Cette coupure très nette et explicite entre le projet autobiographique et le projet descriptif est l'une des particularités de *Lieux*. Lejeune, qui a également travaillé sur la série des souvenirs restés inédits jusqu'ici, souligne une deuxième particularité. Bien qu'observant le rituel extérieur du journal (date, jour et heure sont toujours précisés), *Lieux* est une sorte d'anti-journal qui contourne systématiquement le présent, le vécu de celui qui écrit.[48] Si Perec se propose de décrire dans *Lieux* soit des choses personnelles qui concernent son passé, soit des choses extérieures qui concernent le présent, il n'a pas prévu d'y écrire des choses personnelles qui le concernent au moment où il écrit. A l'intersection virtuelle des deux séries de déplacements – double déplacement vers l'antériorité (souvenir) ou l'extériorité (réel) – s'esquisse un centre absent. L'énonciateur n'est qu'un regard ou une mémoire mais se tait dans la mesure du possible sur ses préoccupations personnelles du moment – son travail littéraire, sa vie affective.

S'interrogeant sur la fonction existentielle de son projet dans l'un de ces souvenirs écrit en avril 1969, Perec réfléchit sur la tension entre passé et présent que ce projet recèle :

> Par une coïncidence que le projet général de ce livre amplifie, comme si l'un de ses buts était de les faire naître, m'obligeant à faire revivre ou à revoir des lieux, des événements, des êtres qui sont tous, au départ, derrière moi, appartenant presque tous à un passé qui se ferme, et que les douze années qui viennent vont prolonger artificiellement, les dotant d'une vie seconde, miroir d'une vraie vie déjà achevée que je ne peux que répéter et commenter, tissant autour la triple ou quadruple fable d'une autobiographie qui m'apparaît de plus en plus comme la seule écriture possible, vers laquelle tout tend, n'ayant dans mes douze choix élu qu'un lieu vivant encore (l'Ile Saint-Louis) [...] mais gardant l'illusion que ma vie à venir s'accrochera encore à certains de ces lieux, que le seul fait d'y passer ou d'y penser les fera témoins d'expériences nouvelles (ou bien y aura-t-il d'un côté ces lieux mythiques et momifiés gardant intacts des souvenirs de plus en plus dérisoires cependant que ma «vie» ira se jouer dans des arrondissements que je n'avais pas prévus, bien qu'ayant essayé, à travers mes douze

---

48. Cité par Philippe Lejeune, *La Mémoire et l'oblique*, p. 169.

lieux, d'avoir un éventail suffisant pour faire face à de telles éventualités...).[49]

D'un côté, en prolongeant artificiellement un passé déjà clos, il craint le piétinement de la mémoire, le ressassement des mêmes souvenirs 'de plus en plus dérisoires', de l'autre, il nourrit l'espoir de pouvoir insuffler une nouvelle vie à ce passé en l'enrichissant d'expériences nouvelles. C'est cet espoir qui peut expliquer dans le projet initial la dichotomie entre la série des réels et celle des souvenirs. Dans la série des réels, les lieux – fonctionnant comme relais entre passé et présent – sont comme lavés des souvenirs, de toute charge émotive pour pouvoir susciter à leur relecture dans un avenir encore lointain, le souvenir d'expériences vécues à ces endroits au moment de leur description. Si, malgré la stricte neutralité de leur énonciation, ces textes pourront donc servir de tremplin à une mémoire future, c'est par la même stratégie de codage métonymique qui va fonctionner si bien (en tout cas, pour les contemporains français de Perec) dans *Je me souviens*.[50]

L'Ile Saint-Louis, que Perec décrit dans le fragment cité ci-dessus comme le seul lieu 'vivant encore', et qu'ailleurs il désigne comme l'origine du projet tout entier 'conçu uniquement pour ne pas oublier ce lieu', est lié à une liaison amoureuse menacée et rompue définitivement en 1971. Considérant cet endroit comme le centre vital de *Lieux*, Lejeune a défini l'ensemble du projet comme 'le tombeau' d'un amour, comme 'la sismographie d'une passion, d'une rupture et du long travail de guérison'.[51]

C'est à partir d'une lecture de la série 'Vilin Souvenirs' et dans le but de montrer la profonde cohérence entre *Lieux* et *Récits d'Ellis Island*, que Jacques-Denis Bertharion a proposé de considérer comme le véritable centre de gravité de *Lieux* non pas l'Ile Saint-Louis mais la rue Vilin, lieu de la

49. Ecrit le 21 avril 1969 après avoir appris la mort de sa tante Berthe Chavranski qui s'était occupée de lui à Villard-de-Lans en 1944/45. Cité par Philippe Lejeune, *La Mémoire et l'oblique*, p. 162.

50. Ces exercices de mémoire collective sont entrepris en janvier 1973 et terminés en juin 1977. *Je me souviens* comporte 480 souvenirs de la période 1946-1961. Perec dit dans l'entretien de 1979 avec Le Sidaner : 'Je pense que j'ai essayé dans *Je me souviens* d'appliquer cette remémoration systématique à toute ma génération : écrire un fragment d'autobiographie qui pourrait être celle de tous les Parisiens de mon âge'. (*L'Arc*, n° 76, 1979, p. 4). Le codage métonymique de *Je me souviens* ne fonctionne que pour les lecteurs français qui ont vécu eux-mêmes cette période. Un seul souvenir, le n° 399, ne manquera pas d'activer la mémoire du lecteur néerlandais : 'Je me souviens des Provos'.

51. Philippe Lejeune, *La Mémoire et l'oblique*, p. 158.

petite enfance, premier point d'appui de la quête autobiographique entreprise par Perec.[52] Il montre qu'entre 1969 et 1975, la dichotomie entre réel
et souvenir a peu à peu changé de sens. La découverte graduelle du silence
des lieux de l'enfance, qui restent inexorablement muets, le constat de
l'extrême pauvreté des souvenirs a, selon Bertharion, amené la dissociation
définitive des deux séries. On y constate l'échec de l'entreprise de s'approprier l'espace et de faire ainsi revivre le passé. Les séries de descriptions du
réel vont être récupérées et intégrées dans un nouveau projet, repensées dans
le domaine que Perec définit en 1973 comme une anthropologie de l'infra-
ordinaire. Les descriptions du réel sont ainsi détournés de leur première
fonction mnémonique et *Lieux* évolue d'un travail de la mémoire vers une
problématique sociologique dissimulant presque entièrement la dimension
autobiographique du projet initial. L'élaboration de la notion de l'infra-
ordinaire serait, toujours selon Bertharion, une sorte de ruse inventée après
le constat de l'absence des souvenirs.[53]

En juillet 1969, enfin, Perec conçoit l'idée d'un feuilleton pour la *Quinzaine
littéraire*. Articulé avec les souvenirs d'enfance, ce feuilleton va aboutir à *W
ou le souvenir d'enfance*. Des nombreux projets strictement autobiographiques entrepris entre 1967 et 1975, *W ou le souvenir d'enfance* sera, avec *La
Boutique obscure*, recueil de cent vingt-quatre rêves retranscrits entre juillet
1970 et août 1972[54], et *Espèces d'espaces*[55], le seul à arriver à maturité.[56]

52. Jacques-Denis Bertharion, 'Des lieux aux non-lieux : de la rue Vilin à Ellis Island',
Le Cabinet d'amateur, n° 5, 1997, pp. 51-72.

53. Selon Bertharion, les *Récits d'Ellis Island* semblent reprendre cet itinéraire à rebours.
Le questionnement des bâtiments abandonnés de l'île doit donner accès à une mémoire
potentielle. Enregistrer les souvenirs des dernières personnes vivantes qui ont transité par Ellis
Island, permet de combler le vide d'une histoire marquée par la disparition des parents, le
vide laissé par les impossibles récits de la rue Vilin. Les immigrants avec lesquels Perec
s'entretient, pourraient, à quelques années près, être ses parents.

54. Ces rêves ont été publiés sous leur forme première sans commentaire. *La Boutique
obscure* (Paris : Denoël-Gonthier, «Cause commune», 1973 ; réédition Denoël, 1988).

55. Livre qui par son objectif – entendre de quelles traces du passé les espaces sont
porteurs – se rattache au projet de *Lieux*.

56. Les autres textes strictement autobiographiques sont 'Les Lieux d'une fugue', *Présence
et Regards*, 1975, n° 17-18, pp. 4-6, repris dans *Je suis né*, pp. 15-31 ; 'Les Lieux d'une ruse',
Cause Commune, *La Ruse*, 1977/1, «10/18», repris dans *Penser/Classer*, pp. 59-72 ; et *Je me
souviens*, 1978. Ce dernier ouvrage part cependant d'une mémoire commune, d'une mémoire
collective.

Chapitre 6

Encrage, ancrage
W ou le souvenir d'enfance

> If there is any substitute for love, it is memory. To memorize then is to restore intimacy. (Joseph Brodsky, *Less than one*)

> Ma seule tradition, ma seule mémoire, mon seul lien est rhétorique = signe d'encrage. (Georges Perec, *Vilin. Souvenirs*)

Du feuilleton *W* à l'autobiographie

Le lundi 7 juillet 1969, Perec écrit à Maurice Nadeau la lettre-programme déjà mentionnée, dans laquelle il l'informe de ses différents projets, et lui propose le feuilleton *W* pour *La Quinzaine littéraire*. Dans l'évocation de ces projets, Perec décrit *W* comme un roman d'aventures, un roman de voyages, un roman d'éducation, inspiré à la fois de Jules Verne, de Raymond Roussel et de Lewis Caroll. Il dit s'être appliqué à pasticher *Les Enfants du capitaine Grant* dans les premières esquisses de ce livre à venir. A l'instar de Verne qui avait donné une certaine image de la science de son temps (positivisme, scientisme, histoire des colonisations), Perec se propose de fonder la description de *W* sur des données psychanalytiques, ethnologiques, informatiques et linguistiques, et de réaliser ainsi un grand roman encyclopédique.

Il énonce également quelques-unes des dates cruciales pour la genèse du feuilleton *W* – l'année 1949 marquée par une première psychothérapie, et le mois de septembre de 1967, lorsque remonte à la surface le fantasme inventé en 1949 :

> Le troisième livre est un roman d'aventures. Il est né d'un souvenir d'enfance ; ou plus précisément, d'un phantasme que j'ai abondamment développé, vers douze-treize ans, au cours de ma première psychothérapie. Je l'avais complètement oublié ; il m'est revenu un soir à Venise, en septembre 1967, où j'étais passablement saoul ; mais l'idée d'en tirer un roman ne m'est venue que beaucoup plus tard. Le livre s'appelle : W. W est une île, quelque part dans la Terre de Feu. Il y vit une race d'athlètes vêtus de survêtements blancs porteurs d'un grand W noir. C'est à peu près tout ce dont je me souviens. Mais je sais que j'ai beaucoup raconté W (par la

parole ou le dessin) et que je peux, aujourd'hui, racontant W, raconter mon enfance.[1]

Le feuilleton paraît en 1969-1970 dans *La Quinzaine littéraire*. En 1970, Perec conçoit le projet de relier cette élaboration d'un fantasme de jeunesse à d'autres souvenirs de son enfance. Il entame les travaux préparatoires – met par écrit quelques souvenirs, consulte des documents, revisite les lieux de son enfance – mais abandonne ce travail en cours de route pour ne le reprendre qu'en décembre 1973. Entre décembre 1973 et novembre 1974, il rédige la version définitive de *W ou le souvenir d'enfance*.[2]

Dans cette version, l'élaboration du fantasme de 1949 et les souvenirs d'enfance s'enchevêtrent. La fiction s'oriente dans la première partie vers une intrigue romanesque pour virer ensuite brusquement à l'évocation d'une société fondée sur l'idéal olympique ; le ton froid et scientifique est celui de l'essai socio-politique. Le récit autobiographique, qui comporte des souvenirs de l'enfance à Paris et dans le Vercors, s'arrête quand Perec a neuf ans. Il témoigne d'une longue réflexion sur le fonctionnement de la mémoire et sur ses rapports compliqués avec le réel vécu. Si le protagoniste d'*Un homme qui dort* qui refuse l'exercice de sa mémoire, est muni d'un appareil interprétatif particulièrement appauvri et si le protagoniste de *La Disparition*, Anton Voyl, souffre d'une amnésie torturante et culpabilisante, la mémoire fonctionne à plein dans l'autobiographie, mais essentiellement, semble-t-il, pour être confrontée à sa propre impuissance.

Dans bon nombre d'autobiographies, l'exercice de la mémoire prétend offrir une maîtrise rétroactive des expériences passées et produire par là continuité, unité et permanence.[3] Dans sa lettre à Nadeau, Perec invoque

1. 'Lettre à Nadeau', *Je suis né*, pp. 61, 62. La psychothérapie mentionnée est celle de 1949 avec Françoise Dolto. C'est une fugue que Perec a faite en 1947 et qu'il évoque dans *Les Lieux d'une fugue* qui l'aurait conduit à cette psychothérapie. A Venise, Perec avait assisté à un colloque sur le thème *Ecriture et mass media*, et écouté une conférence de J. Bloch-Michel sur la Résistance. Voir David Bellos, *op. cit.*, p. 392, et *Cahiers Georges Perec*, n° 2, *Textuel*, 1988, pp. 138, 139.

2. *W ou le souvenir d'enfance*, récit (Paris : Denoël,« Les Lettres nouvelles», 1975). La réédition chez Gallimard, «L'imaginaire», 1993, est identique à l'originale, mais la pagination de l'édition la plus récente, parue en 1997 dans la même collection, est différente. C'est à l'édition originale que je me réfère. Le titre est abrégé comme *Wse*. La pagination des citations est indiquée entre parenthèses dans le texte. Relevons l'indication générique 'récit', qui, indéterminée, est compatible avec un pacte autobiographique. Cf. Philippe Lejeune, *Le Pacte autobiographique*, p. 27.

3. Et ce ne sont pas toujours les autobiographes les plus traditionnels qui rêvent d'une telle unité. 'Je voudrais rassembler ma vie en un seul bloc solide que je pourrais toucher pour

comme modèles de sa vaste entreprise autobiographique *A la Recherche* de Proust et *La Règle du jeu* de Leiris.[4] Pourtant, Perec est beaucoup plus proche de Leiris que de Proust dont le projet totalisateur lui fait défaut. Perec ne se lasse pas de souligner que tout souvenir est nécessairement partiel, sélectif, et peu fiable. Beaucoup de choses dont nous croyons nous souvenir ont été soumises à un travail d'affabulation qui rend l'expérience originelle inaccessible ; certaines d'entre elles sont inventées au moment même où l'on croit s'en souvenir. D'autres choses dont nous aimerions nous souvenir se soustraient tout simplement à nos efforts de remémoration. Tout comme *Un homme qui dort* porte les traces du travail de Perec au Centre Saint-Antoine de recherches neurophysiologiques sur le sommeil, *W ou le souvenir d'enfance* paraît être le fruit d'une longue expérience des pièges du souvenir auxquels il a été confronté pendant ses psychanalyses successives.[5]

Il y a le fantasme développé sous forme de bande dessinée lors de la cure psychothérapeutique avec Françoise Dolto et remémoré proustiennement à Venise en 1967 : 'A treize ans, j'inventai, racontai et dessinai une histoire'. (*Wse*, p. 14) Le feuilleton *W*, écrit en 1969-1970, est une reconstitution textuelle de ce fantasme. *W ou le souvenir d'enfance* comporte aussi deux textes plus anciens, biographies de ses parents, que Perec fait remonter à 1959, mais qu'il avait rédigés probablement dès 1956-1957, lors d'une deuxième cure psychanalytique. Après avoir abandonné en 1970 le projet conçu en 1969, Perec revient en mai 1971 à la psychanalyse qu'il abandonne en

---

m'assurer contre la mort', écrit par exemple Leiris dans *L'Age d'homme* [1939] (Paris : Gallimard, Folio, 1979) p. 20. Et Nabokov parle dans *Speak, Memory* d'un 'certain intricate watermark whose unique design becomes visible when the lamp of art is made to shine through life's foolscap' (New York : Putnam Publishing Group, 1966) p. 25. Leiris et Nabokov figurent parmi les trente auteurs que Perec honore dans *La Vie mode d'emploi* par des renvois à leur œuvre. Dans un texte de novembre 1981, intitulé 'Quelques-unes des choses qu'il faudrait tout de même que je fasse avant de mourir', Perec énonce comme 36ᵉ projet 'Me saouler avec Malcolm Lowry' et s'arrête au 37ᵉ projet : 'Faire la connaissance de Vladimir Nabokov', 'choses', note-t-il, 'qu'il est désormais impossible d'envisager'. Nabokov est mort en 1977. Le nombre 37 correspond à la date de naissance de Perec, le sept mars 1936. Texte reproduit dans *Je suis né*, pp. 105-109.

4. 'Lettre à Nadeau', *Je suis né*, p. 57.

5. La psychanalyse vise, comme l'on sait, à abolir l'amnésie infantile et à rétablir l'intégrité psychique en colmatant des brèches dans la mémoire, en substituant des connaissances à une ignorance qui interdit à l'analysant de fonctionner de manière satisfaisante. A un certain degré, le souvenir y est associé à une réunification, une réintégration et une continuité et ainsi au concept traditionnel de l'anamnèse. Cependant, le chemin vers cette unité est semé d'obstacles ou, si l'on veut, d'éléments à déchiffrer – souvenirs affabulés, souvenirs-écran, souvenirs inventés.

1975 après l'achèvement de son livre.[6] Ces dates – 1949, 1959 (1956-1957), 1967, 1969-1975 – figurent dans la partie autobiographique de *W ou le souvenir d'enfance* comme des points de repère temporels importants balisant la genèse du texte. (*Wse*, ch. II, p. 14) Aussi paraît-il justifié de caractériser *W ou le souvenir d'enfance* comme un palimpseste de plusieurs analyses superposées.[7] C'est cette expérience de la psychanalyse que Perec partage avec Leiris et qui sous-tend ou renforce, chez l'un et chez l'autre, l'attention portée aux rêves, au fonctionnement de la mémoire et au travail sur la matérialité du langage.

Le lien entre autobiographie et psychanalyse se trouve souligné dès l'exergue qui consiste en une citation de quatre vers de l'autobiographie en vers de Raymond Queneau, *Chêne et chien*, rédigée également au cours d'une cure psychanalytique. Les deux premiers vers, 'Cette brume insensée où s'agitent des ombres, comment pourrais-je l'éclaircir ?', inaugurent la première partie de *W ou le souvenir d'enfance* ; les deux derniers, 'cette brume insensée où s'agitent des ombres – est-ce donc là mon avenir ?', précèdent la seconde partie.[8] Cependant, cette citation empruntée à un texte empreint d'ironie, indique d'emblée l'ambivalence des rapports de Perec avec la psychanalyse. Il ne s'intéresse que médiocrement au fonctionnement de son intériorité : il ne parle ni des problèmes psychiques qui l'ont amené à se soumettre à l'analyse, ni du parcours effectué. Il semble éprouver une

---

6. Se fondant sur l'étude des avant-textes, Philippe Lejeune a reconstruit la genèse de cette autobiographie, 'La genèse de *W ou le souvenir d'enfance*', *La Mémoire et l'oblique*, pp. 61-137.

7. Perec a fait une cure psychanalytique avec Michel de M'Uzan en 1956-1957, l'analyse des années soixante-dix avec Jean-Baptiste Lefèvre-Pontalis. Pour les détails, voir David Bellos, *op.cit.*, pp. 118-120, pp. 171-176, pp. 495, 496. Dans *Les Lieux d'une ruse* Perec évoque son analyse avec Pontalis. Claude Burgelin a élucidé le rôle que l'expérience de la psychanalyse joue dans l'œuvre de Perec, notamment dans *La Vie mode d'emploi*. Le premier objectif de Burgelin n'est pas de proposer une interprétation psychanalytique ou psychocritique de l'œuvre de Perec mais 'une lecture de celle-ci à partir des questions qu'elle pose à la psychanalyse et des parcours en écriture que la psychanalyse l'a sans doute amené à faire'. Burgelin s'appuie sur les textes écrits par Perec lui-même sur l'analyse (*Les Lieux d'une ruse* et les carnets de 1974-1975) et sur différents articles de J.-B. Pontalis. Voir à ce sujet plus en particulier le chapitre III, 'Les avatars du cas Perec', *Les Parties de dominos chez Monsieur Lefèvre*, pp. 95-128.

8. Raymond Queneau, *Chêne et chien*, sous-titré 'roman en vers' [1937] (réédité par Gallimard, «Poésie», 1969) p. 58. Ces vers ont été empruntés au pénultième poème (le 12ᵉ) de la première partie de *Chêne et Chien*, consacrée aux souvenirs d'enfance. Le *je* y constate la fin de son enfance, en 1916, soit au milieu de la Première Guerre mondiale. La seconde partie retrace la cure psychanalytique que Queneau suivit à partir de 1933, la troisième partie semble célébrer une libération.

certaine rancune à l'égard des psychanalystes qui lui ont fait ressasser, retravailler ses souvenirs jusqu'à leur faire perdre toute fraîcheur, toute charge émotive. Il rejette le cadre freudien comme un carcan qui, au lieu de faire disparaître une amnésie infantile, semble avoir contribué au durcissement de celle-ci :

> J'aurai beau [...] chercher dans mes phrases, pour évidemment les trouver aussitôt, les résonances mignonnes de l'Œdipe ou de la castration, je ne retrouverai jamais, dans mon ressassement même, que l'ultime reflet d'une parole absente à l'écriture, le scandale de leur silence et de mon silence...'. (*Wse*, p. 58)

Si Perec s'acharne, néanmoins, à faire se lever les brumes de l'oubli, un oubli imposé pendant l'enfance, 'c'est', écrit-il dans un très beau paragraphe à la fin du chapitre VIII de *W ou le souvenir d'enfance*,

> parce que nous avons vécu ensemble, parce que j'ai été un parmi eux, ombre au milieu de leurs ombres, corps près de leur corps ; j'écris parce qu'ils ont laissé en moi leur marque indélébile et que la trace en est l'écriture : leur souvenir est mort à l'écriture ; l'écriture est le souvenir de leur mort et l'affirmation de ma vie. (*Wse*, p. 59)

C'est un passage qui ne révèle pas seulement l'intention commémorative de cette autobiographie, mais qui fournit encore l'interprétation de la dédicace : 'Pour E(ux)', et qui permet de voir que Perec a fait sienne la devise de Kafka : 'Dans le combat entre toi et le monde, seconde le monde'.

La mémoire, chez Perec, a un tout autre statut que chez Proust. Proust insiste sur la force affective de la mémoire involontaire en l'opposant à la mémoire froide de l'intelligence, le souvenir reste hanté par le désir d'éternité. Retrouver le passé ne veut pas simplement dire le re-présenter, mais s'y replonger physiquement en jouissant des accords entre des sensations dont les unes se rapportent au présent et les autres au passé. Le mécanisme associatif est de nature sensorielle et affective, le cadre dans lequel le souvenir est examiné, est celui de l'art. Bien que la mémoire involontaire se détache sur un fond marqué par ces expériences de la mort que sont la perte de soi, la perte du temps des premières émotions fortes, et la perte du monde familier d'une chambre, il aboutit à une résurrection du temps perdu par l'écriture, à un triomphe sur le temps par l'effort créateur.

Perec sait, par contre, qu'il écrit à partir d'une rupture irréparable : 'ce qui fut, ce qui s'arrêta, ce qui fut clôturé'. (*Wse*, p. 22) Pour lui, le temps de l'enfance est un pur néant dans lequel flottent comme des îlots quelques souvenirs isolés. Il prend comme point de départ de son autobiographie, d'une part, son fantasme d'enfance, d'autre part, l'inscription matérielle du passé dans quelques objets significatifs, dans de maigres détails entièrement dépersonnalisés. Et bien qu'il s'efforce obstinément de pratiquer sur ces souvenirs quelque chose d'équivalent à cette respiration artificielle au moyen de laquelle on essaye de ranimer les noyés, il n'arrive que rarement à ressusciter le passé. Le temps est et reste introuvable : 'Je sais que ce que je dis est blanc, est neutre, est signe une fois pour toutes d'un anéantissement une fois pour toutes'. (*Wse*, p. 59)[9] De plus, alors que chez Proust la mémoire involontaire est souvent l'expérience d'une résurrection du passé pendant l'endormissement ou le réveil, Perec a soigneusement banni de son récit autobiographique toute allusion au sommeil ; il ne parle qu'une seule fois des rêves de son protagoniste fictif, Winckler. (*Wse*, p. 9) A ses propres rêves, ce tremplin par excellence de la mémoire, il a réservé *La Boutique obscure*, sans pour autant se servir de ce tremplin.[10] Juxtaposées dans *Un homme qui dort* au sein d'un seul ouvrage, les évocations des activités mentales de l'état de veille et de celui du sommeil sont, par la suite, tenues strictement séparées et réparties sur deux ouvrages, *La Boutique obscure* et *W ou le souvenir d'enfance*, conçus en même temps mais publiés successive-

9. Jean-Baptiste Pontalis, dans *Amour des commencements* (Paris : Gallimard, 1986, p. 166), évoque Perec sous un nom d'emprunt et met en relation le vide existentiel et la mémoire de l'intelligence hypertrophiée. Pontalis : 'En fait sa mémoire était immense, prête à accueillir – non : à enregistrer – toutes sortes d'informations : des numéros de téléphone, le nom d'un second rôle dans un film de série B [...]. Une inépuisable banque de données en désordre, un ordinateur facétieux sans mode d'emploi, un Pécuchet privé de son Bouvard, telle était la mémoire de Pierre. Parfois pourtant elle se fixait et c'est alors qu'elle s'égarait. Elle allait visiter, explorer des lieux, obstinée à les capter, à les saisir comme un photographe à l'affût ou comme un huissier de justice. [...] Les chambres de Pierre : plus je les voyais se remplir d'objets, plus elles me paraissaient vides ; plus la topographie se faisait précise, plus s'étendait le désert ; plus la carte se peuplait de noms, plus elle était muette. Il n'y avait là que des reliques, il n'y avait là personne. Et bizarrement c'est en moi que le trou se creusait. Jamais je ne m'étais senti si affreusement abandonné. Délaissé, éjecté dans un espace qui eût été à la fois de désolation et inflexiblement quadrillé'.

10. Si les rêves semblent avoir été écrits 'sans travail', retranscrits directement au réveil, et sont présentés dans l'ordre chronologique, la Table des Matières de *La Boutique obscure* offre pourtant les signes d'une élaboration. Voir Wilfrid Mazzoratto, 'Peut-on entrer dans la Boutique obscure sans se heurter à la table', *Le Cabinet d'amateur*, n° 2, automne 1993, pp. 31-36. Burgelin interprète la décision de Perec de publier ce recueil de rêves alors qu'il était en psychanalyse, comme une affirmation de l'autonomie de l'écrivain face à l'analyste. Claude Burgelin, *Les Parties de dominos chez Monsieur Lefèvre*, pp. 69-71.

ment. Notons cependant que le premier rêve de *La Boutique obscure*, daté de mai 1968, a pour cadre un camp de concentration.

Motivations et objectifs

Si j'ai choisi d'analyser *W ou le souvenir d'enfance*, c'est pour trois raisons. En premier lieu, ce récit absorbe l'essentiel des projets autobiographiques entrepris entre 1967 et 1975, et peut par là être jugé représentatif de la deuxième période de l'approche perecquienne du réel, centrée sur les rapports entre mémoire et réalité.[11] Une lecture attentive de *W ou le souvenir d'enfance* permet de remonter à la source existentielle du vide, du manque, qui est à la base des rapports de Perec avec le réel et qui motive les particularités de son projet réaliste ainsi que son recours aux contraintes formelles. L'approche du réel se veut neutre et distanciée[12], elle réunit exigence, méthode et minutie.

En second lieu, *W ou le souvenir d'enfance* ne permet pas seulement de comprendre ce qui sous-tend le projet réaliste de Perec, mais est également, de par sa rupture avec les règles du genre de l'autobiographie, illustratif au plus haut point de ce projet qui repose sur la confiance faite au langage pour dire et penser un réel que l'on a l'habitude de caractériser comme 'indicible'. Objectif qui n'est réalisé qu'au prix de détours multiples. *W ou le souvenir d'enfance* va à l'encontre de l'anamnèse, de l'évocation volontaire du passé de l'autobiographie traditionnelle, basée sur la croyance en la permanence d'un moi individuel, dont l'intériorité est antériorité. Dans l'autobiographie traditionnelle, le narrateur adulte est identifié avec l'auteur

---

11. Outre les études et articles mentionnés dans l'introduction de ce travail, citons ici encore l'étude de Lejeune du travail d'affabulation autour de certains souvenirs, *La Mémoire et l'oblique*, pp. 210-231. Plus récente est la thèse d'Anita Miller, *Georges Perec. Zwischen Anamnesis und Struktur* (Bonn : Romanistischer Verlag, Abhandlungen zur Sprache und Literatur, 1996) qui considère l'œuvre entière de Perec comme une véritable écriture de l'anamnèse, dans le sens psychanalytique du terme. Bellos, enfin, a relevé certains écarts de l'autobiographie par rapport aux faits vérifiables ou retraçables de la vie de Perec. David Bellos, *op. cit.*, pp. 563-574.

12. Approche souhaitée mais impossible qui est formulée et représentée avec de légères variations d'un texte à l'autre. Dans *La Vie mode d'emploi*, Bartlebooth se demande comment un poseur de puzzles peut mener à bien sa tâche : 'Le problème principal était de rester neutre, objectif et surtout disponible c'est-à-dire sans préjugés'. Cependant 'au fur et à mesure que Bartlebooth se familiarisait avec les petits morceaux de bois, il se mettait à les percevoir selon un axe privilégié comme si ces pièces [...] se figeaient dans un mode de perception qui les assimilait, avec une irrésistible séduction, à des images, des formes, des silhouettes familières...' (*VME*, ch. LXX, p. 414).

qui domine et organise le texte. Le récit s'y constitue selon un fil événementiel, repose sur une chronologie extratextuelle, et raconte des contenus de mémoire qui se rattachent à des événements vérifiables. Ces soubassements concrets permettent au récit autobiographique traditionnel de dissimuler la distinction entre ses composantes vérifiables et inventées.

Perec, par contre, met en relief cette distinction, tout comme il maintient dans *Un homme qui dort* une stricte distinction entre les scènes de la somnolence et celles de l'état de veille. Il juxtapose à son récit d'enfance un récit fictionnel et à son narrateur autobiographique un second narrateur fictif ; il met en scène non pas des contenus de mémoire mais le procès de leur invention ou de leur remémoration. Par ces caractéristiques, *W ou le souvenir d'enfance*, seul récit perecquien à relever stricto sensu du genre de l'autobiographie, ne satisfait que partiellement aux critères tels qu'ils ont été définis par Philippe Lejeune en 1975.[13] La mémoire ne fonctionne qu'à grand renfort de supports matériels – documents administratifs, images photographiques et témoignages oraux ou écrits de tiers. Ces documents et témoignages interviennent comme substitut au souvenir absent, leur commentaire se substitue à l'écriture du moi. Dans un entretien avec Frank Venaille (1979), Perec dit comment il a procédé :

> Cette autobiographie de l'enfance s'est faite à partir de descriptions de photos, de photographies qui servaient de relais, de moyens d'approche d'une réalité dont j'affirmais que je n'avais pas le souvenir. En fait elle s'est faite à travers une exploration minutieuse, presque obsédante à force de précisions, de détails. A travers cette minutie dans la décomposition, quelque chose se révèle.[14]

Si parfois la mémoire prend son élan à partir de souvenirs immatériels, ces souvenirs sont presque toujours démasqués comme le résultat d'un travail

---

13. Selon la définition bien connue de Lejeune, l'autobiographie est 'un récit rétrospectif en prose qu'une personne réelle fait de sa propre existence lorsqu'elle met l'accent sur sa vie individuelle, en particulier sur l'histoire de sa personnalité'. Et, 'pour qu'il y ait autobiographie, il faut qu'il y ait identité de l'auteur, du narrateur et du personnage dans le texte'. Philippe Lejeune, *Le Pacte autobiographique* (Seuil, «Points» [1975] 1996) pp. 14, 15. Chez Perec, c'est seulement dans la partie 'souvenirs d'enfance' que l'auteur, le narrateur et le protagoniste sont identiques. Et on se demande si on peut qualifier ce collage hétéroclite de souvenirs qui ne concernent qu'une période brève de la vie de l'auteur, de 'récit de vie'.

14. Entretien avec Frank Venaille, publié sous le titre 'Perec le contraire de l'oubli', *Mr Bloom*, mars 1979, n° 3, pp. 72-75. Repris sous le titre 'Le travail de la mémoire', dans *Je suis né*, pp. 81-93.

d'affabulation et mis en question par un commentaire impitoyable. La multiplication des instances énonciatives exprime les difficultés du *je*, 'témoin et non pas héros de son histoire', à atteindre le passé, au-delà des variations ouvertement imaginatives d'une part, des documents officiels ou des témoignages de tiers d'autre part.

Le *je*, déjà annoncé par l'ambiguïté de l'appareil énonciatif d'*Un homme qui dort*, finit donc par émerger, mais les préoccupations du je-narrateur autobiographique se réduisent apparemment à un travail de dissection sur une mémoire récalcitrante. Le présent est quasi-absent, la psychologie mise de côté, l'interprétation freudienne seulement mentionnée pour être écartée. Dans l'œuvre perecquienne la psychanalyse ne fonctionne pas comme système explicatif. Ce n'est pas un enfermement familial traumatisant, mais, au contraire, l'absence des parents qui a mené Perec à l'analyse, absence à laquelle celle-ci ne saurait remédier et dont elle ne peut tenter que de pallier les conséquences.

En troisième lieu, si récit fictionnel et récit autobiographique peuvent être lus indépendamment, une lecture plus attentive montre que le rapport qui les lie va au-delà de la simple juxtaposition.[15] Perec a inventé l'histoire de *W* vers 1949 et il s'en est souvenu en 1967 lors du séjour à Venise. On pourrait donc dire que *W* n'est qu'un de ses souvenirs d'enfance et, qu'en tant que tel, il n'est qu'un élément du récit autobiographique. Cependant, comme l'a souligné Mireille Ribière[16], l'élaboration de ce fantasme dans le feuilleton est antérieure au récit autobiographique et se trouve, sur le plan de l'écriture, en position dominante par rapport à tous les autres souvenirs. Le récit fictionnel (l'élaboration du fantasme *W*) est donc non seulement antérieur au récit autobiographique, mais c'est lui qui l'a programmé. D'emblée, l'évocation d'un réel vécu ou remémoré est donc soumise à la fiction, qui à son tour a été conçue pour exprimer ce qui ne pouvait pas être dit sans détours. C'est la fiction qui a influencé le choix des faits à retenir,

15. Reconstruisant à base de documents la vie d'une jeune Parisienne juive disparue en 1943 à Auschwitz, Patrick Modiano se sert dans son ouvrage mi-documentaire, mi-autobiographique *Dora Bruder* (Gallimard, 1997) d'une formule comparable à celle utilisée par Perec dans *W ou le souvenir d'enfance*, à savoir l'enchevêtrement de deux histoires, dont l'une, celle de Dora Bruder, s'appuie sur des documents officiels, et l'autre sur les souvenirs de sa propre jeunesse. Modiano a souligné à plusieurs reprises ses affinités avec Perec. Voir par exemple l'entretien avec Patrice Delbourg, 'Modiano Cantabile' dans *L'Evénement du jeudi*, 4-10 janvier, 1996, p. 72.

16. Mireille Ribière, 'L'autobiographie comme fiction', *Cahiers Georges Perec*, n° 2, pp. 25-34.

004

des détails à relever ou à écarter dans le récit d'enfance. Ce sont les déterminations textuelles qui l'ont emporté le plus souvent sur les déterminations extratextuelles d'ordre biographique. Or, ce renversement des rapports de force entre fiction et autobiographie constitue l'une des particularités les plus surprenantes de cette autobiographie déjà peu conventionnelle.

Cependant, quand on analyse les points précis sur lesquels les deux textes s'entrecroisent, on verra que c'est précisément à ces endroits-là que s'opère, indirectement, une référence à un réel beaucoup plus vaste, que le récit s'ancre dans le référent historique, que l'histoire individuelle s'inscrit dans l'histoire collective. Le problème interprétatif que posait l'alternance des scènes de la somnolence et de l'état de veille dans *Un homme qui dort* ne se laissait résoudre que par le recours à d'autres textes, aux *Choses* et à *W ou le souvenir d'enfance*. Le problème de l'articulation de la fiction et des souvenirs dans *W ou le souvenir d'enfance* demande, pour être résolu, un recours plus important à des connaissances extra-textuelles.

Trois aspects retiendront mon attention. Je commencerai par évoquer brièvement les principales caractéristiques thématiques et narratives de *W ou le souvenir d'enfance* – la trame de l'intrigue et la situation énonciative dans le récit fictionnel, le contenu et l'énonciation des souvenirs dans le récit autobiographique et la forme que revêt l'alternance des deux récits. Ensuite, j'aborderai le problème de l'articulation de la fiction et du récit autobiographique ; le décryptage de ces rapports passera en un premier temps par une analyse des noms propres et du travail de la lettre. En troisième lieu, je me propose d'examiner de plus près le rôle joué dans la deuxième partie du récit fictionnel et dans l'entrecroisement des deux récits par une intertextualité centrée sur les thèmes de la colonie utopique et de l'univers concentrationnaire.

Une double désertion

Dans la présentation du projet de *W* à Nadeau en 1969, *W* paraît se situer aux antipodes d'*Un homme qui dort*, ouvrage qui, comme nous l'avons vu, parodie le roman d'apprentissage et raconte la quête d'un renoncement, d'un apprendre à vouloir-ne-pas-faire. En inscrivant son roman à venir dans la tradition des romans d'aventures et de voyages verniens, Perec promet une histoire plus positive, pleine d'action et de suspense. Cependant, si la version finale de 1975 raconte bien l'histoire d'une double mission, elle évoque également une double désertion. Le je-narrateur fictionnel abandonne son récit à mi-chemin et confie sa tâche de témoignage à un autre narrateur, anonyme, insituable et omniscient. Quant au je-narrateur autobiographique, il se voit confronté à une mémoire défaillante qui risque de faire avorter une enquête déjà conduite à contre-cœur.

Le récit fictionnel : les mémoires d'un déserteur

La partie fictionnelle de *W ou le souvenir d'enfance* a, comme nous l'avons vu, paru sous forme de feuilleton en dix-neuf épisodes dans *La Quinzaine littéraire* entre septembre 1969 et août 1970.[17] Dans cette version, intitulée tout simplement *W*, le récit se présente comme un roman d'aventures dont le je-narrateur/protagoniste (narrateur homodiégétique), un certain Gaspard Winckler, est un déserteur français vivant en Allemagne avec un passeport qui lui a été fourni par une organisation internationale. Le propriétaire originel de ce passeport, un enfant sourd-muet, a disparu lors d'un voyage en bateau autour du monde, voyage destiné à le guérir de son affection qui semble être d'ordre psychosomatique.[18] A bord du yacht échoué sur la côte d'une île de la Terre de Feu, on n'a retrouvé que les corps de la mère de l'enfant, Caecilia Winckler, et des quatre membres de l'équipage – le commandant Hugh Barton, les deux matelots maltais Felipe et Zeppo, et l'instituteur de l'enfant, Angus Pilgrim.[19] Gaspard Winckler est chargé par un certain Otto Apfelstahl, représentant d'une société de secours aux naufragés, le Bureau Véritas[20], de retrouver l'enfant disparu que l'on croit

17. Dans les numéros 81 à 94, du 16 octobre 1969 au 1er mai 1970, et les numéros 96 à 100, du premier juin 1970 au 16 août 1970.

18. Cette surdi-mutité, fait écho, si l'on peut dire, à celle de Kaspar Hauser, modèle du jeune Winckler de Perec, et à celle des novices de l'univers *W* qui, pendant une période de quarantaine, sont ligotés et bâillonnés. (*Wse*, p. 187) Dans le Vercors, la grand-mère de Perec qui ne parlait que le yiddish, feint d'être muette pour dissimuler ses origines juives. (*Wse*, p. 172)

19. Personnages qui renvoient tous, par leur nom, à l'univers romanesque de Jules Verne.

20. Le bureau Véritas qui est mentionné au début de *L'Ile mystérieuse* et également au premier chapitre de *Vingt mille lieues sous les mers* de Jules Verne, existe encore. Il a pour objectif la sauvegarde des personnes et des biens. Fondée en 1828 par trois commerçants et assureurs maritimes du port d'Anvers, comme 'Bureau de renseignements pour les assurances maritimes', cette organisation se proposait de tenir les assureurs au courant des primes en usage sur les différentes places commerciales et en même temps de fournir 'une description

encore en vie. L'histoire de la vie de Winckler et de la mission qui lui est confiée est racontée en six épisodes. Après s'être décidé à partir pour la Terre de Feu, Gaspard Winckler disparaît de la scène et fait place à un narrateur anonyme qui poursuit le récit à la troisième personne par la description d'une île, W, où vit une société totalitaire fondée sur l'idéal olympique.

Se confondant entièrement avec le Sport, la vie à W est fortement hiérarchisée et ne vise qu'à la sélection des forts et à l'élimination des faibles. Les athlètes, qui vivent isolés dans quatre villages, s'entraînent continuellement en vue des manifestations sportives, car, si la victoire est parfois récompensée, la défaite peut être mortelle. Les autorités siègent, implacables et anonymes, dans une grande tour, et ont érigé l'arbitraire en principe sous le couvert d'une réglementation extrêmement stricte. Les femmes n'ont d'autre fonction que la procréation et sont logées à part, ensemble avec les vieillards et les enfants. Treize épisodes sont consacrés à l'évocation de l'île de W et de ses quatre villages, à l'organisation des jeux entre les athlètes, à leur système d'alimentation, à l'onomastique particulière adoptée dans l'île. Le récit W n'est rien d'autre que le compte rendu circonstancié de ces règlements ; aucune intrigue ne vient s'articuler sur les descriptions du système des lois régissant la vie dans l'île.

Les avant-textes du feuilleton font preuve des tentatives de Perec pour intégrer l'histoire de l'enfant sourd-muet et naufragé à la description du fonctionnement de la société W, et racontent aussi l'arrivée de l'explorateur Gaspard Winckler dans l'île où il se met à la recherche de l'enfant.[21] Dans la version publiée du feuilleton, cependant, l'enfant Gaspard Winckler et son homonyme adulte dont on ne connaîtra jamais le vrai nom, disparaissent. Après le chapitre XI, il ne sera plus jamais fait allusion à la mission confiée à Gaspard Winckler – retrouver l'enfant dont il porte le nom – ni aux personnages qui y sont liés. Quand le lecteur, étonné de cette incohérence narrative, relit le chapitre d'ouverture du récit fictionnel, il constate que la disparition de Winckler, en tant que narrateur et en tant que personnage, y est annoncée dès le premier paragraphe. Winckler présente l'histoire de son voyage à W comme un témoignage qu'il a longtemps hésité à faire, parce que peut-être, dit-il, sa mission n'a pas été accomplie et que son

---

détaillée des bonnes et mauvaises qualités des navires qui fréquentent les ports principaux des Pays-Bas'.

21. Voir Philippe Lejeune, *La Mémoire et l'oblique*, pp. 98-109.

commanditaire a, lui aussi, disparu.²² Ainsi, il annonce en une seule et même subordonnée sa propre disparition et constate celle de son commanditaire.

Comme l'a relevé Geneviève Mouillaud-Fraisse²³, cet exposé de la situation narrative rend les rapports entre le narrateur et son récit difficiles à définir. S'il s'agit d'un récit de survivant concernant des événements – une catastrophe, un naufrage, un massacre – qui précèdent le récit, le lecteur ne saura pas comment Winckler a survécu à ses aventures, ni en quoi celles-ci ont consisté, ni combien de temps s'est écoulé depuis. Winckler a-t-il été témoin de la vie dans l'île olympique ou bien a-t-il assisté à la disparition de l'univers *W*, qu'il décrit comme envahi par les lianes, englouti dans un passé lointain ? Winckler doit pourtant être revenu de son voyage puisqu'il s'en souvient : 'Ce que mes yeux avaient vu était réellement arrivé, [...] j'étais le seul dépositaire, la seule mémoire vivante, le seul vestige de ce monde'. (*Wse*, p. 10) Deux impératifs, l'un d'ordre psychologique, l'autre d'ordre moral, l'ont décidé à raconter son histoire, en dépit de ses scrupules. Les souvenirs refoulés – 'lentement j'oubliai' – hantent ses rêves ; une rencontre récente l'a convaincu qu' 'il ne pouvait y avoir de survivants'. Winckler veut-il dire par là qu'il n'y a pas d'*autres* survivants et qu'il est, par conséquent, le seul survivant d'un monde disparu et qu'il a donc le devoir de témoigner ? Ou bien donne-t-il à entendre que l'univers *W* a disparu avec tous ses habitants et que lui-même en a vu seulement les ruines ?²⁴ Si Winckler revendique sa position de narrateur-témoin, il prend tout de suite et prudemment ses distances :

> Je ne suis pas le héros de mon histoire. Je n'en suis pas non plus exactement le chantre. Même si les événements que j'ai vus ont bouleversé le cours, jusqu'alors insignifiant, de mon existence, même s'ils pèsent encore de tout leur poids sur mon comportement, sur ma manière de voir, je voudrais, pour les relater, adopter le ton froid et serein de l'ethnologue : j'ai visité ce monde englouti et voici ce que j'y ai vu. Ce n'est pas la fureur bouillante

---

22. Si Perec dans *Wse* fait ainsi disparaître mandateur et mandataire, Apfelstahl et Winckler, il les ressuscite dans *La Vie mode d'emploi* dans les protagonistes Bartlebooth et Winckler, également liés par un contrat énigmatique que l'on pourrait interpréter, avec Burgelin, comme une transposition de celui entre le psychanalyste et son analysant.

23. Geneviève Mouillaud-Fraisse, 'Le récit du survivant et ses paradoxes dans *W ou le souvenir d'enfance*', *Temps et récit romanesque, cahiers de Narratologie*, n° 3, Presses universitaires de Nice, 1988.

24. Dans *L'Île mystérieuse* de Jules Verne, l'un des textes-sources de l'utopie olympique, l'île Lincoln est engloutie après une éruption volcanique.

d'Achab qui m'habite, mais la blanche rêverie d'Ishmaël, la patience de
Bartleby. C'est à eux, encore une fois, après tant d'autres, que je demande
d'être mes ombres tutélaires. (*Wse*, pp. 10, 11)

Cette invocation rappelle les modèles d'*Un homme qui dort* et de *La Disparition* contenant en e-lipogramme l'histoire de *Moby Dick*. Le je-narrateur
autobiographique de *W ou le souvenir d'enfance* s'exprime dans des termes
comparables lorsqu'il croit se souvenir avoir été renversé par une luge et
s'être cassé l'omoplate : 'l'événement eut lieu, un peu plus tard ou un peu
plus tôt, et je n'en fus pas la victime *héroïque* mais un simple *témoin*'. (*Wse*,
ch. XV, p. 109) Winckler et le je-narrateur autobiographique ont donc tous
deux soin d'occuper une position d'énonciation qui affiche leur humilité.
Ils se présentent comme simples témoins, comme médiateurs d'une vérité
qui les dépasse. Il s'agit de raconter les faits, et rien que les faits. La fonction
de leur témoignage n'est pas de conduire à un jugement de valeur, mais à
un jugement de vérité, de conduire à une connaissance scientifique. Ce pari
d'objectivité, de neutralité narrative semble, cependant, difficile à tenir pour
Winckler dont l'anxiété empreint les six premiers épisodes du récit, et qui
finit par confier l'évocation de la société olympique à un narrateur plus
impassible.

Cette évocation, dans la deuxième partie du récit fictionnel, tourne vite
au cauchemar, mais elle ne révélera pleinement sa nature allégorique que
dans la version qui paraîtra en volume chez Denoël en 1975 sous le titre *W
ou le souvenir d'enfance*. Dans cette version, l'histoire de Gaspard Winckler
s'insère dans le récit autobiographique d'une enfance sous l'Occupation,
raconté par un je-narrateur identifié à l'auteur lui-même et se terminant sur
la description d'un camp nazi, empruntée à *L'Univers concentrationnaire* de
David Rousset.[25] Double de Winckler, ce je-narrateur se révèle être comme
lui, et comme ses ombres tutélaires, Bartleby et Ishmaël, 'seul survivant
d'un désastre qu'il n'a pas vu', qu'il ne connaît que par ouï-dire, mais qui
a 'bouleversé le cours de son existence, et pèse de tout son poids sur son
comportement'. Destin qui explique l'étrange posture d'énonciation adoptée par ce je-narrateur autobiographique, apparemment neutre et distancié.

25. Arrêté le 12 octobre 1943 par la Gestapo en tant que résistant, David Rousset revient
de Buchenwald au printemps de 1945. Six mois plus tard, il publie, à la demande de Maurice
Nadeau, *L'Univers concentrationnaire* (Paris Ed. du Pavois, 1946, rééditions, Minuit, 1965,
1993), compte rendu sobre de ses expériences qu'il transpose en 1947, dans un roman de près
de 800 pages, *Les Jours de notre mort* (Nouvelle édition, Paris : Ramsay, 1988).

Le récit d'enfance : la désertion de la mémoire

Dans la partie autobiographique de *W ou le souvenir d'enfance*, écrite donc après le feuilleton, Perec raconte les rares souvenirs qui lui restent de ses parents, de Paris au début de la guerre, et de son séjour à Villard-de-Lans en zone libre où il avait été envoyé par sa mère, probablement à l'automne de 1941 avec un convoi de la Croix-Rouge.[26] Sa mère sera prise dans une rafle et, après une période de détention à Drancy, déportée vers Auschwitz le 11 février 1943. Arrivé dans le Vercors, le jeune Perec est mis pendant quelques mois en pension. Ensuite, il est placé dans un internat catholique près de Villard, séparé pour des raisons de sécurité des autres membres de sa famille répartis sur les différents villages du plateau. Le sort de sa mère est un sujet tabou pour l'enfant Perec au Vercors ; on ne lui en parlait pas parce qu'on ne savait pas ce qu'elle était devenue, pour ménager l'enfant, mais aussi pour éviter de ranimer des souvenirs qui pouvaient trahir son identité juive. La seule issue de cette amnésie imposée est le fantasme et plus tard la fiction. Après la guerre, l'éducation de Perec sera prise en charge par Esther et David Bienenfeld, la sœur de son père et le mari de celle-ci.

Ces souvenirs d'enfance sont racontés en dix-huit chapitres, dont cinq, liés à Paris, figurent dans la première partie du livre et treize, consacrés au séjour dans le Vercors, dans la deuxième partie. Imprimés en caractères romains, ils alternent avec les chapitres de *W*, imprimés en italiques dont six figurent dans la première partie et treize dans la deuxième partie (6/5, 13/13). La numérotation des chapitres est en chiffres romains. L'alternance systématique des deux récits n'est interrompue qu'une seule fois.[27] Séparés par une page blanche où figurent trois points de suspension, les chapitres XI et XII sont consacrés tous deux au récit fictionnel. Relevant de l'autobiographie, la page blanche renvoie à un changement de lieu qui n'est pas raconté : le voyage de l'enfant de Paris à Villard-de-Lans. Par ailleurs,

26. Cette date est l'un des points sur lesquels Perec s'écarte – consciemment ou non – des faits : il écrit avoir été envoyé en zone libre au printemps de 1942. Bellos montre l'improbabilité de cette affirmation : les transports inter-zones de la Croix Rouge ont été soumis au contrôle des Allemands à partir d'octobre 1941. C'est probablement avant cette date, à l'automne de 1941, que Perec a été envoyé à Grenoble. Voir David Bellos, *Georges Perec. Une vie dans les mots*, p. 77.

27. *Récits d'Ellis Island* est comme *W ou le souvenir d'enfance* construit sur une double structure, d'un côté le récit des interviewés, de l'autre un long poème de Perec, expliquant ce qu'est Ellis Island, et ce que lui et Robert Bober étaient venus chercher là.

c'est aussi à cet endroit du texte que Gaspard Winckler disparaît et qu'il cède le pas au narrateur hétérodiégétique qui entame la description de l'île W. L'action se déplace sans transition d'Allemagne en Terre de Feu et de Paris au Vercors. Alors que dans *Les Choses* et *Un homme qui dort*, la césure se trouve marquée par un voyage réel ou rêvé s'effectuant pendant le sommeil des personnages, *W ou le souvenir d'enfance*, conçu pourtant initialement comme un 'roman de voyages', passe tout simplement sous silence le déplacement des personnages-narrateurs.

W ou le souvenir d'enfance fait apparaître dans la répartition de ses chapitres – trente-sept au total avec une césure entre le XIe et le XIIe chapitre – trois des nombres remarquables de la biographie, le onze, le douze, et le trente-sept[28] et obéit au réglage numérique relevé ci-dessus dans les romans antérieurs, *Les Choses* et *Un homme qui dort*. La mise en relief du *onze* se renforce encore par les renvois intertextuels : le naufrage du yacht appelé le *Sylvandre* raconté au chapitre XI renvoie à celui du bateau homonyme dans le chapitre XI d'*Impressions d'Afrique* de Raymond Roussel. La description de l'île au chapitre XII a été empruntée presque littéralement au chapitre XI de *L'Île mystérieuse*, baptisée l'île Lincoln, de Jules Verne.[29] La division en trente-sept chapitres et l'alternance de la fiction et de l'autobiographie confèrent un caractère extrêmement morcelé à *W ou le souvenir d'enfance*. Les chapitres de fiction sont tous d'une longueur plus ou moins comparable, mais ceux du récit autobiographique varient de manière considérable et sont beaucoup moins équilibrés. Ainsi, le chapitre VIII comporte dix-neuf pages, les chapitres X et XV en comportent respectivement douze et huit, mais les chapitres II et XVII n'en comportent chacun que deux, soulignant l'absence ou la rareté des souvenirs.

---

28. Nous connaissons la valeur commémorative du *onze* et du *douze*. Le *trente-sept* renvoie palindromiquement à la date de naissance de Perec, le 7/3/1936, et à l'année 1973 dans laquelle, à l'âge de trente-sept ans, il commence à rédiger la version définitive de son autobiographie. On retrouve ce nombre trente-sept dans *Les Enfants du capitaine Grant*, un autre texte-source vernien de *W ou le souvenir d'enfance*, qui raconte la quête d'un père, le capitaine Grant. Ses enfants le savent encore en vie mais connaissent seulement la latitude du lieu où il se trouve – 37°.11' australe – ils suivent le trente-septième parallèle à travers les continents et les mers dans l'espoir de le retrouver. Dans *Wse* (p. 65), l'épave du Sylvandre est retrouvée par 54°.35' de latitude sud et 73°.14' de longitude ouest. La veille du naufrage, un appel de détresse avait été capté par un radio-amateur de l'île Tristan da Cunha, située à 37°.05' de latitude sud. (*Wse*, p. 80).

29. Raymond Roussel, *Impressions d'Afrique* [1910] (Paris : Pauvert, 1963). Jules Verne, *L'Île mystérieuse I* [1873] (Gallimard, «Le Livre de poche», 1991) pp. 135-137. Voir sur ces emprunts à Verne, *infra*, p. 213).

Le récit autobiographique de Perec s'ouvre sur le mode négatif : 'Je n'ai pas de souvenirs d'enfance'. (*Wse*, p. 13) Constat qui rappelle le refus de la mémoire dans *Un homme qui dort*, 'tu n'as pas envie de te souvenir', le 'je préférerais ne pas' de Bartleby. Cette amnésie fonctionne comme protection : 'cette absence d'histoire m'a longtemps rassuré' (*Wse*, p. 13). Elle tient également d'un défi, lancé à ceux qui croient que les expériences et les souvenirs d'enfance sont d'une importance primordiale. Dès l'incipit du récit autobiographique, le travail de la remémoration est menacé par le vide, l'absence, le désintérêt. Un second début (ch. IV, p. 21), introduisant les deux souvenirs les plus anciens, se fait sur le mode de l'exemplarité : 'Comme tout le monde j'ai eu [...]'. Ce n'est, cependant, qu'à la troisième tentative (ch. VI, p. 31) que le discours devient possible, par le recours aux documents.

Perec mentionne dans les chapitres VI et VIII quatre documents officiels. Le premier document est l'acte de naissance doublé d'une déclaration répondant aux dispositions de l'article 3 de la loi du 10 août 1927, que l'enfant Georges Perec, fils d'étrangers, est de nationalité française. De cette déclaration souscrite par son père le 17 août 1936, il dit posséder une copie certifiée conforme, dactylographiée sur une carte de correspondance datée du 23 septembre 1942 et expédiée par sa mère à Esther Bienenfeld dans le Vercors. 'C'est, écrit-il, l'ultime témoignage que j'aie de l'existence de ma mère' (*Wse*, p. 32).[30] Le deuxième document est l'acte de décès de son père dressé à Nogent-sur-Seine le 16 juin 1940 et portant la mention, 'mort pour la France'. (*Wse*, p. 53) Le troisième document concerne la mort de la mère,

---

30. C'est en 1927 que sous la pression de la nécessité démographique (l'immigration des années vingt) on a élaboré un nouveau Code de la nationalité française, se composant de quinze articles, qui élargissait l'accès à cette nationalité. Sous l'empire de la loi de 1927 l'étranger né et domicilié en France – et qui avait vocation à devenir français à sa majorité – pouvait, par le biais de son représentant légal ou par demande volontaire, pendant sa minorité opter pour la nationalité française. Ainsi, Perec est enregistré cinq mois après sa naissance à l'état civil comme 'Français par déclaration, fils d'étrangers'. La loi de 1927 faisait, cependant, aussi preuve d'une tendance restrictive et avait prévu la faculté de déchoir de la nationalité française les étrangers ayant acquis, sur leur demande, cette nationalité. Reprenant les dispositions de plusieurs décrets-lois antérieurs (de 1938, 1939, 1940), la loi du 16 juillet 1940 permet de prononcer par décret la déchéance de la nationalité française des étrangers naturalisés après 1927. Cette loi inaugure toute une législation anti-juive commençant par la loi française du 22 juillet 1940 sur la révision des naturalisations postérieures à 1927 et aboutissant au fameux *Statut des juifs* du 3 octobre et à la loi du 4 octobre 1940 sur les 'ressortissants étrangers de race juive'. Voir Pierre Lagarde, *La Nationalité française* (Paris : Dalloz, 1989) pp. 42, 43 ; et André Kaspi, *Les Juifs pendant l'Occupation* (Paris : Seuil, 1991) pp. 53-67.

qui, par un décret du 13 octobre 1958, est déclarée officiellement décédée le 11 février 1943, à Drancy (France). Un décret ultérieur, du 17 novembre 1959, précise que 'si elle avait été de nationalité française, elle aurait eu droit à la mention 'Mort pour la France'. (*Wse*, pp. 57, 58).[31] Perec s'abstient de commenter ces absurdités insolentes ou la mauvaise foi de la bureaucratie française qui, quinze ans après la guerre, ne semble plus se souvenir des tenants et aboutissants de la déportation des juifs. On voit pourtant bien quel est le rôle crucial et ambivalent que joue la question de la nationalité (française) dans cette histoire de vie et de mort. Cette nationalité sauvera la vie de l'enfant mais si ses parents s'étaient fait naturaliser, cela n'aurait probablement pas changé leur destin. Comportant les deux esquisses biographiques de ses parents corrigées par 26 notes et rappelant par le nombre de ses paragraphes (66) les dates de leurs décès (11/2 et 16/6), le chapitre VIII se termine, cependant, sur une déclaration positive, celle citée déjà et que je répète ici, de l'intention de commémoration et, pourrait-on ajouter, de réhabilitation :

> J'écris : j'écris parce que nous avons vécu ensemble, parce que j'ai été un parmi eux, ombre au milieu de leurs ombres, corps près de leur corps ; j'écris parce qu'ils ont laissé en moi leur marque indélébile et que la trace en est l'écriture ; leur souvenir est mort à l'écriture ; l'écriture est le souvenir de leur mort et l'affirmation de ma vie. (*Wse*, p. 59)

Dans les dix-huit chapitres du récit autobiographique, on trouve de nombreuses modalités explicites de la remémoration ('je me souviens') ou de son échec ('je ne garde aucun souvenir'). La mémoire refuse tout simplement service, ou bien elle prend son élan pour retomber presque aussitôt à plat. On est loin de la plénitude prometteuse des récits d'enfance traditionnels, loin des joies de la mémoire proustienne, loin du 'one is always at home in one's past' de Nabokov (*Speak, memory*, p. 91). Perec : 'Mais l'enfance n'est ni nostalgie, ni terreur, ni paradis perdu, ni Toison d'Or, mais peut être horizon, point de départ, coordonnées à partir desquelles les axes de ma vie pourront trouver leur sens' (*Wse*, p. 21). Si, après son incipit décourageant,

---

31. Par ailleurs, Perec ne mentionne dans *Wse* ni son certificat de baptême datant du 30 octobre 1943, ni l'*Acte de Disparition* délivré en 1947 par le ministère des Anciens Combattants concernant Perec Cyrla née Szulewicz, attestée vivante pour la dernière fois à Drancy le 11 février 1943. Voir David Bellos, *op. cit.*, p. 93, p. 422. C'est cette date, celle de la disparition et non celle, inconnue, de la mort de sa mère, que Perec a encryptée dans ses textes.

le narrateur autobiographique essaie tout de même de reconstruire son enfance, c'est sans dissimuler le caractère inévitablement fabriqué, lacunaire, erroné de ses souvenirs.

Le récit autobiographique dans *W ou le souvenir d'enfance* se construit, surtout dans la première partie, à partir de fragments matériels du passé. Le je-narrateur autobiographique étoffe le schéma événementiel de toute autobiographie – souvenirs premiers, initiation, éducation, lectures décisives, rencontres, lieux – de renseignements tirés de documents officiels, il décrit en détail sept photos, rend compte de ses visites aux lieux de son enfance, évoque les traces que le passé a laissées sur son corps sous forme de cicatrices ou de déformations (lèvres fendues, dents gâtées, mains ébouillantées, appendicectomie, hernie, jambes rachitiques). Il est cependant rare que l'interrogation de ces supports matériels du souvenir favorise la possibilité du re-souvenir, la résurrection de sensations, d'impulsions et d'émotions qui permettrait la fusion du présent avec le passé. Ce n'est que lorsque la mémoire est traumatique que le passé semble encore présent.[32]

Les rares souvenirs immatériels (visuels ou verbaux, mais non olfactifs ou auditifs) préservés, soit directement dans la mémoire du *je* soit par le biais d'histoires racontées par des tiers, ont été affabulés, et sont systématiquement mis en question par une modalisation excessive ou un commentaire critique sous forme de notes. Ainsi, les chapitres IV, VI et VIII se terminent sur des notes rectifiant ce qui vient d'être énoncé. Ainsi, les deux textes anciens en caractères gras qui présentent le père et la mère sont glosés par 26 notes qui sont finalement plus longues qu'eux. (ch. VIII, pp. 49-59) Le récit autobiographique comporte au total vingt-sept modalités explicites de l'hypothèse et du doute ('il me semble', 'je crois'), modalisation qui mine la fiabilité de ces souvenirs arrachés à une mémoire rétive.

La fonction apparemment supplétive de ce dispositif modalisateur est en fait un travail de rectification, de confrontation avec le témoignage d'autrui et avec une mémoire trompeuse. En outre, cette recherche tâtonnante d'une précision impossible à atteindre est à certains endroits contrebalancée par la présentation catégorique de souvenirs qui, à l'examen, s'écartent fonda-

---

32. On peut mesurer la distance qui sépare *Wse* de la *VME* quand on compare la mémoire aride du je-narrateur à celle de Valène, un des trois protagonistes de la *VME*, pour qui 'les escaliers (de l'immeuble) étaient à chaque étage un souvenir, une émotion, quelque chose qui palpitait quelque part à la flamme vacillante de sa mémoire, un geste, un parfum, un bruit, un miroitement etc'. (*VME*, p. 91)

mentalement des faits historiques vérifiables.[33] Ainsi, le récit autobiographique met en scène à la fois le travail sur la mémoire, le processus de l'invention ou de la remémoration du passé et son échec. Cet échec met en relief la fonction cruciale du récit fictionnel sans lequel on ne peut pas accéder à l'essentiel de ce récit d'enfance.

L'entrecroisement de la fiction et de l'autobiographie

S'appuyant sur la lecture des avant-textes de *W ou le souvenir d'enfance*, Philippe Lejeune a montré qu'en 1970, Perec avait voulu expliciter le lien entre ces deux parties, fiction et récit autobiographique, par un 'intertexte' consistant en un commentaire sur l'élaboration du livre.[34] La dernière livraison du feuilleton paraît en août 1970 mais, comme on l'a vu, dès janvier 1970, Perec conçoit l'idée de l'intégrer dans un ensemble plus vaste ; il construit un sommaire de ses souvenirs d'enfance et entame en septembre 1970 la rédaction du chapitre I de ce qui va devenir le récit autobiographique.[35] Outre le texte du feuilleton (dédié à Robert Antelme) et l'évocation de ses souvenirs d'enfance (dédiée à E, à Esther Bienenfeld mais aussi à Eux) son ouvrage comporterait donc une troisième partie (dédiée à S., son amie de l'Ile Saint-Louis) qui regrouperait tout ce qui relève du commentaire, de l'illustration, du métadiscours.[36] Perec voulait y faire figurer des

33. Selon Bellos (*op. cit.*, pp. 564-572), presque tous les souvenirs ont été retravaillés, altérés, arrangés ou tout simplement falsifiés. Ainsi, Perec ne se 'trompe' pas seulement sur la date de son départ pour le Vercors, mais encore sur celles de la défaite du Japon (qu'il place en mai 1945, en réalité date de la chute de Berlin), et de sa conversion au catholicisme déplacée d'octobre 1943 au milieu de l'été 1943. Le moins qu'on puisse dire, c'est que Perec montre de la consistance dans ses erreurs. Tout semble avoir été déplacé de quelques mois : même l'accident avec la luge, évoqué au chapitre XV, est placé en plein été, 'bien que cette scène soit chronologiquement impossible'. (*Wse*, p. 108). L'étude du manuscrit de la partie 'souvenirs d'enfance' qu'il a retrouvé récemment, a permis à Bellos de nuancer son interprétation du travail de 'falsification' de Perec. Cf. David Bellos, 'Trois hypothèses sur les «erreurs historiques» dans les *Souvenirs d'enfance* de Georges Perec', à paraître dans les Actes du Colloque : *Georges Perec et l'histoire* (mai 1998), *Etudes Romanes*, Université de Copenhague.

34. Philippe Lejeune, *La Mémoire et l'oblique*, p. 92.

35. Ce sommaire a été reproduit dans *Cahiers Georges Perec*, n° 2, 1988, pp. 159-169. On y trouve une double assimilation du père à Bartleby et à Kafka ! (p. 168).

36. Comme l'a fait Robbe-Grillet dans son autobiographie, *Romanesques*, trilogie qui comporte *Le Miroir qui revient* (Minuit, 1985), *Angélique* (1987) et *Les Derniers Jours de Corinthe* (1994). Robbe-Grillet a fait alterner trois histoires – celle de Henri de Corinthe, personnage fictif, la sienne propre, et celle de Jean Robin, alter ego de l'auteur – tout en

chapitres sur les difficultés à écrire, sur la psychanalyse, sur Venise, sur l'osmose entre fiction et autobiographie, de même que les textes anciens déjà écrits, le commentaire des photos et la lettre de 1969 à Nadeau. Quand il reprend son projet en 1973, il abandonne le plan ternaire et se décide en faveur d'une structure en deux parties apparemment juxtaposées, et en revient par là à la forme fondamentale de ses premières œuvres.[37] L'inter-texte est partiellement intégré dans les chapitres 'souvenirs d'enfance' mais le commentaire explicite disparaît. A quelques modifications près, la fiction est inchangée.[38] Par l'ajustement des mots, des expressions et des noms propres de l'autobiographie à ceux de la fiction se crée un jeu d'échos entre les deux textes. La suppression de l'"intertexte' laisse au lecteur le soin de repérer ces échos et d'articuler les deux récits.

W ou le souvenir d'enfance est fondé sur des essais de montage comme *Un homme qui dort*. Dans le prière d'insérer Perec écrit :

> Il y a dans ce livre deux textes simplement alternés ; il pourrait presque sembler qu'ils n'ont rien en commun, mais ils sont pourtant inexplicable-ment enchevêtrés, comme si aucun des deux ne pouvait exister seul, comme si de leur rencontre seule, de cette lumière incertaine qu'ils jettent l'un sur l'autre, pouvait se révéler ce qui n'est jamais tout à fait dit dans l'un, jamais tout à fait dans l'autre, mais seulement dans leur fragile intersection.[39]

L'essence de *W ou le souvenir d'enfance* réside donc précisément dans l'entrecroisement des deux récits, dans l'équilibre délicat entre fiction et autobiographie. Aux niveaux narratif et thématique, cet enchevêtrement de la fiction et de l'autobiographie a été relevé. D'une part, l'enquête du je-

commentant les transitions.

37. Le schéma conçu par Perec pour les trois séries a été reproduit par Philippe Lejeune, *La Mémoire et l'oblique*, pp. 128, 129. Il s'agit de 57 éléments classés dans trois colonnes de 1 à 19, et divisés en trois catégories : le récit de fiction, le récit autobiographique, et l'inter-texte. Les trois éléments sont permutés selon le schéma ABC, ACB, etc. ce qui rappelle ou, si l'on veut, annonce le système permutationnel qui est à la base de *La Vie mode d'emploi*. Le terme 'intertexte' utilisé par Perec n'a pas de rapport avec le concept habituel d'intertextua-lité.

38. Les changements opérés sur cette partie du livre sont peu nombreux. Le yacht de Winckler qui s'appelait *Lysandre* devient dans *Wse* Sylvandre, l'orthographe de *steward* a été changée (écrit avec 't' dans le feuilleton comme l'écrit Verne), Gaspard Winckler rencontre à la gare des ouvriers portugais en partance pour *Hambourg*, Coblence dans le feuilleton. Ces différences ont été relevées par Odile Javaloyes-Espié, 'Contre l'évidence apparente', *Cahiers Georges Perec*, n° 2, 1988, pp. 57-71.

39. Figurant en quatrième page de couverture de l'édition de 1975.

narrateur autobiographique (l'auteur Perec) sur l'enfant qu'il fut à Paris et dans le Vercors a été modelée sur la quête fictionnelle qu'entreprend Gaspard Winckler pour retrouver son homonyme disparu, et sur l'évocation de l'île de *W*. D'autre part, la description de la société olympique a été élaborée à partir d'une représentation fantasmatique de la mort de la mère dans un camp d'extermination, mort qui domine le récit autobiographique mais n'y est mentionnée que dans deux phrases.[40] De par cette origine, dans le fantasme, et l'élaboration ultérieure de ce fantasme en 1969-1970 le texte fictionnel est marqué autobiographiquement. Privilégiant par ses allusions à certaines lectures d'enfance (Verne, Roussel) les motifs du naufrage et de l'orphelinat, il renvoie indirectement aux événements qui ont déterminé l'enfance du je-narrateur autobiographique. Le rapport entre la description de l'univers *W* et la mort de la mère est explicité seulement à la fin du texte lorsque, par le biais de la citation de Rousset, le narrateur du récit autobiographique ancre la description de l'univers mythique et a-temporel de *W* dans le référent historique des camps de concentration.

L'entrecroisement des deux récits a fait l'objet non seulement de macro-lectures thématiques, et de travaux génétiques[41], mais aussi de micro-lectures centrées sur certains aspects isolés du texte. Chez un auteur tel que Perec, qui a l'habitude de chiffrer ses textes jusque dans les plus petites unités, les ressemblances thématiques doivent nécessairement s'étayer sur un réseau de rapports extrêmement précis, à tous les niveaux de l'écriture. Bernard Magné, exégète particulièrement incisif, a, dans un article fondamental, mis à nu une partie du réseau de signifiants et de signifiés qui sous-tend les deux récits de *W ou le souvenir d'enfance* en relevant le retour d'énoncés identiques ou similaires dans les chapitres contigus de la fiction et de l'autobiographie.[42] Je me propose ici de continuer l'exploration de ce réseau et

40. Ces phrases figurent aux pages 48, 49 : 'Elle fut internée à Drancy le 23 janvier 1943, puis déportée le 11 février suivant en direction d'Auschwitz', et à la page 57 : 'Ma mère n'a pas de tombe. C'est seulement le 13 octobre 1958 qu'un décret la déclara officiellement décédée, le 11 février 1943, à Drancy (France)'.

41. Parmi les exégètes qui ont analysé la thématique de *W ou le souvenir d'enfance*, citons notamment Claude Burgelin, *Georges Perec*, pp. 137-172, et *Les Parties de dominos chez Monsieur Lefèvre*, pp. 76-94 ; Stella Béhar, *Georges Perec : écrire pour ne pas dire* (New York : Peter Lang Publishing, «Currents in Comparative Romance Languages and Literatures», 1995) pp. 123-152 ; Anita Miller, *Georges Perec. Zwischen Anamnese und Struktur*, éd. citée, pp. 40-73. Philippe Lejeune a été le premier à examiner et à transcrire les avant-textes.

42. Bernard Magné, 'Les Sutures dans *W ou le souvenir d'enfance*', *Cahiers Georges Perec*, n° 2, pp. 39-55. C'est cet article qui, par des exemples très précis, a permis de découvrir la minutie et la délibération avec laquelle Perec a construit son texte.

d'approfondir l'examen de certaines correspondances entre les quatre parties de *W ou le souvenir d'enfance* – le récit de Gaspard Winckler et les souvenirs de l'enfance à Paris, la description de l'île olympique, et les souvenirs de Villard-de-Lans. Ces analyses ponctuelles illustrent les rapports alphabétiques, graphématiques, onomastiques et numériques qui sous-tendent les rapports narratifs et thématiques entre les deux récits, et permettront de montrer comment, par le biais de l'entrecroisement de l'autobiographie et de la fiction, Perec renvoie à l'articulation de l'histoire individuelle et collective.[43]

Le décryptage de ces rapports se fera en premier lieu par une analyse du travail de la lettre et des noms propres. Une telle étude se justifie aisément. Le titre de cette autobiographie commence par une lettre, *W*, reprise aux langues germaniques ; par contre, le premier souvenir d'enfance évoqué concerne une lettre prétendue hébraïque ce qui revient à juxtaposer les symboles de l'Allemagne et ceux de la judéité. Le je-narrateur autobiographique dit avoir échappé à la déportation grâce à la consonance bretonne de son patronyme polonais et juif (Perec est l'orthographe polonaise de Peretz) et à la francisation des prénoms de ses parents. Le relevé de ces quelques particularités, qui par ailleurs ont déjà été amplement commentées par les exégètes perecquiens, nous confronte d'ores et déjà à trois nationalités et quatre langues, ce qui permet d'entrevoir dès maintenant ce qui sous-tend la problématique de la nomination chez Perec. Si d'autres repères identitaires viennent à manquer, les indications premières, celles qui figurent sur une carte d'identité – dates, lieux, nom, nationalité – se transforment en une source infiniment précieuse de renseignements. Si ces indications premières sont également sujettes au doute, les cartes commencent à se brouiller. Cela ne vaut pas seulement pour le je-narrateur autobiographique mais aussi pour les protagonistes du récit fictionnel.[44]

43. J'ai publié une première version de cette analyse, intitulée 'Lieux de mémoire, lieux d'exil', J. Th. Leersen, M. van Montfrans, *Yearbook of European Studies*, n° 2, *France/Europe* (Amsterdam/Atlanta : Rodopi 1989) pp. 15-34.

44. Comme Patrick Modiano, Perec fournit inlassablement des réponses aux questions posées par l'état civil.

Cartes brouillées

Après s'être expliqué sur son rôle de narrateur, Gaspard Winckler poursuit son récit par un résumé des principaux événements de sa vie. Succinct et allusif, ce résumé dissimule plus qu'il ne révèle. Les dates sont incomplètes, les noms de lieux réduits à leurs initiales :

> Je suis né le 25 juin 19..., vers quatre heures, à R., petit hameau de trois feux, non loin de A. [...]. A seize ans, je quittai R. et j'allai à la ville ; j'y exerçai quelque temps divers métiers mais, n'en trouvant pas qui me plaise, je finis par m'engager. [...] Au bout d'un an passé en France, au Centre d'Instruction de T., je fus envoyé en opérations ; j'y restai plus de quinze mois. A V., au cours d'une permission, je désertai. Pris en charge par une organisation d'objecteurs, je parvins à gagner l'Allemagne, où, longtemps, je fus sans travail. Je m'installai pour finir à H., tout près de la frontière luxembourgeoise [...]. (*Wse*, pp. 11, 12)

Dans ce naufrage de chiffres et de lettres, il subsiste cependant quelques certitudes : Gaspard Winckler s'est engagé dans l'armée française et, après avoir déserté, il s'est installé sous une identité d'emprunt en Allemagne, près de la frontière luxembourgeoise.

• Nationalités

Réfugié en Allemagne par crainte des autorités françaises, Winckler vit une situation symétriquement opposée à celle de l'enfant Perec dans la deuxième partie du récit autobiographique, c'est-à-dire celle d'un petit Français que l'on a envoyé en zone libre pour le mettre à l'abri des autorités allemandes. Ces rapports de symétrie sont renforcés par le fait que le passeport de Winckler provient d'un enfant suisse, d'origine autrichienne et probablement juive. La mère de cet enfant, Caecilia Winckler, aurait été une cantatrice autrichienne réfugiée en Suisse romande pendant la guerre. Winckler arbore ainsi une fausse identité de juif autrichien[45] pour dissimuler qu'il est

---

45. Ces nationalités (em)brouillées rappellent la confusion dans laquelle a vécu la famille paternelle de Perec en Galicie (à Lubartow, Pulawy et Lublin) successivement russe, autrichienne (1915-1918), puis, à partir de 1918, polonaise. On retrouve également des échos de cette confusion dans *La Vie mode d'emploi*. L'anthropologue, Marcel Appenzzell, qui porte le nom légèrement modifié d'un canton suisse, est également un juif autrichien (*VME*, ch. XXV). Appenzzell est un des trois mots qui riment avec le mot 'bretzel', qui serait à son tour lié au nom de Perec. Albert Cinoc, le 'tueur de mots', est, par contre, un juif d'origine polonaise (*VME*, ch. LX). Après de multiples transformations, le patronyme d'origine de sa famille, Kleinhof, est devenu Cinoc. Nom dont l'orthographe entraîne des problèmes de

un déserteur de l'armée française ; Perec, baptisé 'un jour de l'été 1943' (*Wse*, p. 126), doit dissimuler ses origines polonaises et juives en se faisant passer pour breton :

> Pour ma part, je pense plutôt qu'entre 1940 et 1945, lorsque la plus élémentaire prudence exigeait que l'on s'appelle Bienfait ou Beauchamp au lieu de Bienenfeld, Chevron au lieu de Chavranski, ou Normand au lieu de Nordmann, on a pu me dire que mon père s'appelait André, ma mère Cécile, et que nous étions bretons'. (ch. VIII, Note 8, p. 51)[46]

• Date et lieu de naissance

Comme l'a montré Mireille Ribière, on peut combler la première lacune dans le récit sur la vie de Winckler, en déplaçant le 'quatre' et le 'trois' et en complétant l'indication de l'année amputée de deux chiffres pour y lire 1943. Si 1943 est l'année de la naissance de Gaspard Winckler, c'est aussi l'année de la mort de la mère de Perec.[47] Nous verrons plus loin (p. 201) que les chiffres *quatre* et *trois*, investis comme le *onze* d'une fonction commémorative spécifique, s'inscrivent de façon obsessive dans le récit fictionnel.

En second lieu, le choix du terme *hameau* pour désigner le lieu de naissance de Winckler, s'explique par un double jeu caché sur deux langues, l'équivalent allemand de hameau étant *Winkelnest* (substantif qui pourrait se retraduire en français comme 'le nid de Winckler'), l'équivalent anglais étant *hamlet* (petit village).[48] On peut compléter ce réseau tissé autour du

---

prononciation, tout comme celui de Perec : 'ce devrait être Pérec ou Perrec [...] c'est Perec sans pour autant se prononcer Peurec'. (*Wse*, p. 52).

46. Souvenir qui est rappelé au ch. XVII, p. 118 : 'Du monde extérieur, je ne savais rien, sinon qu'il y avait la guerre et à cause de la guerre des réfugiés : un de ces réfugiés s'appelait Normand et il habitait une chambre chez un monsieur qui s'appelait Breton. C'est la première plaisanterie dont je me souviens'. Beauchamps est le patronyme adopté par Esther Bienenfeld dans le Vercors ; la sœur de David Bienenfeld, Berthe Chavranski, son mari et son fils se réfugient sous les noms de Servais et de Sergeant. Voir David Bellos, *op. cit.*, pp. 91, 92.

47. Mireille Ribière, 'L'autobiographie comme fiction', art. cité, p. 26.

48. Ce jeu actualise l'intertextualité. Le renvoi à Shakespeare et à la quête du père se retrouve dans le chapitre VIII du récit autobiographique. Au dos de la seule photo de son père qu'il possédait, Perec avait crayonné : 'il y a quelque chose de pourri dans le royaume du Danemark'. (*Wse*, p. 41) On retrouve ce même jeu de mots dans le prière d'insérer que Perec a rédigé pour une réédition d'*Un rude hiver* de Queneau, roman également renvoyant à Hamlet : 'il est juste que Lehameau s'appelle en anglais Hamlet'. Voir Bernard Magné, 'Emprunts à Queneau', *Perecollages*, p. 140. Parmi les personnages de *La Vie mode d'emploi* figure également un (Bernard) Lehameau. (*VME*, p. 205)

thème de la mort et de la (re)naissance avec la date de naissance de Winck-
kler, déserteur et faussaire, qui coïncide avec ou est proche de celle du
baptême de l'enfant Perec, placé dans *W ou le souvenir d'enfance*, comme
nous l'avons vu, au milieu de l'été 1943. Ce baptême qui pourvoit l'enfant
d'un patronyme apparemment breton, Pérec au lieu de Perec, et de parents
prénommés André et Cécile et non pas Icek et Cyrla, est évoqué au chapitre
XIX du récit autobiographique.[49] La numérotation de ce chapitre, XIX,
rappelle les précisions numériques apportées au chapitre VI, autobiographique, portant sur la naissance : 'Je suis né le samedi 7 mars 1936, vers neuf
heures du soir, dans une maternité sise 19, rue de l'Atlas, à Paris, 19e arrondissement'. (ch. VI, p. 31) C'est par le biais des chiffres que les deux chapitres, consacrés respectivement à la naissance et la 'renaissance' par le baptême, sont liés.

Un regard sur le calendrier des saints permet, en outre, de déceler que
le choix du 25 juin est doublement délibéré : c'est la fête de saint Guillaume
(en italien Guielmo ou Guglielmo, en allemand Wilhelm, en anglais William).[50] Si l'année de naissance de Gaspard Winckler renvoie à celle de la
mort de la mère de Perec, la date de cette naissance, le 25 juin, coïncide avec
la fête de saint Guillaume. Par ailleurs, elle nous renvoie à l'un des textes-
sources de *W ou le souvenir d'enfance*, à savoir *Impressions d'Afrique* de
Raymond Roussel qui s'ouvre sur le couronnement du roi nègre Talou en
empereur, 'un 25 juin'.[51]

• Des initiales primordiales : le G et le W
Anticipant sur l'analyse des prénoms et des patronymes (p. 186) je voudrais
relever dès maintenant l'intérêt de ce saint Guillaume. En premier lieu, il
est lié à l'une des métamorphoses possibles de l'initiale du prénom de Perec,
la lettre *G*. Le *w* que l'on rencontre dans les langues germaniques et qui
existe déjà en indo-européen, se transforme devant e et i, en français (et
dans les autres langues dérivées du latin) en *gu* et se prononce [g] : *werra*

---

49. Cet acte de baptême a été reproduit par David Bellos, *op. cit.*, p. 93.

50. San Guglielmo de Vercelli (1085-1142) a fondé en 1119 le monastère des ermites de
Monte Vergine près d'Avellino, plus tard rattaché à l'ordre des Bénédictins. Nous retrouve-
rons le prénom anglais dans le réseau intertextuel qui sous-tend les spéculations du chapitre
XII de *Wse* sur l'identité du fondateur de la société olympique, un certain Wilson. Un des
modèles de ce Wilson pourrait être le protagoniste d'un récit d'Edgar Allan Poe, intitulé
justement *William Wilson*. Voir *infra*, p. 216.

51. Raymond Roussel, *Impressions d'Afrique*, éd. citée, p. 7.

devient *guerre, Wilhelm* devient *Guillaume.*[52] Cette transformation permet de jeter un nouvel éclairage sur la lettre *w*, lettre surdéterminée qui figure dans le titre du livre, constitue l'initiale du patronyme Winckler, et celle du nom de l'île olympique, baptisée *W* d'après son fondateur Wilson. Reprise au Moyen Age aux langues germaniques, et utilisée essentiellement pour les mots empruntés à l'anglais, à l'allemand et aux langues scandinaves, le *w* est non seulement une lettre peu fréquente en français, mais encore la seule lettre double qu'il comporte.

Dans l'un des passages les plus énigmatiques de *W ou le souvenir d'enfance* (ch. XXIX, p. 183) Perec énumère des exemples de sa gaucherie contrariée qui l'amènerait à confondre toujours les deux pôles d'une opposition. Parmi ces oppositions figure celle existant entre deux factions italiennes rivales, les guelfes et les gibelins, la première partisane des *Welfen* (ducs de Bavière), la seconde des Hohenstaufen, seigneurs de *Waiblingen*. Si l'on ramène cette opposition à une question de prononciation ou d'orthographe des initiales, on pourrait dire que la confusion des deux noms témoigne de l'hésitation de Perec, dans l'autobiographie, de faire la différence entre le *g* et le *gu*, ce qui, dans un certain sens, est explicable : les deux *g* (guelfes et gibelins) viennent d'un *W*.[53] L'initiale de son propre prénom, Georges[54], se rapprocherait ainsi du germanique *W*, initiale de Wilhelm. Rapprochement que l'on retrouve dans les initiales de Gaspard Winckler, *G.W.*. Nous verrons, par ailleurs, réapparaître plus loin ce prénom (Guillaume/Wilhelm) et cette initiale, *W*, dans un contexte moins 'sacré'.

En second lieu, cette référence à saint Guillaume fait apparaître une source d'inspiration qui jusqu'ici n'a été relevée que rarement par les exégètes perecquiens. L'intérêt qu'ont suscité les rapports de Perec avec sa judéité semble avoir éclipsé le rôle qu'a joué pour lui la religion catholique.[55]

---

52. En picard et dans la langue d'oïl de l'île de France, cependant, le *w* est conservé.

53. L'opposition entre gibelins et guelfes revient dans celle, mentionnée dans la même énumération, entre les Capulet/Montaigu, les Capulet (nom francisé des Cappelletti) étant une famille italienne noble appartenant au parti gibelin et rivale des Montaigu. Le nom propre *Whig* (dans l'opposition Whig/Tory) réunit même les deux lettres, le w et le g, en un seul mot.

54. Dans 'Notes sur ce que je cherche' (*Penser/Classer*, p. 9), Perec se décrit, dans un jeu de mots sur son propre prénom, comme un 'paysan' (en grec : georgos) qui cultive plusieurs champs à la fois. Ce qui revient à rapprocher l'initiale de son prénom du gamma grec.

55. Voir sur la position délicate de Perec entre judéité et christianisme, Anita Miller, *op. cit.*, pp. 64-66. Elle remarque par exemple à juste titre que le premier souvenir d'enfance relevé dans *Wse*, le déchiffrement d'une lettre prétendue hébraïque au sein de la famille juive, est vu à travers le prisme de l'iconographie chrétienne et est associé à un tableau, 'peut-être

Si Perec a vécu ses rapports avec la judéité sur le mode de la rupture, c'est non seulement parce qu'il a perdu ses parents et a été élevé après la guerre dans un milieu laïc qui se voulait français et assimilé, mais encore parce que, dans l'internat du Vercors, il a reçu une éducation catholique. Le travail sur les prénoms et les patronymes porte, comme je le montrerai plus loin, de nombreuses traces de ces influences catholiques, redécouvertes et retravaillées plus tard par le biais de l'iconographie chrétienne et de la peinture.

Noms de lieux

• La Sarre et le Vercors

Frappante est encore l'analogie entre l'histoire des deux régions où Winckler et Perec se réfugient, la Sarre et le Vercors dans le Dauphiné. Si l'on présume que Winckler, dont par ailleurs la nationalité n'est pas précisée, s'est établi en Sarre[56], il n'est peut-être pas superflu de rappeler que cette région avait été placée sous l'autorité de la Société des Nations par le Traité de Versailles de 1919, et que le rattachement au Reich par plébiscite en 1935 y avait été suivi d'un exode massif des juifs, dont un grand nombre s'est réfugié en France. Après la déclaration de la guerre en 1939 ces juifs seront parmi les premiers à être internés dans des camps spéciaux et à être déportés.[57] Le rattachement de la Sarre a eu lieu en mars 1935 ; l'entrée de la Wehrmacht dans la zone rhénane démilitarisée en mars 1936 est explicitement mentionnée par le je-narrateur autobiographique dans une énumération des événements historiques qu'il associe avec sa date de naissance, le 7 mars 1936. (*Wse*, ch. VI, note 3, p. 32)

En tant que partie de la zone libre, le Dauphiné ressortit jusqu'au 11 novembre 1942 au gouvernement de Vichy et héberge de nombreux juifs

de Rembrandt ou peut-être inventé' qui se nommerait : 'Jésus en face des docteurs'. (*Wse*, p. 23)

56. La vraie nationalité de Winckler n'est mentionnée nulle part dans *Wse*. Mais son périple, de R., non loin de A., à H. en Allemagne, réapparaît de manière explicite dans *La Vie mode d'emploi* (ch. XXXI, pp. 183, 184). Ce chapitre raconte que, dans les années cinquante, François Breidel, un maçon *belge*, avait quitté Arlon pour aller travailler en Allemagne, en Sarre précisément, à Neuweiler, petit village à côté de Sarrebruck. Si A. réfère à Arlon, Winckler serait alors né en Belgique. Par ailleurs, les enfants qui fonctionnent comme parrains lors du baptême de Perec au collège Turenne sont des réfugiés belges (ch. XIX, p. 126).

57. Voir André Kaspi, *op. cit.* pp. 131-144. Michaël R. Marrus, Robert O. Paxton, *Vichy et les juifs* (Paris : Calmann-Lévy, 1991) pp. 99-110.

qui ont fui la zone occupée. Le Sud-Est de la France est ensuite occupé par les Italiens, qui vont s'opposer aux déportations des juifs réfugiés, mais seront remplacés par les Allemands à l'automne de 1943.[58] Situé dans le massif du Vercors, Villard-de-Lans vivra de près la grande offensive des Allemands en juin et juillet 1944 contre les résistants qui se sont retranchés dans les montagnes. Bien qu'évoqués avec discrétion, ces faits historiques font partie de la trame chronologique du récit autobiographique où ils sont relevés dans les chapitres XVII, XXI, XXIII, et XXVII, consacrés aux souvenirs du Vercors.[59]

Après la guerre, la Sarre dépendra de la France pour son économie, sa politique extérieure et sa défense jusqu'à son intégration politique à la République fédérale allemande en janvier 1957. Gaspard Winckler se serait par conséquent établi en Allemagne après 1957, ce qui situerait sa désertion à l'époque de la guerre d'Algérie et ferait de lui un confrère de l'aspirant-déserteur de *Quel petit vélo* ?[60] Alors que l'enfant Perec semble être en sécurité dans le Vercors jusqu'à l'arrivée des Allemands, Winckler croit pouvoir vivre en toute tranquillité en Sarre, puisque celle-ci vient d'être réintégrée à l'Allemagne.

Ce que ces permutations et ces dédoublements d'identité semblent suggérer, c'est que le fait d'être juif est incompatible avec une nationalité quelle qu'elle soit. Quand on est juif, les nationalités sont en effet inter-changeables, et si elles offrent parfois un semblant de sécurité, elles finissent souvent par se retourner contre celui qui y cherche protection.[61] Aussi la

---

58. Sur le destin des juifs dans la zone d'occupation italienne, voir Michaël Marrus et Robert Paxton, *op. cit.*, pp. 438-446. Après la signature de l'armistice avec les Alliés, le 3 septembre 1943, les Italiens se retirent de leur zone d'occupation ; la Gestapo arrive à Grenoble en septembre 1943 et la Wehrmacht au début d'octobre 1943.

59. Ch. XVII, p. 118 : 'Il y avait aussi des soldats italiens, des chasseurs alpins avec des uniformes me semble-t-il d'un vert criard. [...] On disait qu'ils étaient bêtes et inoffensifs' ; ch. XXI, p. 135 : 'Une fois les Allemands vinrent au collège' ; ch. XXIII, p. 151 : 'Un jeudi après-midi du printemps ou de l'été 1944, nous allâmes en promenade dans la forêt, [...]. Nous arrivâmes dans une clairière où nous attendait un groupe de maquisards' ; ch. XXVII, p. 171 : 'Je ne me rappelle plus exactement à quelle époque ni dans quelles conditions je quittai le collège Turenne. Je pense que ce fut après la montée des Allemands à Villard et peu avant leur grande offensive contre le Vercors'.

60. Et de Georges Perec lui-même qui a fait son service militaire de janvier 1958 à décembre 1959.

61. Le père de Perec, émigré polonais, s'est porté volontaire en 1939 et a été tué sous l'uniforme français. Affecté au douzième régiment étranger d'infanterie, il est blessé au ventre le 16 juin 1940 et transporté dans l'église de Nogent-sur-Seine. Lorsque, plus tard dans la journée, son régiment, poursuivi par les Allemands, essayait de se retirer, il trouva la route de la retraite coupée par l'armée française. David Bellos, *op. cit.*, p. 64.

Sarre et le Vercors constituent-ils en fin de compte des lieux de refuge peu sûrs.[62]

• L'hôtel Berghof et le Coin allemand (Deutsches Eck)
C'est ce dont s'aperçoit Winckler lorsque, après avoir passé quelques années tranquilles à H. près de la frontière luxembourgeoise, il reçoit (ch. III) une lettre d'un certain Otto Apfelstahl qui lui propose un rendez-vous à K., à l'hôtel Berghof, au numéro 18 de la Nurmbergstrasse. L'en-tête de la lettre ne comporte que le nom d'Apfelstahl, suivi du sigle *MD* et surmontant un blason mystérieux, mais ne mentionne ni l'adresse d'Apfelstahl ni son numéro de téléphone.[63] Winckler attend le train pour K. au milieu d'un groupe d'ouvriers portugais en partance pour Hambourg. Arrivé à l'hôtel Berghof (ch. V), il voit un barman en train de lire le Frankfurter Zeitung ; Winckler attend son mystérieux correspondant en buvant une bière. Quand le barman lui offre des bretzels[64] il refuse en disant qu'il n'en mange jamais et lui demande de lui apporter un journal. C'est après avoir terminé la lecture de ce journal, le supplément économique d'un quotidien luxembourgeois, le *Luxemburger Wort*, qu'il voit entrer Otto Apfelstahl.

La prolifération de noms propres et de détails excessivement précis aux endroits où l'on pense pouvoir s'en passer constitue une énigme au moins aussi grande que les dates incomplètes et les noms de lieux désignés seulement par leurs initiales. La clé de ce passage se trouve dans le nom de l'hôtel, *Berghof.* Nom surdéterminé s'il en est, évoquant à la fois l'adresse de Freud à Vienne (Berghofstrasse), celle de Hans Castorp dans *La Mon-*

62. La création de l'Etat d'Israël a évidemment changé cette problématique de la nationalité.

63. Dans une version antérieure de *Wse,* l'adresse d'Apfelstahl était indiquée : Pestalozzi-str. 24. (Fonds Perec, ms 71,3,62) Pédagogue suisse, Johann Heinrich Pestalozzi (1746-1827) était fortement influencé par les idées de Rousseau. Il a dirigé plusieurs établissements éducatifs expérimentaux, où il recueillait les orphelins. Pestalozzi a été l'un des premiers à souligner l'importance du sport dans l'éducation des enfants, ce qui fait de lui un prédécesseur de Coubertin, le fondateur des Jeux Olympiques modernes. Voir *infra*, p. 205. Parmi ses ouvrages figure un *Livre des mères* (1803). Le 24 est, coïncidence ou non, également le numéro de la maison qu'habitait Perec avec ses parents, rue Vilin.

64. Dans un exposé bref de l'histoire de son patronyme (ch. VIII, p. 51), souvent cité et commenté, Perec raconte qu'en hongrois le mot *perec* désigne ce que nous appelons bretzel, une sorte de petit pain salé. Bellos remarque qu'en hongrois, *perec* se retrouve souvent dans le mot composé *sósperec* (petit pain salé se présentant sous la forme d'un huit), dont la prononciation *shoshperretz* ressemble beaucoup à celle du nom de Georges Perec. David Bellos, *op. cit.*, p. 25.

tagne magique, mais aussi la résidence favorite de Hitler à Berchtesgaden en Bavière, surnommée le *nid d'aigle*.[65]

• Coblence : l'Allemagne wilhelmienne

Perec a situé son Berghof à K., ville que l'on peut, si l'on se reporte à la version feuilleton de *W*, identifier comme Koblenz/Coblence, capitale de la Rhénanie, au confluent de la Moselle et du Rhin.[66] La partie de Coblence s'avançant entre les deux fleuves qui s'y joignent sous la forme d'un *V* renversé, porte le surnom *Deutsches Eck*. A cet endroit stratégique avait été érigé en 1897 un socle en granit surmonté d'une gigantesque statue équestre représentant Guillaume (Wilhelm) Ier, dédiée par la Prusse rhénane à la mémoire de celui-ci en remerciement pour l'unification de l'empire allemand. Grouillant d'aigles dépeceurs, de serpents étranglés et de gigantesques *W* taillés dans le granit, ce monument au pesant symbolisme constitue l'un des hauts lieux du nationalisme allemand jusqu'à la fin de la seconde guerre mondiale. En 1945, l'artillerie alliée fait voler en éclats l'empereur casqué et son cheval. Le socle vide est déclaré en 1953 mémorial de l'unité perdue de l'Allemagne. Sur le mur en demi-lune derrière le socle se trouvent sculptés les blasons des Länder. Si Perec qui à partir d'octobre 1966 se rend régulièrement à Sarrebruck, a visité ce lieu de mémoire, il a pu y voir une prolifération de *W*, taillés dans le granit au-dessus des blasons.

65. Si le nom de l'hôtel renvoie à la réalité extra-textuelle, il lance le lecteur donc également sur les traces de l'intertexte. L'arrivée de Winckler au Berghof rappelle non seulement celle de Hans Castorp au sanatorium à Davos, mais encore celle du K. de Kafka au village du *Château*. Ce sont les premières phrases du récit de Kafka qui m'ont suggéré ce rapprochement : 'Il était tard lorsque K. arriva. La colline était cachée par la brume et la nuit, nul rayon de lumière n'indiquait le grand Château'. (Gallimard, «Pléiade», 1976) Il est vrai que ces derniers détails ne sont pas mentionnés dans le passage sur le Berghof, mais rappelant de façon impérative le couple de mots 'nuit et brouillard', ils réapparaîtront dans la description des lieux semblables au *Château* et auxquels le Berghof sert pour ainsi dire de vestibule, l'île *W* et le Vercors. Une fois le rapprochement établi, d'autres ressemblances viennent le renforcer. L'entrée de Winckler à l'hôtel, où tout lui paraît à la fois chargé de sens et incompréhensible, rappelle la confusion de K. à l'auberge. L'étymologie de Luxembourg (*Lützelburg* = petit château fort), n'est pas seulement un clin d'œil de Perec à son ami Claude *Burgelin* mais permet encore de paraphraser la lecture du journal, le *Luxemburger Wort*, comme le déchiffrement d'un message (un mot) du château.

66. Dans la version feuilleton, Gaspard Winckler attend son train 'au milieu d'un groupe d'ouvriers portugais en partance pour Coblence'. (*La Quinzaine littéraire*, 1er au 15 novembre 1969, p. 27) Comme la ville où Winckler doit se rendre se situe à une cinquantaine de kilomètres de son lieu de résidence, H., près de la frontière luxembourgeoise, l'identification de K. comme Coblence/Koblenz semble plausible.

Dans un entretien avec Eugen Helmlé, le 5 juin 1975, précédant la publication de la traduction allemande de *W ou le souvenir d'enfance*, Perec affirme que s'il a fait commencer l'aventure de Winckler en Allemagne, c'est parce que la figure centrale de son livre est l'Allemagne :

> Simplement, je voulais, dans le récit, que l'Allemagne soit présente et, dès le début, le fait de pouvoir utiliser des mots allemands, des mots de journaux allemands, des noms de villes allemandes, simplement le mot 'allemand', me semblait comme une sorte de signe précurseur, quelque chose qui allait donner une certaine tonalité au livre, une certaine sensibilité qui allait permettre à la fin de comprendre, disons, d'une manière plus sensible, que toute cette histoire, qui est censée se passer sur une île de la Terre de Feu, en fait se passe dans, dans un monde en feu qui était celui de, de l'Europe pendant la guerre.[67]

Or à Coblence, on trouve, taillés en granit sombre provenant de la forêt noire, deux symboles majeurs de cette Allemagne, le *W* et l'aigle, qui sont également deux symboles majeurs de l'enfance de Perec. Le prénom, Wilhelm, symbole de l'Allemagne impérialiste et prussienne, se lit, comme nous l'avons vu, en filigrane dans la date de naissance de Winckler.[68]

• Nuremberg : Kaspar Hauser et l'Allemagne nazie
Bien qu'incorrectement orthographiée, l'adresse de l'hôtel, *Nurmberg*strasse, dans laquelle se retrouve le substantif *Berg*, est également chargée de résonances.[69] Elle évoque, en premier lieu, l'histoire de Kaspar Hauser (1812-1833), personnage énigmatique, dont on sait combien il a inspiré Perec dans

---

67. Entretien avec Eugen Helmlé, 'Conversation à Saarbrücken', émission radiophonique *Autoren im Dialog* (diffusée par la SR le 12 décembre 1975). Association Georges Perec, copie n° 390. Voir aussi David Bellos, *op. cit.*, p. 582. Jusqu'à très récemment l'évocation par Perec de l'Allemagne nazie et de la France de Vichy a été pratiquement absente des études perecquiennes. L'insertion de *W ou le souvenir d'enfance* dans le programme de littérature des lycées de formation technique, à partir de septembre 1997, a amené un certain nombre de publications où le contexte historique est évoqué, entre autres celle de Marie-Christine Bellosta et Hans Hartje, *L'Humain et l'inhumain dans* W ou le souvenir d'enfance *de Georges Perec* (Paris : Ed. Belin, 1997).

68. *Un cabinet d'amateur* s'ouvre sur l'évocation des manifestations organisées en 1913 par la communauté allemande de Pittsburgh en Pennsylvanie pour célébrer les vingt-cinq ans du règne de Guilllaume II. Voir la troisième partie de ce travail.

69. L'équivalent français de Nürnberg (nur ein Berg) est *Nuremberg* ; Perec (ou son éditeur) a donc omis le *e*. La mise à l'écart d'une seule lettre était un jeu auquel Perec était versé, surtout s'il s'agissait d'un *e*.

l'évocation de sa propre enfance perdue.[70] En second lieu, cette adresse réfère à une ville qui est directement liée à l'Allemagne nazie.

L'enfant Kaspar Hauser aurait été trouvé en 1812 par un journalier, qui l'aurait gardé toute sa jeunesse dans un cachot où il ne pouvait se mettre debout. Il n'apprend pas à parler et passe son temps à jouer avec des chevaux de bois. Quand il apparaît le 28 mai 1828, le jour de la Pentecôte, dans les rues de Nuremberg, il ne peut prononcer qu'une seule phrase : 'Ich möcht'ein solcher Reiter werden wie mein Vater einer war' (je veux être un cavalier comme mon père). Vêtu en paysan, pieds nus dans des bottes cloutées, il a à l'intérieur de son chapeau le blason à moitié effacé de la ville de Munich, et il est porteur d'une lettre adressée au Rittmeister *von W* qui l'accueille. On a cru longtemps que Hauser qui a été assassiné en 1833, était le fils du grand-duc Charles de Bade et de Stéphanie de Beauharnais, belle-fille de Napoléon Bonaparte. Hauser serait ainsi d'origines françaises par sa mère et allemandes par son père.[71] Le jeune Gaspard Winckler de *W ou le souvenir d'enfance* est nettement modelé sur Hauser. Comme ce dernier, c'est 'un enfant sourd-muet [...], malingre et rachitique, que son infirmité condamnait à un isolement presque total' et qui 'passait la plupart de ses journées accroupi dans un coin de sa chambre, négligeant les fastueux jouets

70. Par ailleurs, Hauser n'est qu'un des nombreux enfants abandonnés ou orphelins qui apparaissent en filigrane dans l'autobiographie. Citons, à titre d'exemple, les orphelins de Verne – les enfants du capitaine Grant, Érik, le jeune héros de *L'Epave du Cynthia*, Marcel Bruckmann dans les *Cinq cents millions de la Bégum* – le Gaspard amnésique des *Corps étrangers* de Jean Cayrol et le protagoniste de *L'Ile rose* (1924) de Charles Vildrac (*Wse*, 68). Dans ce dernier roman, il s'agit d'un garçon de neuf ans qui est amené dans une île, dans une colonie d'enfants, mais fait une fugue pour pouvoir rejoindre sa mère, restée en France et tombée malade.

71. Perec connaît la figure de Hauser d'un poème de Verlaine, *Gaspard Hauser chante*, recréation imaginaire du personnage de Hauser, composée en 1873 lorsque Verlaine se trouvait en prison, seul et abandonné comme Hauser. Voir Bellos, *op. cit.*, p. 216. Le célèbre quatrain final : 'Suis-je né trop tôt ou trop tard ?/Qu'est-ce que je fais dans ce monde ? /O vous tous ma peine est profonde :/Priez pour le pauvre Gaspard !', Paul Verlaine, *Œuvres poétiques* (Paris : Gallimard «Pléiade», 1962) p. 279. L'histoire de Hauser a été mise par écrit par le juriste allemand, Paul Johann Anselm Ritter von Feuerbach, *Kaspar Hauser, Beispiel eines Verbrechens am Seelenleben des Menschen*, Ansbach, 1832. Trad. angl. de Jeffrey Moussaieff Masson, *Lost Prince* (New York : The Free Press, 1996). L'histoire de Hauser a inspiré de nombreux écrivains parmi lesquels Jean Cayrol (*Les Corps étrangers*) et Melville qui compare son personnage bègue, Billy Budd, à Hauser. Pour un aperçu de l'exploitation littéraire de cette histoire, voir Walter Schönau, 'Der Kaspar Hauser-Stoff und der «Familienroman»', Henk Hillenaar et Walter Schönau éd., *Fathers and Mothers in Literature*, Amsterdam/Atlanta, Rodopi, 1994, pp. 29-42. Par ailleurs, l'hypothèse sur les origines de Hauser vient d'être invalidée (1997) par un examen DNA du sang trouvé sur les habits conservés de Hauser et de celui des descendants encore en vie de Stéphanie de Beauharnais.

que sa mère ou ses proches lui offraient quotidiennement, refusant presque toujours de se nourrir'. (*Wse*, ch. VII, p. 36)

Associé à Hauser, Nuremberg est également lié à l'Allemagne nazie. Nuremberg fut le siège de grandes manifestations lors des congrès annuels du parti national socialiste qui s'y tinrent dès 1927 et 1929, mais surtout à partir de 1933. Le congrès de 1934 avec sa mise en scène wagnérienne, ses militaires en uniforme noir défilant devant un décor surchargé d'aigles et de croix gammées, a été filmé par la cinéaste Leni Riefenstahl, qui a appelé son documentaire sans ambiguïté *Der Triumph des Willens*. Comme nous le verrons plus loin, Perec s'est laissé inspirer dans son fantasme olympique par le film *Olympia. Fest der Völker, Fest der Schönheit* que Riefenstahl a réalisé, deux ans après, sur les jeux olympiques de 1936 à Berlin. Le titre français de ce dernier film, *Les Dieux du stade*, parcourt comme un leitmotiv le récit fictionnel de *W ou le souvenir d'enfance*. Nuremberg est encore la ville où à l'automne de 1935 une série de lois scélérates furent proclamées[72], et où se sont déroulés les célèbres procès d'après-guerre (20 novembre 1945 – 1 octobre 1946) contre les dirigeants et les organisations de l'Allemagne nazie.

• De la rue Vilin à la pension des Mésanges
Quand on compare maintenant l'itinéraire de Winckler, de H. à K., et de l'hôtel Berghof à *W*, à celui de l'enfant Perec, on voit s'instaurer un parallélisme frappant. Alors que l'hôtel Berghof constitue la première escale d'un voyage vers la Terre de Feu (c'est là que Winckler reçoit sa mission), l'enfant quitte son domicile de la rue Vilin à Paris pour Villard-de-Lans.

L'évocation de la rue Vilin, située dans le quartier de Belleville, dans le 20ᵉ arrondissement, occupe les deux premiers paragraphes du chapitre X.[73] Ce chapitre incorpore l'essentiel des descriptions et souvenirs rédigés dans le cadre du projet de *Lieux*. Entre février 1969 et septembre 1975, Perec s'est

---

72. Ces lois du 15 septembre 1935 concernaient l'interdiction des mariages et des relations sexuelles entre juifs et Allemands, l'établissement d'une différence entre les ressortissants de l'Etat (*Staatsangehörigen*) et les citoyens d'Empire (*Reichsbürger*) qui, seul, jouissent de tous les droits civiques, et la transformation du drapeau de la croix gammée en drapeau national. Une ordonnance du 15 novembre 1935 avait donné la définition nazie du juif : 'Celui qui, au point de vue racial, descend d'au moins trois grands-parents juifs'. Le statut de citoyen d'empire était réservé à ceux qui appartenaient à la 'race' germanique.

73. Vilin est le nom du maire de l'ancienne commune de Belleville en 1848. Le voyage de la rue Vilin au Vercors, relie deux V et fournit une autre explication du W dans l'autobiographie entièrement construite sous le signe du double.

rendu six fois rue Vilin pour enregistrer l'abandon progressif de ce lieu de sa petite enfance qu'on est en train de démolir. Ces descriptions du réel se doublent d'une série de cinq évocations de souvenirs (1969, 1970, 1971, 1972, 1974) ou plutôt d'efforts pour se souvenir qui n'aboutiront qu'à quelques 'phantasmes, petites scènes mi réelles, mi inventées dans lesquelles j'apparais (comme bébé, bambin, enfant, sans corps ni visage définis) au milieu d'êtres sans visages, comme des personnages de Chirico'.[74] La dégradation des bâtiments correspond à l'instabilité et à la fragilité de la mémoire et souligne l'absence douloureuse des souvenirs d'enfance. Dans le premier 'souvenir', daté le 22 août 1969, Perec écrit :

> Il reste inconcevable que je n'ai aucun souvenir de la rue Vilin où j'ai dû pourtant passer l'essentiel des sept (ou six) premières années de ma vie ; j'insiste sur cet 'aucun', cela signifie aucun souvenir des lieux, aucun souvenir des visages.[75]

En juillet 1970, il exprime :

> le regret d'un pays natal, d'une demeure ancestrale, j'aimerais tellement me retirer sur mes terres comme Athos : ma seule tradition, ma seule mémoire, mon seul lien est rhétorique – signe d'encrage [...] il n'y a pas de trace des lieux que j'ai habités (ils n'ont pas gardé ma trace et je n'ai pas gardé la leur) j'ai choisi pour terre natale des lieux publics, des lieux communs.[76]

Pour constater le 2 décembre 1972 :

> Peut-être n'y a-t-il pas de souvenirs ! même pas rafistolés ? Rien qui rattache à une histoire réelle, vraie. Tout a été obnubilé.[77]

Au moment où il rédige la version définitive de son autobiographie, en 1974, la rue, écrit-il, était déjà aux *trois quarts* détruite (apparition du *trois* et du *quatre* supprimés dans la date de naissance de Winckler), la plupart des maisons encore debout n'offraient plus que des façades aveugles. La maigre récolte de souvenirs ou fantasmes a été répartie sur les différents

---

74. 'Vilin. Souvenirs', *Genesis* n° 1, 1992, p. 133.
75. *Ibid.*, p. 133.
76. *Ibid.*, p. 136.
77. *Ibid.*, p. 148.

chapitres du récit autobiographique. Les deux souvenirs les plus anciens sont évoqués dans le chapitre IV. Ce sont le souvenir de la lettre hébraïque déchiffrée à l'âge de trois ans et celui d'une clé en or que Perec aurait reçue de son père. La description de la rue Vilin, au chapitre X, est suivie d'autres souvenirs (de visites aux Bienenfeld dans le 16ᵉ arrondissement (Passy), de l'exode en 1940), et *trois* souvenirs d'école augmentés en note d'un *quatrième*.[78]

Ils y alternent avec l'évocation très détaillée de trois photos de la mère de Perec (datant respectivement de 1938, 1939, 1940). Sur les deux premières photos, elle figure ensemble avec son fils ; sur la dernière, elle est seule et porte le deuil.[79] Ce chapitre se termine sur la scène de séparation à la gare de Lyon : la mère reste sur le quai tandis que le train emporte son fils vers Grenoble, scène répétée jusqu'à trois fois dans le récit autobiographique. (ch. VIII, pp. 41, 48 et ch. X, p. 76) En couverture de l'illustré que la mère donne à son fils pour le voyage, figure un Charlot parachutiste. Les suspentes du parachute ne sont rien d'autre que les bretelles de son pantalon.[80]

Le dernier souvenir lié à la rue Vilin dans *Lieux* a été rédigé en décembre 1974 et n'a plus été inséré dans l'autobiographie déjà terminée. Ce souvenir ultime, vrai ou faux, évoque, de manière inattendue, une chambre de la petite enfance :

> Il faut pourtant que je note un vrai ou faux souvenir retrouvé : le matin, j'allais dans le lit de mes parents ; ma mère se levait mais mon père qui avait été aux Halles dans la nuit, somnolait encore. Mon jeu favori consistait à plonger entièrement sous les draps et à aller toucher les pieds de mon père, chaque fois avec de grands éclats de rire.[81]

Quand Perec se rend une dernière fois en septembre 1975 à la rue Vilin pour relever l'état des lieux, son autobiographie a été publiée (en avril), et il se borne à reproduire sans commentaire le texte d'un graffiti sur une palissade en ciment, *travail=torture*, devise qui fait curieusement écho à celle inscrite

---

78. Ce quatrième souvenir concerne la fabrication de napperons de papier, faits de bandes étroites de carton entrecroisées : 'je me souviens que ce jeu m'enchanta'. (*Wse*, p. 76)

79. Pour une analyse approfondie des nuances énonciatives dans la description de ces photos, voir Helena Blondel, *Le Travail du document dans W. Autobiographie de Georges Perec* (Mémoire de maîtrise, Université de Haute Bretagne, Rennes II, 1994-95).

80. Au sujet de ce 'souvenir écran' sur lequel est venu se greffer l'expérience du parachutiste Perec de 1958, voir Philippe Lejeune, *La Mémoire et l'oblique*, pp. 79-85.

81. 'Vilin. Souvenirs', *Genesis* n° 1, 1992, p. 151.

au-dessus de l'entrée d'Auschwitz.[82] Ce texte est le dernier dans la série des descriptions du réel et scelle l'abandon définitif du projet de *Lieux*.

Les caractéristiques concrètes de la rue Vilin que Perec a choisi de relever dans *W ou le souvenir d'enfance* sont autant de signes annonciateurs du destin qui sera réservé à ses habitants. La rue monte en esquissant vaguement la forme d'un S – 'comme dans le sigle SS', avait-il écrit beaucoup plus explicitement lors de sa première visite le 27 février 1969 – jusqu'à des escaliers abrupts qui mènent à la rue de Transvaal et à la rue Olivier Metra.[83] Perec insiste sur la position élevée de la rue : 'De ce carrefour on pouvait découvrir Paris tout entier' et il rappelle qu'il y a tourné en juillet 1973 le plan final d'*Un homme qui dort*. (*Wse*, ch. X, p. 67) Les descriptions de *Lieux* soulignent encore plus nettement l'aspect 'montagnard' de cette petite rue parisienne qui comptait au début des années soixante-dix un hôtel *Le Mont blanc*, et un commerce de Vins & Charbons portant l'enseigne *Au repos de la montagne*.[84] Pour l'enfant Perec, la rue Vilin constitue le point de départ pour Villard-de-Lans ; sa mère, la sœur de celle-ci et ses deux grands-pères, David Perec et Aaron Szulewicz, y sont arrêtés pour être déportés vers leur pays natal.

L'enfant est accueilli à Villard-de-Lans dans une villa appelée *Les Frimas*. L'analogie entre la rue Vilin et Les Frimas d'une part et l'hôtel Berghof d'autre part, est renforcée par la position élevée de la rue, que celle-ci partage avec l'hôtel et la villa 'assez écartée, construite tout au sommet de la grande route en pente qui aboutit sur la grande place de Villard'. Le je-narrateur précise qu'il a appris le sens précis du nom de la villa – 'Frimas' signifiant 'brouillard givrant' – seulement au moment de l'écriture de

---

82. 'La rue Vilin', *L'infra-ordinaire*, p. 31.

83. Les escaliers abrupts et les pentes raides, caractéristiques des rues de Belleville, font invariablement part de la mise en scène des nombreuses escalades et chutes consécutives réelles ou craintes, des protagonistes de *Wse* – de l'enfant Perec et des athlètes de *W*. Ces accidents renvoient au sentiment d'abandon, exprimé de manière poignante au chapitre X après la scène du départ : 'je fus précipité dans le vide ; tous les fils furent rompus ; je tombai, seul et sans soutien'. (p. 77) Ainsi, dans le récit autobiographique, la bousculade dans l'escalier de l'école maternelle (p. 75), l'escalade du rocher (pp. 106, 107), l'accident avec la luge (p. 108), l'escalier extrêmement étroit et à la pente très raide (p. 117), l'escalade du pin (p. 152), le souvenir d'une couverture illustrée, représentant 'un enfant d'une quinzaine d'années avançant sur un sentier très étroit creusé à mi-hauteur d'une haute falaise surplombant un précipice sans fond' (ch. XXXI, p. 191). Ces souvenirs sont tous, sans exception, présentés comme précis et vifs. Perec explicite ce thème de la fracture et de la chute aux pages 109, 110 de *Wse*.

84. 'La rue Vilin', *L'infraordinaire*, p. 21.

l'autobiographie. (*Wse*, chap. XV, p. 104)[85] C'est l'un de ces ajouts typiques qui montrent l'ajustement de l'autobiographie à la fiction. Comme *Berghof*, le nom de l'hôtel à K., *Les Frimas* connote donc le froid et le brouillard, et renvoie à la description de l'île *W* au chapitre XII (p. 90), 'un paysage constamment glacial et brumeux'. Ainsi entrecroisées, ou si l'on veut 'suturées', fiction et autobiographie imposent l'association avec la réalité extra-textuelle, qui est dans ce cas-ci, celle du décret dit 'Nacht und Nebel', pris par Hitler en décembre 1941 et stipulant que tous ceux qui, dans les pays conquis, commettraient des crimes contre le Reich ou contre les troupes d'occupation allemandes, seraient soit punis de mort, soit déportés.[86]

Une autre connotation de Berghof est actualisée par le nom de la pension où Perec est installé lorsque le séjour à la villa se révèle être trop dangereux. 'Cette pension', écrit Perec, 'porte dans mon vague et lointain souvenir un nom d'oiseau, les Mésanges par exemple'.[87] (*Wse*, p.117) La réapparition de toutes les connotations que comporte le nom de l'hôtel à K. – la montagne, le froid, la brume, la neige et le nid d'oiseau – s'accompagne d'une ressemblance d'ordre narratif. Le Berghof, la rue Vilin ainsi que Les Frimas et Les Mésanges ne sont que des lieux de passage, marquant les premières étapes d'un voyage vers un pays lointain et inconnu. Ce pays est

---

85. C'est ainsi que s'appelait la villa des Bienenfeld à Villard-de-Lans, transformée depuis en pension de famille. Si Perec se permet certaines libertés avec les dates historiques, il se montre extrêmement fidèle au réel dans ses souvenirs topographiques. Tous les noms qu'il mentionne se retrouvent aujourd'hui sur les panneaux indicateurs qui permettent au visiteur de Villard-de-Lans de s'orienter, à l'exception des *Mésanges*, nom donné par le je-narrateur à la pension où il passe quelque temps avant d'être admis au collège Turenne et qui s'appelait en réalité *Le Clos Margot*.

86. Rappelons que Jean Cayrol, arrêté en 1941, avait publié en 1945, à son retour de Mauthausen, un recueil de poèmes écrits en déportation sous le titre *Poèmes de la nuit et du brouillard* (Paris : Seghers, 1946). Ajoutons que le court-métrage sur les camps de concentration d'Alain Resnais et Jean Cayrol (commentaire) s'intitulait également *Nuit et Brouillard* et qu'il avait été retiré de la sélection officielle du festival de Cannes de 1955 à la demande de l'ambassade d'Allemagne. Perec renvoie dans le chapitre XXXVI de *Wse* à la scène sur laquelle ce film se clôt. Par ailleurs, la rubrique *nuit* couplée avec la rubrique *brouillard* figure sur la liste des quarante-deux éléments qui constituent la matrice de chacun des chapitres de *La Vie mode d'emploi*.

87. Cette pension était dirigée par un instituteur suisse, Pfister. On peut déceler dans ce nom une allusion à Oskar Pfister, pasteur zürichois, ami de Freud et cité par celui-ci dans *Eine Kindheitserinnerung des Leonardo da Vinci* [1910]. Il s'agit d'une interprétation du tableau de *La Vierge, l'enfant Jésus et sainte Anne* de Léonard de Vinci. On retrouve le nom de Pfister dans la *VME* où Léon Marcia, 'souffrant d'une pleurésie tuberculeuse' s'engage comme garçon d'étage dans l'hôtel *Pfisterhof* d'Ascona dans le Tessin. (*VME*, p. 225). Sur la réécriture perecquienne de Freud dans *La Vie mode d'emploi*, voir Jacques Lecarme 'Perec et Freud ou le mode d'emploi', *Cahiers Georges Perec*, n° 4, pp. 121-141.

décrit dans *W ou le souvenir d'enfance* comme une île absolument déserte jusqu'à la fin du XIXᵉ siècle, dont l'approche était interdite par la brume, les récifs, les marais, que survolent sans cesse des millions d'oiseaux marins, n'apparaissant sur les cartes que comme une tache vague et sans nom. (*Wse*, ch. XII, p. 90) Dans les souvenirs de Villard-de-Lans, l'enfant découvre ce pays lorsqu'il entre au collège Turenne, 'que l'on appelait aussi le Clocher, dans mon souvenir un lieu terriblement éloigné, où nul ne venait jamais, où les nouvelles n'arrivaient pas, où celui qui avait passé le seuil ne le repassait plus'. (*Wse*, ch. XIX, p. 125) L'île *W* et le collège Turenne sont présentés comme des lieux d'exil froids, isolés, inaccessibles, dominés par une tour, et sur lesquels plane l'ombre des oiseaux de proie.[88]

Si le récit fictionnel met en scène des lieux – la Sarre et Coblence, Nuremberg et Berghof – dont l'histoire est liée à certains épisodes de la Seconde Guerre mondiale, ce n'est donc que de manière dissimulée, oblique. Perec se contente d'en évoquer les noms, tablant ainsi sur les connaissances historiques du lecteur. Celui-ci trouve une confirmation de ses inférences dans le texte autobiographique, qui s'ancre de manière discrète dans le même référent historique. Les lieux où démarre l'action fictionnelle sont évoqués explicitement au début du récit de Gaspard Winckler et implicitement, par la citation de l'essai de David Rousset sur les camps de concentration. (ch. XXXVII, p. 219, 220).

Il est intéressant de remarquer que cette citation apparaît déjà dans la version feuilleton mais est transférée dans la version définitive au récit autobiographique. Dans le chapitre V de *L'Univers concentrationnaire*, Rousset compare les camps réservés aux juifs et aux Polonais comme Auschwitz à ceux réservés aux aryens comme Neue-Bremm, près de Sarrebruck.[89] Au lieu d'emprunter à Rousset son évocation d'Auschwitz, Perec cite littéralement le passage sur Neue-Bremm, mais il supprime le nom du

---

88. La tour inaccessible, résidence et symbole des autorités, est une autre constante dans les récits qui servent de textes-sources à *Wse*. Rappelons la tour du *Château* [1926] de Kafka, la tour à Stahlstadt dans *Les Cinq cents millions de la Bégum* [1895] et le phare dans *Le Phare du bout du monde* [1905] de Jules Verne. C'est dans la tour à Stahlstadt que le docteur Otto Schultze, dirigeant tyrannique de la cité utopique d'acier modelé sur l'industriel Alfred Krupp, tramant la destruction de tous les peuples qui refuseront de fusionner avec le peuple germanique, périt par l'une de ses propres inventions alors qu'il est en train de signer un document. Il n'a pas le temps d'achever la signature : le *e* final et le paraphe y manquent. Scène qui a dû frapper Perec en tant que spécialiste de lipogrammes en *e*.

89. David Rousset, *op. cit.*, pp. 54-56.

camp.[90] Rousset insiste, dans le fragment cité par Perec, sur la place émi-
nente du 'sport' et l'absence presque totale de nourriture à Neue-Bremm.
Cette citation 'censurée', permet à Perec d'expliciter à la fois la nature
métaphorique de la vie 'sportive' à W et de la faire lire en relation avec la fin
de la mère 'déportée en direction d'Auschwitz'. Il ramène ainsi son lecteur,
dans le 37ᵉ et dernier chapitre autobiographique, aux lieux évoqués dans le
premier chapitre fictionnel. La boucle est fermée, le voyage est circulaire :
Gaspard Winckler n'avait nullement besoin de se déplacer pour atteindre
la Terre de Feu, puisque le monde 'englouti qu'il a vu de ses propres yeux'
se trouve dans la région sarroise.

Prénoms et patronymes

Cette analyse a révélé quelques caractéristiques du traitement des noms de
lieux chez Perec qui sont tous soumis à une stratégie de codage métonymique dont le déchiffrement fait apparaître la figure de l'Allemagne. Dans
ce qui suit, j'analyserai quelques exemples illustratifs du travail sur les lettres
et les noms de personnes, prénoms et patronymes, qui par un recours
systématique à la traduction bilingue, l'homophonie et la synonymie,
perdent également leur statut purement dénotatif pour se transformer en
mots à double ou à triple entente, saturés de sens.

L'importance que revêt le travail de Perec sur les noms propres et son
attention pour les lettres qui composent ces noms, s'explique comme nous
l'avons déjà vu, par la rareté des autres repères. Pour celui qui se trouve
privé de racines affectives et culturelles, le nom propre est 'tout ce qui reste
quand il ne reste rien' et tient lieu de langue maternelle, de patrimoine
culturel, de famille et de métier, même s'il s'y dessine déjà l'image de la
diaspora et du vide :

> Le nom de ma famille est Peretz. Il se trouve dans la Bible. En hébreu, cela
> veut dire «trou», en russe «poivre», en hongrois (à Budapest, plus précisé-
> ment), c'est ainsi que l'on désigne ce que nous appelons «Bretzel». «Bretzel»
> n'est d'ailleurs rien d'autre qu'un diminutif (Beretzele) de Beretz, et Beretz,

---

90. Cette omission a été relevée également par Bellos, *op. cit.*, p. 570. Cependant,
contrairement à ce que dit Bellos, Rousset parle bien de l'extermination des juifs dans un
fragment qui suit immédiatement les phrases citées par Perec. David Rousset, *op. cit.*, pp. 55,
56.

comme Baruk ou Barek, est forgé sur la même racine que Peretz – en arabe, sinon en hébreu, B et P sont une seule et même lettre. [...]. L'une des figures centrales de la famille est l'écrivain yiddish polonais Isak Leibuch Peretz, auquel tout Peretz qui se respecte se rattache au prix d'une recherche généalogique parfois acrobatique. Je serais, quant à moi, l'arrière-petit-neveu d'Isak Leibuch Peretz. (Ch. VIII, Note 8, pp. 51, 52).

Devançant ses exégètes qui n'ont pas manqué de relever les erreurs dans cette incursion imprudente dans l'étymologie hébraïque (Baruch, par exemple, n'est pas forgé sur la même racine que Peretz)[91], Perec souligne lui-même 'l'élaboration fantasmatique, liée à la dissimulation patronymique de son origine juive'. (*Wse*, p. 52) Bien qu'insatisfaisant du point de vue étymologique, ce paragraphe permet d'éclairer le détail énigmatique des bretzels offerts à Winckler, qui dit ne jamais manger de bretzels (= de Peretz), mais qui commande lors de sa visite au Berghof deux bières. Si l'on se rappelle le prétexte que Winckler a donné à son patron pour pouvoir s'absenter – l'enterrement de sa mère à D. en Bavière[92] – cette commande apparemment innocente revêt une connotation funèbre.

• Gaspard Winckler, le dénicheur d'oiseaux
Le nom de Gaspard Winckler traverse l'œuvre de Perec de bout en bout, des ouvrages de jeunesse[93] jusqu'à *La Vie mode d'emploi*, comme il nous le rappelle au chapitre XXI de *Wse*. Comme ses homonymes dans les autres livres, le Gaspard Winckler de *W ou le souvenir d'enfance*, muni d'un faux passeport, est dans un certain sens un faussaire. S'il semble hors de doute que le prénom Gaspard remonte à l'histoire de Kaspar Hauser, l'origine du patronyme, Winckler, est moins claire. Bellos désigne comme clé de 'l'évi-

---

91. Voir Marcel Bénabou, 'Perec et la judéité', *Cahiers Georges Perec*, n° 1, 1984, pp. 17-20.

92. C'est la seule fois que cette mère du Gaspard Winckler adulte est mentionnée. Le D. pourrait renvoyer à Dachau.

93. Le prénom Gaspard figure dans trois textes de jeunesse. Le premier, intitulé tout simplement *Gaspard*, date de 1958 et raconte l'histoire de l'artisan qui essaie de réaliser une copie d'un bahut sculpté. Ce texte est repris et rebaptisé *Gaspard pas mort* en 1959. Le troisième texte, *Le Condottiere* (1960), qui doit son titre au portrait d'Antonello de Messine au Louvre, a pour protagoniste un Gaspard Winckler, et raconte l'histoire d'un peintre faussaire. Concernant le premier *Gaspard*, on peut encore rappeler que dans *La Vie mode d'emploi* l'un des rares objets de valeur dans l'appartement de l'artisan Gaspard Winckler était un bahut qu'il avait sculpté lui-même et sur lequel figuraient les scènes principales de *L'Île mystérieuse* de Jules Verne. Les noms, pour ne pas parler des objets et des livres, ont plusieurs vies chez Perec.

dente unité entre 'le cycle Gaspard' et l'autobiographie de Perec' un film de Fritz Lang. Ce film, *M der Mörder* (titre français *M le maudit*), tourné à Berlin en 1931, et interdit par les nazis dès leur avènement au pouvoir en 1933, raconte l'histoire d'un tueur d'enfants qui habite chez une Frau Elisabeth Winkler.[94] S'il est vrai qu'on n'a retrouvé une copie du film de Lang qu'en 1964 et que Perec n'a donc pu voir le film avant cette date, le Winckler des ouvrages de jeunesse doit avoir une autre provenance.

Quand on pense à l'importance du sport et des Jeux Olympiques comme source d'inspiration du récit fictionnel de *W ou le souvenir d'enfance*, le nom d'un autre Winkler vient à l'esprit, celui du cavalier allemand Hans Gunther Winkler, champion d'équitation dont la renommée remonte au début des années cinquante et qui obtient le titre olympique de sauts d'obstacles aux Jeux Equestres Olympiques de 1956 à Stockholm. Bien que le métier de ce Winkler se prête à un rapprochement avec l'histoire de Kaspar Hauser (qui voulait être cavalier comme son père et jouait avec des chevaux de bois) et bien que les premières prestations sportives de ce Winkler coïncident avec la première genèse de *W*, ce rapprochement reste spéculatif. Une autre hypothèse, plus aisée à soutenir et nullement exclusive de la première, est celle d'un jeu bilingue sur le patronyme de Perec.

La visite au Berghof à Coblence, nid d'aigle(s), transforme Winckler, né dans un hameau (*Winkelnest*/le nid de Winckler), en *Finkler* (homophone allemand de Winckler prononcé à la française), celui qui fait métier de prendre les oiseaux. En se rendant au nid d'aigle, Winckler se hasarde en ce haut lieu de l'Allemagne nationaliste.[95] Parallèlement, *das deutsche Eck* et

---

94. Bellos orthographie ce nom erronément Winckler. La digression sur ce film de Lang sert à avancer une interprétation des rapports entre les lettres *M* (mentionnée une seule fois en rapport avec le souvenir de la lettre hébraïque au ch. IV) et *W* dans l'autobiographie de Perec. Cette interprétation qui permet de voir dans le *M* un *W* retourné, est cependant invalidée par un résumé inexact de certains événements clé du film. Alors que la lettre *M* (Mörder) joue un rôle primordial dans le titre du film, mais aussi dans l'histoire où elle est tracée à la craie sur l'épaule du meurtrier, le spectateur ne voit à aucun moment ce *M* transformé en *W* comme le prétend Bellos. Si M retourné faisait W, l'avertissement sur lequel le film se clôt, 'Mères, veillez mieux sur vos enfants', pourrait être lu comme 'Enfants, prenez mieux soin de vos mères'. Dans le *W* de Perec s'inscrirait alors, selon Bellos, la culpabilité du survivant. (pp. 571-574). Dans le manuscrit récemment retrouvé de la partie 'souvenirs d'enfance', Bellos a relevé une formule énigmatique, W 6 W o 146, qui n'est rien d'autre que l'image en miroir, retournée, du mot 'mémoire' et qui permet donc de relier le *W* aux deux *M* figurant dans le mot mémoire.

95. Ce réseau d'associations autour du nom de Winckler (dénicheur d'oiseaux) se retrouve dans *La Vie mode d'emploi*. Après la mort de Gaspard Winckler, on charge un notaire de retrouver ses héritiers éventuels : celui-ci arrive à 'dénicher' un arrière-petit-cousin, Antoine *Rameau* (p. 21).

Winkelnest font apparaître dans Winckler le mot allemand *Winkel* (*die Ecke* : le coin, l'angle) et s'associe aussi bien avec le nom de l'auteur Per-ec qu'avec le métier de l'artisan Gaspard Winckler dans *La Vie mode d'emploi*. La fabrication de puzzles amène celui-ci à découper constamment coins et angles. Ce dernier exemple n'est qu'une des multiples illustrations possibles du goût de Perec pour la désarticulation phonique et pour les variations homophoniques.[96]

Dénicheur d'oiseaux, Gaspard Winckler a comme 'pendant' dans le récit autobiographique un autre dompteur d'animaux, l'enfant Georges Perec, baptisé chrétiennement en 1943 et ayant appris, à cette occasion ou plus tard par le biais de l'iconographie chrétienne, la légende liée à son patron saint Georges. Selon *La Légende dorée* de Jacques de Voragine[97], saint Georges monta sur son cheval pour sauver la fille unique du roi de la ville de Silène (en Libye) livrée au dragon habitant un lac. Il blessa le monstre de sa lance et ordonna à la jeune fille d'entourer le cou du dragon avec sa ceinture et de l'emmener en ville. Là, il fit promettre aux habitants qu'ils se feraient baptiser et il tua le monstre. Le supplice du saint, victime de Dioclétien, dura sept ans ; pour faciliter (sic) la durée du martyre, Georges fut ressuscité trois fois, avant sa mort définitive à Lydda en Palestine.

La légende de saint Georges, saint chevaleresque, protecteur des jeunes femmes, prototype du combattant pour la foi (contre la menace que les in-fidèles représentaient pour l'église), joue un rôle considérable dans l'œuvre de Perec, autant comme objet de fiction que comme moyen de produire la fiction. Représenté à pied ou à cheval, en armure, menaçant de sa lance le dragon, symbole du mal, le saint figure dans ce que Magné a appelé la 'pinacothèque perecquienne', l'ensemble des tableaux qui lui ont servi à produire des matériaux narratifs. Magné désigne comme tableaux clés dans cette pinacothèque *Le Condottiere* et le *Saint Jérôme dans son cabinet de lecture* d'Antonello de Messine.[98] Je montrerai dans la troisième partie de ce

96. Une autre illustration se trouve dans les avant-textes où Perec se livre à un exercice d'approximations homophoniques et désécrit Winckler en : *vit clair*, en *Winkle* (anglais = un instant) et *to winkle* (également anglais = scintiller. Ces variations ont été relevées par Mireille Ribière, *art. cité*, p. 75.

97. Jacques de Voragine (1228-1298), *La Légende dorée*, traduite du latin par Teodor de Wyzewa (Paris : Perrin et Cⁱᵉ, 1905) pp. 226-232.

98. Voir à ce sujet Bernard Magné, 'Lavis mode d'emploi', *Cahiers Georges Perec* n° 1, pp. 232-247 ; '*Peinturecriture*', *Perecollages 1981-1988* (Presses Universitaires du Mirail-Toulouse, 1989) pp. 207-217, et 'Saint Jérôme mode d'emploi', *Cahiers Georges Perec*, n° 6, *L'Œil d'abord* (Paris : Seuil, 1996) pp. 91-113.

travail, une analyse d'*Un cabinet d'Amateur*, que saint Georges, représenté sur les fresques de Pisanello à Vérone et les tableaux de Carpaccio à Venise, joue également un rôle important. On retrouve les traces de ce saint guerrier dès *Le Condottiere* où est mentionné Pisanello.[99] *La Disparition* compte un nombre impressionnant de Georges ; la mention d'un dragon au troisième chapitre évoque le saint tueur de dragon.[100] Pisanello et saint Georges réapparaissent à plusieurs reprises dans *La Vie mode d'emploi* ainsi que dans *Un cabinet d'amateur*. Dans *W ou le souvenir d'enfance*, la légende de saint Georges semble être à l'origine du réseau qui se tisse autour des chaussures acérées et des fers de lance.[101]

- Une mémoire lettrée, l'entrecroisement du X et du W

Nous avons vu que dans la même période qu'il travaille sur *W ou le souvenir d'enfance*, Perec poursuit la veine oulipienne et écrit, outre les romans lipogrammatiques ou monovocaliques, trois recueils de poèmes hétérogrammatiques. Ces textes sont autant d'explorations de la matérialité de l'écriture : ils mettent en jeu la lettre même en tant que signifiant manipulable.[102] Dans son autobiographie, Perec ne se limite pas à l'alphabet français, mais étend son jeu entre autres à l'hébreu et au grec.

Souvent cité et commenté, le premier souvenir que Perec évoque est celui d'une lettre prétendue hébraïque déchiffrée à l'âge de trois ans. 'Le signe aurait eu la forme d'un carré ouvert à son angle inférieur gauche, quelque chose comme ☐ et son nom aurait été gammeth, ou gammel'. (*Wse*, ch. IV, p. 23) Cette interprétation n'est donnée que pour être aussitôt corrigée dans une note : 'il existe une lettre nommée Gimmel dont je me plais à croire qu'elle pourrait être l'initiale de mon prénom ; elle ne ressemble absolument pas au signe que j'ai tracé et qui pourrait à la rigueur passer pour un 'men' ou 'M'. (*Wse*, p. 24) Si ce souvenir fabulé peut être interprété comme une tentative d'encrage/ancrage, une tentative de s'inventer une identité juive, celle-ci est ambiguë. La forme tracée par Perec n'est

---

99. *Le Condottiere*, p. 32. Tapuscrit Fonds Perec. Saint Georges est le patron de la Grande Bretagne. L'Ecosse a choisi comme patron saint André. Ce qui établit un lien métonymique entre Georges Perec et son père Isy, alias André.

100. *La Disparition*, p. 46.

101. Parmi les dessins de l'enfance qui font partie des avant-textes de *W* se trouve celui d'un chevalier en armure à cheval. Fonds Perec, Ms 71,4,34.

102. L'alternance des caractères romains et italiques dans les récits autobiographique et fictionnel de *Wse* en est un exemple relativement simple.

pas une lettre hébraïque, ni, comme il se plaît à croire un Gimmel, ni, comme il le suggère, un Men, non existant, ni un Mem. Si on l'interprète, par contre, comme l'image en miroir de l'initiale de son prénom, un *G* français retourné, le souvenir est alors lié à l'identité française et, par le sens de l'écriture, de droite à gauche, à l'identité juive. L'hésitation entre judéité et francité est soulignée, comme nous l'avons déjà vu, par l'évocation de l'iconographie chrétienne. Par 'son thème, sa douceur, sa lumière', cette scène de déchiffrement d'une lettre de l'alphabet ressemblerait à un tableau, 'peut-être de Rembrandt ou peut-être inventé', qui se nommerait 'Jésus en face des Docteurs' ou encore 'Présentation au Temple'. (*Wse*, pp. 23, 24)

Cet équilibre délicat entre le français et l'hébreu est compromis par l'intervention d'un autre alphabet. Lejeune a étudié dans *Lieux* et dans les avant-textes de *W ou le souvenir d'enfance* la série de transformations que subit le nom de cette lettre hébraïque – Gimmel, gameth, gamète, gamai, gamelle, gammeth ou gammel, noms fantaisistes, note-t-il, qui sont visiblement inspirés du gamma grec et qui, pourrait-on ajouter, sont associés par là à la croix gammée.[103] Association qui trouble évidemment la sérénité dont ce premier souvenir semble empreint.

Dans le chapitre XV de *Wse*, Perec poursuit sa réflexion sur les lettres et c'est alors le *X* qui est décrit comme :

> point de départ enfin d'une géométrie fantasmatique dont le V dédoublé constitue la figure de base et dont les enchevêtrements multiples tracent les symboles majeurs de l'histoire de mon enfance : deux V accolés par leurs pointes dessinent un X ; en prolongeant les branches du X par des segments égaux et perpendiculaires, on obtient une croix gammée (卍) elle-même facilement décomposable par une rotation de 90° d'un des segments en ς sur son coude inférieur en signe ςς ; la superposition de deux V tête-bêche aboutit à une figure (XX) dont il suffit de réunir horizontalement les branches pour obtenir une étoile juive (✡). C'est dans la même perspective que je me rappelle avoir été frappé par le fait que Charlie Chaplin, dans *le Dictateur*, a remplacé la croix gammée par une figure identique (au point de vue de ses segments) affectant la forme de deux X entrecroisés (✖). (*Wse*, p. 106).[104]

103. Lejeune a consacré une étude à ce premier souvenir fabulé, 'La lettre hébraïque. Un premier souvenir en sept versions', *La Mémoire et l'oblique*, pp. 220-231. Quatre de ces versions viennent de *Lieux* ; les deux autres sont tirés des avant-textes de *Wse* et datent de 1970. Au chapitre XXIX de *Wse* Perec note qu'après la guerre, au collège Geoffroy Saint-Hilaire, il abandonne le grec et choisit l'allemand. (*Wse*, p. 182)

104. C'est la troisième mention de Chaplin dans *Wse*. La première mention clôt la liste

Loin d'être gratuite, la jonglerie verbale et graphique de Perec se sous-tend d'une méditation permanente sur le destin. Puisqu'à certains moments de l'histoire 'le destin a pris la figure d'un alphabet'[105], et que les témoins du passé ont disparu, il ne reste qu'à interroger les lettres. Les réponses qu'apporte l'alphabet qu'il soit hébreu, grec ou français, sont cependant terriblement ambiguës. Se métamorphosant sans cesse, lettres et sigles désignent tantôt les victimes du génocide, tantôt ses responsables. Figure du destin, l'alphabet l'est donc à double titre. D'une part comme véhicule de la fatalité : un simple changement d'orthographe peut être 'd'importance vitale ou plus souvent mortelle' (*Wse*, p. 32).[106] D'autre part comme support des intentions les plus scélérates : les lettres sont malléables et il suffit de quelques manipulations pour obtenir à partir d'un *X* ou d'un *V* soit une étoile juive, soit une croix gammée.

Les paragraphes 5 et 6[107] du chapitre XV (dont les chiffres romains se lisent comme les lettres X et V) sont consacrés à la géométrie fantasmatique élaborée à partir du *X*. Le paragraphe 5 s'ouvre sur un ensemble apparemment hétéroclite et abstrus de souvenirs et d'associations introduit par le souvenir d'un vieil homme qui, près de la villa des Frimas, sciait son bois sur un chevalet formé de deux croix parallèles, 'formant cette figure en X que l'on appelle la croix de saint André'. 'Mon souvenir n'est pas souvenir de la scène', écrit Perec, 'mais souvenir du mot, seul souvenir de cette lettre

---

des événements liés à la date de naissance de Perec au ch. VI, p. 34. C'est l'annonce de la sortie des *Temps modernes* en mars 1936. Chaplin, on le sait, s'en prend dans ce film au travail à la chaîne. La seconde mention, au ch. X, p. 76, évoque l'illustré que la mère de Perec lui aurait acheté à la gare de Lyon, *Charlot parachutiste*. Le film que Perec nomme dans le passage cité ci-dessus, *The great dictator*, a été produit en 1940. Ouvertement annoncé comme un pamphlet anti-hitlérien, ce film vaut à Chaplin les attaques des milieux isolationnistes. Chaplin y joue un double rôle, celui de Hynkel, dictateur de Tomania, et celui d'un petit coiffeur juif du Ghetto. Dans une variation comique sur la formule consacrée niant toute ressemblance entre fiction et réalité, le générique du film dit que toute ressemblance entre Hynkel et le barbier juif est fortuite. Un certain colonel Schulz, confident de Hynkel et ami de guerre du barbier, fonctionne comme intermédiaire entre le palais du dictateur et le ghetto. Ce film où l'on retrouve un persiflage à la fois glaçant et extrêmement comique d'Hitler et qui, dans sa parodie des mises en scène wagnériennes du régime nazi, rappelle le film de Riefenstahl de 1934, était évidemment interdit dans l'Europe allemande. Dans le film, la croix gammée est remplacée par deux croix superposées et non pas entrecroisées, comme le dit Perec.

105. *Récits d'Ellis Island, Histoires d'errance et d'espoir* (Paris : POL, 1995) p. 49.

106. Ce qui est illustré par l'importance de la minuscule différence existant entre l'orthographe du nom et sa prononciation : 'ce devait être Pérec ou Perrec [...] ; c'est Perec sans pour autant se prononcer Peurec. (*Wse*, ch. VIII, p. 52).

107. En tant que composants du *onze*, le cinq et le six sont également des nombres-clés dans l'arithmétique perecquienne.

devenue mot, de ce substantif unique dans la langue à n'avoir qu'une lettre unique, unique aussi en ce sens qu'il est le seul à avoir la forme de ce qu'il désigne'. (*Wse*, p. 105) Par les caractéristiques 'uniques' que Perec lui attribue, le *X* est la seule lettre à réaliser l'idéal d'une langue adamique écrite où les mots sont liés étroitement aux choses et se confondent avec elles. Pour mettre en relief les particularités du *X*, Perec invoque l'exemple du Té, l'équerre, instrument du dessinateur, objet dont le nom se prononce mais ne s'écrit pas comme la lettre qu'il figure. Dans le substantif Té, le é fait obstacle à une identification complète entre l'objet et la lettre dont celui-ci a la forme.[108]

Signe adamique, le *X* est, cependant, également décrit comme signe du mot rayé nul, signe de l'ablation, de la mise en ordre (l'axe des x), de la multiplication et de l'inconnu mathématique. Comme l'on l'a déjà relevé à plusieurs reprises, le *X* est de par son association avec saint André, apôtre crucifié en 62 à Patras sur une croix en X, également souvenir du père, prénommé André sur le certificat de baptême de 1943.[109] Seule lettre écrite qui se confond avec l'objet qu'elle désigne, le *X* désigne, ironiquement, par son association avec le père, l'inconnu, ce qui est bien enlevé et rayé. Mort sous l'uniforme français le 16 juin 1940, ce père a été enterré dans la partie militaire du cimetière de Nogent-sur-Seine, sous une simple *croix* de bois où sont inscrits ses véritables prénoms et son numéro de matricule, Perec Icek Judko E.V. 3716. Au chapitre VIII de *Wse* (pp. 53, 54), Perec relate comment il a découvert ces détails lors d'une visite à la tombe de son père

---

108. Dans cet exemple, c'est l'objet qui renvoie à la lettre comme si les lettres étaient premières et les choses n'étaient créées qu'après. On peut se demander pourquoi Perec a choisi l'exemple du *T* pour l'opposer au *X*. Or, si le *X* peut être associé à ce que l'on appelle en héraldique la croix de saint André, le *T* correspond au Tau grec qui désigne en héraldique une figure en forme de *T*, appelée la croix de saint Antoine. Ce qui nous met en présence de deux saints et de deux croix, saint André et saint Antoine. Dans l'iconographie, saint André est représenté comme un vieillard à la barbe fendue portant une croix en X. Perec a muni son vieillard scieur de moustaches grises. Antoine le Grand (251-356), un des Pères de l'Eglise, est représenté avec comme attributs le tau ou la crosse, un livre, un rosaire, et un flambeau ou un brasier. De ses pieds, il écrase le diable ; il est souvent accompagné d'un porc. L'œuvre de Perec compte de nombreux Antoine parmi lesquels le protagoniste de *La Disparition*, Anton Voyl.

109. Ce certificat, non mentionné dans *Wse*, porte le numéro 53. Si le titre du dernier livre, inachevé, de Perec, «*53 jours*» renvoie au temps qu'il a fallu à Stendhal pour écrire *La Chartreuse de Parme*, et au nombre de jours que demande le voyage à dos de chameau de Zagora à Tombouctou, il pourrait être inspiré également par le numéro de ce document de 1943.

en 1955 ou en 1956 et comment la vue de l'inscription sur la croix l'avait rempli d'un sentiment de sérénité.[110]

L'examen de ce fragment de texte nous met encore sur la voie d'une observation supplémentaire. Toutes les lettres mentionnées sont doublées : il ne s'agit pas seulement de deux V, de deux S et de deux X, mais encore de deux gammas (dans la croix gammée, dont les branches sont coudées en forme de gamma) et de deux C, les initiales de Charlie Chaplin. Mentionné à trois reprises dans le récit autobiographique, toujours en fin de chapitre ou de paragraphe, ce qui souligne sa position clé, Chaplin est lié étroitement au souvenir de la mère.[111] Dans le chapitre XV, c'est par le biais des deux C qu'il renvoie à la mère, Cécile.

D'autant plus frappante est l'absence de la lettre dite double V, le *W*, figure récurrente dans le récit fictionnel. Le *W* est dans le récit fictionnel non seulement le nom de l'île olympique (appelée dans une version antérieure *Wilsonia*) et l'initiale de son fondateur Wilson, mais encore l'initiale du patronyme Winckler et du nom du saint inscrit dans la date de sa naissance, ainsi que la première lettre du nom des habitants anglo-saxons de W (dits les WASP), et, à Coblence, le symbole de l'Allemagne 'wilhelmienne'.

A y regarder de plus près, on trouve pourtant un *W* dans ce fragment, dissimulé dans une digression entre parenthèses. Le prétexte de cette digression est encore l'homme au chevalet dont la chemise sans col rappelle au je-narrateur Akim Tamiroff, acteur figurant dans quelques films d'Orson Welles. Cette digression semble être en rapport avec un travail en cours. On sait que Perec avait conçu dès 1969 l'intrigue principale de *La Vie mode d'emploi* et que celle-ci s'inspire en partie du film le plus célèbre de Welles, *Citizen Kane*, produit en 1941. *Citizen Kane*, à son tour, est basé sur la carrière du magnat de presse, le milliardaire américain *William Randolph Hearst* lequel fit barrage au film sans pour autant obtenir son interdiction.[112]

---

110. Rappelons ici que Nogent-sur-Seine est mentionné dans le chapitre d'ouverture de *L'Education sentimentale*. Nous avons vu déjà que les voyages réels ou rêvés dans *Les Choses* et *Un Homme qui dort* renvoient implicitement à cet incipit de *L'Education sentimentale* ; nous pouvons donc affirmer maintenant, que, par ces détours, ils renvoient au voyage évoqué explicitement dans le chapitre VIII de *Wse*, effectué par une journée pluvieuse de novembre au milieu des années cinquante.

111. C'est évidemment surtout par le souvenir de l'illustré que sa mère lui aurait acheté à la gare de Lyon (ch. X), le Charlot en parachute, que Chaplin est associé à la mère. Philippe Lejeune s'est penché sur l'affabulation de ce souvenir, *La Mémoire et l'oblique*, pp. 82-85.

112. Voir les pages 354-357 de *La Vie mode d'emploi* où sont racontées les tentatives de

Par ailleurs, le nom d'Orson Welles est plus ou moins homophone de ceux de deux auteurs anglais de romans d'anticipation qui sont reliés aux origines du récit fictionnel de *W ou le souvenir d'enfance*. Le premier est Herbert George Wells, dont le nom figure dans les avant-textes.[113] Le deuxième est George Orwell, grand admirateur de Wells, dont l'utopie négative, *Nineteen Eighty-four* [1949] (protagoniste *W*inston Smith), n'est pas mentionnée par Perec mais qui, dans l'évocation d'une société totalitaire, semble très proche du récit fictionnel de *W*. On peut encore relever que Perec partage son prénom avec ces deux auteurs anglais et qu'en grand amateur de connaissances encyclopédiques il ne pouvait pas ignorer que la ville anglaise de Wells est célèbre pour sa cathédrale St. Andre*w*s. Je montrerai plus loin (p. 243) que le renvoi (attesté) à Orson Welles et le renvoi (hypothétique) à Orwell, convergent vers un thème unique, celui des relations entre mère et enfant, marquées par le sceau de la mort.

Pour terminer cette exégèse des paragraphes 5 et 6 du chapitre XV, quelques remarques. En premier lieu, il me semble que dans un texte qui se place sous le signe du *X* et du (double) *V*, le choix d'une numérotation unique en chiffres romains ne peut pas être arbitraire. Tout comme il fait alterner deux graphies différentes pour distinguer le récit fictionnel du récit autobiographique, Perec aurait pu faire alterner chiffres romains et chiffres arabes. Avec le chapitre IV, autobiographique, évoquant la rupture avec l'enfance, le *V* entre en scène, avec le chapitre IX, fictionnel, évoquant le naufrage et la mort de Caecilia Winckler, c'est le *X* qui fait son entrée.

Ma deuxième remarque concerne l'alphabet illustré dont on se servait dans les écoles primaires sous Vichy et où le *W* et le *X* se trouvaient réunis en une seule image, le *W* désignant le Wagon du Maréchal, les *X* désignant les rayons X. Si cet alphabet illustré était utilisé dans les écoles à Villard-de-

---

Hearst pour empêcher Welles de terminer son film. Akim Tamiroff figure dans *Confidential Report* (titre français, *Monsieur Arkadin/Dossier secret*, 1955) et *Touch of evil* (*La soif du mal*, 1957). *Confidential report* renoue avec l'univers problématique de *Citizen Kane* et raconte l'histoire d'un milliardaire, Arkadin, qui souffre d'amnésie. Arkadin charge un détective privé de rechercher les traces de son passé. Celui-ci découvre qu'Arkadin est d'origine polonaise et a fait partie d'une bande criminelle à Warschau. Tamiroff joue le rôle d'un juif polonais qui vit en Allemagne.

113. George Wells, *The Time machine* (1895), *The Island of dr. Moreau* (1896). C'est ce dernier roman qui, par son titre et par son inspiration darwinienne, semble le plus proche de *W*. Orson Welles avait déclenché une incroyable panique en adaptant pour la radio le roman d'anticipation de Wells, *The War of the worlds* [1898], en 1938, un mois après les accords de Munich.

Lans, pour Perec l'évocation du *X* pourrait entraîner par métonymie celle du *W* et toute l'histoire de la Seconde Guerre mondiale.[114]

En troisième lieu, le chapitre XV se termine sur le souvenir de deux mots, *omoplate* et *clavicule*, liés à l'accident dont le je-narrateur croit avoir été victime : il aurait été renversé par une luge et se serait cassé l'omoplate. Or, l'omoplate, os plat triangulaire, et la clavicule, os long en forme de S très allongé, nous ramènent à la forme du *V* et à celle du *S*, autre lettre importante dans ce chapitre. En s'obstinant à placer cet incident en plein été, Perec contredit la logique chronologique mais préserve la logique sémantique. Consacré aux lettres évoquant par métonymie la disparition des parents, le chapitre XV, exercice d'anamnèse alphabétique, se termine sur un rappel implicite de ces mêmes lettres liées au corps traumatisé du petit garçon abandonné.[115] Rappelons la déclaration d'intention au chapitre VIII :

> J'écris parce qu'ils ont laissé en moi leur marque indélébile et que la trace en est l'écriture (*Wse*, p. 59)

Enfin, les lecteurs de *La Vie mode d'emploi* se souviendront que le chapitre final, XCIX, évoque Bartlebooth mort, assis devant son puzzle. Le 'trou noir' de la seule pièce non encore posée dessine la silhouette presque parfaite d'un *X*. Mais la pièce que le mort tient entre ses doigts a la forme d'un *W*.[116]

• Un chemin de croix
Figure de base du récit fictionnel, le *W* n'est donc évoqué qu'obliquement dans le récit autobiographique qui renvoie, par un relais intertextuel parti-

---

114. Dans cet alphabet illustré, le E était la lettre d'Ecole et d'Etoile, le H était celle d'un livre d'*Histoire de France* ouvert sur la statue équestre de Henri IV, le Y celle de Yacht. Voir D. Rossignol, *Histoire de la propagande en France de 1940-1944, L'utopie Pétain* (Paris : PUF, 1991).

115. Cette interprétation de l'accident avec la luge renvoyant à la séparation des parents se renforce quand on se rappelle la scène du traîneau dans *Citizen Kane* sur laquelle s'ouvre le film. Lorsque le petit Charles Kane est contraint de quitter brusquement sa mère, l'enfant lance le traîneau à la figure de l'homme qui l'arrache à sa mère, le faisant ainsi tomber dans la neige. Sur le traîneau se trouve peint le mot *Rosebud*, dernière parole prononcée par Kane sur son lit de mort. Burgelin relève l'importance de cette scène dans *Les Parties de dominos chez Monsieur Lefèvre*, p. 198.

116. Si l'on interprète avec Burgelin les rapports sourdement hostiles entre Winckler et Bartlebooth comme une transposition de ceux entretenus par Perec avec son psychanalyste Pontalis, la pièce en forme de W pourrait symboliser la victoire sur l'analyste qui ne réussit pas à reconstituer le puzzle de la vie de son analysant.

culièrement dense, à la genèse du récit fictionnel et, par ce biais à la mort de la mère.

Si celle-ci, à l'opposé du père, n'a ni croix ni tombe, le substitut français de son prénom polonais, Cécile pour Cyrla, lui accorde, cependant, une place parmi les saints chrétiens, André et Georges, dont l'histoire, de conversion et de martyre, se lit en filigrane dans *W ou le souvenir d'enfance*. 'Je dois à ce prénom, Cécile,' dit le narrateur autobiographique dans la note 14 du ch. VIII, 'd'avoir pour ainsi dire toujours su que sainte Cécile est la patronne des musiciennes et que la cathédrale d'Albi – que je n'ai vue qu'en 1971 – lui est consacrée'. (*Wse*, p. 55) Il n'en dit pas plus, et c'est au lecteur de poursuivre la piste. Selon une légende du Ve siècle, la martyre romaine sainte Cécile aurait été baptisée ensemble avec son fiancé Valérien par le pape Urbanus et ensuite décapitée sous le préfet Turcius. Le bourreau l'ayant frappée de trois coups de hache l'aurait laissée mourante sur le sol où elle expira après trois jours d'agonie.

Qu'on relise à la lumière de cette vie de saint le récit fictionnel, et on s'aperçoit que Perec a réparti les différentes étapes du chemin de croix de sainte Cécile sur les personnages qui ont trouvé la mort dans le naufrage du Sylvandre décrit au chapitre XI. La mort du matelot Felipe et celle de la mère de Gaspard Winckler, la cantatrice Caecilia, sont évoquées dans deux phrases contiguës. Le matelot a été décapité par un filin d'acier ; Caecilia a agonisé pendant plusieurs heures, les reins brisés par une malle, les traces de ses ongles en sang ont profondément entaillé la porte de chêne de sa cabine. C'est Otto Apfelstahl qui raconte les détails de cette fin atroce à Winckler. Ces mêmes détails reviennent dans le souvenir cruel que le je-narrateur autobiographique dit avoir gardé d'une visite avec sa tante à une exposition sur les camps de concentration : 'Je me souviens des photos montrant les murs des fours lacérés par les ongles des gazés et d'un jeu d'échecs fabriqué avec des boulettes de pain'. (ch. XXXV, p. 213)[117]

Le destin de Caecilia/Cécile, qui se révèle de manière indirecte dans cet entrecroisement de la fiction et de l'autobiographie, transparaît par ailleurs déjà dans les fautes d'orthographe que Perec a faites dans la transcription du nom de jeune fille de sa mère : il orthographie Szulewicz comme Schulevitz

---

117. Ce chapitre XXXV est le douzième chapitre de la seconde partie du récit autobiographique. La photo évoquée par Perec est une prise de vue de la chambre à gaz de Maidanek, montrée pour la première fois en France à une exposition au Grand Palais (juin-novembre 1945) sur *Les crimes hitlériens*, souvent reproduite et exposée par la suite.

(*Wse*, ch. VII, p. 55). La transformation du *W* en *V* entraîne à son tour un changement dans l'orthographe du début et de la fin du nom : Szule devient Schule et icz se transforme en itz. L'association liée à la lettre centrale supprimée, le *W*, se déplace vers le début et la fin du nom. Dans les métamorphoses du nom de la mère apparaît en filigrane le lieu de sa mort.

De même que le souvenir de la lettre hébraïque (qui n'en est pas une), et les spéculations hasardeuses sur l'orthographe et l'étymologie de son patronyme juif, les légendes des saints auxquelles renvoie *W ou le souvenir d'enfance*, font partie de l'élaboration fantasmatique que Perec lie à la dissimulation imposée de ses origines juives. La judéité tantôt refusée tantôt revendiquée est un autre thème central dans *Wse*. 'Les Peretz', écrit Perec encore au chapitre VIII, 'font volontiers remonter leur origine à des juifs espagnols chassés par l'Inquisition (les Perez seraient des maranes)'. (pp. 51, 52) Le terme 'mar(r)ane' (signifiant cochon), désigne les juifs espagnols et portugais qui se convertirent au catholicisme sous la pression de l'Inquisition à partir de la fin du XIVᵉ siècle. De nombreux juifs convertis restèrent, cependant, secrètement fidèles à leur religion. Par l'évocation circonstanciée de son baptême à Villard-de-Lans (ch. XIX), nécessaire pour échapper aux rafles allemandes et dont il dit garder un souvenir extrêmement précis, Perec renvoie à cette tradition du crypto-judaïsme sans pour autant s'y inscrire.[118] Il insiste, au contraire, sur son zèle de nouveau converti, sur son enthousiasme pour les mystères du catholicisme, mais il le fait avec tant d'ironie que le lecteur comprend tout de suite que le narrateur adulte a perdu depuis longtemps la dévotion d'autrefois. La conversion du jeune Perec au catholicisme n'a fait que sceller la rupture avec ses origines juives ; Perec adulte exploitera légendes et mystères chrétiens à des fins narratives.

• Otto Apfelstahl
En face de l'alphabet protéiforme et des X, S et (double) V omniprésents où s'entrelacent les emblèmes des bourreaux et des victimes, se dessine un autre symbole, à la fois plus concret et moins aisément perceptible, celui de l'oiseau de proie. Déniché au passage dans la localisation à Coblence, dans le surnom du Berghof (le nid d'aigle), et dans le nom de Winckler (Finkler),

---

118. Il est significatif que la visite des Allemands au collège Turenne, venus pour repérer dans les registres d'éventuels élèves juifs, se termine par la réquisition du cochon du cuisinier : 'je me souviens du cochon : il était énorme ; il se nourrissait exclusivement d'épluchures'. (*Wse*, p. 135)

ce motif se rencontre à beaucoup d'autres endroits du livre. Ainsi peut-on le déceler dans le blason de la lettre d'Otto Apfelstahl à Gaspard Winckler, que celui-ci décrit comme suit :

> je ne parvins à reconnaître clairement que deux des cinq symboles qui le composaient : une tour crénelée, au centre, sur toute la hauteur du blason et, au bas, à droite, un livre ouvert, aux pages vierges ; les trois autres [...] me demeurèrent obscurs ; ce n'étaient pas des chevrons, par exemple, ni des bandes, ni des losanges mais des figures en quelque sorte doubles, d'un dessin à la fois précis et ambigu, qui semblait pouvoir s'interpréter de plusieurs façons sans que l'on puisse jamais s'arrêter sur un choix satisfaisant ; l'une aurait pu, à la rigueur, passer pour un serpent sinuant dont les écailles auraient été des lauriers, l'autre pour une main qui aurait été en même temps racine ; la troisième était aussi bien un nid qu'un brasier, ou une couronne d'épines, ou un buisson ardent, ou même un cœur transpercé. (*Wse*, pp. 15, 16)

Winckler cherche en vain à déchiffrer ce blason. Le lecteur obstiné, qui cherche à réussir là où le protagoniste échoue, découvre que cette description ne correspond pas dans tous les détails au dessin du blason qui se trouve dans les manuscrits. Sur ce dessin figure à gauche une tour crénelée ou un phare, en haut à droite un livre ouvert, en bas à droite une figure indéchiffrable, composée de deux croix sur lesquelles s'impose une forme en spirale. Ce blason surmonte une devise inscrite sur une banderole : 'non frustra vixi'. Le blason est flanqué de deux silhouettes humaines étirées en longueur, et surmonté de quelques W et de trois livres ouverts épousant la forme d'un W.[119]

Si, dans le texte, la tour préfigure aussi bien celle où siège le gouvernement de *W* que le clocher du collège Turenne, si le livre aux pages vierges désigne la recherche à faire, il semble possible de reconstituer à partir des trois autres éléments – serpent, main/racine et couronne d'épines/nid/cœur transpercé – l'image de l'aigle, emblème surchargé et baroque de l'empire allemand. La tête au bec crochu d'où sort la langue comme une flamme qui se tortille évoque en effet un serpent ; les serres noueuses et écartées évoquent une main ou une racine, et le collier de l'ordre prussien de l'aigle noir où sont perchés des aigles miniatures, fait penser à un nid ou une couronne

---

119. Fonds Perec, Ms 71,3,15,v. 'Non frustra vixi', je n'ai pas vécu en vain, est une devise que l'on retrouve sur un ex-libris dans *La Vie mode d'emploi*, ch. LXXVIII, p. 468.

d'épines. La symétrie entre la moitié droite et la moitié gauche de l'image n'est rompue que par la tête qui est tournée vers la droite.[120]

D'autres exégètes ont décelé dans ces détails une allusion à l'histoire biblique. L'histoire encryptée dans ce blason serait celle de Moïse, confiée par sa mère aux eaux du Nil pour le sauver des persécutions du Pharaon. Diverses représentations sur le blason – le livre ouvert, le serpent, le buisson ardent – renverraient à certains épisodes de l'exode d'Egypte.[121]

Tout *W ou le souvenir d'enfance* étant placé sous le signe de l'ambivalence, de l'alternative, ces deux interprétations qui renvoient aux deux thèmes centraux du livre, l'Allemagne et la judéité, ne semblent nullement exclusives. Le premier déchiffrement du blason mystérieux semble plausible, si l'on accepte la connotation liée au nom de l'hôtel Berghof, et est par ailleurs confirmé par l'insistance particulière avec laquelle revient le motif de l'oiseau, aussi bien dans le récit fictionnel que dans le récit autobiographique.

L'énigme de l'identité d'Otto Apfelstahl se trouve également éclaircie. Ce personnage à la nationalité mal définie (américaine ou allemande) que Winckler rencontre à l'hôtel Berghof doit, comme l'a remarqué Bellos, en partie son nom à Stahlberg, la maison d'édition où avait paru la version allemande des *Choses* et où paraîtra en juillet 1975 *W ou le souvenir d'enfance*. L'arrivée d'Otto Apfelstahl est annoncée dans le texte sous forme de détails concrets. A son entrée dans l'hôtel, Winckler voit un barman lisant le *Frankfurter Zeitung*, derrière un comptoir de bois sombre et d'*acier* (=Stahl).

Apfelstahl, mandateur dans le récit fictionnel, peut donc être considéré comme l'éditeur commandant un livre à son auteur. Mais Otto Apfelstahl se présente à Winckler comme représentant d'une société internationale de secours aux naufragés, le Bureau Véritas, et cette fonction pourrait, comme le sigle MD (abréviation allemande de 'Magister und Doktor', ou anglaise de 'medical doctor') figurant sur l'en-tête de sa lettre, indiquer une profession universitaire ou médicale. Otto Apfelstahl peut donc évoquer également la figure d'un psychiatre qui conseille à son patient d'explorer son

---

120. Sur le socle du monument à Coblence est sculpté un aigle qui écrase de ses serres des serpents symbolisant les ennemis de l'Allemagne.

121. Voir par exemple Ewa Pawlikowska, 'Une biographie intertextuelle : Autoréférences et citations, dans *W* et dans *La Vie mode d'emploi*', *Cahiers Georges Perec*, n° 2, pp. 73-84.

passé. Rappelons que le premier souvenir évoqué par Perec est associé à un tableau intitulé 'Jésus en face des *Docteurs*'.[122]

Le blason gravé sur le papier à lettres d'Apfelstahl, enfin, permet de voir en lui un représentant du Troisième Reich. La plausibilité de cette dernière association est renforcée par le fait que Gerhardt Heller, le directeur du Stahlberg Verlag dans les années soixante et soixante-dix, a joué un rôle important à Paris pendant la guerre. Heller, officier de la Propagandastaffel, y avait été responsable du livre de 1940 à 1944 en tant que censeur, pendant l'occupation allemande. Rappelons encore qu'Apfelstahl a les mêmes initiales que le général SS, Otto Abetz, ambassadeur du Reich à Paris.

C'est cet Otto Apfelstahl, délégué des Allemands ou psychiatre, qui convainc l'adulte Winckler, double de l'écrivain Perec, d'aller à la recherche de son homonyme juif dont la mère a péri dans un naufrage près des côtes de la Terre de Feu. La surdétermination de l'adresse, l'hôtel Berghof, 18 Nurmbergstrasse, où Apfelstahl convoque Winckler, se reflète ainsi dans l'interprétation de son rôle. Apfelstahl est pris dans un véritable réseau de références qui le relient à l'Histoire, à l'Allemagne, à l'univers des lectures de l'enfance et à la psychanalyse.

Aspects de l'intertextualité : du village olympique à l'île pénitentiaire

Comme nous l'avons vu, la deuxième partie du récit fictionnel de *W ou le souvenir d'enfance* comporte treize chapitres consacrés à la description d'une société insulaire située dans la Terre de Feu. Cette société est organisée autour de festivités sportives calquées sur le modèle des jeux olympiques : la vie s'y confond entièrement avec les rituels immuables, cycliques du

---

122. Le sigle mystérieux, M.D. (= Magister und Doktor) a lancé les perecquiens sur d'autres pistes basées sur des réseaux intratextuels verniens : le docteur Schw/aryen/crona, personnage de *L'Épave du Cynthia*, signe toujours M.D., de même que le docteur Otto Schultze, M.D. Privat Dozent de l'Université d'Iéna, qui fonde dans *Les Cinq cents millions de la Bégum* la cité d'acier aux Etats Unis. Voir Vincent Bouchot, 'L'intertextualité vernienne dans *W*', *Etudes littéraires*, n° 23 (Université Laval, Québec, 1990) pp. 112-116. Dans *Un cabinet d'amateur* figure un docteur Ulrich Schultze, envoyé extraordinaire de l'empereur allemand, Wilhelm II. (*UCA*, p. 13) Dans *Le Dictateur* de Chaplin, il y a, également, comme nous l'avons vu, un Schulz, à la fois confident d'Hitler et ami du coiffeur juif. Dans tous les cas il s'agit d'un personnage légèrement inquiétant, odieux, savant.

sport.[123] Ces treize chapitres alternent avec les treize chapitres des souvenirs du séjour dans le Vercors.

Etonné, puis choqué par l'étrangeté des pratiques sportives, évoquées par un narrateur hétérodiégétique sur un ton tantôt élogieux tantôt froid et scientifique, le lecteur prend peu à peu conscience de ce qu'il est en train de lire. La citation de Rousset par laquelle le narrateur auctorial clôture le récit autobiographique ne fait que confirmer ce que le lecteur soupçonnait déjà : la vie dans l'île est une allégorie universelle, a-temporelle, de la vie dans un camp de concentration. Cette citation réintroduit, a posteriori et par le biais de l'autobiographie, le fait historique dans une fiction autrement figée dans un éternel présent. A la fin du livre, la cité idéale de *W* nous montre dans un retournement saisissant son envers grimaçant et macabre.

Trois questions se posent. Comment Perec en est-il venu à choisir les Jeux Olympiques comme métaphore de la vie concentrationnaire et à situer sa société sportive dans une île éloignée, coupée du monde extérieur ? Quels sont les aspects de la vie concentrationnaire analysés par le biais de cette métaphore sportive ? Et, finalement, peut-on retrouver des échos de l'allégorie olympique dans les souvenirs autobiographiques du Vercors ou, en d'autres termes, quelles sont les formes revêtues par l'entrecroisement des récits dans la deuxième partie de *W ou le souvenir d'enfance* ?

• Une intertextualité diffuse
Comment représenter la vie concentrationnaire si, comme Perec, on ne la connaît que de seconde main ?[124] Perec a pris connaissance de films docu-

---

123. Claude Burgelin (*Georges Perec*, éd. citée, pp. 154-161) a proposé une belle analyse globale de l'utopie olympique, mais jusqu'à très récemment, l'exégèse perecquienne a prêté plus d'attention aux souvenirs d'enfance qu'aux détails de cette utopie. Pour une comparaison entre la fiction *W* et deux récits de Kafka, *La Colonie pénitentiaire* et *La Muraille de Chine*, voir Muriel Philibert, *Kafka et Perec, Clôture et lignes de fuite* (Cahiers de l'Ecole Normale Supérieure de Fontenay – Saint Cloud, 1993). Pour une étude des avant-textes de *W*, voir Delphine Godard, *L'identité en question. Une lecture de la partie fiction de* W ou le souvenir d'enfance, *de Georges Perec*, Thèse, Université Paris IV, 1997. Christine Bellosta et Hans Hartje (*op. cit.*, pp. 206-221) restituent certaines caractéristiques de la société olympique de *W* dans le contexte historique des camps nazis.

124. Voir pour la problématique de la représentation littéraire de l'horreur des camps concentrationnaires, du lien difficile entre exigence littéraire et exigence de vérité, Sem Dresden, *De literaire getuige* [1959] (reproduit in *Raster*, n° 57, Amsterdam De Bezige Bij, 1992, pp. 13-41) et *Vervolging, vernietiging, literatuur* (Amsterdam : Meulenhoff, 1992), trad. française *La Littérature de l'extermination* (Paris : Nathan, 1997) ; Alain Parrau, *Ecrire les camps* (Paris : Belin, 1995) ; Elrud Ibsch, 'Literatuur en Shoa : Van getuigenis naar postmodern verhaal', Elrud Ibsch, Anja de Feijter et Dick Schram éd., *De lange schaduw van vijftig jaar. Voorstellingen van de Tweede Wereldoorlog in literatuur en geschiedenis*, Leuven/Apel-

mentaires comme *Nuit et Brouillard* (1955) d'Alain Resnais et de Jean Cayrol, de témoignages écrits comme *L'Espèce humaine* d'Antelme et *L'Univers concentrationnaire* de Rousset[125], d'expositions de photos et de documents évoquées par le narrateur autobiographique de *W ou le souvenir d'enfance* au chapitre XXXV. Aussi est-ce par le biais de l'intertextualité que Perec construit son récit ; l'intertexte constitue l'unique mode d'accès à un référent non vécu personnellement. Perec s'inspire dans la deuxième partie de son récit fictionnel à la fois de sources 'autorisées' et de sources fictionnelles ; l'approche documentaire y jouxte l'intertextualité littéraire. Dans les manuscrits, Perec avait exprimé son intention de dédicacer le récit fictionnel de *W ou le souvenir d'enfance* à Antelme[126] pour qui il avait exprimé son admiration dès 1962 dans l'article commenté dans la première partie de ce travail, 'Robert Antelme ou la vérité de la littérature'. Cette dédicace a été supprimée dans la version définitive, mais l'évocation de la société isolée, cloisonnée, fermée sur elle-même, de *W* comporte de nombreuses références au monde 'sans repère' des camps, caractérisé par la 'solitude, l'oppression incessante et l'anéantissement lent', dont Antelme se souvient dans *L'Espèce humaine*.[127]

---

doorn Garant, 1996, pp. 127-139. Douwe Fokkema, Elrud Ibsch, *Literatuurwetenschap en cultuuroverdracht* (Muiderberg : Coutinho, 1992) pp. 119-151. En avril 1953, Jean Cayrol, ancien déporté, avait publié dans *Esprit* un article virulent 'Témoignage et littérature' contre les romanciers Erich-Maria Remarque (*Der Funke Leben*, 1952) et Robert Merle (*La Mort est mon métier*, 1953) qui avaient écrit des histoires fictionnelles sur le monde concentrationnaire (*Esprit*, 21e année, n° 201, avril 1953, pp. 575-578). Cayrol loue par contre le témoignage d'Antelme. La controverse soulevée par le film de Steven Spielberg, *Schindler's List* (1993), témoigne de l'actualité de cette question qui, avec la disparition des derniers survivants, se fait de nouveau urgente.

125. Rousset a séjourné dans différents camps, dont Neuengamme, Helmstedt et Buchenwald. Dans *L'Univers concentrationnaire*, il analyse dans dix-huit chapitres concis les principes qui régissent le monde concentrationnaire – l'oppression renforcée par la hiérarchie, le système corrupteur des privilèges, la déchéance physique et morale des détenus. *L'Espèce humaine* d'Antelme évoque de manière plus ou moins chronologique et avec beaucoup de détails précis et concrets, la vie quotidienne à Gandersheim, le transport terrible de Gandersheim à Dachau et la libération.

126. Philippe Lejeune, *La Mémoire et l'oblique*, éd. citée, p. 117.

127. Robert Antelme, *op. cit.*, p. 11. Ni Antelme ni Rousset n'étaient juifs ; ils avaient été arrêtés pour leurs activités de résistance. Perec a choisi comme textes-sources de son utopie olympique ces deux témoignages qui ont paru immédiatement après la guerre. Choix significatif dans la mesure où il témoigne de la volonté d'aborder le thème des camps dans une perspective générale qui ne se réduit pas à celle de la judéité et du génocide nazi. D'autres auteurs qui ont écrit sur leurs propres expériences de déportation et que Perec a lus sont Elie Wiesel, *La Nuit* (Minuit, 1958), André Schwarz-Bart, *Le Dernier des Justes* (Seuil, 1959), Primo Levi dont *Se questo è un uomo* [1947] avait paru en traduction française en 1961 (*C'est un homme*, Julliard), Charlotte Delbo, *Le Convoi du 24 janvier* (Paris : Minuit, 1965)

Aux échos de ces témoignages sur les camps de concentration se mêlent les références à l'histoire des Jeux Olympiques et aux romans d'aventures de Jules Verne – principalement la célèbre trilogie publiée entre 1867 et 1873, *Les Enfants du capitaine Grant* (1867), *Vingt mille lieues sous les mers* (1869), et *L'Île mystérieuse* (1873-1875). Si l'on repense aux dates de la genèse de *W ou le souvenir d'enfance,* on pourrait croire que Perec s'était proposé de célébrer avec *W ou le souvenir d'enfance* le centenaire de cette trilogie.

Par ses renvois à Antelme et Rousset, Perec s'inscrit dans une filiation, et reprend à son compte le devoir d'un témoignage sur les camps. Il participe également, par ses allusions à Jules Verne, à toute une tradition littéraire narrative qui présente des sociétés utopiques fondées dans des terres récemment découvertes.[128] Cependant, sous la pression des témoignages documentaires, l'euphorie robinsonienne et le positivisme de Verne qui teintent les premières descriptions de la société *W,* font peu à peu place au pessimisme propre aux contre-utopies telles que les romans de Wells et d'Orwell dont les noms, comme nous l'avons déjà constaté, sont inscrits en filigrane dans l'autobiographique chapitre XV.

Les sources olympiques

L'entretien déjà cité avec Helmlé de 1975, à l'occasion de la publication de *W ou le souvenir d'enfance* en Allemagne, s'ouvre justement sur une question d'Helmlé concernant l'analogie entre le sport et le système d'oppression des camps de concentration. Perec répond :

> En fait, ce n'est pas moi, ce n'est pas moi qui ait inventé cette relation entre le sport et le système d'oppression dont l'aboutissement paroxystique est le camp de concentration. J'ai toujours été frappé par quelque chose qu'il y avait de..., disons de, d'ultra-organisé, d'ultra-agressif, d'ultra-oppressant dans le système sportif et le... l'une des premières images qui pour moi rassemblent le monde nazi et le monde du sport, ce sont les images du film de Leni Riefenstahl qui s'appelle *Les Dieux du Stade.* Ensuite, il y a eu des

et *Aucun de nous ne reviendra* (Paris : Minuit 1970). Pour un recensement des écrits des survivants des camps nazis qui ont paru entre 1945 et 1948, voir Annette Wieviorka, *Déportation et Génocide. Entre la mémoire et l'oubli* (Paris : Plon, «Pluriel» 1992) p. 168.

128. Nombreux sont, par exemple, les personnages de Verne qui quittent le Vieux Monde pour fonder une colonie dans des terres encore vierges. Ainsi, Grant et son équipage sont partis pour créer une nouvelle Ecosse dans le lointain Pacifique.

événements comme Munich, comme celui, par exemple des Jeux Olympiques de Munich, qui en principe devaient être une fête du sport, une fête du corps, devenir le théâtre d'une très grande violence politique et raciale.[129]

Que les Jeux Olympiques aient partie liée avec la politique, s'impose, en effet, comme une évidence quand on examine leur histoire. Dans la Grèce antique où les cités s'affrontaient dans des conflits sanglants, les jeux d'Olympie (776 avant J.-C. à 393 après J.-C) constituaient la 'Trêve des dieux' conclue par l'Elide avec Sparte. Pendant le mois que duraient les jeux, tous les combats étaient suspendus, nul n'était autorisé à pénétrer à Olympie en armes. Cependant, le prestige d'une victoire à Olympie déclencha bien vite une compétition acharnée entre les cités dont chacune s'employa à remporter le plus de victoires possibles afin d'affirmer sa prospérité et sa puissance. La corruption, la rage de vaincre, les rivalités entre les cités précipitèrent la décadence des jeux. C'est l'empereur romain Théodose Ier qui, converti au catholicisme, interdit en 394 toute manifestation à caractère paganiste parmi lesquelles les Jeux Olympiques. Pour en effacer jusqu'au souvenir, son successeur, Théodose II, fit incendier en 426 les vestiges des temples païens d'Olympie. L'Olympie dormait sous un linceul de pierres et de limon apporté par les débordements de l'Alphée quand, en 1829, des archéologues français découvrirent en Grèce le site des anciens jeux.[130] Rappelons que l'histoire de l'adulte Gaspard Winckler s'ouvre sur le souvenir de stades envahis par le sable. (*Wse*, p. 10)[131]

Lorsque vers la fin du XIXe siècle, sous l'influence d'un hellénisme renaissant, et dans le contexte du revanchisme en France, l'aristocrate français Pierre de Coubertin (1863-1937), pédagogue réformateur de l'enseignement secondaire, lance l'idée de réhabiliter l'olympisme, c'est avec l'objectif de magnifier le sport dans une perspective d'éducation, de dépas-

---

129. Entretien avec Eugen Helmlé, 1975. Postérieurs à la publication du feuilleton (1969-1970), les événements sanglants de Munich (1972) sont venus après coup confirmer le bien-fondé du rapprochement que Perec y avait établi. Si nous nous fions à l'index de *Je me souviens*, ouvrage dont la genèse coïncide partiellement avec celle de *W ou le souvenir d'enfance*, le nombre des entrées, à savoir trente-deux, vouées aux sports, y égale celui des entrées consacrées à la politique et y dépasse celui de toutes les autres entrées.

130. Entre 1875 et 1881, un groupe d'archéologues allemands sous la direction de l'historien Ernst Curtius met au jour les ruines. En 1953, les archéologues allemands dégagent le Léonidaion et, à partir de 1958, déblayent le stade.

131. Les mêmes images apocalyptiques, celles d'un monde en ruines, reviennent dans *La Vie mode d'emploi* quand le peintre Valène, l'un des trois protagonistes, pense à la démolition de l'immeuble dans la rue Simon-Crubellier. (*VME*, pp. 71, 72)

ser les antagonismes nationalistes grâce à l'universalité d'une démarche pacifique, puisée dans la tradition hellénique. Coubertin, admirateur de la culture anglo-saxonne, lance cette idée à la suite d'une étude des méthodes pédagogiques britanniques. Il conçoit le sport non seulement comme un moyen de canaliser dans des directions socialement acceptables les nationalismes, mais encore comme un remède aux maux de la société démocratisée et industrialisée et comme une contribution au progrès par le développement des facultés physiques et psychiques de la jeunesse.[132] Il espère attirer cette jeunesse sur les stades par l'exemple des champions, par le prestige d'exploits que beaucoup voudraient imiter. Coubertin termine ses *Mémoires olympiques* (1931) sur la célèbre devise olympique *Citius, Altius, Fortius, Plus vite, Plus haut, Plus fort*. Coubertin voit ses efforts et ceux du Comité International Olympique (fondé par lui en 1894) couronnés, lorsque, le 6 avril 1896, le roi Georges Ier de Grèce prononce sous le ciel d'Athènes la formule, appelée à devenir rituelle : 'Je proclame l'ouverture des premiers Jeux Olympiques internationaux de l'ère moderne'.

L'idéal olympique d'impartialité et d'apolitisme de Coubertin se révélera une chimère. De même que les Jeux antiques, les Jeux modernes se sont prêtés à toutes les compromissions et ont été asservis aux causes de la publicité commerciale, de la propagande politique, du nationalisme. Les Jeux Olympiques et, plus en général, les grandes manifestations sportives ont fourni l'occasion de protester, par la médiatisation et par le boycottage, contre la discrimination raciale, contre l'injustice, contre le totalitarisme[133], mais ils ont été également embrigadés par tous les régimes totalitaires qui

---

132. Sur les rapports entre le développement de la culture physique et le revanchisme en France, voir Eugen Weber, *Fin de siècle, La France à la fin du XIXe siècle* (Paris : Fayard, 1986), notamment le chapitre XI, pp. 261-287. Selon Weber, Coubertin croyait que le sport et l'éducation pouvaient remédier à tous les maux de la civilisation industrielle (confort, socialisation, nationalisme outré et homogénéisation démocratique) et permettaient de promouvoir un progrès humain qu'il concevait comme le développement illimité des capacités individuelles. Si les intentions de Coubertin sont pacifiques, les nombreuses sociétés gymniques qui naissent à la même époque, sont ouvertement vouées à un entraînement paramilitaire. De même, le Club Alpin Français fut créé pour apprendre à la jeunesse à devenir plus virile, plus apte à supporter la vie militaire, mieux préparée à faire face à un long conflit sans perdre courage. Encore quelques années, et des militaires convertis au nouveau sport persuaderaient l'armée de former des unités de skieurs.

133. Par exemple les Black Panthers au Mexique en 1968 et, de manière tragique, les Palestiniens à Munich en 1972. D'autres exemples sont le boycottage des Jeux de Melbourne en 1956 à la suite de l'intervention soviétique en Hongrie, l'exclusion de l'Afrique du Sud des Jeux à Montréal 1976 (contre l'Apartheid), et le boycottage des Jeux de Moscou en 1980 (contre l'invasion soviétique en Afghanistan).

les ont mis au service de leur idéologie. Il ne semble pas y avoir plus forte affirmation d'une nation ou d'un régime qu'un drapeau hissé dans un stade tandis que retentit l'hymne national.

Ce sont les Jeux Olympiques de Berlin ouverts par le chancelier Hitler le 1ᵉʳ août 1936 (l'année de naissance de Perec) qui, transformés en une colossale manifestation de propagande, offrent bien l'exemple le plus navrant de la corruption de l'idéal olympique. Le long métrage de Riefenstahl sur cette XIᵉ Olympiade s'intitule, comme nous l'avons déjà vu, *Olympia. Fest der Völker, Fest der Schönheit*, titre qui transparaît dans le premier nom que Perec avait imaginé pour son île, *Wilsonia*. Riefenstahl avait dédié son documentaire à Pierre de Coubertin, proposé à la veille de ces jeux comme candidat au prix Nobel de la Paix. Son film est une ode à la beauté du corps humain et à la prouesse physique, vantant la beauté et la grandeur des surhommes chers à Hitler. Il montre parfois aussi l'envers du sport, présentant des athlètes aux corps martyrisés par des efforts physiques excessifs. Particulièrement impressionnantes sont les images des coureurs du marathon qui s'écroulent épuisés après le finish, déshydratés, hâves, les traits creusés par la fatigue.

Cependant, si le film de Leni Riefenstahl est une réussite artistique incontestable[134], on ne saurait oublier qu'il s'agit d'un film de propagande pour un régime qui avait déjà aboli le système parlementaire, promulgué une série de lois racistes et enfermé ses adversaires politiques dans des camps. Un régime qui place l'éducation physique de sa jeunesse sous le signe du militarisme, des valeurs collectives ainsi que de l'endurance et de la bravoure. Un régime aussi qui aurait aimé exclure les noirs et les juifs de la participation aux Jeux et qui voit avec dépit comment le noir américain Jesse Owens, petit-fils d'esclave, avec ses quatre médailles d'or gagnées sous la moustache courroucée d'Adolf Hitler, met à mal la théorie de l'inégalité des races.[135]

---

134. Présenté en première au UFA, Palais de Berlin, le 20 avril 1938, le film est couronné par le prix national du cinéma allemand, reçoit une médaille d'or en France et le Lion d'Or au festival fasciste de Venise en 1938.

135. Illustratif du nationalisme excessif qui se manifestait lors de ces jeux, est le destin du vainqueur du marathon, le Coréen Kee Chung Sohn. Il avait été contraint de courir sous les couleurs nipponnes, le Japon ayant occupé son pays depuis 1910. Non seulement son nom avait été japonisé en Kitei Son, mais il avait été obligé de monter sur le podium aux accents de l'hymne japonais. Ses efforts pour faire comprendre aux médias qu'il n'était pas japonais étaient restés sans résultats.

Après la guerre, Riefenstahl a toujours prétendu que l'aspect créatif et artistique de son œuvre primait l'aspect de propagande, mais le court-métrage qu'elle avait réalisé sur la réunion annuelle du parti national socialiste à Nuremberg le 5 septembre 1934, ne contribue guère à sa crédibilité. Réalisé sur l'ordre d'Hitler, selon le générique 'Hergestellt im Auftrage des Führers', et intitulé *Triumph des Willens*, ce film montre l'entrée triomphale d'Hitler à Nuremberg, encadrée par les démonstrations gymniques et les parades militaires, devant un décor de gigantesques croix gammées, d'aigles, et de croix de fer. Quelles qu'aient été ses dénégations après la guerre, il est incontestable que Riefenstahl a mis ses images au service du régime nazi.

C'est dans un décor comparable que se sont déroulés les jeux de 1936. Pavoisé de bannières nazies et olympiques alternées, le stade de Berlin qui avait été édifié pour cette occasion, et qui était avec cent mille places, l'un des plus grands stades du monde, est le théâtre d'un spectacle apothéose pour le IIIᵉ Reich. Tout un virage du stade avait été réservé aux SA omniprésents. Les athlètes allemands portent sur leur maillot les emblèmes du régime, l'aigle orné d'une croix gammée. Le film de Riefenstahl s'ouvre sur l'image d'une grande cloche ornée d'un aigle tenant dans ses serres les anneaux olympiques et sonnant 'pour la jeunesse du monde'. Ouvert par les Jeunesses hitlériennes, le défilé d'ouverture montre les athlètes étrangers (cinquante et une nations sont représentées) tendant le bras vers le Führer. C'est sur une scène analogue, avec une citation du titre français du film de Riefenstahl, que s'achève, avant la descente définitive aux enfers, la description de l'île olympique *W* :

> Les orphéons aux uniformes chamarrés jouent *L'Hymne à la joie*. Des milliers de colombes et de ballons multicolores sont lâchés dans le ciel. Précédés d'immenses étendards aux anneaux entrelacés que le vent fait claquer, les *Dieux du Stade* pénètrent sur les pistes, en rangs impeccables, bras tendus vers les tribunes officielles où les grands Dignitaires W les saluent. (*Wse*, p. 217)

Au stade de Berlin, le chant de guerre national-socialiste, le Horst Wessel Lied, retentit 480 fois pendant les jeux. Huit jours après la fin de cette XIᵉ Olympiade, présentée comme un témoignage de la volonté de paix et de l'hospitalité allemandes, Hitler augmente d'un à deux ans la durée du service militaire en Allemagne. Une mesure qui gonflait de plus d'un million d'hommes les effectifs de la Wehrmacht.

On connaît l'extrême fascination du régime nazi pour l'idéal sportif. Le sport avec sa compétition, ses épreuves de sélection, son exaltation de la force physique pouvait être interprété comme une illustration des conceptions darwiniennes de la sélection naturelle. Pour celui qui connaît les deux films de Riefenstahl, le rapprochement établi par Perec entre le monde du sport et le monde nazi, entre les Jeux Olympiques et la vie concentrationnaire, entre les efforts physiques parfois excessifs des athlètes et les démonstrations gymniques inutiles et poussées jusqu'à la torture et la mort auxquelles sont contraints les prisonniers concentrationnaires, s'impose.[136] Dans les camps tels qu'ils sont évoqués par Antelme et Rousset, on retrouve le même décor de croix gammées et d'aigles, la même organisation militaire, les mêmes uniformes et tenues. Les prisonniers viennent, comme les athlètes olympiques, de toutes les nations et vivent ensemble dans des blocks ou des baraques. On se rappellera encore que les stades sont des lieux favoris pour rassembler des prisonniers et que pendant la tristement célèbre rafle du Vélodrome d'hiver à Paris, en juillet 1942, les autorités ont détenu pendant sept jours près de 13 000 juifs non naturalisés avant leur déportation, ce qui rendra l'association entre le sport et le régime des camps encore plus évidente.[137]

'Pendant des années', écrit Perec au début du chapitre final de *W ou le souvenir d'enfance*, 'j'ai dessiné des sportifs aux corps rigides, aux faciès inhumains ; j'ai décrit avec minutie leurs incessants combats ; j'ai énuméré avec obstination leurs palmarès sans fin'. S'il a inventé, raconté et dessiné à l'âge de treize ans (*Wse*, ch. II) le fantasme W, il l'a, selon ses propres dires, nourri pendant des années de l'admiration passionnée pour les héros sportifs. Or, la XIᵉ Olympiade à Berlin avait été la dernière avant la guerre. La

---

136. Pour les contemporains, ce rapprochement n'avait d'ailleurs rien d'incongru. Voir par exemple l'affiche (J.J. Voskuil et Cas Oorthuys) d'une exposition d'art tenue à Amsterdam en août 1936 sous le titre *D.O.O.D, De Olympiade onder dictatuur* (l'Olympiade sous la dictature). Cette exposition était une protestation contre l'exclusion d'artistes juifs et émigrés de L'Olympiade artistique à Berlin. Sur l'affiche de cette exposition, on voit un lanceur de poids entravé dans ses mouvements par une grande croix gammée. Outre les ouvrages d'artistes célèbres comme Max Ernst, Paul Citroën, Osip Zadkine, cette exposition montrait également des dessins et des photos de camps de concentration déjà existants. Voir Betsy Dokter, Carry van Akerveld, *Een Kunstolympiade, reconstructie van de tentoonstelling D.O.O.D. 1936 in Amsterdam* (Zwolle : Ed. Waanders, 1996).

137. En 1942, les Allemands avaient donné l'ordre d'arrêter les juifs étrangers, surtout allemands, polonais, russes, âgés de 16 à 60 ans, ce qui entretenait l'illusion qu'on les envoyait travailler à l'Est, sans doute en Pologne. 27 391 noms figuraient sur les listes préparées à partir du fichier de la Préfecture de police, 12 884 arrestations furent effectuées.

tradition des Jeux est ressuscitée à Londres en 1948. La XVe Olympiade, dite les jeux de la guerre froide, a lieu à Helsinki en 1952. La XVIe se déroule en 1956 à Melbourne, à l'exception des compétitions hippiques qui sont organisées à Stockholm du 10 au 17 juin 1956. C'est là que Hans Gunther Winkler, homonyme du protagoniste principal de l'œuvre perecquienne, inaugure un palmarès brillant en obtenant son premier titre olympique pour le saut d'obstacles.[138]

Nous avons vu que la genèse de *W* remonte à 1949, l'année de la psychothérapie avec Françoise Dolto, et que la cure psychanalytique avec Michel de M'Uzan qui commence un peu avant la mi-juin 1956, n'a été arrêtée que vers le milieu de 1957.[139] Il est donc probable que ce sont entre autres les échos de ces premiers Jeux Olympiques d'après-guerre qui ont nourri le fantasme de Perec. Rappelons encore que, selon les dires de Perec, le souvenir de ce fantasme remonte à la surface en 1967, et se trouve à l'origine des différents projets autobiographiques élaborés dans les années suivantes. Or, les Jeux Olympiques d'hiver de 1968 ont lieu à Grenoble, et l'épreuve de la course de luge s'effectue justement à Villard-de-Lans, le refuge de Perec pendant la guerre. Risquons l'hypothèse : les images télévisées de cette épreuve olympique de 1968 auraient pu raviver les souvenirs des années cinquante, ainsi que le souvenir de l'accident de la luge sur lequel se termine le chapitre XV de *W ou le souvenir d'enfance*.

138. Winkler participera au total à sept Jeux Olympiques, les derniers seront ceux de Munich (1972). Comme le souligne Jacques Lecarme ('La page des sports', *Magazine littéraire* n° 16, décembre 1993, pp. 40-42), c'est essentiellement à la période 1945-1955 que se réfèrent la plupart des souvenirs sportifs recueillis dans *Je me souviens*. Dix-sept souvenirs concernent le cyclisme, quatre la boxe, trois l'athlétisme, deux les courses automobiles et un seul (n° 213) la natation. Le souvenir n° 374 est consacré au coureur Zatopek, surnommé la locomotive tchèque, médaillé olympique qui fut accueilli de manière triomphale à Paris en 1954. Il figure au chapitre XVI de *Wse*. Cinq souvenirs (les numéros 81, 227, 378, 452, 457) concernent le ski ; trois d'entre eux nous ramènent à la période de la Guerre. Perec pratiqua le ski dans le Vercors et l'abandonna vers le milieu des années cinquante, moment où sa passion pour le sport se transforma en aversion. Le n° 81 rappelle les noms des pistes de ski de Villard-de-Lans, mentionnés dans *Wse* (p. 184) ; le n° 227 concerne le port des lunettes de soleil, au-dessus du coude, particularité que les skieurs partagent avec les cyclistes ; le n° 452 reprend un passage de *Wse* (p. 140) concernant les trois manières dont les skis s'attachaient. Pour le lecteur de *Wse* ces souvenirs apparemment anodins sont, comme nous le verrons plus loin, lourdement connotés par les rapports établis avec les cruelles pratiques sportives sur *W*.

139. Voir David Bellos, *op. cit.*, p. 173.

Ce qui est certain, c'est que dans l'élaboration définitive de son fantasme dans *W ou le souvenir d'enfance*, Perec s'appuie sur une documentation tantôt générale, tantôt très précise sur l'histoire des Jeux Olympiques.[140]

La société W : les dérives de l'idéal olympique

Les treize chapitres consacrés à l'évocation de la société *W*, constituent un traité succinct sur 'l'esprit des lois' d'un monde clos sur lui-même, fermé à toute influence étrangère, appliquant à la lettre les ultimes conséquences de son idéologie inspiratrice, celle du sport. Le narrateur se livre à une enquête socio-politique et dissèque le fonctionnement de ce monde avec une précision de plus en plus pénible et cruelle. Sous le couvert d'un positivisme tous azimuts et d'une fable bizarre, sa démarche se rapproche de celle de Montesquieu analysant la nature et les principes d'action des différents types de gouvernement, ou de celle de Hannah Arendt[141] analysant le système totalitaire ; elle est également imprégnée de la précision clinique d'Antelme et de Rousset démontant les rouages de la logique concentrationnaire.

Les trois premiers chapitres (XII, XIV et XVI) dressent l'inventaire des principales caractéristiques de la société *W*. Le narrateur y évoque la situation géographique, le climat, les origines de la société *W*, sa population, l'aménagement de l'espace, les structures politiques et sociales. Si ces chapitres donnent déjà à entendre qu'à *W*, l'idéal olympique a dérivé vers une idéologie totalitaire, les chapitres suivants suppriment tout doute à ce sujet. Ils ont pour objet les lois relatives à ce qu'on pourrait appeler avec Montesquieu la 'nature' et le 'principe d'action' du régime *W*. Ces lois concernent le système alimentaire (XVIII), le système onomastique (XX) et le système de discrimination, pierre d'angle de tout l'édifice social de *W* (XXII, XXIV). Les chapitres XXVI et XXVIII sont consacrés à la procréation, les chapitres XXX et XXXII à l'évocation de l'enfance à *W* – une enfance heureuse et insouciante passée dans l'ignorance des lois des adultes mais aboutissant aux rituels initiatiques pour les adolescents qui se destinent à la carrière de

---

140. Les avant-textes (Ms 71,3,80,22, Ms 71,3,94,1) montrent que Perec a puisé ses renseignements dans le volume *Jeux et Sports* de l'Encyclopédie de la Pléiade (1967), établi par Roger Caillois.

141. Hannah Arendt, *Les Origines du totalitarisme. Partie III, Le Système totalitaire* [1951] (trad. française, Paris : Seuil, «Points. Politique», 1972).

sportif et découvrent à l'âge de 14-15 ans, ces lois impitoyables.[142] Ce monde n'est pas seulement marqué par l'oppression d'en haut mais encore par une lutte acharnée pour le pouvoir entre les opprimés (XXXII, XXXIV).

Dans le chapitre XXXVI[143], finalement, l'intertextualité se fait très dense, les renvois à Antelme et Rousset, Resnais et Riefenstahl soulignent la corruption de l'idéal olympique. Après une dernière évocation lyrique (citée ci-dessus) des cérémonies olympiques, le narrateur change de ton et prend le lecteur à témoin du triste spectacle des pitoyables athlètes de *W*, affreuses marionnettes à faces humaines qui rappellent au lecteur les coureurs de marathon de Riefenstahl :

> Il faut les voir, ces Athlètes qui, avec leurs tenues rayées, ressemblent à des caricatures de sportifs 1900 ; [...] il faut voir ces rescapés du marathon, éclopés, transis, trottinant entre deux haies de Juges de touche armés de verges et de gourdins, il faut les voir, ces Athlètes squelettiques, au visage terreux, à l'échine toujours courbée, ces crânes chauves et luisants, ces yeux pleins de panique, ces plaies purulentes, toutes ces marques indélébiles d'une humiliation sans fin, d'une terreur sans fond, toutes ces preuves administrées chaque heure, chaque jour, chaque seconde, d'un écrasement conscient, organisé, hiérarchisé, [...]. (*Wse*, pp. 217, 218)

Ce dernier chapitre du récit fictionnel se termine par une allusion au film de Resnais et par une évocation abrupte des vestiges que verra le visiteur futur de ce monde englouti : 'des tas de dents d'or, d'alliances, de lunettes, des milliers et des milliers de vêtements en tas, des fichiers poussiéreux, des stocks de savon de mauvaise qualité...'. L'utopie s'avère être une parabole rétrospective, historique.

Si aucune intrigue ne vient s'articuler autour de ces descriptions, s'il n'y est question que de groupes – les Officiels, le Gouvernement ou le Pouvoir central, les Athlètes, les femmes, les novices – et non pas de personnages individualisés, le récit connaît une progression par la manière dont l'information est répartie sur les différents chapitres. Mettant en œuvre le

142. C'est à l'âge de treize ans que Perec prend conscience, lors de la cure psychothérapeutique avec Françoise Dolto, des circonstances cruelles dans lesquelles sa mère est morte.

143. Le numéro de ce chapitre, 36, rappelle 1936, l'année marquée dans l'œuvre perecquienne par la naissance de l'auteur, par l'invasion hitlérienne de la zone démilitarisée et par les Jeux Olympiques à Berlin. Que ce soit aussi l'année de la réalisation des grands espoirs de la gauche française, de l'avènement triomphal du Front populaire avec Léon Blum, n'est pas relevé par Perec qui ne retient de l'Histoire que ce qui concerne le sort de sa famille.

principe d'écriture qu'il a trouvé chez Antelme, ce n'est que lentement que Perec fait émerger la vérité sur la vraie nature de la société *W*.[144]

Le narrateur qui évoque l'univers concentrationnaire sous le masque fallacieux de l'utopie, oscille entre le ton enthousiaste du discours de propagande, la froideur du constat sec et l'objectivité rationalisante qui relativise les pires excès. Ce n'est que peu à peu que certaines particularités saugrenues des pratiques sportives livrent tout leur sens. Dans un décor toujours identique, et avec un rituel et des cérémonies immuables, l'idéal olympique se pervertit au fur et à mesure que l'on avance dans le récit, et la colonie utopique se transforme sous les yeux du lecteur incrédule en univers pénitentiaire. Entre le début et la fin du récit, il se produit donc un véritable retournement.

Ce n'est pas seulement la stratégie dissimulatrice du narrateur sur laquelle les exégètes perecquiens n'ont pas manqué d'attirer l'attention, qui met le lecteur mal à l'aise, c'est aussi l'entremêlement des différents textes fictionnels et documentaires. Le lecteur est renvoyé à l'univers positiviste de Verne, au monde concentrationnaire d'Antelme et de Rousset, ou bien invité à une incursion encyclopédique dans l'histoire des anciennes cités, Olympie et Sparte, et des Jeux Olympiques, antiques et modernes. Je me propose d'examiner dans les paragraphes suivants comment, à l'aide de ces jeux intertextuels et encyclopédiques, Perec structure sa réflexion sur l'esprit des lois d'un univers totalitaire.

• Des aspects physiques, géographiques et démographiques de W

A l'opposé des récits verniens dans lesquels les terres et îles inconnues ne sont abordées qu'après un voyage décrit en détail et se terminant généralement en naufrage, le lecteur est transféré abruptement de K. en Allemagne sur les rivages inhospitaliers d'une île dans la Terre de feu.

L'île *W*, décrite au chapitre XII, partage ses caractéristiques géographiques à la fois avec l'île mystérieuse de Jules Verne et l'antique Olympie. Les spéculations sur les relevés de position du Sylvandre figurant aux chapitres IX et XI de *W ou le souvenir d'enfance* (pp. 65, 79, 80) permettent de déduire que *W* et l'île vernienne se situent à peu près à la même latitude, si l'on présume que *W* est proche de l'endroit où le Sylvandre a fait naufrage.[145]

144. 'Dans *L'Espèce humaine*', écrit Perec en 1962, 'le camp n'est jamais donné. Il s'impose, il émerge lentement'. (*L.G.*, p. 96).

145. Le Sylvandre s'est éventré sur les brisants d'un îlot, par 54° 35' de latitude sud et 73°

De même, la configuration générale de *W* – affectant 'la forme d'un crâne de mouton dont la mâchoire inférieure aurait été passablement disloquée' – reproduit à quelques minimes modifications près, les contours de l'île vernienne.[146] L'étendue de l'île *W* – quatorze kilomètres dans sa plus grande longueur – rappelle celle de l'île mystérieuse qui, elle, cependant, mesure dix milles dans sa plus petite largeur et en compte trente dans sa plus grande longueur. Dans l'évocation de l'hydrographie et de la disposition des forêts et des plaines, les allusions à Verne subissent également l'inversion, typiquement perecquienne, de la droite et de la gauche.[147] Alors que chez Verne on trouve des eaux stagnantes dans la portion marécageuse du nord-est, chez Perec, c'est la région correspondant à l'occiput du mouton à l'ouest qui héberge des marécages. Les deux îles fictionnelles ont en commun un relief tourmenté, un sol aride, un paysage et un climat qui, pour les adeptes de la théorie des climats et pour le lecteur assidu de Perec, ne présage rien de bon : il est constamment 'glacial' et 'brumeux'. A l'abri

14' de longitude ouest. La veille du naufrage du Sylvandre, un appel de détresse avait été capté par un radio-amateur de l'île Tristan da Cunha, située à 37° 05' de latitude sud. Or, l'île des naufragés de l'air de Jules Verne, baptisée par eux l'île Lincoln, se trouve à 34° 57' de latitude sud et à 150° 30' de longitude ouest. On retrouve dans ces relevés de position le jeu palindromique sur le 37 et le 73. *L'Ile mystérieuse* de Verne ne se retrouvera pas seulement encryptée dans *La Vie mode d'emploi* (p. 47), mais encore dans *Un cabinet d'amateur*, dans l'histoire du peintre américain Daisy Burroughs, tuée par la chute d'une cheminée, lors d'un ouragan, dans la nuit du 19 au 20 mars 1865. C'est à cette date que Cyrus Smith et ses quatre compagnons s'échappent de Richmond à bord d'un ballon. (UCA, p. 39)

146. La lecture de la description de cette *Ile mystérieuse* dans le roman de Verne révèle le travail minutieux de la réécriture : 'Au nord-est, deux autres caps fermaient la baie, et entre eux se creusait un étroit golfe qui ressemblait à la mâchoire entrouverte de quelque formidable squale. Du nord-est au nord-ouest, la côte s'arrondissait comme le crâne aplati d'un fauve'. (Jules Verne, *L'Ile mystérieuse*, Paris : Gallimard, 1991, tome I, pp. 135-137). Détails que l'on peut vérifier sur le plan de l'île reproduit au chapitre XXII, p. 287. Parmi les manuscrits de *W* on a retrouvé des dessins par frottement des illustrations figurant dans l'édition Hetzel. Nous avons déjà rencontré cette forme de l'île – le profil d'un animal – dans les images oniriques d'*UHQD* (p. 94).

147. Cette pratique systématique de l'inversion que l'on retrouve dans l'écriture palindromique peut être interprétée encore comme un simulacre d'écriture yiddish ou hébraïque en français : elle arbore à la fois la direction de l'écriture en français de gauche à droite et celle de l'écriture en yiddish et en hébreu de droite à gauche. Magné parle de symétrie bilatérale ; c'est une des pratiques perecquiennes qu'il a réunies sous le terme d'autobiographème défini comme 'un trait spécifique, récurrent en relation avec un ou plusieurs énoncés autobiographiques attestés, organisant dans un écrit, localement et/ou globalement, la forme du contenu et de l'expression'. L'ensemble des autobiographèmes (la cassure, le manque, les nombres 11 et 43, le couple des nombres 37 et 73, les symétries bilatérales, le bilinguisme, l'instabilité onomastique et le carré) constitue ce que Magné appelle 'l'autobiotexte' perecquien. Bernard Magné, 'L'autobiotexte perecquien', *Le Cabinet d'amateur*, n° 5, 1997, pp. 5-42.

des intempéries, seule une plaine fertile, située dans la portion centrale de *W*, bénéficie d'un climat plus clément. L'extérieur revêche et repoussant – falaises abruptes, récifs dangereux, marécages pestilentiels – est connoté de mort et de putréfaction ; l'intérieur est paradisiaque. Ce contraste se révélera trompeur par la suite. Isolé du monde, cet Eden insulaire héberge, malgré la clémence du climat et la fertilité du sol, un univers irrespirable, étouffant.

L'Olympie antique se trouve, on le sait, à l'ouest du Péloponnèse, dans une vaste plaine au confluent de la rivière Kladéos et du fleuve Alphée. Perec situe ses quatre villages dans la 'micromésopotamie' fertile au centre de l'île *W*, baignée par deux fleuves d'eau chaude (indiquant le caractère volcanique de l'île), appelés l'Omègue et le Chalde. Si l'Omègue par un jeu alphabétique correspond à l'Alphée, le Chalde renvoie à la rivière Kladéos mais rappelle également le pays d'Abraham, la Chaldée, ancien pays édénique de Mésopotamie, entre le Tigre et l'Euphrate.

Le narrateur évoque également les légendes qui se sont tissées autour des origines de la société *W*. Celle-ci aurait été fondée vers la fin du XIXᵉ siècle par un certain Wilson, selon les uns, un gardien de phare, selon les autres, le chef d'un groupe de convicts qui se seraient mutinés lors d'un transport en Australie, ou bien encore un Nemo dégoûté du monde et rêvant de bâtir une Cité idéale. On reconnaît de nouveau l'inspiration vernienne dans cette surdétermination si caractéristique de Perec : le Wilson gardien de phare vient tout droit du roman posthume de Jules Verne, *Le Phare au bout du monde*. L'histoire de ce roman se déroule, comme *W*, dans une île isolée, littéralement au bout du monde, au large de la terre de Feu, à l'extrême sud de l'Amérique du Sud.[148] Le Wilson 'convict' et le Wilson-Nemo renvoient aux personnages de la célèbre trilogie vernienne déjà mentionnée, l'un au marin mutiné, Ayrton, l'autre au célèbre capitaine du Nautilus.

Une quatrième variation, 'assez proche de celle de Nemo, mais significativement différente', fait de Wilson 'un champion (d'autres disent un entraîneur) qui, exalté par l'entreprise olympique, mais désespéré par les difficultés que rencontrait alors Pierre de Coubertin et persuadé que l'idéal

---

148. Ce roman avait été revu et publié par le fils de Verne en 1905. Voir Herbert Lottman, *Jules Verne* (Paris : Flammarion, 1996, pp. 372, 373). L'histoire raconte comment des bandits qui ont amassé un trésor en pillant des vaisseaux naufragés projettent d'attaquer le phare récemment construit, puis de s'enfuir par le prochain navire qui aura la malchance d'approcher du rivage. Les vilains tuent deux des gardiens du phare, mais un survivant, assisté du second d'un navire américain qui s'est échoué sur les écueils, parvient à retarder les pillards jusqu'à ce que la marine argentine vienne les secourir grâce au puissant faisceau allumé à temps.

olympique ne pourrait qu'être bafoué, sali, soumis aux pires compromissions par ceux-là mêmes qui prétendraient le servir, résolut de tout mettre en œuvre pour fonder, à l'abri des querelles chauvines et des manipulations idéologiques, une nouvelle Olympie'. (*Wse*, p. 91) Spéculant sur cette formule énigmatique, 'assez proche mais significativement différente', le lecteur se rappellera la misanthropie profonde de Nemo.[149] Nemo, on le sait, se retire avec quelques fidèles au fond des océans, Wilson, comme on verra, fonde une société meurtrière.[150]

Ces hypothèses sur les origines de l'île permettent donc aussi un nouveau déchiffrement du *W*, toponyme bizarre, qui serait l'initiale du nom du fondateur, Wilson. Reste encore à relever que, si cette partie de *W ou le souvenir d'enfance* est une exploration de l'univers de la mort de la mère, elle comporte également des éléments d'une télémachie, une recherche du père. Cette quête du père s'annonce également dans le nom du fondateur de *W* qui se laisse décomposer en : *Will son*, 'je veux être le fils, la volonté du fils'.[151] Nous verrons plus loin que l'enfant qui longtemps s'était cantonné dans 'le statut inoffensif de l'orphelin, de l'inengendré, du fils de personne' (*Wse*, p. 21), finira par s'identifier à une figure qui fonctionne pour lui comme modèle paternel.

Dans sa description de la population de *W*, Perec mêle les indications de race et de classe. L'île serait restée déserte jusqu'à sa colonisation vers la

---

149. Dans la version originale de *Vingt mille lieues sous les mers*, la misanthropie de Nemo, qui s'acharne à torpiller les frégates qu'il rencontre pendant son tour du monde sous-marin, s'expliquait par sa nationalité. Nemo était polonais et désirait se venger des Russes qui occupaient et torturaient sa patrie. L'éditeur de Verne, Hetzel, avait opposé son veto : la Russie était amie de la France. Dans la version définitive de son roman, Verne supprime la nationalité et les motivations de Nemo, ce qui rapproche ce personnage mythique de l'énigmatique Achab de Melville. Dans *L'Île mystérieuse*, Verne en fera un prince indien, haïssant les Anglais et ayant juré de venger son peuple. Cette solution, exprimant la compétition franco-anglaise dans le domaine colonial, convenait probablement mieux à Hetzel. Voir Herbert Lottman, *op. cit.*, p. 165, p. 200. L'anglophobie de Nemo l'oppose au Wilson anglo-saxon, fondateur de *W* ; comme Monsieur Arkadin d'Orson Welles, Nemo fait partie du réseau (crypto)-polonais dans l'œuvre perecquienne.

150. Dans ce chapitre XII de *Wse*, le laboratoire de réécriture fonctionne à plein. On trouve encore des Wilson dans les récits d'Edgar Allan Poe, le grand modèle de Jules Verne ; l'un de ces récits s'intitule précisément *William Wilson* et raconte une histoire de doubles. Le protagoniste, William Wilson, atteint d'un trouble de la voix (comme le Gaspard Winckler naufragé), se révélera un double du narrateur. Dans *Arthur Gordon Pym*, Wilson est un personnage secondaire, un marin mutiné. Voir Geneviève Mouillaud-Fraisse, 'Cherchez Angus, W une réécriture multiple', *Cahiers Georges Perec*, n° 2, 1988, pp. 85-89.

151. Voir Ewa Pawlikowska, 'Une biographie intertextuelle : Autoréférences et citations dans *W* et dans *La Vie mode d'emploi*', *Cahiers Georges Perec*, n° 2, 1988, p. 75.

fin du XIXᵉ siècle : 'Ni les Fuégiens ni les Patagons ne s'implantèrent sur W'. (*Wse*, p. 90) Dans le roman de Verne, la question classique de tous les Robinsons, 'L'île est-elle habitée ?', reçoit une réponse négative. Pas plus que les premiers colonisateurs de *W*, les naufragés de l'air verniens n'avaient trouvé de traces d'une population indigène dans leur île mystérieuse.[152] Les colons de *W* seraient, comme les colons verniens, 'des Blancs, des Occiden- taux, et même presque exclusivement des Anglo-Saxons : des Hollandais, des Allemands, des Scandinaves, des représentants de cette classe orgueil- leuse qu'aux Etats-Unis on nomme les *Wasp*', White Anglo-Saxon Protes- tants.[153] Bref, ceux qui dans un autre contexte seraient appelés Aryens, terme que le narrateur semble éviter de toute justesse dans un passage prudent ('même presque exclusivement') du général au particulier.

Cet entremêlement de deux notions – de classe et de race – est évidem- ment fortement connoté. En premier lieu, on pense au nazisme et au système concentrationnaire, aboutissement extrême d'un ordre fondé sur la suprématie de la race élue, l'élite, qui s'est exercée sur les races 'inférieures'. On peut y voir également une allusion à la discrimination raciale et à l'élitisme social qui se pratiquent aux Jeux Olympiques dès l'Antiquité. Chez les Grecs, seuls les citoyens libres pouvaient participer aux jeux, esclaves, métèques et femmes en étaient exclus. Aux Etats-Unis, à Saint- Louis en 1904, les organisateurs des jeux avaient mis sur pied de honteux *Anthropological Days*, compétitions spéciales réservées à ceux que les Améri- cains considéraient comme des sous-hommes, entre autres les Indiens Tehuelche de Patagonie, ceux-là mêmes qui selon le chapitre XII de *W ou*

---

152. Ces naufragés, les cinq nordistes qui se sont évadés en ballon, en mars 1865, de Richmond, dernier bastion des sudistes, ignoreront longtemps que l'île héberge un seul autre habitant, le capitaine Nemo, qui attend sa fin à bord du Nautilus dans le lac souterrain du cratère du volcan. Les Américains font de leur île-refuge une colonie-paradis, d'où, cepen- dant, ils finiront par être chassés par l'éruption du volcan.

153. C'est dans la deuxième moitié du XIXᵉ siècle que, sous l'influence des théories darwiniennes (*The Origin of Species by Means of Natural Selection or the preservation of Favoured Races in the struggle for life* date de 1859), naît l'idée de la supériorité des peuples anglo-saxons qui se considéraient comme liés avec les Teutons, ancienne peuplade de la Germanie du Nord que l'on comptait parmi les premiers adeptes des principes démocrati- ques. Le 'Great Rapprochement' qui s'esquisse entre les Etats-Unis et l'Angleterre dans les années quatre-vingt-dix du XIXᵉ siècle, s'enracine à la fois dans le darwinisme social, le racisme et l'exaltation des principes démocratiques. Voir à ce sujet, W.H. Roobol, 'In search of an Atlantic Identity', J. Th. Leerssen, Menno Spiering éd., *Yearbook of European Studies*, n° 4, *National Identity* (Amsterdam/Atlanta : Rodopi, 1991) pp. 1-14. Rappelons que le milliardaire Bartlebooth qui exploite l'artisan Winckler est également un WASP et que *La Vie mode d'emploi* comporte encore l'histoire d'un groupe pop, les Wasps, dont le premier hit était 'Come in, little Nemo' ! (pp. 237,238)

le souvenir d'enfance ne se seraient pas établis dans l'île. Nous avons déjà vu que, si les victoires du noir américain Owens, aux jeux de Berlin en 1936, contredisaient la théorie raciale des nazis, elles n'avaient pas pour autant convaincu ceux-ci du mal-fondé de cette théorie.

Dans l'histoire personnelle de Perec, les deux notions, de race et de classe, s'enchevêtrent d'une manière particulièrement délicate. Les Bienenfeld, sa famille adoptive, juifs assimilés, avaient pu se mettre en sécurité dans le Vercors grâce à leur relative prospérité. Beaucoup plus démunis, les Perec (à l'exception de l'auteur et sa grand-mère Rose) et les Szulewicz étaient restés à Paris. Ainsi, l'appartenance à une classe privilégiée peut permettre d'échapper au danger mortel que constitue, à certaines époques, l'appartenance présumée à telle ou telle race. Fait auquel Perec renvoie de manière oblique dans le chapitre VIII de *W ou le souvenir d'enfance* : 'Même si c'était déjà d'une façon négative, j'étais encore fortement marqué par les critères de réussite sociale et économique qui constituaient l'essentiel de l'idéologie de ma famille adoptive'. (*Wse*, p. 50) Entre les WASP, colonisateurs anglo-saxons de *W*, et les Bienenfeld, juifs réfugiés sous le nom français de Beauchamps dans le *Vercors*, s'instaure donc, grâce au jeu sur les langues, un parallélisme qui est souligné dans une digression au chapitre XXVII.[154]

C'est essentiellement dans les deux chapitres qui encadrent la césure constituée par le voyage non raconté (XI et XII), que l'on retrouve les renvois aux récits verniens. Après avoir terminé sa description de *W* sur une évocation chaleureuse de 'la nation W' – la vie y est faite pour la gloire du Corps et les portiques monumentaux à l'entrée des villages sont ornés de la fière devise olympique *Fortius Altius Citius* – le narrateur annonce l'enquête socio-politique à laquelle il procédera dans les chapitres suivants, avec une remarque qui malgré sa tonalité optimiste, laisse le lecteur songeur : 'on verra plus loin comment cette vocation athlétique détermine la vie de la Cité, comment le Sport a façonné au plus profond les relations sociales et

---

154. Le nom de Bienenfeld (champ d'abeilles) est celui de l'oncle David, mari d'Esther qui recueillit le jeune Perec après la guerre. Comme *W* est l'île des Wasps/guêpes, le Vercors est le pays des abeilles. Ce rapprochement rend la digression du ch. XXVII (p. 173) sur la différence entre guêpes et abeilles moins gratuite qu'elle ne le paraît, même si son sens précis reste difficile à saisir. Le narrateur autobiographique se souvient d'avoir été piqué par une abeille, et il dit, 'c'est à cette occasion que j'appris la différence qu'il y a entre une guêpe, foncièrement inoffensive, et une abeille, dont la piqûre peut dans certains cas être mortelle'. Par ailleurs, on retrouve dans ce jeu sur deux langues la transformation du *w* en *gu* : Wasp/guêpe.

les aspirations individuelles'. (*Wse*, p. 92). Nous verrons que les souvenirs des lectures verniennes font alors place aux références olympiques et concentrationnaires.

J'ai souligné déjà ci-dessus l'analogie entre *W*, 'une île absolument déserte jusqu'à la fin du XIXᵉ siècle, n'apparaissant sur les cartes que comme une tache vague et sans nom' (*Wse*, ch. XII, p. 90), et le pays que l'enfant Perec découvre lorsqu'il entre au collège Turenne, 'que l'on appelait aussi le Clocher', 'un lieu terriblement éloigné où nul ne venait jamais, où les nouvelles n'arrivaient pas, où celui qui avait passé le seuil ne le repassait plus'. (*Wse*, ch. XIX, p. 125)

• De l'organisation spatiale et administrative de W
A *W*, les athlètes vivent avec les directeurs sportifs ou entraîneurs généraux, médecins, masseurs, diététiciens dans quatre villages, appelés respectivement W, Nord-W, Ouest-W et Nord-Ouest-W. Ceux dont l'activité est liée aux combats, à savoir les directeurs de course, les chronométreurs, les gardiens, les musiciens, les porteurs de torches, les lanceurs de colombes, sont logés dans les stades. Les autres, femmes, enfants et vieillards, sont tenus à part dans la forteresse, entourée d'une enceinte électrifiée. C'est là que siège le gouvernement central, dans une grande tour 'dont l'aspect évoquerait assez celui d'un phare' et où 'dans le plus grand secret sont prises les importantes décisions'. (*Wse*, ch. XIV, p. 99)

Cette organisation spatiale reflète l'organisation d'une société cloisonnée, avec au sommet un gouvernement oligarchique dont 'les membres sont choisis dans le corps des juges et arbitres, mais jamais parmi les athlètes'. Aucune fonction administrative n'est jamais confiée à un Athlète en exercice. Situation que le narrateur, décidément positif, justifie au nom du 'fair play', défini comme l'impartialité et la neutralité nécessaires à la gestion d'une cité sportive (*Wse*, p. 99), et dont il n'explicitera l'envers perverti que peu à peu dans les chapitres suivants. La couche intermédiaire est formée par les chronométreurs, les organisateurs et les directeurs de course parmi lesquels sont élus les fonctionnaires qui gèrent les villages.

Si l'organisation spatiale et administrative est rapprochée explicitement de celle régissant les villages olympiques ('en somme sur *W* un village est à peu près l'équivalent de ce qu'ailleurs on appellerait un «village olympique»' (*Wse*, p. 100), on peut y reconnaître deux autres modèles : la société de l'antique Sparte et le monde concentrationnaire qu'évoquent Antelme et Rousset. Contentons-nous pour le moment en ce qui concerne la cité de

Sparte, de rappeler qu'elle fut constituée, au IXe siècle av. J.-C., par la réunion de plusieurs villages doriens. Ses institutions visaient à perpétuer dans l'immobilisme sa structure sociale. Les Spartiates proprement dits étaient organisés en société égalitaire et se vouaient exclusivement au métier des armes, la terre des plaines étant cultivée par les ilotes, les serfs de l'Etat. Un conseil oligarchique (formé des deux rois et de vingt-huit vieillards) décidait de la politique de l'Etat et avait des attributions judiciaires. Les Spartiates empêchaient l'expansion démographique par des massacres réguliers d'ilotes.

Au camp de Gandersheim, raconte Antelme, en haut de la hiérarchie se trouvait l'appareil directeur constitué par les SS, en bas, les détenus politiques provenant de toutes les nations, et, entre ces deux mondes, l'appareil intermédiaire composé de détenus allemands de droit commun ('assassins, voleurs, escrocs, sadiques ou trafiquants de marché noir') qui, sous les ordres des SS, étaient les maîtres directs et absolus des détenus politiques. Dans l'avant-propos de *L'Espèce humaine*, Antelme commente cette hiérarchie qui installait 'une lutte entre des hommes (les détenus politiques) dont le but était d'instaurer une légalité, dans la mesure où une légalité était encore possible dans une société conçue comme infernale, et des hommes (les détenus de droit commun) dont le but était d'éviter à tout prix l'instauration de cette légalité parce qu'ils pouvaient seulement fructifier dans une société sans lois. [...]. A Gandersheim, nos responsables étaient nos ennemis'.[155] On trouve les mêmes observations chez Rousset dans sa description de l'armature de base des camps concentrationnaires : 'l'existence d'une aristocratie de détenus, jouissant de pouvoirs et de privilèges, exerçant l'autorité, rend impossibles toute unification des mécontentements et la formation d'une opposition homogène. Elle est enfin [...] un merveilleux instrument de corruption'.[156] 'Partout', remarque également Arendt dans son étude sur le totalitarisme, 'les criminels forment l'aristocratie des camps'.[157] A l'amalgame typiquement totalitaire des détenus criminels et

155. Robert Antelme, *op. cit.*, p. 10.
156. David Rousset, *op. cit.*, p. 111. Parmi les détenus qui géraient les camps, Rousset distingue deux secteurs. D'un côté, le Lagerältester, un des plus puissants aristocrates, et les Blockälteste, chefs de blocks, de l'autre, les chefs de chambrée, le 'Stubendienst'. (*L'Univers concentrationnaire*, pp. 123, 124). Par leur position dans la hiérarchie et leur logement à part, les directeurs sportifs de *W* correspondent aux chefs de blocks ; les entraîneurs qui vivent avec les athlètes dans les villages, se laissent comparer aux chefs de chambrée.
157. Hannah Arendt, *op. cit.*, pp. 187, 188.

politiques s'ajoute dans les camps d'extermination un troisième groupe, celui des gens dont aucun acte ne pouvait motiver l'arrestation, les innocents appartenant aux 'races inférieures', juifs, tziganes, Slaves, et des 'déviants' de tout ordre, délinquants religieux, homosexuels et cetera.

Si le rapprochement des structures administratives de *W* et celles des camps de concentration s'impose dès le chapitre XIV, les rapports de force entre les différents groupes, les efforts avilissants et désespérés pour monter les degrés de la hiérarchie, ne seront explicités qu'aux chapitres XXXII et XXXIV.

Le chapitre XIV se termine sur l'énumération des quatre différents types de compétition sportive. Outre les championnats de classement où combattent les athlètes d'un seul village, les quatre championnats locaux qui opposent les villages connexes, les deux épreuves de 'sélection' qui opposent les villages non-connexes, il y a les Jeux proprement dits, au nombre de trois : les Atlantiades (jeux mensuels), les Spartakiades (jeux trimestriels) et les Olympiades (jeux annuels). Par l'énonciation des nombres *quatre, trois* et *deux*, cette énumération prélude à l'armature numérique du chapitre XVI. Si l'on reconnaît le terme d'Olympiades, les noms des autres compétitions pourraient renvoyer, l'un à Sparte ou aux jeux sportifs du bloc soviétique, l'autre à l'héroïne grecque Atalante dont le nom est mentionné dans les avant-textes de *W ou le souvenir d'enfance* ou bien à l'Atlantide, le fameux continent disparu.[158]

• L'organisation des Jeux sportifs
L'organisation des Jeux sur lesquels est rythmée la vie à *W*, est exposée au chapitre XVI qui comporte de nombreuses allusions à l'histoire des Jeux Olympiques. A *W*, les activités sportives tiennent lieu de travail, elles constituent la seule et unique activité de ses habitants masculins, elles envahissent la vie publique et ne laissent pas de place à la vie privée. Rappelons comment Rousset résume les deux orientations fondamentales com-

---

158. Le nom d'Atalante figure sur une des listes d'éléments à insérer dans *Wse*. Reproduite par Philippe Lejeune, *op. cit.*, p. 108. L'histoire d'Atalante est racontée par Ovide, *Métamorphoses*, Livre X, vers 560-680. Une autre interprétation ferait dériver ces Atlantiades de l'Atlantide, île fabuleuse habitée par une puissante population guerrière, ennemie d'Athènes, qui aurait été engloutie à la suite d'un cataclysme et dont le capitaine Nemo fait visiter les ruines à son passager, le savant français Aronnax. *Vingt mille lieues sous les mers* (Paris : Gallimard, «Le Livre de poche», 1990) I, ch. XVIII, pp. 409-424.

mandant la structure des camps de représailles : 'Pas de travail, du 'sport' et une dérision de nourriture'.[159]

L'organisation des jeux repose de même que toutes les autres règles et lois de *W* sur un système numérique fixe. Commémoratif de par sa numérotation et par le nombre de ses paragraphes (onze), ce chapitre XVI multiplie jusqu'à la sursaturation les nombres désormais connus. Outre ceux, métonymiques de la disparition de la mère (déportée le 11 février 1943) – le deux, le onze et le douze, le quatre et le trois, le vingt-deux, multiple du onze – on y trouve celui métonymique de la naissance de Perec, né dans le XIXe arrondissement. J'en donnerai quelques exemples.

Les jeux à *W* comportent vingt-deux épreuves. A l'exception de la lutte gréco-romaine, toutes ces épreuves appartiennent à l'athlétisme : à *W* on ne pratique ni le football, ni la natation, ni le concours hippique ! Dans les deux premiers alinéas consacrés à la description de ces épreuves, se profile quatre fois la trace d'un quarante-trois, trois fois celle d'un deux, deux fois celle d'un douze, une fois celle d'un vingt-deux, une fois celle d'un onze et une fois celle d'un dix-neuf. Je cite cette description en entier pour montrer l'intrication du travail numérique perecquien :

> Après divers tâtonnements, reflets de tiraillements entre des tendances orthodoxes qui prétendaient s'en tenir aux épreuves des Jeux antiques ou, à la limite, au *douze* qui furent choisis pour les Jeux d'Athènes de 1896, [...], l'Administration des Jeux a fini par fixer à *vingt-deux* le nombre des épreuves à disputer. [...] toutes ces épreuves appartiennent à ce que les Américains appellent le «Track and Field», c'est-à-dire à l'athlétisme. *Douze* sont des courses, parmi lesquelles *trois* épreuves de sprint (100 m, 200 m, 400 m), *deux* de demi-fond (800 et 1500 m), *trois* de fond (5 000 m, 10 000 m, marathon), *quatre* d'obstacles (110 m haies, 200 m haies, 400 m haies, 3 000 m steeple) ; sept sont des concours, parmi lesquels *trois* épreuves de saut (hauteur, longueur, *triple* saut) et *quatre* épreuves de lancer (poids, marteau, disque et javelot). A ces *dix-neuf* épreuves d'athlétisme s'ajoutent *deux* concours mixtes, combinant plusieurs disciplines, le pentathlon et le décathlon. (*Wse*, pp. 111,112)[160] (C'est moi qui souligne.)

159. A un autre endroit de son texte, il compare ce sport, 'une torture nue', à 'une épée neuve jamais au fourreau'. David Rousset, *op. cit.*, p. 116.

160. La vingt-deuxième épreuve, le saut à la perche, n'est plus pratiquée, peut-être pour des raisons de morphologie, dit le narrateur sans donner d'autres explications. Serait-ce parce que si l'on anagrammatise le mot 'perche' on obtient Perec(h) ? On pourrait déceler alors dans cet énoncé énigmatique une allusion à la mort des parents : les troupes françaises ayant fait sauter le 16 juin 1940 le pont de Champigny sur l'Yonne, le douzième régiment d'étrangers vit la route de la retraite coupée. La mère de Perec a essayé en 1942 en vain de passer la

Le même réseau numérique, auquel s'ajoutent les multiples de trois, quatre et onze et un renvoi à la date du décès du père (16 juin 1940), apparaît une deuxième fois dans le nombre des participants aux jeux. Ce nombre est immuable : 330 athlètes par village répartis en 22 (11 x 2) équipes de 15 athlètes chacune. Les *trois* meilleurs athlètes de chaque équipe peuvent participer aux Olympiades, *deux* d'entre eux ont le droit farouchement envié de participer aux Atlantiades, les *douze* autres prennent part aux Spartakiades. Les Olympiades rassemblent 264 (11 x 2 x 4 x 3) concurrents et pourraient être considérées comme les jeux de la mère ; les Atlantiades, où l'on fête des noces barbares, seraient alors avec 176 (11 x 16) participants ceux du père et de la mère ; les Spartakiades, finalement, réunissant 1056 (4 x 264) concurrents non classés pourraient symboliser la lutte de l'enfant orphelin qui cherche à se forger une identité. Une fois fixés, dit le narrateur, ces chiffres (tous des multiples de 3, 4 et 11) n'ont pas tardé à devenir immuables, ils se sont incorporés au rituel des éliminatoires. Commentaire lourd de sens qu'on serait enclin à qualifier à la fois d'autobiographique et de métatextuel. Il y a bien lieu de parler ici, avec Bernard Magné, d'icônes arithmétiques.[161]

On reconnaît dans l'organisation des jeux le système numérique fixe autobiographique. Sur le plan de l'histoire, ce système est motivé par le désir des autorités ; celles-ci exigent qu'à l'inauguration des jeux la présentation des athlètes aux Officiels revêt la forme d'un *W* grandiose devant les tribunes. Pour y parvenir, il faut toujours le même nombre de participants aux Olympiades ; l'absence d'un ou plusieurs athlètes troublerait la perfection de cette mosaïque humaine. Ainsi, la lettre *W*, dessinée par 264 corps vivants, se transforme, sur le plan de l'autobiographie, par l'inscription de la date de la disparition de la mère, en un monument aux morts.

Cette contrainte entraîne cependant aussi une interdiction, celle du cumul des victoires. Lors des Olympiades, les exigences du système numérique interdisent aux athlètes de s'inscrire à plus d'une seule discipline. Cette interdiction est pour le narrateur prétexte à interrompre son exposé sur les compétitions de *W* pour énumérer des doubles, triples ou quadruples médaillés des jeux olympiques – Thorpe, Hill, Kuts, Snell, Zatopek,

---

Loire, ligne de démarcation entre zone occupée et zone libre, pour rejoindre sa famille dans le Vercors.

161. Bernard Magné, 'Saint Jérôme mode d'emploi', *Cahiers Georges Perec*, n° 6, *L'œil d'abord*, 1996, p. 110.

Owens, Nurmi. (*Wse*, p. 114) Il se contente de donner les patronymes et les villes où se sont déroulés les jeux, laissant au lecteur le soin de reconstituer le reste – prénoms, nationalités, dates, type d'épreuve.[162] Les sept Olympiades ainsi évoquées, sont classées selon le nombre de médailles obtenues par un seul champion et, par conséquent, présentées dans un ordre non-chronologique : doubles (*2*) victoires de Jim Thorpe à Stockholm (1912), d'Albert Hill à Anvers (1920), de Vladimir Kuts à Melbourne (1956), de Peter Snell à Tokyo (1964) ; triples (*3*) victoires d'Emil Zatopek à Helsinki (1952) et de Jesse Owens à Berlin (1936) et la quadruple (*4*) victoire de Paavo Nurmi à Paris (1924). Donc quatre Olympiades avant 1940 (1912, 1920, 1924 et 1936) et trois Olympiades d'après-guerre (1952, 1956, et 1964) : pour la troisième fois s'inscrivent dans ce chapitre les nombres deux, quatre et trois.

Outre l'interdiction du cumul des victoires, l'organisation des jeux présente quelques autres détails particulièrement curieux. En premier lieu, comme les athlètes ne s'entraînent que pour une seule épreuve, ils sont inaptes à faire les pentathlons et les décathlons.[163] Aussi les organisateurs ont-ils transformé ces derniers en épreuves grotesques. Ce seront les handicapés, les rachitiques, les obèses, les strabiques qui déclencheront, par leurs efforts maladroits, le rire du public et des Officiels. Cet humour cruel d'un public qui se divertit au spectacle d'une bouffonnerie tragique, est l'un des éléments les plus déstabilisants de cette fiction, et fait penser au rire sadique des SS devant les efforts de leurs victimes dans des exercices gymnastiques torturants.[164]

En second lieu, ce public demeure une foule anonyme et amorphe, que l'on entend crier et applaudir, mais dont on ne sait d'où elle vient, ni qui la compose. Bien que ces spectacles soient organisés pour elle, bien qu'elle

---

162. Dans les années cinquante, Kuts et Zatopek étaient les deux grands rivaux. Pour une histoire détaillée des Jeux modernes, voir Henri Charpentier, Euloge Boissonade, *100 ans de Jeux Olympiques* (Paris : France-Empire, 1996).

163. Le pentathlon et le décathlon ont été introduits aux jeux de 1912 : c'est l'Amérindien Thorpe qui, en dépit de son appartenance à une 'race inférieure', s'y était imposé comme vainqueur.

164. Voir Rousset sur la pratique du 'sport' dans les camps : 'Dans la petite cour rectangulaire et bétonnée, le sport consiste en tout : faire tourner les hommes très vite pendant des heures sans arrêt, avec le fouet ; organiser la marche du crapaud, et les plus lents seront jetés dans le bassin d'eau sous le rire homérique des S.S. ; répéter sans fin le mouvement qui consiste à se plier très vite sur les talons, les mains perpendiculaires ; très vite (toujours vite, vite, *schnell, los Mensch*), à plat ventre dans la boue et se relever, cent fois de rang, courir ensuite s'inonder d'eau pour se laver et garder vingt-quatre heures des vêtements mouillés'. David Rousset, *op. cit.*, p. 55.

soit complice solidaire du système, le narrateur ne donne pas de précisions à son sujet. On pense à la masse sans visage, à ces milliers de taches floues qui peuplent les stades, applaudissent, huent et conspuent, mais évidemment aussi à la masse amorphe sur laquelle s'appuient les dictateurs totalitaires.

En troisième lieu, toute la population masculine participe aux jeux, ce qui implique que cette population reste constante et que, s'il y a expansion démographique, elle ne se manifeste pas dans le groupe des athlètes. L'explication de cette dernière particularité n'est donnée qu'au chapitre XXVI.

De la nature et du principe du gouvernement W

Dans les chapitres suivants du récit fictionnel (XVIII, XX, XXII et XXIV), le narrateur nous familiarise, si l'on peut dire, avec quelques lois illustratives de 'la logique W'. A la lecture de ces chapitres, on se heurte à une contradiction fondamentale. D'une part, dans la description des règles très strictes qui organisent la vie à W, le narrateur ne se lasse pas d'invoquer 'la Loi W', les Lois W, la 'Logique W', les 'règles de W'.[165] D'autre part, ces règles sont sans cesse modifiées, ou même supprimées de manière apparemment arbitraire par ceux-là mêmes qui les ont édictées. Un examen plus précis de cette contradiction nous permet de comprendre à quoi renvoie cette loi W. La 'loi W' est la loi 'naturelle' selon laquelle seuls survivent les plus aptes, et le régime de W ne recule pas devant la transgression de ses propres règles pour faire apparaître cette loi et prouver le bien-fondé de la théorie de la sélection naturelle.

Dans son analyse des origines et de la nature du totalitarisme, Hannah Arendt désigne cette contradiction entre l'omniprésence de la loi et sa transgression incessante comme constitutive du totalitarisme. Elle affirme que 'le régime totalitaire a fait éclater l'alternative même sur laquelle reposaient toutes les définitions de l'essence des régimes dans la philosophie politique : l'alternative entre régime sans lois, et régime soumis à des lois, entre pouvoir légitime et pouvoir arbitraire. [...] Avec le régime totalitaire

---

165. L'insistance avec laquelle le terme même de 'loi' est évoqué, rappelle au lecteur que l'univers de Perec abonde en contrats, contraintes et règles apparemment arbitraires. Pensons au pacte nihiliste, stérile qui lie Bartlebooth et Winckler dans *La Vie mode d'emploi*, contrat rempli presque clandestinement, dans la réclusion de deux pièces.

nous sommes en présence d'un genre de régime totalement différent. Il brave toutes les lois positives jusqu'à celles qu'il a lui-même promulguées (ainsi la constitution soviétique pour ne citer que l'exemple le plus flagrant), ou celles qu'il ne s'est pas soucié d'abolir (la constitution de Weimar, par exemple, que le régime nazi n'a jamais abrogée). Mais il n'opère jamais sans avoir la loi pour guide et il n'est pas non plus arbitraire, car il prétend obéir rigoureusement et sans équivoque à ces lois de la Nature et de l'Histoire dont toutes les lois positives ont toujours été censées sortir'.[166] Cette loi de la nature consiste selon les nazis en l'amélioration constante de l'espèce humaine, à laquelle le régime contribue par la suppression de ceux qui font obstacle au progrès naturel, les 'races inférieures', les individus 'inaptes à vivre', les 'classes agonisantes et les peuples décadents'. 'Si la légalité est l'essence du régime non tyrannique et l'absence de lois celle de la tyrannie, la terreur, elle, est l'essence de la domination totalitaire'.[167]

Comme le régime nazi, le gouvernement de *W*, au nom de son idéologie sportive, ne se préoccupe que d'opérer la sélection entre les forts et les faibles. Cependant, si c'est la loi de la nature d'éliminer tout ce qui est sans défense et inapte à vivre, ce serait la fin même de la nature si l'on ne pouvait trouver de nouvelles catégories de gens sans défense et inaptes à vivre. Aussi la sélection des forts et de faibles est-elle un processus sans fin. Aussi les athlètes *W* sont-ils sans cesse mis à l'épreuve, aussi les victoires ne sont-elles jamais qu'une garantie provisoire contre la torture ou même la mort. Si seuls les plus forts ont le droit de se nourrir, c'est un privilège qui ne tarde pas à se retourner contre eux. Si seuls les vainqueurs ont le privilège de sortir d'un anonymat dégradant, un système raffiné de handicaps peut les rejeter dans la masse des 'sous-hommes' et leur enlever les privilèges liés à leurs titres. Si, en principe, seuls les plus rapides ont le droit de se reproduire, les autorités favorisent des alliances et des luttes intestines par lesquelles ce droit est conféré non pas aux athlètes les plus forts, mais à ceux qui sont les plus rusés. Les lois *W* ne sont faites que pour alimenter à l'infini le processus de sélection.

Les chapitres XVIII – XXXIV présentent des exemples concrets de l'application à la lettre de l'idéologie *W*. Le raffinement dissimulateur réside dans le dosage des renseignements. Si le narrateur précède son lecteur pas à pas dans la descente aux enfers, il le distrait sans cesse de l'essentiel par la

---

166. Hannah Arendt, *op. cit.*, p. 205.
167. *Ibid.*, p. 210.

diversité des sujets, par l'accumulation monotone de calculs complexes et par une surabondance de détails apparemment insignifiants. Les conséquences politiques de l'organisation spatiale et administrative évoquée au chapitre XIV ne sont élaborées explicitement qu'aux chapitres XXXII et XXXIV. La stagnation de la démographie est suggérée dès le chapitre XVI, mais seulement expliquée au chapitre XXVI. Le chapitre XVIII porte sur la diète déficitaire, mais la logique sous-jacente apparaît seulement au chapitre XXII. La disparition des patronymes, symbolique de la destruction de l'individu et des familles, est présentée au chapitre XX, mais la véritable explication n'apparaît qu'aux chapitres XXVI et XXVIII. C'est au lecteur de regrouper tous ces éléments, d'en dégager les constantes et d'en repérer les échos dans le récit autobiographique. Ces échos apparaîtront dans l'analyse des systèmes alimentaire et onomastique, du système de discrimination, et de l'évocation de l'enfance à *W*.

• Du système alimentaire

L'interdiction du cumul des victoires dans différentes épreuves ôte partiellement aux athlètes ce que l'on considère généralement comme les premiers mobiles d'une performance sportive : l'amour du sport pour le sport, le souci de la gloire personnelle ou, à la rigueur, l'amour de la patrie. Il leur faut par conséquent une autre incitation : le chapitre XVIII montre comment les autorités de *W* s'y prennent pour stimuler les Athlètes à se livrer corps et âme à leurs exploits sportifs.

Le 'principe d'action', le ressort principal de la société *W* est le 'struggle for life', la victoire est la 'seule issue possible, la seule chance', dit le narrateur, invoquant sans sourciller les principes darwiniens. Si les athlètes sont mûs par 'un mécanisme presque élémentaire de survie, un réflexe de défense devenu quasi instinctif, par la soif de la victoire', c'est parce que l'enjeu est la possibilité de s'alimenter après l'épreuve. S'ils perdent, ils sont privés du repas du soir, le seul repas qui leur permette de remédier au régime de carence glucidique auquel ils sont soumis systématiquement et qui risque de compromettre leur résistance à la fatigue musculaire. Ce système de sélection amènerait bien rapidement une réduction drastique du nombre d'athlètes, fatale à la prédilection des autorités pour les systèmes numériques fixes, s'il n'était compensé par les faiblesses profondes de la nature humaine : 'Heureusement', les vainqueurs n'ont pas la discipline de se refréner pendant ces repas : le lendemain, ils se présentent malades d'indigestion dans l'arène ce qui permet d'assurer une permutation rapide des vainqueurs et assure, le plus régulièrement possible, au maximum d'athlètes l'indispensable énergétique de ce repas du soir.

L'explication de ce système alimentaire s'accompagne de nouveau, et pour une cinquième fois, de calculs basés toujours sur les mêmes nombres. (*Wse*, p. 122) Dans les championnats de classement, des 1320 athlètes, 264 (11 x 2 x 4 x 3) ont une chance de dîner, après des championnats locaux il n'y en a plus que 132 (11 x 4 x 3) et à l'issue des Jeux, seulement 66 (6 x 11) athlètes ont droit au repas du soir. Ainsi le système alimentaire s'allie au système numérique et devient même l'une des 'articulations principales' de la société W. (*Wse*, p. 122).

Le régime de carence auxquels les athlètes sont soumis, rappelle celui des repas communaux auxquels les citoyens spartiates étaient obligés de participer. Les plats étaient à dessein insuffisants et monotones pour inciter au vol, considéré comme une mise à l'épreuve. Ce n'est que lorsque le voleur était pris sur le fait, qu'il recevait un châtiment corporel. La maladresse, non le vol, était considérée comme un méfait.

Réfléchissant dans l'avant-propos de *L'Espèce humaine* à l'oppression exercée par les détenus de droit commun sur les prisonniers politiques, Antelme rappelle la logique concentrationnaire qui fait écho à cette curieuse coutume spartiate : 'Affamer un homme pour avoir à le punir ensuite parce qu'il vole des épluchures...'. Le lent assassinat que constitue la sous-alimentation systématique est décrit en détail par Antelme. Il évoque la situation de l'homme réduit à l'extrême dénuement du besoin, quand il ne peut plus penser à autre chose qu'à la faim.[168] Pour les détenus, entièrement absorbés par la hantise de la nourriture, une gamelle de soupe, une tranche de pain, des épluchures volées, représentent la seule chance de survivre. On se souviendra que Rousset parle de la diète concentrationnaire comme d'une 'dérision de nourriture'.

Dans le récit autobiographique de *W ou le souvenir d'enfance*, c'est un souvenir de la vie au collège Turenne qui fait écho à cette privation de nourriture glucidique (ch. XXV, pp. 161, 162). Perec croit se souvenir qu'il était le seul enfant à ne pas recevoir le goûter de quatre heures. Pour remédier à cette mesure discriminatoire, il promettait à ses camarades, en échange d'une partie de leur goûter, de leur envoyer des oranges, fruit de rêve en

---

168. Robert Antelme, *op. cit.*, p. 10.

temps de guerre, dès son arrivée en Palestine, arrivée qu'il annonçait pour l'année suivante. Comme garantie de sa promesse, il leur cédait un petit bout de film présentant des images de la terre promise, la terre de lait et de miel, qu'il avait trouvées lors d'une de ses expéditions solitaires dans les greniers de l'école. Il fut dénoncé, et puni pour avoir volé et menti.

• Du système onomastique : patronymes et sobriquets

Marqué de deux X, deux croix (le X qualifié au chapitre XV de 'signe du mot rayé nul'), le chapitre XX est précédé des souvenirs autobiographiques du baptême (ch. XIX) qui coupe l'enfant Perec de ses racines familiales et entraîne la francisation des prénoms et patronymes de ses parents. Le système onomastique adopté à W, implique l'abandon radical de la fonction traditionnelle des noms propres, celle de distinguer les individus et les familles, et est annoncé par le système onomastique instable du récit auto-biographique (ch. VIII, XV, XIX). Le nom propre comme repère, comme élément d'identification, est abandonné, et par là, l'identité civique et individuelle, ce qui distingue un homme d'un autre, est détruite. Le système totalitaire élimine l'individu au profit de l'espèce, il détruit la pluralité des hommes.

Le chapitre XX est également annoncé par le chapitre XIII, autobiogra-phique, évoquant l'époque 'sans repères' passée par l'enfant Perec dans le Vercors. Epoque à laquelle 'les choses et les lieux n'avaient pas de nom ou en avaient plusieurs ; les gens n'avaient pas de visage. Une fois, c'était une tante, et la fois d'après c'était une autre tante. Ou bien une grand-mère'. (*Wse*, p. 94) Dans le Vercors, la filiation familiale est dissimulée pour des raisons de sécurité. A W, elle ne compte pas, la famille, l'élément de base du tissu social, ayant été supprimée.

A W, les novices n'ont pas de patronymes, on les distingue à un large triangle d'étoffe blanche cousu la pointe en bas. Les athlètes en exercice ne portent pas non plus de noms, mais des sobriquets qui font allusion 'soit à des particularités physiques, soit à des qualités morales, soit à des particula-rités ethniques ou régionales'. (*Wse*, p. 130) Trois catégories de caractéristi-ques que les adeptes de la théorie raciale, on le sait, croient héréditaires et entreliées. Cependant, à W, ce ne sont pas ces particularités physiques ou morales qui sont héréditaires mais les sobriquets qui y renvoient. Au cours du temps, ces sobriquets se sont vidés de leur sens : ils ne correspondent plus aux qualités qu'ils désignent et qui permettraient de distinguer les individus ou les groupes. Aussi arrive-t-il à W qu'un géant soit baptisé maigrichon et qu'un obèse réponde au surnom de nabot. (*Wse*, p. 131). Ces exemples illustrent, en le ridiculisant, le système de discrimination raciale.

Parmi les sobriquets figurent encore des dénominations qui s'inspirent de l'anthroponymie indienne, ou bien de sa version scoutiste – Cœur de bison, Jaguar véloce, etc. Si la population de *W* se compose de WASP, des représentants de la race 'aryenne', ceux-ci gardent donc inscrits dans leurs surnoms le souvenir d'une population indigène (nommés les Insulaires) dont on ne retrouve pas de trace dans l'île et à laquelle seules renvoient les cultures de maïs et de patates douces, nourriture des Amérindiens. La mention de ces Insulaires contredit l'affirmation faite au chapitre XII, selon laquelle les colons auraient trouvé l'île déserte à leur arrivée. Les WASP et les Indiens se seraient-ils entre-mariés, ces derniers auraient-ils été exterminés dans l'île comme sur le continent, ou bien, comme il est suggéré au chapitre XXXIV, les Athlètes et les Officiels n'appartiendraient-ils pas à la même 'Race' ? (*Wse*, p. 207). Dans ce cas, les Insulaires constitueraient la minorité ethnique opprimée et l'élite, les WASP, tiendrait les rênes du pouvoir.[169]

Tout comme les sobriquets, à *W* les noms propres ont changé de fonction. Les patronymes des premiers vainqueurs avaient été identifiés avec l'épreuve dans laquelle ils avaient remporté leur victoire, et avaient été ainsi transformés en titres honorifiques. Par la suite, tous ceux qui sont par exemple vainqueurs du 100 mètres, porteront le nom du premier vainqueur dans cette épreuve. Le titre du vainqueur olympique dans l'épreuve la plus importante est Jones. Si le cumul des victoires dans plusieurs épreuves différentes est interdit, le cumul des titres remportés dans une même épreuve mais lors de différentes compétitions est d'usage : une particularité remarquable du système des noms *W*, est qu'un Athlète peut porter plusieurs noms-titres. Celui qui se classe premier ou second dans les différentes compétitions de sélection locales, interlocales, dans les Atlantiades et dans les Olympiades, portera comme titre honorifique officiel les *six* noms des premiers vainqueurs dans ces épreuves, il se présentera devant les Officiels par exemple comme le Gustavson de Grunelius de Pfister de Cummings de Westerman-Casanova.

---

169. Le narrateur mentionne encore deux autres 'minorités ethniques' dans l'île, celles-ci de souche 'aryenne', les Sudètes et les Frisons. La mention des Sudètes rappelle évidemment les événements précédant les accords de Munich en 1938, la politique d'annexion des nazis justifiée par la théorie raciale.

L'explication de ce système onomastique, qui semble parodier les obsessions généalogiques des nazis[170] et à laquelle le travail sur la généalogie du récit autobiographique fait écho[171], s'accompagne encore d'un exposé du système numérique en vigueur à W. Sur les 1320 (10 x 11 x 12) athlètes en exercice, 330 (11 x 30) athlètes en tout auront droit à une identité officielle, 264 grâce aux championnats de classement, 66 grâce aux Spartakiades (*Wse*, pp. 131, 132). Par ailleurs, seuls les champions olympiques peuvent garder leurs noms-titres, les autres doivent remettre en jeu les leurs lors de toute nouvelle épreuve. Les titres sont donc des dénominations de durée variable.

Ce système onomastique qui contribue à l'aliénation totale de l'individu – un athlète n'est que ce que sont ses victoires – et fait reposer l'idée de l'hérédité sur les prestations sportives (renvoyant ainsi à l'idée de la sélection naturelle), est relié à un système de privilèges ; chaque titre honorifique s'accompagne d'un privilège spécifique, que ce soit celui de se déplacer librement dans le stade central, celui d'une douche supplémentaire, celui d'un entraîneur particulier ou d'un survêtement neuf.[172] Qu'une société dans laquelle de tels 'droits' sont considérés comme des privilèges relève d'un régime pénitentiaire, reste sous-entendu. La stratégie dissimulatrice du narrateur consiste ici à ne présenter que l'endroit du système qu'il décrit. C'est l'un des endroits du texte qui est marqué par une ironie cruelle. L'écart entre l'intention de l'énonciation et le sens de l'énoncé est perçu par tout lecteur qui connaît les méthodes d'extermination des nazis.

En dehors des noms que peuvent lui valoir ses victoires, et des sobriquets qui sont mal vus des autorités, l'athlète n'est désigné que par l'initiale de son village assortie d'un numéro d'ordre. C'est une autre référence au système concentrationnaire où l'identité des prisonniers est réduite d'un côté à des insignes (des triangles d'étoffe) indiquant leur nationalité et la catégorie à laquelle ils appartiennent, de l'autre à leurs matricules.

---

170. Les candidats SS devaient faire remonter leur arbre généalogique jusqu'à 1750. Les candidats aux postes supérieurs du parti ne devaient répondre qu'à trois questions dont l'une était 'Votre arbre généalogique est-il en ordre ?' Hannah Arendt, *op. cit.*, pp. 257, 258.

171. Rappelons ici le projet jamais achevé de *L'Arbre*, 'la description, la plus précise possible, de l'arbre généalogique de mes familles paternelle, maternelle, et adoptive(s)'. Voir *supra*, p. 140.

172. Dans l'énumération de ces privilèges, on reconnaît encore un *deux* et un *quarante-trois* : ceux qui ont *deux* noms ont droit à des douches supplémentaires ; ceux qui ont *trois* noms ont droit à un entraîneur particulier que l'on appelle 'Oberschrittmacher', ceux qui ont *quatre* noms ont droit à un survêtement neuf.

La liste erratique des noms propres répartis sur les chapitres présente comme une énigme cabalistique la dissolution des origines et des originalités.[173] Cependant, grâce au jeu sur différentes langues, certains noms portent encore des traces de la filiation supprimée. Dans les patronymes anglo-saxons, scandinaves et allemands – Jones, Mac Millan, Gustafson, Hauptmann, Westerman, Newman, et Andrews – on retrouve sous différentes formes les substantifs *homme* et *fils*.

L'auteur s'est représenté lui-même parmi les athlètes vainqueurs, il apparaît sous les noms de Jones et Andrews. L'habitude de redoubler la première syllabe de ces patronymes, pour distinguer les anciens vainqueurs olympiques des vainqueurs en exercice, transforme Jones en *Jojones*. Ce qui permet de reconnaître dans ce titre du champion de 100 m, 'la course des courses', Jojo, le diminutif de Georges, surnom de Perec enfant. Le titre du champion du saut en hauteur, Andrews, désigne également l'auteur, selon son acte de baptême 'fils d'André'. On prend conscience de la charge mentale imposée au survivant quand on sait que le titre de Jones ne s'obtient dans les Olympiades qu'au prix de la mise à mort d'un concurrent.

Pour terminer cette exégèse du chapitre XX, une dernière remarque : les premiers Jeux Olympiques constituèrent le début de la chronologie grecque, comptée par Olympiades (périodes de quatre ans) et la liste des vainqueurs inaugurée en 776 avant J.-C. devint plus tard une référence chronologique.[174] Perec annule cette dimension temporelle (ce sont les victoires qui s'inscrivent dans les noms) : à *W*, tous ceux qui auront remporté successivement la victoire dans telle ou telle épreuve porteront, en guise de titre, le nom du premier vainqueur.

• De la discrimination

L'organisation des jeux sportifs, vraies épreuves de 'sélection' (terme évidemment fortement connoté) est présentée au chapitre XVI, mais ce n'est qu'au chapitre XXII que le narrateur explique comment à *W* fonctionne le perpetuum mobile des victoires et des défaites. C'est dans ce chapitre pivot

---

173. Delphine Godard a relevé que le système des noms-titres est en partie inspirée par le jeu de Go où les individus portent les noms de leurs fonctions et performances. Elle a su également identifier la majorité de ces noms-titres qui sont ceux d'athlètes ou de sportifs d'après-guerre, le plus souvent des années soixante. Delphine Godard, *op. cit.*, pp. 308-317.

174. Les Grecs commencent à compter du jour où les prêtres d'Olympie font graver sur leur table de gloire le nom de Koroïbos, berger de la vallée de l'Alphée et gagnant de la course du stade.

que le narrateur dévoile le vrai visage de *W*. Ce qu'il appelle euphémiquement l'originalité de *W* consiste à instaurer entre les participants d'une course une 'discrimination' qui sera le plus souvent décisive. Les autorités faussent d'emblée tout concours par l'imposition de handicaps excessifs, dégénérant parfois en tortures. Toutes les compétitions sont truquées, les parcours sont semés d'obstacles dysfonctionnels, les athlètes forcés de porter des chaussures inadéquates. Aliénés par la Nation W, réduits à l'obéissance aveugle, les athlètes ne peuvent même pas se fier à leurs propres forces physiques, à leur entraînement, à leur force d'âme pour améliorer leur sort. Leur victoire ou leur défaite dépend du caprice des Autorités qui considèrent que l'injustice est le ferment le plus efficace de la lutte. C'est la lutte et non pas son résultat qui les intéresse.

La sélection entre les forts et les faibles se fait donc de manière absolument arbitraire. Le gouvernement s'arroge le droit de répartir les victoires et les défaites sur les athlètes, sans avoir recours à des critères objectifs. C'est la sélection en soi, processus sans fin, qui constitue leur principal souci et leur principal divertissement. Si les vaincus doivent parfois payer leur défaite de la mort, de telles morts sont exceptionnelles et réservées à ceux qui perdent sur les 100 m. Celui qui arrive le dernier à cette course des courses, lors d'une Olympiade, sera mis à mort si la foule des spectateurs le désire. Il sera lapidé et son cadavre dépecé sera accroché aux crocs de bouchers sous la fière devise de *W*, avant d'être jeté aux chiens.[175] Mais, en principe, les autorités ne visent pas à tuer les athlètes mais à leur enlever toute initiative, à les enfermer dans une situation infernale sans issue, à les réduire à un ensemble de réactions instinctives, à la terreur animale. L'athlète *W* est condamné à perpétuité à la déchéance physique et morale. S'il réussit à améliorer sa situation physique, c'est au prix de la trahison de ses confrères, d'un avilissement moral.

L'administration *W* édicte donc les lois et contraint en leur nom. Mais en même temps elle peut les modifier ou les enfreindre à tout instant. La loi est implacable, inéluctable mais imprévisible (*Wse*, p. 146) : c'est là que réside l'essentiel de la terreur.

• Le destin incertain des Dieux du Stade

Pour pouvoir entretenir cet enchaînement perpétuel des défaites et victoires, il faut d'une part laisser aux athlètes l'illusion qu'ils peuvent sortir de leur

---

175. La déshumanisation va jusqu'à l'anthropophagie, évoquée au ch. XXXIV, p. 208.

situation infernale, d'autre part, créer toujours de nouvelles victimes. La possibilité de remporter la victoire donne aux athlètes le courage et le désir de continuer à lutter, la défaite est nécessaire pour pouvoir alimenter le mouvement naturel, l'extinction des faibles. Celle-ci n'est jamais atteinte : s'il n'y a plus de faibles, on les fabrique. Ceci est illustré dans le chapitre XXIV qui décrit deux des institutions les plus 'caractéristiques' de la vie sportive *W* : les Spartakiades et le système des défis.[176]

Les Spartakiades ont lieu quatre fois par an, une fois par trimestre (de nouveau se dessine un quarante-trois) ; ces jeux sont destinés aux plus mauvais éléments des équipes, les athlètes sans nom, ceux qu'on appelle la 'piétaille', 'l'écurie', les 'crouilles'.[177] Il est curieux de voir surgir ces mots grossiers, injurieux, propres à la représentation du monde concentrationnaire, dans un texte qui ne prépare pas à cette agression verbale : les résonances antelmiennes vont à cet endroit jusqu'à l'usage d'un certain lexique.[178]

Les Spartakiades rassemblent 1056 (4 x 264) athlètes, alors qu'il n'y en a que 264 pour les Olympiades. Ce sont les plus mauvais athlètes qui se disputent la victoire. Celle-ci leur vaudra au moins pour quelques mois certaines prérogatives. Pour empêcher toute solidarité parmi les athlètes, les autorités encouragent les luttes fratricides. Les athlètes classés n'ont 'évidemment' que mépris pour les Spartakiades et pour leurs vainqueurs. Ce mépris est exploité par les autorités dans le système des défis : un athlète classé et qui, par conséquent, n'a pas participé à la Spartakiade, s'approche du vainqueur dans la minute qui suit sa victoire et le défie de recommencer son exploit. Le narrateur présente comme exemple illustratif de ce système des défis le cas hypothétique d'un Jones qui engage la lutte avec le vainqueur du 100 m aux Spartakiades. S'il gagne, il s'emparera de son nom, mais aussi de ceux du second et du troisième de la course. S'il perd, ce qui est possible parce que les autorités peuvent lui imposer un handicap considérable, c'est son titre le plus prestigieux qu'il perdra, celui du Jones, celui de Vainqueur olympique. L'athlète doit savoir que rien n'est sûr, que le hasard fait aussi

176. Cf. cette remarque d'Antelme : 'Sans tenir compte des différents types d'organisation qui existaient entre certains camps, les différentes applications d'une même règle pouvaient augmenter ou réduire sans proportion les chances de survie'. Robert Antelme, *op. cit.*, p. 9.

177. 'Crouille' est une injure raciste désignant un Nord-Africain.

178. D'autres termes appartenant au même lexique et surgissant inopinément sont : chambrée, paillasse, gamelle, soupe, rations, corvées, chiottes.

partie de la règle. Le narrateur remarque que les Officiels aiment que leurs vainqueurs soient les 'dieux du stade' mais qu'il ne leur déplaît pas non plus de rappeler à tous que le sport est une 'école de modestie'. (*Wse*, p. 159)

Les derniers chapitres de *W* (XXX à XXXVI) dégagent les aspects politiques de la structure tripartite de la société *W*.[179] Les grands Officiels – les Maîtres – ont tout pouvoir, ils peuvent décider et revenir à tout instant sur leur décision, ils tiennent en main la vie et mort de tous leurs sujets. Les petits Officiels, bureaucrates intermédiaires, veulent maintenir à tout prix leurs privilèges difficilement conquis, mais sont menacés d'un côté par les caprices des Maîtres et de l'autre par la pression de ceux qu'ils dominent, les Esclaves qui s'entre-déchirent pour arracher un poste, monter les degrés de la hiérarchie et échapper par là à la faim, à la torture, à la peur.

• Le temps
L'absence de toute dimension temporelle à *W* constitue un des tourments principaux de ses habitants. L'athlète *W* n'a rien à attendre du temps qui passe. L'évasion est exclue. Il sait qu'il ne réussira jamais à sortir de la situation sans issue dans laquelle il se trouve enfermé. Il ne lui reste que la débrouille quotidienne sans savoir si celle-ci prendra fin. Cette absence de repères est également l'un des thèmes principaux du livre d'Antelme, énoncé dès l'avant-propos : 'L'horreur (à Gandersheim) est obscurité, manque absolu de repères, solitude, oppression incessante, anéantissement lent'.[180]

Le récit autobiographique fait écho à cette absence infernale du temps : ce n'est qu'à partir de la libération, sorte d'année zéro, que le temps recommence à passer. Tout ce qui précède est amorphe, a-chronique. Ainsi, Perec écrit au chapitre XIII : 'ce qui caractérise cette époque, c'est avant tout son absence de repères...il n'y avait ni commencement ni fin, il n'y avait plus de passé et pendant très longtemps il n'y eut pas non plus d'avenir : simplement ça durait'. (*Wse*, pp. 93, 94). Aussi, les notations temporelles indéfinies – un jour, une fois, plus tard – abondent.

Après avoir disséqué le fonctionnement de l'univers *W*, et en avoir exposé un à un les différents ressorts, Perec redit, dans un condensé saisis-

---

179. Deux fois encore sont énoncés dans ces derniers chapitres (XXXII et XXXIV) les systèmes numériques sur lesquels s'articulent les concours à *W*.
180. Robert Antelme, *op. cit.*, p. 11.

sant de *L'Espèce humaine* et de *L'Univers concentrationnaire*[181], l'état mental et physique des détenus et des sportifs, les systèmes d'oppression, la hiérarchie et le système des privilèges, l'iniquité et la perversité des lois, la réversibilité des rôles, les ordres contradictoires et inéluctables (exprimés dans le texte en allemand), les exercices 'sportifs', le destin pitoyable des faibles, 'les mulets' qui 's'amassent en grappes compactes, essayant en vain de se réchauffer, de trouver un instant, dans la nuit glaciale, le sommeil'.[182] (*Wse*, ch. XXXVI, p. 208)

L'enfance à W

Nous avons vu différents exemples des ressemblances entre l'utopie olympique et le récit autobiographique – les lieux isolés et déserts, la privation de nourriture, la suppression de la filiation, l'a-temporalité. Mais l'analogie entre la vie à *W* et le séjour dans le Vercors va plus loin encore. S'il y a un passage qui a généré des échos particulièrement clairs dans le récit autobiographique, c'est celui de l'évocation de l'enfance à *W*. Cette évocation s'ouvre sur les jeux qui sont à l'origine des naissances à *W*, elle continue par la description du séjour des enfants jeunes dans la 'Maison des Enfants' et aboutit à celle de l'initiation cruelle des adolescents au monde des adultes, le noviciat.

Dans le récit autobiographique, Perec raconte qu'il a passé les premiers mois de son séjour au Vercors dans un *home d'enfants*, terme qui fait écho à la 'maison des enfants' à *W*. Ensuite, il fréquente pendant deux années le collège Turenne.[183] C'est la vie dans cet internat qui, avec ses rites d'initiation (le baptême de l'enfant juif coïncidant avec l'occupation allemande de la zone libre), ses autorités impersonnelles et sévères, ses divertissements collectifs en plein air, semble avoir été calquée sur la société totalitaire de *W*. Dans le souvenir de l'adulte Perec, ce n'est qu'après avoir franchi le seuil du

---

181. Rousset analyse les rapports inextricables entre la hiérarchie concentrationnaire et le système des privilèges dans les chapitres XIII et XIV de son ouvrage, intitulés respectivement : 'La théorie des pouvoirs' et 'Les hommes ne vivent pas que de politique'.

182. Variation sur une phrase d'Antelme : 'Dans le creux de la carrière, une dizaine de types se sont collés en grappe pour se protéger contre le froid'. Robert Antelme, *op. cit.*, p. 83.

183. Ce séjour est évoqué dans les chapitres XIX, XXI, XXIII et XXV.

collège que, seul dans un environnement hostile, il commence à s'identifier au destin de sa mère.

• De l'eugénique au noviciat

Les enfants à *W* sont conçus lors des Atlantiades, les plus féroces des courses qui s'organisent douze fois par an et ont pour enjeu la possession des femmes. Ces Atlantiades sont une variation cruelle sur le mythe d'Atalante, héroïne grecque qui excellait à la course et promettait d'épouser celui qui la vaincrait. Or, si l'enjeu des Atlantiades est le même, la possession d'une femme, il ne s'agit pas d'une épreuve de vitesse entre deux adversaires égaux, mais entre cent soixante-seize hommes (11X16) et une cinquantaine de femmes faibles qui ne sortent de leur gynécée que pour ces festivités sportives. Comme il y a moins de femmes que d'hommes, la course dégénère en un combat cruel entre les hommes où tous les types d'agression sont permis. Craignant que les Athlètes, dans leur désir de gagner, n'éliminent leurs concurrents avant le début de la course, on leur interdit le port des armes comme le fer de lance et les lanières de cuir. Pour être sûrs que les athlètes ne cachent pas d'armes sous leurs maillots, on les oblige à se déshabiller. 'La seule tolérance admise concerne les chaussures dont les pointes sont aiguisées et rendues particulièrement acérées et lancinantes'. (*Wse*, p. 169) La course s'achève en des scènes de viol et de massacre devant les tribunes, sous le regard bienveillant des Autorités.

Ce à quoi ces rituels renvoient, ce sont évidemment les pratiques aberrantes de l'eugénique : 'les meilleurs éléments des villages, en fin de compte les meilleurs sportifs de l'île sont admis à se présenter aux Atlantiades'. (*Wse*, p. 169) Les garçons qui naissent de ces accouplements barbares, sont laissés en vie, sauf ceux qui présentent à la naissance quelque 'malformation'. Mais on ne garde qu'une fille sur cinq. On se souviendra des efforts nazis pour 'améliorer la race humaine', d'une part par l'élimination des femmes et des nouveaux-nés des races inférieures, d'autre part par des opérations aberrantes telle que l'organisation *Lebensborn*. On se souviendra également que Perec raconte, dans le récit autobiographique, qu'il a eu une sœur cadette, morte quelques semaines après sa naissance d'une 'malformation' de l'estomac. (*Wse*, ch. VI, p. 32) L'utopie olympique ne se lie pas seulement aux pratiques nazies mais fait également apparaître les contours d'un roman familial.

Ces coutumes expliquent à la fois l'absence de croissance démographique et l'extinction des patronymes à *W* – tous les vainqueurs des Atlantiades sont appelés Casanova[184], les enfants ne savent pas qui est leur père. L'élimination des nouveaux-nés rappelle les coutumes en vigueur à Sparte – le spartiate nouveau était présenté par ses parents aux gérontes qui décidaient de sa vie ; on supprimait les enfants faibles et mal formés en les jetant dans un ravin.

Après une enfance à la Rousseau, passée en toute liberté, sans parents, préservée de tout conflit, dans une ignorance bienheureuse des valeurs traditionnelles de la société W[185], l'adolescent est initié à l'univers des adultes vers sa quinzième année. Son noviciat, qui durera trois ans, commence par une période de quarantaine qu'il passe menottes aux mains, fers aux pieds, enchaîné la nuit à son lit, et souvent même bâillonné.[186] Cette quarantaine est destinée à briser sa résistance physique et morale : la fière devise olympique, *Plus haut Plus vite Plus fort*, doit se graver dans son esprit à l'exclusion de toute autre notion.

Pris en main par l'état à l'âge de sept ans, le jeune spartiate était soumis à une éducation militaire et civique visant surtout aux valeurs collectives, ainsi qu'à l'endurance, la discipline et la bravoure. Le citoyen était soumis à des exercices jusqu'à l'age de soixante ans. Dans l'Allemagne nazie, l'embrigadement des enfants se faisait en plusieurs étapes. L'initiation du novice W correspond à la période que les garçons allemands passaient dans les *Jeunesses hitlériennes* (obligatoire à partir de 1939), de 14 à 18 ans. A 18 ans, ils entraient dans le service du travail et dans l'Armée.

Quand il aura bien compris que la brutalité cauchemardesque à laquelle il est confronté constitue désormais sa vie quotidienne, qu'il n'y a d'autre choix de survie que la lutte, le novice fait son entrée dans le monde des adultes et est intégré au cercle, 'la clientèle', des athlètes les plus forts, qui l'utilisent comme pion dans une lutte mortelle et incessante pour le pouvoir. Lié à un système de privilèges dont dépend souvent la survie des athlètes, ce pouvoir se dispute par un système d'alliances instables, d'intrigues et de complots. La démarcation entre persécuteur et persécuté, entre le meurtrier et sa victime, se trouve ainsi constamment estompée.

---

184. Casanova est le nom d'un boxeur qui a participé aux Jeux Olympiques de 1936.

185. Cette enfance renvoie au mythe de l'âge d'or de l'enfance : 'Les enfants W n'ont qu'une connaissance confuse de ce qui se passe dans les villages et sur les stades'. (ch. XXX, p. 186) Cf. le récit autobiographique : 'Du monde extérieur, je ne savais rien'. (ch. XVII p. 118) Le noviciat à *W* renverrait alors à la période de la première analyse de Perec.

186. Ce qui nous rappelle l'enfance de Kaspar Hauser.

• Sport et renaissance dans le Vercors : entrecroisement du X et du W
C'est le chapitre XXI du récit autobiographique qui fait le plus nettement
écho à l'évocation des pratiques bizarres des Atlantiades. De même que la
société W, le séjour à l'internat du Vercors se révèle être une mise en parabole de la vie dans un camp concentrationnaire.

Nous avons déjà vu que le baptême, la conversion du jeune Perec au
catholicisme, scelle la rupture avec ses racines juives. Comme les enfants W
qui sont séparés en bas âge de leurs mères et grandissent ensemble, ignorant
presque tout du monde extérieur, il est élevé loin des siens.

Consacré essentiellement à la description des activités en plein air des
collégiens, le chapitre XXI autobiographique s'ouvre sur le souvenir d'une
visite des Allemands au collège Turenne. Ils viennent pour contrôler les
registres, mais le baptême de l'enfant juif a l'effet espéré : ils n'y trouvent
rien de suspect. Ensuite est évoquée de manière détaillée une photo prise au
Vercors et datant de 1943. La photo montre sept individus – *quatre* appartenant à diverses espèces animales, *trois* à l'espèce humaine (sic). Au milieu de
ce groupe – deux adultes (Esther Bienenfeld et une paysanne anonyme),
deux chèvres, une poule et un cheval – l'enfant Georges Perec fait piètre
figure. Il a une tenue vestimentaire négligée, les cheveux coupés très courts,
le ventre un peu ballonné, les oreilles grandes et décollées, les chaussettes lui
tombent sur les pieds. Tout semble témoigner de son délaissement. L'absence de la mère est relevée de façon oblique : le chevreau porté par Esther
regarde vers la droite en direction de la chèvre 'qui est sans doute sa mère'.
La maigreur et le rachitisme de l'enfant ont été déjà décrits au chapitre XV
(p. 107) ; nous savons également qu'en raison de 'son zèle religieux il est
nommé chef de son dortoir' (ch. XIX, p. 127) : on ne peut s'empêcher d'y
voir un rapprochement avec les athlètes W et par ce biais avec les détenus
concentrationnaires.

Le reste du chapitre est consacré aux divertissements apparemment
anodins des collégiens : l'été, les foins, l'hiver, le ski. Mais ces divertissements renvoient aux pratiques cruelles des Atlantiades et reviennent à tracer
les lettres les plus traîtresses de l'alphabet. La fourche à foin qui transperce
la cuisse d'une petite fille, rappelle non seulement les instruments perforants
dont le port est interdit aux athlètes pendant les Atlantiades, mais encore les
visions hallucinatoires du protagoniste de *La Disparition*, Anton Voyl, qui
à la recherche de la chose innommable qui le hante, voit apparaître tantôt

'une main à trois doigts', tantôt un 'harpon à trois dards', tous deux figures du E disparu, lettre qu'il suffit de coucher pour obtenir un W.[187]

Le ski, dont le seul anagramme donne déjà un X, 'constitua pour moi', écrit Perec innocemment, 'l'occasion d'un apprentissage approfondi'. Il dit avoir cessé complètement d'aller 'aux sports d'hiver', au milieu des années cinquante, sans pour autant donner la raison de cet abandon. (*Wse*, p. 138) L'évocation de la pratique du ski dans le Vercors fait l'objet d'un discours plein de détails techniques concernant les différentes possibilités de remonter une pente (remontées en zigzag, remontées dans l'axe de la pente, ou bien les skis écartés en V) et surtout les différents systèmes de fixation (sic).[188] De nouveau, on le voit, les V et les X prolifèrent.

Parlant des skis médiocres, attachés près des chevilles, dont il doit se contenter, Perec écrit : 'Je rêvais des attaches rostrales qui se ferment bien en avant de la chaussure et dont le filin métallique épousant la dépression ménagée dans le talon affecte une forme de fer de lance'. Réservé aux professionnels était un troisième 'système extraordinairement complexe de laçage, utilisant une lanière unique mais démesurément longue, passée et repassée autour de la chaussure un nombre incalculable de fois selon un protocole apparemment immuable dont le déroulement me faisait l'effet d'une cérémonie capitale [...]'. Système de laçage qui 'assure au skieur l'insoluble union de ses skis et de ses chaussures, multipliant autant les risques de fracture grave que les chances de performances exceptionnelles'. (*Wse*, pp. 140, 141)

Les termes utilisés par Perec dans la description de ces différents systèmes d'attache – fer de lance, lanières, chaussures – reprennent terme à terme ceux qui figurent au chapitre XXVI, consacré à la description des luttes entre les athlètes au cours des Atlantiades. Par l'emploi de termes identiques, la cruauté du fantasme se reporte sur la description du séjour dans le Vercors et charge celle-ci de violence. Ainsi, la mention du filin métallique nous renvoie à la décapitation par 'un filin d'acier' d'un des membres de l'équipage du Sylvandre, et par là à la mort de la mère. Celle des attaches 'rostrales' (par le détour de 'rostre', éperon des navires) et des fers de lance fait réapparaître la figure de saint Georges, dont les attributs (lance et éperons)

---

187. *La Disparition*, p. 19.

188. Le premier club de ski français avait été fondé en 1896 par Henri Duhamel à Grenoble, l'année même où les premiers Jeux Olympiques modernes ont été célébrés à Athènes.

s'associent désormais, par le biais des Atlantiades, non pas au sauvetage des vierges, mais à la destruction des concurrents mâles et à la conquête des femmes.[189]

Si les Atlantiades meurtrières sont suivies de la naissance d'une nouvelle génération d'athlètes, la description de la pratique dangereuse du ski se termine sur l'évocation de la naissance de Perec écrivain. Lorsqu'un jour, l'enfant, laissant tomber un ski, faillit blesser un de ses camarades au visage, celui-ci, furieux, lui ouvre la lèvre supérieure d'un de ses bâtons de ski. Perec écrit que la cicatrice qui en résulte, et qu'il arborera toute sa vie avec une certaine fierté, semble avoir eu pour lui une importance capitale : elle est devenue une marque personnelle, un signe distinctif, mentionné comme un signe particulier sur son livret militaire.

Cette cicatrice se trouve à l'origine de son identification avec une figure martiale du XVe siècle, soldat comme son père, dont le portrait peint par Antonello de Messine (*Le Condottiere*), se trouve dans la salle dite des sept mètres au Louvre. Cette identification constitue à son tour le thème principal du premier roman que Perec parvint à achever, intitulé en première instance *Gaspard pas mort* et dans la version finale, comme le portrait d'Antonello, *Le Condottiere*. Dans ce roman, le faussaire Gaspard Winckler, s'efforce en vain de transformer sa copie du portrait d'Antonello en une création personnelle. S'ouvrant sur la visite au collège des Allemands, leurrés par l'identité falsifiée de l'enfant juif, le chapitre XXI du récit autobiographique se termine sur l'évocation de la première tentative aboutie de se forger une identité par l'écriture, en racontant l'histoire d'un faussaire, le premier Gaspard Winckler.

Retour aux sources fictionnelles : les mères naufragées

Démontant les rouages du monde concentrationnaire, s'appuyant sur des documents témoignages, écrits, photographiques ou cinématographiques, la deuxième partie du récit fictionnel constitue une exploration de l'univers sadique dans lequel la mère a disparu. Nous avons vu que les dates de sa disparition s'inscrivent dans les nombreux systèmes numériques de *W*.

---

189. Nous avons vu que dans *Je me souviens* (n° 452, p. 110) Perec relève de nouveau les trois manières dont les skis s'attachaient : dans le creux du talon, avec un câble tendu très en avant du pied, et avec des lanières.

Cependant, la commémoration de la mère y revêt encore une autre forme, moins abstraite, plus mélancolique.

Retournons à l'intertexte fictionnel de *W*, les romans de Jules Verne et *Impressions d'Afrique* de Raymond Roussel, allusés dans les chapitres XI et XII. Pourquoi Perec a-t-il choisi d'encrypter ces allusions à Roussel et à la trilogie de Verne ? Pourquoi mentionne-t-il, avec tant d'insistance, le capitaine Nemo ?

Nous avons déjà vu que ces renvois aux chapitres XI d'*Impressions d'Afrique* et de *L'Île mystérieuse*, mettent en relief le *onze*, et que, par là, ils sont donc associés à la mort de la mère. Le chapitre XI d'*Impressions d'Afrique* raconte comment l'empereur nègre Talou et son épouse Rul se promènent le long de la grève africaine, un jour de tempête, et voient au large un navire en détresse, le Sylvandre, qui vient couler sous leurs yeux. Le cadavre d'une femme de race blanche sera découvert avec le corps d'un enfant de deux ans lacé sur le dos. Le cou de la morte reste convulsivement enfermé dans les deux faibles bras encore crispés.[190]

Roussel était un admirateur passionné de Jules Verne, l'écrivain marin spécialiste des voyages extraordinaires et naufrages catastrophiques. C'est le savant Aronnax, captif de Nemo, qui découvre par un hublot du Nautilus le triste spectacle d'un navire qui vient de faire naufrage :

> Triste spectacle que celui de cette carcasse perdue sous les flots, mais plus triste encore la vue de son pont où quelques cadavres, amarrés par des cordes, gisaient encore ! J'en comptai quatre – quatre hommes, dont l'un se tenait debout, au gouvernail – puis une femme, à demi sortie par la claire-voie de la dunette et tenant un enfant dans ses bras. Cette femme était jeune. Je pus reconnaître [...] ses traits que l'eau n'avait pas encore décomposés. Dans un suprême effort, elle avait élevé au-dessus de sa tête son enfant, pauvre petit être dont les bras enlaçaient le cou de sa mère ![191]

Même si elles sont illustratives d'une idée convenue qui de plus, dans son cas, s'est révélée fausse – les liens entre mère et enfant indissolubles jusque dans la mort – ces images ont dû frapper Perec. On n'a qu'à lire l'évocation d'une des deux photos sur lesquelles il figure avec sa mère :

---

190. Raymond Roussel, *Impressions d'Afrique*, éd. citée, pp. 169, 170. Rul qui était enceinte au moment du naufrage, accouchera d'un enfant qui porte sur le front une envie rouge étoilée de longs traits jaunes.

191. Jules Verne, *Vingt mille lieues sous les mers*, éd. citée, I, ch. XVIII, pp. 197, 198.

La photo nous montre en gros plan. La mère et l'enfant donnent l'image
d'un bonheur que les ombres du photographe exaltent. Je suis dans les bras
de ma mère. Nos tempes se touchent. (*Wse*, pp. 69-72).

Rappelons ici qu'à l'occasion de son baptême au collège Turenne, l'enfant
reçoit comme cadeau une image en relief de la Vierge à l'enfant. C'est l'un
des nombreux détails qui relèvent d'une cruelle ironie situationnelle, mais
sont relevés sans commentaire dans ce récit qui reste le plus souvent descriptif ou narratif, où il n'y a pas ou peu d'analyse explicite et où les émotions
sont généralement censurées.

Les scènes décrites par Verne et Roussel ont dû métaphoriser pour Perec
une situation proche de la sienne mais 'significativement différente' et peut-
être enviable : elles lui offrent des substituts imaginaires à la mère disparue
dans le réel, sans laisser la moindre trace, le moindre souvenir. Aussi ces
images sont-elles représentées *in absentia*, par métonymie, dans les chapitres
qui encadrent les trois points renvoyant à la séparation de la mère et de
l'enfant.

A ces deux scènes se superpose une troisième, évoquée par Orwell dans
Nineteen Eighty-Four. Celle-ci n'exprime pas l'idée des liens inextricables
entre mère et enfant, mais le sentiment de culpabilité de celui qui survit.
Elle semble plus proche de la situation de Perec :

> Winston was dreaming of his mother. He must, he thought, have been ten
> or eleven years old when his mother had disappeared. [...] At this moment
> his mother was sitting in some place deep down beneath him, with his
> young sister in her arms. He did not remember his sister at all, except as a
> tiny, feeble baby, always silent, with large, watchful eyes. Both of them
> were looking up at him. They were down in some subterranean place – the
> bottom of a well for instance, or a very deep grave – but it was a place
> which, already far below him, was itself moving downwards. They were in
> the saloon of a sinking ship, looking up at him through the darkening
> water. [...] He was out in the light and in the air while they were being
> sucked down to death, and they were down there *because* he was up here.
> He knew it and they knew it, and he could see the knowledge in their
> faces.[192]

---

192. George Orwell, *Nineteen Eighty-Four* [1949] (Londres : Penguin Books, 1990) pp.
31, 32.

Commentant le souvenir de ses lectures d'enfance, Perec écrit : 'Je lis peu, mais je relis sans cesse Flaubert et Jules Verne, Roussel et Kafka, Leiris et Queneau, chaque fois avec la même jouissance, celle d'une complicité, d'une connivence ou plus encore celle d'une parenté enfin retrouvée'. (*Wse*, ch. XXXI, p. 193)

Ces représentations verbales, mélancoliques, de rêve, empruntées à d'autres auteurs, présentes *in absentia*, viennent cerner dans *W ou le souvenir d'enfance* l'irrémédiable vide existentiel. Rappelons dans ce contexte encore, en premier lieu, l'allusion (au chapitre XV) à Orson Welles qui a bâti son *Citizen Kane* sur le désespoir jamais énoncé du lien perdu avec la mère ; en second lieu, l'un des deux exergues de *La Vie mode d'emploi*, 'Regarde de tous tes yeux, regarde', emprunté au *Michel Strogoff* de Jules Verne. On sait que Strogoff échappe à la cécité grâce aux larmes versées en regardant sa mère alors qu'on le torture.[193]

Un texte emblématique

L'objectif principal de cette analyse était d'examiner ce que devient le projet réaliste de Perec dans *W ou le souvenir d'enfance*, ouvrage autobiographique centré sur les rapports entre mémoire et réel. *Un homme qui dort* met en scène un seul protagoniste, un *tu*, qui, à la recherche de l'indifférence, essaie de réduire ses contacts avec le monde extérieur aux seules perceptions sensorielles et ses activités mentales au minimum, s'interdisant toute émotion, tout désir et surtout tout souvenir. *Un homme qui dort* se caractérise par les rapports de force entre ce *tu* obstinément amnésique et un *je* implicite, le narrateur anonyme, qui, malgré les apparences, n'a pas accès à la psyché de son interlocuteur. Marqué par l'expérience intime de la psychanalyse, *W ou le souvenir d'enfance* se caractérise, en revanche, par l'apparition d'un je-narrateur qui s'efforce obstinément d'arracher à sa mémoire rétive des bribes d'un passé disparu. Mais la multiplication des instances énonciatives – outre le je-narrateur autobiographique, il y a un je-narrateur fictionnel, un narrateur omniscient, insituable et les instances énonciatives des différents documents et témoignages cités – fait éclater l'apparente unité et

---

193. Jules Verne, *Michel Strogoff* [1876] (Paris : Gallimard, 1992) p. 304. Ayant consacré sa vie à une entreprise stérile, peindre cinq cents ports de mer pour ensuite les détruire, le protagoniste de *La Vie mode d'emploi*, Bartlebooth finit par devenir aveugle.

cohérence du *je*, l'emploi naïf et confiant de la première personne propre à l'autobiographie traditionnelle.

Le projet autobiographique de Perec semble avoir beaucoup en commun avec celui de la figure de proue de la Nouvelle Autobiographie, Alain Robbe-Grillet, l'auteur qu'il avait si sévèrement pris à partie dans ses attaques contre le Nouveau Roman.[194] Mais l'enjeu en est tout à fait différent. L'autobiographie de Perec ne se situe pas dans le prolongement d'une mise en question de la référentialité de la littérature. Si Perec articule l'autobiographie référentielle à la fiction, ce n'est pas, comme Robbe-Grillet, pour démontrer leur équivalence mais parce que c'est la seule voie qui lui soit accessible pour dire la réalité de la mort violente de ses parents et la souffrance psychique que cette mort a causée.[195]

Il serait plus à propos de rapprocher Perec d'un auteur comme Patrick Modiano qui lie le problème de l'identité juive au souvenir de l'Occupation, et dont le premier roman, *La Place de l'Etoile*, a paru en 1968.[196] Ce rapprochement permettrait non seulement de mettre en relief la proximité de certains thèmes et de certains procédés, mais aussi de resituer *W ou le souvenir d'enfance* dans son époque et de le rattacher à la transformation qu'a subie la représentation française de la Seconde Guerre mondiale dans les années soixante-dix. Dans son étude sur l'évolution de cette transformation, l'historien Henri Rousso désigne l'année 68 comme un tournant décisif. A partir du séisme politique et culturel de 1968, et du départ de De Gaulle en 1969, le mythe d'une France unie et héroïque dans la lutte contre les Allemands va faire place à un intérêt grandissant pour les aspects noirs de l'Occupation.[197] Le documentaire du cinéaste Marcel Ophüls, *Le Chagrin*

---

194. Le grand modèle de Robbe-Grillet est *Roland Barthes par Roland Barthes* (Seuil, «Ecrivains de toujours», 1975).

195. Voir sur ce rapprochement Philippe Lejeune, *La Mémoire et l'oblique*, pp. 71-74. Dans son étude de l'évolution du genre en France, Michael Sheringham souligne la différence fondamentale entre les deux entreprises autobiographiques, *French Autobiography Devices and Desires* (Oxford : Clarendon Press, 1993) pp. 320-326. Sjef Houppermans oppose le 'marivaudage' de Robbe-Grillet à la gravité de l'œuvre de Perec, *Alain Robbe-Grillet. Autobiographe* (Amsterdam/Atlanta : Rodopi, « Collection monographique en Littérature Française Contemporaine», 1993) p. 42.

196. Doris Grüter-Munster souligne le contraste entre le ludisme de Robbe-Grillet et le poids de l'enjeu existentiel chez Modiano dans 'Autobiographie im Zeitalter des Mißtrauens : '*Le miroir qui revient* d'Alain Robbe-Grillet und *Livret de famillle* von Patrick Modiano', Wolfgang Asholt éd., *Intertextualität und Subversität* (Heidelberg : Universitätsverlag, 1994) pp. 197-214.

197. Voir sur ce tournant Henry Rousso, *Le Syndrome de Vichy, 1944-198...* (Paris : Seuil, «XXᵉ siècle», 1987).

et la Pitié (1971)[198], l'étude de l'historien américain Robert Paxton, *La France de Vichy* (1973)[199], la publication des premiers romans de Patrick Modiano[200], le film de Louis Malle *Lacombe Lucien* (d'après un scénario de Modiano, 1974), sont interprétés par Rousso comme autant de signes de l'évolution des mentalités. Rousso qui consacre pourtant tout un chapitre de son livre au 'réveil de la mémoire juive', passe Perec sous silence, ce qui prouve la tardive reconnaissance de l'intérêt de *W ou le souvenir d'enfance*. L'accueil par la presse était assez favorable, mais le livre s'est mal vendu. Ce n'est que dans la deuxième moitié des années quatre-vingts qu'il commence à être connu hors du cercle des initiés.

L'enfance de Perec a été déterminée par l'entrecroisement de son histoire personnelle et de l'histoire collective. Au vide laissé par les parents disparus et par la rupture avec une culture d'origine, s'est substituée l'horrible réalité des camps. La tâche à laquelle Perec s'attelle dans son récit d'enfance, au double objectif de remémoration et d'auto-analyse, est d'autant plus difficile qu'il refuse de se laisser leurrer par les pièges du souvenir, qu'il refuse de déguiser la mort et le vide en expériences transcendantes, et qu'il se force à explorer son passé sans modèle d'ensemble, sans argumentation, sans thèses à prouver. Ses seuls moyens sont le recours aux documents, le travail de la matérialité du langage et la construction littéraire.

L'examen de la genèse, des contenus narratifs et des caractéristiques formelles principales de *W ou le souvenir d'enfance* a mis en relief la stratégie inventée par Perec pour faire face à ces restrictions, qu'il s'impose à lui-même, et dans lesquelles transparaît son parti pris de neutralité 'idéologique'. *Un homme qui dort* place le lecteur devant deux types de textes juxtaposés et fragmentaires qui alternent sans lien apparent. *W ou le souvenir*

198. Ce documentaire sur la vie quotidienne à Clermont-Ferrand pendant l'Occupation est projeté dans une petite salle du quartier latin, la télévision d'Etat ayant refusé d'acquérir les droits du film. L'accueil qui lui est fait (plus de 600 000 spectateurs) contraste fortement avec le silence dont avait été entouré en 1955 *Nuit et Brouillard* de Resnais.

199. Robert Paxton, *La France de Vichy* (Paris : Seuil, 1973).

200. *La Place de l'Etoile* (Gallimard, 1968), *La Ronde de nuit* (Gallimard, 1969), *Les Boulevards de ceinture* (Gallimard, 1972), *Villa triste* (Gallimard, 1975). D'autres auteurs qui ont évoqué leurs souvenirs d'enfance à la même période sont Marie Chaix, fille d'un lieutenant de Doriot (*Les Lauriers du lac de Constance. Chronique d'une collaboration*, Paris : Seuil, «Points», 1998 [1974]) et Pascal Jardin, fils du directeur du cabinet de Laval en 1942 (*La Guerre à neuf ans*, Paris : Grasset, «Les Cahiers Rouges», 1992 [1971]). Le souvenir des rafles et de l'antisémitisme se retrouve dans un livre comme *Un sac de billes* (Paris : Lattès, 1973) de Joseph Joffo.

d'enfance est également constitué par la juxtaposition de deux récits, l'un autobiographique, l'autre fictionnel. C'est sur le texte fictionnel antérieurement écrit et élaboré à partir d'une représentation fantasmatique de la mort de sa mère dans un camp d'extermination, que Perec a calqué l'histoire de son enfance. La sélection des souvenirs d'enfance a été faite en fonction du récit fictionnel – l'histoire d'une société totalitaire, *W*, fondée sur l'idéal olympique et située dans une île lointaine – écrit et publié avant le récit autobiographique et reproduit sans changements significatifs dans le texte définitif. C'est cet étrange récit fictionnel, où des échos de lectures d'enfance s'entremêlent aux résonances de témoignages sur les camps, qui sert de cadre ou de grille au récit autobiographique.

Chaque fragment analysé du récit autobiographique, des premiers souvenirs de l'enfance à Paris jusqu'à ceux du collège Turenne dans le Vercors, se rattache d'une manière précise et repérable au récit fictionnel, que ce soit au niveau narratif, lexical, thématique, alphabétique, graphématique ou numérique. Si la fiction gagne en profondeur par l'éclairage que lui apporte l'autobiographie, l'interprétation de celle-ci se modifie considérablement lorsqu'on prend en considération les rapports étroits qui la lient à la fiction. Alors que la plupart des écrivains autobiographes expliquent la genèse de leur œuvre à partir de l'histoire de leur vie, Perec procède donc en sens inverse. C'est à partir d'un texte fictionnel, soumis à l'autobiographie par son origine fantasmatique, mais élaboré à partir d'une réécriture de textes fictionnels et documentaires, qu'il raconte l'histoire de son enfance.

L'entrecroisement du texte autobiographique et du texte fictionnel semble compromettre la transparence référentielle des souvenirs d'enfance. S'il est clair que ces souvenirs correspondent, en grandes lignes, à une réalité vérifiable, ils ne s'y conforment pas sur tous les points. Un examen plus approfondi a montré que les modifications apportées aux faits historiques sont motivées par leur relation au récit fictionnel, même si, en première instance, elles semblent pouvoir être attribuées à l'oubli ou à la censure de la mémoire. L'analyse de l'articulation de la fiction et des souvenirs, des points précis sur lesquels les deux textes s'entrecroisent, a cependant permis de montrer que c'est à ces endroits-là mêmes que s'effectue la référence à la réalité historique, celle de la guerre et de la mort des parents. L'entrecroisement du texte autobiographique et du récit fictionnel reflète celle de l'histoire personnelle et de l'histoire collective.

Dans le travail entrepris par Perec pour repérer les traces d'un passé vague et inconnu, les noms, les lettres et les dates jouent un rôle prépondérant. La première partie de mon analyse des rapports entre récit autobiographique et récit fictionnel était centrée sur les noms et les lettres – noms de lieux, prénoms et patronymes, surnoms, pseudonymes et initiales.

L'analyse des noms de lieux dans le récit fictionnel a montré que ceux-ci sont tous soumis à une stratégie de codage métonymique dont le déchiffrement fait apparaître certains épisodes de l'histoire de la Seconde Guerre mondiale. Par le réseau de correspondances qui les lie au récit fictionnel, les noms de lieux mentionnés dans le récit autobiographique s'inscrivent également dans cette histoire.

Les légendes de conversion et de martyre évoquées par les prénoms francisés des parents (polonais juifs) de Perec, a mis en relief le côté chrétien de l'élaboration fantasmatique attaché à la dissimulation patronymique de son origine juive. Ces légendes renvoient indirectement à la mort violente des parents et font écho au destin des personnages homonymes dans le récit fictionnel. Je montrerai dans la troisième partie de ce travail, que si la légende liée au prénom de Perec, celle de saint Georges, se dissimule dans *W ou le souvenir d'enfance* dans un réseau d'associations avec certaines cruelles pratiques sportives, elle joue, par le biais de l'iconographie chrétienne, un rôle primordial dans *Un cabinet d'amateur*.

Un autre point d'articulation entre autobiographie et fiction a été dégagé par l'exégèse de l'exercice d'anamnèse alphabétique du chapitre XV, où à côté du X, associé à la mort du père, figure, dissimulé dans une digression apparemment gratuite, un *W*, toponyme de l'île olympique, symbole de l'Allemagne et de l'univers où la mère a péri. Le jeu avec ce *W*, dangereusement proche du *G*, initiale du narrateur autobiographique, est illustratif du chassé-croisé de deux rôles, ceux du persécuteur et du persécuté. Il n'y a pas d'instances ou de personnages dans cet ouvrage de Perec qui ne soient empêtrées dans la toile de références au nazisme et au racisme. La position instable de l'auteur, entre judéité et francité, s'inscrit dans le jeu sur les lettres et les bricolages onomastiques. Dans la faille de l'identité se glissent d'autres langues, d'autres alphabets, l'allemand, l'anglais, le grec.

La deuxième partie de cette analyse a permis de montrer comment, s'appuyant sur des textes documentaires et fictionnels, sur des films et des photos, Perec en est venu à choisir la compétition sportive comme métaphore de la vie concentrationnaire et comment il s'est servi de cette métaphore pour procéder à une exploration du monde concentrationnaire. Sous l'idéal sportif, enclenchant l'engrenage des lois *W*, se dissimule l'idéologie nazie. C'est par le relais de deux textes fondateurs, les témoignages d'Antelme et de Rousset, que Perec renvoie à la réalité des camps. Les points de départ ont été quelques principes fondamentaux formulés par Antelme dans son avant-propos à *L'Espèce humaine* et une formule de *L'Univers concentrationnaire* de Rousset. L'intertextualité vernienne et les références olympiques témoignent du travail sur les substrats plus anciens du projet autobiographique – les lectures d'enfance, la psychothérapie avec Françoise Dolto en 1949 et les dessins de héros sportifs datant de la même époque.

La mise en relief des différents aspects du monde *W* y a fait reconnaître la transposition à peine voilée des principes régissant l'univers concentrationnaire et d'en repérer les échos dans le récit autobiographique ; la suppression de la relation familiale, la privation discriminatoire de nourriture, la compétitivité cruelle des rapports sociaux, l'absence de repères temporels. A l'instar de ses auteurs modèles, Antelme et Rousset, Perec a abordé le thème des camps dans une perspective générale. Rien dans sa description de *W* n'indique que l'extermination des juifs lui semble un fait historique à analyser à part. Cette abstraction confère à l'évocation de *W* une universalité qui permet de la lire aussi, avec Burgelin, comme 'la mise en scène de systèmes sociaux divers, mais unis dans leur perversion des notions de loi et de liberté, systèmes qui ne connaissent comme loi régulatrice que la compétition'.[201] Le camp de concentration, lieu d'exception, révèle les mouvements les plus profonds de la société humaine. Perec n'ancre son récit explicitement dans la réalité historique du nazisme que dans le dernier chapitre et il s'empresse aussitôt d'élargir la perspective en rappelant, dans les phrases finales de son texte, que le Chili contemporain fasciste avait converti en camps de déportation plusieurs îlots de la Terre de Feu.

L'examen des calculs complexes présidant à l'organisation des différentes compétitions sportives à *W* et répétés jusqu'à la sursaturation a fait apparaître un système numérique immuable dans lequel s'inscrit essentiellement la date de la disparition de la mère, disparition qui par ailleurs n'est mentionnée que deux fois dans le récit autobiographique. Si cette autobiographie désespérée a été écrite pour les deux parents, pour *Eux*, la quête de la mère prédomine sur celle du père.

---

201. Claude Burgelin, *Georges Perec*, pp. 159.

Empreint d'une profonde compréhension de l'univers concentrationnaire, le récit fictionnel permet de dire, par le biais de textes-documents, le vide irréparable laissé par la disparition de cette mère. Dans ce contexte, l'emploi du terme de 'réalisme citationnel' me paraît pleinement justifié. Le texte autobiographique fait écho au texte fictionnel qui renvoie à son tour par le biais des témoignages cités à une réalité inéluctable. Cependant, si l'absence, la mort, le vide, sont au centre de l'œuvre perecquienne, celle-ci s'évertue à graviter autour, à tenir à distance, à exorciser. Nous avons vu que Perec réélabore dans son autobiographie également d'autres métaphores moins dures, plus mélancoliques, de son histoire, empruntées à ses auteurs favoris. Déjà présentes dans les fragments oniriques d'*Un homme qui dort*, les allusions aux naufrages (littéraires) prolifèrent. L'évocation des mères noyées nous guident vers la découverte d'autres images analogues dans *Un cabinet d'amateur*, l'histoire d'une collection de faux tableaux devenant la matière d'un récit qui finit par s'avouer fictif.

TROISIÈME PARTIE

COPIER, CRÉER

Chapitre 7

Deux histoires de tableaux

> An author's fondest dream is to turn the reader into a spectator ; is this ever attained ? (Vladimir Nabokov, *Despair*)

Le chantier oulipien

Après avoir mené à bonne fin son autobiographie, Perec rédige en moins de dix-huit mois, entre octobre 1976 et avril 1978, *La Vie mode d'emploi*.[1] Publié en septembre 1978 et couronné par le Prix Médicis, ce grand livre, avec quatre cent soixante-sept personnes et près de sept cents histoires différentes, porte à juste titre comme indication générique 'romans'. En 1979, un an après ce roman monumental, paraît la dernière œuvre de fiction que Perec a pu mener à son terme et voir publiée, *Un cabinet d'amateur*, texte bref écrit sur commande pour la collection «L'Instant romanesque» de Balland.[2] A la même époque paraissent encore l'entreprise d'autobiographie collective *Je me souviens* (1978), et le texte d'*Ellis Island* (1980). Le roman inachevé, *«53 Jours»*, contient avec l'évocation de l'histoire de la Résistance dans le Vercors de nouvelles clés biographiques.

Comme l'a souligné Philippe Lejeune[3], l'écriture strictement autobiographique correspond chez Perec à une phase de transition, à une crise surmontée après laquelle elle est reléguée au second plan. Dans les deux principaux textes en prose de la troisième période, l'autobiographie n'est pas absente mais elle redevient discrète, indirecte.

Perec fait preuve d'une productivité impressionnante. Tout comme il l'avait fait en 1969, en pleine entreprise autobiographique, dans la *Lettre à*

---

1. *La Vie mode d'emploi* a paru chez Hachette «P.O.L.». Je renvoie à une réédition (1985) de Hachette, «Livre de poche», qui a la même pagination que l'édition originale. En 1997, Hachette/P.O.L. a publié une nouvelle édition, revue et corrigée par Bernard Magné. La pagination en est différente.

2. Selon la quatrième page de couverture de l'édition de 1979 : 'Collection rassemblant de courts textes de grands écrivains, qui prennent un plaisir savoureux à s'exprimer sur un sujet n'exigeant pas un long parcours'. Le livre a été réédité chez Balland en 1988 et 1991 (même pagination), en Livre de poche en 1989, et finalement au Seuil en 1994, dans la collection «La librairie du XXe siècle». Toutes mes références correspondent à l'édition de Balland de 1988.

3. Philippe Lejeune, *La Mémoire et l'oblique*, pp. 28-38.

Nadeau, il dresse deux bilan-programmes – le premier, en 1976, 'Tentative de description d'un programme de travail pour les années à venir' qu'il qualifie lui-même 'd'autobibliographie prospective' et le second, en 1978, 'Notes sur ce que je cherche'.[4] Alors que la lettre à Nadeau centre l'œuvre autour d'un grand ensemble autobiographique, les programmes de travail de la deuxième moitié des années soixante-dix semblent annoncer un projet beaucoup plus diversifié. Dans 'Notes sur ce que je cherche', texte maintes fois cité et commenté, Perec énonce sans ambiguïté le désir 'd'écrire tout ce qu'il est possible à un homme d'aujourd'hui d'écrire', il se compare à un paysan qui cultiverait plusieurs champs et distingue dans son écriture quatre grands courants, quatre champs d'intérêt – la sociologie du quotidien, l'autobiographie, les préoccupations formelles (le ludisme oulipien) et le romanesque, à savoir 'l'envie d'écrire des livres qui se dévorent à plat ventre sur son lit'.[5] Il donne également plusieurs entretiens de fond dans lesquels il s'exprime sur son projet d'écriture tel qu'il l'a réalisé dans *Je me souviens*, *La Vie mode d'emploi* et *Un cabinet d'amateur*.[6] La sociologie du quotidien et l'autobiographie sous-tendent *Je me souviens*, les préoccupations formelles, l'autobiographie et le romanesque convergent dans les textes fictionnels.[7]

---

4. 'La tentative de description...', écrite à l'automne de 1976, a été reproduite par David Bellos, *op. cit.*, pp. 600-602. 'Notes sur ce que je cherche' a paru dans *Le Figaro*, 8 décembre 1978, à la suite du succès de *La Vie mode d'emploi*, et a été repris dans *Penser/Classer*, éd. citée, pp. 9-16.

5. 'Notes sur ce que je cherche', *Penser/Classer*, pp. 9-11.

6. Perec s'est expliqué sur les principes organisateurs de la *VME* au moment de la parution du roman, dans un entretien avec Jean-Jacques Brochier, *Magazine littéraire*, n° 141, octobre 1978, pp. 32-35 ; dans un entretien avec J.-L. Ezine, *Les Nouvelles Littéraires*, 6 octobre 1978, n° 2655, repris dans Jean-Louis Ezine, *Les Ecrivains sur la sellette* (Seuil 1982) pp. 238-242 ; avec Alain Hervé, 'La vie : règle du jeu', *Le Sauvage*, décembre 1978, n° 60, pp. 8-25. Il a parlé du fonctionnement de la mémoire dans un entretien avec Frank Venaille, *Monsieur Bloom*, n° 3, mars 1979, repris dans *Je suis né*, pp. 91-93 ; des quatre grands axes de son œuvre avec Patrice Fardeau, 'En dialogue avec l'époque', *France Nouvelle*, n° 1744, 16 avril 1979, p. 48. Puis il y a encore les entretiens avec Jean-Marie Le Sidaner, *L'Arc*, n° 76, 1979, pp. 3-19, avec Claudette Oriol-Boyer, 'Ce qui stimule ma racontouze', février 1981, *Texte en main*, n° 1, printemps 1984, Grenoble, pp. 49-59 ; et avec Ewa Pawlikowska en novembre 1981, *Littératures*, n° 7, 1983, pp. 69-76.

7. Pendant cette troisième période de sa carrière, Perec écrit encore un grand nombre de textes courts – préfaces, poèmes, mots croisés, essais, hommages à des amis – parmi lesquels figure notamment *Le Voyage d'hiver*, une nouvelle de quatre pages composée vers la fin de l'année 1979, virtuose mise en fiction du principe oulipien du plagiat par anticipation.

La Vie mode d'emploi constitue le chantier par excellence des grands travaux oulipiens. Nous avons déjà vu l'intrication et la méticulosité du travail sur la lettre dans *W ou le souvenir d'enfance*. Si ce travail sur la lettre constitue le pôle minimaliste de la pratique oulipienne de Perec, l'élaboration de l'architecture extraordinairement complexe de *La Vie mode d'emploi* en constitue certainement le pôle opposé. Perec nous a livré l'essentiel de ce chantier dans plusieurs textes, parmi lesquels les plus importants sont 'L'Immeuble, projet de roman' dans *Espèces d'espaces* (pp. 57-63) et 'Quatre figures pour *La Vie mode d'emploi*' dans le n° 76 de *L'Arc*, repris dans l'*Atlas de littérature potentielle*.[8]

«La Vie mode d'emploi», un univers de listes

Le premier texte, publié en 1974, passe rapidement sur les processus formels qui structurent celui-ci (polygraphie du cavalier, bi-carré orthogonal d'ordre 10, et pseudo-quenine d'ordre 10) pour insister longuement sur une des sources picturales du roman, un dessin de Saül Steinberg.[9] Ce dessin représente un meublé dont une partie de la façade a été enlevée, laissant voir l'intérieur de vingt-trois pièces. Perec dresse l'inventaire des éléments du mobilier et des actions des personnages représentés par Steinberg, inventaire qui, remarque-t-il, a déjà quelque chose de vertigineux. Dans le second texte, rétrospectif et rédigé en 1979 pour la revue *L'Arc*, il évoque un peu plus en détail les origines formelles et les contenu narratifs du livre :

> En 1972, le projet qui allait devenir *La Vie mode d'emploi* se décomposait en trois ébauches indépendantes, aussi floues l'une que l'autre. La première intitulée 'Carrés latins' datait de 1967 : il s'agissait d'appliquer à un roman une structure mathématique connue sous le nom de 'bi-carré orthogonal d'ordre dix'. [...] La seconde ébauche [...] envisageait vaguement la description d'un immeuble parisien dont la façade aurait été enlevée. La troisième, enfin, imaginée à la fin de l'année 1969, pendant la reconstitution laborieuse d'un gigantesque puzzle représentant le port de La Rochelle, racontait ce qui allait devenir l'histoire de Bartlebooth. Le nom du personnage,

---

8. *L'Arc*, n° 76, 1979, pp. 50-53 ; *Atlas de littérature oulipienne*, éd. citée, pp. 387-395.

9. Le peintre et dessinateur américain Saül Steinberg est d'origine roumaine ; il s'est rendu en 1941 aux Etats-Unis et a participé à la Seconde Guerre mondiale sur les fronts allemand, français et japonais.

emprunté à Valery Larbaud et à Melville, était déjà trouvé, et j'avais écrit un résumé succinct de deux pages.[10]

Perec raconte que la réunion de ces trois points de départ – l'application d'une structure mathématique à un roman, la description d'un immeuble sans façade et l'histoire d'un homme qui passerait sa vie à résoudre des puzzles – se fit brusquement le jour où il s'aperçut que le plan de son immeuble en coupe et le schéma du bi-carré pouvaient fort bien coïncider. Chaque pièce de l'immeuble serait une des cases du bi-carré et un des chapitres du livre ; les permutations engendrées par le modèle mathématique détermineraient les éléments constitutifs de chaque chapitre – mobilier, décors, personnages, allusions historiques et géographiques, allusions littéraires, citations. La succession des descriptions des pièces, et par là l'ordre des chapitres dans le roman, serait déterminée par la solution à un problème bien connu des joueurs d'échecs : la polygraphie du cavalier, adaptée à un échiquier de 10 x 10 cases. Tout ceci donnerait au roman la forme d'un énorme puzzle, forme qui est révélée dans le *Préambule* et trouve son expression thématique la plus forte dans les activités du duo Bartlebooth/Winckler, dont le premier consacre sa vie à reconstituer les puzzles faits par le second.

Perec termine cet exposé plus que succinct des contraintes formelles qui constituent l'échafaudage de son grand roman par l'exemple d'une des 99 (et non pas 100) listes de 42 thèmes chacune, qui ont été dressées au terme de 'laborieuses permutations' et forment l'essentiel de ce qu'il appelle le 'Cahier des charges'.[11] Cette explication quasi-cryptique des contraintes a été reprise et élucidée par différents exégètes perecquiens.[12] Depuis la publica-

---

10. *L'Arc*, n° 76, p. 50.

11. Cet exposé est illustré par quatre figures. La première figure représente un immeuble parisien vu de face, la seconde la polygraphie du cavalier, la troisième est un exemple d'un bicarré orthogonal d'ordre dix et la quatrième une reproduction en fac-similé de la liste des 42 éléments utilisés dans le chapitre XXIII. Ce chapitre comporte la description de la bibliothèque de Mme Moreau. Celle-ci a été modelée sur la bibliothèque de Nemo (*Vingt mille lieues sous les mers*, éd. citée, ch. XI, p. 105), les objets étalés dans les vitrines correspondent au contenu de la malle miraculeuse de Nemo (évoquée dans *L'Île mystérieuse*, éd. citée, partie II, ch. II, p. 320), la maison de poupée est une réplique en miniature de la maison de rêve de Leopold Bloom dans *Ulysse*. Dans l'*Atlas de littérature oulipienne* Perec ajoute à cet exemple une énumération des 24 portraits codés – peints 'sur programme' par Franz Hutting – des membres de l'Oulipo apparaissant dans le chapitre LIX de la *VME*.

12. Voir Bernard Magné, 'Cinquième figure pour La Vie mode d'emploi', *Cahiers Georges Perec*, n° 1 (1985), pp. 173-178 ; Bernard Magné '*La Vie mode d'emploi*, texte oulipien ?', *Perecollages 1981-1988*, pp.153-163 ; David Bellos, *op. cit.*, pp. 613-624 ; Hans Hartje,

tion du «Cahier des charges» en 1993, tous les lecteurs de Perec ont libre accès à ce chantier et peuvent visiter à leur aise les coulisses de *La Vie mode d'emploi*.

L'étude des manuscrits préparatoires de *La Vie mode d'emploi* a révélé que la réalisation de l'ensemble des 99 listes, fixant la totalité des ingrédients de base de *La Vie mode d'emploi*, a probablement précédé le début de la rédaction proprement dite. Selon les rédacteurs du *Cahier des charges*, les règles de production et de construction du roman semblent avoir été séparées strictement de ce qui pourrait être conçu comme les lois internes naturelles de la fiction racontée.[13] Les listes accessoires réunies dans deux cahiers intitulés respectivement *Citations* et *Allusions & Détails* ont été constituées, par contre, au fur et à mesure de l'élaboration du roman. Dans le cahier *Citations*, Perec a noté les références des dix citations retenues de chaque auteur mentionné dans les listes n° 3 et n° 4 (*Citation 1* et *Citation 2*, vingt auteurs au total). Le cahier *Allusions & Détails* mentionne, entre autres, les emprunts aux dix ouvrages de la contrainte *Livres* (liste n° 28) et le détail des emprunts aux dix toiles de la contrainte *Tableaux* (liste n° 27).[14]

Les contraintes organisatrices de *La Vie mode d'emploi* se situent par leur complexité d'enchâssement à l'opposé du travail minutieux et ponctuel sur la lettre, mais celui-ci n'en est pas pour autant négligé. Il se retrouve par exemple dans la forme dessinée par la contrainte de la progression du cheval sur l'échiquier 10 x 10, superposable à la coupe verticale de l'immeuble. On le sait, le soixante-sixième déplacement du cheval, qui le mène à la case de

Bernard Magné, Jacques Neefs (Présentation, Notes, Transcription), *«Cahier des charges» de La Vie mode d'emploi* (Ed. Zulma/CNRS 1993) pp. 7-35. Deux cahiers contenant les listes manuscrites des citations et des allusions présentés dans *La Vie mode d'emploi* ont été édités et présentés par Ewa Pawlikowska sous le titre de 'Cahiers inédits', *Texte en main*, Grenoble, hiver 1986, n° 6, pp. 75-87.

13. La comparaison du *«Cahier des charges»* avec le texte de la VME montre que le premier n'épuise nullement le second, ce que confirme le témoignage de Perec le qualifiant en premier lieu de 'pompe à imagination'. Loin d'entraver l'imagination et l'association, les contraintes du dispositif formel lui auraient permis d'y donner libre cours. C'est l'une des conclusions tirées de l'étude du dossier génétique de *La Vie mode d'emploi*. Voir la présentation du *«Cahier des charges»* de Hartje, Neefs et Magné, p. 12.

14. Aux rubriques *Citation* 1 et 2, le tableau général des listes n'indique que des noms d'auteurs. Pour chacun des vingt auteurs cités, Perec note dans le cahier *Citations* les références des dix citations retenues. Dans le second cahier, *Allusions et détails*, figurent outre les références des emprunts aux dix toiles et aux dix ouvrages des contraintes *Tableaux* et *Livres*, le détail des dix éléments correspondant aux deux listes des *Couples*, ainsi que le relevé des chats (dont au moins deux sont en train de dormir) générés par la première entrée de la liste *Animaux*.

l'angle inférieur gauche de l'échiquier, a été délibérément omis. Dans l'immeuble, cette case correspond à une cave. Or, le chapitre LXVI ne décrit pas cette cave, mais la pièce qui correspond au soixante-septième déplacement du cheval, à savoir la boutique de Mme Marcia. Le roman n'a donc que 99 chapitres ; le vide du coin inférieur gauche de l'immeuble est interprété par les exégètes perecquiens comme une confirmation de la lettre donnée dans *W ou le souvenir d'enfance* comme premier souvenir d'enfance, associée erronément à une lettre hébraïque, correspondant à une image en miroir d'un G retourné, l'initiale du prénom Georges, et décrite comme 'un carré ouvert à son angle inférieur gauche'. Et, en effet, lorsqu'on visualise la structure formelle de *La Vie mode d'emploi*, on reconnaît cette lettre à la provenance incertaine, signature que l'auteur a inscrite dans le plan en coupe de son immeuble.

«Un cabinet d'amateur», toujours des listes

Dans un entretien radiophonique avec Gérard-Julien Salvy diffusé le 12 janvier 1980, Perec commente ainsi la genèse d'*Un cabinet d'amateur* :

> J'avais envie de ne pas dire complètement adieu à *La Vie mode d'emploi*. C'était un livre que j'ai travaillé pendant si longtemps, que j'ai gardé pendant si longtemps que je n'arrivais pas à m'en défaire complètement. Pour m'en défaire, j'ai pensé que le plus simple était d'écrire un récit court qui n'aurait aucune relation directe avec *VME* mais qui pour moi fonctionnerait comme une sorte d'encryptage. *VME* y serait codée, ça me permettrait une dernière fois de travailler sur des thèmes analogues.[15]

Ce court récit de cent-vingt pages porte le sous-titre significatif *Histoire d'un tableau*, et raconte une histoire d'escroquerie en peinture, de peintres faussaires, comme le faisait le roman de jeunesse, *Le Condottiere*. *Un cabinet d'amateur* parle d'une toile, peinte dans le genre des cabinets d'amateur, reproduisant une centaine de tableaux de la collection d'un riche brasseur américain d'origine allemande, Hermann Raffke.

---

15. Entretien avec Gérard-Julien Salvy, 'Démarches'. Cité par Andrée Chauvin, Hans Hartje e.a. in '«Le cahier des charges» d'*Un cabinet d'amateur*', *Cahiers Georges Perec*, n° 6, *L'Œil d'abord*, Seuil, 1996, p. 137.

Les contraintes apparemment simples auxquelles a été soumis ce dernier texte semblent avoir été conçues pour ne pas prendre congé définitivement de *La Vie mode d'emploi*. L'étude du dossier génétique d'*Un cabinet d'amateur* a confirmé ce qu'une comparaison précise des deux textes avait déjà révélé : les tableaux décrits dans *Un cabinet d'amateur* renvoient aux 99 chapitres de l'œuvre majeure.[16] Perec a offert une clé à ses lecteurs en attribuant à onze tableaux de la collection Raffke un numéro de catalogue correspondant au numéro du chapitre de *La Vie mode d'Emploi* qui a généré le tableau en question. Bien que le nombre des tableaux numérotés soit donc fort restreint, la découverte de cette correspondance a offert aux chercheurs une piste utile. Avec *Un cabinet d'amateur* Perec inaugure un nouveau jeu de citations cachées. Autotextualité et intertextualité s'y entre-mêlent. Les fragments sélectionnés dans *La Vie mode d'emploi* comportent un grand nombre de citations implicites d'autres auteurs ou des ouvrages antérieurs de Perec lui-même, de sorte qu'*Un cabinet d'amateur* offre au lecteur la possibilité de remonter, par le relais de *La Vie mode d'emploi,* aux textes-sources à partir desquels Perec a construit ce texte.

L'examen des listes que comportent les avant-textes a amené les généti-ciens littéraires à spéculer sur la manière dont Perec avait procédé. Il aurait relu attentivement *La Vie mode d'emploi*, notant au passage le ou les motifs susceptibles de se trouver représentés dans les tableaux, réels ou inventés, dans *Un cabinet d'amateur*. La liste de ces motifs suit l'ordre du récit-source. Puis, à partir de cette liste primitive, il aurait forgé des titres de tableaux, avec parfois le nom du peintre, mais plus souvent l'attribution à une école, une époque et un genre. Ces titres hypothétiques figurent sur une liste secondaire. Dans son étude du dossier génétique d'*Un cabinet d'amateur,* Hans Hartje pose deux questions.[17] En premier lieu, pourquoi tel ou tel élément de *La Vie mode d'emploi* figure-t-il dans telle ou telle liste ? 'Rien', écrit-il, 'dans les manuscrits préparatoires ne permet de déterminer les critères de ce choix si ce n'est la mention Américain (Amer ou Am) dans la marge gauche de la première liste. Les détails ainsi marqués engendrent les tableaux de la collection de Raffke qui appartiennent à la peinture améri-caine'. En second lieu, Hartje se demande si le passage de la liste secondaire au texte a été effectué librement de toute autre contrainte que rédaction-

---

16. Voir Andrée Chauvin, Hans Hartje e.a., *op. cit.*, pp. 128-156.

17. Voir le travail de recherche génétique de Hans Hartje, *Georges Perec écrivant*, pp. 239-273.

nelle, narrative et descriptive. A ces deux questions Hartje avoue ne pas pouvoir apporter une réponse.

L'hypothèse que j'avancerai dans le chapitre 9 de ce travail, consacré à l'analyse d'*Un cabinet d'amateur*, est que Perec, pour passer des chapitres de *La Vie mode d'emploi* à la liste des tableaux figurant dans *Un cabinet d'amateur*, s'est inspiré d'une troisième liste qui, elle, renvoie à des tableaux réels, de même que *La Vie mode d'emploi* renvoie à des tableaux existants. L'étude de cette troisième liste et de ses origines permet d'esquisser une réponse aux deux questions de Hartje.

Les peintres dans l'œuvre de Perec

Omniprésente dans *La Vie mode d'emploi* et *Un cabinet d'amateur*, la peinture est une préoccupation ancienne et essentielle de Perec. Dès les tout premiers textes, peintres et peintures sont en effet extrêmement nombreux. 'J'ai longtemps voulu être peintre' écrit Perec en 1972 dans une interrogation sur ce que représente l'écriture pour lui.[18] 'Faire de la peinture' figure sur la liste des trente-sept choses qu'il disait vouloir faire avant de mourir.[19] Cependant, beaucoup plus que ce désir jamais réalisé, c'est probablement sa longue amitié avec le peintre Pierre Getzler, sa fréquentation de collectionneurs comme Raymond Queneau et Eugen Helmlé, et son admiration pour d'autres artistes et pour des écrivains contemporains comme par exemple Michel Butor qui l'ont influencé de manière décisive.

Antonello de Messine mène la longue cohorte des peintres qui traverse l'œuvre de Perec. Le peintre sicilien est présent avec son *Condottiere* dès le roman éponyme de 1960. Nous avons vu que son portrait d'un soldat de la Renaissance, d'où émane 'la clarté terrible d'un homme à qui le monde entier appartient'[20] est lié étroitement aux tentatives d'autoportrait de Perec en jeune artiste dans *Un homme qui dort* (p. 117) et *W ou le souvenir d'enfance* (p. 142). Dans *W ou le souvenir d'enfance*, rappelons-le, Perec évoque

18. Dans 'Les gnocchis de l'automne ou réponse à quelques questions me concernant', publié avec le surtitre rédactionnel d'*Autoportrait* dans la revue *Cause commune* n° 1, mai 1972, pp. 19-20 ; repris dans *Je suis né*, pp. 67-79.

19. 'Quelques-unes des choses qu'il faudrait tout de même que je fasse avant de mourir', *Je suis né*, pp. 105-109.

20. Georges Perec, 'Défense de Klee', lettre-essai de 1959, repris dans *Cahiers Georges Perec*, n° 6, *L'Œil d'abord*, p. 23.

son roman de jeunesse, *Le Condottiere*, comme la première tentative à peu près aboutie de se forger une identité par l'écriture, en racontant l'histoire d'un faussaire qui échoue à fabriquer un vrai Antonello de Messine.

Un autre tableau célèbre d'Antonello, le *Saint Jérôme dans son cabinet de travail*, saint patron des traducteurs et des écrivains, réapparaît également à plusieurs reprises.[21] Il figure parmi les dix tableaux générateurs de *La Vie mode d'emploi*, mais on l'aperçoit déjà, en reproduction, dans la maison de rêve de Sylvie et de Jérôme, qui compte également un *Saint Georges* de Carpaccio, une prison de Piranèse, un portrait d'Ingres, le *Mélanchton* de Cranach, une photographie bistrée de Renan, un grand magasin de Steinberg et un petit paysage à la plume de Paul Klee. (*Les Choses*, p. 13) Collection curieusement hétéroclite dans laquelle on ne peut déceler que rétrospectivement une certaine cohérence.

Le souvenir de la lettre 'hébraïque', un carré ouvert à son angle gauche inférieur, enfin, dans *W ou le souvenir d'enfance* est, comme nous l'avons vu, associé à celui d'un tableau, 'peut-être de Rembrandt ou peut-être inventé', 'Jésus en face des Docteurs' ou 'plus vraisemblablement, une Présentation au Temple'. (*Wse*, p. 24)

Peintres ratés

Ce n'est cependant que dans *La Vie mode d'emploi* et *Un cabinet d'amateur* que Perec va accorder une place centrale à la peinture. Pour *La Vie Mode d'emploi* dont l'épigraphe programmatique a été empruntée à Paul Klee ('l'œil suit les chemins qui lui ont été ménagés dans l'œuvre')[22], il s'est laissé inspirer, comme nous l'avons vu, par la planche de Steinberg d'un immeuble 'défaçadé'. Selon le protocole de départ, évoqué dans *Espèces d'espaces* (pp. 57-61), l'ensemble du roman serait un tableau de l'immeuble situé dans l'imaginaire rue Simon Crubellier, n° 11, 17ᵉ arrondissement, peint ou imaginé par son habitant le plus ancien, Valène.[23] Logé comme une 'petite

---

21. Voir à ce sujet Bernard Magné, 'Saint Jérôme mode d'emploi', *Cahiers Georges Perec*, n° 6, *L'Œil d'abord*, pp. 91-112.

22. 'Das Auge beght die ihm im Werk eingerichteten Wege', épigraphe extraite du *Pädagogisches Skizzenbuch*, 1, 13, Compendium des leçons données par Klee au Bauhaus de Weimar, *Neue Bauhausbücher*, Hans M. Wingler, éd. Mainz/Berlin, Florian Kupferberg 1965.

23. Valène est le seul pseudonyme auquel Perec, pourtant inventeur prolixe de noms

araignée' dans son atelier situé presque tout en haut à droite, Valène se proposait de faire tenir toute la maison avec tous ses habitants, anciens et présents, dans sa toile. Ce projet est énoncé en détail au chapitre LI, au cœur du livre. Valène commence par réfléchir à sa propre place dans ce tableau, rempli 'd'une joie peut-être teintée de nostalgie' :

> Il serait lui-même dans le tableau, à la manière de ces peintres de la Renaissance qui se réservaient toujours une place minuscule au milieu de la foule des vassaux, des soldats, des évêques ou des marchands ; non pas une place centrale, non pas une place privilégiée et significative à une intersection choisie [...], mais une place apparemment inoffensive [...] comme si ça ne devait être qu'une signature pour initiés... (*VME*, ch. LI, p. 290)

Puis, autour de lui, sur la grande toile carrée, tout serait déjà en place :

> la cage de l'ascenseur, les escaliers, les paliers, les paillassons, les chambres et les salons, les cuisines, les salles de bains, la loge de la concierge, le hall d'entrée avec sa romancière américaine interrogeant la liste des locataires, la boutique de Mme Marcia, les caves, la chaufferie, la machinerie de l'ascenseur [...]. (*VME*, pp. 290, 291).

Valène, cependant, ne dispose pas de méthode pour faire face à la vertigineuse multiplicité du réel ; il ne réussit pas à achever son tableau et s'inscrit par son échec dans la lignée littéraire des peintres ratés qui remonte au début du XIXe siècle – le Frenhofer de Balzac, le Pellerin de Flaubert et le Claude Lantier de Zola.[24]

C'est précisément au peintre le plus caricaturalement raté, au Pellerin de Flaubert, que Perec a emprunté un tableau pour l'accrocher dans l'antiquariat de Mme Marcia. (*VME*, ch. XXIV, pp. 140, 141) Inspiré d'un Titien et intitulé *La Vénitienne*, ce portrait en pied de la maîtresse de Frédéric Moreau, est qualifié d''abominable' par le narrateur de *L'Education sentimen-*

---

propres, ait jamais eu recours, pour signer un compte rendu des mémoires de l'ancien dirigeant communiste Milovan Djilas (*Pays sans justice*) dans *Les Lettres nouvelles*, n° 3, 18 mars 1959, p. 22. Le nom, Serge Valène, est composé des principales voyelles et de toutes les consonnes du nom de jeune-fille de sa grand-mère, Sura Rosa Walersztejn. Voir David Bellos, *op. cit.*, p. 229.

24. Honoré de Balzac, *Le Chef-d'œuvre inconnu* [1831], Gustave Flaubert, *L'Education sentimentale* [1869], Emile Zola, *L'Œuvre* [1885]. Sur le thème des peintres ratés dans la littérature du XIXe siècle, voir Claudia Laurich, *Der französische Malerroman* (Institut für Romanistik der Universität Salzburg, *Salzburger Romanistische Schriften*, VIII, 1983).

tale.²⁵ Dans une description détaillée, Perec reprend – tout en remplaçant le conditionnel du texte-source par l'indicatif – le passage dans lequel Pellerin, encore optimiste, rêve à la composition de son portrait et à la toilette de son modèle. (*VME*, pp. 140, 141)

Pas plus que ses prédécesseurs Frenhofer, Pellerin et Lantier, Valène ne réussit son chef-d'œuvre. L'épilogue raconte comment, le 15 août 1975, jour de l'Assomption, Mlle Celia Crespi, alors qu'elle vient lui apporter son petit déjeuner, trouve Valène mort sur son lit. A côté du vieux peintre se trouve une toile pratiquement vierge, 'quelques traits au fusain soigneusement tracés la divisaient en carrés réguliers, esquisse d'un plan en coupe d'un immeuble qu'aucune figure désormais ne viendrait habiter'. (*VME*, p. 602)

Si le projet de Valène est au cœur de la narration de *La Vie mode d'emploi* – la focalisation passe essentiellement par sa mémoire et par son regard – le fil principal de l'intrigue est constitué par le projet, mégalomane et stérile, d'un autre peintre, Percival Bartlebooth, qui abouliquement boulimique, combine l'enthousiasme du richissime Barnabooth de Valery Larbaud et l'ascèse de Bartleby. Il est, comme Valène, hanté par un rêve de totalité qui, cependant, chez lui est mis au service du néant. Dans l'annexe intitulé : 'Rappel de quelques-unes des histoires racontées dans ce livre', la vie de Bartlebooth est résumée laconiquement comme celle 'd'un homme qui peignit des aquarelles et en fit faire des puzzles'. (*VME*, p. 623) Le lecteur familier de *La Vie mode d'emploi* connaît ce projet, énoncé au chapitre XXVI, autour duquel Bartlebooth a voulu organiser sa vie : dix ans d'apprentissage auprès de Valène, vingt années consacrées à peindre cinq cents ports de mers devant être découpés en puzzles, vingt années consacrées à la reconstitution des puzzles ainsi préparés, à raison d'un puzzle tous les quinze jours.²⁶ A l'endroit où vingt ans auparavant elles avaient été peintes, les

---

25. A l'opposé de Balzac qui a donné à son Frenhofer des traits de Delacroix et de Zola qui a modelé son Claude Lantier sur Manet et Cézanne et le caractérise comme 'un créateur à l'ambition trop large', voulant mettre 'toute l'époque' sur une toile, et qui en mourra (*Ebauche de l'Œuvre*, Gallimard, «Pléiade» tome IV, 1997, p. 1353), Flaubert n'a pas portraituré un peintre réel dans son Pellerin, mais en a fait l'incarnation caricaturale des incertitudes du créateur dans un siècle qui vit à l'aube de la modernité mais est encore lié à l'académisme classique. Flaubert n'est jamais très tendre pour ses personnages, mais la férocité avec laquelle il s'acharne sur son peintre raté a de quoi étonner. Après avoir déconstruit son personnage par petites touches, il lui porte le coup de grâce : 'après avoir donné dans le fouriérisme, l'homéopathie, les tables tournantes, l'art gothique et la peinture humanitaire, Pellerin finit par se faire photographe'. (*L'Education sentimentale*, Gallimard, «Folio», 1993, p. 456).

26. L'entreprise sérielle de Bartlebooth ressemble à celle de Joseph Vernet, peintre présent dans *Un cabinet d'amateur* avec une *Tempête*. Vernet reçut en 1753 du marquis de

aquarelles sont ensuite plongées dans une solution détersive d'où ne ressort qu'une feuille *vierge* de papier *Whatman*.[27] Cette entreprise insensée se laisse évidemment interpréter comme une quête de la mère, quête dont l'échec a été programmé et qui n'aboutit qu'à une feuille vierge, tout comme le tableau entrepris par Valène n'aboutit qu'à une toile vierge.[28]

Le programme est entamé en janvier 1925 et se termine le 23 juin 1975, peu avant huit heures du soir : Bartlebooth meurt devant le 439e puzzle, non seulement inachevé mais inachevable. Le puzzle représente un petit port désert des Dardanelles près des ruines de Troie, au débouché du Méandre, fleuve qui selon la mythologie grecque sinuait pour retarder son arrivée à la mer, domaine de son père Océan, et sa mère Théthys. Bartlebooth a alors *seize* mois de retard sur son programme.[29] En compliquant les puzzles, le diabolique artisan Gaspard Winckler a saboté le projet de Bartlebooth, par delà la tombe.[30] Winckler et Bartlebooth, ennemis inséparables, artistes incomplets qui vivent en une sorte de symbiose infernale, sont des iconoclastes pur sang. Ils sont punis par où ils ont péché. Ayant abusé du sens de la vue, ils finissent tous les deux aveugles.[31]

Marigny la commande d'une série de vingt-quatre ports de France. Il en réalisa quatorze. Bartlebooth commence son tour du monde en 1935 à Gijon, dans le Golfe de Gascogne en Espagne, et il le termine en 1955, à Brouwershaven en Zélande, littéralement 'le pays de la mer'. Si cette précision topographique semble recéler une allusion à la valeur symbolique de tous ces ports de mer, symboles transparents de refuges maternels jamais atteints, le nom du port (coupé de la mer en 1971), Brouwershaven, fait penser au métier du millionnaire d'*UCA*, le riche brasseur Raffke.

27. Rappelons ici le monovocalisme en *a*, *What a man* dont le protagoniste s'appelle, avec un renvoi au prénom attribué au père dans *Wse* (André), Andras Mac Adam. Ce texte, écrit en 1980, a été édité en 1996 (Le Castor Astral).

28. C'est essentiellement Burgelin qui a élucidé la métaphorisation des relations de Perec avec les 'images' de ses parents et qui a mis en évidence la valeur symbolique de l'intérêt monomane de Bartlebooth pour les ports de mer. Claude Burgelin, *Les Parties de dominos chez Monsieur Lefèvre*, pp. 9-63.

29. C'est à la lecture de ce dernier chapitre XCIX qu'on se rend compte que *La Vie mode d'emploi* est la monstrueuse dilatation de quelques minutes de la vie d'un immeuble.

30. Le projet de Bartlebooth, visant la programmation du temps et de la mémoire, se laisse évidemment rapprocher de celui que Perec a essayé en vain de réaliser dans le projet de *Lieux*.

31. Winckler a le 'regard éteint', Bartlebooth devient complètement aveugle.

Peintres copistes

Outre Bartlebooth, Winckler et Valène, *La Vie mode d'emploi* compte de nombreux peintres ou artistes. La femme de Winckler, Marguerite, qui 'peignait rarement des sujets originaux et préférait reproduire ou s'inspirer de documents existant déjà', est évoquée comme une miniaturiste douée : 'sa minutie, son respect, son habileté étaient extraordinaires'. (*VME*, ch. LIII, p. 309) C'est elle qui a peint le tableau carré que Winckler aimait tant, représentant trois hommes vêtus de noir dans une antichambre. C'est encore elle qui a fait la gouache intitulée *La Dernière expédition à la recherche de Franklin*. Cette gouache, apparaissant comme une variation sur les blancs, avait été découpée par Winckler en puzzle d'essai pour convaincre Bartlebooth de son savoir artisanal. (*VME*, ch. XLIV, p. 252) Marguerite Winckler retouche encore des enluminures de Livres d'Heures, ce qui fait d'elle une descendante lointaine des miniaturistes du XVe siècle, parmi lesquels les frères Van Eyck.[32]

Franz Hutting, peintre américain d'origine française, est également porté vers la copie. Perec lui attribue trois périodes. La première est marquée par l'usage de la copie et de la citation, la deuxième par celui de l'accumulation (l'entassement de pierres désigné comme 'Mineral Art'), la troisième par le travail sur programme.[33] Hutting est le seul peintre à succès de *La Vie mode d'emploi*. Il obtient une reconnaissance médiatique avec ses copies de tableaux réputés – *La Joconde*, *Le Déjeuner sur l'herbe*, *La Leçon d'anatomie*. Il réalise ces copies grâce à des capacités techniques très poussées, et les noie ensuite dans un brouillard épais 'dont émergent à peine les silhouettes de ses prestigieux modèles'. (*VME*, ch. XI, p. 63)

Le personnage-peintre d'*Un cabinet d'amateur*, Humbert Raffke alias Heinrich Kürz, est un copiste comme Hutting ou Marguerite Winckler, mais il est en même temps un faussaire, stimulé dans ses activités frauduleuses par son oncle, Hermann Raffke. Ce Hermann Raffke, né en 1830 en Allemagne, veut consacrer une partie de sa fortune à l'achat de tableaux

---

32. Selon Vasari, source pas toujours fiable, Marguerite van Eyck, l'épouse de Jan van Eyck, cultiva aussi avec succès la peinture. Voir Giorgio Vasari, 'De Divers artistes flamands', *Vie des peintres, Sculpteurs et architectes* (Paris : Just-Tessier, Libraire-Editeur, 1841) tome IX, X, pp. 341-373. Nous verrons dans l'analyse du *Cabinet d'amateur* que *Les Vies* [1552, 1568] de Vasari constituent une source importante d'informations pour Perec.

33. Il n'est pas trop difficile de reconnaître dans la carrière de Hutting les différentes étapes de l'itinéraire perecquien.

célèbres. Aimant la peinture mais ne s'y connaissant guère, il s'est laissé tromper dans ses premiers achats par des marchands d'art. Il décide de se venger, à titre posthume, comme Winckler, et monte un complot avec quelques complices – son neveu et fils adoptif, l'étudiant en art Humbert Raffke, et les critiques d'art Lester Nowak et Frantz Ingehalt. Raffke confie à son neveu le soin de fabriquer des faux de maîtres célèbres. La clé de voûte de cette opération de falsification est la réalisation d'un *cabinet d'amateur*, fabriqué par Humbert Raffke sous le pseudonyme d'Heinrich Kürz. Dans ce cabinet d'amateur, les tableaux de la collection, 'affichés comme copies, comme pastiches, comme répliques, auraient tout naturellement l'air d'être les copies, les pastiches, les répliques de tableaux réels'. (*UCA*, p. 120)

L'exposition à Pittsburgh en 1913 de ce tableau suscite la convoitise du public américain naïvement passionné par les œuvres anciennes d'origine européenne. Aussi, aux deux ventes organisées en 1914 et 1924, à la suite du décès de Raffke en 1914 les faux originaux sont-ils vendus à des prix fabuleux. Ce n'est que quelques années plus tard que Humbert Raffke avoue la mystification dans une lettre aux acheteurs dupés.

Copier ou casser ?

Alors que les rapports avec le réel des personnages d'*Un homme qui dort* et de *W ou le souvenir d'enfance* passent respectivement par une perception qui se veut non-informée, et par une mémoire réfractaire, la voie dans laquelle s'engagent les protagonistes-peintres de *la Vie mode d'emploi* et d'*Un cabinet d'amateur* semble toute différente : ils essaient de maîtriser le réel par le biais des images et, plus en particulier, par la peinture. Le plus souvent, cependant, leurs efforts se soldent également par un échec. Le grand tableau de Valène, peintre doué mais sans méthode, ne dépassera jamais l'état d'ébauche. Le projet de Bartlebooth, conçu pour échapper à la contingence et consistant à réduire la totalité de la réalité à un vaste puzzle de cinq cents marines, est vicié dès le début par sa stérilité méthodique. Et même la destruction programmée, iconoclaste, le retour au néant de ses aquarelles échoue. C'est une entreprise qui part de rien pour aboutir à rien. La démarche de Winckler, qui passe sa vie à découper en puzzles les aquarelles médiocres de Bartlebooth, est également exclusivement négative : son seul objectif est de faire échouer le projet de son employeur. *La Vie mode d'emploi* est dans sa forme mais aussi dans ses contenus narratifs tributaire du jeu d'échecs. Seuls les artistes copistes, comme Marguerite Winckler ou Franz

Hutting, ont droit à un succès plus ou moins modeste. Ce succès, celui de la peinture-miniature et de la peinture-copie, annonce le triomphe de la copie sans modèle, de la mise en abyme, et de la pratique usurpatrice du faux dans *Un cabinet d'amateur*. Et là encore, Heinrich Kürz, le double imaginaire que le faussaire principal, Humbert Raffke, s'est créé, est un peintre raté qui renonce de son propre gré à la peinture.

Pourquoi Perec attribue-t-il à certains personnages cette passion, souvent malheureuse, maniaque et parfois iconoclaste, pour les arts plastiques et pourquoi attribue-t-il à d'autres la patience et le dévouement des miniaturistes de la Renaissance ? S'agit-il d'autant de fragments d'un autoportrait du romancier en peintre ? Les analyses d'*Un homme qui dort* et de *W ou le souvenir d'enfance* ont montré que Perec se mettait aux antipodes de Proust dans son évocation du sommeil et dans sa description du fonctionnement de la mémoire. En fait-il autant dans son évocation de la peinture ? Et quelle est la relation entre sa vision de la peinture et ses conceptions poétiques ?

Je voudrais laisser provisoirement en suspens ces questions suscitées par la relation des artistes-peintres avec leur art, pour aborder un autre problème. *La Vie mode d'emploi* et *Un cabinet d'amateur* n'abondent pas seulement en personnages peintres, mais aussi en représentations picturales. Comment ces représentations picturales s'insèrent-elles dans les textes et quelles fonctions y accomplissent-elles ?

Chapitre 8

Le rôle de la peinture

> Il y a des tableaux parce qu'il y a des murs. Il faut pouvoir oublier qu'il y
> a des murs et l'on n'a rien trouvé de mieux pour ça que les tableaux.
> (Georges Perec, *Espèces d'espaces*)

La fonction des représentations picturales

Les appartements des habitants de la rue Simon-Crubellier sont ornés de
toutes sortes de représentations picturales. Dans un article fondamental
(1985), Bernard Magné a tenté d'en dresser l'inventaire : il signale 508
aquarelles, une soixantaine de gravures, une trentaine de dessins, 75 titres
de tableaux imaginaires ou réels, et 103 noms d'artistes-peintres réels ou
imaginaires. Patrizia Molteni a relevé, dans une seconde tentative d'épuisement d'un inventaire, au moins 700 œuvres d'art et 155 noms d'artistes dont
cent sont des peintres réels.[1]

Cette densité des mentions est déjà très élevée dans *La Vie mode d'emploi*, elle s'accroît encore dans *Un cabinet d'amateur*. La toile sur laquelle
porte l'histoire, reproduit une collection de 95 à 97 tableaux dont 54 sont
attribués à de vrais peintres, et une quarantaine à des peintres à l'identité
douteuse, inventés ou anonymes. Ces 95 à 97 tableaux-copies ne constituent
qu'une sélection de la collection de Raffke dont le catalogue comporte au
total 574 notices, et dont au moins cent cinquante tableaux sont explicitement mentionnés.

Les renseignements que comporte ce catalogue immense s'égrènent tout
au long du livre. Les tableaux sont tantôt simplement évoqués, par un titre
ou un nom, tantôt décrits en détail, parfois même accompagnés de petites
notices mentionnant propriétaires successifs, circonstances d'acquisition,
prix de vente. Entraîné dans ce tourbillon de savoir encyclopédique, de
(pseudo)-érudition, le lecteur se retrouve abasourdi à la fin du livre où il
apprend que tous les tableaux de la collection Raffke sont des faux, et qu'ils

---

1. Bernard Magné, 'Lavis mode d'emploi', *Cahiers Georges Perec*, n° 1, 1985, pp. 232-246.
Patrizia Molteni, *Perec me pinxit, Paintings and Painterly Practice in Georges Perec*, PhD,
University of Manchester, 1993, Partie I, pp. 142-147.

ont été produits à partir de, ou parallèlement à leur copie dans la toile centrale, le *cabinet d'amateur* de Humbert Raffke alias Heinrich Kürz.

Cette série imposante de tableaux, de gravures ou d'autres représentations picturales dans *La Vie mode d'emploi* et *Un cabinet d'amateur*, a suscité évidemment de nombreuses questions auxquelles les exégètes perecquiens ont tenté de répondre. Bernard Magné a sans aucun doute fait œuvre de pionnier. Dans l'article précité, s'appuyant sur les informations fournies par le *«Cahier des charges»*, il propose une interprétation du rôle de la peinture dans *La Vie mode d'emploi*.[2]

• Une version un peu nouvelle de l'*ut pictura poesis*

Parmi les 42 ou plutôt les 21 x 2 listes catégorisant les 420 éléments que Perec tenait à incorporer dans son grand roman – allant des vêtements, de la position et des activités des habitants de l'immeuble aux détails concernant l'ameublement des 99 pièces – trois listes concernaient plus exclusivement la peinture. D'abord, 'peindre' est le premier des dix éléments sur la liste n° 2 qui programme les activités des personnages. Ensuite, la liste n° 27, intitulée 'Tableaux', ne concerne pas des éléments du décor, mais est composée d'allusions à une 'pinacothèque' perecquienne servant à produire des éléments de la fiction. Enfin, la liste n° 34 'peintures' programme ce qu'il doit y avoir sur les murs de chaque pièce de l'immeuble (gravures, tableaux, cartes postales, aquarelles, photos).

Nous avons déjà vu la forme que revêtent les activités programmées par la liste n° 2. Les dix toiles qui figurent sur la liste n° 27, fonctionnent, elles, comme ce que Magné appelle des 'générateurs textuels'. Chaque toile fournit en principe dix détails dont la répartition dans le roman est réglée par le système des permutations. Le détail des emprunts à chaque tableau figure dans le cahier *Allusions et Détails*. La peinture italienne est représentée par trois tableaux – *Saint Jérôme dans son cabinet de travail* d'Antonello de Messine, *Le Songe de sainte Ursule* de Carpaccio, et *La Tempête*, connu aussi comme *L'Orage*, de Giorgione. La peinture flamande est représentée par quatre artistes – Bosch, *La Charrette de foin*, Breughel, *La Chute d'Icare*, Van Eyck, *Le Mariage des Arnolfini*, et Metsys, *Le Banquier et sa femme*. Les peintures allemande, espagnole et française sont présentes chacune avec un

---

2. Voir à ce sujet également Bernard Magné, 'Peinturécriture', *Perecollages*, pp. 206-217.

seul peintre – Holbein, *Les Ambassadeurs*, Vélasquez, *Les Ménines*, et Baugin, *Nature morte à l'échiquier*.

Les détails empruntés subissent des transformations parfois saugrenues. Tantôt le tableau fournit un générateur iconique, par exemple un objet représenté sur la toile, et la mise en récit consiste à transcrire ce non-verbal en verbal. Tantôt le tableau fournit un générateur verbal, par exemple un nom ou un titre, et la mise en récit consiste à intégrer ce nom dans le texte. Ainsi, la colonne figurant dans *La Tempête* de Giorgione, référant peut-être à l'enlèvement d'Io de l'Olympe, devient un 'porte-parapluies, un haut cylindre de plâtre peint imitant une colonne antique' au sixième étage de l'immeuble de Perec. (ch. LVI, p. 332) Le titre du tableau engendre une aquarelle dont les deux tiers supérieurs sont occupés par une 'représentation réaliste d'un ciel lourd avec effets d'orage' (ch. XXXII, p.199), un renvoi à un concerto de Vivaldi, *La Tempesta di Mare* (ch. XXIX, p. 175), et comporte, par le biais d'une marque d'imperméable, Caliban, une allusion à la pièce éponyme de Shakespeare (ch. XCIV, p. 564). La malle de Bartlebooth, empruntée aux naufragés de *L'Île mystérieuse* de Verne, offre 'tout ce qu'il aurait fallu si, ayant fait naufrage par suite de *tempête*, typhon, cyclone etc, Bartlebooth et Smautf avaient eu à dériver sur une épave' (ch. LXXII, p. 428). Le nom du peintre, Giorgione, enfin, revient sous la forme un peu inattendue d'un de ses surnoms, Zorzi da Castelfranco (ch. LVIII, p. 342).

Ces quelques exemples montrent qu'il serait impossible de repérer ces renvois si l'on ne connaissait pas les dix tableaux générateurs. Or, contrairement aux sources textuelles révélées dans le Post-scriptum, les sources picturales ne sont mentionnées nulle part dans *La Vie mode d'emploi*. Perec fournit à son lecteur l'instrument pour retracer les citations, mais la liste des dix tableaux générateurs est escamotée et ne réapparaît, de manière indirecte, que dans *Un cabinet d'amateur*.

Magné a montré que les représentations picturales engendrées par la contrainte de la liste n° 34 (peintures), sont toutes imaginaires et fonctionnent au niveau diégétique comme embrayeurs de récits et opérateurs de vraisemblance : elles permettent de raconter des histoires qui sortent du cadre de l'intrigue principale. Le narrateur passe de la description d'un tableau, d'une gravure, d'un dessin, au récit de l'anecdote qu'il représente. Dans le huis clos de l'immeuble, démuni de fenêtres qui donnent sur l'extérieur (on le voit par nécessité optique de face), les tableaux permettent de voyager dans l'espace et dans le temps.[3]

La peinture n'offre pas seulement un immense potentiel narratif mais sert également de support à la pratique citationnelle de Perec. L'insertion d'emprunts aux dix livres mentionnés dans le *Cahier des charges*, sur la liste intitulée 'Livres', se fait souvent par le biais des tableaux, la liste des tableaux étant couplée avec la liste des *Livres*. Les tableaux servent donc également comme des indices de l'intertexte : tout tableau évoqué, dit Magné, est une séquence à haute probabilité citationnelle. Ainsi, le tableau préféré de Winckler représente la scène finale du *Procès* de Kafka déjà évoquée dans *Un homme qui dort* ; dans son appartement se trouve le fameux bahut sur lequel il a sculpté des scènes de *L'Île mystérieuse*.[4] On voit ainsi comment Perec utilise et réutilise sans cesse les mêmes textes-sources.

Si les tableaux ou représentations picturales incorporent ainsi des citations tout en les dissimulant, ils remplissent souvent également une fonction métatextuelle, métaphorisant le recours à l'intertextualité ou à d'autres contraintes. Les tableaux-copies de Hutting et les collages de Marguerite Winckler renvoient ainsi au dispositif de citations implicites et d'allusions. La grande toile de Valène, divisée en carrés réguliers esquissant le plan en coupe d'un immeuble, rappelle les échafaudages du livre. Le fameux exemple du chapitre LXV, la représentation d'une petite fille sur une vieille boîte à biscuits en fer-blanc carrée, qui mord dans un coin de son petit-beurre, annonce le déraillement du système, la disparition d'une pièce de l'immeuble, celle au coin gauche inférieur qui aurait dû être décrite dans le chapitre suivant, le chapitre LXVI. (*VME*, ch. XLV, p. 394)

La description des tableaux, enfin, permet de brouiller les différents niveaux de représentation. A titre d'exemple on peut prendre le piège narratif qu'est la motivation du récit par le tableau de Valène. Magné a bien

---

3. Magné remarque que beaucoup de tableaux de la *VME* ont un statut exactement symétrique de celui que Philippe Hamon attribue dans le roman naturaliste au topos descriptif de la fenêtre. Comme celle-ci, le tableau est un lieu frontière entre intérieur et extérieur (un ailleurs et/ou un autrefois). Mais alors que la fenêtre fonctionne comme introduction à une description, le tableau chez Perec, à l'inverse, annonce un récit, ce qui est conforme à un schéma narratif qui renverse la hiérarchie traditionnelle, où la description est soumise à la narration. Voir Bernard Magné, *Lavis mode d'emploi*, pp. 236, 237.

4. C'est l'une des rares traces d'une période plus heureuse et plus féconde dans la vie de Winckler. Rappelons que dans une première version (*Gaspard*, 1958) du *Condottiere* Perec avait mis en scène un artisan qui tente de réaliser la copie parfaite d'une boîte sculptée, mais se perd lentement dans 'les méandres de ses phantasmes, dans les détails de sa copie'. Voir David Bellos, *op. cit.*, p. 214.

montré que, ce que le lecteur lit en première instance comme une représentation au premier degré, en seconde instance, à partir du chapitre VII, comme une représentation au second degré, celle, verbale, d'une représentation picturale du réel, et en troisième instance, à partir du chapitre XXVIII, comme la description verbale de la représentation mentale d'une représentation picturale, se révèle être, en fin de compte, la représentation mentale d'un tableau que son peintre n'arrive pas à achever.[5] Le roman entier est une instrumentalisation scripturale de la technique illusionniste du trompe-l'œil, jouant de manière extrêmement raffinée avec les différents niveaux de la représentation. Perec laisse le réalisme intact dans la trame narrative, ce n'est qu'au niveau de l'énonciation qu'il brouille les pistes.

Magné conclut dans son analyse que dans *La Vie mode d'emploi*, lorsqu'il est question de peinture, c'est très souvent d'écriture qu'il s'agit, 'd'une version un peu nouvelle' de l'*Ut pictura poesis*.[6] L'interprétation de ce précepte horatien a oscillé de tout temps entre la supériorité de la peinture sur la poésie et celle de la poésie sur la peinture.[7] La nouveauté de l'approche perecquienne consisterait dans le fait que Perec en asservissant la peinture à l'écriture, lui assigne des fonctions méta- et intertextuelles.

• Texte et image

Pourtant, le roman a été engendré dans sa structure formelle et ses contenus narratifs à partir de tableaux, il raconte l'histoire d'un tableau, ses personnages principaux sont des peintres, il comporte un grand nombre de représentations picturales, et la signature de l'auteur se laisse reconnaître dans sa structure visualisée, un carré à l'angle gauche inférieur ouvert.

Dans *La Vie mode d'emploi*, l'écriture esquisse un mouvement de va-et-vient entre image et texte.[8] En premier lieu, l'écriture va de l'image réelle au texte, puisque *La Vie mode d'emploi* a été inspirée dans sa structure formelle par un dessin que l'on retrouve dans l'évocation du tableau imaginaire de

---

5. Bernard Magné, *Lavis mode d'emploi*, pp. 238, 239.

6. Magné : 'L'hypothèse peut s'énoncer en quelques mots : dans *La Vie mode d'emploi*, lorsqu'il est question de peinture, c'est très souvent d'écriture qu'il s'agit. Soit, en un certain sens, une version un peu nouvelle de l'*Ut pictura poesis*. Cette valeur emblématique, je la dis métatextuelle'. (*Lavis mode d'emploi*, p. 239).

7. Au sujet des relations entre l'image et le texte, le visuel et le verbal, voir A. Kibédi Varga, *Discours, Récit, Image* (Liège-Bruxelles : Pierre Mardaga, 1989), pp. 88-117.

8. Pour une classification des relations possibles entre le texte et l'image, voir Leo H. Hoek, 'La transposition intersémiotique, Pour une classification pragmatique', Leo H. Hoek, Kees Meerhoff, *Rhétorique et Image* (Amsterdam : Rodopi, 1995) pp. 65-79.

Valène, et que le roman présente, disséminés, une centaine de détails
empruntés à dix tableaux réels. Cette opération correspond à une fragmen-
tation de l'image réelle, qui, par le biais du texte, occulte les sources picturales : le texte dérobe celles-ci à la vue du lecteur qui est comme ébloui,
aveuglé. Dans le sens inverse, l'écriture va du texte à l'image inventée,
puisque l'immense majorité des références intertextuelles y apparaissent sous
forme picturale. C'est de nouveau une opération visant à troubler le regard
du lecteur, cette fois-ci parce que l'image dérobe les textes-sources à la vue
du lecteur. Si *La Vie mode d'emploi* donne à voir, c'est seulement à condition que le lecteur sache surmonter sa confusion et son aveuglement, qu'il
sache reconstituer le puzzle extrêmement compliqué que l'auteur lui présente, ce qui implique qu'il doit maîtriser l'art du puzzle, dont les principes
sont exposés dans le *Préambule*.

On ne peut s'empêcher de se demander ce qui, au-delà des jeux inter-
ou métatextuels, est l'enjeu de cette omniprésence des images, et quelle est,
dans ce va-et-vient entre écriture et peinture, la part de l'attirance et celle de
la répulsion. Nous avons vu dans la deuxième partie de ce travail la valeur
négative des images pour Perec autobiographe, moteurs défectueux d'une
mémoire qui refuse service, traces dérisoires d'une réalité à jamais perdue
ou bien prises de vue d'une réalité atroce. Pourquoi Perec évoque-t-il avec
une telle insistance la peinture ? Pourquoi son œuvre comporte-t-elle tant
d'images et d'histoires d'images, de romans de tableaux ? Qu'est ce qui a
déterminé le choix des dix tableaux générateurs ?

La peinture comme source d'invention formelle et thématique

Chez Perec, le lien entre peinture et littérature ne se limite pas au fait que
la première fournit des matériaux narratifs à la seconde, ni au fait que le
leurre de la citation textuelle passe par le biais de la peinture ou que les
opérations d'écriture sont désignées métatextuellement par les énoncés
relatifs aux arts visuels, à des tableaux et à des peintres. La peinture est aussi
le lieu où se pose de façon particulièrement sensible, de manière beaucoup
plus explicite que dans l'écriture, la question de la relation entre le réel et
l'œuvre d'art. Perec a abordé la question de la mimésis en peinture pour en
nourrir sa propre réflexion d'écrivain sur ce sujet.

Cette interrogation de la peinture est délimitée en amont par deux
textes, une lettre-essai à Pierre Getzler, *Défense de Klee* (1959), et le roman

inédit *Le Condottiere*, en aval par *Un cabinet d'amateur* et un texte-essai sur la technique illusionniste du trompe-l'œil, intitulé *L'Œil ébloui* (1981). Perec se penche plus particulièrement sur les formes picturales qui posent le problème de l'imitation des modèles artistiques – la copie et sa forme frauduleuse, le faux – et celui de la ressemblance avec le modèle réel – la technique illusionniste du trompe-l'œil et les procédés qui y sont apparentés, la mise en abyme, la réflexion spéculaire. Il s'interroge également sur le travail de peintres contemporains comme Paul Klee, et cela dès l'époque de *La ligne générale*, dans le contexte des discussions sur le réalisme en art comme en témoigne sa *Défense de Klee*.

La copie ou la falsification, le procédé illusionniste du trompe-l'œil, le travail kléien sur la liste et sur programme en tant qu'activité prépicturale ; telles sont les trois pratiques picturales sur lesquels porte la réflexion de Perec. Je les aborderai brièvement dans la partie suivante avant de les développer dans mon analyse d'*Un cabinet d'amateur*.

La copie et le faux

La réflexion sur le *faux* en peinture encadre la production littéraire de Perec.[9] On la trouve au début et à la fin de sa carrière, dans *Le Condottiere* (1960) et dans *Un cabinet d'amateur* (1979).

Selon le *Larousse de la peinture*, ouvrage de référence privilégié par Perec, le faux est une œuvre exécutée ou commercialisée dans une intention frauduleuse précise. Il peut être soit une copie pure et simple de l'œuvre d'un peintre exécutée dans l'intention de la faire passer pour authentique, soit une œuvre originale imitant la manière de l'artiste à qui elle est faussement attribuée. Ces derniers faux dits pastiches sont les plus difficiles à détecter : ils consistent en un montage d'éléments disparates empruntés à différentes œuvres du peintre que l'on veut imiter, copiés et rassemblés en une composition 'originale' ou nouvelle. L'art de la contre-façon, remarque encore le *Larousse*, remonte à la République romaine et on le retrouve par la suite sous toutes les formes et à toutes les époques.[10]

---

9. Les deux catalogues des expositions sur le faux consultés par Perec sont : 'Le musée du faux artistique', 314 rue du Faubourg Saint-Honoré, 13-27 février 1954, 'Le faux dans l'art et l'histoire', Salon international de la police, Grand Palais, 17 juin – 16 juillet 1955.

10. Michel Laclotte, Jean-Pierre Cuzin, *Dictionnaire de la peinture* (Larousse-Bordas, 1996) p. 717, 720. Perec s'est servi de l'édition de 1969. Selon l'historien d'art Otto Kurz, qui

C'est donc seulement l'intention frauduleuse, l'appropriation d'un nom d'artiste célèbre qui permet l'utilisation du terme de faux. Une copie, un pastiche, ne sont pas délictueux s'ils sont reconnus comme tels. Copier a été une pratique parfaitement légitime, exercée depuis l'Antiquité jusqu'au début du XXe siècle, la copie étant un moyen d'étude, un exercice de style, un instrument pour propager l'art ou reproduire des œuvres menacées de détérioration. Cependant, lorsqu'avec le romantisme les critères de l'originalité et de l'unicité font leur apparition, la copie commence à tomber en discrédit. Les doctrines classiques selon lesquelles la représentation de la réalité passe par l'imitation des modèles artistiques, sont rejetées et font place à celles qui prônent le primat de l'originalité. A cela s'ajoute que l'apparition de la photographie enlève à la copie ses principales fonctions utilitaires.

De même que le faux pictural, la fraude scripturale connaît plusieurs formes et elle est aussi ancienne que l'autorité des textes.[11] Ainsi, les textes apocryphes écrits 'à la manière de' et attribués à des auteurs célèbres constituent l'équivalent scriptural du faux pictural. Ces textes apocryphes prolifèrent déjà dans l'Antiquité et réapparaissent à la Renaissance lorsque le désir de rendre corps et vie à l'Antiquité engendre des flots de textes fabriqués de toutes pièces. Le plagiat, l'appropriation de (fragments) de textes sans indication de source, est une autre forme d'imitation frauduleuse.

Mais il y a une différence fondamentale entre le faux pictural ou scriptural et le plagiat comme pratique fallacieuse. Dans les deux cas, l'acte de falsification est accompli par une simple signature. Mais alors que le faussaire doit cacher à tout prix sa propre identité – il n'existe pas tant qu'il n'a pas été débusqué –, et contrefaire jusqu'à la signature de l'artiste qu'il copie, le plagiaire s'attribue indûment les textes d'autrui. Le faussaire signe son œuvre du nom d'un autre, le plagiaire signe ses emprunts non avoués de son propre nom. Dans le premier cas, le nom propre est à effacer, dans le second cas il est à mettre en avant. Quelles que puissent être les motivations du faussaire – appât du gain, rivalité intellectuelle ou plaisir de la super-

---

a prêté son nom au double fictif de Humbert Raffke, et qui a été certainement l'une des sources d'informations de Perec en matière de faux, la falsification de tableaux remonte au XVe siècle, bien qu'à cette époque la distinction entre copies et faux ne soit pas clairement établie. Voir Otto Kurz, *Fakes* (Londres : Faber and Faber, 1948) pp. 22-73.

11. Pour un parcours à travers l'histoire des grands faussaires de textes et de leurs œuvres, voir Anthony Grafton, *Faussaires et Critiques, Créativité et duplicité chez les érudits occidentaux* (Paris : Les Belles Lettres, 1993). Trad. de l'anglais, *Forgers and Critics. Creativity and Duplicity in Western Scholarship* (Princeton University Press, 1990).

cherie – il n'agit pas pour établir sa propre notoriété. Le plagiaire, par contre, aura souvent comme mobile l'envie d'étendre sa renommée.

Dans le contexte de la problématique de la nomination chez Perec, cette différence n'est pas sans importance. Perec a pu reconnaître dans les deux figures conjointes du faussaire et du plagiaire les deux étapes de ses propres tribulations identitaires. Il a dû adopter un nom francisé, et une culture qui n'est pas celle de sa famille. C'est de ce nom 'd'emprunt' qu'il signe des textes construits à force d'emprunts non avoués, c'est sous cette 'fausse identité', en tant que 'faussaire', qu'il s'approprie les textes d'autrui. Cela revient en fait à remédier au vol par le vol. La copie picturale ou sa variante criminelle, le faux, pose la question de la filiation, et celle d'une représentation au second degré de la réalité, de même que l'imitation littéraire ou sa variante fallacieuse, le plagiat.

Il n'est évidemment pas question d'identifier la pratique de la citation non-avouée de Perec qu'il partage avec de nombreux prédécesseurs et contemporains avec le plagiat.[12] Pourtant, la réflexion sur le faux pictural sous-tend la pratique scripturale de la citation non avouée que Perec va mettre en œuvre dès ses premiers romans, et, comme nous le verrons, dans *Un cabinet d'amateur* les deux sont intimement liées.

Le Condottiere raconte comment, après douze ans d'apprentissage comme faussaire, le protagoniste Gaspard Winckler, dont le maître s'appelle Jérôme, veut réussir un vrai Antonello de Messine. Il échoue à faire siennes la maîtrise et l'assurance d'Antonello, la force sereine d'un homme dominateur qui a donné à son portrait du *Condottiere* sa puissance. Sa propre angoisse, ses propres incertitudes rendent l'identification avec le peintre et, par conséquent, la réussite d'un vrai Antonello impossibles. Dans *Le Condottiere* la falsification ne débouche pas sur la créativité artistique. Winckler se venge de cette impuissance en assassinant son commanditaire,

---

12. Pour les pratiques citationnelles de Thomas Mann, voir *supra* (p. 86). Parmi les contemporains français, citons à titre d'exemple Michel Butor, Claude Simon (*Les Géorgiques*, Minuit, 1981, *L'Acacia*, Minuit, 1989, *Le Jardin des Plantes*, Minuit, 1997) et Michel Tournier (*Vendredi ou les limbes du Pacifique*, Gallimard, 1967), *Le Roi des Aulnes*, Gallimard, 1970). Le fonctionnement de l'intertextualité dans l'œuvre de ces auteurs ont été étudiées dans de nombreux ouvrages. Voir par exemple Else Jongeneel, *Michel Butor et le pacte romanesque. Ecriture et lecture dans* L'emploi du temps, Degrés, Description de San Marco *et* Intervalle (Paris, José Corti, 1988) pp. 119-146 ; Liesbeth Korthals Altes, *Le Salut par la fiction ? Sens, valeurs et narrativité dans* Le roi des Aulnes *de Michel Tournier* (Amsterdam/Atlanta : Rodopi, 1992) pp. 162-175 ; Françoise van Rossum-Guyon, 'De Claude Simon à Proust : un exemple d'intertextualité', *Le Cœur critique* (Rodopi, 1997) pp. 115-136.

Antonello Madera, qui l'a incité à revêtir pendant douze ans la blouse d'autres peintres.[13]

Un cabinet d'amateur aborde la falsification dans une perspective tout à fait différente. Le faussaire du *cabinet d'amateur*, Humbert Raffke, n'est nullement sujet à ces problèmes identitaires : il a comme motif principal le désir de tromper un public crédule et des connaisseurs d'art incompétents. Cette histoire ludique d'une mystification thématise l'art citationnel[14] que Perec a élaboré et raffiné à partir des *Choses* ; elle en constitue en même temps le point culminant. Pour que le copiste devienne un créateur, il faut que sa copie soit une œuvre ou qu'elle puisse être reconnue comme telle. Dans *Le Condottiere*, la falsification picturale reste liée à l'échec artistique et au crime ; vingt années plus tard elle réapparaît de manière triomphale dans *Un cabinet d'amateur* en tant qu'illustration et défense ludique des procédés citationnels de l'auteur. Pour reprendre les termes de Marcel Bénabou, si *Le Condottiere* est la parabole pathétique du faux impossible qui mène au crime, le *cabinet d'amateur* est la parabole finale du faux qui triomphe.[15]

Tout un chemin a donc été parcouru entre *Le Condottiere* et *Un cabinet d'amateur*. Deux éléments semblent avoir joué un rôle dans cette évolution. En premier lieu, Perec a développé, comme nous l'avons vu, cette pratique citationnelle dès ses premiers romans publiés, mais après 1967, il a pu l'insérer dans le cadre des activités oulipiennes où la réécriture est largement pratiqué sans connotation négative. En second lieu, cette pratique citationnelle l'amène à réaliser que l'imitation ou la copie doit procéder par sélection et par modification si elle veut éviter d'être absorbée par son modèle ou d'y être assimilée. L'art citationnel de Perec consiste, nous le savons, à insérer dans ses propres œuvres des fragments de textes de ses auteurs

---

13. Pour une analyse détaillée de cet ouvrage de jeunesse, voir Patrizia Molteni, 'Faussaire et réaliste : le premier Gaspard de Georges Perec', *Cahiers Georges Perec*, n° 6, *L'Œil d'abord*, pp. 64-68.

14. Rappelons les paroles de Perec sur son art 'citationnel', dans l'entretien de 1965 avec ses amis, Marcel Bénabou et Bruno Marcenac : 'C'est un procédé qui me séduit beaucoup, avec lequel j'ai envie de jouer. En tout cas, cela m'a beaucoup aidé ; à un certain moment j'étais complètement perdu et le fait de choisir un modèle de cette sorte m'a permis d'en sortir. Le collage est pour moi comme un schème, une promesse et une condition de la découverte'. (*Les Lettres françaises*, n° 1108, 1965, p. 15).

15. Voir à ce sujet l'article particulièrement éclairant de Marcel Bénabou, 'Faux et usage de faux chez Perec', *Le Cabinet d'amateur*, n° 3, printemps 1993, pp. 25-36.

préférés, tout en les modifiant légèrement et tout en leur conférant une signification différente.

Klee et le travail oulipien

Dans l'entretien avec Jean-Marie Le Sidaner[16], Perec dit : 'J'ai plutôt l'impression que si un peintre a influencé mon travail, c'est Paul Klee, mais je ne sais pas exactement comment' et, un peu plus loin dans le même entretien, il ajoute : 'Il me semble que c'est de lui que me vient le fait de travailler sur programme et dans des directions chaque fois légèrement différentes'.

On a souligné à plusieurs reprises combien la référence à Klee est constante. La *Défense de Klee*[17] date de 1959, et c'est à Klee encore que Perec emprunte deux exergues de *La Vie mode d'emploi*.[18] Si, comme nous l'avons vu dans la première partie de ce travail, Lukács se situe au point de départ de la réflexion de Perec sur le réalisme en art, il partage cette position avec Klee.[19] Perec défend les tableaux de Klee, pourtant bien éloignés de la tradition figurative traditionnelle, en disant que l'art peut être ancré dans le réel sans en être pour autant une reproduction fidèle : le réalisme n'est pas le naturalisme. 'L'intention du réalisme', écrit-il, 'c'est d'abord le choix, la volonté d'enrichir, de charger le réel, de le rendre dense et significatif'. (*Défense de Klee*, pp. 22, 23)

Dans sa lettre de 1959, destinée aux amis de *La Ligne générale*, le peintre Pierre Getzler et Roger Kleman, Perec passe en revue la peinture contemporaine et exprime son admiration pour deux ouvrages de Klee, *Enfant sur le perron* (1923) et *Ville de lagunes* (1932). Si le ton de cette lettre est apologétique, c'est qu'en bon lukacsien Perec se sent obligé en premier lieu de rejeter toute œuvre d'art énigmatique comme bourgeoise et décadente et, en second lieu, d'afficher une position d'optimisme inébranlable. Mais il doit bien avouer que les tableaux de Klee éveillent en lui une résonance

---

16. Entretien avec Jean-Marie Le Sidaner, *L'Arc*, n° 76, 1979, p. 4.

17. Voir pour un commentaire de cette lettre, Jean-Yves Pouilloux 'Sur un écrit de jeunesse', dans les *Cahiers Georges Perec*, n° 6, pp. 13-15

18. Pour un relevé des mentions explicites de Klee dans les écrits de Perec, voir Santino Mele, 'Perec et Klee : l'encre et l'aquarelle', *Cahiers Georges Perec*, n° 6, pp. 80-89.

19. Voir à ce sujet encore Patrizia Molteni, *art. cité*, p. 56-77.

affective et que cette émotion repose plutôt sur la reconnaissance d'une inquiétude que sur celle d'une certitude 'triomphale'.

L'angoisse que lui communiquent les œuvres de Klee est mise en rapport avec l'époque, celle de l'entre-deux-guerres, à laquelle ces tableaux ont été peints : 'Tout tableau', écrit-il, 'est une prise de possession du monde, et on préférera toujours l'assurance, la certitude, la sérénité, mais ne pas reconnaître la part d'inquiétude qui accompagne toute lucidité actuelle est faire preuve d'un sectarisme que je ne qualifierai pas'. Pour le lecteur de *W ou le souvenir d'enfance* la tentation est grande de reconnaître des préoccupations autobiographiques dans la description impressionniste des deux tableaux de Klee. Evoquant la *Ville de lagunes*, Perec écrit :

> le ciel est bas – le monde étouffe – on dirait un monde de fiches, – carrés de différentes grandeurs, de différentes couleurs, les unes au-dessus des autres – un monde absolument mécanique, géométrique où l'espace n'arrive plus à se conquérir, sous le poids d'un horizon qui n'en finit pas pourtant et qui écrase l'enchevêtrement des maisons : quelque chose à mi-chemin entre la foire-exposition et le camp de concentration, ou les bidonvilles ou simplement la grande ville.[20] (*Défense de Klee*, p. 22)

Et au sujet de l'autre tableau, il remarque :

> Ce qui est poignant dans l'enfant sur le perron, c'est la nouvelle dimension des choses : les fenêtres allumées dans la nuit soulignent la disparition de la maison, les marches l'éloignent, et l'enfant titube, sans comprendre et le dessin d'enfant bascule, devient chargé d'une émotion nouvelle [...], parce que derrière le jeu, le graphisme, les couleurs de la marelle, quelque chose est né qui n'est pas la puissance, ni la force, ni l'explosion, mais assurément la compréhension du monde – nous sommes en 1923 – l'époque où James Ensor déploie ses grimaces [...]'. (*Défense de Klee*, p. 23)

Perec oppose Klee, peintre du XXᵉ siècle 'qui inquiète parce qu'il est inquiété' au peintre de la Renaissance, Antonello, représentant le pouvoir serein d'un homme qui n'a plus besoin de lutter pour s'affirmer, qui domine le monde et n'a plus besoin de le prouver. 'Une interrogation muette, une angoisse toute cosmique', poursuit-il, 'peuvent nous frapper au même titre que la prise de possession triomphante d'un paysage industriel [...] ou la

---

20. Rappelons que Klee perd son poste de professeur au Bauhaus en 1933, son art ayant été condamné par les nazis comme 'dégénéré' (*entartet*).

clarté terrible d'un homme (Antonello) à qui le monde entier appartient'. (*Défense de Klee*, p. 23) La lettre se clôt sur l'espoir d'un avenir plus serein :

> la guerre et la paix – l'angoisse et la certitude – 70 et 17 – nous vivons sous ces doubles enseignes. plus nous avançons, plus klee s'éloigne, et kafka, et lowry et antelme, plus s'approchent stendhal et chardin, et boticelli et ghirlandajo et antonello. C'est pour cela que nous avons un sens.[21] (*Défense de Klee*, p. 26)

Vers la fin des années cinquante, Klee figure donc dans les débats menés entre les amis de *La Ligne générale* autour de la notion de réalisme. Perec ne parle pas en termes techniques des œuvres de Klee mais évoque l'émotion subjective qu'elles suscitent en lui. Cette émotion lui permet de qualifier les toiles de Klee de réalistes et de justifier une prédilection qui va l'amener à un examen approfondi de l'œuvre de Klee.[22]

C'est un Klee différent que l'on trouve à l'autre bout de la carrière de Perec, dans *La Vie mode d'emploi* où il occupe une place d'honneur. Perec lui emprunte l'exergue du *Préambule*, 'L'œil suit les chemins qui lui ont été ménagés dans l'œuvre', et celui du 99ᵉ chapitre, racontant la mort de Bartlebooth, 'je cherche en même temps l'éternel et l'éphémère'. (*VME*, p. 525) Si l'on peut définir l'affinité exprimée en 1959 comme résultant d'une rencontre sur des contenus thématiques, celle qui se traduit par la position clé du peintre dans *La Vie mode d'emploi*, se rapporte plutôt à des procédés formels.

Différents exégètes perecquiens ont essayé de délimiter et de rechercher la représentation de l'écriture qui se dissimule derrière la référence à Klee dans *La Vie mode d'emploi*.[23] Je reprends ici les conclusions de l'article de Mele. L'affinité idéale que Perec se découvre avec Klee à l'époque de *La Vie mode d'emploi* concerne deux motifs liés et centraux chez le peintre : le travail sur programme – contraintes et listes – et l'irrégularité créatrice.

---

21. Perec renvoie ici à la guerre franco-allemande, à la Commune (1871) et à la Révolution russe. La transcription est conforme au tapuscrit de référence.

22. Santino Mele, la connaissance directe des textes de Klee chez Perec est vraisemblablement liée au *Journal* dont une traduction française a paru en 1959, et à l'*Album* intégré à *Das bildnerische Denken* (éd. Jürg Spiller, Bâle/Stuttgart : Benno Schwabe & Co.Verlag, 1956). Perec avait dès 1959 une connaissance étendue de l'œuvre de Klee, il étudie ses écrits théoriques et visite la Kleestiftung en 1964. Santino Mele, *art. cité*, p. 85.

23. Voir à ce sujet dans les *Cahiers Perec* n° 6, l'article de Patrizia Molteni (pp. 56-64), et celui de Santino Mele (pp. 80-90).

Nous avons vu à propos de *La Vie mode d'emploi*, ce qu'il faut entendre par travail sur programme, c'est-à-dire l'établissement de listes dont les éléments sont répartis sur les chapitres du roman selon un schéma élaboré a priori. Quant à l'irrégularité créatrice, elle est liée à la nécessité d'assortir la contrainte de son anticontrainte, d'introduire une erreur, une infraction à la règle, dans la programmation de l'écriture afin d'aérer, voire de déstabiliser une structure autrement trop bétonnée. L'exemple le plus connu dans l'œuvre de Perec de 'l'erreur' dans le système est le soixante-sixième déplacement du chevalier. Ce principe formel est thématisé, par exemple, dans le travail de Winckler qui complique les puzzles afin de faire dérailler le système de contraintes que Bartlebooth s'était imposé. Je montrerai dans mon analyse d'*Un cabinet d'amateur* que la règle relativement simple qui sous-tend les rapports de ce texte avec *La Vie mode d'emploi*, est également sujette à plusieurs irrégularités.

Le trompe-l'œil

Parlant lors d'une conférence à Bologne en 1981 de sa collaboration avec différents peintres contemporains (Getzler, Boni, Cuchi White, etc), Perec définit ainsi sa relation avec la peinture :

> Je n'ai jamais essayé de faire un discours sur un peintre au point de vue de sa peinture. Ce que j'essaie de faire, c'est d'essayer de faire que ce que je ressens en voyant le travail d'un artiste, d'un peintre ou d'un photographe, se traduise dans quelque chose que je fais du point de vue de mon propre travail.[24]

Perec souligne dans cette conférence que la peinture est pour lui, en premier lieu, une source d'invention formelle et, en second lieu, un alibi pour dire autre chose. Il illustre son propos par l'exemple de son travail sur la technique illusionniste du trompe-l'œil. Nous avons déjà vu comment Perec a instrumentalisé ce procédé pictural dans *La Vie mode d'emploi*. Dans la

---

24. Georges Perec, 'Je ne suis absolument pas critique d'art', extraits d'une table ronde tenue à Bologne sur le thème *Art et poésie : le livre illustré*, avec Paolo Boni, Cuchi White, le 28 novembre 1981, reproduits dans les *Cahiers Georges Perec*, n° 6, pp. 196-203. Perec fait une présentation chronologique des sept livres illustrés auxquels il avait été associé, et il parle de ce qu'il aimait dans ces volumes. Pour une bibliographie des écrits sur l'art de Perec, voir *Georges Perec, L'Amateur d'art* (Presses de l'Imprimerie municipale de Montreuil, 1992).

conférence à Bologne, il mentionne deux textes, une série de poèmes, *Six Trompe-l'œil*[25], et un texte-essai, *L'Œil ébloui.*[26]

Ce second texte est une préface pour un album de Cuchi White où se trouvent rassemblées soixante-douze photos de trompe-l'œil : fenêtres, arcades, portes et collines peintes sur des murs aveugles afin de déjouer les limites d'un espace restreint, de créer à des endroits emmurés l'illusion d'un horizon, d'introduire la nature au milieu des entassements de pierres. Perec réfléchit sur la fonction du trompe-l'œil pictural et sur la fascination qu'exercent sur lui ces photos.

Si la représentation picturale, comme d'ailleurs toute représentation artistique, oscille entre deux pôles, celui de vouloir se confondre avec l'objet qu'elle désigne et celui de se dégager à jamais du modèle, le trompe-l'œil se situe évidemment du côté de la reproduction parfaite.[27] Le trompe-l'œil est l'art de représenter des objets par la peinture de telle manière qu'ils paraissent exister réellement. C'est seulement en imitant le réel à s'y méprendre, que le trompe-l'œil peut atteindre son but, à savoir celui de nous faire prendre de la peinture pour de l'espace, des perspectives pour des profondeurs, des ombres feintes pour des ombres portées. Renversant l'affirmation de Magritte, le chat photographié par White, pelotonné sur lui-même devant une fenêtre fausse dans une façade aveugle, ronronne : ceci n'est pas un mur aveugle.[28]

25. Dans ce recueil de poèmes, *Six Trompe-l'œil*, illustrés par six photographies de Cuchi White (Laboratoires Hamelle, 1978 ; repris sans les photographies dans *La Clôture et autres poèmes* (Paris : Hachette Littérature – POL, 1980), Perec a présenté un équivalent littéraire du trompe-l'œil pictural, en illustrant les photos de 'six poèmes en franglais'. Dans ces poèmes, tout mot donne la possibilité d'être vu et d'être entendu en français alors qu'il est aussi anglais et vice-versa.

26. Georges Perec, *L'Œil ébloui*, photos de Cuchi White (Paris : Chêne-Hachette, 1981) sans pagination. Désignant dans ce texte le spectateur leurré qui pendant un bref instant est incapable de distinguer entre fiction et réalité, 'l'œil ébloui' est une métaphore reprise à l'épigraphe de *La Vie mode d'emploi*, 'Regarde de tous tes yeux, regarde'. Cette épigraphe renvoie, rappelons-le, au Michel Strogoff de Verne, qu'on veut rendre aveugle avec une épée chauffée à blanc.

27. Pour une analyse récente du trompe-l'œil, voir A. Kibédi Varga, 'De Zeuxis à Warhol, figures du réalisme', *Protée*, n° 26, Printemps 1996, pp. 101-109.

28. Le comble de l'illusion est exprimé par le conte chinois du peintre Wang Fô, raconté par Marguerite Yourcenar dans les *Nouvelles orientales* (Paris : Gallimard «L'Imaginaire», 1984, pp. 11-27) repris dans *L'Œil ébloui* par Perec : le peintre entre dans le tableau, en suivant le petit sentier qu'il vient de peindre, jusqu'à disparaître là où le petit sentier disparaît. Wang Fô échappe ainsi à une mort cruelle. C'est l'inverse de l'effet Pygmalion où les représentations s'animent et rejoignent l'artiste dans le monde réel.

Quel que soit l'objectif du trompe-l'œil – nous faire entrevoir les délices de l'au-delà dans les voûtes d'une église baroque ou masquer des murs de brique lézardés et noirs de suie – son univers est en premier lieu d'ordre optique : il fonctionne ou ne fonctionne pas. La fascination qu'exerce le trompe-l'œil n'est pas, par conséquent, due à sa beauté, à la jouissance esthétique qu'il provoque, mais au fait qu'il trompe nos sens, qu'il nous fait douter de nos perceptions, et que par là il nous arrache à notre cécité quotidienne, et nous amène à nous interroger sur la notion de réel. A nous demander par exemple ce que c'est qu'un mur. Le trompe-l'œil n'est qu'un piège, une irruption de la fiction dans la réalité qui, pendant un bref instant d'éblouissement, efface les limites entre le vrai et le faux, le réel et l'illusion. Ainsi il nous renvoie à notre regard, à la manière dont nous regardons et occupons l'espace, et nous amène à nous interroger sur les lois qui régissent notre perception du réel. 'Nous savons à peu près ce qu'est la peinture', écrit Perec, 'mais le réel ? Où commence-t-il, où finit-il ? Et comment pourra-t-on vérifier la véracité du message transmis à nos centres visuels ?'

Après ces réflexions générales suscitées par la technique illusionniste du trompe-l'œil, Perec explique en quoi réside pour lui la spécificité des photographies de Cuchi White. Ces trompe-l'œil ne constituent pas seulement un défi conceptuel, mais doivent leur fascination à autre chose encore. Dans ces trompe-l'œil, la réalité semble avoir repris ses droits :

> Ce qui me touche et me trouble le plus dans les photographies de trompe-l'œil que Cuchi White nous donne à voir, c'est [...] le retour du temps, l'usure, l'effacement, quelque chose comme la reprise en main, par le temps réel, l'espace réel, de cette illusion spéculaire qui se serait voulue impérissable : la réalité reprend ses droits : de véritables ouvertures sont ménagées sur ces surfaces de fausses fenêtres, des conduites d'eau, des fils électriques traversent en les transperçant les balcons fictifs ; les fausses écaillures de peinture s'écaillent vraiment ; la pluie ruisselante impose ses coulées improbables aux architectures impeccables.

Ce qu'il convient de souligner dans ce texte concis et typiquement perecquien, c'est, en premier lieu, le byzantinisme du jeu avec des représentations au troisième degré. Les photos de Cuchi White sont des représentations fidèles de simulacres parfaits. Et, comme partout ailleurs où il est question chez Perec de copie et d'imitation parfaite, l'idée du faux et de l'artiste faussaire ne manque pas de faire son apparition. Bien que dans un sens strict on ne parle d'un faux que quand il s'agit de l'imitation frauduleuse d'une autre œuvre d'art, on pourrait dire avec Perec qu'en faisant passer sa peinture pour le réel, le peintre du trompe-l'œil 'aurait pu être un merveilleux faussaire ce que d'ailleurs il est partiellement'.

L'arrière-plan autobiographique colore cependant de manière négative cet essai élégant et apparemment distancié sur l'illusion picturale. Perec :

> Le peintre de trompe-l'œil a beau nous dire, 'Ceci n'est pas un mur', le mur peint en trompe-l'œil est, lui, bel et bien un mur. Il n'est même que cela : mur nu, sans relief, sans ouvertures, sans corniches, sans rebords saillants, pur obstacle que le simulacre de la peinture essaye de faire passer pour quelque chose qu'il n'est pas.

Or, le 'mur' est chez Perec lié à l'idée d'enfermement dans un espace d'où on ne sortira pas vivant. Le lecteur de *W ou le souvenir d'enfance* se souviendra de la cabine où Caecilia Winckler a péri, de l'exposition de photos à Paris où l'on voit les murs dans les camps de concentration. Ces connotations sombres déteignent sur la peinture et nous font comprendre les rapports étonnamment destructeurs entre murs et tableaux que Perec esquisse dans *Espèces d'espaces* : 'Il faut pouvoir oublier qu'il y a des murs', écrit-il, 'et l'on n'a retrouvé rien de mieux pour ça que les tableaux. Les tableaux effacent les murs. Mais les murs tuent les tableaux'. (*Espèces d'espaces*, p. 55)

C'est également dans ce contexte autobiographique, me semble-t-il, qu'il convient de lire les remarques précitées sur le retour du temps, l'usure, l'effacement. Les traces du temps sur les façades peintes en trompe-l'œil annoncent la destruction de l'illusion et de ce qu'elle essaye de masquer. Le temps corrode à la fois les simulacres et leurs supports ; il esquisse par là une issue, la perspective d'un oubli salutaire, l'espoir d'une délivrance, le soulagement du vide. C'est cette perspective de l'usure lente, de l'art repris en main par la réalité et finalement condamné à disparaître, qui, aux yeux de Perec, donne aux photographies de White, leur capacité d'émouvoir.

Cette brève évocation de la réflexion perecquienne sur des phénomènes picturaux, montre les différentes formes que revêt l'interaction entre peinture et écriture chez Perec. Thématisée dans *Le Condottiere*, la problématique du faux pictural est étroitement liée à la pratique citationnelle, et réapparaît dans *Un cabinet d'amateur*. Entamée dans le cadre des débats sur le réalisme en 1959 et stimulée par une rencontre sur des contenus thématiques, la réflexion sur le travail de Klee se centre sur les recherches formelles de celui-ci lors de l'élaboration de l'échafaudage de *La Vie Mode d'emploi*.

La collaboration concrète avec des peintres et artistes contemporains, enfin, amène une réflexion sur le fonctionnement de certains procédés picturaux, comme le trompe-l'œil, et justifie leur instrumentalisation au bénéfice de la production scripturale.

Chapitre 9

D'un cabinet d'amateur à l'autre
Un cabinet d'amateur

Das Gefundene wird so doch gewissermaßen zum Erfundenen.
(Thomas Mann, *Lettre à Eric Auerbach*, 1951)

Histoire d'un genre pictural

Les exemples de la démarche consistant à inventer des thèmes ou des procédés littéraires à partir de la peinture sont nombreux. Le dernier roman publié du vivant de Perec est extrêmement illustratif à cet égard. Dans l'entretien précité avec Salvy, après avoir évoqué comme premier point de départ pour *Un cabinet d'amateur* l'envie de retravailler certains thèmes de *La Vie mode d'emploi*, Perec poursuit :

> L'autre point de départ, c'est que depuis toujours je suis fasciné par ces tableaux qu'on appelle «cabinets d'amateur». J'en connaissais assez peu avant de commencer le livre. J'en connaissais surtout deux qui sont au Musée de Bruxelles que j'avais très soigneusement remarqués. Ensuite, quand je me suis documenté sur le livre, j'en ai découvert beaucoup plus, peut-être deux cents ou trois cents. L'idée d'un tableau qui est en lui-même un musée, qui est l'image, la représentation d'une série de tableaux, et parfois dans ces tableaux il y avait encore une fois un tableau qui est un tableau qui représente une série de tableaux et cetera, ces mises en abyme successives, c'est quelque chose qui me plaisait beaucoup.[1]

Une brève histoire du genre pictural que constitue 'le cabinet d'amateur' éclairera l'intérêt de Perec et orientera ma recherche des sources.[2]

Ce que Perec emprunte cette fois à la peinture, c'est le principe formel qui préside au genre pictural des cabinets d'amateurs, né au début du XVIIᵉ

---

1. Entretien cité par Andrée Chauvin, Hans Hartje e.a., 'Le «cahier des charges» d'*Un cabinet d'amateur*', *Cahiers Georges Perec*, n° 6, *L'Œil d'abord*, Seuil, 1996, p. 137.

2. Une première version de cette analyse, 'Georges Perec, een meestervervalser', a paru dans la revue *Bzzletin*, n° 243 (La Haye : BZZTôH, février 1997) pp. 43-52. Une version abrégée de ce chapitre paraîtra dans *Etudes Romanes*, Actes du Colloque *Georges Perec et l'histoire* (mai 1998) (Université de Copenhague, Institut d'Etudes Romanes).

siècle en Flandres, à Anvers, et imité par la suite un peu partout en Europe. Un cabinet d'amateur désigne au départ la pièce où est conservée une collection, qu'il s'agisse de peintures, de dessins, de médailles ou de documents d'histoire naturelle. La représentation de ces collections de tableaux et d'objets précieux ou rares, réunies dans une seule pièce, le cabinet d'amateur (en flamand 'Constkamer'), devient l'un des thèmes favoris de la peinture de genre en Flandres. Presque tous les cabinets d'amateurs représentent les collectionneurs eux-mêmes montrant leurs collections.[3]

C'est la dynastie des Francken[4] qui a inauguré la tradition du genre. Vers 1617 ou 1618, Jan Breughel de Velours, fils de Pieter Breughel, adopte l'idiome du genre dans une série de tableaux consacrés aux Cinq Sens, peints en collaboration avec Rubens pour les archiducs Isabelle et Albert, souverains des Pays-Bas méridionaux de 1598 à 1633.[5] Un troisième peintre de cabinets d'amateurs célèbre est David Téniers Le Jeune.[6]

Quatre éléments concrets retiennent l'intérêt des historiens d'art dans la représentation de ces cabinets d'amateurs – le décor, les personnages, les différents objets étalés sur les meubles, et les tableaux. Le décor se compose souvent d'un fond flanqué de deux murs latéraux vus en perspective. Côté cour, une porte entrouverte laisse deviner une seconde chambre ; côté jardin, la pièce s'éclaire par de grandes fenêtres aux carreaux sertis de plomb à travers lesquels on aperçoit un bout de paysage, de jardin, un pan de ciel,

---

3. Nous avons vu un premier inventaire d'une pareille collection dans *Les Choses.* Comme dans *Le Condottiere* et *Un cabinet d'amateur* la peinture y est associée au crime. Rêvant aux moyens de s'enrichir sans effort, les protagonistes se voient cambrioler 'un appartement d'un diplomate en mission [...], d'un amateur éclairé. Ils sauraient où trouver la petite Vierge du douzième, le panneau ovale de Sebastiano del Piombo, le lavis de Fragonard, les deux petits Renoirs, le petit Boudin, l'Atlan, le Max Ernst, le de Stael, les monnaies, les boîtes à musique, les drageoirs, les pièces d'argenterie, les faïences de Delft'. (*Les Choses.* p. 103) Les quatre-vingt dix-neuf pièces de *La Vie mode d'emploi* peuvent évidemment être considérées comme autant de cabinets d'amateurs. Les personnages, pareils aux collectionneurs, se trouvent entourés des mille et une curiosités rapportées de leurs voyages. Les murs de leurs appartements sont tapissés de gravures, tableaux, photos ou autres représentations.

4. Frans Francken l'Ancien (1542-1616) et ses fils Frans Francken le Jeune (1582-1642) et Jérôme Francken (1578-1623).

5. Le mécénat d'Albert, archiduc d'Autriche, et d'Isabelle a joué un rôle primordial dans le rayonnement de la peinture flamande contemporaine. Voir à ce sujet Marcel de Maeyer, *Albrecht en Isabella en de schilderkunst* (Bruxelles : Paleis der Academiën, 1955).

6. Parmi les collectionneurs les plus importants du XVII⁵ siècle dans les Pays-Bas méridionaux figurent Rubens, depuis 1609 peintre de cour d'Isabelle et Albert, le riche négociant anversois Corneille (Cornelis) van der Geest (1555-1638), et l'archiduc Léopold-Guillaume, gouverneur des Pays-Bas méridionaux de 1647 à 1656, qui employa à Bruxelles David Téniers le Jeune et emporta une partie de sa collection à Vienne en 1656.

la cime de grands arbres. Sur la scène meublée dans le goût flamand évoluent les premiers rôles et les modèles.

Les personnages jouent dans les cabinets d'amateurs un rôle important : le peintre y représente le collectionneur et sa famille, des patriciens et des bourgeois se rassemblent pour le plaisir d'admirer des tableaux, de feuilleter des albums de dessins et des recueils d'estampes. Statuettes antiques, instruments de musique, mappemondes, curiosités de la nature témoignent de la culture humaniste du collectionneur. Penchés sur les globes terrestres et les astrolabes, les visiteurs étudient les merveilles découvertes par l'esprit nouveau. Parfois les peintres mêlent des personnages du passé ou empruntés à la mythologie aux protagonistes en costume contemporain, les princes contemporains aux dieux de l'Olympe : le XVIIe siècle n'éprouve aucun scrupule à négliger la vérité historique.

Les tableaux représentés dans les cabinets d'amateurs sont soit des copies d'œuvres d'art prestigieuses, soit des copies faites à la manière de, ou encore des copies de maîtres renommés d'après tel ou tel autre peintre célèbre, qui constituent donc des copies au second degré. Ainsi, les copies de Rubens qui a peint d'après Titien, Véronèse ou Tintoret, mais également d'après des prédécesseurs flamands tel Metsys[7], ont été copiées à leur tour dans les cabinets d'amateurs. Les cabinets d'amateurs flamands privilégient des reproductions de compatriotes, contemporains comme Rubens, Van Dyck, Breughel de Velours, ou plus anciens comme Van Eyck ou Metsys. Parmi les peintres étrangers, les Italiens sont favoris, mais d'autres nationalités sont également représentées.

Si les peintres nous ont laissé souvent l'image exacte d'une collection d'œuvres d'art prestigieuses et d'un intérieur réel, il arrive aussi que l'on rencontre des versions fantaisistes présentant un mélange d'œuvres réelles et fictives dans un décor inventé. L'intérieur patricien est alors remplacé par un palais italien ou un château féerique. Parfois un cabinet d'amateur comporte la seule trace qui nous reste d'un tableau disparu – un exemple célèbre est le *Bain de femme* de Jan van Eyck dont il sera fait mention plus loin.

Les cabinets d'amateurs flamands rendent hommage aux artistes anversois qui contribuent à la réputation artistique de leur ville et ils perpétuent

---

7. Ainsi, Rubens a copié le *Paracelse* de Metsys, mentionné par Perec dans ses 'Considérations sur les lunettes' (Paris : Atelier Hachette/Massin, pp. 5-9), repris dans *Penser/Classer*, pp. 133-150.

le souvenir des collectionneurs qui ont su rassembler des tableaux, et faire partager leur enthousiasme à leur entourage. Ils témoignent aussi des efforts faits pour rétablir le prestige de la peinture et pour réparer les dégâts matériels et moraux causés par les émeutes iconoclastes qui, dans la deuxième moitié du XVIe siècle, agitent périodiquement les Pays-Bas.[8] Après la reconquête d'Anvers en 1585, les armées espagnoles rétablissent de manière draconienne la domination des Habsbourg dans les Pays-Bas méridionaux. C'est surtout Isabelle, fille de Philippe II, qui, après la mort de son mari Albert d'Autriche en 1621, favorise un catholicisme intransigeant et transforme Bruges et Louvain en foyers de la Contre-Réforme. Frappées d'anathème par les protestants qui privilégient les textes bibliques comme voie d'accès au Salut, les représentations picturales du Christ, de la Vierge et des saints, exaltent la foi catholique.

Dans le contexte de la poétique perecquienne, il convient de relever encore l'étroite coopération entre peintres et écrivains. A Anvers, la corporation des peintres, fondée au XIIIe siècle et baptisée en 1442 'corporation (la gilde) de Saint Luc', fusionne en 1480 avec la Chambre de Rhétorique 'La Giroflée'. Peintres et écrivains participent aux fêtes, cortèges et processions. Les deux arts sœurs, Poesis et Pictura, jouent un grand rôle dans la corporation de Saint Luc : leurs bustes trônent dans la Chambre des peintres, les écrivains les louent en vers et les peintres les introduisent dans leurs tableaux où elles encouragent les artistes dans leur travail.

«Un cabinet d'amateur» : un manifeste poétique

De par les principes qui ont présidé à sa conception et à sa structuration, *Un cabinet d'amateur* fonctionne comme un rétroviseur, à la façon du miroir dans *Le Mariage des Arnolfini* ou *Les Ménines*. On peut y capter non seulement le reflet de *La Vie mode d'emploi* mais encore celui des conceptions, procédés poétiques et thèmes qui se sont forgés au cours de l'itinéraire perecquien. Les exégètes perecquiens ont souligné qu'*Un cabinet d'amateur* est beaucoup plus que l'histoire d'une mystification : nous l'avons déjà vu, le texte se lit également comme une défense et illustration ludique des habitudes citationnelles de l'auteur.

---

8. Anvers et Gand comptèrent parmi les villes les plus gravement touchées dans les Pays-Bas méridionaux.

Défense, puisque le genre pictural des cabinets d'amateurs dont le livre s'inspire, est né à une époque où l'imitation des maîtres anciens ou contemporains était considérée comme une occupation tout à fait honorable et utile. La peinture était un métier auquel on était initié par un long apprentissage, par une soumission aux modèles minutieusement copiés, un métier que l'on pouvait exercer collectivement. Certains cabinets d'amateurs, par exemple ceux de Breughel de Velours, ont été réalisés en coopération ; d'autres, comme les premiers cabinets de David Téniers le Jeune, sont le résultat de la transformation de tableaux d'intérieur déjà existants auxquels Téniers a ajouté quelques personnages et quelques tableaux mis en vedette. Originalité et authenticité n'étaient pas encore des valeurs absolues : nul ne se formalisait de voir un peintre apporter sa collaboration à une œuvre antérieure.[9] Il serait actuellement inconcevable qu'un peintre, même illustre, reprenne l'œuvre d'un prédécesseur célèbre. Peut-on imaginer un Willink ajoutant des touches aux derniers Cézanne ? Or, on sait que l'Oulipien Perec avait une conception artisanale de l'écriture, que, par ses pratiques citationnelles, il s'inscrivait expressément dans une tradition littéraire et qu'il avait même adopté le principe du travail collectif : certains fragments de *La Disparition* sont par exemple tributaires du travail d'amis de Perec.[10]

Illustration, car *Un cabinet d'amateur* érige l'intertextualité et l'auto-textualité en principes fondateurs, le livre est une reproduction en miroir de *La Vie mode d'emploi*, dont il est à bien des égards une explicitation, par impli-citation. C'est un musée imaginaire, ou encore une anthologie bouleversée qui réaménage toute la bibliothèque et toute la galerie de peintures de *La Vie mode d'emploi*. Nous avons vu que les matériaux narratifs de *La Vie mode d'emploi* ont été générés entre autres à partir d'une série de dix tableaux réels, morcelés et escamotés ; selon les généticiens littéraires les tableaux d'*Un cabinet d'amateur* auraient été inventés pour une large partie à partir des histoires racontées dans *La Vie mode d'emploi*. Nous verrons également que dans certains cas le texte d'*Un cabinet d'amateur* réassemble, par ce détour, les tableaux que *La Vie mode d'emploi* s'était efforcé de disséminer.

---

9. Cette pratique de l'imitation dérapait cependant parfois. Selon Otto Kurz, la pratique du faux prospère déjà au XVIᵉ siècle. En Espagne, par exemple, les faux de Jérôme Bosch proliféraient ; on séchait les imitations dans la fumée des cheminées pour leur donner l'aspect ancien désiré. Voir Otto Kurz, *op. cit.*, pp. 31-40.

10. Comme, par exemple, Eugen Helmlé (*LD.* pp. 65, 66), Maurice Pons (*LD.* pp. 291-294) et Raymond Queneau (*LD.* p. 296).

La nature même des cabinets d'amateurs, composés de copies ou de copies de copies, renvoyant à la conception classique selon laquelle la mimésis passe par l'imitation des modèles artistiques, s'apparente ainsi de façon formelle au principe de la citation, qui, comme nous l'avons vu, est l'une des formes que revêt l'invention chez Perec. Mentionnant dans le Post-scriptum de *La Vie mode d'emploi* ses sources textuelles, et s'inspirant dans *Un cabinet d'amateur* du genre pictural éponyme, il souscrit plus ou moins ouvertement à la conception classique de la mimésis, tout en soulignant que cette imitation va toujours de pair avec des modifications plus ou moins importantes des modèles.

Mais Perec, fidèle aux principes oulipiens[11], a tiré le genre pictural du cabinet d'amateur de son contexte historique[12] pour le pervertir et l'utiliser comme pivot, comme clé de voûte d'une énorme opération d'escroquerie. Cette mystification ne touche pas seulement les personnages, mais encore le lecteur qui est encouragé dès le sous-titre, *Histoire d'un tableau*, et ensuite par les particularités de l'appareil énonciatif, à croire qu'il s'agit d'une œuvre documentaire portant sur un véritable tableau. Ce n'est que dans le dernier alinéa du livre que le lecteur apprend que 'la plupart des tableaux de Raffke étaient faux, comme sont faux la plupart des détails de ce récit fictif qu'il vient de lire, conçus pour le seul plaisir, et le seul frisson, du faire-semblant'.

Sources picturales et textuelles : une nouvelle piste d'interprétation

Cependant, les enjeux existentiels de l'intertextualité dans les livres antérieurs – seule une représentation au second degré peut masquer un manque – nous empêchent d'aborder *Un cabinet d'amateur* exclusivement comme un manifeste poétique ou comme l'histoire ludique d'une mystification. La peinture est pour Perec certes une source intarissable de matériaux narratifs

---

11. Comme nous l'avons vu, *l'anoulipisme*, l'une des deux directions des recherches oulipiennes, travaille sur les œuvres du passé pour y chercher des possibilités souvent insoupçonnées de leurs auteurs.

12. La tradition des cabinets d'amateurs s'achève à l'extrême fin du XVIIe siècle. Au XVIIIe siècle, l'apprentissage dans les ateliers des maîtres est remplacé par l'enseignement des Académies des Beaux-Arts ; les cabinets d'amateurs cèdent le pas à des Ateliers de Peintres et de Sculpteurs. Au XVIIIe siècle, le genre est encore pratiqué par Watteau en France, par Pannini en Italie, et par Zoffany en Angleterre. Au début du XXe siècle, l'époque à laquelle se déroule l'histoire d'*UCA*, le genre était depuis longtemps tombé en désuétude.

et une source d'invention formelle mais l'enjeu d'*Un cabinet d'amateur* se situe, me semble-t-il, encore ailleurs, au-delà des micro-histoires, au-delà des pratiques inter- ou métatextuelles.

Dans l'univers complexe et trompeur d'*Un cabinet d'amateur* où l'évocation de tableaux réels voisine avec celle de faux, où les mises en abyme s'enchaînent à l'infini et les renvois à la *Vie mode d'emploi* se multiplient, la confusion fascinée du lecteur est de mise.[13] Mais, dans les tentatives d'interprétation de ce récit énigmatique, l'hypothèse qu'un véritable cabinet d'amateur ait pu servir de source à la création de la toile centrale, fictionnelle, le *cabinet d'amateur* de Kürz, n'a jamais, autant que je sache, été avancée. La mystification à laquelle Perec soumet son lecteur dépasse donc encore d'un degré celle avouée par le protagoniste Humbert Raffke et le narrateur dans les derniers alinéas du livre. Non seulement Perec s'est laissé inspirer dans la forme et l'intrigue de son récit par le genre pictural des cabinets d'amateurs, mais la toile qui représente la collection de Raffke, renvoie à un tableau représentatif du genre que l'on peut voir aujourd'hui dans la Maison de Rubens à Anvers, *Le Cabinet d'amateur de Corneille van der Geest lors de la Visite des Archiducs*, du peintre anversois Guillaume van Haecht.

Avant d'aborder l'analyse comparative des deux cabinets d'amateurs, celui de Guillaume van Haecht et celui de Perec-Kürz, et avant d'analyser les rapports d'*Un cabinet d'amateur* avec la *Vie mode d'emploi*, je présenterai quelques données, extratextuelles, prétextuelles et textuelles, en faveur de cette hypothèse.

---

13. Ce sont essentiellement les aspects méta- et intertextuels qui ont retenu l'attention des exégètes perecquiens. Voir les articles réunis dans *Les Cahiers Georges Perec*, n° 6 : Hans Hartje et Andrée Chauvin, *art. cité*, Catherine Ballestero, 'Un cabinet d'amateur ou Le «testament artistique» de Georges Perec' (pp. 164-172) ; Dominique Quélen, Jean Christpophe Rebejkow, '*Un cabinet d'amateur* : le lecteur ébloui' (pp. 173-184) ; Anita Miller, 'Peinture et projet d'anamnèse' (pp. 185-195). Miller affirme que Perec présente dans *Un cabinet d'amateur* un véritable manifeste poétique. Parmi les chercheurs qui ont abordé la question de l'enjeu existentiel de ce texte, citons Marcel Bénabou, Anne Roche et Claude Burgelin. Bénabou a étudié *Un cabinet d'amateur* dans la perspective de la thématique du faux, 'Faux et usage de faux chez Perec', *Le Cabinet d'amateur*, n° 3, printemps 1993, pp. 25-36 ; Anne Roche a situé la pratique citationnelle de Perec par rapport à la conception postmoderne selon laquelle l'intertextualité est l'expression de l'enfermement de l'écrivain dans un univers purement textuel, 'Ceci n'est pas un trompe-l'œil, Les pièges de la représentation dans l'œuvre de Perec', *Sociologie du Sud-Est, Revue de sciences sociales*, janvier-juin 1983, n° 35-36, pp. 187-196 ; Burgelin, enfin, a abordé la question du statut de l'image chez Perec.

Au critique littéraire, Jean-Louis Ezine, venu l'interviewer en octobre 1978 à l'occasion de la publication de *La Vie mode d'emploi*, Perec avait montré le puzzle Ravensburger qu'il était en train de reconstituer. C'était, écrit Ezine, 'un puzzle de 3000 pièces, 120,7 x 79,9, recomposant la célèbre toile de W. van Haecht, Galeriebesuch (Visite à la galerie)'. Qu'on n'ait pas relevé jusqu'ici l'intérêt de ce renseignement a de quoi surprendre. La piste a-t-elle été brouillée par le fait de l'emploi bien significatif du terme allemand 'Kunstkammer' que Perec met dans la bouche d'un de ses porte-paroles, le critique d'art, Nowak, (*UCA*, p. 31), par Ezine qui reprend le titre allemand du tableau et parle de 'la célèbre toile de W. van Haecht, *Galeriebesuch*', ou par David Bellos qui, dans son résumé de l'article d'Ezine, parle d''une collection de tableaux appartenant à ce genre d'objets que les Allemands appellent Kunstkabinett'.[14] Le fait que Perec, dont on connaît la passion pour l'art du puzzle, ait reconstitué ce puzzle Ravensburger[15] du *Cabinet d'amateur* de Guillaume van Haecht en étudiant de près, et un à un, les différents tableaux représentés par Van Haecht ouvre des perspectives intéressantes. Tout comme l'histoire de *La Vie mode d'emploi* a pris une de ses origines dans la reconstitution d'un puzzle, celui du port de La Rochelle, la genèse d'*Un cabinet d'amateur* est liée à la reconstitution d'un puzzle réel.

En second lieu, j'ai trouvé parmi les avant-textes la copie d'un fragment de texte sans référence consacré justement à une description détaillée de ce *Cabinet d'amateur de Corneille van der Geest*. L'examen de la bibliographie concernant le genre pictural en question, a révélé que ces quelques pages copiées proviennent d'un ouvrage de 1957, qui s'intitule *Les Peintres flamands de cabinets d'amateurs au XVIIe siècle* et s'ouvre sur la reproduction d'un détail du *Cabinet d'Amateur* de Van Haecht.[16] C'est dans cet ouvrage abondamment illustré qui évoque, en effet, peut-être 'plus de deux cents cabinets d'amateurs', que Perec a puisé ses renseignements sur le genre et que l'on trouve aussi les deux cabinets d'amateurs conservés par les Musées

---

14. Jean-Louis Ezine, *Les Ecrivains sur la sellette* (Paris : Seuil, 1981) pp. 239. David Bellos, *op.cit.*, p. 678.

15. Ravensburg a pu être associé par Perec avec Ravensbrück, endroit qu'il mentionne dans le manuscrit de la partie 'souvenirs d'enfance' de son autobiographie, comme l'endroit vers lequel sa mère aurait été déportée. À la lumière de ce rapprochement, le terme de 'Kunstkammer' obtient un sens sinistre.

16. S. Speth-Holterhoff, *Les Peintres flamands de cabinets d'amateurs au XVIIe siècle* (Bruxelles : Elsevier, 1957). Le chapitre IV (pp. 98-111) est consacré à Van Haecht. Les pages 101-103 ont été copiées par Perec. Fonds Perec, Ms 78,15+,1.

Royaux de Bruxelles auxquels Perec fait allusion dans l'entretien avec Salvy : un *Intérieur* signé Gilles van Tilborch et *La Boutique de Jean Snellinx* de Jérôme Francken II.[17]

En troisième lieu, l'auteur de l'ouvrage, S. Speth-Holterhoff, évoque un nombre considérable de cabinets d'amateurs, mais mentionne Guillaume van Haecht comme maître incontesté du genre, jugement partagé par d'autres historiens d'art comme Julius Held, Frans Baudouin et Gary Schwartz.[18] Speth-Holterhoff écrit à propos de Van Haecht qu'"il est sans conteste le meilleur des peintres de Cabinets d'amateurs et, qu'après plus de trois cents ans, ses œuvres n'ont rien perdu de leur attrait ni de leur éclat'. Dans la douzaine de pages qu'elle lui consacre (ch. IV), Speth-Holterhoff analyse en détail cinq cabinets d'amateurs de Van Haecht, parmi lesquels celui de Corneille van der Geest et celui connu comme *L'Atelier d'Apelle* (conservé au Mauritshuis à La Haye).[19] Schwartz, lui, met en relief le thème commun à tous les cabinets d'amateurs peints par Van Haecht, l'amour sous toutes ses formes : l'amour de Dieu, l'amour de l'art, l'amour entre les sexes, l'amour familial, l'amour-propre.

Enfin, parmi les différents cabinets d'amateurs énumérés par Perec dans *Un cabinet d'amateur*, celui de Corneille van der Geest est le seul à faire l'objet d'une description tant soit peu détaillée (*UCA*, pp. 31-33). Cette description évoque, outre les personnages visiteurs du cabinet et le tableau,

17. Le nom de Tilborch est mentionné par Perec dans *UCA* (p. 111), à propos d'un tableau fictif de Peter (Pieter) Snayers, intitulé *Le Siège de Tyr*. Un des porte-parole du narrateur, Nowak, aurait identifié ce tableau à l'aide d'une reproduction dans l'un des *Cabinets d'amateurs* de ce 'Tilborg'. S. Speth-Holterhoff évoque *Un combat de cavalerie* de 'Pierre' Snayers, figurant dans un cabinet d'amateur attribué à Tilborch (p. 162). Dans les collections du Louvre se trouve par ailleurs un seul *Cabinet d'amateur*, signé et daté de 1637, du peintre anversois Corneille de Baellieur (1607-1671).

18. Julius S. Held, 'Artis pictoriae amator : an Antwerp patron and his collection', *Rubens and his circle : studies* (Princeton University Press, 1982) pp. 35-64, remaniement d'une version parue en 1957 dans la *Gazette des Beaux Arts*, n° 50, 1957, pp. 53-84. Held mentionne comme une de ses sources la propriétaire du Van Haecht, Mary van Berg, *The Van Berg Collection of Paintings*, New York, 1947 et *Pictures within pictures*, catalogue d'une exposition tenue à Hartford, Wadsforth Athenaeum, 1949. Frans Baudouin, 'De 'Constkamer' van Cornelis van der Geest, geschilderd door Willem van Haecht', *Antwerpen*, vol. 15, n° 4, décembre 1969, pp. 2-17. Repris dans Frans Baudouin, *Pietro Paolo Rubens* (Anvers : Mercatorfonds, 1977) pp. 283-301. Gary Schwartz, 'Love in the Kunstkamer, Additions to the work of Guillam van Haecht (1593-1637)', *Tableau, Fine Arts Magazine*, Volume 18, 1996, pp. 43-52.

19. Baudouin parle également de la place de choix qu'occupe le *Constkamer de Corneille van der Geest* parmi les nombreux cabinets d'art anversois du XVIIᵉ siècle, citant Julius Held qui lui attribue 'une place unique'. Frans Baudouin, *op. cit.*, p. 283.

disparu, de Van Eyck (*Bain de femme*) le peintre lui-même, Guillaume van Haecht, 'jeune homme à la figure mélancolique en train de gravir les quelques marches conduisant à la galerie du mécène'. (*UCA*, p. 32) Le peintre s'est donc représenté lui-même sur son tableau. On croit entendre en écho les rêveries de Valène dans *La Vie mode d'emploi* : 'il serait lui-même dans le tableau, à la manière de ces peintres de la Renaissance qui se réservaient toujours une place minuscule au milieu de la foule des vassaux, des soldats, des évêques [...]'. Valène se distinguerait des autres personnages représentés 'par une plus grande neutralité, ou une certaine manière de pencher imperceptiblement la tête, quelque chose qui ressemblerait à de la compréhension, à une certaine douceur, à une joie peut-être teintée de nostalgie'. (*VME*, ch. LI, p. 290) Dans son chapitre sur *Le Cabinet d'amateur de Corneille van der Geest*, Speth-Holterhoff avance que 'le personnage à cheveux demi-longs qui monte l'escalier conduisant de la cour vers le salon pourrait être Guillaume van Haecht lui-même'.[20] Perec reprend cette spéculation tout en attribuant à Van Haecht la mélancolie de son Valène. Lorsqu'on relit le début du chapitre LI de *La Vie mode d'emploi* à la lumière de l'histoire de Van Haecht, on se demande même si, dans cette description, Valène n'a pas été modelé déjà directement sur le peintre flamand.

Quand on poursuit la piste ouverte par cette dernière observation, on s'aperçoit que Perec a repris quelques longs passages et de nombreux détails au texte de Speth-Holterhoff qui fait donc figure de texte-source pour *Un cabinet d'amateur* au même titre que *Bartleby* et *Le Procès* pour *Un homme qui dort* d'une part, et *L'Espèce humaine*, *L'Univers concentrationnaire* et *L'Île mystérieuse* pour *W ou le souvenir d'enfance* d'autre part. Les recherches effectuées à partir du *Cahier des charges* de *La Vie mode d'emploi* nous avaient déjà appris que si Perec connaissait bien les peintures célèbres du Louvre, de la National Gallery et de l'Accademia de Venise, il avait également scruté ses tableaux générateurs à travers le prisme d'autres textes. Butor, que Perec désigne dans la conférence de 1981 à Bologne comme un modèle admiré, a consacré des essais aux *Ambassadeurs* (1533) de Holbein, au *Mariage des Arnolfini* (1434), et à *La Chute d'Icare* (vers 1558) de Breughel.[21] Les ouvrages de référence privilégiés de Perec en matière de

---

20. S. Speth-Holterhoff, *op. cit.*, p. 101. Hypothèse à laquelle souscrivent les autres historiens d'art qui ont étudié ce tableau.

21. Perec : 'Michel Butor travaille depuis beaucoup plus longtemps que moi avec des peintres. Il a travaillé avec énormément de peintres dont certains sont très connus, [...] enfin

peinture étaient *Le Larousse de la peinture* (1969), et les monographies parues dans les collections de Flammarion et Hachette.[22] *Le Récit spéculaire* (1977), l'essai de Lucien Dällenbach sur l'application du procédé de la mise en abyme en littérature, peut avoir joué également un rôle dans la genèse d'*Un cabinet d'amateur*. Parmi les exemples picturaux sur lesquels l'essai de Dällenbach s'ouvre, on retrouve outre le *Bain de femme*, trois tableaux générateurs de *La Vie mode d'emploi* – le *Mariage des Arnolfini* de Van Eyck, *Le Banquier et sa Femme* ou *Le Peseur d'or* de Metsys et *Les Ménines* de Vélasquez.[23] Ce dernier tableau est bien connu des lecteurs français depuis l'analyse qu'en donne Michel Foucault dans *Les Mots et les choses*.[24] Désormais, nous pouvons ajouter à ces textes-sources dont, par ailleurs, nous parviennent des échos parfois ironiques dans *Un cabinet d'amateur*, l'ouvrage plus ancien et quelque peu 'excentrique' de S. Speth-Holterhoff sur les cabinets d'amateurs.

Cette découverte permet de résoudre bon nombre de questions qui jusqu'ici étaient restées sans réponse. On s'est demandé, par exemple, ce qui avait pu déterminer le choix particulier des cabinets d'amateurs énumérés par Perec.[25] La réponse est simple : Perec suit dans cette énumération (*UCA*, p. 31), qu'il met dans la bouche de son historien d'art fictif, Lester K. Nowak, l'ouvrage de Speth-Holterhoff. Celle-ci présente Abel Grimmer (ch. II)

---

une expérience qui est beaucoup plus complète que la mienne. Et d'un côté qui est à la fois sur le versant du discours sur la peinture, de la critique et du poème, de la peinture, qui fait un peu ce que j'essaie de faire'. Georges Perec, 'Je ne suis absolument pas critique d'art', *Cahiers Georges Perec*, n° 6, p. 200. Michel Butor, 'Un tableau vu en détail, Les Ambassadeurs de Holbein', *Répertoire* III (Minuit, 1968) pp. 33-41. 'La Chute d'Icare', et 'Johannes van Eyck fuit hic', *Les Mots dans la peinture* (Genève : Skira, «Les sentiers de la création», 1969) pp. 19-22, pp. 93-97.

22. *Les Classiques de l'art* chez Flammarion. *Chefs-d'œuvre de l'art : Série grands peintres* chez Hachette.

23. Lucien Dällenbach, *Le Récit spéculaire, Essai sur la mise en abyme* (Paris : Seuil, 1977) pp. 19-22.

24. Michel Foucault, *Les Mots et les choses* (Paris : Minuit, 1966) pp. 19-31. C'est l'interprétation des *Ménines* de Vélasquez par Foucault que, dans le chapitre LI de la *VME*, Perec a repris et semble avoir utilisé comme repoussoir. A l'opposé des peintres, qui, comme Vélasquez, s'accordent une place centrale, privilégiée et significative dans leur propre tableau, Valène voulait se réserver une place apparemment inoffensive, plus modeste, en retrait. Son autoportrait 'ne serait qu'une signature pour initiés'.

25. Voir Catherine Ballestero, 'Un Cabinet d'amateur ou Le «testament artistique» de Georges Perec', *Cahiers Georges Perec*, n° 6, p. 166. Ses spéculations sur les critères du choix des différents cabinets d'amateurs montrent l'utilité des recherches génétiques qui, parfois, permettent d'éviter de longs détours.

comme celui qui marque les débuts du genre avec une scène d'intérieur intitulée *Christ chez Marthe et Marie* ; ensuite elle aborde l'œuvre de Breughel de Velours, et celle de la dynastie des Francken (ch. III) ; le quatrième chapitre de son livre est consacré à Guillaume van Haecht et à son *Cabinet de Corneille van der Geest*, le cinquième à David Téniers le Jeune. Les libertés que Perec se permet par rapport à son texte-source, sont minimes : un ajout ici et une inversion d'ordre là. L'avant-dernier exemple qu'il cite est Paolo Pannini, un des peintres tardifs de cabinets d'amateurs, mentionné par Speth-Holterhoff dans son premier chapitre ; Perec clôt son énumération sur l'évocation de deux tableaux du XVIIIe siècle, *L'Enseigne de Gersaint*, le 'testament artistique de Watteau', et le *Cabinet d'amateur de Jan van Gildemeester* d'Adrien de Lelie, tableaux qui n'ont pas été relevés par Speth-Holterhoff.

Si l'on confronte aux deux listes qui figurent dans les avant-textes d'*Un cabinet d'amateur* le tableau de Guillaume Van Haecht et les quarante-trois tableaux qui y figurent, identifiés, en partie, par Speth-Holterhoff et les autres historiens d'art et examinés de près par Perec lors de sa reconstitution du puzzle Ravensburger, on dispose d'un instrument valide pour poursuivre les recherches faites jusqu'ici.

Premièrement, si l'on suppose que les tableaux du *Cabinet d'amateur* ne renvoient pas seulement à *La Vie mode d'emploi* ou à d'autres textes littéraires, mais prennent leur origine dans (la description d') un tableau réel, et si l'on présume que dans certains cas Perec s'est servi du tableau de Van Haecht comme d'un relais entre *La Vie mode d'emploi* et *Un cabinet d'amateur*, on peut esquisser une réponse aux questions formulées par Hartje. Ces questions concernent, rappelons-le, les rapports des deux listes préparatoires figurant dans les avant-textes avec *La Vie mode d'emploi* d'une part, et avec le texte définitif d'*Un cabinet d'amateur* d'autre part. Hartje : 'Pourquoi tel ou tel élément de *La Vie mode d'emploi* a-t-il été sélectionné et figure-t-il sur les listes préparatoires ? Le passage de la liste secondaire (titres, peintres, genres) au texte du *Cabinet d'amateur* a-t-il été influencé par autre chose que les contraintes, narrative et descriptive, de la rédaction ?'[26]

Je montrerai que Perec, pour dresser la liste des titres et peintres susceptibles de figurer dans *Un Cabinet d'amateur*, a passé certains des chapitres de *La Vie mode d'emploi* au crible de la description du tableau de Van

---

26. Voir Hans Hartje, *Georges Perec écrivant*, pp. 239-273.

Haecht et que, dans le passage de ces listes au texte définitif, il a eu amplement recours au texte de Speth-Holterhoff. La connaissance d'au moins l'un des critères du sélectionnement des détails dans *La Vie mode d'emploi* et de ce texte-source crucial, permet ensuite d'éclairer la manière dont le récit bref, énumératif, mais subtil de 1979 renvoie au grand 'romans' de 1978 d'une part, et d'autre part, de mettre en relief les thèmes que Perec a dit vouloir ainsi retravailler. La réapparition de certains tableaux générateurs de *La Vie mode d'emploi*, enfin, jette une nouvelle lumière sur les critères qui ont pu déterminer leur choix.

Trois aspects retiendront mon attention. J'évoquerai d'abord le tableau qui fait fonction de clé référentielle, *Le Cabinet d'amateur de Corneille van der Geest* et sa description par Speth-Holterhoff. L'intérêt de ce tableau pour l'interprétation du texte de Perec me permet de m'arrêter sur les personnages principaux qui y figurent, sur le peintre qui en est l'auteur, et sur les tableaux que Van Haecht y a reproduits.

Ensuite, je décrirai brièvement la structure formelle, les contenus narratifs et l'appareil énonciatif d'*Un cabinet d'amateur*. A première lecture, ce texte ne paraît être qu'une longue succession inarticulée d'alinéas, de paragraphes et de citations. Ce désordre, auquel la complexité de l'énonciation contribue encore, dissimule cependant une structure formelle et narrative minutieusement réglée.

Cette analyse me permettra de dégager certaines caractéristiques de la toile centrale dans le récit, le cabinet d'amateur de Raffke, d'approfondir ensuite l'histoire de son peintre, Kürz, et de déterminer, finalement, quels sont les tableaux et les peintres que celui-ci a copiés dans son tableau. L'évocation de la toile centrale d'*Un cabinet d'amateur* a été, conformément à l'esthétique perecquienne du fragmentaire et au principe directeur du puzzle, non seulement soumise à un morcellement impitoyable, mais mêlée de façon presque inextricable à la description de la collection beaucoup plus vaste de Raffke et à celle de tableaux qui n'en font pas partie mais sont évoqués pour d'autres raisons.

Je me propose de comparer quelques-unes des toiles qui se trouvent reproduites dans le cabinet de Kürz, d'une part avec celles qui figurent sur le tableau réel de Van Haecht, d'autre part avec les chapitres de *La Vie mode d'emploi* auxquels elles renvoient. Le texte de Perec est un dédale terriblement compliqué : je me contenterai de mentionner les pièces du puzzle que j'ai pu réassembler.

Le Cabinet d'amateur de Guillaume van Haecht

Selon les historiens d'art qui ont étudié *Le Cabinet de Corneille van der Geest* par Guillaume van Haecht, ce 'Constkamer' occupe une place primordiale parmi les tableaux appartenant au même genre, tant pour son intérêt documentaire que pour sa valeur artistique.[27] L'intérêt documentaire est triple. Premièrement, le tableau, achevé en 1628, commémore un événement historique, la visite dont les archiducs Isabelle et Albert honorèrent Corneille van der Geest dans sa maison au bord de l'Escaut, le 23 août 1615. Lors de cette visite ils assistèrent à une joute sur le fleuve et admirèrent la collection d'art de leur hôte. Van Haecht évoque également dans ce tableau la visite à Anvers d'un autre personnage princier, Ladislas, qui sera roi de Pologne de 1632 à 1648. Le décor est celui d'une riche demeure anversoise. Les hautes fenêtres donnent sur le fleuve, on aperçoit deux petits voiliers, la cour et le portique entrevus par la porte ouverte font penser à l'entrée de la Maison de Rubens.[28]

Ensuite, le tableau réunit un grand nombre d'autres personnages historiques – amateurs d'art et artistes – qui ont joué un rôle de premier ordre dans l'histoire de l'art d'Anvers, tels le bourgmestre de la ville, Nicolas Rockocx, les peintres Pieter Paul Rubens, Antoon van Dyck, Peter Stevens, Jan Wildens et Frans Snyders. Ces noms sont tous relevés par le porte-parole du narrateur d'*Un cabinet d'amateur*, Nowak, dans sa description du tableau de Van Haecht. (*UCA*, p. 32)

Le principal attrait du tableau est cependant qu'il représente l'une des collections de tableaux les plus importantes d'Anvers et constitue par là une source capitale de renseignements relatifs à la situation de la peinture flamande au début du XVIIe siècle, après les troubles iconoclastes. Quant à sa valeur artistique, les historiens de l'art sont unanimes à louer le talent de miniaturiste, la probité d'observateur attentif, la finesse du pinceau, la justesse de touche et la maîtrise de la composition de Guillaume van Haecht.

---

27. Selon Julius Held, *op. cit.*, p. 38, ce 'Constkamer', est réapparu en 1907, et a appartenu à différentes collections privées, jusqu'à son achat, en 1969, à une vente aux enchères chez Sotheby par la Maison de Rubens. La dernière propriétaire, Mme Mary van Berg, habitait à New York.

28. La demeure de Corneille van der Geest, rue des Nattes, a été sacrifiée en 1882-1883 au réaménagement du port.

Trente personnages historiques

Le mécène Corneille van der Geest, grand négociant, protecteur de Rubens dès ses débuts et employeur du restaurateur Guillaume van Haecht, est représenté en sa qualité d'amateur et de collectionneur d'art. Humaniste, membre de la Chambre de Rhétorique 'La Giroflée', il invitait dans sa maison l'élite intellectuelle d'Anvers.[29] Van der Geest a généreusement contribué à la restauration d'églises, de sculptures et peintures saccagées par les iconoclastes. Sur le linteau de la porte qui donne sur la cour on voit gravée sa devise, 'Vive l'esprit'. Ce jeu de mots sur le patronyme du mécène n'est pas sans rappeler le mot *âme*, dont les trois lettres constitutives parcourent de droite à gauche les trois strophes du compendium décrivant, au cœur de *La Vie mode d'emploi* (ch. LI), les éléments du tableau imaginé par le peintre Valène.[30]

Au-dessus de cette devise, le triomphe de *Pictura*, le noble art libre, est symbolisé par la sculpture d'un pigeon, symbole du Saint Esprit, surmontant un crâne. Guillaume van Haecht a représenté Van der Geest (Geest = esprit) d'après le portrait peint par Antoon van Dyck, vers 1620.[31] Derrière le collectionneur se trouve une femme dans laquelle on a voulu reconnaître Catharina van Mockenborch, sœur de Susanna van Mockenborch, la mère de Guillaume van Haecht, et gouvernante chez Van der Geest qui était célibataire.[32]

Les invités d'honneur de Van der Geest, les archiducs Albert et Isabelle, sont représentés à gauche au premier plan, assis dans des fauteuils. Le

29. Speth-Holterhoff et Frans Baudouin situent la naissance du mécène en 1575. Des recherches effectuées aux archives municipales d'Anvers ont amené Held à avancer l'année 1555 comme date de naissance de Van der Geest. Voir Julius Held, *op. cit.*, p. 54.

30. Ce compendium fait défiler 179 personnages du roman et fonctionne comme une mise en abyme. Selon les listes préparatoires reproduites par Hartje, le compendium a généré *le cabinet d'amateur* de Kürz, tableau qui, à son tour, met en abyme la *VME*. Le compendium se compose de trois strophes, les deux premières comportent 60 x 60 lettres, la dernière 59 x 60 lettres ; il est ordonné par la répétition d'une lettre, le *a* parcourt de droite à gauche et de haut en bas la première strophe, le *m* en fait autant dans la seconde, le *e* structure la troisième strophe. (*VME*, pp. 292-298).

31. Sur le portrait du mécène gravé par Paul Pontius d'après Van Dyck figure le titre d'honneur qui lui a été attribué par son contemporain Franchoys Fickaert : 'Artis pictoriae Amator Antverpiae'. Perec attribue cette épithète à un Antoine Cornelissen, collectionneur fictif dont le patronyme rappelle le prénom flamand de Van der Geest. (*UCA*, p. 115).

32. Voir pour le rôle de mécène de Van der Geest, Frans Baudouin, *op. cit.*, p. 286-289.

tableau d'un bouquet qu'Isabelle tient dans les mains a été peint d'après Jan Breughel, son peintre favori. Corneille van der Geest montre à ses visiteurs un tableau de Quentin Metsys soutenu par deux enfants. Isabelle est accompagnée de sa dame d'honneur, Geneviève d'Urfé, marquise de Croy, Rubens se penche vers Albert et lui parle.

La présence de Ladislas et celle de tableaux dont les originaux ont été peints après 1615, montre que le peintre ne s'est pas embarrassé d'exactitude historique : Ladislas n'est venu à Anvers qu'en 1624. C'est alors que Rubens a peint son portrait, copié par Van Haecht en 1628. A côté de Ladislas, Van Dyck, vu de profil, s'entretient avec le directeur général de la Monnaie, le chambellan Jan de Montfort. Plus loin, au centre de la pièce, se trouvent les amateurs d'art de la ville. Selon Baudouin, le seul personnage de ce groupe qui a pu être identifié avec certitude est le collectionneur Stevens, tenant à la main un portrait miniature d'une femme. Dans le coin des artistes, un homme s'agenouille devant un tableau placé à même le sol, *Les Chasseurs et les chiens*, de Jan Wildens ; debout sous une réplique d'Hercule Farnèse, Frans Snyders parle au peintre Hendrik van Balen, un ami de Rubens.

Certains des visiteurs ont été copiés d'après les portraits de Van Dyck : Corneille van der Geest[33], Geneviève d'Urfé, Jan de Montfort, Frans Snyders et Peter Stevens. Van Dyck lui-même, Albert, Isabelle et Ladislas ont été copiés, par contre, d'après leurs portraits par Rubens. Malgré les apparences, et au même titre que les tableaux accrochés au mur, tous les personnages, sauf le peintre, sont donc des représentations au second degré, tout comme les personnages de *La Vie mode d'emploi*, où la focalisation par Valène fait apparaître les habitants de l'immeuble comme les figures d'un tableau.

Un peintre extrêmement sophistiqué

Le jeune homme à la figure 'mélancolique' qui se tient dans l'ouverture de la porte, un peu à l'écart, sous la devise de Corneille van der Geest, a été identifié par les différents historiens d'art comme le peintre de ce cabinet d'amateur, Guillaume van Haecht. Il a signé son *Cabinet de Corneille van der Geest* comme G. van Haecht, mais est souvent désigné dans la littérature comme W. van Haecht. Le prénom de Van Haecht fait donc réapparaître

---

33. L'original se trouve aujourd'hui à Londres (National Gallery).

de manière surprenante l'hésitation entre le *G* et le *W* que j'ai relevée dans la deuxième partie de ce travail (p. 172 *sq.*).[34] Alors que la plupart des personnages sur le tableau ont été représentés à plusieurs reprises et par différents peintres, cet autoportrait de Van Haecht est la seule représentation que nous possédions de ce peintre. Il se tient un peu en retrait, à l'écart des invités, le regard fixé sur le groupe des visiteurs importants ; il les voit de dos, de même qu'il ne peut apercevoir que l'envers des toiles au premier plan.

Van Haecht naît en 1593 dans une famille d'artistes, son père, Tobias van Haecht connu aussi comme Verhaecht, était l'un des peintres respectés d'Anvers après les troubles iconoclastes et peut-être le premier maître de Rubens. La mère de Van Haecht meurt en couches, lorsque son fils aîné n'a pas encore deux ans. Van Haecht se fait peintre comme son père ; il séjourne de 1615 à 1619 à Paris, et passe ensuite quelques années en Italie. Rentré à Anvers, il collabore en 1627 dans la maison de Corneille van der Geest à la restauration du retable de l'église Saint Gummarus à Lier, endommagé par des iconoclastes en 1580. L'intérieur des deux volets, représentant une *Adoration du Christ* et une *Présentation au Temple* est restauré par Van Haecht.

Van Haecht est engagé par Van der Geest comme conservateur de sa collection. Selon Gary Schwartz[35], Van Haecht a été l'un des premiers artistes à se consacrer exclusivement à la restauration et à la reproduction du travail d'autrui. On comprend qu'une pareille figure de copiste ait pu susciter l'intérêt de Perec. Le *Constkamer van Cornelis van der Geest* est le premier cabinet d'amateur que Van Haecht ait peint et le seul qu'il ait signé : il en réalisera encore quatre autres avant de mourir à l'âge de 42 ans,

---

34. Dans les publications allemandes, anglaises et hollandaises, le peintre est désigné comme Willem van Haecht, dans la littérature francophone comme Guillaume van Haecht. Selon Schwartz, le prénom germanique n'est pas correct. Le nom de baptême de l'artiste était le prénom latin Guillelmus, et il a signé son testament (daté du 11 juillet 1637) de la forme italienne de ce nom, Guielmo. Dans les livres de la corporation de Saint Luc, il est enregistré comme Guillam van Haecht, alors que dans d'autres documents il figure comme Guilliam van Haecht ou Verhaecht. Le peintre a signé *Le Cabinet d'amateur de Van der Geest* : G. v. Haecht. Selon Schwartz, cette distinction entre le G et le W était bien significative dans le contexte de l'opposition entre catholiques et luthéranistes. Guillaume van Haecht était un catholique fervent, membre de l'ordre laïc des frères jésuites. Son grand-oncle, Willem van Haecht, par contre, était l'auteur d'une version luthérienne du Livre des Psaumes (1579), chose extrêmement compromettante lors du rétablissement fanatique de l'autorité de l'Église catholique. Voir Gary Schwartz, 'Note on a name', *op. cit.*, p. 51.

35. Voir Gary Schwartz, *op. cit.*, p. 46.

le 12 juillet 1637.[36] On sait que Van Haecht a fait d'autres tableaux, dessins et gravures, mais jusqu'ici on n'a pas pu les identifier.

Quarante-trois tableaux

Le *Cabinet d'amateur de Corneille van der Geest* comporte quarante-trois tableaux, détail qui, on s'en doute, n'a pas échappé à l'attention de Perec : son porte-parole Nowak parle 'd'une quarantaine de tableaux'. (*UCA*, p. 32).[37] On a réussi à en identifier vingt-six dont la majorité est d'origine flamande, quelques-uns sont d'origine allemande ou italienne.[38]

Les peintres flamands les plus connus, reproduits par Van Haecht, sont Jan van Eyck, Pieter Breughel l'Ancien, Quentin Metsys, et Rubens. Un *Paysage avec chariot* de Breughel se trouve accroché à gauche entre les deux fenêtres : l'original a disparu, il ne nous en reste qu'un dessin. Rubens est présent avec deux tableaux, *Une bataille d'Amazones* placée à gauche près de la fenêtre sur le mur du fond, et *Un chevalier en armure avec deux pages* d'après Titien tout à fait à droite et en haut sur le mur du fond. Metsys occupe une place de choix avec trois toiles – *L'Homme aux lunettes* accroché au mur de droite tout près du bord du tableau, un *Portrait de Paracelse*[39] au mur du fond près de la fenêtre, et une *Vierge à l'Enfant*. Le Paracelse a été peut-être peint d'après une copie de Rubens.[40] Puis il y a encore, accroché

36. Aucun de ces quatre autres tableaux n'a été signé. Deux d'entre eux ont comme motif central 'Apelle peignant Campaspe' : l'un se trouve au Mauritshuis, l'autre appartient à la collection de Charles de Beïstegui, France. Le quatrième cabinet d'amateur attribué à Van Haecht présente comme personnages centraux la femme de Potiphar et Joseph, le cinquième a comme toile centrale *Le Mariage mystique de sainte Catherine* (d'après Van Dyck, Collection privée). Nous connaissons le *Joseph et la femme de Potiphar* seulement du catalogue d'une vente à Berlin en juin 1936. Pour la description de ces tableaux, voir Gary Schwartz, *op. cit.*, pp. 47, 48.

37. Je me contenterai de souligner les nombres connotés autobiographiquement, leur valeur symbolique est désormais suffisamment connue.

38. Les Allemands sont Adam Elsheimer (*Judith et Holopherne* et *Cérès et Stellion*) et Hans Rottenhammer (*Jugement dernier*). Le *Portrait de Dürer* a été attribué à Tommasso Vincidor, le *Portrait de femme* à Bernardo Licinio. La seule comparaison des différents écrits sur le tableau de Van Haecht permet de comprendre les difficultés que les historiens d'art doivent surmonter et la confusion qui en est parfois le résultat.

39. Mentionné avec treize autres personnages représentés en train de lire ou d'écrire parmi lesquels la *Vierge de l'Annonciation* et le *Saint Jérôme dans son cabinet de travail* d'Antonello de Messine dans 'Considérations sur les lunettes', *op. cit.*, p. 139.

40. Voir Frans Baudouin, *op. cit.*, p. 290.

Guillaume van Haecht, *Le Cabinet d'amateur de Corneille van der Geest* (1628), Anvers, Ru

VIVE L'ESPRIT

à l'angle du mur de droite au-dessus de la statue antique de Vénus, le tableau de Van Eyck, intitulé *Bain de femme*.

C'est autour de la *Vierge à l'Enfant* de Quentin Metsys, représentée à gauche en bas, que se rassemblent les invités d'honneur de Corneille van der Geest. Ce tableau fait l'objet d'une anecdote racontée en détail par Speth-Holterhoff, avec un emprunt à un récit contemporain flamand :

> Corneille van der Geest fit si bien les honneurs de ce tableau, il en détailla si complaisamment les beautés que 'les souverains, regardant encore mieux l'image de Marie, allèrent jusqu'à une offre d'achat semi-officielle, mais elle fut repoussée par un zèle silencieux du propriétaire, lequel laissa échapper ainsi de grandes faveurs par son amour-propre. Corneille van der Geest n'agit-il pas ici en collectionneur véritable, plus passionné d'œuvres d'art que de bénéfices matériels ?'[41]

Le tableau de Metsys est mis en vedette par sa position au premier plan et par les personnages princiers qui l'entourent. Speth-Holterhoff y voit un hommage à Metsys : à l'occasion du centenaire de la mort de ce fondateur de l'école anversoise, Van der Geest fit transférer ses restes au pied de la tour septentrionale de la cathédrale d'Anvers en 1629 et il y fit sceller une pierre tombale à sa mémoire. S'appuyant sur l'anecdote racontée par Speth-Holterhoff. Schwartz pousse l'analyse plus loin : c'est dans la scène représentée par le peintre au premier plan – le collectionneur montrant à ses visiteurs célèbres le tableau de Metsys – que réside le thème central du tableau. Si l'on accepte l'interprétation d'un prince et d'un patricien rivalisant dans leur amour pour l'art sacré, on peut se demander ce qui suscite le désir des archiducs. Est-ce leur zèle religieux, la beauté du tableau, la scène que celui-ci représente – l'intimité entre la mère et l'enfant qui s'embrassent sur la bouche – ou bien sont-ils provoqués par l'orgueil et la joie du collectionneur qui tient tellement à ce tableau qu'il refuse de le leur vendre, dût-il perdre par là leur faveur ?

La *Vierge à l'Enfant* est caractérisée par Speth-Holterhoff comme la 'perle' de la collection[42], mais la pièce la plus remarquable est, selon elle, un

---

41. S. Speth-Holterhoff, *op. cit.*, p. 101.

42. Au Rijksmuseum, à Amsterdam, se trouve une *Vierge à l'Enfant* (1525-1530) très proche de la copie de Van Haecht. Cependant, l'extrême fidélité de Van Haecht aux originaux a fait avancer l'hypothèse qu'il a dû exister une autre version, perdue, de cette *Vierge à l'Enfant*. Voir Julius Held, *op. cit.*, p. 60, et Larry Silver, *The Paintings of Quinten Massys* (Oxford : Phaidon, 1984) pp. 78, 79.

Bain de femme de Van Eyck dont 'Guillaume van Haecht a laissé une reproduction si précise, qu'on peut y reconnaître une œuvre du grand Primitif flamand'.[43] Une jeune femme nue est debout devant un coffre de bois sculpté et plonge la main dans un bassin de cuivre rempli d'eau. Une autre femme vue de profil, habillée à la mode du XVᵉ siècle, regarde attentivement sa compagne. Julius Held a montré que cette représentation a trait à un rituel de bain auquel la femme se soumet le jour de son mariage.[44] La mariée pourrait être Giovanna Cenami[45], l'épouse de Giovanni Arnolfini, riche négociant italien originaire de Lucca, tous deux représentés dans le *Mariage des Arnolfini* (1434). La femme en coiffe blanche rappelle le portrait (1439) de la femme du peintre, Margareta (francisé comme Marguerite) van Eyck. On a également interprété le tableau, en raison de son caractère intime comme un double portrait par Van Eyck de son épouse Marguerite, nue et habillée.[46]

Le décor rappelle lui aussi celui qui entoure le portrait du ménage des Arnolfini : chambre close, lambrissée de chêne sur lequel le couple se détache, lumière pénétrant par une fenêtre à gauche pour venir jouer sur les figures, miroir convexe placé à gauche et non pas au fond, agrandissant l'espace et reflétant les silhouettes miniaturisées des deux femmes. Au premier plan un petit chien regarde le spectateur. Ce *Bain de femme* ou encore *Femme à sa toilette*, intitulé figurant dans le *Larousse de la peinture* et repris par Perec, a disparu, on ignore à la suite de quelles vicissitudes.[47] Le seul souvenir visuel qui nous en reste aujourd'hui, est cette copie de Guillaume van Haecht.

Le cabinet comporte de nombreux tableaux illustrant des épisodes de la vie de la Vierge et du Christ. Accrochée au mur du fond se trouve, à droite

---

43. S. Speth-Holterhoff, *op.cit.*, p. 103.

44. Julius Held, *op. cit.*, pp. 44-50. Cette œuvre perdue est considérée par les historiens d'art comme fondamentale pour la naissance et le développement d'une peinture profane en Europe.

45. Le lecteur de la *VME* a déjà rencontré ce nom sous une forme francisée, Jeanne de Chenany, graveur français du XVIIᵉ siècle qui aurait travaillé à Bruxelles et à Aix-la-Chapelle entre 1647 et 1662, et à qui l'historien d'art Léon Marcia a attribué neuf petites gravures vendues chez Sotheby's en 1899 sous le titre '*Les Neuf Muses*', représentant les neuf héroïnes les plus célèbres de Shakespeare.(*VME*, ch. XXIX, pp. 224, 225).

46. Cette dernière interprétation provient du texte d'un catalogue de vente de 1668 évoquant la collection de Peter Stevens. Voir Julius Held, *op. cit.*, p. 50.

47. L'inventaire de la collection de Pieter Stevens en fait encore mention en 1668 et l'évoque comme un double portrait de Marguerite van Eyck. Voir Elisabeth Dhanens, *Hubert en Jan van Eyck* (Anvers : Mercatorfonds, 1980) pp. 206-211.

du buffet, une *Annonciation*, attribuée par les propriétaires Van Berg et par Speth à Boccaccio Boccaccino, par Held au peintre flamand Michiel Coxie[48] et représentant la Vierge avec un livre ouvert et l'ange Gabriel. Egalement sur le mur du fond, jouxtant le portrait de Dürer, une *Fuite en Egypte*, attribuée par Speth à François Francken, par Held à Gillis Mostaert. Sur le mur de droite, au-dessus du blason de Corneille van der Geest, on voit un *Christ chez Marthe et Marie*, attribué à Van Noort ; une *Cène* d'Otto van Veen, le maître de Rubens, se trouve près de la porte à côté du blason (attribution douteuse) et puis il y a encore un *Reniement de saint Pierre* de Gerard Seghers placé à côté du buffet.

Une *Vue du port d'Anvers* de Sébastien Vrancx, au-dessus des moulages de statues antiques, ne peut pas avoir échappé à l'attention de Perec qui a doué son Bartlebooth d'une passion insensée pour les ports de mer. Le sujet d'un *Vulcain forgeant l'armure d'Achille*, accroché au-dessus de *La Bataille des Amazones* de Rubens, et attribué par Held à Otto van Veen, revient sous une forme modifiée dans l'un des tableaux reproduits par Kürz de même que la *Vue d'une ville incendiée*, jouxtant le blason de Van der Geest et attribuée par Held à Gillis Mostaert.[49] Les incendies de Mostaert sont mentionnés par Perec/Nowak comme figurant dans les innombrables cabinets d'amateurs des Francken. (*UCA*, p. 32)

Quatre autres tableaux méritent, pour des raisons différentes, d'être mentionnés. Le premier, un *Paysage avec des Nomades*, du paysagiste peu connu Corneille van Dalem, accroché au mur du fond sous le lustre, a une histoire curieuse. Après la dispersion de la collection de Van der Geest, il fut découpé en quatre parties dont trois existent encore.[50] Pratique qui fait penser au travail de Winckler dans *La Vie mode d'emploi*.

Le second est un dessin d'Apelle peignant Campaspe, la maîtresse d'Alexandre le Grand, sous le regard bienveillant de celui-ci. Ce dessin (1600) de la main de Johan Wierix, se trouve sur la table au milieu de la pièce. Sous l'influence des écrits de Vasari et d'Ariosto, Apelle est considéré à l'époque de Van Haecht comme le plus grand peintre de l'Antiquité, et

---

48. Boccaccino, né et mort à Crémone (1465-1525), a subi l'influence de Giorgione. Michiel Coxie, peintre flamand, est né et mort à Malines (1499-1592).

49. Pour la description et l'attribution de ces tableaux, voir Julius Held, *op. cit.*, pp. 42,43 et 53.

50. Selon Speth, les Van Berg en possédaient la partie inférieure gauche où l'on voit une muraille de rochers devant laquelle est posée une échelle, puis au premier plan des personnages en costume oriental et un troupeau de moutons.

devient l'emblème de *Pictura* qui est désignée comme *Apellea Ars*. Sa présence sur le tableau de Van Haecht est considérée comme un hommage à la peinture.[51]

Exposée en évidence, au centre du tableau, se trouve une petite *Danaé*, signée G. van Haecht et datée de 1628. *Le Cabinet de Corneille van der Geest* est le seul tableau sur lequel le peintre ait ainsi apposé sa signature ; il comporte donc au moins deux ouvrages originaux de Van Haecht – la *Danaé* et l'autoportrait. Dans le cabinet de Kürz nous trouverons également une *Danaé*, attribuée à Greuze. (*UCA*, p. 113)

Le quatrième tableau, du peintre allemand Hans Rottenhammer, un *Jugement dernier*, est placé à même le sol, à l'extrême-droite. Nous verrons plus loin de quelle manière, dans *La Vie mode d'emploi* et *Un cabinet d'amateur*, l'idée du jugement dernier est associé au *Banquier et sa femme* de Metsys.

Sur les tables on voit des globes, des statuettes de bronze, un livre ouvert, un astrolabe et des estampes éparpillées. La porte d'entrée, enfin, est entourée de moulages de statues antiques : l'Hercule Farnèse, l'Apollon du Belvédère et les bustes de Néron et de Sénèque.

Dans cet inventaire du tableau de Van Haecht nous retrouvons trois des dix peintres dont les tableaux figurent dans *La Vie mode d'emploi*, Jan van Eyck, Pieter Breughel l'ancien, et Quentin Metsys. Le *Bain de femme* de Van Eyck est peut-être lié, comme nous l'avons vu, au *Mariage des Arnolfini* (1434). Si *Le Banquier et sa femme* (1514) de Metsys, un des tableaux les plus connus du Louvre, et autre tableau générateur de *La Vie mode d'emploi*, n'a pas été reproduit dans *Le Cabinet d'amateur de Corneille van der Geest*, nous en retrouvons une copie sur le grand *Atelier d'Apelle* de Van Haecht, à l'endroit même où est placé dans le *Cabinet d'amateur de Van der Geest* le *Jugement dernier* de Rottenhammer. Sur le tableau de Heinrich Kürz figure, comme nous le verrons plus loin, une copie d'une 'célèbre copie d'époque' du *Banquier et sa femme* par Martinus van Reymerswaele.

---

51. Voir Frans Baudouin, *op. cit.*, pp. 298, 299. Nous ne connaissons Apelle qu'à travers les descriptions que son œuvre a suscitées. Alexandre aurait été tellement ravi du portrait de sa maîtresse, Campaspe, qu'il aurait cédée celle-ci à Apelle.

Un cabinet d'amateur de Georges Perec

Bien que le fil de l'intrigue soit très mince, on aurait tort de prendre *Un cabinet d'amateur* de Perec pour une longue énumération de tableaux et de négliger forme et contenus narratifs. Perec est dans ce texte encore plus avare en éléments paratextuels que dans *Un homme qui dort*, mais la structure du récit, divisé en alinéas non numérotés, apparaît lorsqu'on fait le compte de ces alinéas : il y en a cent quarante-trois au total. L'histoire, racontée par un narrateur hétérodiégétique non-représenté, se laisse décomposer, de nouveau, en deux parties principales.

Sous un désordre apparent se dissimule donc une structure bien nette qui fait apparaître les particularités que nous avons déjà rencontrées dans *Un homme qui dort* et *W ou le souvenir d'enfance*. Nous connaissons l'importance de la structure bi-partite et de la césure dans les textes de Perec qui, d'une manière ou d'une autre, renvoient invariablement à l'histoire de son enfance. Ici, la césure principale coïncide avec la suspension des activités des héritiers Raffke pendant la Première Guerre mondiale et se situe entre les alinéas 41 et 42, nombres métonymiques de la séparation du jeune Perec de sa mère[52] et qu'il suffit de lire en palindrome pour voir apparaître les deux dates cruciales de l'histoire d'*Un cabinet d'amateur*, 1914 et 1924, années des deux ventes de la collection Raffke.

L'exposition comporte quatre alinéas, le dénouement également. L'asymétrie des deux parties principales, composées respectivement de 41 et de 102 alinéas, s'explique par le fait que dans la première partie ne sont décrits que 23 tableaux, tandis que la deuxième partie s'étire en longueur avec les 39 extraits du catalogue de la deuxième vente Raffke.

Des quarante et un alinéas de la première partie (pp. 11-51), les vingt et un premiers relatent les événements qui ont eu lieu en 1913, les vingt derniers alinéas ceux qui ont marqué l'année 1914. L'exposition de la collection de Raffke à Pittsburgh en octobre 1913 bénéficie d'un succès médiatique grâce à la parution de deux textes – un article sur la personnalité du mécène dans le quotidien *Das Vaterland* (alinéa 4, pp. 15-17) et une longue *notice anonyme* dans le catalogue de l'exposition (alinéas 6-12, pp. 17-24). Les révélations de ce dernier texte attirent une foule de spectateurs, mais l'exposition est fermée après l'action d'un spectateur vandale (alinéas 13-17,

---

52. Nous avons vu que, dans *W ou le souvenir d'enfance*, Perec situe cette séparation en 1942, mais que son départ pour le Vercors a dû avoir lieu à l'automne de 1941.

pp. 24-30). Quelques semaines plus tard, donc toujours à l'automne de 1913, paraît un article à teneur théorique de l'historien d'art Lester K. Nowak (alinéas 18-21, pp. 30-36).

Raffke est trouvé mort le jeudi 2 avril 1914 (le *2/4/1914*, nouvelle apparition du *24* et du *14*) et inhumé avec la toile de Kürz dans un caveau qui est une réplique exacte du cabinet d'amateur. Quelques mois après, la première vente aux enchères de la collection Raffke a lieu. Le narrateur évite ici toute indication temporelle précise, mais l'événement a dû se produire juste à la veille de la guerre dont le prologue, on le sait, est constitué par les événements du 28 juin 1914. Perec a décrit ces événements – l'assassinat, par l'activiste bosniaque Gavrilo Princip, des lointains descendants des Habsbourg représentés par Van Haecht – dans son premier roman, *L'Attentat de Sarajevo* (1957).[53]

Des extraits du catalogue publié à l'occasion de cette première vente sont cités longuement dans quinze alinéas (24-38, pp. 39-49). Les trois derniers alinéas esquissent rapidement les événements de la Première Guerre mondiale qui forcent les héritiers de Raffke à remettre à plus tard la seconde vente de la collection. La deuxième partie comporte cent-deux alinéas (42-143, pp. 52-120) et les deux notes déjà mentionnées, qui font preuve d'une pratique originale de la paratextualité. Dans le nombre des notes (2) s'inscrit encore la date du 11 février.

Cette deuxième partie s'ouvre sur une longue paraphrase de l'autobiographie de Raffke, censément rédigée par deux de ses fils à partir de notes et carnets trouvés après sa mort, et publiée en 1921 (alinéas 42-74, pp. 52-78). De ces trente-trois alinéas, quatre (55-58) sont consacrés à une lettre d'un des conseillers artistiques de Raffke, Zannoni, et quinze (60-74) à la description des tableaux les plus précieux, 'les joyaux' de la collection.

Le résumé d'une thèse, publiée par Lester Nowak en 1923, comporte vingt alinéas (alinéas 75-94, pp. 78-100). Cette thèse est consacrée partiellement à la vie et l'œuvre du peintre Heinrich Kürz, partiellement à la collection de Raffke.

---

53. Perec a écrit ce roman après un séjour en Yougoslavie. Essayant, dans *Espèces d'espaces*, de cerner l'apport des voyages, il écrit : 'Voir en vrai quelque chose qui fut longtemps une image dans un vieux dictionnaire : l'endroit où se tenait Gavrilo Princip quand il tira sur l'archiduc François Ferdinand d'Autriche et la duchesse Sophie de Hohenberg, à l'angle de la rue François-Joseph et du quai Appel, à Sarajevo, juste en face du débit de boissons des Frères Simic, le 28 juin 1914, à onze heures et quart'. (*Espèces d'espaces*, pp. 103,104)

Les quarante-cinq alinéas suivants (95-139, pp. 100-118) sont constitués d'extraits d'un long catalogue raisonné des tableaux de cette collection, publié à l'occasion de la seconde vente en 1924, du 12 au 15 mai. Les quatre derniers alinéas (140-143, pp. 118-120) racontent le dénouement de l'histoire : quelques années après la deuxième vente Raffke, la lettre de Humbert Raffke, le neveu du brasseur décédé, révèle aux acheteurs des tableaux qu'ils ont été bernés.

Les caractéristiques que révèlent ces observations arithmétiques – deux parties principales qui, si l'on prend en considération les principales instances énonciatrices, se laissent subdiviser chacune en trois sections – Notice anonyme, article de Nowak, Extraits du catalogue de 1914 / Biographie de Raffke, thèse de Nowak, Extraits de la seconde vente de 1924 – s'avèrent étonnamment proches de celles de la partition de *La Vie mode d'emploi*, composé également de six parties précédées d'un préambule et suivies d'un épilogue, comportant chacun quatre alinéas. Dans *La Vie mode d'emploi*, cette division provient de la solution au problème de la polygraphie du chevalier : chaque fois que le cheval est passé par les quatre bords du carré, commence une nouvelle partie. La première césure tombe entre le chapitre XXI, décrivant la chaufferie, et le chapitre XXII, situé dans le hall d'entrée au rez-de-chaussée. Alors que le chapitre XXI raconte une partie de l'histoire des propriétaires de l'immeuble, les Gratiolet, le chapitre XXII est consacré aux tentatives de la romancière Ursula Sobieski d'écrire l'histoire de James Sherwood, grand-oncle maternel de Bartlebooth. L'histoire de ce Sherwood, richissime collectionneur d'unica, victime 'd'une des plus grandes escroqueries de tous les temps', mais grand escroc lui-même, présente des analogies évidentes avec celle de Hermann Raffke.[54] Sherwood meurt à l'âge de 67 ans en février 1900 ; après sa mort la plus grande partie de sa collection est vendue aux enchères. La mort et l'inhumation de Raffke qui emporte le *cabinet d'amateur* de Kürz dans la tombe, évoquées dans l'alinéa n° 22 d'*Un cabinet d'amateur*, facilite la vente des faux originaux par ses héritiers.

54. Sherwood acheta en 1896 pour un million de dollars le vase dans lequel Joseph d'Arimathie aurait recueilli le sang du Christ. Il s'agissait évidemment d'un faux unicum, que Sherwood avait, par ailleurs, payé de fausse monnaie. (*VME*, ch XXII, pp. 115-131)

Détails des contenus narratifs : lieu, temps et personnages

Le cabinet d'amateur de Heinrich Kürz, représentant le brasseur Raffke dans une salle où se trouve la collection de ses tableaux, est montré au public en octobre 1913 lors d'une exposition, dans le cadre d'une série de manifestations organisées par la communauté allemande à Pittsburgh pour célébrer les vingt-cinq ans du règne de l'empereur allemand Guillaume II. Ce qui frappe le lecteur dès les premières lignes, c'est évidemment la présence de ce contexte allemand, et on se demande ce qui a pu amener Perec à situer l'action d'*Un cabinet d'amateur* aux Etats-Unis, en Pennsylvanie, à la veille de la Première Guerre mondiale.

Rappelons ce que Perec a dit au sujet de *W ou le souvenir d'enfance* dans l'entretien avec Eugen Hemlé : 'Je voulais dans le récit, que l'Allemagne soit présente et, dès le début, le fait de pouvoir utiliser des mots allemands, des mots de journaux allemands, des noms de villes allemandes, simplement le mot 'allemand' me semblait comme une sorte de signe précurseur'.[55] Or, c'est exactement ce qu'il fait dans l'ouverture d'*Un cabinet d'amateur* avec une longue énumération de noms de journaux (*Das Vaterland*), d'organisations (l''Amerikanische Kunst Gesellschaft'), de villes et régions ('Munich', 'Bavaria'), d'œuvres d'art (*Le Second Faust*), de genres picturaux ('Kunstkammer') et de personnages aux patronymes allemands parmi lesquels le richissime Barry O. Fugger et le docteur Ulrich Schultze, 'premier sous-secrétaire de la Chancellerie Impériale', qui visite l'exposition à la tête d'une délégation allemande de *quarante-trois* membres.[56] En outre, les trois premiers tableaux à être évoqués sont des natures mortes de peintres allemands fictifs – Garten, Zapfen et Becker.

Le choix des Etats-Unis peut s'expliquer en premier lieu par le fait que le modèle réel du tableau de Kürz, le *Cabinet d'amateur* de Van Haecht, s'est longtemps trouvé dans une collection privée aux Etats-Unis, jusqu'à son achat en 1969 par la Maison de Rubens. Ensuite, deuxième explication possible, Perec a travaillé simultanément sur *Un cabinet d'amateur* et *Ellis Island*. Il s'est rendu deux fois aux Etats-Unis en 1978/1979 pour la réalisa-

---

55. Entretien précité ici même (p. 178) avec Eugen Helmlé.

56. C'est moi qui souligne. Ces noms illustrent la riche intertextualité de ce texte. Les Fugger étaient aux XVᵉ et XVIᵉ siècles de puissants armateurs, banquiers de Charles Quint à Augsbourg, ville natale de Hans Holbein le Jeune. Perec peut les avoir rencontrés dans le texte consacré par Butor aux *Ambassadeurs* d'Holbein, *Répertoire* III, p. 35. Le nom du délégué de sa majesté, Schultze, comporte des réminiscences verniennes et chaplinesques.

tion du film avec Robert Bober sur les immigrants européens qui étaient passés par le centre d'accueil d'Ellis Island de 1892 à 1924. Avec l'institutionnalisation de l'émigration en 1892, Ellis Island avait été transformé en camp de transition. En 1924, les services du Bureau fédéral de l'Immigration à Ellis Island sont fermés et l'île est définitivement close comme lieu d'immigration. Un examen comparatif rapide des deux textes révèle que Perec a inséré un certain nombre de renseignements recueillis pour le film dans le texte d' *Un cabinet d'amateur*.[57]

En troisième lieu, la Pennsylvanie est, on le sait, la seconde patrie de milliers d'Allemands qui s'y sont établis entre 1720 et 1770, à la recherche de libertés religieuse et politique.[58] Ils parlent toujours un dialecte allemand, ce qui a permis à Perec de situer l'action de son récit aux Etats-Unis sans pour autant abandonner la référence à l'Allemagne. Reste à savoir pourquoi il tient tellement à ce cadre allemand. Qu'il en eût besoin dans *W ou le souvenir d'enfance* est compréhensible, mais pourquoi le reprend-il dans le récit d' *Un cabinet d'amateur* ? Pourquoi attribue-t-il à sa bande de faussaires des origines allemandes ?

Je peux avancer deux réponses, spéculatives et nullement exclusives. Première possibilité : Perec fait allusion à la confiscation par les nazis des collections d'art nationales et privées et la récupération difficile de ces biens après la guerre, récupération récemment réactualisée. Si de nombreuses œuvres d'art ont été retrouvées sans trop de difficultés dans les collections de Hitler, de Goering et des musées allemands, des milliers de tableaux avaient disparu, de même que leurs propriétaires, sans laisser de trace, ce qui

---

57. Un des navires à vapeur qui amènent ces immigrants à la terre promise, s'appelle le Kaiser Wilhelm. Raffke fait la traversée en sens inverse à bord du 'Wilhelmdergrosse'. Pendant la Première Guerre mondiale, Ellis Island est transformé en camp de détention pour les individus soupçonnés d'activités anti-américaines, parmi lesquels se trouvent évidemment de nombreux Allemands. L'hostilité des Américains oblige les héritiers Raffke, non seulement suspects à cause de leurs origines mais encore à cause de leurs brasseries, à suspendre leur opération d'escroquerie. Après le Volstead Amendment (1920), l'amendement de la loi sur la prohibition, les Raffke s'établissent au Canada.

58. Colonisée successivement par les Hollandais, les Suédois, les Anglais, la Pennsylvanie est transformée en un Etat démocratique par le quaker William Pen (1681). Dans les années trente du XVIIIᵉ siècle commence une forte immigration d'Allemands et de Suisses amish et mennonites qui sont persécutés dans leur patrie. La ville de Philadelphie avait été surnommé Germantown et, jusqu'à aujourd'hui, l'une des banlieues porte ce nom.

favorisait évidemment l'activité des faussaires après la guerre.[59] Cette confiscation pourrait alors servir de métaphore à la déportation de la mère.

Le patronyme du brasseur, Raffke (= personne cupide, profiteur), l'instigateur de l'escroquerie, est décidément péjoratif comme d'ailleurs la majorité des noms propres porteurs de calembours bilingues dans cette histoire de faussaires[60] et semble indiquer que le brasseur doit sa fortune à des pratiques malhonnêtes. Le narrateur cependant ne donne pas de précisions à ce sujet. Perec a-t-il tout simplement situé à une autre époque et à un autre lieu les transactions frauduleuses pendant et après la seconde guerre mondiale et devons-nous lire, de nouveau, les dates des deux ventes Raffke en palindrome, 14 devenant alors 41 et 24 donnant 42 ? Il est certain que le travail sur les nombres s'élargit dans *Un cabinet d'amateur* de jeux élaborés sur le *quatorze* et le *vingt-quatre* qui rivalisent en fréquence avec les *onze* et les *quarante-trois*.[61]

Une deuxième explication serait que Perec franchit dans *Un cabinet d'amateur* une nouvelle étape dans la recollection du passé perdu de sa famille et qu'il y a inséré des renseignements recueillis pour le projet de *L'Arbre*. Il est indéniable que l'histoire du riche brasseur Raffke montre certaines ressemblances avec la carrière d'un des membres de la famille 'adoptive' de Perec, le richissime marchand de perles, Jacques Bienenfeld.

Perec a fait naître son Raffke en 1830 à Travenmunde, que l'on orthographie normalement comme Travemünde, près de Lübeck.[62] Raffke s'embarque à l'âge de seize ans sur un baleinier danois qui fait naufrage. Il s'établit alors comme l'un des innombrables immigrants européens aux Etats-Unis et parcourt les différentes étapes de la carrière typique du self-made-man.[63] En 1875, Raffke a gagné assez d'argent avec ses brasseries pour

---

59. En France paraît immédiatement après la Seconde Guerre mondiale un catalogue de toutes les œuvres d'art disparues : 'Répertoire des biens spoliés en France durant la guerre 1939-1945'. Ce catalogue comporte entre autres une liste de 12500 tableaux.

60. Ainsi, il y a un journaliste au nom suspect de Doppelgleisner : (der Gleisner = l'hypocrite, doppelgleisig signifie 'à deux voies') et un peintre au patronyme peu sérieux de 'Kitzenjammer', né de 'Katzenjammer' (= gueule de bois), et cetera.

61. L'analyse de *W ou le souvenir d'enfance* nous a déjà appris que Perec situe et date ses textes de manière extrêmement précise. Ainsi, *Son voyage d'hiver*, dont le protagoniste se consacre à un travail de recherche dans les bibliothèques, débute dans les derniers jours d'août 1939, au Havre, ville qui sera massivement détruite par les bombardements des alliés.

62. Ces précisions topographiques comptent parmi les nombreuses allusions dans *Un cabinet d'amateur* à Thomas Mann. Mann est né à Lübeck en 1875, il a situé de nombreuses scènes des *Buddenbrooks* à Travemünde.

63. Dans l'histoire de Raffke le naufrage constitue, comme dans *Wse*, un tournant

pouvoir se consacrer définitivement à sa collection d'art, composée à ce moment-là de vingt-trois tableaux. Entre 1875 et 1909, il fait *onze* fois la traversée de l'océan pour acheter des tableaux en Europe ; en 1909, il commande à un jeune peintre américain d'origine allemande, Heinrich Kürz, un cabinet d'amateur où devront être représentées les plus belles toiles de sa collection.

Jacques Bienenfeld, lui, naît en 1875 en Galicie orientale, province de l'Empire d'Autriche, et à l'âge de quatorze ans, il prend à pied la route de l'Ouest. Arrivé en France, il s'installe, après des débuts difficiles, dans le négoce en gros de la perle fine. En tant qu'étranger, il est emprisonné momentanément pendant la Première Guerre mondiale, mais cette guerre l'enrichit aussi : il aurait acheté entre autres choses des trésors aux Habsbourg ruinés, ces mêmes Habsbourg dont les lointains ancêtres figurent dans *Le Cabinet d'amateur* de Van Haecht. Dans les années vingt, il invite des membres de sa famille, parmi lesquels son cousin David Bienenfeld, à le rejoindre en France où il les emploie dans son commerce. Selon la légende familiale, ce Jacques Bienenfeld ressemblait à Orson Welles et vivait, comme Citizen Kane, dans un château, à Suresnes, où il faisait venir des peintres et artisans italiens pour refaire la décoration. Il fonde une filiale de sa maison à New York en 1929, fait faillite avec des milliers de contemporains et meurt en 1933.[64] Ce qui put être sauvé de sa fortune, ramassée donc en partie lors de la Première Guerre mondiale, permit aux membres de la famille Bienenfeld de survivre à la seconde guerre mondiale.

Si rien dans le texte ne me permet de confirmer ce parallèle, il est, par contre, certain que Perec a associé étroitement à l'écriture d'*Un cabinet d'amateur* les quelques objets qui lui rappelaient l'histoire de Jacques Bienenfeld. Il a pris des notes sur des registres restés du stock de la maison Bienenfeld, registres quadrillés, divisés en colonnes, référant aux rubriques carats, poids etc. Outre une table de joaillier, faisant l'objet d'une description détaillée dans le texte bref *Still life/Style leaf*[65], il avait reçu en héritage

décisif.

64. Voir David Bellos, *op. cit.*, pp. 42-47.

65. 'Le bureau sur lequel j'écris est une ancienne table de joaillier, en bois massif, munie de quatre grands tiroirs, et dont le plan de travail, légèrement déprimé par rapport aux rebords, sans doute pour empêcher que les perles qui y étaient jadis triées ne risquent de tomber par terre, est tendu d'un drap noir d'une texture extrêmement serrée'. Georges Perec, 'Still life/Style leaf', *L'Infra-ordinaire*, p. 107.

plusieurs loupes parmi lesquelles, écrit-il en 1980 dans l'essai 'Considérations sur les lunettes',

> se trouvait une grosse loupe ronde, cerclée de métal anglais, avec un
> manche de corne et deux viroles finement ouvragées. J'aime tellement cette
> loupe que je l'ai fait figurer sur la couverture d'un récit, un cabinet d'ama-
> teur consacré à la description la plus minutieuse possible d'un tableau,
> d'une manière générale j'aime beaucoup les loupes'.[66]

On peut s'imaginer Perec essayant d'identifier avec cette loupe les minuscules tableaux de son puzzle Ravensburger. Dans *Un cabinet d'amateur*, il
munit les visiteurs de l'exposition Raffke de 1913 'de toutes sortes de loupes
et de compte-fils', de 'loupes de bijoutier' (*UCA*, pp. 25, 26) qui doivent leur
permettre de percevoir les minimes variations que Kürz a introduites dans
ses mises en abyme.

La situation énonciative : le jeu des citations

C'est également à la loupe qu'il faut examiner ce texte pour pouvoir démê-
ler les différentes instances énonciatrices et pouvoir se représenter la toile
centrale. *Un cabinet d'amateur* mime dans son énonciation le genre pictural
dont il s'inspire. Les brefs fragments narratifs sont interrompus par des
fragments rapportés entre guillemets – artifice mystificateur chez un auteur
qui a l'habitude de dissimuler ses emprunts –, prélevés dans des publications présentées comme réelles, des articles et des catalogues d'art qui sont
nommés et datés avec une précision qui semble authentifier le récit. Le
narrateur a recours à des sources différentes – ses porte-parole principaux
sont le commentateur anonyme qui a écrit le catalogue de l'exposition, le
théoricien Nowak, et Humbert Raffke, le neveu et fils adoptif de Raffke. Ce
dernier a non seulement peint le cabinet d'amateur et les originaux faux
sous le pseudonyme de Kürz, mais il a également rédigé, avec Nowak et
d'autres spécialistes, l'autobiographie de Raffke, les catalogues des deux
ventes et la lettre qui dénoue l'histoire.
    Ces porte-parole fictionnels, tous complices de la supercherie de Raffke,
s'appuient à leur tour, conformément aux conventions du discours de l'art,

---

66. Georges Perec, 'Considérations sur les lunettes', *Penser/Classer*, p. 134.

sur d'autres autorités en matière de peinture, qui, elles, sont souvent réelles, de sorte que les citations s'emboîtent, semblables à des poupées gigognes. Cette composition en abyme produit une impression de vertige. Textes fantaisistes et textes réels, auteurs anciens et contemporains, fictionnels et historiques sont joyeusement mêlés. Ainsi, le théoricien et porte-parole du narrateur, Lester K. Nowak[67], simplifie dans son article *Art and Reflexion* une des thèses présentée par Ernst Gombrich dans *Art and Illusion*. Il emprunte également d'importants passages à Speth-Holterhoff qui comportent à leur tour des fragments textuels empruntés aux contemporains de Van Haecht comme par exemple le peintre Salomon Noveliers (*UCA*, pp. 31-33, p. 87). Dans le cas de Speth-Holterhoff, Nowak passe sous silence la source de ses connaissances ; il s'appuie aussi sur *Les Vies* de Vasari qui, lui, est cité explicitement.

Perec a, en outre, parsemé son récit de détails empruntés à gauche et à droite ; si Speth-Holterhoff semble avoir été sa principale source d'inspiration et lui fournit noms de peintres, épithètes, titres et détails de tableaux, on reconnaît également des informations provenant des essais précités de Butor et des monographies consultées. *Un cabinet d'amateur* est donc largement inspiré par d'autres textes.[68]

On l'aura déjà compris : lorsqu'il s'agit de se représenter avec précision le cabinet d'amateur de Kürz, cette accumulation d'informations emboîtées les unes dans les autres, répétées avec des variations minuscules d'une partie du texte à l'autre, se recouvrant et se contredisant, ne fait que brouiller les pistes. Qu'il s'agisse du nom des peintres, du titre des tableaux, d'éléments de description, ou de références critiques, nous sommes plongés dans l'incertitude. La description de la toile centrale, le cabinet d'amateur de Kürz, amorcée dans la notice anonyme du catalogue n'est jamais achevée ; renseignements biographiques, commentaires du procédé de la mise en

---

67. Soulignons la consonance polonaise du nom et la position centrale du 'w'.

68. 'Pictoriai Artis Amator Antverpiae', l'épithète dont est honoré Corneille van der Geest, est attribuée par Perec au collectionneur Antoine Cornelissen. (*UCA*, p. 115) Le Stahlhof à Londres, évoqué à propos d'un portrait peint par Holbein, semble venir directement du texte de Butor sur *Les Ambassadeurs* de même que la rencontre de Cranach (bien connu) et Jakob Ziegler (inconnu) à Wittenberg. La description du *Billet dérobé* attribué à Vermeer, variation edgar poësque sur les jeunes filles lisant des lettres de Vermeer, est attribuée à Ruskin, qui n'a jamais écrit sur ce tableau non-existant, mais a influencé Proust qui, lui, a bien écrit sur Vermeer. Par ailleurs, le nom de Vermeer est associé à celui du faussaire célèbre, Van Meegeren.

abyme, et réflexions métapicturales viennent en interrompre l'évocation. L'énumération des propriétaires successifs, des circonstances d'acquisition, des querelles d'attribution, des prix de vente, des sujets permet à Perec à la fois d'assouvir sa passion pour les noms propres, pour les opérations arithmo-biographiques, pour les micro-histoires, et pour les variations minuscules. Pour pouvoir donner une interprétation cohérente de ce texte, il nous faudra rassembler les bribes d'information disséminées dans les différents textes présentés comme citations.

Le Cabinet d'amateur de Heinrich Kürz

Selon la notice anonyme du catalogue de la première exposition Raffke, la toile représente une vaste pièce rectangulaire, sans portes ni fenêtres apparentes, dont les trois murs visibles sont entièrement couverts de tableaux. Le collectionneur Hermann Raffke, vêtu d'un peignoir gris dont le col châle s'agrémente d'un fin liséré rouge, est assis au premier plan à gauche dans un fauteuil, tournant le dos de trois quarts au spectateur et regarde sa collection. A ses pieds, se trouve un gros chien roux à poil ras, apparemment endormi. Le tableau comporte une centaine de tableaux (*UCA*, p. 18), représentant tous les genres et toutes les écoles de l'art européen et de la jeune peinture américaine. Le commentateur se contente d'évoquer trois tableaux. Au dessus de la tête du collectionneur est accrochée une *Visitation* qui fait l'objet d'une description détaillée. L'attribution de ce tableau fait problème mais sera établie plus loin dans le livre grâce aux recherches 'scientifiques' de Nowak. Ensuite, il y a une nature morte de Chardin intitulée, avec une variation sur *Les Apprêts du déjeuner* conservé au Louvre, *Les Débris du déjeuner*, et dans le coin droit de la pièce, exposé sur un chevalet, le portrait en pied d'un homme tatoué, Bronco Mac Ginnis, par le peintre allemand Adolphus Kleidröst.[69]

   L'auteur anonyme termine ses révélations sur l'une des particularités les plus surprenantes de ce tableau : le peintre a mis son tableau dans le tableau et le collectionneur assis dans son cabinet voit sur le mur du fond, dans l'axe de son regard, le tableau qui le représente en train de regarder sa collection de tableaux et cetera. Les cent tableaux rassemblés sur la toile de

---

69. On a voulu voir dans le patronyme, Kleidröst (=robe grillée), une allusion peu amène à Alain Robbe-Grillet.

Kurz sont eux-mêmes plusieurs fois copiés, au prix d'infimes variations et reflétés en abyme[70] à l'intérieur de la toile :

> Mais l'on ne tarda pas à s'apercevoir qu'il (le peintre) s'était au contraire astreint à ne jamais recopier strictement ses modèles, et qu'il semblait avoir pris un malin plaisir à y introduire à chaque fois une variation minuscule : d'une copie à l'autre, des personnages, des détails, disparaissaient, ou changeaient de place, ou étaient remplacés par d'autres. (*UCA*, p. 27)

Ce jeu de reflets successifs, qui est par ailleurs hautement invraisemblable, engendre profondeur et vertige, le spectateur est attiré dans le tableau. Armés de loupes, les visiteurs de l'exposition 'déploient des trésors d'ingéniosité ou d'audacieuse acrobatie pour tenter d'aller mieux regarder les parties supérieures de la toile'. (*UCA*, p. 26)[71] Ce jeu est prétexte à l'énumération de huit tableaux et à l'évocation des légères variations auxquelles ils sont sujets et qui permettent d'y introduire la narrativité.

Les copies légèrement altérées ne recèlent pas seulement des histoires déjà racontées in extenso dans *La Vie mode d'emploi*, mais également des embryons de romans encore à l'état de projet et comportent souvent un jeu de disparitions ou de métamorphoses étranges. Le *Paysage du Maroc* voit disparaître dans les copies successives une femme voilée, un âne, un dromadaire.[72] Les listes préparatoires nous apprennent que ce tableau renvoie au chapitre LIII de la *Vie mode d'emploi* portant sur la disparition de la femme de Winckler, la miniaturiste Marguerite, qui meurt, à l'âge de trente-trois ans[73], en novembre 1943, en mettant au monde un enfant mort-né. Ce *Paysage du Maroc* est par ailleurs lié à l'une des onze toiles numérotées de

70. Lucien Dällenbach a souligné que le terme de 'mise en abyme' vise à regrouper un ensemble de réalités distinctes, trois figures essentielles qui sont la *réduplication simple* (fragment qui entretient avec l'œuvre qui l'inclut un rapport de similitude), la *réduplication à l'infini* (fragment qui entretient avec l'œuvre qui l'inclut un rapport de similitude et enchâsse lui-même un fragment qui..., et ainsi de suite) et la *réduplication aporistique* (fragment qui est censé inclure l'œuvre qui l'inclut). Voir Lucien Dällenbach, *op. cit.*, pp. 51, 52. Dans le cas de la mise en abyme du cabinet d'amateur de Kürz nous semblons avoir à faire à la dernière figure.

71. *Le Cabinet d'Amateur de Jan van Gildemeester* par Adrien de Lelie, mentionné par Perec/Nowak (*UCA*, p. 33), montre un spectateur en haut d'une échelle étudiant un tableau de Rubens.

72. Perec renverrait-il ici au découpage du *Paysage avec des nomades* de Cornelis van Dalem, où l'on voit au premier plan des personnages en costume oriental ?

73. Sur le (cadre du) portrait qu'a fait Van Eyck de son épouse Marguerite (1439) il a inscrit son âge : trente-trois ans.

la collection Raffke qui, elle, ne figure pas dans le tableau de Kürz : c'est le paysage à manivelle qui porte le numéro 8 et représente de manière linéaire les différents épisodes de la vie des Winckler. (*UCA*, p. 43) Le paysage exotique que l'on retrouve sur ce petit décor à manivelle renvoie à la fois aux voyages de Marguerite et au service militaire de Winckler ; à l'âge de dix-neuf ans, en 1929-1930, celui-ci avait passé dix-huit mois au Maroc.

Ou encore, autre exemple, cette fois d'une histoire-embryon, le tableau qui conclut la série des copies à variations : il représente 'trois hommes sur une petite route de campagne qui passaient d'un embonpoint frisant l'obésité à une sveltesse presque inquiétante'. (*UCA*, p. 28) Mentionné une deuxième fois dans les extraits du catalogue de la deuxième vente Raffke (pp. 103, 104), ce tableau est attribué à August Macke. Dans son article sur Perec et Klee, Santino Mele a attiré l'attention sur le rapport entre ce tableau fictif et l'un des projets énoncés dans 'La tentative de description d'un programme de travail' de 1976, à savoir un roman intitulé *Le Voyage à Kairouan*.[74] Ce roman, épistolaire, raconterait le voyage que les peintres Klee, Moilliet et Macke firent en Tunisie en avril 1914 et dont Macke rapporta une vingtaine d'aquarelles comptant parmi ses plus belles œuvres. Le roman que Perec se proposait d'écrire, serait centré non pas autour du personnage de Klee mais de Macke qui, quelques jours après son retour fut tué au front, le 26 septembre 1914, à Perthes-lès-Hurlus en Champagne.[75] La description du tableau avec ses personnages maigrissant d'une copie à l'autre, préfigure la fin de l'un d'entre eux qui, sans le savoir, s'achemine vers la mort.

Une première version embryonnaire de ce roman/projet se trouve dans *La Vie mode d'emploi* : la représentation de 'trois hommes sur un petit sentier de campagne' y figure sous la forme d'une photographie conservée dans un carton à chapeaux dans la cave des Gratiolet et représenterait Juste Gratiolet, l'arrière grand-père d'Olivier et premier propriétaire de l'immeuble, avec deux amis. (*VME*, ch. XXXIII, p. 204) Un des fils de ce Juste, Olivier, grand-oncle de l'Olivier encore en vie, partage la date et les circonstances de sa mort avec August Macke : il est tué le 26 septembre 1914 à Perthes-lès-Hurlus en Champagne.[76] Sur le paysage à manivelle (n° 8) on

---

74. Programme reproduit par David Bellos, *op. cit.*, p. 600.

75. Klee meurt en 1940, en Suisse. Son ultime peinture est *Une Nature morte*. Voir Santino Mele, *art. cité, Cahiers Georges Perec*, n° 6, p. 84.

76. Nous n'apprenons cette mort que dans le chapitre LVIII (*VME*, p. 344). Peut-être

voit par ailleurs réapparaître le tenace petit sentier de campagne de mauvais augure : 'une petite rue devenait une petite route dans un pays chaud, non loin d'une oasis'. (*UCA*, p. 43)

Troisième exemple, finalement. Un tableau représentant des *Eskimos descendant le fleuve Hamilton* de Schönbraun est successivement remplacé par *Les Pêcheurs de perles* de Dietrich Hermannstahl, puis par le portrait de la *Jeune Mariée*, portant un collier de perles, de R. Mutt. Il s'agit ici de trois peintres fictifs aux patronymes allemands. Deux de ces tableaux sont des variations sur les 24 portraits imaginaires du peintre Hutting dans La *Vie mode d'emploi* où se trouvent dissimulés en hypogrammes les noms des membres de l'Oulipo.[77] (*VME*, ch. LIX) Le portrait n° 23 (représentant 'le géographe Lecomte descendant le fleuve Hamilton et hébergé par des Eskimos qu'il remercie par un *caroube*), cache le nom de Jacques Roubaud. Ce nom se transforme dans *Un cabinet d'amateur* en Schönbraun : Roubaud est promu peintre du tableau sur lequel il figurait dans *La Vie mode d'emploi* encore sous la forme d'un *caroube*. Le n° *11* des *24* portraits de Hutting représente un certain R. Mutt, et comporte une allusion à Marcel Duchamp. De même que Roubaud, ce Mutt se transforme dans *Un cabinet d'amateur* en peintre : le commentateur lui attribue le tableau de la *Jeune Mariée*, ce qui ne nous étonne pas si nous nous rappelons que Duchamp a signé de ce nom, Mutt, un de ses 'ready-made' scandaleux, et que son grand œuvre s'intitule la *Mariée mise à nu par ses célibataires même* (1915-1923)[78]. *Les Pêcheurs de perles*, finalement, qui ménage la transition entre le tableau

Perec s'est-il laissé inspirer par le travail du photographe allemand August Sander (*Menschen des 20. Jahrhunderts. Portraitphotographien 1892-1952*) qui, le 1er mai 1914, photographia trois jeunes Rhénans sur un sentier de campagne, en route vers une fête champêtre. Cette image d'une innocence et d'une bravoure qui quelques mois après se perdraient définitivement sur les champs de bataille, est devenue célèbre. C'est sur cette même photographie que l'écrivain américain Richard Powers a fondé son roman *Three farmers on their way to a dance* (New York, Beach Tree Books, 1985).

77. La solution de ces hypogrammes est donnée dans 'Quatre figures pour *La Vie mode d'emploi*', *Atlas de littérature potentielle*, pp. 394, 395.

78. C'est la *Fontaine (Fountain)*, envoyée à une exposition New-Yorkaise en 1917 que Duchamp a signée du pseudonyme de R. Mutt, jeu de mots sur le nom de la firme productrice de cet objet, J.L. Mott Iron Works. Voir à ce sujet, Jean-Philippe Antoine, 'Une expérience démocratique de l'art ? De Duchamp à Beuys', *Le Débat*, n° 98, janvier-février 1988. Antoine relève que le nom de Mutt évoque encore celui d'un des deux personnages d'une bande dessinée humoristique populaire, 'Mutt and Jeff', et qu'il est aussi d'utilisation courante en américain pour désigner un chien bâtard, et par extension, quelqu'un de stupide. Le recours à nom propre souligne une fois de plus le recours canularesque aux jeux de mots bilingues, caractéristiques d'*UCA*.

de Schönbraun et celui de Mutt, renvoie au projet d'un roman datant du début des années soixante et racontant la vie d'un marchand de perles, comme l'était David Bienenfeld, en poste aux Philippines.[79] Quel est le rapport entre ces pêcheurs de perles et la jeune mariée associée, par le biais de son peintre, au nombre maléfique de onze ? Je suspends la réponse (voir *infra*, p. 341) mais s'il faut rattacher dès maintenant ces représentations aux tableaux figurant dans le *cabinet* de Van Haecht, c'est le tableau disparu de Van Eyck, représentant une jeune femme, selon l'interprétation de Held une jeune mariée à son bain, qui se prête à un rapprochement.

Deux personnages : un collectionneur et son chien

Comparé au tableau de Van Haecht avec ses grandes fenêtres, ses trente personnages, exprimant, debout, assis, ou à genoux, leur intérêt pour les tableaux et les autres objets qui leur sont montrés, le cabinet de Kürz tel qu'il est décrit par les différents énonciateurs, frappe à la fois par son manque d'animation et par une plénitude étouffante. Les tableaux accumulés cadre contre cadre, ont accaparé portes et fenêtres : pareil au salon du Nautilus évoqué en exergue, la pièce est hermétiquement fermée au monde extérieur. L'illusion de profondeur créée dans le cabinet de Van Haecht par la porte donnant sur la cour, est réalisée sur la toile de Kürz par la mise en abyme. Kürz a mis son tableau, accroché au mur du fond, dans le tableau. Le collectionneur et son chien sont les seuls êtres 'vivants' du tableau. Sur un chevalet à gauche est posé le portrait de l'homme couvert de tatouages. Un peu plus loin dans le texte, ce portrait est présenté par Nowak de manière énigmatique comme l'autoportrait du peintre, 'ce créateur désormais dépossédé du droit de peindre'. (*UCA*, p. 36) Le nom de famille de cet homme tatoué, Mc Ginnis, a été rapproché de Mac Guinness (= fils de Guinness) ce qui permettrait de l'identifier avec le fils adoptif du brasseur, Humbert Raffke. Nous verrons plus loin que celui-ci s'est portraituré en Méphistophélès ; il est, par conséquent, plus probable que le pitoyable homme tatoué représente le double fictif d'Humbert Raffke, Heinrich Kürz.

Dans la deuxième partie du livre, Nowak nous apprend que sur les esquisses qu'il a découvertes parmi les 1397 dessins préparatoires laissés par

---

79. Voir David Bellos, *op. cit.*, p. 265.

Kürz et qu'il a reproduites dans sa thèse, le cabinet de Kürz était peuplé de nombreux personnages et encombré d'instruments anciens. La description de cette version primitive révèle que le cabinet de Kürz ressemblait, en première instance, beaucoup au cabinet d'amateur flamand de Van Haecht. Le décor aurait été :

> une vaste pièce avec des portes et des fenêtres ouvrant sur une terrasse décorée d'arbres en pots, un grand lustre de Venise, des meubles, des vitrines avec quelques objets et curiosités (nautiles, sphères armillaires, théorbe et mandore, perroquet empaillé), une dizaine de personnes, et seulement quelques tableaux. (*UCA*, pp. 81, 82)

L'examen de la genèse du tableau permet à Nowak de révéler que Kürz avait reçu l'ordre de représenter le collectionneur avec les dix-neuf membres de sa famille – sa femme, ses cinq fils, sa fille unique Anna, son gendre, ses trois brus, ses sept petits-enfants et son fils adoptif, Humbert Raffke. Kürz avait obéi à cet ordre de son commanditaire en transformant certains portraits de la collection en portraits de membres de la famille :

> Ce n'est qu'au fur et à mesure des esquisses que l'on voyait la scène se concentrer, se raréfier, devenir dense et compacte, jusqu'à ne plus admettre que 'les tableaux eux-mêmes, leur maître et leurs reflets'. (*UCA*, p. 82)

L'épouse de Raffke est portraiturée comme *Clara Schumann* par Ludwig Steinbruck, les cinq fils et le gendre figurent dans une réplique de l'*Autoportrait aux masques* de James Ensor[80], Anna, la fille unique, est représentée sous les traits de *La Jeune fille au portulan* attribuée à Fabritius. Les sept petits-enfants apparaissent dans les reflets au deuxième degré d'un tableau de Boucher, *L'Enigme*, dont la première reproduction montre un squelette armé d'une faux. Rappelons que si Van Haecht représentait ses personnages également d'après des portraits déjà existants, il le faisait par des copies fidèles aux originaux. La genèse difficile du cabinet d'amateur de Kürz telle qu'elle est reconstituée par Nowak, est caractéristique d'une tendance signalée ci-dessus : d'une représentation à l'autre les personnages sont tous aspirés par le vide, et s'ils ne disparaissent pas tout à fait, ils sont immobili-

---

80. Le masque ayant pour corollaire le squelette occupe une place de choix dans la thématique ensorienne. L'*Autoportrait aux masques* de Kürz est peut-être inspiré par le tableau réel, intitulé *La Vieille aux masques* (1889). Célèbre est aussi *Mon portrait en 1960*, eau-forte où Ensor s'est représenté réduit à l'état de squelette.

sés, métamorphosés de manière méconnaissable, statufiés par l'art. De plus, presque toutes ces transformations ont des connotations morbides. On connaît la sombre fin du mari de Clara Schumann, le burlesque macabre des toiles d'Ensor.[81]

Au collectionneur de Van Haecht, Corneille van der Geest, riche négociant anversois, mécène aux goûts artistiques raffinés dont la devise était 'Vive l'esprit', correspond donc Hermann Raffke, riche brasseur germano-américain. Cependant, Raffke est, à l'opposé de son prédécesseur, totalement ignorant en matière d'art. Alors que Van der Geest présente sa collection à ses visiteurs ou, si l'on veut, aux spectateurs, Raffke nous tourne le dos, autistiquement absorbé par la contemplation de ses trésors et par la représentation à l'infini de cette contemplation.[82] Les membres de sa famille lui ont faussé compagnie. Seul son chien est là, apparemment endormi.

Un peintre de descendance iconoclaste

Nowak dédie une autre partie de sa thèse à la vie et l'œuvre de Heinrich Kürz (1884-1914), personnage fictionnel au second degré, qu'il a inventé en coopération avec Humbert Raffke et ses complices. A sa mort prématurée, le 12 août 1914, dans un accident de train à Long Island, Kürz laisse une œuvre hétéroclite qui ne consiste qu'en six toiles : deux paysages de bords de mer, peints pendant des vacances à Watermill[83], le portrait d'une comédienne, un autoportrait 'avec effets d'anamorphose', laissé inachevé, mais dont on peut craindre qu'il ne ressemble au crâne représenté dans les *Ambassadeurs* de Holbein, tableau générateur de *La Vie mode d'emploi* ; un tableau de genre (*Central Pacific*, Indiens à cheval regardant passer une locomotive) et le *cabinet d'amateur*, fabriqué entre 1909 et 1912 pour Raffke.

81. Nous avons vu que Perec dans sa *Défense de Klee* (1959) associe James Ensor à l'inquiétude et l'angoisse de l'entre-deux-guerres, 'l'époque à laquelle James Ensor déploie ses grimaces', *Cahiers Georges Perec*, n° 6, p. 23.

82. Notons encore la permutation de petits détails : alors que Van der Geest est habillé d'un long manteau bordeaux surmonté d'une fraise blanche tirant vers le gris, Raffke est vêtu d'un peignoir gris dont le col châle s'agrémente d'un fin liséré rouge.

83. Ici encore on peut déceler des allusions autobiographiques. Watermill pourrait renvoyer au Moulin d'Andé où Perec a séjourné régulièrement entre 1966 et 1969, et où il a vécu un amour malheureux. Le nom de la comédienne portraiturée par Kürz, Mlle Fanny Bentham rappelle le prénom de la sœur de Cécile Perec, Fanny, également déportée en février 1943.

(*UCA*, p. 80) Kürz a renoncé à la peinture en 1912 après avoir achevé ce cabinet d'amateur.

Nowak offre deux interprétations du silence volontaire qu'il attribue à son peintre. La première interprétation, figurant dans la première partie du récit, est d'ordre artistique, la seconde, énoncée dans la deuxième partie, d'ordre biographique. Dans le préambule de son article *Art and Réflexion*, Nowak avance que toute œuvre est le miroir d'une autre œuvre : 'un nombre considérable de tableaux, sinon tous, ne prennent leur signification véritable qu'en fonction d'œuvres antérieures qui y sont soit simplement reproduites, intégralement ou partiellement, soit, d'une manière beaucoup plus allusive, encryptées'. On reconnaît dans cette thèse, illustrée par les exemples de cabinets d'amateurs du XVIIᵉ siècle (*UCA*, pp. 31-33, passage inspiré de Speth-Holterhoff) non seulement une réflexion métatextuelle de Perec sur la fonction réflexive d'*Un cabinet d'amateur*, mais encore une simplification caricaturale de la thèse qu'avance Gombrich dans son étude *Art and Illusion* : 'tous les tableaux doivent beaucoup plus à l'étude d'autres tableaux qu'à l'observation directe'.[84]

Selon Nowak, Kürz s'était proposé 'd'élaborer une œuvre qui était en elle-même une histoire de la peinture, de Pisanello à Turner, de Cranach à Corot, de Rubens à Cézanne' et de déterminer sa propre position de peintre germano-américain par rapport à la tradition européenne. (*UCA*, pp. 33-35) Cette démarche réflexive avait, cependant, abouti au constat d'un échec. Nowak considère le cabinet d'amateur de Kürz comme une 'image de la mort de l'art, une réflexion spéculaire sur ce monde condamné à la répétition indéfinie de ses propres modèles'. Si Kürz avait peut-être nourri l'espoir de 'troubler par les variations minuscules de copie en copie l'ordre établi de l'art, de pouvoir retrouver l'invention au-delà de l'énumération, le jaillissement au-delà de la citation, la liberté au-delà de la mémoire', – programme dans lequel on peut reconnaître celui de Perec lui-même –, il avait dû s'avouer avec 'mélancolie' que cette tâche dépassait ses moyens.

Si j'essaie d'interpréter à mon tour, au-delà de leur évidente dimension métatextuelle, ces formules ironiquement emphatiques, je peux m'imaginer

---

84. Ernst H. Gombrich, *Art and illusion, A study in the psychology of pictorial representation* [1960] (Oxford : Phaidon Press, 1980) p. 393. Dans cette étude Gombrich esquisse la longue et complexe histoire de l'art de la représentation, il décrit cette histoire comme une lente évolution des schémas immuables, de l'art conceptuel des Egyptiens à l'effort de pousser aussi loin que possible la ressemblance entre les représentations artistiques et leurs modèles.

que Kürz se serait rendu compte, par ses activités de copiste, que le lent progrès séculaire de la peinture vers la représentation parfaite de la réalité, vers l'illusion visuelle parfaite, réalisée dans l'ambiguïté visuelle du trompe-l'œil, avait atteint son terminus ad quem. Le peintre le plus ancien qui figure sur le cabinet de Kürz est Pisanello (1395-1455), le plus moderne est Utrillo (1883-1955), peintre autodidacte qui doit sa notoriété essentiellement à l'œuvre peinte entre 1907 et 1914 et dont le nom est lié à des histoires de faussaires. Kürz, lui, a fabriqué son cabinet entre 1909 et 1912, époque dont le choix n'est évidemment pas fortuit. Ce sont les années dans lesquelles le cubisme prend son essor et scelle la fin de l'art de la représentation réaliste. Cézanne, mort en 1906, fait figure d'initiateur. Réagissant contre la profondeur visuelle de la Renaissance, les cubistes se détournent du schéma figuratif traditionnel. Dans sa thèse, Nowak revient sur son interprétation pessimiste de l'énigme des minuscules variations dans le cabinet d'amateur de Kürz : s'approprier l'œuvre des autres, ce serait à la fois 'projection vers l'Autre et Vol, au sens prométhéen du terme', [...] l'aboutissement logique de la machinerie purement mentale qui définit précisément le travail du peintre'. Mais il décrit en même temps le 'Silence volontaire et autodestructeur' que Kürz s'était imposé après avoir achevé son tableau comme 'le développement ultime de ce cheminement'. (*UCA*, pp. 84, 85) En d'autres termes, dans l'art figuratif la marge de manœuvre s'est rétrécie, il est devenu extrêmement difficile d'innover dans le domaine de la représentation réaliste.

Nowak donne cependant encore d'autres renseignements sur Kürz. A l'intérieur des reflets au deuxième ou troisième niveau de son *Cabinet*, Kürz avait incorporé deux de ses propres ouvrages : un des deux paysages de bord de mer, intitulé *Le Port de plaisance près d'Amagansett*, et une représentation en miniature. Cette miniature de deux centimètres de long sur un centimètre de large, représente le suicide collectif d'un secte d'iconoclastes : 'en s'aidant d'une forte *loupe*, on parvient à y distinguer une trentaine d'hommes et de femmes se précipitant du haut d'un ponton dans les eaux noirâtres d'un lac'. (*UCA*, p. 99) La miniature comporte, selon Nowak, la clé de la vocation de Kürz : il s'était fait peintre pour pouvoir représenter la fin de son père, également peintre et, paradoxalement, membre d'une secte iconoclaste, qui avait saccagé en 1891 les usines, dépôts et magasins d'Eastman-

Kodak à Rochester avant de se suicider.[85] (*UCA*, p. 99). Peut-être ce père, encore empreint du puritanisme de ses ancêtres allemands, s'était-il insurgé contre la prolifération d'images rendue possible par l'évolution de la photographie, ou peut-être avait-il voulu, dans une tentative désespérée, sauver la peinture académique, figurative, menacée par les nouveaux moyens de reproduction qu'offrait la jeune photographie.[86] Dans ce cas, sa mort serait liée à la fin de l'art figuratif. Nous ne pouvons que spéculer : Perec ne nous renseigne pas sur les motifs de ce personnage.

Ce qui relie l'histoire de Kürz à celle de cet autre peintre de cabinets d'amateurs, Van Haecht, c'est évidemment le thème de la reproduction, de l'imitation engendrée par l'iconoclasme, thème qui constitue l'un des fils rouges dans les histoires des tableaux d'*Un cabinet d'amateur*.[87] L'œuvre de Kürz et celle de Van Haecht, également fils de peintre, trouvent toutes deux leur origine dans la destruction de représentations visuelles. Alors que Van Haecht a travaillé pendant l'âge d'or de la peinture, et a pu s'inscrire sans complexes et grâce à l'appui de Van der Geest, dans la continuité d'une tradition dont l'intermezzo iconoclaste n'avait que redoublé la vigueur, Kürz est tourné entièrement vers le passé, réduit à la reproduction d'un art qui a fait son temps, paralysé par la rupture entre l'académisme classique et la modernité. Van Haecht souligne le triomphe sur la mort de *Pictura*, le noble art libre, Kürz ne peut montrer que sa défaite.

Après l'achèvement du cabinet de Raffke, Kürz s'impose 'un silence volontaire et auto-destructeur' ; ce qui devait devenir son œuvre principale, reste définitivement à l'état d'ébauche, réunie pour l'éternité dans le cabinet d'amateur avec la copie du *Petit port de plaisance près d'Amagansett*, ouvrage

---

85. Cette histoire iconoclaste est à rapprocher du ch. LXXXXVII de la *VME*, où l'équipe de reportage qui devait se rendre à Trébizonde en Turquie pour y filmer la destruction de la 438ᵉ aquarelle de Bartlebooth trouve la mort dans un inexplicable accident de voiture. (*VME*, p. 530). Bartlebooth s'était opposé à ce projet, ne pouvant pas supporter la reproduction cinématographique de la destruction de ses aquarelles.

86. Perec se montre très précis dans la datation de ce suicide : l'évolution de la photographie avait été accélérée par l'invention en 1889 de la nitrocellulose par George Eastman qui avait fondé l'Eastman Company en 1880 à Rochester. Ce nom, George Eastman, a pu être rapproché par Perec de ses propres origines : Georges, l'homme qui venait de l'Est. Kodak est un mot anglo-américain créé arbitrairement en 1891 pour désigner l'appareil photographique. Si la photographie apparaît comme une menace pour l'art académique, elle est considérée par les impressionnistes comme un moyen extraordinaire d'investigation, comme le moyen de réduire préalablement des spectacles naturels à des surfaces où ils prennent leur juste place.

87. La reconstitution de ces histoires comporte de nombreuses allusions à la saisie des églises en France en 1793. Voir par exemple *UCA*, p. 77, p. 107.

de jeunesse. La représentation de la mort du père[88] à jamais suspendue et
celle d'un port de mer, symbole du refuge maternel : il me paraît superflu
d'insister sur l'impression de stagnation et d'impasse qui se dégage de ces
deux images jumelées. A en croire Nowak, Kürz aurait péri dans un accident de train sur Long Island. Amagansett étant situé sur l'extrême pointe
de Long Island, c'est peut-être en vue de ce petit port, lieu de sa jeunesse,
qu'il serait mort.[89]

Si nous nous rappelons que Kürz est un personnage au second degré,
nous pouvons encore découvrir un autoportrait du vrai peintre de ce
cabinet d'amateur, Humbert Raffke, l'inventeur de cette supercherie, qui
a pris la place d'un robuste *Méphistophélès* du peintre fictif Larry Gibson :
'ses petits yeux rieurs se plissent de plaisir sous des besicles cerclés d'acier'.
(*UCA*, p. 83) Sur ce portrait qui a été généré par le chapitre LXV de La *Vie
mode d'emploi*, donc juste avant l'irrégularité du saut du cheval et l'escamo-
tage de la pièce au coin gauche de l'immeuble, le peintre semble se moquer
de la lourdeur de nos dérives interprétatives : toute l'histoire de Kürz a été
concoctée par lui pour pouvoir mieux vendre les faux tableaux. La mélancolie de Van Haecht et de Kürz a fait place au triomphe jubilatoire de
l'inventeur d'une mystification réussie.

Une centaine de tableaux

L'identification des tableaux reproduits par Kürz dans son cabinet d'amateur, exige une interrogation ponctuelle, portant sur toutes les informations
qu'offre le texte. Perec maîtrise de manière diabolique les stratégies de la
distraction. La liste des tableaux mentionnés dans le texte est beaucoup plus
longue que celle des tableaux reproduits par Kürz. Le point de vue à partir
duquel les tableaux sont décrits et les critères de sélection varient avec
l'instance énonciatrice, ce qui entraîne à la fois lacunes et redondances. Un
grand nombre de tableaux (vingt-neuf sur la toile de Kürz) sont mentionnés
à plusieurs reprises et décrits sous différents angles, mais toujours de ma-

---

88. Comme le relève Anne Roche dans 'L'auto(bio)graphie', *Cahiers Perec*, n° 1, 1984, pp.
77,78, cette représentation avortée de la mort du père, métaphorise l'effort de Perec pour (se)
représenter la mort de ses parents.

89. Si Kürz avait pu se décider à élaborer l'œuvre miniature et à (se) représenter la mort
de son père, il aurait baptisé son tableau, *Les Ensorcelés du Lac Ontario*, titre qui renvoie à
l'un des tableaux *vivants* dans *Impressions d'Afrique* de Raymond Roussel (ch. V et XIV), et
qui a été engendré par le chapitre III de *La Vie mode d'emploi*.

nière lacunaire afin de laisser le lecteur sur sa faim. Par ailleurs, ce n'est que rarement que l'énonciateur décrit le bonheur visuel suscité par la contemplation d'un tableau ; quant à une appréhension esthétique savante de la peinture, il n'en est pas question.

Ce jeu de reflets, de répétitions, de discontinuité systématique dans la transmission de l'information rend la tâche ardue. Elle se complique encore par les effets de mise en abyme. Parfois les modifications apportées aux copies sont telles que l'on se voit confronté à un tableau dont, d'un reflet à l'autre, le titre et le sujet changent radicalement. La surabondance de précisions numériques ne fait qu'augmenter les difficultés du décompte.

• Acrobaties arithmétiques

La longue notice anonyme dans le catalogue de l'exposition annonce que 'plus de cent tableaux' sont rassemblés dans le cabinet de Kürz. (*UCA*, p. 18) Le narrateur, lui, rectifie en passant ce renseignement, en mentionnant, parmi les achats effectués par Raffke en Europe, trois tableaux numérotés 'qui figurent aujourd'hui dans le cabinet d'amateur de Heinrich Kürz parmi les cent plus belles œuvres de sa collection'. (*UCA*, p. 70)

Les tableaux évoqués se laissent classer en différentes catégories : selon leur origine, américaine ou européenne, leur attribution à un peintre réel, fictif ou anonyme, leur appartenance ou leur non-appartenance à la collection de Raffke, leur présence ou absence sur la toile de Kurz, la présence ou l'absence d'un numéro de catalogue. Provenance et numérotation[90] sont toujours explicitement mentionnées, mais ce n'est qu'en décryptant les indications disséminées dans le texte que l'on arrive à identifier dans la liste de la collection Raffke les tableaux représentés sur la toile de Kürz. Que les histoires d'attribution occupent une place de choix dans ce fouillis de renseignements n'a rien d'étonnant dans un texte qui métaphorise la pratique des citations non-avouées de son auteur.

L'examen de la répartition des tableaux du cabinet de Kürz sur les parties du texte révèle la précision obsessionnelle avec laquelle Perec a composé ce texte qui obéit, une fois de plus, aux réglages numériques désormais familiers. Cette fois, ce sont surtout les occurrences du *onze* qui se multiplient.

---

90. Onze tableaux sont numérotés et renvoient respectivement aux chapitres suivants de *La Vie mode d'emploi* : 8, 35, 37, 37 bis, 52, 62, 72, 73, 76, 83, 93.

Si l'on exclut du compte les exemples de cabinets d'amateurs historiques, la première partie d'*Un cabinet d'amateur* mentionne vingt-trois
tableaux. De ces vingt-trois tableaux il n'y en a que *onze*, tous d'origine
européenne, dont le texte dit ou suggère qu'ils figurent sur le cabinet d'amateur de Kürz, à savoir les trois tableaux décrits en détail par le commentateur anonyme (pp. 20-23), et les huit tableaux évoqués par le narrateur pour
illustrer le jeu pervers des mises en abyme. (pp. 27, 28) Le commentateur
anonyme mentionne également trois natures mortes allemandes.[91] De deux
d'entre elles, il n'est pas sûr qu'elles aient été reproduites ou non par Kürz.
Des onze tableaux portant un numéro de catalogue, cinq d'origine américaine et six d'origine européenne, huit sont mentionnés dans cette première
partie. Aucun d'entre eux ne figure cependant sur la toile de Kürz.

Dans la deuxième partie du texte, ce sont l'autobiographie apocryphe de
Raffke, la thèse de Nowak et les extraits du catalogue de la deuxième vente
Raffke qui nous renseignent sur les tableaux appartenant à la toile de Kürz.
Dans l'autobiographie de Raffke, les tableaux sont évoqués pour illustrer
l'évolution du brasseur qui se transforme d'amateur d'art novice, affection-
nant l'art néo-classique, 'les grands tableaux d'histoire ou des scènes de
genre aux anecdotes réconfortantes'[92] en collectionneur rusé, achetant sur
le conseil des spécialistes aussi bien des maîtres anciens que des toiles
impressionnistes. Cette autobiographie comporte entre autres une liste de
quinze tableaux prestigieux, dits les joyaux de la collection, attribués aux
représentants célèbres de différentes écoles de peinture européenne. Arrivé
à l'alinéa 75 et à la fin de l'autobiographie de Raffke, le lecteur attentif a pu
identifier quarante et un tableaux de la toile de Kürz – dont *onze* sont
énumérés dans la première partie et trente évoqués par Raffke.

Les tableaux décrits dans la thèse de Nowak ont été sélectionnés pour en
illustrer les trois points cruciaux, à savoir la genèse du cabinet de Kürz,
l'authentification des originaux copiés par Kürz, et la biographie de celui-ci.

---

91. Il s'agit d'un *Compotier* de Sigmund Becker, d'un *Etabli* de James Zapfen, et d'une
Théière transformée en *Cafetière* de Garten, tous trois peintres fictifs. La transformation de
la *Théière* en *Cafetière* rappelle les transformations du titre d'un tableau de Renoir, exposé
comme *La Tasse de café* au Salon de 1878, comme *La Tasse de thé* à l'Exposition mondiale de
1889 et connu aujourd'hui comme *La Tasse de chocolat*. Voir à ce sujet Leo H. Hoek, *De titel
uit de doeken gedaan* (Amsterdam : VU Uitgeverij, 1997) p. 21.

92. Sept d'entre eux, appartenant à l'école néo-classique, lui tiennent assez à cœur pour
qu'il demande à Kürz de les faire figurer dans son *Cabinet d'amateur*. Ces sept tableaux, tous
attribués à des peintres fictifs, sont évoqués dans l'une des deux notes que compte le texte.
(*UCA*, p. 59)

L'histoire de la genèse du tableau est prétexte à la description des six toiles que Kürz a transformées en portraits des membres de la famille du collectionneur. Celui de la fille de Raffe, *La Jeune fille au portulan*, a déjà été mentionné parmi les quinze joyaux de Raffke. L'authentification des originaux reproduits par Kürz amène Nowak à reconstituer en détail l'histoire des trois tableaux italiens de la Renaissance figurant également parmi ces quinze joyaux. Il fait la même chose pour quatre tableaux français non encore mentionnés. Des vingt et un tableaux américains figurant dans le cabinet de Kürz, Nowak en décrit cinq parmi lesquels deux peints par Kürz lui-même. Nous avons cependant appris dans un stade antérieur que ces deux tableaux font partie des copies miniatures, modifiées par la mise en abyme. Après avoir soustrait au nombre des tableaux relevés par Nowak ceux qui ont fait l'objet d'une mention antérieure ou qui, faisant partie des copies miniatures, ne peuvent pas être pris en considération dans les calculs, il reste trente tableaux qui peuvent être ajoutés à l'inventaire. De ces trente tableaux, douze, huit d'origine européenne et quatre d'origine américaine, sont évoqués soit en détail soit seulement par leur titre.

Les calculs se compliquent avec les extraits du catalogue de la deuxième vente Raffke où figurent plusieurs tableaux mentionnés déjà une ou deux fois dans le texte. Le critère de sélection est cette fois le prix de vente. La vente Raffke s'étend sur quatre journées. La première journée est consacrée à la peinture américaine : sept tableaux non encore mentionnés font leur apparition.[93] La deuxième journée, réservée à la peinture européenne moderne (XIXe siècle), fait réapparaître la plupart des 'Lieblingssünden' de Raffke et quatre tableaux européens également non encore mentionnés.[94]

Pendant les *troisième* et *quatrième* journées quarante-cinq tableaux sont vendus. Parmi les trente-neuf tableaux évoqués, vingt sont mentionnés pour la première fois. Ainsi, les extraits du catalogue de la seconde vente Raffke ajoutent trente et un tableaux à l'inventaire. Le total des toiles reproduites dans le cabinet d'amateur de Kürz atteint ainsi 95 tableaux. Si l'on y ajoute les deux natures mortes allemandes évoquées dans la première partie mais dont il n'est pas certain qu'elles aient été reproduites, on arrive à 97 ta-

---

93. A l'exception de Mary Cassatt, peintre impressionniste qui a longtemps séjourné à Paris, tous les peintres américains sont fictifs.

94. Attribués à des peintres du XIXe siècle – Henri Gervex, Jean Léon Gérôme, Jean Gigoux, et Eugène Riou. Ce dernier est l'auteur d'un 'très étonnant *Voyage au centre de la terre*' (*UCA*, p. 103), ce qui permet de le rapprocher de l'illustrateur de Jules Verne, Edouard Riou.

bleaux. Ce compte n'inclut ni les reflets au deuxième et troisième degré ni les six tableaux américains dont nous ne connaissons ni titre, ni peintre, ni sujet.

Au terme de cet inventaire muséographique, nous comprenons ce qu'il faut entendre par 'travail sur la liste et irrégularité créatrice' ; ces calculs laborieux ne montrent pas seulement l'arithmomanie de Perec, mais également la pratique du 'clinamen', de l'erreur volontaire induite dans le système. Perec entretient savamment l'hésitation concernant le nombre précis des tableaux présents dans le cabinet de Kürz : le total atteint lors de notre décompte est de 95 ou de 97 tableaux, la notice anonyme parle de plus de cent tableaux, le narrateur de cent tableaux.[95] Le nombre des tableaux représentés sur la toile de Kürz ne correspond pas exactement au nombre des chapitres de *La Vie mode d'emploi*. Si nous nous rappelons, en outre, que des *onze* tableaux numérotés, il n'y en a que trois qui figurent sur la toile de Kürz, que sur les vingt et un tableaux américains seulement quinze ont été évoqués et qu'il y a plus de tableaux dans la collection Raffke qu'il n'y a de chapitres dans *La Vie mode d'emploi*, l'idée d'une correspondance terme à terme entre les tableaux du cabinet de Kürz et les chapitres de *La Vie mode d'emploi* se révèle illusoire. De plus, selon les listes préparatoires, certains chapitres de la *Vie mode d'emploi* ont généré deux tableaux, d'autres pas de tableau du tout.

Le choix des peintres, réels ou imaginaires, et des tableaux qui leur sont attribués est non seulement illustratif de la psychologie du collectionneur offensé dans sa passion naïve pour l'art et animé par le désir acharné de tromper à son tour, mais a été inspiré également par la contrainte intertextuelle, *Un cabinet d'amateur* ayant été conçu comme un reflet de la *Vie mode d'emploi*. Pourtant, même si l'on connaît le principe d'un renvoi systématique à la *Vie mode d'emploi*, la question reste de savoir ce qui a amené Perec à sélectionner justement ces peintres et ces tableaux. Je tenterai de reconstituer le cheminement de Perec pour quelques tableaux.

---

95. Bernard Piton, le seul exégète perecquien à avoir dressé un inventaire des tableaux figurant dans le cabinet d'amateur de Kürz, en est arrivé à une liste de 91 ou 94 tableaux dont 54 sont attribués à des peintres réels et le reste à des peintres fictifs ou anonymes. Bernard Piton, 'De Pisanello à Utrillo', *Revue du Centre d'études et de Recherches en Esthétique et Arts plastiques*, n° 2, septembre 1996, pp. 81-89.

D'une *Visitation* à une *Mise au tombeau*

Perec a eu recours à trois moyens pour mettre en relief certains tableaux : le nombre d'occurrences de leur mention, leur place sur les différentes listes et le prix auquel ils sont vendus. Dans l'inventaire des toiles du cabinet d'amateur de Kürz seuls *quatre* tableaux sont évoqués à *trois* reprises : il s'agit d'un *Portrait de jeune femme*, dit 'au portulan' attribué à Carel Fabritius de Delft, de deux tableaux d'origine italienne, un *Portrait d'un chevalier* et une *Annonciation*, et du *Petit port de plaisance près d'Amagansett* de Heinrich Kürz. Une seule toile apparaît quatre fois : c'est une *Visitation*, également d'origine italienne.

Mis en relief par la fréquence de leur mention, ces tableaux occupent également des positions-clés sur les différentes listes, dans lesquelles apparaît de nouveau en filigrane la numérique perecquienne. Il me paraît donc justifié de soumettre ces tableaux à un examen plus approfondi. Je laisserai hors de considération le *Petit port de plaisance* de Kürz qui, comme j'espère l'avoir montré, s'inscrit par sa valeur symbolique dans le prolongement de l'entreprise de Bartlebooth. J'ajouterai un tableau qui n'est mentionné qu'une seule fois dans *Un cabinet d'amateur* mais occupe une place de choix parce qu'il inaugure les extraits de catalogue des troisième et quatrième jours de la deuxième vente de Raffke, *Le Changeur et sa femme*.

L'examen de ces cinq tableaux permettra non seulement de soutenir l'hypothèse que la description du tableau de Van Haecht a servi de relais entre la *Vie mode d'emploi* et *Un cabinet d'amateur* mais encore de montrer que ces tableaux lus en séquence, juxtaposés, renvoient à l'histoire familiale de Perec. Ainsi, aux fonctions que nous avons déjà reconnues à la peinture chez Perec (caractérisation psychologique, embrayeurs de récit, opérateurs de vraisemblance, supports de l'intertextualité, réflexion métatextuelle) s'ajouterait une nouvelle fonction consistant à métaphoriser le noyau autobiographique de l'œuvre.[96]

---

96. Sur les fonctions narratives du tableau dans le récit, voir l'article de Sophie Bertho essentiellement inspiré par une réflexion sur le rôle de la peinture chez Proust et Flaubert, 'Asservir l'image', fonctions du tableau dans le récit', Leo H. Hoek éd., *L'Interprétation détournée*, CRIN, n° 23 (Amsterdam-Atlanta : Rodopi, 1990) pp. 25-36.

«Visitation»

La *Visitation*, seule toile à apparaître quatre fois, est aussi la première toile qui fait l'objet d'une description détaillée. Ces deux particularités semblent indiquer une mise en relief intentionnelle, dont la motivation apparaît clairement à la lecture des listes préparatoires d'*Un cabinet d'amateur*.[97] La *Visitation* renvoie au Chapitre I de *La Vie mode d'emploi* et inaugure donc le réseau intertextuel reliant les deux livres.

La première mention du tableau dans *Un cabinet d'amateur* prend la forme d'une description précise qui se développe sur deux pages. (*UCA*, pp. 20, 21) La seconde figure sur la liste des quinze joyaux de la collection Raffke, à la douzième place, et tranche la question de l'attribution qui, dans la description, faisait encore l'objet d'hypothèses variées. (*UCA*, p. 77) Cette attribution est ensuite confirmée par Nowak, qui reconstitue la liste des propriétaires successifs du tableau. (*UCA*, pp. 86-89) La quatrième mention figure parmi les extraits de la deuxième vente Raffke et nomme l'acheteur (M. Simon Rawram) et le prix auquel le tableau a été vendu, 62 500 \$. Le six et le cinq génèrent une nouvelle occurrence du onze, la présence du deux complète l'allusion à la date de la disparition de la mère. (*UCA*, p. 115)

• Description et attribution spéculative
Avant d'entamer sa description du tableau, le commentateur anonyme avance trois auteurs possibles, Pâris Bordone, Lorenzo Lotto ou Sebastiano del Piombo, peintres du XVIe siècle qui ont tous travaillé à Venise. (*UCA*, p. 20).[98] Comme le titre l'indique, le tableau représente l'entrevue de Marie avec Elisabeth (Luc 1 : 39-55). Marie rend visite à sa cousine, épouse longtemps stérile du prêtre Zacharie et, malgré son âge avancé, miraculeusement enceinte de Jean Baptiste.

Je cite ici intégralement la description du tableau :

---

97. Voir Hartje, Chauvin e.a., *art. cité*, pp. 130-135.

98. Ce sont trois contemporains. Pâris Bordone, né à Trévise (1500-1574), a subi l'influence de Giorgione et Titien, de Lotto et Pordenone. Selon Vasari, il aurait travaillé pour les Fugger à Augsbourg et aurait séjourné à la cour de Fontainebleau, en 1538 ou bien en 1559. De Lorenzo Lotto (1480-1556/57), né à Venise, le Louvre conserve un *Jérôme* et une *Assomption*. Sebastiano del Piombo (1485-1547) est également Vénitien de naissance et a été également influencé par Giorgione. Le nom de Sebastiano del Piombo se rencontre déjà dans *Les Choses* où les deux protagonistes se voient en Arsène Lupin modernes cambriolant l'appartement d'un riche collectionneur.

Au centre d'une petite place bordée de hautes colonnes entre lesquelles sont tendues des draperies richement brodées, la Vierge, vêtue d'une robe vert sombre que recouvre amplement un long voile rouge, s'agenouille devant sainte Elisabeth qui est venue au devant d'elle, vieille et à demi chancelante, soutenue par deux servantes. Au premier plan, à droite, se tiennent trois vieillards entièrement vêtus de noir ; deux sont debout, se faisant presque face ; le premier présente devant lui une feuille de parchemin à moitié déroulée sur laquelle est dessiné d'un mince trait bleu le pan d'une ville fortifiée que le second désigne d'un doigt décharné ; le troisième est assis sur un tabouret en bois doré, à pieds croisés, recouvert d'un coussin vert ; il tourne presque complètement le dos à ses compagnons et semble regarder le fond de la scène : une vaste esplanade où attend l'escorte de Marie : une litière fermée par des rideaux de cuir, portée par deux chevaux blancs que deux pages, vêtus de livrées rouges et grises, tiennent par la bride, et un chevalier en armure dont la lance s'orne d'une longue banderole d'or. A l'horizon se découvre un paysage de collines et de bosquets avec, dans le lointain, les tours brumeuses d'une ville. (*UCA*, pp. 20, 21.)

Cette description neutre, pauvre en interprétation, rappelle certains détails saillants d'une *Visitation* (1521) de Sebastiano del Piombo, conservée au Louvre.[99] Elisabeth y est représentée comme une femme au visage émacié, marqué par l'âge ; la Vierge Marie est accompagnée de deux servantes. A droite, derrière Elisabeth, se trouve un escalier en bas duquel on voit un homme, Zacharie, qui désigne la scène au premier plan et semble expliquer à deux compagnons au-dessus de lui ce qui se passe. A gauche, dans le lointain, on aperçoit les contours d'une ville.[100]

Si ce tableau réel a pu constituer l'un des points de départ de la *Visitation* décrite par le commentateur anonyme, on se doit de constater qu'il a

99. On sait que l'identification d'une œuvre par son seul titre est extrêmement problématique. Les titres sont loin d'être univoques, le répertoire des sujets (religieux, mythologiques et historiques) dans lequel puisent les peintres est par définition restreint et un seul titre (*Visitation, Portrait d'un Chevalier, Portrait d'une princesse, Vierge à l'Enfant, Annonciation*) peut renvoyer à une multitude de tableaux. En outre, l'apparition du titre est relativement récente et certains tableaux (comme par exemple celui que nous connaissons comme *Les Ménines*) ont changé de titre à plusieurs reprises. Voir à ce sujet Leo H. Hoek, *De titel uit de doeken gedaan*, éd. citée, p. 21. Si l'on dispose non seulement du titre d'un tableau, mais encore du nom de son auteur et d'une description détaillée de son sujet, il est possible de déterminer à quel peintre l'écrivain renvoie. Perec brouille évidemment les pistes en mêlant éléments référentiels et éléments imaginaires.

100. Le Louvre conserve une autre *Visitation* (1491), du peintre florentin Domenico Ghirlandaio (1449-1494), représentant Elisabeth à genoux, la main sur le flanc de sa cousine ; elles se trouvent sur une petite place bordée de colonnes, avec un ange à l'arrière-plan à droite, à gauche, une autre femme, et dans le lointain, une ville.

subi un certain nombre de changements. Certains détails – la couleur des vêtements, la position et l'attitude des personnages – ne semblent avoir été que légèrement modifiés. Sur le tableau de Piombo, Marie ne s'agenouille pas ; elle porte une robe rouge et un voile vert, les deux servantes ne soutiennent pas Elisabeth mais encadrent Marie ; les trois vieillards se trouvent bien à droite, mais à l'arrière-plan.

D'autres éléments ne figurent pas sur le tableau de Piombo : la feuille de parchemin à moitié déroulée, le tabouret en bois doré recouvert d'un coussin vert, la petite place bordée de colonnes et les deux chevaux, les deux pages et le chevalier en armure qui peuplent le fond de la scène.

- **Attribution définitive**

Lorsque le tableau est évoqué une deuxième fois dans l'énumération des quinze joyaux achetés par Raffke – à la douzième place (*UCA*, p. 77) – nous apprenons que c'est l'un des rares tableaux européens achetés par Raffke aux Etats-Unis à la vente de la collection Sherwood en 1900 (mentionnée dans le chapitre XXII de *La Vie mode d'emploi*). A l'occasion de cette vente, le tableau est expertisé par l'historien d'art Thomas Greenback qui remarque que les livrées des deux pages étaient aux armes du cardinal d'Amboise et que, par conséquent, le peintre ne pouvait être qu'Andrea Solario (1470/1475-1524).

Cette attribution est confirmée par Nowak qui établit la liste de tous les propriétaires de cette *Visitation*, depuis le cardinal d'Amboise, l'un des commanditaires historiques de Solario, jusqu'à James Sherwood, personnage fictionnel de *La Vie mode d'emploi*. (*UCA*, pp. 86-88) C'est sur cette liste que nous voyons apparaître les noms des visiteurs nobles représentés par Van Haecht dans son *Cabinet d'amateur de Corneille van der Geest lors de la Visite des Archiducs* :

> offerte par le cardinal à Maximilien lors de la constitution de la Ligue de Cambrai, la *Visitation* du Gobbo (bien que ce fût son frère Christoforo, qui fut bossu, Andrea était tout de même surnommé Del Gobbo) resta près d'un siècle dans les collections de Charles Quint puis de Philippe II qui la donna à Albert le Pieux lorsque celui-ci devint son gendre. Le tableau se retrouve ensuite, sans doute par l'intermédiaire de la dame d'honneur d'Isabelle, *Geneviève d'Urfé, marquise de Croy*, dans la collection de Charles de Croy, duc d'Arschot, et figure à ce titre dans l'inventaire établi par le peintre Salomon Noveliers après la mort du duc [...]. (*UCA*, pp. 86, 87 ; c'est moi qui souligne.)

Dans son évocation du *Cabinet* de Van Haecht (*UCA*, p. 32), Nowak avait ajouté les noms d'Albert et Isabelle à l'intitulé du tableau tel qu'il figure dans l'ouvrage de Speth-Holterhoff. Il avait mentionné comme autres visiteurs le roi de Pologne, le bourgmestre d'Anvers et quelques peintres, mais passé sous silence le nom de Geneviève d'Urfé, et nous ne pouvons reconnaître ce nom que si nous connaissons d'autres descriptions du *Cabinet* de Van Haecht.

Nowak authentifie l'attribution de cette *Visitation* à Solario par un fragment rédigé en français archaïque et emprunté à l'annonce de la vente de la collection du duc Van Arschot, annonce qui fait partie de l'inventaire dressé par le peintre Salomon Noveliers. La seule modification de ce fragment repris intégralement à Speth-Holterhoff consiste en un ajout : dans l'énumération des peintres célèbres dont Van Arschot possédait des tableaux, Perec/Nowak insère le nom d'André de Gobbe, dans lequel nous reconnaissons une version francisée du prénom de Solario et le surnom du frère d'Andrea Solario, le sculpteur Christoforo appelé *del Gobbo* :

> L'on faict savoir à chascun, qu'entre les meubles de feu Seigneur duc d'Arschot, se comptent environ deux mille pièces de painctures de toutes sortes de couleurs, de divers maistres excellents, comme d'Albert Dürer, Lucas de Leyde, Jean de Maubeuge, Jerosme Bosch, Floris Dayck, Longue Pierre, Titian Urban, *André de Gobbe*, Paul Verones et aultres. (*UCA*, p. 87 ; c'est moi qui souligne.)[101]

Fidèle à sa source[102], Nowak raconte encore que la vente de cette collection n'eut pas lieu à Bruxelles, mais à Anvers ; il s'écarte de Speth-Holterhoff lorsqu'il fait acheter le tableau par le collectionneur Jean Wildens, en qui nous reconnaissons cependant un autre peintre présent dans le *Cabinet* par Van Haecht.

Perec transforme ainsi les visiteurs admiratifs représentés dans *Le Cabinet d'amateur de Corneille van der Geest lors de la Visite des Archiducs* en propriétaires successifs d'une *Visitation* attribuée au peintre milanais Andrea Solario. C'est donc par le biais des patronymes des visiteurs, promus propriétaires, que cette *Visitation*, attribuée à Solario, se rattache à la visite des archiducs à Anvers commémorée par Van Haecht. Rappelons encore que

---

101. Fragment d'un exemplaire de l'annonce de cette vente, conservé à la bibliothèque nationale à Paris, cité par Speth-Holterhoff, *op. cit.*, p. 39.

102. S. Speth-Holterhoff, *op. cit.*, p. 39.

les archiducs avaient voulu acheter à Corneille van der Geest la *Vierge à l'Enfant* de Metsys et que Van der Geest avait décliné leur offre. Perec les dédommage pour ainsi dire de cette mésaventure en leur attribuant la propriété d'un autre tableau, une *Visitation*.

• Renvoi à *La Vie mode d'emploi*

Cette Visitation renvoie, selon les listes préparatoires, au premier chapitre de *La Vie mode d'emploi*. Les détails prélevés dans ce premier chapitre et figurant sur la première liste concernent trois personnages et un élément de décor. On trouve également l'esquisse d'une composition : deux hommes se trouvent au premier plan ; le troisième qui semble les regarder se trouve au deuxième plan. Sur la seconde liste figurent le titre du tableau et son attribution : 'Visite (ation) + 3 h(ommes) en noir, Ecole Italienne'.[103] La question est maintenant de savoir pourquoi Perec a sélectionné ces détails et comment il en est venu à forger le titre du tableau, la *Visitation*.

Selon Hartje, le titre provient très probablement d'une femme qui dans la *Vie mode d'emploi* 'va *visiter* les *trois* petites chambres dans lesquelles pendant presque *quarante* ans a vécu et travaillé Gaspard Winckler'. (*VME*, p. 20) Elle apparaît dans le récit alors qu'elle est en train de monter l'escalier entre le *troisième* et le *quatrième* étage, en route vers l'appartement de Winckler au sixième, appartement vacant depuis sa mort il y a deux ans. Il ne reste plus rien des meubles, objets et instruments parmi lesquels Winckler a vécu. Même le tableau carré, 'mélancolique', 'une photographie intitulée 'Illusions perdues', collée sur une toile, arrangée, coloriée et encadrée par sa femme Marguerite'[104], tableau qu'il aimait beaucoup et qui se trouvait sur le mur de sa chambre en face de son lit, a disparu. Ainsi, *La Vie mode d'emploi* qui s'achève sur la vision d'un tableau vierge, vide – la représentation de l'immeuble que Valène n'a pas réussi à achever –, s'ouvre sur la description d'un tableau disparu.

Ce tableau disparu représentait 'trois hommes, deux debout en redingote, pâles et gras, le troisième était assis près de la porte dans l'attitude d'un monsieur qui attend quelque chose'. (*VME*, p. 22) Le lecteur d'*Un homme qui dort* reconnaît le renvoi au dernier chapitre du *Procès* de Kafka et sait, contrairement au protagoniste K. qui 'ne s'attendait pas à cette

---

103. Voir pour les listes préparatoires, Hans Hartje e.a., *art. cité*, p. 130.

104. La description de ce tableau figure dans le chapitre LIII de la *VME*, p. 308.

visite', ce qui attend celui-ci : il sera poignardé par les deux 'acteurs de seconde zone' et mourra sur un terrain vague 'comme un chien'.

Le titre du premier tableau décrit dans le texte d'*Un cabinet d'amateur* renvoie ainsi aux deux visites, l'une narrée, l'autre seulement évoquée de manière allusive, dans le premier chapitre de *La Vie mode d'emploi*, à savoir la visite de la femme à l'appartement vide de Winckler et celle représentée sur le tableau 'mélancolique' de Winckler. Ce titre renvoie également à l'événement historique représenté par Van Haecht – la visite des archiducs à Corneille van der Geest. Par ailleurs, l'intitulé du tableau générateur encrypté par l'un de ses détails dans ce chapitre, le *Saint Jérôme dans son cabinet de travail*, fait réapparaître le terme de *cabinet*.

On peut se demander si c'est l'intervention d'éléments picturaux réels qui a transformé ces visites profanes en sujet religieux, ou si cette transformation se laisse expliquer encore d'une autre manière. Nous pouvons remarquer que dans la *Visitation* de Piombo figurent également trois hommes, et que le coussin vert évoqué dans la description du commentateur anonyme semble emprunté au tableau le plus connu de Solario au Louvre, intitulé précisément *Vierge au coussin vert*, peint vers 1507 pour le cardinal d'Amboise. Solario y a représenté la mère allaitant son enfant, l'enfant est couché sur un coussin vert, tournant le dos au spectateur, à la façon du troisième homme figurant dans la description de Raffke, qui, 'assis sur un tabouret couvert d'un coussin vert, tourne presque complètement le dos à ses compagnons et semble regarder le fond de la scène'. Mais si nous nous rappelons également que *La Vie mode d'emploi* se termine le 15 août 1975, fête de l'Assomption, désignée par Perec comme 'les fêtes du quinze août', nous pouvons avancer l'hypothèse que c'est peut-être par un désir de symétrie et d'un resserrement de la thématique, que Perec a transformé en rétrospective la Visite du chapitre I de la *Vie mode d'emploi* en une Visitation. Relu à travers le prisme d'*Un cabinet d'amateur*, le roman se trouverait ainsi encadré par deux moments cruciaux dans la vie de la Vierge, faisant partie des sept moments dits de la joie.[105] Le parcours menant de la Visite/Visitation à l'Assomption est cependant aussi celui qui mène d'une toile disparue, celle de Winckler, à une toile vierge, celle de Valène, d'une visite lugubre à une disparition céleste. La première mention de la *Visitation* est suivie de la description d'une nature morte de Chardin, *Débris du déjeuner*,

---

105. Perec raconte dans *W ou le souvenir d'enfance* (p. 212) qu'à son retour en 1945 à Paris, il rentre avec les Bienenfeld 'chez nous, rue de l'Assomption'.

et du portrait de l'homme tatoué au nom sinistre d'Adolphus Kleidröst. Perec renverrait-t-il ainsi à la rafle dans laquelle sa mère a été prise ?

La *Visitation*, décrite à quatre reprises dans *Un cabinet d'amateur*, s'avère ainsi s'inspirer d'au moins quatre sources picturales, dont l'une est fictionnelle, le tableau de Winckler, et les trois autres réelles – *Le Cabinet d'amateur de Corneille van der Geest lors de la visite des Archiducs* de Van Haecht, la *Visitation* de Sebastiano del Piombo et *La Vierge au coussin vert* d'Andrea Solario.[106] Le tableau renvoie par son titre au chapitre I de *La Vie mode d'emploi* (visite narrée et visite picturale) et au *Cabinet* de Van Haecht, par la représentation de son sujet et sa composition à Sebastiano del Piombo et à Andrea Solario, par sa provenance, l'histoire de ses propriétaires successifs, au tableau de Van Haecht et par les circonstances de son acquisition par Raffke au chapitre XXII de *La Vie mode d'emploi* : le brasseur aurait acheté le tableau à la vente Sherwood en février 1900 (*UCA*, p. 77) Rappelons que le *Cabinet d'amateur de Corneille van der Geest* a appartenu longtemps à une collection privée aux Etats-Unis et qu'il a fait sa réapparition en 1907.[107]

La superposition de différents textes et de différents tableaux réels et fictionnels résulte en une remarquable surcondensation. Le sujet d'une *Visitation* est dans l'iconographie lié à la représentation de deux femmes enceintes, alors que Perec rattache sa *Visitation*, par un élément pictural emprunté à *La Vierge au coussin vert*, à la représentation d'une femme allaitant son enfant. Cependant, le lien avec le tableau de Winckler, qui renvoie à une mort imminente et a été fabriqué par sa femme Marguerite, morte en 1943 en donnant naissance à un enfant mort-né, projette déjà l'ombre de la mort sur ces scènes dites de la joie.

Par le jeu sur le titre, sur la description et sur l'attribution du tableau Perec nous incite à examiner différentes sources picturales appartenant au monde réel. La contemplation de ces tableaux réels est indispensable pour saisir la signification du texte : la comparaison de la description textuelle avec ces tableaux permet d'observer les phénomènes d'altération, de distor-

---

106. Reste encore à retrouver l'origine des autres ajouts à la scène représentée. Les deux pages vêtus de livrées rouges et grises qui tiennent les chevaux, pourraient également provenir du tableau de Van Haecht où deux garçon vêtus d'habits bordeaux bordés d'un blanc grisâtre présentent le tableau de Metsys, la *Vierge à l'Enfant*, aux archiducs. La litière de Marie, les deux chevaux blancs, sont des détails que je n'ai pas pu replacer, mais le chevalier à la lance est invariablement associé chez Perec à son patron, saint Georges.

107. Sur l'histoire du tableau de Van Haecht, voir Julius Held, *op. cit.*, p. 38.

sion, mais surtout de condensation qui caractérisent le passage des images réelles à leur représentation textuelle, à leur traduction en mots. Ce n'est cependant que lorsque les détails picturaux concrets fusionnent, par le biais des renvois à *La Vie mode d'emploi*, avec des éléments picturaux fictionnels, qu'ils prennent sens et qu'une interprétation devient possible.

«*Portrait d'un chevalier*» encore appelé «*Le Chevalier au bain*»

Parmi les quinze joyaux de la collection Raffke figurent encore deux autres peintures de l'école italienne : le *Portrait d'un chevalier* et l'*Annonciation aux rochers*, toutes deux évoquées à trois reprises.

Le *Portrait d'un chevalier* fait sa première apparition sur la liste des quinze joyaux de Raffke, à la cinquième place. (*UCA*, p. 72) Son attribution à Giorgione constitue 'une des révélations capitales' de la thèse de Nowak (*UCA*, p. 91). L'histoire de sa vente en 1924 est racontée vers la fin du récit : le tableau est l'objet d'enchères extrêmement serrées entre le Metropolitan Museum, la Fondation Leichenhalle et l'Art Institute de Chicago, et est finalement vendu à ce dernier pour la somme de 143.000 $ en 1924. (*UCA*, p. 117) La seule présence du quarante-trois justifie un examen approfondi de la présentation de ce tableau.

• Description et attribution spéculative

Après une énumération succincte des propriétaires successifs, le *Portrait d'un chevalier* fait l'objet d'une première description par Raffke :

> Le chevalier est représenté de dos, nu, devant une source où il s'apprête à se baigner et qui lui renvoie l'image parfaite de son corps nu vu de face. A la droite du tableau, une cuirasse en acier bruni est appuyée contre un tronc d'arbre mort, et le profil droit du chevalier s'y réfléchit dans tous ses détails, cependant que de l'autre côté, une femme vêtue d'une longue robe blanche flottante présente au chevalier un grand bouclier rond où son profil gauche se reflète, à peine déformé par la convexité brillante du bouclier. (*UCA*, pp. 72, 73)

Ce portrait est l'un des rares tableaux qui donnent lieu à l'évocation d'un bonheur visuel : la perfection formelle dégage 'un sentiment de sérénité presque insupportable'. (*UCA*, p. 73) Traduisant une émotion extrêmement rare chez Perec, cet énoncé rappelle au lecteur de *W ou le souvenir d'enfance* l'évocation du sentiment qui envahit le je-narrateur lorsqu'il visite la tombe de son père : 'quelque chose comme une sérénité secrète liée à l'ancrage dans l'espace, à l'encrage sur la croix, de cette mort qui cessait enfin d'être abstraite'.[108] (*Wse*, p. 54)

Comme pour la *Visitation*, l'attribution fait problème. Trois peintres sont nommés par Raffke comme auteurs possibles, tous appartenant à l'école de Brescia, 'soit Girolamo Romanino, soit Moretto da Brescia, soit Girolamo Savoldo il Bresciano'. De ce dernier, Giovanni Girolamo Savoldo (1480/85-1548), le Louvre conserve effectivement le *Portrait d'un homme* dit aussi *Portrait de Gaston de Foix*, attribué dans le passé de manière erronée à Giorgione et considéré comme un autoportrait de l'artiste. Il présente un homme tourné de trois quarts vers le spectateur ; l'image de cet homme est reflétée par deux miroirs.

• Attribution définitive

Nowak résout l'énigme de l'attribution en rapprochant 'de façon lumineuse' le *Portrait d'un chevalier* d'une œuvre *perdue* de Giorgione (1477-1510) décrite par Vasari. (*UCA*, p. 92) Selon l'anecdote, rapportée par ce dernier et présentée sous forme de citation par Nowak, Giorgione aurait peint ce tableau pour relever le défi de quelques artistes qui prétendaient que la sculpture avait sur la peinture l'avantage de montrer une figure de tous les côtés pourvu qu'en tournant autour d'elle on changeât de point de vue. Giorgione, au contraire, soutenait que la peinture pouvait offrir tous les aspects d'un corps et les faire embrasser d'un seul coup sans qu'on ait besoin de changer de place.[109] Et il peignit :

> un nu, tourné de dos qui avait par terre, devant lui, une source d'eau très limpide, dans laquelle Giorgione peignit le reflet du nu de face ; sur un des

---

108. Comparable au 'charme étrange et presque inquiétant' que dégageait le paysage à manivelle portant le n° 8 au catalogue de la première vente Raffke. (*UCA*, p. 46).

109. L'anecdote de Vasari est racontée dans *Tout l'œuvre peint de Giorgione* et empruntée par Nowak/Perec avec quelques variations. L'on trouve également dans cette monographie le nom du collectionneur contemporain de Giorgione, Gabriel(e) Vendramin, et de brèves notices sur les peintres qui se rallièrent à la manière de Giorgione. Parmi eux figurent Pâris Bordone, Gerolamo da Romano, dit il Romanino, Gian Gerolamo Savoldo, mais aussi l'un des peintres de cabinets d'amateurs, David Téniers dont l'activité a une certaine importance dans les études giorgionesques : il dirigea pour l'archiduc Léopold-Guillaume d'Autriche la reproduction chalcographique de ses peintures italiennes, parmi lesquelles non moins de treize Giorgione, le célèbre *Theatrum pictorium* (1660). Voir *Tout l'œuvre peint de Giorgione* (Paris : Flammarion, 1971) p. 9, pp. 13-14.

côtés il y avait une légère cuirasse et dans laquelle il y avait le profil gauche, car dans le poli du métal on découvrait tous les détails ; de l'autre côté il y avait un miroir reflétant l'autre côté du nu. (*UCA*, p. 92)

Nowak rapproche encore ce portrait d'un chevalier nu, vu de dos, d'un *Saint Georges* de Giorgione, également perdu, que nous connaissons de la description qu'en a donnée un autre contemporain de Giorgione, Paolo Pino.[110]

Le *Portrait d'un chevalier* tel qu'il est décrit par Raffke (*UCA*, pp. 72, 73) s'écarte sur certains points du tableau perdu décrit par Giorgio Vasari. Il présente l'inversion droite/gauche typique de Perec. Ainsi, la cuirasse est appuyée non pas à gauche, mais à droite contre un tronc mort ; le miroir a fait place à un bouclier rond où le profil gauche du chevalier se reflète, 'à peine déformé par la convexité brillante du bouclier'. Ce bouclier est présenté au chevalier par une femme vêtue d'une longue robe blanche flottante. Selon Pino, le chevalier est en armure, selon Vasari il est nu ; selon Raffke, il est nu, en compagnie d'une femme *et* 'il s'apprête à se baigner' ce qui motive le deuxième titre du tableau, à savoir *Le Chevalier au bain*.

Ayant retrouvé la trace d'un tableau, intitulé *Vénus offrant à Enée les armes de Vulcain*[111] et correspondant en tous points à ce *Chevalier au bain* de Raffke, dans un ensemble d'œuvres héritées d'un collectionneur notoire et contemporain de Giorgione, Gabriel(e) Vendramin[112] – parmi lesquelles *L'Orage* ou *La Tempête* et *le Petit joueur de flûte* de la villa Borghèse – Nowak n'hésite plus à identifier le tableau de Raffke comme un authentique Giorgione. (*UCA*, p. 93) C'est donc de nouveau par le biais de l'inventaire réel d'une collection dispersée depuis longtemps que l'attribution du tableau est authentifiée.

• Renvoi à *La Vie mode d'emploi*
Un regard sur les listes préparatoires d'*Un cabinet d'amateur* nous apprend que ce *Portrait d'un chevalier* alias *Le Chevalier au bain*, alias *Vénus offrant à Enée les armes de Vulcain*, renvoie au chapitre LVIII de la *Vie mode d'emploi*

---

110. Attribution mentionnée dans *Tout l'œuvre peint* de Giorgione, p. 7.

111. Le Louvre conserve deux tableaux intitulés *Vénus demandant à Vulcain des armes pour Enée*, l'un est d'Antoon van Dyck, l'autre de Boucher.

112. Identifié à l'aide du catalogue de Gabriele Vendramin, le *Camerino delle Antigaglie* de 1567. (*UCA*, p. 94) Ce collectionneur et son catalogue sont mentionnés également dans *Tout l'œuvre peint de Giorgione*, p. 6.

et a été engendré par le prélèvement de trois détails : 'Cadavre, Giorgione, Roubaud'. L'allusion à Giorgione y est donc couplée avec un renvoi à l'Oulipien Jacques Roubaud. Ce chapitre LVIII est consacré à l'avant-dernier descendant des propriétaires de l'immeuble, Olivier Gratiolet, personnage dont la vie a été marquée par la guerre. Il doit son nom au frère jumeau de son grand-père Gérard, qui comme nous l'avons déjà vu (p. 320), fut tué le 26 septembre 1914 à Perthes-lès-Hurlus en Champagne, Olivier passe lui-même deux années (1940-1942) comme prisonnier de guerre dans un stalag à Hof. Rappelé sous les armes en Algérie en 1956, il saute sur une mine et perd une jambe, ce qui l'amène à entreprendre un inventaire exhaustif de toutes les imperfections et insuffisances dont souffre l'organisme humain, projet qui a pour objectif de montrer que l'idée de l'évolution est une imposture.

Nous voyons Olivier Gratiolet (au ch. LVIII) en train de lire une histoire de l'anatomie attribuée à François Beroalde de Verville, ouverte sur la reproduction d'une planche d'un 'anatomiste médiéval', Zorzi da Castel-franco, un des noms moins connus de Giorgione. Le texte, commentaire de la planche anatomique, présente la description d'un cadavre en putréfaction. Rapportée entre guillemets, cette description peu ragoûtante est en réalité empruntée à Roubaud, *Autobiographie, chapitre dix*[113], et été reprise par celui-ci, par le biais d'un texte de Denis Roche, à un rapport d'autopsie.

Comment s'est effectuée maintenant la substitution du *Portrait d'un chevalier* à la planche anatomique d'un cadavre ? Et de quelle manière ce *Portrait* se rattache-t-il au tableau de Van Haecht ? Pour répondre à ces questions, examinons d'abord les transformations qu'a subies le sujet du tableau et son titre. Le *Portrait d'un chevalier* alias le *Chevalier au bain* alias *Vénus...* est associé au mythe d'Enée, fils de Vénus, qui s'enfuit de Troie en flammes, avec son père Anchise et son jeune fils Ascagne. Le thème de la guerre de Troie, guerre des guerres[114], apparaît sur deux autres tableaux du cabinet de Kürz.

L'un, *Le Sac de Troie*, figure parmi les onze tableaux numérotés, le n° 52, attribué à un peintre fictif au nom parfaitement palindromique, Otto Reder. Le numéro de ce tableau le relie au chapitre LII de *La Vie mode*

---

113. Jacques Roubaud, *Autobiographie, chapitre dix. Poèmes avec des moments de repos en prose* (Paris : Gallimard, 1977) pp. 135-141, paragraphes 229-237.

114. La guerre de Troie est déjà présente dans *Wse* (ch. VI, p. 34). Parmi les événements qui ont marqué l'année de naissance de Perec figure la représentation de la pièce de Giraudoux, *La Guerre de Troie n'aura pas lieu*.

d'emploi, où Perec reprend l'histoire d'*Un homme qui dort*. A l'opposé de son prédécesseur amnésique qui, après une longue période d'indifférence, revient à la vie, le protagoniste déprimé de ce chapitre, qui s'apparente par son nom, Grégoire Simpson, au malheureux Gregor Samsa de Kafka, disparaît ; les habitants de l'immeuble croient au suicide.

L'autre tableau appartient aux quinze joyaux de Raffke et figure parmi les trente-neuf tableaux vendus lors des *troisième* et *quatrième* jours de la deuxième vente en 1924. (*UCA*, p. 110) Intitulé *Enée fuyant les ruines de Troie*, il est attribué à un élève de Rembrandt, Gerbrandt van den Eeckhout. Ce tableau a (d'après les listes préparatoires) été généré par le dernier chapitre de *La Vie mode d'emploi*, où Bartlebooth s'acharne en vain sur la reconstitution du puzzle représentant une ville, près de l'embouchure du Méandre, près des ruines de Troie. Dans les deux cas, le thème d'Enée est, par le biais des renvois aux chapitres de *La Vie mode d'emploi*, associé à l'échec et à la mort.[115]

Les recherches faites par Nowak pour fonder l'attribution à Giorgione de ce *Portrait d'un Chevalier* alias *Vénus offrant les armes de Vulcain à Enée*, font apparaître l'un des dix tableaux fondateurs de *La Vie mode d'emploi*, *L'Orage* dit aussi *La Tempête*, figurant dans le catalogue du collectionneur Gabriele Vendramin.[116]

La Tempête est l'une des œuvres les plus célèbres et aussi les plus glosées de Giorgione. Elle représente à gauche un jeune homme, en qui certains historiens d'art ont voulu voir un soldat, s'appuyant sur un long bâton, et à droite, une jeune femme presque nue qui allaite un nourrisson. Ces deux personnages sont séparés par une rivière traversée par un pont ; au loin on voit une ville et le ciel déchiré par un éclair. Faute d'avoir pu déterminer le sujet exact de ce tableau, les historiens d'art en ont retenu le motif de l'éclair pour lui attribuer son titre. Une des nombreuses hypothèses avancées au sujet de ce tableau est que Giorgione aurait représenté sa famille sur ce tableau ; une autre hypothèse renvoie à un sujet mythologique comme celui

---

115. Lorsque nous nous rendons compte de ce que signifie le patronyme du peintre, Van den Eeckhout (= bois de chêne), et lorsque nous nous rappelons que le protagoniste du *Procès* de Kafka, évoqué par le tableau de Winckler dans le chapitre I, meurt 'comme un chien', nous reconnaissons dans les chapitres I et XCIX une inscription palindromique du titre de *Chêne et chien*, l'autobiographie de Raymond Queneau, dédicataire de la *VME*.

116. Ce tableau est venu se substituer à *La Leçon d'anatomie* de Rembrandt sélectionnée en première instance par Perec, ce qui explique l'attribution au chapitre LVIII à Giorgione d'une planche anatomique illustrant plutôt un thème rembrandtien. Parmi les copies de la période brouillard de Hutting, on retrouve *La Leçon d'anatomie* de Rembrandt. (*VME*, p. 63)

de la nymphe Io et son fils Epaphos, fils de Zeus.[117] Nous avons déjà vu (p. 271) comment les différents détails de ce tableau avaient été disséminés dans *La Vie mode d'emploi*.

Dans une interprétation de la place que tient Giorgione dans *La Vie mode d'emploi* et *Un cabinet d'amateur*, Elisabeth Marty a relevé la mise en évidence sous radiographie d'un repentir du peintre dans *La Tempête* : une femme nue se trouvait à la place du jeune homme, les jambes dans l'eau. Elle a disparu dans la version définitive, à moins que ce ne soit cette femme qui ait été déplacée à droite. Selon Marty, Perec pourrait avoir choisi *La Tempête* parce que le tableau lui permettait un renvoi à son histoire familiale : le père soldat est séparé de sa femme et de son enfant par une rivière, Styx ou Achéron. La baigneuse effacée renverrait à la disparition de la mère.[118]

C'est cette baigneuse effacée/repeinte de *La Tempête*, seulement visible sous radiographie, qui permet de relier la fictive planche anatomique du cadavre attribuée à Giorgione dans *La Vie mode d'emploi*, l'œuvre perdue de Giorgione, *Le Nu vu de dos*, et le *Chevalier au bain/alias Vénus offrant etc.* de Raffke, un faux fictif, au *Bain de femme*, tableau disparu de Van Eyck.

La Tempête représente un homme habillé (père/soldat), une femme nue allaitant son enfant (mère), et dissimule une baigneuse nue, peut-être première version de la femme nue déplacée à droite, ou bien un reflet de l'homme dans l'eau.[119] L'œuvre perdue de Giorgione représente un homme nu, vu de dos, se reflétant triplement, dans une source, dans les pièces de son armure et dans un miroir. Le *Portrait d'un chevalier*, alias *Le Chevalier au bain* alias *Vénus..* de Kürz, montre un chevalier s'apprêtant à se baigner et accompagné d'une femme habillée qui lui tend un bouclier dans lequel il se mire. Le *Bain de Femme* de Van Eyck représente une baigneuse nue, peut-être avant ses noces, et une femme habillée d'une robe rouge et d'une coiffe blanche, reflétées toutes deux à gauche dans un petit miroir convexe.

117. L'éclair évoque l'attribut iconographique de Jupiter.

118. Elisabeth Marty, 'De Georges à Giorgione', *Cahiers Georges Perec*, n° 6, pp. 160, 161.

119. On retrouve la superposition du jeune homme et de la baigneuse, dans la première allusion à *La Tempête* dans la VME : le ch. X évoque une jeune fille anglaise au pair, Jane Sutton. Epinglée sur une plaque de liège, une photographie la montre déguisée en page. Ses vêtements – une culotte de brocart rouge, bas rouge clair, une chemise blanche, et un pourpoint court, sans col, de couleur rouge – sont une copie exacte des habits médiévaux du jeune homme figurant dans *La Tempête*. Jane Sutton est en train de lire une lettre, scène qui a engendré le sujet d'un des autres joyaux de Raffke : *Jeune fille lisant une lettre*, Ecole hollandaise, peintre non identifié (*UCA*, p. 75).

De ce dernier tableau, il ne nous reste que la copie dans le tableau de Van Haecht, accrochée tout près d'un *Guerrier en armure avec deux valets* de Rubens.

La baigneuse disparue de Van Eyck, associée à la baigneuse effacée de *La Tempête*, pourrait avoir servi de relais dans la sélection et la transformation des détails prélevés dans le chapitre LVIII de *La Vie mode d'emploi*. Les baigneuses nues certes ne réapparaissent pas, et pour cause, mais le père/soldat, figurant dans *La Tempête* et, peut-être, transformé en cadavre sur la planche anatomique attribuée à Giorgione dans le chapitre LVIII de la *Vie mode d'emploi*, fait place dans *Un cabinet d'amateur* à la description d'un homme nu mais vivant, le fils Enée, accompagné d'une figure de femme fantomatique en robe blanche qui lui tend des armes pour se défendre et sauver sa famille. Ainsi, d'un tableau à l'autre, les baigneuses font place aux baigneurs, le père est remplacé par le fils et la mère apparaît sous la forme d'une revenante.

Nous avons vu que la *Visitation*, décrite à quatre reprises dans *Un cabinet d'amateur*, s'inspire d'au moins quatre sources picturales, dont l'une est fictive, le tableau de Winckler, et les trois autres sont réelles. Le *Portrait d'un Chevalier*, évoqué à trois reprises, superpose également quatre représentations picturales ; l'une de ces représentations, la planche anatomique, est fictive, deux autres sont perdues, le *Bain de femme* et le *Portrait du chevalier nu vu de dos*. Du *Bain de femme* il nous reste une copie, seule *La Tempête* existe encore sous sa forme originale.

Si la *Visitation* est attribuée, par la reconstitution de la liste de ses propriétaires successifs, à un André (Solario), et fait ainsi réapparaître le prénom que Perec attribue dans *W ou le souvenir d'enfance* à son père, le peintre du *Portrait du chevalier* alias le *Chevalier au bain* alias *Vénus* etc., Giorgio da Castelfranco[120], fait réapparaître le prénom de Perec, le fils. Le sauvetage du père que raconte le mythe d'Enée, est associé dans *Un cabinet d'amateur* à des images d'une ville incendiée, aux silhouettes fuyantes d'Enée et d'Anchise ; par le renvoi à *La Vie mode d'emploi*, le tableau est associé à l'image d'un cadavre déterré. C'est peut-être le seul résultat possible de la quête scripturale du père : la représentation au quatrième ou cinquième degré de son corps mort. Aussi n'est-il pas étonnant que parmi les acheteurs potentiels

---

120. Nommé Giorgione, selon Vasari, à cause de sa haute stature et de son grand mérite.

de ce tableau figure la Fondation Leichenhalle ('morgue', en français). (*UCA*, p. 117)

La quête de la mère est liée dans l'œuvre de Perec à la légende de saint Georges, telle qu'elle est racontée par Jacques de Voragine dans sa *Légende dorée*.[121] Saint Georges, vaillant combattant, sauve la princesse de Silène du dragon vorace qui exige quotidiennement sa ration de jeunes filles et de jeunes hommes. Le *Chevalier au bain* dans le cabinet de Kürz montre une femme fantomatique (robe blanche flottante), déesse ou princesse. Si l'on s'en tient au titre du tableau, le chevalier nu représente Enée, la femme habillée serait Vénus, sa mère, qui lui apporte les armes pour sauver son père. Si l'on se reporte à l'interprétation de Paulo Pino, le chevalier nu représente saint Georges et ce serait alors la princesse de Silène, qui apparaît à ses côtés et lui tend son armure. Le statut de ce tableau, non seulement fictif, mais, au niveau diégétique, démasqué comme un faux, fabriqué à la manière de Giorgione, dont l'original n'existe pas, renvoie le sujet représenté, avec ses allusions aux sauvetages superposés du père ou de la mère par le fils ou du fils par la mère, au règne des fantasmes. L'écriture ne peut combler le manque que par des copies ou des faux.[122] Pour conclure ce périple giorgionesque, citons ici la phrase finale du chapitre VIII de *Wse* : 'l'écriture est le souvenir de leur mort et l'affirmation de ma vie'. (p. 59)

«*Annonciation aux rochers*»

L'autre révélation 'capitale' de Nowak concerne une *Annonciation* dite *aux rochers*. Le tableau figure à la sixième place dans l'énumération des quinze joyaux de Raffke, où il succède directement au *Chevalier au bain*, qui occupe la cinquième place. Cette nouvelle occurrence du *onze* (5+6) contribue encore à la mise en relief de ces deux tableaux qui constituent comme un diptyque. Selon Raffke, le tableau, qui fait l'objet d'une description sommaire, appartenait à la collection du docteur Heidekind et avait été acheté en 1891 pour deux mille *marks*, par l'intermédiaire du négociant en vins James Tienappel, patronymes qui renvoient sans détours à Thomas

---

121. Jacques de Voragine, *La Légende dorée*, éd. citée, pp. 226-232.

122. Rappelons que le faux couplé au manque, constitue une des métacontraintes de la *VME*. L'une des 21 paires de listes est formée de 2 listes intitulées respectivement Manque et Faux.

Mann et à sa *Montagne magique*.[123] (*UCA*, pp. 73, 74) Nowak précise l'attribution du tableau. (*UCA*, p. 90) Le tableau est vendu pour *112*.000 $ à l'association des Musées de Floride. (*UCA*, p. 111)

• Description et attribution
Je citerai tout d'abord la description de Raffke :

> Un paysage escarpé et tourmenté ménage en son centre une sorte de grotte où la Vierge est assise, un livre ouvert sur les genoux. Elle semble ne pas voir l'archange Gabriel, qui, un lis à la main, s'incline à quelques pas d'elle. Dans le lointain des chasseurs et leur meute traquent un cerf. (*UCA*, p. 73).

Nowak attribue ce tableau, déjà identifié par Raffke de manière spéculative comme appartenant à l'Ecole italienne, à Pisanello, en se fondant sur les nombreuses similitudes existant entre cette *Annonciation* et certains détails d'autres peintures bien connues de ce peintre : *La Vision de saint Eustache* ('le cerf, le chien tacheté, le petit lévrier'), la fresque de *saint Georges* à l'église Sant'Anastasia à Vérone ('les deux chiens près de saint Georges') et l'*Annonciation* de l'église San Fermo également à Vérone ('les ailes de l'ange et la découpe du paysage derrière lui'). (*UCA*, p. 91) Ce tableau est donc authentifié par ses ressemblances avec des fresques ou des tableaux existants.

La Vision de saint Eustache, petit tableau à la faune multiforme représente dans une forêt sombre un chasseur à cheval, entouré de ses chiens, au moment où une croix lui apparaît miraculeusement entre les bois d'un cerf.[124] Dans le chapitre qu'il consacre à Pisanello dans la deuxième édition des *Vies* de 1568, Vasari fournit un souvenir détaillé des décorations de la

---

123. Thomas Mann a commencé à écrire *La Montagne magique* en 1912, il a interrompu son travail sur le livre pendant la guerre et ne l'a publié qu'en 1924. Heidekind est le médecin de la famille Castorp, Tienappel, lui, est le tuteur de Hans Castorp, qui a perdu ses deux parents à l'âge de cinq ans. Un autre personnage de *La Montagne magique*, Settembrini, est présent comme propriétaire d'un *Paon et corbeille de fruits* de Jan Fyt. (*UCA*, p.112) Dans la description de l'*Annonciation* provenant de la collection du docteur Heidekind, Perec a emprunté certains détails à *L'Elu*. Dans le dix-neuvième chapitre, intitulé 'La prière de Sibylle', Sibylle se recueille devant une *Annonciation*, avant de se marier avec Grigorss, dont elle ignore qu'il est le fils né de sa relation incestueuse avec son frère, Willigis. Mann profite de cette occasion pour commenter l'attitude de la Vierge qui, interrompue dans sa lecture, semble bouder l'ange et son message. Nous avons vu déjà les allusions faites à Mann par la mention de Lübeck et de Travemünde.

124. Les opinions sur la datation de ce petit tableau sont très différentes : la relation avec les fresques de saint Georges et le dragon de la chapelle Pellegrini de l'église Sant'Anastasia a amené les chercheurs à dater l'œuvre entre 1432 et 1438. Voir Lionello Puppi e.a., *Pisanello* (Paris : Hazan, 1996) pp. 72-75.

chapelle des Pellegrini à l'église Sant'Anastasia : on y trouvait un saint Eustache qui caressait un chien tacheté de châtain et de blanc. Cette fresque a disparu, mais le chien tacheté que l'on retrouve sur le *Saint Eustache* de la National Gallery à Londres, est précisément l'un des détails qui permettent à Nowak/Perec l'authentification de la *Vierge aux rochers*. Il paraît donc probable que Perec a de nouveau puisé ces détails dans Vasari, il est également probable qu'il l'a fait par le biais de la monographie sur Pisanello parue dans la collection *Tout l'œuvre peint*, chez Flammarion (1972).

La fresque de *Saint Georges et la princesse* à Sant'Anastasia occupait la vaste portion du mur au-dessus de l'arc d'entrée de la chapelle Pellegrini et a été peinte entre 1433 et 1438.[125] Pisanello a représenté saint Georges prenant congé de la princesse. Le saint a le pied à l'étrier, deux chiens près de lui, le regard fixé sur la rive opposée où se trouve le dragon parmi les restes macabres de son repas. Une ville fabuleuse, représentation de la légendaire Silène, forme l'arrière-plan de cette scène, un paysage marin de rêve sépare saint Georges et le monstre, un petit voilier est amarré sous les rochers contre la falaise. Comme dans le *Portrait d'un chevalier*, alias *Vénus...* attribué à Giorgione, nous retrouvons donc, par le biais de l'attribution de l'*Annonciation*, un saint Georges guerrier accompagné d'une figure de femme.[126]

L'*Annonciation* de San Fermo Maggiore à Vérone fait partie du Monument Brenzoni. La représentation (datant de 1425/1426) y est répartie en deux panneaux, placés de part et d'autre du rideau sculpté du monument funéraire. A gauche, l'ange représenté sur un fond de paysage s'agenouille devant un portail symbolique tenant dans sa main le rameau de lys, et à droite, la Vierge, représentée de profil, est assise à l'intérieur de sa chambre, les mains jointes sur les genoux, un livre fermé à côté d'elle.

La description et l'attribution de l'*Annonciation aux rochers* est ainsi tributaire d'au moins trois peintures réelles de Pisanello dont deux représen-

---

125. La fresque a été reportée sur toile vers la fin du siècle dernier.

126. Sur la base d'une tradition récente, la princesse dont la légende disait qu'elle était la fille du roi de Silène, a été identifiée comme une princesse de Trébizonde, avant-poste chrétien devant la menace turque. Le modèle de la princesse aurait été Maria Commène, fille du souverain de Trébizonde, Alexios IV, que l'empereur de Byzance avait épousée en 1427. Aucune de ces interprétations ne réussit cependant à trouver de motif crédible pour établir un lien entre l'hagiographie de saint Georges et les aventures de Trébizonde, ou avec l'œuvre de Pisanello. Voir Lionello Puppi, *Pisanello*, p. 81. Cela n'a pas empêché Perec d'encrypter une allusion à cette légende dans la *VME* (p. 530). Le port de Trébizonde figure sur la dernière aquarelle que Bartlebooth arrive à reconstituer.

tent des guerriers, saint Eustache, soldat sous Trajan, selon la légende converti à la foi chrétienne par la vision de la croix, et saint Georges, après son martyre en Palestine sous Dioclétien, peu à peu devenu le prototype du combattant pour la foi. Saint Eustache, patron des chasseurs, est accompagné de ses animaux, saint Georges prend congé de la princesse qu'il va sauver, sous le regard malveillant du dragon. La troisième fresque qui fait partie d'un monument funéraire, montre la visite que l'archange rend à la Vierge.

• Renvoi à *La Vie Mode d'emploi*
Colorée négativement par l'association avec une scène de chasse, avec une meute de chiens, cette *Annonciation aux rochers* dont le titre rappelle la célèbre *Vierge aux rochers* de Léonard de Vinci (1432, Louvre), renvoie au chapitre XVI de la *Vie mode d'emploi*.[127] Ce chapitre bref, composé de trois alinéas seulement, nous montre la vieille demoiselle Célia Crespi dans sa chambre au septième, entre le logement de Gratiolet et la chambre de bonne de Hutting :

> Elle est couchée dans son lit, sous une couverture de laine grise. Elle rêve : un croque-mort aux yeux brillants de haine se tient en face d'elle, debout, sur le pas de la porte ; de sa main droite à demi levée il présente un bristol bordé de noir. Sa main gauche supporte un coussin rond sur lequel reposent deux médailles dont l'une est la Croix des Héros de Stalingrad. Derrière lui, au-delà de la porte, s'étend un paysage alpestre : un lac dont le disque, entouré de forêts, est gelé et couvert de neiges ; derrière sa rive la plus éloignée les plans inclinés des montagnes semblent se rencontrer et au-delà des pics couverts de neige s'étagent dans le bleu du ciel. Au premier plan, trois personnes gravissent un sentier menant à un cimetière [...] (*VME*, p. 87)

127. Nous avons déjà relevé (p. 184) l'allusion à Freud et à son essai sur le peintre italien, *Eine Kindheitserinnerung des Leonardo da Vinci* [1910]. Voir sur les 'Freudiana' dans *La Vie mode d'emploi*, Jacques Lecarme, art. cité. La Vierge dans 'ce paysage inattendu de falaises' figure déjà au ch. LXIV de la *VME* (p. 381) où est décrite la tapisserie violette d'un fauteuil Louis XV qui se trouve dans la chaufferie où Olivier Gratiolet s'installait pendant la guerre pour écouter les émissions de radio France libre. Cette tapisserie représentait une espèce de Nativité : 'on y voyait la Sainte-Vierge portant sur ses genoux un nouveau-né [...], le tout dans un paysage inattendu de falaises s'évasant en un port bien abrité avec des palais de marbre et des toits rosâtres estompés par une brume légère'. Selon le système des permutations, ce chapitre LXIV comporte une allusion à la *Chute d'Icare* de Breughel. Ce tableau générateur sur lequel on ne voit d'Icare en train de se noyer que les deux jambes s'agitant hors de l'eau, est rappelé dans *UCA* (p. 107) par une *Chute des anges rebelles* dont 'l'attribution à Bosch ne repose sur aucun élément sérieux'.

Les trois détails sélectionnés dans ce chapitre XVI et figurant sur la liste préparatoire 'primitive' sont : 'Crespi/Médailles/Paysages de montagne'.[128] Sur la liste secondaire, ces détails se transforment en : 'Annonciation + paysage alpestre (Ecole italienne)'. Le passage de la liste primitive au tableau tel qu'il est évoqué dans *Un cabinet d'amateur* s'est fait par au moins quatre relais, dont deux sont d'ordre pictural et deux sont d'ordre (inter)textuel.

Ce chapitre XVI contient une allusion à un autre tableau générateur de *La Vie mode d'emploi*, le *Songe de sainte Ursule*, faisant partie d'une série de tableaux de Carpaccio racontant en neuf épisodes la vie et mort de sainte Ursule.[129] Le tableau de Carpaccio nous montre la princesse bretonne, Ursule, endormie dans sa chambre à Rome où elle est en pèlerinage avec son fiancé. Tandis qu'elle dort, dans son lit bien ordonné, sous les couvertures bien tirées, la joue appuyée sur la main, l'ange, porteur de la palme du martyre, lui apparaît en songe et l'avertit de sa mort imminente à Cologne. L'ange représenté à droite du tableau, annonce donc à la femme qui dort, non pas une naissance, mais la mort.[130]

L'allusion à Carpaccio s'accompagne d'un renvoi à un roman de Gabriel Garcia Marquez et d'une citation de *La Montagne magique* de Thomas Mann. Selon le *Cahier des charges* le nom de Crespi a été emprunté à *Cent ans de solitude* de Marquez. Au chapitre 5 de ce roman (1972), l'Italien Pietro Crespi se suicide parce que la fille d'Ursula Iquarán, Amaranta, refuse de se marier avec lui. Le paysage alpestre que Célia Crespi, couchée dans son lit comme sainte Ursule, voit dans son rêve, a été emprunté au chapitre 5 de *La Montagne magique* où est racontée la visite que Hans Castorp, Joachim Ziemszen et la jeune fille Karen Karstedt, déjà gravement

---

128. Hans Hartje e.a., *op. cit.* p. 135.

129. Exécuté entre 1490 et 1496 pour la Scuola di Sant' Orsola, le cycle de l'histoire de Sainte Ursule (conservé aux Gallerie dell'Accademia de Venise) est composé de neuf toiles et a été inspiré par la Légende dorée de Jacques de Voragine. Ursule, princesse bretonne convertie au christianisme, a été demandée en mariage par le roi d'Angleterre. La jeune fille consent mais demande un délai de trois ans afin d'aller en pèlerinage à Rome avec ses compagnes et son fiancé qui devra s'y faire baptiser. Les deux fiancés sont reçus à Rome par le pape et là, un ange apparaît en songe à la princesse et lui annonce son martyre. A son arrivée à Cologne, la troupe des pèlerins est assaillie et massacrée par les Huns qui assiègent la ville.

130. Perec possédait une carte postale de ce tableau de Carpaccio depuis l'époque de son service militaire. On trouve d'autres détails de ce tableau dans les chapitres 2, 26, 34, 41, 44, 83 en 86 de la VME. Dans le chapitre 2, il s'agit d'un puzzle de bois où l'on voit apparaître, 'dans le tiers inférieur droit, le visage ovale d'une jeune fille endormie... : sa joue s'appuie sur sa main droite repliée en conque comme si, en songe, elle était en train d'écouter'. (VME, p. 23)

malade, rendent en février 1908 au cimetière du Dorfsberg. De ces trois personnages, deux hommes et une femme, gravissant un petit sentier vers un cimetière, seul Hans Castorp saura se soustraire, après un séjour de sept ans au sanatorium, à l'emprise de la maladie et à la magie du paysage alpestre : après l'assassinat de l'archiduc d'Autriche, le 28 juin 1914, il quitte le sanatorium et est mobilisé pour être abandonné par son créateur sur les champs de bataille de la Première Guerre mondiale, en novembre 1914.

On peut se demander quel décès est annoncé par le croque-mort à Célia Crespi. Est-ce sa propre mort imminente ou revit-elle, en rêve, la mort de son fils unique, né (comme Perec) en 1936, élevé en province, loin de sa mère, et tué 'pendant les combats pour la libération de Paris alors qu'il aidait un officier allemand à charger sur son side-car une caisse de champagne' ? (*VME*, ch. LXXXXIII, p. 498) La mention des médailles de la Croix de Stalingrad renvoie en effet à l'époque de la Seconde Guerre mondiale, à la capitulation allemande à Stalingrad, le 2 février 1942. Si l'on reconnaît dans le nom de Célia Crespi non seulement un renvoi au roman de Marquez, *Cent ans de solitude*, mais encore l'anagramme de celui de Cécile Perec, dont par ailleurs le prénom polonais, Cyrla, se laisse transformer en Ursula, on peut supposer que les destins du fils et de la mère ont été tout simplement permutés. Ce chapitre extrêmement compact condense donc les principaux éléments de l'autobiographie et renvoie, par sa numérotation et la visite au cimetière, à la mort du père de Perec, par le nom de la protagoniste, par le destin du fils de celle-ci, et par le contenu du rêve (avec son rappel de la reddition de Stalingrad) à la mort de la mère.

Le cauchemar de Célia Crespi dans *La Vie mode d'emploi* correspond à l'*Annonciation aux rochers* d'*Un cabinet d'amateur* comme une épreuve négative à l'image positive correspondante. Le croque-mort a fait place à un ange, le faire-part de décès à l'annonce d'une naissance, le bord noir du bristol à la blancheur du lys. Mais le cauchemar de Celia Crespi semble néanmoins apparaître en filigrane dans l'*Annonciation aux rochers* d'*Un cabinet d'amateur*. Si nous présumons que Célia Crespi revit en rêve la fin de son fils, il s'agit dans les deux cas, le songe et l'annonciation, d'une relation entre une mère et son enfant qui aboutit à la perte et à la mort. Dans le premier cas, l'enfant est mort depuis longtemps ; dans le second cas, l'enfant n'est pas encore né et la Vierge, un livre ouvert sur les genoux, ne semble pas prête à recevoir le message de l'archange Gabriel qui s'incline devant elle : elle semble en effet ne pas le voir. (*UCA*, p. 73) Rappelons qu'à l'église San Fermo Maggiore l'ange et la Vierge, séparés par les sculptures du monument funéraire, ne pouvaient pas se 'voir' et que Mann évoque dans son *Elu* une Vierge qui semblait ne pas vouloir voir l'ange ni entendre son message.

Cette distraction de la Vierge contraste fortement avec la représentation de l'*Annonciation*[131] dans le cabinet de Van Haecht : la Vierge a laissé son livre ouvert sur la table devant elle et semble engagée dans un dialogue animé avec l'archange qui se trouve à droite à côté d'elle. Par ailleurs, la position caractéristique des mains, l'une tendue, l'autre repliée, rappelle, si l'on inverse la droite et la gauche, l'attitude de la Vierge dans l'*Annonciation* (1474) d'Antonello de Messine, tableau par lequel Perec inaugure, dans ses *Considérations sur les lunettes*, une énumération de quatorze portraits d'individus représentés alors qu'ils sont en train de lire ou d'écrire.[132]

Comment s'est effectué le passage de Celia Crespi à la Vierge de l'*Annonciation*, de l'allusion au *Songe de Sainte Ursule* de Carpaccio dans *La Vie mode d'emploi* à l'*Annonciation aux rochers*, tableau fictif attribué à Pisanello dans *Un cabinet d'amateur* ? Par le biais de l'*Annonciation* figurant dans le tableau de Van Haecht ou par d'autres relais ? Dans les deux cas, il s'agit de 'l'annonciation' d'une nouvelle, le paysage de montagnes mannien s'est transformé en un décor de rochers, peut-être par le biais de *La Vierge aux rochers* de Da Vinci. Les médailles offertes par le croque-mort au chapitre XVI de *La Vie mode d'emploi* ont facilité le passage de Carpaccio à Pisanello, médailleur célèbre. C'est par ailleurs encore en cette qualité que nous retrouvons Pisanello au chapitre XXVI de *La Vie mode d'emploi*, où il figure sur un dessin qui le représente 'en train d'offrir quatre médailles d'or à Lionel d'Este' (son commanditaire), ainsi que, tout à fait anachroniquement, 'un faire-part bordé de noir annonçant le décès de Gaspard Winckler, le 29 octobre 1973 dans sa 63ᵉ année'. (*VME*, p. 152) Un autre relais possible est la légende de saint Georges. Carpaccio a peint dans le cycle de San Giorgio degli Schiavoni, en trois tableaux, l'histoire de saint Georges : son combat avec le dragon, le retour triomphal avec le dragon blessé mené en laisse sur la grande place de Silène, et le baptême des Sélénites. La princesse

---

131. Attribuée par les propriétaires Van Berg au peintre italien Boccaccio Boccaccini, (1465-1525) peintre qui a travaillé dans sa ville natale, Crémone, et à Venise, où il a subi l'influence de Giorgione. Held, rappelons-le, attribue cette *Annonciation* au peintre flamand Michiel Coxie.

132. 'Considérations sur les lunettes', *Penser, classer*, p. 139. Sur ce tableau d'Antonello, l'ange n'apparaît même pas ce qui incite à se demander comment ce tableau a obtenu son titre.

assiste au combat, au loin on voit un petit voilier ancré sous l'arcade des rochers. Dans le chapitre XXII de *La Vie mode d'emploi*, l'évocation de saint Georges menaçant de sa lance le dragon, remplace l'allusion au *Songe de sainte Ursule* de Carpaccio qui y était prévue selon le système des permutations.[133]

• Le portrait d'une princesse : Marguerite ou Cécile
L'identification de la Vierge de l'*Annonciation* par le biais de Célia Crespi, avec la mère, Cécile, peut être fondée encore de deux autres manières. Dans la collection de Raffke figure également le portrait d'une princesse de la Maison d'Este, attribué à 'l'Ecole de Pisanello'. Ce portrait, mentionné à deux reprises, figure à la *onzième* place dans l'énumération des quinze joyaux de Raffke et précède donc la *Visitation*. Son attribution ('à Pisanello ou Pietro di Castelaccia, dit Il Grossetto') est discutée dans l'une des notices du catalogue (n° 21) de la seconde vente Raffke. (*UCA*, p. 112). Le portrait renvoie au chapitre XXVI de *La Vie mode d'emploi*, au passage relevé plus haut concernant la représentation de Pisanello offrant des médailles à son commanditaire.

Le Louvre conserve le *Portrait d'une jeune femme* par Pisanello (environ 1440). Plusieurs identités furent proposées pour cette femme, qui ressemble à la princesse de la fresque de Sant' Anastasia : le modèle aurait été Marguerite Gonzague, épouse de Lionello d'Este de 1435 à 1439, ou bien Cecilia Gonzague[134], sœur de Marguerite que Lionello d'Este voulut épouser après la mort de son épouse, ou bien encore Ginevra d'Este, épouse de Sigismond Pandolfo Malatesta de 1434 à 1440, date où elle mourut, peut-être empoisonnée par son mari. Selon Raffke, il s'agit de Lauredana d'Este, ce qui 'exclut l'attribution à Pisanello, puisque celui-ci meurt alors que cette princesse n'a pas trois ans'. (*UCA*, p. 76)

133. C'est un autre exemple des déguisements bizarres auxquels Perec soumet les tableaux dont il s'inspire. James Sherwood, le grand-oncle de Bartlebooth, doit sa fortune à l'invention de pastilles contre la toux à base de gingembre, le gingembre nous rappelle le Bartleby de Melville. La publicité pour ces bonbons est assurée par des 'vignettes hexagonales représentant un chevalier en armure pourfendant de sa lance le spectre de la grippe personnifié par un vieillard grincheux à plat ventre dans un paysage nappé de brume.' (*VME*, p. 116). Dans les 'Repères chronologiques' Perec situe en 1870 un 'Boom sur les pâtes pectorales Sherwoods'. (*VME*, p. 677)

134. La seule médaille que Pisanello ait dédiée à une femme représente Cecilia Gonzague et date de 1447.

Le portrait de Pisanello nous montre une jeune femme vue de profil, environnée de fleurs et de papillons, sa robe est ornée d'un rameau de genévrier et de l'emblème des Este, un vase décoré de *perles* ('margaritae', en latin). La beauté macabre de la jeune femme a fait avancer l'hypothèse qu'il s'agit d'un portrait post-mortem. La valeur symbolique des détails a été éclairée par l'étude des médailles faites par Pisanello à partir de 1440.

Les hypothèses émises sur l'identité de la princesse font apparaître les prénoms de Marguerite et de Cécile. Dans l'œuvre de Perec, Marguerite est la femme du Winckler de *La Vie mode d'emploi*, née en 1911 et morte pendant le *onzième* mois de 1943 et Caecilia est la mère du jeune Gaspard Winckler de *Wse*.[135] La date de disparition de la mère, le 11 février 1943, transparaît dans la somme pour laquelle l'*Annonciation aux rochers* de la collection Raffke est vendue : *112 000* $.

L'identification de Celia Crespi avec la figure de la mère se renforce encore avec le souvenir d'un passage de *La Fugitive* dans lequel le narrateur se souvient d'avoir associé, lors d'une visite au Saint Marc de Venise, sa mère, portant le deuil de son père, à une vieille femme également en deuil figurant sur la fresque où Carpaccio représente les funérailles de sainte Ursule. Ce passage de Proust est cité dans la monographie de Carpaccio consultée par Perec :

> Aujourd'hui je suis au moins sûr que le plaisir existe sinon de voir, du moins d'avoir vu une belle chose avec une certaine personne. Une heure est venue pour moi où quand je me rappelle le baptistère devant les flots du Jourdain où Saint Jean immerge le Christ, tandis que la gondole nous attendait devant la Piazzetta, il ne m'est pas indifférent que dans cette fraîche pénombre, à côté de moi, il y eut une femme drapée dans son deuil avec la ferveur respectueuse et enthousiaste de la femme âgée qu'on voit à Venise dans la Sainte Ursule de Carpaccio, et que cette femme aux joues rouges, aux yeux tristes, dans ses voiles noirs et que rien ne pourra plus jamais faire sortir pour moi de ce sanctuaire doucement éclairé de Saint Marc où je suis sûr de la retrouver parce qu'elle y a sa place réservée et immuable comme une mosaïque, ce soit ma mère'.[136]

---

135. Rappelons encore que la princesse portraiturée par Vélasquez dans *Les Ménines* s'appelle également Margarita, et que la femme habillée du *Bain de femme* de Van Eyck, a été identifiée comme Marguerite van Eyck.

136. Marcel Proust, *A la Recherche du temps perdu, La Fugitive* (Gallimard, «Pléiade», 1969) tome III, p. 646.

'Immuable comme une mosaïque', ce sont des termes qui se prêtent très bien à la caractérisation de la place que la figure maternelle occupe dans l'œuvre de Perec. Pour Proust, ce souvenir d'une joie partagée et embellie par l'association avec la peinture, transforme Venise et Saint Marc en un lieu de mémoire. L'opposition entre les auteurs apparaît clairement lorsqu'on rapproche ce passage de *La Fugitive* de la sobre question que Perec pose dans *Espèces d'espaces* : 'A partir de quand un lieu devient-il vraiment vôtre ? Est-ce quand on a punaisé au mur une vieille carte postale représentant le *Songe de sainte Ursule* de Carpaccio ?' (*Espèces d'espaces*, p. 36)

La «*Vierge à l'enfant*» et «*Le Changeur et sa Femme*»

Si, dans son évocation du *Cabinet d'amateur* de Van Haecht, Nowak/Perec mentionne explicitement le peintre, quelques visiteurs, et l'une des deux perles de la collection, le *Bain de femme* de Van Eyck, il passe sous silence l'autre 'perle', la *Vierge à l'Enfant* de Quentin Metsys, figurant à gauche dans le tableau, au premier plan, entouré par les visiteurs princiers.

Cette absence de mention du coin inférieur gauche du tableau de Van Haecht par Nowak rappelle la non-mention de la cave à gauche dans *La Vie mode d'emploi*, absence correspondant au 66e déplacement du cheval, et évoque, une fois de plus, un carré ouvert à son angle gauche inférieur. Etant donné l'intérêt de Perec pour Metsys, et l'insistance de Speth-Holterhoff sur la place primordiale de la *Vierge à l'Enfant* dans *Le Cabinet de Corneille van der Geest*, le silence total de la part de Perec/Nowak sur ce tableau que son collectionneur refuse de vendre aux archiducs est étonnant.[137]

Cette absence pourrait-elle être reprochée à la fille unique de Raffke, Anna, portraiturée par Kürz d'après *La Jeune Fille au portulan*, de Carel Fabritius de Delft ? Ce portrait qui inaugure la liste des quinze joyaux de Raffke, renvoie au chapitre LXIX de la *Vie mode d'emploi* et est mentionnée trois fois dans *Un cabinet d'amateur* (pp. 70, 83, 116). Un portulan (de l'italien 'portolano', 'porto') est une carte marine ancienne où, pour reprendre les termes de Perec, 'les côtes sont saturées de noms de ports, de

---

137. Après la mort de Van der Geest, le tableau entre dans la collection de Peter Stevens, également représenté sur le cabinet de Van Haecht ; celui-ci, inspiré par la tendresse et l'intimité entre la mère et l'enfant, avait fait inscrire sur le cadre la première phrase du Cantique des Cantiques 'Osculetur me osculo oris sui'. Voir Gary Schwartz, *op. cit.*, p. 45.

noms de caps, de noms de criques, jusqu'à ce que la terre finisse par ne plus être séparée de la mer que par un ruban continu de texte'.[138] Description qui se laisse lire comme une métaphore de la tâche dont Perec a chargé son Bartlebooth et de son propre travail d'écriture.

Une lecture palindromique du mot 'portulan' amène à soupçonner cette jeune fille d'avoir trop lu et d'avoir ainsi écorné la carte marine qu'elle tient à la main, en d'autres termes d'avoir fait disparaître un des ports de mer dont nous savons ce qu'ils symbolisent. Soupçon qui paraît fondé, lorsqu'on se rappelle que l'omission de la soixante-sixième pièce de l'immeuble de *La Vie mode d'emploi* est annoncée par une petite fille mordant un coin de son petit-beurre Lu et que dans le défilé des personnages du chapitre LI, cette fille occupe la place n° 100.[139]

Cependant, si sa *Vierge à l'Enfant* manque à l'appel, Metsys n'est pas absent du cabinet de Kürz. On le retrouve dans une 'copie d'époque' du *Banquier et sa femme* (1514), autre tableau générateur de *La Vie mode d'emploi*. La copie d'époque dans le *cabinet* de Kürz est selon le catalogue 'parfois attribuée à Marinus van Reymerswaele' (1495-1567). (*UCA*, p. 106) Van Reymerswaele a exécuté en effet de nombreuses versions du thème de ce tableau, le traitant d'une manière exacerbée et caricaturale, pour stigmatiser l'âpreté des usuriers.[140] Les trois versions les plus célèbres, toutes intitulées *Le Changeur d'or et sa femme*, datent respectivement de 1538 et de 1540. La copie de la copie d'époque dans le cabinet de Kürz, intitulée *Le Changeur et sa femme*, n'est mentionnée qu'une seule fois dans *Un cabinet d'amateur*, mais est mise en relief par la place qu'elle occupe en tête des notices du catalogue de la seconde vente de Raffke et par une description relativement détaillée.

---

138. C'est ainsi que Perec décrit un portulan dans *Espèces d'espaces*, p. 21.

139. Perec possédait depuis 1945 un portulan, portant la mention 'Carte particulière de la Mer Méditerranée faicte par moy Francois Ollive à Marseille en l'année 1664'. Voir David Bellos, *op. cit.*, p. 252. Perec a inséré cette mention dans le chapitre LXIX de la *VME*. Burgelin a rapproché de manière ingénieuse le sigle de la biscuiterie Lefèvre-Utile, LU, nom des petits beurres, du psychiatre de Perec dans les années soixante-dix, Lefèvre-Pontalis qui était apparenté aux fondateurs de la biscuiterie. 'S'il manque une case à l'immeuble et à ce qu'il métaphorise (la psyché de son auteur)', écrit Burgelin, 'c'est la faute de l'enfant qui s'est incorporé l'utile Lefèvre'. Claude Burgelin, *Les Parties de dominos chez Monsieur Lefèvre*, pp. 13-14.

140. Van Reymerswaele est également mentionné par Speth-Holterhoff comme l'auteur d'un *Changeur et sa femme*. S. Speth-Holterhoff, *op. cit.*, p. 40.

• Renvoi à *La Vie mode d'emploi*

Cette reproduction de Van Reymerswaele renvoie, selon les listes préparatoires, au chapitre XVIII de *La Vie mode d'emploi*, dont les éléments sélectionnés ('Assiette décorée, monnaies antiques') engendrent comme titre sur
la liste secondaire, *Le Changeur et sa femme*. Ce chapitre XVIII est consacré
au producteur de télévision Remy Rorschasch qui veut reconstituer en une
émission gigantesque les différentes étapes de l'entreprise énigmatique et
confidentielle de Bartlebooth, la production et la destruction de ses cinq
cents marines. Bartlebooth s'oppose violemment au projet de Rorschasch.
Le projet échoue mais sera repris sous une autre forme par le critique d'art
Beyssandre qui va jusqu'au crime pour sauver les aquarelles de Bartlebooth
de leur destruction programmée.

Après plusieurs tentatives vaines, Beyssandre finit par s'emparer d'une
de ces marines. Lorsque l'équipe de reportage, chargée par Bartlebooth de
la destruction rituelle de ses aquarelles aux endroits où il les a peintes, se
rend à Trébizonde en Turquie pour y enregistrer l'effacement de la 438ᵉ
aquarelle, découpée en puzzle par Winckler et reconstituée par Bartlebooth,
elle périt dans un inexplicable accident de voiture. L'accident a lieu dans la
même semaine que celle où, à Paris, Bartlebooth perd définitivement et
symboliquement la vue. Quelques mois plus tard, il meurt sans avoir pu
achever le 439ᵉ puzzle. Beyssandre, que l'on peut soupçonner d'avoir mis en
scène l'accident de voiture, disparaît sans laisser de traces ; le lecteur n'apprend pas ce qu'est devenue la dernière aquarelle, la 438ᵉ, une vue de Trébizonde, port de la mer noire. (*VME*, ch. LXXXXVII, p. 530) Trébizonde étant
liée par Perec à saint Georges et la princesse, tout un réseau de relations
apparaît qui rattache la disparition de l'aquarelle à cette légende fonda-
trice.[141]

Le tableau copié par Van Reymerswaele, *Le Banquier* (dit aussi *Le Peseur
d'or*) *et sa femme* de Metsys, représente, on le sait, deux époux ; l'homme
pèse au trébuchet des pièces d'or, sa femme interrompt la lecture d'un Livre
d'Heures, ouvert sur une représentation de la *Vierge à l'Enfant*, pour regar-

---

141. Cette disparition est annoncée dès le chapitre XVIII où figure une aquarelle pourvue
de la signature significative, U N Owen (*VME*, p. 92), orthographiée comme U N Known
dans «*Le Cahier des charges*» de *La Vie mode d'emploi*. La liste primitive des documents
préparatoires d'*UCA* mentionne comme éléments sélectionnés dans le chapitre LXXXXVII
'Singes de Gillot/Trébizonde/Bartlebooth', la liste secondaire relève 'Trébizonde princesse
(St. J. et le D.)'. Ce sélectionnement n'a pas abouti à un titre définitif.

der ce que fait son mari.[142] Au premier plan, on voit des *perles* sur un coussin de soie noire et de la monnaie en or, un petit miroir convexe exerce la même fonction d'espionnage que dans le *Mariage des Arnolfini*, et révèle en retrait un personnage minuscule coiffé de rouge lisant près de la fenêtre, et, à l'extérieur, le clocher d'une église. A l'arrière-plan, une porte entrouverte laisse voir une autre pièce avec deux autres personnages. Sur le cadre en bois de ce tableau avait été gravée une maxime latine : 'Statura justa et aequa sint pondere' (Le Lévitique 19.36 : Vous aurez des balances justes, des poids justes). Maxime que l'on a interprétée comme une allusion au jugement dernier, ou encore comme une allusion à l'antithèse exprimée par cette scène, antithèse entre la piété, l'altruisme chrétien, et l'intérêt porté aux choses matérielles. Perec a repris cette maxime dans *La Vie mode d'emploi*, à la fin du chapitre XLII, au seuil du chapitre XLIII, et lui a conféré ainsi une position clé dont nous comprenons la valeur symbolique lorsque nous nous rappelons la connotation des nombres 42 et 43.[143] (*VME*, p. 241)

Selon la notice n° 1 du catalogue de la seconde vente Raffke, l'intérêt principal de la copie de ce tableau provient des toutes petites modifications que le copieur (Van Reymerswaele) y aurait introduites :

> ainsi personne ne se reflète dans le petit miroir de sorcière au premier plan ; le vieillard (ou la vieille femme) que l'on voit discuter au fond par la porte entrebâillée n'a pas le doigt levé et l'homme qui l'écoute n'a pas de chapeau ; la miniature du livre que regarde la femme du banquier ne représente pas une Vierge à l'Enfant mais une mise au tombeau, etc. (*UCA*, p. 106)

On voit ce qu'est devenue la *Vierge à l'Enfant* entre les mains du changeur et sa femme : encryptée en miniature dans le Livre d'Heures de la femme du banquier, la représentation de la mère et de son enfant a disparu pour faire place à une mise au tombeau. Lorsqu'on examine ces modifications à la lumière de l'anecdote racontée par Speth-Holterhoff au sujet de la *Vierge à l'Enfant* de Metsys dans *Le Cabinet d'amateur* de Van Haecht, on serait enclin à dire que cette fois la balance a basculé du mauvais côté. Le rapport

---

142. On trouve un livre enluminé ouvert sur une miniature représentant une Vierge à l'Enfant en compagnie d'une balance de changeur d'or et de quelques monnaies sans effigie, dans un inventaire de la boutique de Mme Marcia. (*VME*, ch. LXXIII, p. 432).

143. Le chapitre XLIII de la *VME* raconte l'histoire de l'étudiant Paul Hébert qui est pris dans une rafle en octobre 1943 et envoyé à Buchenwald.

Quentin Metsys, *Le Changeur et sa femme* (1514), Paris, Louvre

établi entre la biographie familiale de Perec et *Le Banquier et sa femme* est connu. Dans *Un cabinet d'amateur* Perec va plus loin : par le choix de Van Reymerswaele et par les modifications que ce dernier aurait apportées au tableau de Metsys, la dimension négative et destructrice de ce rapport est clairement soulignée. La représentation de l'amour entre mère et enfant a fait place à une scène de deuil et de séparation. Est-il besoin de rappeler que, dans *W ou le souvenir d'enfance*, le narrateur raconte avoir reçu à l'occasion de son baptême en 1943, une image en relief de la Vierge à l'Enfant ? Ou bien que les scènes de mères naufragées, empruntées à d'autres textes, y viennent cerner l'irrémédiable vide existentiel ? (p. 241) Ce vide existentiel n'est-il pas également illustré par l'absence quasi-totale de description des visages des personnages peints ?[144]

D'un cabinet de peinture à un cabinet de lecture

Dans *Un cabinet d'amateur*, la peinture remplit les mêmes fonctions que dans *La Vie mode d'emploi*. La peinture y est source d'invention – elle préside à la structure formelle et aux contenus narratifs du récit – et elle sert de support à l'intertextualité. Dans *Un cabinet d'amateur* celle-ci est, en première instance, centrée sur les renvois à *La Vie mode d'emploi* et métaphorisée par la scripturalisation du genre pictural du cabinet d'amateur, genre qui, comme nous l'avons vu, est basé sur le principe de la reproduction minutieuse de tableaux appartenant à une collection privée. Cependant, cette pratique de la copie est dans l'histoire d'*Un cabinet d'amateur* liée à celle du faux pictural, ce qui confère à ce texte une dimension métatextuelle plus saillante que n'est celle de *La Vie mode d'emploi*.

Dans *La Vie mode d'emploi*, le mouvement de va-et-vient entre image et texte – de l'image réelle (les dix tableaux générateurs) au texte, et des hypotextes à l'image inventée – ne peut être reconstitué qu'à partir des renseignements qui sont fournis par le *Cahier des charges,* mais la lecture du roman

---

144. Rappelons ce que Perec avait écrit dans les avant-textes de *Lieux*, consacrés à la rue Vilin : 'Il reste inconcevable que je n'ai aucun souvenir de la rue Vilin [...] : j'insiste sur cet 'aucun' cela signifie aucun souvenir des lieux, aucun souvenir des *visages*. L'énumération qui suit est une énumération de phantasmes, petites scènes mi réelles, mi inventées [...] dans lesquelles j'apparais (comme bébé, bambin, enfant, sans corps ni visage définis) au milieu d'êtres *sans visages*, comme des personnages de Chirico'. (C'est moi qui souligne.) (*Vilin. Souvenirs*, Genesis n° 1, 1992) p. 133.

s'accommode du fait que ce va-et-vient ne soit pas élucidé dans le livre. Par sa forme de catalogue, *Un cabinet d'amateur* engendre, par contre, un réflexe de vérification immédiat. Ce réflexe est suscité dès le sous-titre, *Histoire d'un tableau*, et ensuite nourri par l'appareil énonciatif qui entretient l'impression qu'il s'agit d'une œuvre documentaire, d'un commentaire d'art portant sur de véritables tableaux jusqu'aux révélations de l'épilogue, selon lesquelles la 'majorité' des tableaux décrits et énumérés sont des faux, comme sont faux la 'plupart des détails de ce récit fictif'. Cet épilogue détruit délibérément l'illusion réaliste, mais laisse néanmoins au lecteur tenace une petite marge de manœuvre. Dire que la plupart des détails sont faux présuppose qu'il y en a peut-être quelques-uns qui ne le sont pas.

Si l'on croit ainsi sur parole ce narrateur mensonger, et si l'on donne suite à ce réflexe de vérification, celui-ci fait surgir de la liste apparemment confuse de peintures le plus souvent imaginaires de peintres réels ou imaginaires, un tableau réel d'un peintre réel. C'est la lecture des avant-textes d'*Un cabinet d'amateur* qui m'a permis de relier ce récit à la description du *Cabinet d'amateur de Corneille van der Geest lors de la Visite des Archiducs* par Guillaume van Haecht, peintre flamand du début du XVIIᵉ siècle. L'étude à laquelle Perec a emprunté ses renseignements sur ce tableau, *Les Peintres flamands de cabinets d'amateurs au XVIIᵉ siècle*, de l'historien d'art S. Speth-Holterhoff, fait figure de texte-source dans *Un cabinet d'amateur* et y est présente sous forme de citations implicites. La description et/ou la représentation du *Cabinet d'amateur* de Corneille van der Geest est l'un des relais entre *La Vie mode d'emploi* et *Un cabinet d'amateur*.

La question qui m'a guidée dans mon analyse d'*Un cabinet d'amateur* était évidemment de savoir si, et comment, l'on pouvait rattacher cette histoire de tableaux faux et de faussaires, ce récit entièrement construit en trompe-l'œil, au projet réaliste de Perec et au vide autobiographique qui est au cœur de celui-ci. Comment accorder une visée référentielle à ce texte qui est largement travaillé par d'autres textes et traversé de bout en bout par des allusions picturales fantaisistes ? La peinture pose, certes, de manière beaucoup plus explicite que l'écriture la question de la relation entre le réel et l'œuvre d'art, mais cette question se complique considérablement lorsqu'il s'agit de tableaux évoqués par un texte, insérés dans un récit, détournés de leur fonction de représentation directe. Elle devient épineuse lorsque, en outre, ces évocations concernent explicitement des copies ou des falsifications. Par l'évocation textuelle de peintures, un double écran s'interpose entre le lecteur/contemplateur et la réalité extratextuelle, la mimésis littéraire devient une sorte de métamimésis. Dans *Un cabinet d'amateur*, Perec multiplie ces écrans par des jeux vertigineux avec les copies et les faux.

L'analyse des textes antérieurs à *Un cabinet d'amateur* nous a familiarisés cependant avec la pratique citationnelle de Perec, procédé de représentation au second degré d'une expérience et d'un réel qui ne pouvaient être abordés qu'obliquement, et qui renvoyaient, chaque fois d'une manière différente, au même noyau autobiographique. Dans *Un cabinet d'amateur*, le faux pictural et la pratique scripturale de la citation non avouée deviennent consubstantiels. L'ancrage du récit d'*Un cabinet d'amateur* dans un tableau réel d'un peintre réel m'a permis de découvrir une brèche dans ces remparts de l'écriture. Il s'agit maintenant de préciser encore une fois ce que la relecture d'*Un cabinet d'amateur* à travers le prisme de l'histoire et de la description du tableau de Guillaume van Haecht a pu nous apprendre sur la relation entre ce texte et l'expérience vécue.

• L'Histoire dans le tableau

Le tableau de Van Haecht commémore deux événements historiques : la visite des Habsbourg et celle de Ladislas à Anvers, respectivement en 1615 et en 1624. Ces nobles visiteurs sont liés à l'Autriche et la Pologne, pays qui pendant les années de la Première Guerre mondiale, ont joué un rôle déterminant dans le destin de la famille de Perec[145] et, par un effet de secousses prolongées, dans celui de Perec. L'importance de cette configuration historique pour Perec est illustrée par son premier roman, inédit, sur l'attentat à Sarajevo en 1914, mais aussi par la structure formelle et les contenus narratifs d'*Un cabinet d'amateur*, assujettis à la numérique perecquienne et répétant avec insistance le thème de la guerre. Rappelons que la césure dans le récit se situe entre les alinéas 41 et 42 ; les dates principales dans l'histoire, celles des deux ventes Raffke, sont 1914 et 1924. Lorsqu'on lit ces dates en palindrome, en s'appuyant sur la mise en relief formelle du 41 et 42, on obtient l'année de la séparation de Perec d'avec sa mère (novembre 1941), et l'année pendant laquelle ils ont vécu séparés, l'un dans le Vercors, l'autre à Paris. Le nombre de tableaux reproduits par Van Haecht

145. La ville dans laquelle vivent les grands-parents paternels de Perec, Lublin, est prise par l'armée autrichienne en 1915. L'indépendance de la République polonaise, proclamée à Lublin en novembre 1918, marque le début d'une législation anti-juive et l'émigration de nombreux Polonais juifs.

dans son cabinet d'amateur, quarante-trois, évoque en plus l'année de la disparition de la mère.

• La copie et ses dérives

L'examen de l'histoire du genre des cabinets d'amateurs et la comparaison établie entre la biographie de Van Haecht, peintre réel et celle de Heinrich Kürz, peintre fictif, inventé par le collectionneur Raffke et ses comparses, a permis de mettre en relief certaines oppositions articulées autour des thèmes de la copie et de l'iconoclasme, thèmes développés déjà amplement dans *La Vie mode d'emploi*. Van Haecht est décrit par les historiens d'art comme un peintre/copiste entièrement voué au rétablissement du prestige de la peinture après les troubles iconoclastes ; il s'inscrit dans une tradition picturale qui, au début du XVIIᵉ siècle, était en plein essor. Son *Cabinet d'amateur* est interprété par les mêmes historiens d'art comme un hommage à la peinture, le noble art libre, dont le triomphe sur la mort est exprimé par un pigeon sculpté, perché sur un crâne.

Les activités picturales de Kürz se situent dans le prolongement de l'action iconoclaste (1891) de son père. J'ai interprété cette action comme une tentative désespérée pour sauver du déclin l'art figuratif académique, démuni de ses fonctions utilitaires par le développement de sa rivale, la photographie. On peut considérer *Le Cabinet d'amateur* de Kürz, peint entre 1909 et 1912, à l'époque de la montée du cubisme, comme une mise en scène des dernières convulsions de cet art figuratif. J'ai interprété le renoncement à la peinture de Kürz comme une conséquence de ses efforts avortés pour représenter la mort de son père ; la présence dans son tableau d'une vue de port m'a permis de relier son entreprise à celle de Bartlebooth, centrée sur la recherche de la mère.

En modelant son peintre fictif et l'œuvre de celui-ci sur un prédécesseur du XVIIᵉ siècle et sur un genre depuis longtemps tombé en désuétude, Perec semble plaider pour la réhabilitation de la copie, mise en discrédit par l'hégémonie des exigences d'originalité et d'authenticité de l'époque romantique. Cependant, Perec doue son personnage/peintre d'un désir modeste, mais indéniable, d'originalité. Alors que Van Haecht est généralement loué pour la fidélité avec laquelle il copie les grands maîtres, le peintre de Perec, Kürz, s'efforce d'introduire des variations minimes dans les copies, multipliées par le procédé de la mise en abyme – 'dans l'espoir de retrouver l'invention au delà de l'énumération, le jaillissement au-delà de la citation et la liberté au-delà de la mémoire'. (*UCA*, p. 35, 36) Dans ce programme artistique, on peut reconnaître celui de Perec, caractérisé, comme nous l'avons vu, par le travail sur la liste, la pratique citationnelle et l'interrogation de la mémoire.

Nous avons vu que dans les cabinets d'amateurs du XVIIe siècle, les copies étaient souvent des tableaux non existants, peints à la manière de. Devant un tableau présenté comme copie, le public du XXe siècle, conditionné par les critères romantiques, postule l'existence d'un original. Que l'on puisse copier des faux, ou fabriquer des faux à partir de copies sans modèles, de tableaux peints à la manière de, qu'une copie puisse être une falsification au second degré, ne cadre pas avec les attentes. La mise en abyme dans le cabinet de Kürz absorbe le public fasciné et l'empêche de s'interroger sur la relation de ces copies avec leurs modèles postulés. Si les variations apportées aux copies sont, au niveau de l'histoire de Kürz, personnage au second degré, des efforts pour retrouver l'originalité, elles relèvent, au niveau de l'histoire de la mystification, des stratégies mises en œuvre par les faussaires, Humbert Raffke et ses comparses, pour appâter un public déjà crédule. On retrouve ainsi réunies la figure du faussaire, Humbert Raffke, celui qui contrefait jusqu'à la signature de l'artiste qu'il copie, et celle du copiste, Kürz, qui cherche, en vain, à incorporer l'œuvre d'autrui à la sienne et à mettre en avant son propre nom. Humbert Raffke et Heinrich Kürz peuvent être considérés comme deux doubles de Perec écrivain, le 'faussaire' qui signe sous un nom d'emprunt et le 'plagiaire' qui incorpore dans son œuvre des emprunts non avoués.

Ce jeu de variations ne se limite pas aux tableaux cités pour illustrer les mises en abyme de Kürz, mais se manifeste dans toutes les notices des deux catalogues de la collection Raffke, où les références picturales se mêlent aux renvois intertextuels. Nous avons vu avec quelle habileté Perec mime le discours de l'art, exploite la confusion qui y règne et joue sur les différents éléments par lesquels un texte peut renvoyer à un tableau réel : le titre, la description du sujet, l'attribution à un peintre, et l'histoire de ses propriétaires. Les tableaux évoqués dans *Un cabinet d'amateur* sont des puzzles consistant en un montage d'éléments qui ont été empruntés à différentes œuvres de différents peintres et à différents textes. La question de la facture des tableaux n'est jamais abordée et ce n'est que rarement que Perec insiste sur leur impact émotionnel. Comme si seuls le sujet des tableaux et les petits faits concrets de leur histoire méritaient d'être relevés. Si nous reconnaissons dans cette approche de la peinture celle des catalogues d'art, nous pouvons y retrouver également la (pseudo)neutralité qui caractérise le regard que portent sur le monde le protagoniste d'*Un homme qui dort*, le je-narrateur de *W ou le souvenir d'enfance*, Winckler et Bartlebooth dans *La Vie mode d'emploi*.

L'analyse de la *Visitation*, toile mise en relief par sa place dans le récit et par la fréquence de ses mentions, m'a permis non seulement de soutenir l'hypothèse que *Le Cabinet d'amateur de Corneille van der Geest* a été l'un des relais entre *La Vie mode d'emploi* et *Un cabinet d'amateur*, mais aussi de montrer l'intrication des procédés de Perec, le va-et-vient entre texte et image, le travail de déplacement et de condensation. Les listes préparatoires d'*Un cabinet d'amateur* ont montré que Perec a sélectionné dans l'intitulé du tableau de Van Haecht le terme 'Visite', ce qui lui a permis de renvoyer aux deux 'visites', l'une verbale et l'autre 'picturale', du chapitre I de *La Vie mode d'emploi*. La transformation de cette 'Visite', élément de l'intitulé, en une 'Visitation', aurait déclenché l'évocation de ce sujet religieux archi-connu, évocation inspirée par au moins deux tableaux et deux peintres italiens réels, Piombo et Solario. L'attribution de ce tableau imaginaire passe par une authentification fantaisiste. L'insertion du surnom erroné de Solario, André del Gobbe, dans un inventaire réel de la collection du duc Van Arschot, personnage historique, permet à Perec/Nowak d'attribuer la *Visitation* définitivement à Solario, de reconstituer ensuite la liste des propriétaires successifs de cette *Visitation*, et de transformer ainsi les visi-teurs de Corneille van der Geest remplis d'admiration et de concupiscence devant une *Vierge à l'Enfant* en propriétaires d'une *Visitation*. Alors que le sujet de la *Visitation* est dans l'iconographie liée à la représentation de deux femmes enceintes, Perec rattache sa *Visitation*, par l'allusion à *La Vierge au coussin vert*, à la représentation d'une Madone allaitant son enfant et, par le renvoi au tableau de Winckler, à la mort.

• Thèmes de la disparition et de la mort

L'examen détaillé de quelques autres tableaux du *Cabinet* de Kürz en relation avec le *Cabinet* de Van Haecht d'une part, avec les chapitres corres-pondants dans *La Vie mode d'emploi* d'autre part, a montré où nous mènent ces minimes variations dans les notices du catalogue, dans les copies répé-tées à l'infini. Si les tableaux de Kürz sont des représentations du troisième au énième degré – ce sont des copies de tableaux falsifiés, donc bien éloi-gnées d'un quelconque modèle réel – les transformations auxquelles elles sont sujettes, nous ramènent invariablement à la disparition, à l'absence, à la mort. Au-delà des jeux inter- et métatextuels, nous retrouvons de nouveau l'évocation du vide autobiographique.

Ces disparitions s'effectuent à tous les niveaux, textuels et extra-textuels. L'absence de mention de *La Vierge à l'Enfant* de Metsys, occupant le coin inférieur gauche du tableau de Van Haecht, rappelle la non-mention de la cave à gauche dans *La Vie mode d'emploi*, et évoque, une fois de plus, un carré ouvert à son angle gauche inférieur. Nous avons vu que la représentation de la mère et l'enfant dans le Livre d'Heures figurant dans un tableau de Van Reymerswaele, disparaît d'une copie à l'autre. Un jeu de reflets semblable fait disparaître la femme voilée du *Paysage marocain*. L'attribution du *Portrait du chevalier* est fondée sur sa ressemblance avec *Le Chevalier nu vu de dos* de Giorgione, tableau décrit par Vasari mais disparu par la suite, s'il a jamais existé, de même qu'a disparu l'original de la jeune *Baigneuse* de Van Eyck copiée par Van Haecht. La baigneuse dans *La Tempête* de Giorgione, un des tableaux fondateurs de *La Vie mode d'emploi*, enfin, n'est visible que sous radiographie.

Le passage de la disparition à la mort est lié au motif récurrent et maléfique des perles. Ces perles figurent au premier plan du *Banquier et sa femme* de Metsys et des copies de ce tableau par Van Reymerswaele. *La Jeune Mariée* de R. Mutt, portant un collier de perles, résulte d'une transformation d'un tableau intitulé *Les Pêcheurs de perles*. La femme du *Portrait d'une princesse de la Maison d'Este*, attribué à l'école de Pisanello, évoque, par son rapprochement avec *Le Portrait* de Marguerite de Gonzague/Cécilia Gonzague/Ginevra d'Este, l'emblème des Este, un vase orné de perles. Nous avons vu que le prénom 'Marguerite' vient du latin 'margarita' signifiant 'perle', et que c'est le négoce de perles qui a joué un rôle déterminant dans l'histoire familiale des Bienenfeld. Rappelons encore que sur l'une des cinq photos que Perec possède de sa mère et qu'il décrit dans *W ou le souvenir d'enfance*, la mère a une perle passée dans le lobe de son oreille. (*Wse*, p. 71)

Remplacés dans la copie de Van Reymerswaele par la représentation d'un cadavre, la mère et l'enfant sont transformés de manière lugubre, comme les membres de la famille Raffke qui ont pris les masques grinçants de l'autoportrait d'Ensor, comme peut-être Heinrich Kürz sur son *Autoportrait avec effets d'anamorphose*, comme les trois hommes maigrissants sur le petit sentier de campagne. La mise au tombeau dans *Le Changeur et sa femme* de Kürz rappelle tous les personnages qui sont dans *Un cabinet d'amateur* et dans *La Vie mode d'emploi* représentés en route vers la mort.

Ces rapprochements sinistres peuvent être encore plus indirects. Les dates des deux ventes Raffke, lues en palindrome, ainsi que l'onomastique allemande du texte peuvent être interprétées comme un renvoi à la confiscation par les nazis des œuvres d'art, dont la plupart prirent le chemin de l'Allemagne. Rappelons que Nowak se sert dans sa première évocation de l'œuvre de Kürz du terme de 'Kunstkammer'. Plus saillant, le silence de Perec/Nowak au sujet d'une des deux pièces les plus remarquables du cabinet de Van Haecht, la *Vierge à l'Enfant* de Metsys, que Speth-Holterhoff caractérise comme la perle de la collection, m'a paru significatif. Illustratif de l'intimité entre mère et enfant, mis en vedette par Van Haecht au coin inférieur gauche de son cabinet d'amateur, ce tableau que Corneille van der Geest aurait refusé de vendre aux Habsbourg, évoque par son absence la destruction du lien entre la mère et l'enfant Perec, destruction que le récit situe, de manière indirecte, en 1941/1942.

Les renvois intertextuels que comportent ces tableaux ne sont pas moins macabres : la *Visitation* fait allusion à la fin du *Procès* de Kafka, le *Portrait d'un chevalier* renvoie au rapport d'autopsie cité par Roubaud, l'*Annonciation aux rochers* comporte une allusion à la visite au cimetière de *La Montagne magique*, *Le Changeur et sa femme* renvoie à l'aquarelle inconnue (signée Un Owen) des *Dix petits nègres* d'Agatha Christie. Les renvois à la légende de saint Georges et au mythe d'Enée illustrent également cette transformation vers la mort. La mère n'est pas retrouvée et le père ne le sera que sous forme de cadavre. Rappelons encore que parmi les trente auteurs mentionnés dans le post-scriptum figure le nom de Perec lui-même et qu'un des textes-sources de *La Vie mode d'emploi* est *La Disparition*.

Il en est d'*Un cabinet d'amateur* de Kürz comme des *Ambassadeurs* de Holbein. On ne s'aperçoit de ce que représente l'étrange objet au premier plan de ce tableau que lorsqu'on se place légèrement de côté. Cependant, une fois que l'on a aperçu ce crâne en anamorphose, la mort projette son ombre sur tout ce qui est représenté dans le tableau.

• Perec, iconoclaste ou iconolâtre ?

Ces observations me ramènent aux questions posées antérieurement dans cette troisième partie de mon travail. Pourquoi Perec attribue-t-il aux personnages de *La Vie mode d'emploi* et d'*Un cabinet d'amateur* une passion maniaque, malheureuse et parfois criminelle pour les arts plastiques ? Comment faut-il interpréter l'omniprésence des images dans ces deux textes ? Pourquoi seul le travail des copistes/miniaturistes semble-t-il trouver grâce à ses yeux et comment expliquer l'intérêt essentiel pour la peinture des XVe, XVIe et XVIIe siècles dont témoignent les tableaux générateurs de *La Vie mode d'emploi* réapparaissant dans *Un cabinet d'amateur* ?

Les analyses d'*Un homme qui dort* et de *W ou le souvenir d'enfance* ont montré que Perec se mettait aux antipodes de Proust dans son évocation du sommeil et dans sa conception du fonctionnement de la mémoire. L'analyse d'*Un cabinet d'amateur* permet d'affirmer qu'il en fait autant dans ses rapports avec la peinture. Si l'on souscrit à l'hypothèse que, pour le narrateur de *La Recherche*, la peinture se trouve tout proche des moments de la mémoire involontaire, et est capable de déclencher le même processus métaphorique, le même phénomène d'atemporalité[146], et que l'on se rappelle la censure de la mémoire dans *Un homme qui dort* et son fonctionnement défectueux dans *W ou le souvenir d'enfance*, on comprend pourquoi la peinture et, plus en général l'image, apparaissent souvent sous un jour négatif dans l'œuvre de Perec. La peinture n'est que le simulacre d'une réalité définitivement hors d'atteinte, un succédané, un faux. Au niveau diégétique, elle n'a pas de fonction salvatrice.

Comme le souligne Burgelin dans sa belle étude sur Perec, les signes ou les images sont chez Perec assurance contre l'oubli ou contre l'angoisse de la perte et de la contingence.[147] Cependant, ce n'est pas parce que les signes ou les images véhiculent comme dans l'œuvre proustienne, une alternative viable, à savoir la transformation de la réalité par l'art, mais parce qu'ils évoquent cette perte et cette contingence, jusqu'à la sursaturation. Il n'y a rien chez Perec qui fasse oublier 'les vicissitudes de la vie, ses désastres, sa brièveté, le néant', si ce n'est la joie suscitée par la créativité déployée à les tenir à distance, à les exorciser, à les différer indéfiniment.

Or, c'est précisément l'immense potentiel narratif de la peinture qui offre des possibilités toujours nouvelles de répéter toujours les mêmes choses, des chemins obliques pour aborder le noyau autobiographique, mais aussi des moyens pour raconter les histoires que l'on dévore à plat ventre sur son lit. Si ce constat suffit à expliquer l'omniprésence des images dans l'œuvre de Perec, il ne permet pas de répondre à la question de savoir pourquoi Perec affectionne des peintres comme Antonello de Messine, Van Eyck, Van Haecht, Holbein, Metsys, Vélasquez et cetera. Les auteurs favoris

---

146. Voir à ce sujet l'article de Sophie Bertho, 'Ruskin contre Sainte-Beuve : le tableau dans l'esthétique proustienne', *Littérature*, n° 103, octobre 1996, pp. 94-112.

147. Claude Burgelin, *Les Parties de dominos chez Monsieur Lefèvre*, p. 141.

de Perec appartiennent tous aux XIXᵉ et XXᵉ siècles, ses peintres favoris, eux, sont essentiellement des XVᵉ, XVIᵉ et XVIIᵉ siècles. On comprend que Perec ait eu besoin de l'art figuratif, narratif, mais cela ne résout pas le problème de ses préférences plus spécifiques. Si des facteurs d'ordre autobiographique et d'ordre intertextuel ont joué sans aucun doute un rôle déterminant[148], ces préférences me semblent être liées encore à autre chose.

Il est clair que Perec privilégie les tableaux piégés par le procédé de la mise en abyme, par la présence des petits miroirs de sorcières, par les effets de trompe-l'œil. Son *Cabinet d'amateur* se place tout entier sous le signe de la réflexion. La mise en abyme multiplie les niveaux de représentation à l'intérieur du tableau, sa combinaison avec le principe formel présidant au genre pictural du cabinet d'amateur, engendre un véritable dédale de reflets.

Si, en principe, la mise en abyme reflète, fidèlement ou non, les éléments du tableau qui sont visibles pour le spectateur, les miroirs picturaux nous révèlent ce qui normalement serait exclu de notre champ de vision ; ils ne permettent pas seulement de voir, sous un angle différent, ce qui se trouve représenté à l'intérieur du tableau mais aussi de voir ce qui se trouve en dehors du tableau. Leur fonction consiste à tirer la réalité à l'intérieur du tableau, à pousser l'image à sortir de son cadre et à nous amener à confondre le réel hors tableau et le réel à l'intérieur du tableau.[149]

Les tableaux de Metsys, Van Eyck et Vélasquez, figurant dans La *Vie mode d'emploi,* sont célèbres pour ce procédé de mise en abyme. Ainsi, dans le *Mariage des Arnolfini,* le petit miroir convexe suspendu au mur du fond nous permet d'apercevoir entre les dos des époux, des personnages qui se tiennent sur le seuil de la pièce et que seuls les mariés peuvent voir, les témoins de la noce au nombre desquels le peintre lui-même, dont le reflet est surmonté de l'inscription 'Johannus van Eyck fuit hic'. Dans *Le Banquier et sa femme* de Metsys, le petit miroir convexe au premier plan révèle en retrait un personnage qui est en train de lire près d'une fenêtre donnant sur la rue, et à l'extérieur, le clocher d'une église. Dans *Les Ménines,* le miroir est disposé de face comme chez Van Eyck et fait apparaître le couple royal, les parents de l'infante Margarita.

---

148. Ainsi, *Le Condottiere,* le *Saint Jérôme, La Chute d'Icare, La Tempête* et *Le Songe de sainte Ursule* se laissent tous rattacher, d'une manière ou d'une autre, à l'autobiographie. Nous avons également vu le rôle de médiateur qu'a joué Michel Butor.

149. Il est curieux de constater que lorsqu'il s'agit d'une reproduction fidèle du réel, nous faisons davantage confiance à un miroir qu'à un tableau même si ce miroir se trouve représenté dans un tableau.

Mais nous devons constater que, dans l'œuvre de Perec, même les miroirs qui permettent de capter les images fuyantes du peintre et de ses modèles/spectateurs, sont soumis à la loi inéluctable de la disparition et se vident de leurs reflets. L'analyse des opérations textuelles auxquelles Perec soumet les tableaux évoqués, a montré qu'il mime les effets du miroir pictural en effectuant un va-et-vient continu entre les différents niveaux de représentation. Ses personnages entrent dans les tableaux ou bien en sortent pour rejoindre les protagonistes peuplant le monde fictionnel. Tantôt ils s'installent et s'immobilisent à l'intérieur du tableau, qu'il s'agisse du peintre ou de ses modèles, tantôt ils s'animent et se transforment en acteurs ou spectateurs, peintres ou propriétaires. Nous avons vu également qu'une fois empêtrés dans la toile du peintre, les personnages risquent d'y rester englués, et même d'y être engloutis, de disparaître à la façon du peintre chinois Wang Fô qui s'enfonce le long du petit sentier qu'il vient de peindre, jusqu'à disparaître là où le petit sentier disparaît. Or, c'est un risque que le lecteur partage avec les personnages dont il scrute avec tant d'attention les métamorphoses incessantes. Ainsi, au lieu de nous montrer l'image d'un homme qui lit, le petit miroir dans la copie de Van Reymerswaele nous renvoie le reflet d'un vide.

Par ailleurs, il y a la nature particulière du réalisme de ces tableaux. Il s'agit de peintres qui font preuve d'un intérêt passionné pour le réel anecdotique, d'une attention minutieuse accordée aux détails, d'un goût pour les descriptions fines et précises de la vie quotidienne. Dans les intérieurs intimistes de Van Eyck, de Metsys, mais aussi dans ceux de Carpaccio et d'Antonello, les objets qui entourent les personnages, et que l'on serait tenté de ranger dans la catégorie perecquienne de l'infra-ordinaire – des livres en vrac, une chaussure en bois, les couvertures bien tirées d'un lit, les rideaux d'une alcôve, un tapis rouge à franges jaunes – sont rendus avec une minutie et une application qui ont dû toucher l'auteur des *Choses*. Les objets concrets confèrent une stabilité relative à la vie humaine parce qu'ils s'usent moins rapidement que l'homme et lui survivent. Porteurs d'histoire, livres, meubles et vêtements constituent un point de repère, ils sont tout ce qui reste quand il ne reste rien. Dans une belle métaphore, Butor les désigne comme 'les os du temps'.

Je voudrais terminer cette exploration picturale par l'évocation d'un dernier tableau qui nous mène d'un cabinet à l'autre, de cabinet de peinture à cabinet de lecture et d'écriture.[150] Dans *Espèces d'espaces* (pp. 117, 118) Perec décrit *Saint Jérôme dans son cabinet de travail* d'Antonello de Messine, tableau encrypté dans *La Vie mode d'emploi* dès le premier chapitre, et présent dans *Un cabinet d'amateur* comme un *Moine en prière*, 'parfois considéré comme un Saint Jérôme', attribué successivement à huit peintres différents et vendu pour la somme désormais familière de 6500 $. (*UCA*, p. 107).

Le tableau d'Antonello représente saint Jérôme assis sur une petite estrade à l'intérieur d'une église vide, absorbé par la lecture d'un gros livre. Nous le voyons de profil devant son pupitre, entouré de livres et de quelques ustensiles. Au premier plan, un petit chat tigré 'probablement en état de sommeil léger', et deux plantes en pot. A droite, dans l'ombre de l'église, le lion, fidèle compagnon du saint. Presbyte, saint Jérôme tient le livre à bout de bras. 'Ses doigts', écrit Perec, 'sont glissés à l'intérieur des feuillets comme s'il ne faisait que feuilleter le livre, ou bien plutôt comme s'il avait besoin de se reporter souvent à des portions antérieures de sa lecture'. Lorsqu'on se souvient que saint Jérôme est celui qui a traduit le texte biblique de l'hébreu et du grec en latin, on peut le croire occupé à ce travail de traduction.

Cette représentation d'un cabinet de travail à l'intérieur d'une église associe l'iconographie chrétienne au déchiffrement de caractères hébreux et grecs. Et cette association permet, à son tour, de rapprocher ce *Saint Jérôme* du premier souvenir d'enfance. Evoqué dans *W ou le souvenir d'enfance*, ce souvenir concerne la lettre 'hébraïque' remémorée à travers le prisme d'un tableau rembrandtien représentant une *Présentation au Temple* ou *Jésus en face des Docteurs*. Rappelons que cette lettre 'hébraïque', dite 'gammeth, ou gammel', se laisse lire comme une inversion symétrique d'un G français retourné, mais se rapproche encore, par son association avec le gamma grec, de la croix gammée. Si cette lettre instable et traîtresse peut être interprétée comme le symbole d'une rupture irréparable entre la culture d'origine et la culture adoptée, entre judéité et francité, elle indique également la cause de

---

150. Dans une analyse très précise des mentions de ce tableau dans l'œuvre de Perec, dans laquelle il passe par ailleurs sous silence le *Moine en prière* d'*UCA*, Magné a interprété les emprunts picturaux au *Saint Jérôme* d'Antonello comme renvoyant à la situation très particulière d'un Perec d'origine juive, confronté à sa judéité sous la forme douloureuse d'une contradiction entre une culture dont l'écriture est l'emblème qui ne lui a pas été transmis, et sa propre écriture par laquelle il va tenter de combler ce manque. Voir Bernard Magné, 'Saint Jérôme mode d'emploi', *Cahiers Georges Perec*, n° 6, pp. 91-112.

cette rupture. Ce qui trouble évidemment la sérénité dont ce premier souvenir semblait empreint.

Alors que, par la référence picturale, la scène d'enfance, faussement idyllique, baigne d'emblée dans une lumière chaude, Perec évoque le *Saint Jérôme* d'Antonello dans *Espèces d'espaces* comme une figure solitaire, perdue au cœur de l'immense espace d'une église vide. Pourtant, ce lieu de méditation et d'étude, microcosme meublé, lieu retranché de l'architecture, l'emporte sur l'hostilité environnante. Et c'est avec une ferveur plutôt inhabituelle que Perec évoque l'organisation de l'espace autour de ce cabinet de travail, autour du livre, foyer magique qui se trouve au centre exact du tableau. C'est la mise en scène du triomphe de l'outil de l'écrivain, du langage sur la peinture. Seul le travail d'écriture et de lecture, dirait-on, permet d'atteindre un état d'apaisement :

> L'espace tout entier [...] : l'architecture glaciale de l'église (la nudité de ses carrelages, l'hostilité de ses piliers) s'annule : ses perspectives et ses verticales cessent de délimiter le seul lieu d'une foi ineffable ; elles ne sont plus là que pour donner au meuble son échelle, lui permettre de *s'inscrire* : au centre de l'inhabitable, le meublé définit un espace domestiqué que les chats, les livres et les hommes habitent avec sérénité. (*Espèces d'espaces*, p. 118)

Conclusion

La résiliation du contrat

Le moment est venu de quitter les cabinets de lecture et de peinture de Perec, ce Nemo contemporain qui embarque ses lecteurs sous prétexte d'une partie de plaisir, mais ne tarde pas à les entraîner dans un périple à la destination et l'issue incertaines. Les prisonniers du capitaine misanthrope de Jules Verne savent échapper à leur captivité sous-marine lorsque le Nautilus est pris dans les remous du maelström devant la côte norvégienne. Ma sortie sera moins turbulente.

L'obsessionnalité avec laquelle Perec a encrypté les faits cruciaux de son histoire dans ses textes m'a laissée parfois perplexe, et le déchiffrement de cette œuvre labyrinthique avec sa longue enfilade de meublés, d'espaces fermés, ses histoires de pièges et de vengeances, m'a paru parfois ardu. Et cela malgré l'ouverture sur la quotidienneté contemporaine, la jubilation de la création langagière, les agréments de la Bibliothèque et du Musée, la convivialité et l'humour laconique de son auteur. Mais le sentiment principal qui envahit l'exégète perecquien après ce long voyage extraordinaire est comparable à celui qu'éprouve le critique d'art de *La Vie mode d'emploi*, Beyssandre[1] :

> lorsqu'au terme de plusieurs heures passées dans un atelier ou une galerie, il parvenait à se laisser silencieusement envahir par la présence inaltérable d'un tableau, son existence ténue et sereine, son évidence compacte s'imposant petit à petit, devenant presque chose vivante, chose pleine, chose là, simple et complexe, signes d'une histoire, d'un travail, d'un savoir, enfin tracés au-delà de leur cheminement difficile, tortueux et peut-être même torturé. (*VME*, p. 525)

Avant de procéder à la résiliation de ce contrat de lecture et de rompre le ban de l'univers perecquien, je me retournerai sur le chemin parcouru pour regarder en arrière, acte dont tout lecteur de Perec connaît les risques. Mais après avoir examiné cette œuvre au compte-fils, il convient d'en évoquer une dernière fois la trame et de mettre en perspective ce que j'ai voulu en dégager, les 'signes d'une histoire, d'un travail, d'un savoir'.

---

1. Celui-là même qui disparaît avec la 438ᵉ aquarelle de Bartlebooth, seule aquarelle de port de mer qui échappe à la destruction programmée par son créateur nihiliste.

Signes d'une histoire

Depuis le milieu des années quatre-vingt, on voit se développer une sensibilité accrue à la place que l'Histoire tient dans l'œuvre perecquienne. La discrétion de Perec, sa façon d'enfouir la tragédie de son enfance sous les jeux langagiers et formels, a pu masquer en un premier temps le véritable enjeu de son œuvre. Mais la manière exemplaire dont il traduit dans son autobiographie un destin qu'il partage avec de nombreux membres de sa génération², lui vaut aujourd'hui une reconnaissance générale. Ainsi, depuis la rentrée de 1997, *W ou le souvenir d'enfance* figure sur le programme de littérature des lycées français, choix qui confère à cet ouvrage, deux décennies après sa parution, une valeur emblématique qui lui revient de plein droit et qui non seulement change la perception des autres textes de Perec mais annonce également l'ouverture d'un champ de recherches plus large. Recherches qui portent sur les traces laissées dans la littérature française contemporaine par l'histoire de la Seconde Guerre mondiale. Perec n'est évidemment pas le seul à avoir mis cette histoire au cœur de son œuvre et c'est à juste titre qu'on a rapproché de son œuvre celle de Patrick Modiano, pareillement hantée par 'ce passé qui ne passe pas'.[3]

Perec a bâti son œuvre directement sur le vide de son enfance, vide physique et émotionnel qu'il énonce ainsi dans son autobiographie :

> je n'ai pas d'autre choix que d'évoquer ce que trop longtemps j'ai nommé l'irrévocable : ce qui fut, ce qui s'arrêta, ce qui fut clôturé : ce qui fut, sans doute, pour aujourd'hui ne plus être, mais ce qui fut aussi pour que je sois encore. (*Wse*, ch. IV, p. 22)

---

2. Des milliers d'enfants juifs ont été privés de leurs parents par les déportations. Au sujet de ces orphelins qui ont survécu à la guerre, voir entre autres, Annette Wieviorka, *Déportation et génocide. Entre la mémoire et l'oubli* (Paris : Plon 1992). Depuis la publication du *Mémorial des Enfants Juifs Déportés de France* (Paris, Ed. de l'organisation *Fils et Filles des Déportés Juifs de France*, 1994) par Serge Klarsfeld, camarade de classe de Perec au lycée d'Étampes, nous connaissons aussi les visages, les noms et les adresses des onze mille enfants juifs qui ont péri après avoir été déportés de France.

3. Outre Modiano, de nombreux autres écrivains méritent de voir leur œuvre étudiée dans cette perspective. Je me contenterai ici d'attirer l'attention sur deux récits de Sarah Kofman, *Paroles suffoquées* (Galilée, «Débats», 1987) et *Rue Ordener, rue Labat* (Galilée, 1994), racontant l'histoire d'une enfance marquée par la déportation du père en juillet 1942.

vide approfondi encore par la rupture avec la langue et la culture d'origine, sur laquelle il revient de manière plus explicite dans *Ellis Island* :

> ce qui pour moi se trouve ici ce ne sont en rien des repères, des racines ou des traces, mais le contraire : quelque chose d'informe, à la limite du dicible, quelque chose que je peux nommer clôture, scission, ou coupure, ce qui est pour moi très intimement et très confusément lié au fait même d'être juif, [...] je ne parle pas la langue que mes parents parlèrent, je ne partage aucun des souvenirs qu'ils purent avoir, quelque chose qui était à eux, qui faisait qu'ils étaient eux, leur histoire, leur culture, leur espoir, ne m'a pas été transmis. (*Ellis Island*, pp. 57-59).

Clôture, scission, coupure, brisure, fracture, cassure : on pourrait dresser une longue liste des termes utilisés par Perec pour désigner la rupture affective et culturelle qui a marqué son enfance.

Si ce vide constitue le moteur de son écriture, la tâche que Perec s'est assignée est paradoxalement une tâche de témoignage, de remémoration. A la rupture répond un travail de tressage, tissage, suture. Ecrire, Perec nous le rappelle dans la belle phrase finale d'*Espèces d'espaces*, est pour lui, 'essayer méticuleusement de retenir quelque chose, de faire survivre quelque chose : arracher quelques bribes précises au vide qui se creuse, laisser, quelque part, un sillon, une trace, une marque ou quelques signes'.

Cependant, Perec n'a pu que cerner et contourner le vide central de son existence, il a pu le masquer, le recouvrir de son écriture mais non pas le combler. Ce manque, cette tare des origines, cette filiation interrompue, semble avoir entraîné dès les premiers livres toute la thématique du puzzle à la pièce manquante, de la copie, du faux, du masque, le long défilé des personnages dont on ne connaît pas les origines, orphelins de père ou de mère, copistes, faussaires, déserteurs en proie à des troubles identitaires, tous les programmes narratifs motivés par un désir conditionné par des leurres ou tournant à vide, quêtes vaines et entreprises totalisatrices stériles.

Signes d'un travail : l'évolution des formes

Retracer l'itinéraire perecquien, revient à découvrir les étapes d'une recherche orientée à la fois par le désir de faire survivre quelque chose, de témoigner, et par la volonté, ou plutôt par la nécessité de procéder chaque fois à de nouvelles expérimentations formelles.

Le parcours qui mène du silence obstiné et de l'oubli volontaire d'*Un homme qui dort* par l'anamnèse difficile, alphabétique, numérique et allégorique de *W ou le souvenir d'enfance* au trop-plein hypermnésique des inventaires énumératifs de *La Vie mode d'emploi* et des catalogues d'*Un cabinet d'amateur*, a montré que si, dès les premiers ouvrages, la difficile tâche de témoigner met en place une thématique qui ne variera plus guère, Perec s'ingénie à renouveler formes et structures. Ce sur quoi porte ce témoignage est irrémédiablement arrêté, figé, immobilisé une fois pour toutes. Pour varier son propos, pour diversifier l'évocation répétitive de faits qui ne peuvent pas être défaits, Perec se voit forcé d'inventer inlassablement de nouvelles stratégies d'écriture.

Et c'est ainsi que nous l'avons vu multiplier tours et détours, voguer d'une conception lukacsienne du réalisme littéraire à la pratique d'une écriture 'sous influence', citationnelle, portant l'empreinte de Flaubert, Kafka et Melville qu'il aime lire et relire parce qu'ils excellent à exprimer le sens de l'irrémédiable, du vide, parce que les événements qu'ils décrivent, ouvrent sur une issue bouchée. C'est ainsi encore que nous l'avons vu se tirer de l'impasse où le mènent ses différents projets autobiographiques en écrivant sous contrainte romans lipogrammatiques et poèmes hétérogrammatiques et en s'appliquant, dans *Lieux*, à transcrire, sans aucun souci formel, des observations du réel contemporain dit 'infra-ordinaire'.

Mais les contraintes et l'évocation du réel contemporain peuvent être désignées, pour reprendre un des titres de Perec, comme 'les lieux d'une ruse'. Par le bannissement du *e*, *La Disparition*, histoire de filiation maudite, fait ployer la voyelle absente sous une lourde charge symbolique qui se trouve confirmée par sa réapparition dans *Les Revenentes*, et dans la dédicace, 'pour E', de *W ou le souvenir d'enfance*. Et si, dans *Lieux*, les séries de descriptions absolument 'neutres' du réel vont être repensées dans un domaine qui se définit comme une anthropologie de 'l'infra-ordinaire' et si certaines d'entre elles seront publiées comme telles, il convient de rappeler que ces descriptions étaient initialement destinées à faire partie intégrante d'un ouvrage à dimension essentiellement autobiographique.

Apparaissant ainsi en filigrane dans les premiers textes, l'histoire personnelle qui motive l'écriture devient perceptible dans la 'fragile intersection' des deux récits alternés de *W ou le souvenir d'enfance*. Mais même dans l'autobiographie, Perec ne peut approcher que de biais ce dont il entend témoigner. Ce n'est qu'au prix d'un recours permanent à une stratégie de déplacement, de métonymie, d'une pratique systématique de ce qu'il désigne lui-même comme un 'regard oblique', qu'il parvient à écrire sa propre histoire, tout en se plongeant dans les jeux du langage, tout en évoquant le monde qui l'entoure, tout en citant et recitant ses auteurs favoris.

Conservatisme thématique et innovation formelle

Ce qui frappe au survol des différentes étapes de la recherche esthétique perecquienne, c'est que si Perec cherche son chemin à tâtons, il ne renie jamais ce qu'il a fait. Il se contente de déplacer chaque fois ses jalons et ne cesse d'enrichir son arsenal technique de procédés nouveaux, sans pour autant se défaire des techniques précédentes.

Aussi les textes analysés témoignent-ils d'un degré croissant de complexité formelle. Certaines caractéristiques se rencontrent dès les premiers romans – la structure bi-partite des récits, les régularités numériques, les jeux de voix et de focalisation compliqués par une intertextualité systématique, l'alternance de deux types de textes juxtaposés et fragmentaires, le jeu sur les noms propres. D'autres ne font leur apparition qu'après l'adhésion à l'Oulipo – la manipulation de l'alphabet, l'exploration des contraintes mathématiques, les échafaudages formels, le travail sur les listes[4], et le recours à la peinture pour intégrer et dissimuler les emprunts textuels dans le vernis du texte. Par la scripturalisation du genre pictural des cabinets d'amateurs, enfin, Perec transfère dans le récit éponyme, au plan formel, les thèmes de la copie et de la falsification qu'il avait élaborés déjà dans l'un de ses romans de jeunesse, Le Condottiere.

Structures bi-partites, régularités numériques

Mise en place dès le premier roman inédit, L'Attentat à Sarajevo, la structure bipartite qui caractérise Un homme qui dort, W ou le souvenir d'enfance et Un cabinet d'amateur, se retrouve dans le dernier roman inachevé, «53 jours». Les contenus narratifs sont ordonnés autour d'une césure centrale qui renvoie d'une manière ou d'une autre à la rupture dans l'histoire per-

---

4. Les avant-textes d'Un homme qui dort révèlent cependant déjà l'amorce d'un tel travail.

sonnelle. Les régularités numériques qui président à la structuration des livres en parties, chapitres, paragraphes ou alinéas, renvoient aux dates cruciales, dont les plus importantes sont celles de la mort des parents, celle de la naissance de l'auteur. Ces dates historiques, le 11/2/43, le 16/6/40 et le 7/3/36, fonctionnent, pour reprendre le terme de Bernard Magné, comme des icônes arithmétiques.[5]

Par la présence d'éléments paratextuels (numérotation en chiffres romains des 37 chapitres, césure entre les chapitres XI et XII indiquée par les points de suspension), l'autobiographie qui est 'souvenir de leur mort et l'affirmation de ma vie'[6], cède facilement le secret de sa structuration. La quasi-absence de ce type d'indices dans *Un homme qui dort* et *Un cabinet d'amateur* a pu cependant occulter le fait que ces deux textes obéissent aux mêmes principes numériques.

Dans *Un homme qui dort*, les nombres significatifs président essentiellement à la structure compositionnelle du récit (seize chapitres, césure après le chapitre onze). Dans *W ou le souvenir d'enfance*, ils envahissent également les contenus narratifs. Ainsi, nous avons vu par exemple que le même système numérique est à l'origine de la précision fastidieuse et maniaque avec laquelle lois et règles de la société olympique de *W* sont évoquées. Mis en évidence dans la fable de *W ou le souvenir d'enfance*, ce système numérique se fait de nouveau souterrain dans *Un cabinet d'amateur*, où l'on peut le repérer dans la composition du récit (cent quarante-trois alinéas, césure entre les alinéas quarante et un et quarante-deux) et dans celle des extraits de catalogue.

En combinaison avec les renseignements fournis par les renvois inter- et autotextuels, cette structuration a permis de saisir les enjeux d'*Un homme qui dort* et d'*Un cabinet d'amateur* et d'investir de sens les passages consacrés dans le premier récit au sommeil, dans le second aux extraits de catalogues. L'exploration de l'autotextualité – le réseau d'autoréférences que Perec a dit vouloir tisser entre ses différents livres – s'est révélé indispensable à l'interprétation de ces deux textes apparemment inapprivoisables.

Par ce chiffrement massif, par le tissement de ces réseaux numériques et par cette litanisation des dates, Perec nous fait comprendre que nous devons prendre à la lettre ou plutôt au 'nombre' son affirmation dans *W ou le souvenir d'enfance* que 'l'écriture est souvenir de leur mort'. Au lieu d'enca-

---

5. Bernard Magné, 'Saint Jérôme mode d'emploi', *Cahiers Georges Perec*, n° 6, p. 110.
6. *W ou le souvenir d'enfance*, p. 59.

drer la mort, de la penser en termes philosophiques, de la neutraliser par un récit interprétatif, de la déguiser en expérience transcendante, Perec se contente de la constater inlassablement, de l'inscrire sous la forme concrète qu'elle revêt sur un acte de décès, dans un registre d'état civil ou sur une stèle.

Ce refus de dissimuler la contingence, le non-sens de l'existence, cette manière de consigner les faits bruts dans des nombres régissant la composition et les contenus narratifs, est l'une des formes que revêt le projet réaliste de Perec, c'est-à-dire l'inscription de son histoire personnelle dans son œuvre. Les régularités numériques ne sont pas arbitraires par rapport au réel auquel ses textes renvoient, elles ont été, au contraire, créées à partir de ce réel. Et si les travaux oulipiens ont compliqué considérablement ces structures numériques, celles-ci restent repérables, aussi bien dans les échafaudages formels de *La Vie mode d'emploi* que dans les listes de tableaux d'*Un cabinet d'amateur*. Que l'écriture perecquienne fasse preuve d'une rare adéquation formelle aux thèmes qui s'en laissent dégager n'a alors rien d'étonnant.

Narrateurs témoins

Nous avons vu la position d'énonciation modeste des narrateurs homodiégétiques de *W ou le souvenir d'enfance*. Ils se présentent non pas en héros mais en simples témoins d'une histoire qu'ils ne parviennent à raconter que de manière fragmentaire et distanciée. Confronté à la difficulté de se souvenir, le je-narrateur autobiographique de *W ou le souvenir d'enfance* substitue à l'écriture du moi une mémoire documentée qui n'arrive guère à remédier aux défaillances de la mémoire directe. Le narrateur fictionnel, Winckler, déserte à mi-chemin et cède sa place à un narrateur hétérodiégétique, impassible, qui nourrit son évocation de la fable concentrationnaire d'un savoir encyclopédique et documentaire.

Or, cette modestie, cette distance curieuse, cette position problématiquement faible caractérise tous les narrateurs perecquiens. Ils semblent tous aussi mal équipés l'un que l'autre pour leur tâche et ne peuvent se passer des prothèses de la citation implicite ou explicite. Le je-narrateur d'*Un homme qui dort* n'a qu'un accès limité à la conscience du *tu*. L'analyse des jeux de voix et de focalisation, des modulations du point de vue, a révélé une stratégie qui tend à représenter la mémoire comme un vide. Le narrateur hétérodiégétique d'*Un cabinet d'amateur* authentifie son histoire de faussaires à grand renfort de fragments cités d'ouvrages sur l'histoire de l'art, avec ou sans mention de sources, fragments authentiques et légèrement modifiés, ou tout simplement inventés.

A filiation perdue, parenté retrouvée

Découverte lors de l'écriture des *Choses* et d'*Un homme qui dort* comme une stratégie pour débloquer l'écrivain en panne, légitimée, tout comme la poétique du nombre, par l'Oulipo, l'intertextualité devient l'un des piliers de l'écriture perecquienne. Que lire et écrire soient deux activités jumelles, Perec l'a dit et redit. Ainsi, dans son autobiographie, il dit en quoi consiste pour lui le plaisir de la lecture :

> Je lis peu mais je relis sans cesse Flaubert et Jules Verne, Roussel et Kafka, Leiris et Queneau ; je relis les livres que j'aime et j'aime les livres que je relis, et chaque fois avec la même jouissance, [...] celle d'une complicité, d'une connivence, ou plus encore, au-delà, celle d'une parenté enfin retrouvée. (*Wse*, p. 193)

et en 1979, il énonce l'articulation de la lecture à l'écriture ainsi :

> Chacun de mes livres est pour moi l'élément d'un ensemble ; je ne peux pas définir l'ensemble puisqu'il est par définition un projet inachevable, je sais seulement qu'il s'inscrit lui-même dans un ensemble beaucoup plus vaste qui serait l'ensemble des livres dont la lecture a déclenché et nourri mon désir d'écrire. (*L'Arc*, 1979, p. 3)

En accumulant dans son œuvre les emprunts à ses auteurs préférés, en se les incorporant, Perec s'est créé une filiation de rechange, il s'est posé en héritier, et au-delà des liens d'une filiation intellectuelle, littéraire, apparaît la filiation existentielle interrompue. Les détails de l'appropriation de cet héritage sont cependant restés longtemps pris dans l'étau de la contradiction fondamentale qui est une constante dans son œuvre, celle qui existe entre découvrir et dissimuler.

Si l'on se souvient que Perec soulève le problème des rapports entre création et copie dès 1959, et que c'est par le recours aux citations non-avouées qu'il s'est tiré des difficultés que lui posait l'écriture des *Choses*, on comprend aussi pourquoi la rencontre avec l'Oulipo, dont les conceptions littéraires se situaient aux antipodes des dogmes romantiques de l'inspiration et de l'originalité, a été cruciale pour lui. A la figure de l'artiste créateur, inspiré, les Oulipiens opposent celle, plus modeste, de l'artisan. Pourtant, chez Perec, même la figure de l'artisan n'échappe pas au soupçon ; il est, lui aussi, bricoleur, copieur et spécialiste en matière de falsification. Toutes les variations sur le thème du faux lié à la tromperie, à l'échec ou au crime, toute la problématique des personnages artistes, faussaires et imposteurs, se lisent à la fois comme une mise en cause de la conception de l'artiste créateur et comme une transposition de la problématique existentielle. C'est dans le post-scriptum de *La Vie mode d'emploi* où il affiche ses emprunts à la Bibliothèque, que Perec a assumé ouvertement, au vu et au su de ses lecteurs, le rôle du copieur, du faussaire, du créateur de faux.

Une parenté hétérogène

Cette pratique intertextuelle pose évidemment la question des affinités. Lorsqu'on interroge la liste des auteurs cités dans *La Vie mode d'emploi*, on y retrouve les écrivains liés aux différentes étapes et aux différents axes de l'entreprise perecquienne. Le Flaubert de *L'Education sentimentale* est associé à l'écriture des *Choses*, livre dans lequel Perec portraiture sa propre génération ; Kafka, Melville et Proust ont parrainé *Un homme qui dort*. *L'Elu* de Thomas Mann, auteur favori de Lukács et lui-même adepte de pratiques citationnelles, a fait l'objet d'une transcription sans *e* dans *La Disparition*. Queneau, Leiris et Proust se laissent rattacher à l'entreprise autobiographique. Jules Verne est le saint patron des lectures de l'enfance, Raymond Roussel, admirateur fervent de Verne, est lié comme les amis oulipiens, Calvino, Mathews, Roubaud et Queneau à la pratique des contraintes.[7]

Que l'auteur de *La Recherche* se trouve parmi les écrivains cités par Perec dans *La Vie mode d'emploi* n'a rien d'étonnant dans la mesure où l'œuvre de Perec fait écho aux grands thèmes proustiens – la relation aux figures parentales, le sommeil, la mémoire, le temps et l'art. Cependant, nous avons vu que par la manière dont il élabore ces thèmes, Perec se situe aux antipo-

---

7. Sur cette liste alphabétique où l'absence du A (Antelme ?) est remarquable, figurent encore les noms de Belletto, Bellmer, Borges, Christie, Freud, Joyce, Lowry, Marquez, Nabokov, Price, Rabelais, Stendhal, Sterne, Sturgeon, Zürn. Elle est piégée, comme toutes les listes de Perec, par des structures alpha-numériques. Kafka, par exemple, se trouve à la onzième place, le K est la onzième lettre de l'alphabet. Parmi ces littérateurs et artistes-écrivains, Freud, le seul savant à être invoqué, fait figure d'intrus.

des de Proust. Les parents restent désespérément absents, l'interrogation du sommeil débouche sur des images oniriques incohérentes ou bien sur des rêves présentés sans commentaire. A la mémoire involontaire tant prisée par Proust, Perec ne peut que substituer la mémoire de l'intelligence. Les arts visuels ne donnent que rarement lieu au plaisir esthétique et sont liés à ce qu'on pourrait désigner comme une 'mauvaise mimésis', une représentation au énième degré d'une réalité définitivement hors d'atteinte.

Toute schématique qu'elle soit, cette comparaison permet à l'exégète qui serait ébloui par la complexité de l'œuvre perecquienne, de prendre conscience de tout ce qui n'y est pas et d'en mesurer, par contraste avec la somptuosité proustienne, l'austérité. Dans l'univers en demi-teintes de Perec, les jouissances physiques et les affections sont quasiment absentes, le corps ne donne lieu à aucun bien-être et est au contraire souvent présenté comme traumatisé, voire martyrisé. Le sommeil est torturant, l'évocation de la sexualité se restreint aux images cruelles de viol dans la fable de *W ou le souvenir d'enfance*. Les personnages perecquiens se laissent prendre dans l'étau de contrats impossibles, de jeux dont les règles ne tardent pas à se transformer en lois contraignantes. Pour le reste, ils n'ont guère de substance. Tout absorbés par leurs manies, ils ne dialoguent pas, ils supportent en silence la mortification de leur corps.

Le seul auteur du Nouveau Roman qui figure au palmarès de *La Vie mode d'emploi*, est aussi celui chez qui Perec a pu trouver la première autorisation de ses pratiques formelles, celui dont il s'est inspiré pour l'emploi de la deuxième personne dans *Un homme qui dort* et avec qui il partage son intérêt pour la peinture comme source d'invention formelle, Michel Butor. C'est dans un essai de 1955, 'Le roman comme recherche', que Butor souligne l'importance de la recherche de nouvelles formes romanesques qu'il définit comme une condition sine qua non d'un réalisme plus poussé.[8] C'est à Butor encore que Perec dit, à Warwick, devoir sa conception personnelle de la littérature, qu'il voit comme un puzzle comportant une pièce blanche, la pièce blanche étant l'œuvre en train de s'écrire.[9]

Nous avons vu comment Perec a balisé son territoire au début des années soixante en s'opposant aux autres auteurs du Nouveau Roman. Contrairement à un Robbe-Grillet ou à une Sarraute qui s'attaquent d'emblée aux conventions narratives du roman réaliste, balzacien, Perec laisse ces

---

8. Michel Butor, *Essais sur le roman* (Gallimard, 1975) pp. 7-14.
9. 'Pouvoirs et limites du romancier contemporain', *Parcours Perec*, p. 36.

conventions plus ou moins intactes et adopte une stratégie d'écriture globalement mimétique. Il ancre ses textes dans une réalité historique et sociale précise, s'abstient de multiplier les versions contradictoires d'un même événement, multiplie les niveaux de représentation mais ne gomme pas leur distinction[10], et évite de miner l'illusion réaliste par un discours métatextuel trop ostensible.[11]

Si Perec a conservé ainsi à ses textes romanesques une dimension largement représentative, et occupe de ce fait une place à part par rapport aux avant-gardes littéraires des années soixante et soixante-dix, on a pu être tenté de le rapprocher des auteurs du Nouveau Roman par les innovations qu'il a apportées, avant eux, à l'autobiographie.[12] Les caractéristiques formelles de *W ou le souvenir d'enfance* – l'entrecroisement d'un récit fictionnel et autobiographique, la démultiplication des instances énonciatrices, le recours à l'intertextualité – peuvent être rapprochées, certes, de celles de la 'nouvelle' autobiographie. Cependant, le lecteur ne peut manquer de s'apercevoir que la fiction *W* a ses référents dans l'Histoire et que le statut que Perec accorde à cette fiction dans le récit de son enfance, n'est pas né d'une réflexion toute théorique ou ludique sur les règles du genre, mais qu'il est de pure nécessité. Pas plus qu'il n'écrit contre le roman réaliste traditionnel, Perec n'écrit contre l'autobiographie traditionnelle. Et, à cet égard, il paraît plus juste de le rapprocher de Nathalie Sarraute et de son *Enfance* où le dialogue des deux voix narratives renvoie au drame d'un déchirement familial et linguistique que du jeu plus cérébral de Robbe-Grillet qui, on le sait, articule dans ses *Romanesques*[13], en trompe-l'œil, sa propre histoire à la légende d'Henri de Corinthe. Les rapports de Perec avec celui qu'il invoque comme l'un des modèles de son entreprise autobiographique, Michel Leiris (*La Règle du jeu*) n'ont, à ma connaissance, pas encore retenu l'attention des exégètes perecquiens.

---

10. L'une des exceptions à cette règle est le jeu sur la représentation dans *La Vie mode d'emploi*, représentation dédoublée ou plutôt triplée puisque le texte représente une conscience qui imagine un tableau qui représente un immeuble.

11. Ce qui augmente la surprise qu'il réserve à son lecteur à la fin d'*Un Cabinet d'amateur*, 'récit fictif conçu pour le seul plaisir, et le seul frisson, du faire-semblant'.

12. Voir à ce sujet, Aliette Armel, 'Nouveau Roman und Autobiographie', Wolfgang Asholt éd., *Intertextualität und Subversivität, Studien zur Romanliteratur der achtziger Jahre in Frankreich* (Heidelberg, Universitätsverlag, 1994) pp. 171-179.

13. Nathalie Sarraute, *Enfance* (Paris, Gallimard, 1983). Alain Robbe-Grillet, *Romanesques : Le Miroir qui revient* (1984), *Angélique ou l'enchantement* (1987), *Les Derniers Jours de Corinthe* (1994) (Paris, Minuit).

Dépendance et originalité

L'originalité de Perec est paradoxalement mais étroitement liée à l'idée de dépendance. Les fonctions que remplissent les renvois intertextuels varient et évoluent d'un ouvrage à l'autre. Dans *Un homme qui dort*, les modèles littéraires invoqués sont là pour être repoussés et pour masquer un silence, il s'agit à la fois de régler ses comptes avec les mythes de l'indifférence et de couvrir le silence du *tu*. Le dénouement de ce livre solipsiste est cependant lukacsien : le protagoniste tourne le dos aux clercs pâles, aux copistes, pour se laisser revitaliser – à l'enseigne de Céline ![14] – par une ondée salvatrice, place Clichy.

Dans *W ou le souvenir d'enfance*, par contre, les textes cités, les témoignages de Robert Antelme et de David Rousset, font autorité ; ils ancrent le récit de cauchemar olympique dans l'histoire de la Seconde Guerre mondiale et donnent accès à un réel autrement indicible. Les emprunts verniens (*L'Île mystérieuse*) relèvent des rares souvenirs heureux de l'enfance mais servent aussi à faire accepter au lecteur la transition de l'utopie à l'univers concentrationnaire.

Nous avons vu que le dispositif citationnel et allusif de *La Vie mode d'emploi* est extrêmement sophistiqué et que l'intertextualité y passe souvent par l'évocation de représentations picturales. L'intrication de ce travail de réécriture est telle que retrouver les critères qui ont présidé au choix des fragments en question, est une entreprise de dimensions colossales. Le lecteur qui se prêterait à ce jeu, comprendrait rapidement ce que les Oulipiens, férus de toutes formes de réécriture, entendent par littérature 'potentielle'. Si, par ses fonctions métatextuelle, narrative et référentielle, la citation permet à l'auteur/narrateur d'économiser ses forces et de déléguer une partie de ses tâches au lecteur, celui-ci risque de succomber à la tâche.

J'ai choisi d'étudier le fonctionnement de cette intertextualité au moment où elle se fait (ou essaye de se faire) massivement autotextuelle, dans *Un cabinet d'amateur*, reproduction en miroir de *La Vie mode d'emploi*. Remonter les pistes à partir des citations encryptées dans les titres, les noms de peintres et les histoires des tableaux qui tapissent le cabinet du collec-

---

14. Cette filiation célinienne que l'on reconnaît également dans le chapitre d'ouverture de *La Vie mode d'emploi* : 'Oui, cela pourrait commencer ainsi, comme ça', n'a pas non plus été explorée par la critique perecquienne.

tionneur germano-américain, Hermann Raffke, tout en faisant un détour par l'histoire de l'art, s'est révélé un exercice à la fois fructueux et consternant. Fructueux parce que cet exercice a permis d'élucider au moins quelques-uns des critères qui ont présidé au choix des différents emprunts. Consternant par la nature même de ces critères : les fragments allusés ou cités peuvent être lus comme autant de variations sur les thèmes de la disparition et de la mort, et renvoient, d'une manière ou d'une autre, aux différentes stations d'une quête vaine des parents. Ces références sont alors autant de taches sombres dans la bigarrure des tableaux d'*Un cabinet d'amateur*.

De même que les renvois dans l'autobiographie aux textes-témoignages, ces évocations de représentations picturales, convergent toutes vers un même point, par le biais des citations encryptées dans *La Vie mode d'emploi* ; elles justifient l'emploi du terme de 'réalisme citationnel'. Tout comme les régularités numériques, la pratique intertextuelle semble asservie aux traces que l'Histoire a laissées dans l'histoire personnelle. Dans le cas de l'intertextualité, il ne s'agit cependant pas d'une inscription de faits bruts mais d'une multiplication de scénarios aux contours flous, d'une succession de micro-histoires renvoyant par petites touches à des éléments de cette histoire.

Il est certain que l'inter- et l'autotextualité ne sont pas l'apanage de Perec. Bien d'autres écrivains contemporains ont eu ou ont encore recours, à divers degrés, aux pratiques scripturales que l'on a tendance à isoler comme l'un des traits constitutifs d'une écriture dite postmoderne. En outre, beaucoup d'entre eux ont fait passer ce dialogue textuel par le biais de représentations picturales. Outre les textes de Butor qui a parrainé cette pratique chez Perec, on pourrait citer en exemple les grands romans de Michel Tournier et de Claude Simon qui ont illustré dans les années soixante-dix et quatre-vingt la vogue de la réécriture.

La singularité de Perec réside, d'une part, dans la systématisation qu'il a apportée à ces pratiques citationnelles par le recours à des procédés formels très spécifiques, et, d'autre part, dans le lien étroit qu'il établit ou plutôt qu'il nous amène à établir, entre cet appareil citationnel et la réalité extra-textuelle. Ce ne sont pas les textes qui constituent le point de départ principal de son écriture, mais un réel qu'il ne peut ni ne veut ignorer. Rappelons une dernière fois ce qu'il dit dans *W ou le souvenir d'enfance* : 'j'ai pris en même temps la décision d'écrire et d'écrire mon histoire'.

Signes d'un savoir

Le projet réaliste fait du personnage le relais obligé d'un savoir sur le monde. Si dans le cas des personnages de Perec ce savoir est lacunaire, et si leur créateur s'abstient, intentionnellement, de suppléer à ces lacunes, ce n'est pas parce qu'il serait rongé par le doute épistémologique que l'on dit caractéristique de l'ère postmoderne, ou parce qu'il souscrirait à la notion de crise du sujet, notion née, dans les années soixante, de la thèse du primat de la langue par rapport au réel et à la conscience. Ce n'est pas à une impuissance abstraite, philosophique, mais à une absence physique, à un vide émotionnel et affligeant que répond le travail de Perec sur les stratégies d'écriture, sa manipulation du langage. La lucidité sèche et sobre, le ludisme aussi avec lesquels il affronte ce vide, contrastent alors fortement avec la manière dramatique dont, dans les années soixante, un Barthes ou un Foucault présentent une théorie du langage qui réduit sans hésitation les rapports de l'intellect avec le monde au schématisme linguistique.[15] Tout comme l'enjeu existentiel grave, chez lui, contraste avec le ludisme en comparaison facile d'un Robbe-Grillet.

L'œuvre de Perec abonde en histoires illustratives des conséquences fatales que peut avoir la manipulation du langage. La réflexion sur les avatars de son propre nom de famille montre que la question de la prononciation et de l'orthographe est dans certaines circonstances une question de vie ou de mort. Pourtant, cela ne l'a pas amené à attribuer au langage un pouvoir absolu : ce sont les hommes qui usent et abusent du langage, qui agissent par le langage, ce n'est pas le langage qui parle à travers eux. S'étant éloigné du Nouveau Roman et de *Tel Quel* au début de sa carrière, Perec n'a pas été tenté de rejoindre ces mouvements au moment où la théorie saussurienne du signe renforçait leur refus de la mimésis. La confiance que Perec accorde à la fonction cognitive et référentielle du langage ne semble guère avoir vacillé.[16] Au début des années soixante, dans *Partisans*, il attribue

---

15. On connaît le ton apocalyptique sur lequel Foucault et Barthes proclament l'abdication de l'homme devant le langage, la mort de l'auteur en tant que donateur de sens. Foucault : 'L'homme est en train de périr à mesure que brille plus fort à notre horizon l'être du langage' (*Les Mots et les choses*, Gallimard, 1966, p. 397). Et Barthes : 'l'auteur s'éclipse devant le scripteur, agent sans visage à travers lequel le langage déploie ses virtualités textuelles ; les textes résultent de jeux linguistiques indépendants de l'intention individuelle' ('La mort de l'auteur' [1968], republié dans *Le Bruissement de la langue, Essais Critiques* IV (Paris, Seuil, 1984) pp. 61-67.

16. Voir à ce sujet David Bellos, 'Perec et Saussure', *Parcours Perec*, pp. 91-96.

à la littérature la tâche de dévoiler le monde, de l'organiser, de le mettre en ordre[17] ; en 1981, il s'exprime dans des termes qui sont toujours aussi positifs :

> Dans le langage, dans l'activité humaine, il y a au départ un besoin qui est de transmettre ces connaissances, de connaître ce qui vous entoure, de jouer avec, c'est une manière de la maîtriser, de l'interpréter et de rêver dessus. Tout ceci constitue la vie et cette activité d'écriture pour moi est une manière continuelle de me définir par rapport au monde dans lequel je suis, en essayant de le comprendre, essayant de jouer avec, en essayant de l'interpréter, de le dominer par la parole. Je ne suis pas le langage, j'essaye de le contourner, ou de me réfugier dedans pour produire des choses qui m'amusent, qui font que je décris des choses avec jouissance.[18]

Le langage est, pour Perec, un outil qu'il manie avec précision et efficacité, un instrument pour assurer son emprise sur le monde. C'est de cette maîtrise du langage qu'il fait preuve dans les longs tours et détours, la longue dérive métonymique où il nous emmène, ces exercices centrifuges que constituent les excursions non seulement dans le monde de la littérature et des arts visuels, mais aussi dans l'emprise historique et sociale ou dans la matérialité des objets du quotidien. Dans ces détours il se laisse aller au plaisir de la revue des choses et de leur nomination, il s'adonne à la passion d'interroger la réalité la plus immédiate et la plus faussement évidente, il dresse l'inventaire de son époque.

Dans ces détours, Perec a tiré parti des savoirs dans des domaines qui lui étaient plus ou moins familiers, ceux de la neurophysiologie, de la sociologie et de la psychanalyse et de l'histoire de l'art. Ses connaissances de la neurophysiologie lui ont permis d'aborder sous un angle inattendu les rapports entre sommeil et mémoire ; sa fable olympique de *W ou le souvenir d'enfance* témoigne d'une compréhension profonde des mécanismes qui régissent les rapports sociaux entre les hommes ; ses expériences réitérées de la psychanalyse sous-tendent la mise en scène du fonctionnement de la mémoire dans *W ou le souvenir d'enfance* et les rapports protocolisés entre ses personnages, dans lequel on peut reconnaître, avec Burgelin, une transposition des rapports entre le psychanalyste et l'analysant, qu'il s'agisse du je-narrateur et son dormeur récalcitrant, de Winckler et Apfelstahl, ou de

---

17. *Partisans* n° 7, nov./déc. 1962, pp. 171-182.
18. Entretien avec Ewa Pawlikowska, novembre 1981, *Littératures*, n° 7, 1983.

Bartlebooth et Winckler. Son œuvre témoigne encore d'une réflexion assidue sur la peinture.

Cependant, Perec s'arrête court devant toute conceptualisation, tout jargon théorique, toute interprétation explicite. S'il nous livre les bribes d'un processus d'anamnèse, il refuse de se laisser emprisonner dans le carcan de l'analyse freudienne. S'il écrit l'histoire de son enfance, il se contente de faire alterner, sans commentaire métatextuel, récit fictionnel et récit auto-biographique. S'il met en scène des personnages mus par d'étranges manies et passions, il les décrit de l'extérieur, sans motiver leur comportement en termes psychologiques. S'il réfère à l'histoire de la guerre, ce ne sont que des pistes qu'il indique. Perec ne nous offre ni ces longs essais interprétatifs que nous connaissons de Proust ou de Thomas Mann ni les réflexions métatex-tuelles caractéristiques des Nouveaux Romanciers.

Cette pulvérisation du savoir ne fait pas preuve d'une méfiance par rapport aux possibilités de connaître le monde, mais d'une stratégie d'écri-ture qui cherche à captiver le lecteur. Ecrire est, selon Perec, un jeu qui se joue à deux, entre l'écrivain et le lecteur. Une fois qu'il s'est laissé séduire par les énigmes formelles et narratives de ces textes, le lecteur doit accepter de suivre Perec à tâtons dans les méandres de son labyrinthe, il se voit obligé de participer activement à l'accomplissement de l'œuvre. Ce n'est que lorsqu'il consent à s'associer patiemment en sens inverse au mouvement de l'auteur, à compléter ses histoires lacunaires par le recours à des connaissan-ces extra-textuelles, culturelles ou littéraires, que sa quête du sens débouche-ra, et qu'il comprendra ce autour de quoi ces textes tournent et retournent. Ce n'est que par ces visites guidées au Musée et à la Bibliothèque, par ce pèlerinage aux lieux perecquiens, après avoir scruté le palmarès des cham-pions olympiques, que le lecteur pourra saisir l'enjeu de cette œuvre et les paradoxes auxquels celle-ci le confronte : puisant son matériau dans d'autres textes, elle est profondément originale ; tournée entièrement vers le passé, elle est décidément ouverte sur le présent ; construite sur le vide, elle se veut témoignage.

Bibliographie

Seuls les ouvrages cités dans le texte sont mentionnés dans cette bibliographie. La bibliographie la plus complète de l'œuvre de Perec est à ce jour celle de Bernard Magné, *Tentative d'inventaire pas trop approximatif des écrits de Georges Perec*, Toulouse, Presses Universitaires du Mirail, 1993. Dans la présente bibliographie, la première date est celle de l'édition utilisée, la date entre crochets est celle de la première parution de l'ouvrage. Sauf indication contraire, le lieu de publication est Paris. Les sigles utilisés dans le texte sont donnés entre parenthèses.

ŒUVRES DE GEORGES PEREC
(ordre chronologique)

Les Choses. Une histoire des années soixante, Julliard, «Presses Pocket», 1990 [1965].

Quel petit vélo à guidon chromé au fond de la cour ?, Denoël, 1988 [1966].

Un homme qui dort (UHQD), Denoël, 1987 [1967].

La Disparition (LD), roman, Denoël, 1988 [1969].

Les Revenentes, texte, Julliard, «Idée fixe», 1991 [1972].

La Boutique obscure, 124 rêves, Denoël, 1988 [1973].

Espèces d'espaces, Galilée, «L'Espace critique», 1974.

W ou le souvenir d'enfance, récit (*Wse*), Denoël, «Les Lettres Nouvelles», 1975.

Tentative d'épuisement d'un lieu parisien, Christian Bourgois, 1982 [1975].

La Clôture, dix-sept poèmes hétérogrammatiques accompagnés de dix-sept photographies de Christine Lipinska, Imprimerie Caniel (tirage limité hors-commerce) 1976.

Alphabets, cent soixante-seize onzains héterogrammatiques, Galilée, 1990 [1976].

Je me souviens, Les Choses communes I, Hachette, «Textes du XXe siècle», 1986 [1978].

La Vie mode d'emploi, romans (VME), Hachette, «Littérature – POL», 1985 [1978].

Un cabinet d'amateur. Histoire d'un tableau (UCA), Balland, 1988 [1979].

Les Mots croisés I, précédés de considérations de l'auteur sur l'art et la manière de croiser les mots, Mazarine, 1979.

La Clôture et autres poèmes, Hachette, «Littérature – POL», 1980, comprenant notamment *A Pierre Getzler*, palindrome [1970], *Ulcérations* [1974], *La Clôture* [1976] et *Trompe-l'œil* [1978].

Théâtre I, Hachette, «Littérature – POL», 1981.

Penser/Classer, Hachette, «Textes du XXe siècle», 1985, comprenant notamment 'Lire : esquisse socio-physiologique' [1976], 'Douze regards obliques' [1976], 'Notes concernant les objets qui sont sur ma table de travail' [1976], 'Les lieux d'une ruse' [1977], 'Trois chambres retrouvées' [1977], 'Roussel et Venise. Esquisse d'une géographie mélancolique' (avec Harry Mathews) [1977], 'Notes sur ce que je cherche' [1978], 'Considérations sur les lunettes' [1980].

«53 jours», roman (édition établie par Harry Mathews et Jacques Roubaud), POL, 1989.

Vœux, Seuil, «La Librairie du XXe siècle», 1989.

L'infra-ordinaire, Seuil, «La Librairie du XXe siècle», 1989, comprenant notamment 'Approches de quoi ?' [1973], 'Les lieux d'une fugue' [1975], 'La rue Vilin' [1977], 'Deux cent quarante-trois cartes postales en couleurs véritables' [1978], 'Promenades dans Londres' [1981], 'Still life/Style leaf' [1981].

Je suis né, Seuil, «La librairie du XXe siècle», 1990, comprenant 'Le saut en parachute' [1959], 'Lettre à Maurice Nadeau' [1969], 'Les gnocchis de l'automne ou réponse à quelques questions me concernant' [1972], 'Les lieux d'une fugue' [1975], 'Le travail de la mémoire' (1979), 'Quelques-unes des choses qu'il faudrait tout de même que je fasse avant de mourir' [1981].

Cantatrix Sopranica L. et autres articles scientifiques, Seuil, «La Librairie du XXe siècle», 1991 [1972].

L.G. Une aventure des années soixante, Seuil, «La librairie du XXe siècle», 1992. Préfacé par Claude Burgelin, ce recueil comprend entre autres les quatre articles que Perec a écrits en 1962 pour *Partisans*, 'Le Nouveau roman ou le refus du réel', 'Pour une littérature réaliste', 'Engagement ou crise du langage', 'Robert Antelme ou la vérité de la littérature'.

Le Voyage d'hiver, Seuil, «Librairie du XXe siècle», 1993 [1979].

Beaux présents, Belles absentes, Seuil, «Librairie du XXe siècle», 1994.

What a man, Le Castor Astral, 1996 [1981].

Perec-rinations, Zulma, 1997 [1981].

OUVRAGES EN COLLABORATION
(ordre chronologique)

Petit traité invitant à la découverte de l'art subtil du go (avec Pierre Lusson et Jacques Roubaud), Christian Bourgois, 1969.

Presbytères et Prolétaires, Le dossier P.A.L.F, Cahiers Georges Perec, n° 3, présenté par Marcel Bénabou, Valence, Ed. du Limon, 1989 [1973].

Six Trompe-l'œil, poèmes de Georges Perec, photographies de Cuchi White, éd. limitée à 125 exemplaires avec 6 photos originales de Cuchi White, 1978. Repris dans *La Clôture et autres poèmes*, Hachette «Littérature – POL», 1980.

Récits d'Ellis Island, Histoires d'errance et d'espoir (avec Robert Bober), Ed. du Sorbier, 1980. Repris par POL et enrichi de reproductions du manuscrit original en 1994. Dans une nouvelle édition de 1995, sous le titre d'*Ellis Island* toujours chez POL, figure le texte de Perec sans interviews ni images.

L'Œil ébloui (avec Cuchi White), Chêne/Hachette, 1981.

Jeux intéressants (avec Jacques Bens), Zulma, 1997 [1981-1982].

ARTICLES, LETTRES, CONFÉRENCES
(ordre chronologique)

Première Lettre à Maurice Nadeau [1957], *Cahiers Georges Perec*, n° 4, *Mélanges*, Valence, Ed. du Limon, 1990, pp. 63-65.

'Défense de Klee', lettre-essai de 1959, *Cahiers Georges Perec*, n° 6, *L'Œil d'abord*, 1996, pp. 16-29.

'Le mystère Robbe-Grillet', *Partisans*, n° 11, juin 1963, pp. 167-171.

'Lettre à Denise Getzler' [entre 1962 et 1964], *Littératures*, n° 7, 1983, pp. 60-67.

'Pouvoirs et limites du romancier français contemporain, texte d'une conférence prononcée le 5 mai 1965 à l'Université de Warwick, *Parcours Perec*, pp. 31-40.

'Les Idées du jour', *Arts et Loisirs*, n° 57, 26 octobre – 2 novembre 1966, p. 10.

'Du terrorisme des modes', *Arts et Loisirs*, n° 75, 1-7 mars 1967, p. 9.

'Chemins de Pierre' [1967], *L'Amateur d'art*, Montreuil, Imprimerie municipale, 1992.

'Histoire du lipogramme', *Les Lettres nouvelles*, juin-juillet 1969, repris dans Oulipo, *La littérature potentielle*, Gallimard, «Idées», 1973, pp. 77-96.

'9691 Edna D'Nilu', palindrome, *Change*, n° 6, 1970, pp. 217-223. Repris dans Oulipo, *La littérature potentielle*, Gallimard, «Idées», 1973, pp. 101-106.

'Quatre figures pour *La Vie mode d'emploi*', *L'Arc*, n° 76, 1979, pp. 50-53. Repris dans *Atlas de littérature potentielle*, Gallimard, «Idées», 1981, pp. 387-395.

'Emprunts à Flaubert, *L'Arc*, 1980, n° 79, pp. 49-50.

'Je ne suis absolument pas critique d'art' (extraits d'une table ronde tenue à Bologne sur le thème *Art et poésie : le livre illustré*, avec Paolo Boni, Cuchi White, le 28 novembre 1981, reproduits dans les *Cahiers Georges Perec*, n° 6, 1996, pp. 196-203.

'Cher, très cher, admirable et charmant ami...' Correspondance Georges Perec & Jacques Lederer, présentée par Jacques Lederer, Flammarion, 1997.

ENTRETIENS
(ordre chronologique)

Bénabou, Marcel et Bruno Marcenac, *Les Lettres françaises*, 2 décembre 1965, n° 1108, pp. 14, 15.

Chalon, Jean, 'Georges Perec, l'homme sans qui «les choses» ne seraient pas ce qu'elles sont', *Le Figaro littéraire*, 25 novembre 1965, p. 3.

Duvignaud, Jean, 'Le bonheur de la modernité, *Le Nouvel Observateur*, n° 57, 15-21 décembre, 1965, pp. 32-33.

Grant, Jacques, 'Un bonhomme qui dort ne peut pas arrêter le temps', *Cinéma 74*, juillet- août 1974, n° 189, pp. 46-51.

Helmlé, Eugen, 'Conversation à Saarbrücken', émission radiophonique *Autoren im Dialog* (diffusée par la SR le 12 décembre 1975).

Noël, Bernard, pour *France Culture, Poésie ininterrompue : Georges Perec*, émission radiophonique diffusée le 20 février 1977.

Ezine, Jean-Louis, 'L'impossible Monsieur Perec', *Les Nouvelles littéraires*, n° 2655, 6 octobre 1978. Repris dans Jean-Louis Ezine, *Les Ecrivains sur la sellette*, Seuil, 1982, pp. 238-242.

Brochier, Jean-Jacques, *Magazine littéraire*, n° 141, octobre 1978, pp. 32-35.

Hervé, Alain, 'La vie : règle du jeu', *Le Sauvage*, n° 60, décembre 1978, pp. 8-25.

Venaille, Frank, 'Perec le contraire de l'oubli', *Mr Bloom*, mars 1979, n° 3, pp. 72-75. Repris sous le titre 'Le travail de la mémoire', *Je suis né*, pp. 81-93.

Fardeau, Patrice, 'En dialogue avec l'époque', *France Nouvelle*, 16 avril 1979, n° 1744, pp. 44-50.

Le Sidaner, Jean-Marie, 'Entretien', *L'Arc*, n° 76, 1979, pp. 3-10.

Salvy, Gérard-Julien, 'Démarches', (entretien radiophonique diffusé le 12 janvier 1980) cité par A. Chauvin, Hans Hartje e.a. in '«Le cahier des charges» d'*Un cabinet d'amateur*', *Cahiers Georges Perec* n° 6, *L'Œil d'abord*, Seuil, 1996, p. 137.

Oriol-Boyer, Claudette, 'Ce qui stimule ma racontouze', février 1981, *Texte en main*, n° 1, printemps 1984, Grenoble, pp. 49-59.

Pawlikowska, Ewa (novembre 1981), 'Entretien', *Littératures* n° 7 (1983), pp. 69-76.

ETUDES CONSACRÉES À L'ŒUVRE DE GEORGES PEREC : VOLUMES

Béhar, Stella, *Georges Perec : écrire pour ne pas dire*, New York, Peter Lang Publishing, «Currents in Comparative Romance Languages and Literatures», 1995.

Bellos, David, *Georges Perec. Une vie dans les mots*, Seuil, 1994. [*Georges Perec. A Life in Words*, Londres, Harvill/Harper/Collins, 1993].

Bellosta, Marie-Christine et Hans Hartje, *L'Humain et l'inhumain dans W ou le souvenir d'enfance de Georges Perec*, Ed. Belin, 1997.

Burgelin, Claude, *Georges Perec*, Seuil, «Les Contemporains», 1988.

— *Les Parties de dominos chez Monsieur Lefèvre, Perec avec Freud, Perec contre Freud*, Strasbourg, Circé, 1996.

Duvignaud, Jean, *Perec ou la cicatrice*, Arles, Actes Sud, 1993.

Hartje, Hans, Bernard Magné, Jacques Neefs (présentation, transcription et notes) *«Cahier des charges» de La Vie mode d'emploi*, Ed. Zulma/CNRS, 1993.

Lejeune, Philippe, *La Mémoire ou l'oblique. Georges Perec autobiographe*, POL, 1991.

Magné, Bernard, *Perecollages 1981-1988*, Presses Universitaires de Toulouse-Le Mirail, 1989.

Magoudi, Ali, *La Lettre fantôme*, Minuit, 1996.

Miller, Anita, *Georges Perec. Zwischen Anamnese und Struktur*, Bonn, Romanistischer Verlag, 1996.

Motte, Walter F. Jr., *The Poetics of Experiment, A Study of the Work of Georges Perec*, Lexington Kentucky, French Forum, 1984.

Neefs, Jacques et Hans Hartje, *Georges Perec, Images*, Seuil, 1993.

Philibert, Muriel, *Kafka et Perec, Clôture et lignes de fuite*, Cahiers de l'Ecole Normale Supérieure de Fontenay – Saint Cloud, 1993.

Robin, Régine, *Le Deuil de l'origine. Une langue en trop, la langue en moins*, Presses Universitaires de Vincennes, 1993.

Roche, Anne, *Georges Perec. W ou le souvenir d'enfance*, Gallimard, «Folio-thèque», 1997.

REVUES CONSACRÉES EXCLUSIVEMENT À L'ŒUVRE DE GEORGES PEREC

Cahiers Georges Perec, n° 1, *Actes du Colloque de Cerisy*, juillet 1984, POL, 1985.

— n° 2, *W ou le souvenir d'enfance. Une fiction* (Revue *Textuel*, n° 21), Université de Paris VII, 1988.

— n° 3, *Presbytères et Prolétaires, Le dossier P.A.L.F*, présenté par Marcel Bénabou (Production automatique de littérature française), Valence, Ed. du Limon, 1989.

— n° 4, *Mélanges*, Ed. du Limon, 1990.

— n° 5, *Les poèmes hétérogrammatiques*, Ed. du Limon, 1992.

— n° 6, *L'Œil d'abord. Georges Perec et la peinture*, Seuil, 1996.

Le Cabinet d'amateur, Revue d'études perecquiennes, Printemps 93, n° 1, *Miscellanées*, Toulouse, Les Impressions nouvelles, 1993.

— n° 2, Automne 1993, *L'Autobiographie*, Toulouse, Les Impressions nouvelles, 1993.

— n° 3, Printemps 1994, *Miscellanées II*, Toulouse, Les Impressions nouvelles, 1994.

— n° 4, Automne 1994, *Mots croisés*, Toulouse, Les Impressions nouvelles, 1994.

— n° 5, Printemps 1997, *L'Autobiographie, deux*, Toulouse, Presses Universitaires du Mirail, 1997.

— n° 6, Automne 1997, *J.R. : Tentative de saturation onomastique*, Toulouse, Presses Universitaires du Mirail, 1997.

DOSSIERS, ACTES DE COLLOQUES ET NUMÉROS SPÉCIAUX DE REVUES

L'Arc, n° 76, *Georges Perec*, 1979.

Magazine littéraire, n° 193, *Georges Perec mode d'emploi*, 1983.

Littératures, n° 7, Toulouse, Presses Universitaires du Mirail, 1983.

Parcours Perec, Mireille Ribière éd., Lyon, Presses Universitaires, 1990.

Penser, classer, écrire, de Pascal à Perec, Béatrice Didier, Jacques Neefs éd., Presses Universitaires de Vincennes, 1990.

Etudes littéraires, n° 23, *Georges Perec : Ecrire/Transformer*, Québec, Université Laval, été-automne 1990.

Georges Perec, L'Amateur d'art, Presses de l'Imprimerie municipale de Montreuil, 1992.

Magazine littéraire, n° 316, *Dossier Perec*, déc. 1993

Actes du colloque international *Georges Perec* (Cluj, octobre 1996), Yvonne Goga, éd. Dacia, Cluj-Napoca, Roumanie, 1997.

Actes du colloque *Georges Perec et l'image*, Université Stendhal-Grenoble-III (janvier 1998), à paraître dans le numéro double 7-8 du *Cabinet d'amateur*.

Etudes Romanes, Actes du colloque *Georges Perec et l'histoire* (mai 1998), Université de Copenhague, Institut d'Etudes Romanes, à paraître.

ARTICLES

Bellos, David, 'Perec avant Perec', *Ecritures*, n° 2, Liège, 1992, pp. 47-64.

— 'Georges Perec : De *La Ligne générale* aux Choses', *Hebrew studies in literature and art*, Jérusalem, 1990.

— 'Perec et Saussure', *Parcours Perec*, 1990, pp. 91-96.

Bénabou, Marcel, 'Perec et la judéité', *Cahiers Georges Perec*, n° 1, 1985, p. 15-30.

— 'Faux et usage de faux chez Perec', *Le Cabinet d'amateur*, n° 3, printemps 1993, pp. 25-36.

Bens, Jacques, 'Oulipien à 97 %', *Magazine littéraire*, n° 193, mars 1983, pp. 26-27.

Entretien avec Bens, Jacques et Paul Fournel, 'Oulipo, Ouvroir de Littérature Potentielle', *Action Poétique*, n° 85, septembre 1981, p. 48-64.

Berge, Claude et Eric Beaumatin, 'Georges Perec et la combinatoire', *Cahiers Georges Perec*, n° 4, 1990, pp 83-96.

Bertharion, Jacques-Denis, 'Des lieux aux non-lieux : de la rue Vilin à Ellis Island', *Le Cabinet d'amateur*, n° 5, 1997, pp. 51-72.

Bouchot, Vincent, 'L'intertextualité vernienne dans *W* ', *Etudes littéraires*, n° 23, Université Laval, Québec, 1991, pp. 112-116.

Burgelin, Claude, 'Perec lecteur de Flaubert', *Revue des Lettres modernes*, 1984, pp. 135-171.

— 'Perec et la cruauté', *Cahiers Georges Perec*, n° 1, 1985, pp. 31-51.

— 'Préface à Georges Perec', *L.G. Une aventure des années soixante*. Seuil, «La librairie du XXe siècle», 1992.

— 'Le temps des témoins', *Villa Gillet*, cahier n° 3, Strasbourg, Circé, novembre 1995, pp. 79-89.

Chauvin, Andrée, Hans Hartje e.a. «Le cahier des charges» d'*Un cabinet d'amateur* ', *Cahiers Georges Perec*, n° 6, *L'Œil d'abord*, Seuil, 1996.

Duvignaud, Jean, 'Effet d'éloignement par rapport aux *Choses*', *L'Arc*, n° 76, *Georges Perec*, Aix-en-Provence, 1979, pp. 23-27.

Goodman, Lanie, 'For lovers only : représentation et intertextualité dans *Un cabinet d'amateur*', *Sociologie du Sud-Est*, Aix-en-Provence, n° 35-36, 1983, pp. 179-185.

Hill, Leslie, 'Perec à Warwick', *Parcours Perec*, 1990, pp. 25-30.

Javaloyes-Espié, Odile, 'Contre l'évidence apparente', *Cahiers Georges Perec*, n° 2, pp. 57-71.

Kleman, Roger, 'Lectures : *Un homme qui dort*, de Georges Perec', *Les Lettres nouvelles*, juillet/septembre 1967, pp. 158-165.

Lecarme, Jacques, 'Perec et Freud ou le mode d'emploi', *Cahiers Georges Perec*, n° 4, pp. 121-141.

— 'La page des sports', *Magazine littéraire* n° 16, décembre 1993, pp. 40-42.

Magné, Bernard, 'Cinquième figure pour *La Vie mode d'emploi* ', *Cahiers Georges Perec*, n° 1, 1985, pp. 173-177.

— 'Lavis mode d'emploi', *Cahiers Georges Perec* n° 1, 1985, pp. 232-246.

— 'Les Sutures dans *W ou le souvenir d'enfance*', *Cahiers Georges Perec*, n° 2, 1988, pp. 39-55.

— '*Peinturecriture*', *Perecollages 1981-1988*, Toulouse, Presses Universitaires du Mirail, 1989, pp. 206-217.

— '*La Vie mode d'emploi*, texte oulipien ?', *Perecollages 1981-1988*, pp. 153-163.

— 'Quelques considérations sur les poèmes hétérogrammatiques de Georges Perec', *Cahiers Georges Perec*, n° 5, 1992, pp. 27-87.

— 'Saint Jérôme mode d'emploi', *Cahiers Georges Perec*, n° 6, *L'Œil d'abord*, Seuil, 1996, pp. 91-112.

— 'L'autobiotexte', *Le Cabinet d'amateur*, n° 5, 1977, Toulouse, Presses universitaires du Mirail, pp. 5-42,

Marty, Elisabeth, 'De Georges à Giorgione', *Cahiers Georges Perec*, n° 6, *L'Œil d'abord*, 1996, pp. 160, 161.

Mele, Santino, 'Perec et Klee : l'encre et l'aquarelle', *Cahiers Georges Perec*, n° 6, *L'Œil d'abord*, 1996, pp. 80-89.

Miller, Anita, 'Peinture et projet d'anamnèse', *Cahiers Georges Perec*, n° 6, *L'Œil d'abord*, pp. 185-195.

Molteni, Patrizia, 'Faussaire et réaliste : le premier Gaspard de Georges Perec', *Cahiers Georges Perec*, n° 6, *L'Œil d'abord*, pp. 64-68.

Montfrans, Manet van, 'Lieux de mémoire, lieux d'exil', J. Th. Leerssen, Manet van Montfrans éd., *Yearbook of European Studies*, n° 2, *France-Europe*, Amsterdam/Atlanta, Rodopi, 1989, pp. 15-34.

— 'Georges Perec : Het rijk van de beperking', *De Gids*, 153ᵉ Jaargang, n° 10/11, Amsterdam, Meulenhoff, 1990, pp. 964-969.

— 'Le réalisme de Georges Perec', *Rapports-Het Franse Boek*, n° 2, Amsterdam/Atlanta, Rodopi, 1992, pp. 71-80.

— 'Het leven een gebruiksaanwijzing. Reproduktie van een niet bestaand origineel', *Raster*, n° 71, Amsterdam, De Bezige Bij, 1995, pp. 166-175.

— 'Georges Perec, een meestervervalser. Over schilderkunst en intertekstualiteit in *Un cabinet d'amateur*', *Bzzletin*, Den Haag, BZZTôH, février 1997, n° 243, pp. 39-47.

Mouillaud-Fraisse, Geneviève, 'Cherchez Angus. W : une réécriture multiple', *Cahiers Georges Perec* n° 2, *Textuel*, n° 21, 1988, pp. 85-92.

— 'Ou bien plus tard, parfois, quelque part, quelque chose comme un astre blanc, qui explose', *Ex*, n° 2, Aix-en-Provence, Alinéa, 1983, pp. 44-55.

— Le récit du survivant et ses paradoxes dans *W ou le souvenir d'enfance*, *Temps et récit romanesque, cahiers de Narratologie*, n° 3, Presses universitaires de Nice, 1988.

Neefs, Jacques, 'De Flaubert à Perec', *Théorie/Littérature/Enseignement*, n° 5, Presses Universitaires de Vincennes, 1987, pp. 35-47.

Pawlikowska, Ewa, 'Post-scriptum : Figures de citations dans *La Vie mode d'emploi* de Georges Perec [Cahiers inédits de Georges Perec, liste des citations et allusions présentes dans *La Vie mode d'emploi*]' , *Texte en main*, Grenoble, Hiver 1986, n° 6, pp. 75-87.

— 'Une biographie intertextuelle : Autoréférences et citations dans *W* et dans *La Vie mode d'emploi*' , *Cahiers Georges Perec,* n° 2, pp. 73-84.

Pingaud, Bernard, 'L'indifférence, passion méconnue', *La Quinzaine littéraire*, n° 500, janvier 1988, pp. 6,7.

Piton, Bernard, 'De Pisanello à Utrillo', *Recherches en esthétique*, Revue du Centre d'Etudes et de Recherches en Esthétique et Arts Plastiques, n° 2, septembre 1996, pp.81-89.

Pontalis, J.-B., *Amour des commencements*, Gallimard, 1986.

Pouilloux, Jean-Yves, 'Sur un écrit de jeunesse', *Cahiers Georges Perec*, n° 6, *L'Œil d'abord*, pp. 13-15.

Renard, Paul, 'Périls du sommeil romanesque', *Revue des Sciences humaines*, n° 194, 1984, pp. 31-50.

Ribière, Mireille, 'L'autobiographie comme fiction', *Cahiers Georges Perec*, n° 2, 1988, pp. 25-34.

Robin, Régine, 'L'Arbre', *Le Cabinet d'amateur*, Printemps 93, n° 1, pp. 5-28. Repris dans *Le Deuil de l'origine. Une langue en trop, la langue en moins*, Presses Universitaires de Vincennes, 1993.

Roche, Anne, 'L'auto(bio)graphie', *Cahiers Georges Perec*, n° 1, 1985, pp. 65-81.

— 'Ceci n'est pas un trompe-l'œil', *Sociologie du Sud-Est*, n° 35-36, Aix-en-Provence, 1983, pp. 187-196.

Roubaud, Jacques, 'Note sur la poétique des listes de Georges Perec', *Penser/Classer/Ecrire, de Pascal à Perec*, Béatrice Didier et Jacques Neefs éd., Presses Universitaires de Vincennes, 1990, pp. 201-208

TRAVAUX UNIVERSITAIRES : MÉMOIRES ET THÈSES[1]

Blondel, Héléna, *Le Travail du document dans W. Autobiographie de Georges Perec.* Mémoire de maîtrise, Université de Haute Bretagne, Rennes II, 1994/95.

Chauvin, Andrée, *Ironie et intertextualité dans certains récits* de Georges Perec, Thèse de doctorat, Université de Franche-Comté, 1991.

---

1. Déposés au siège de l'Association Georges Perec, Bibliothèque de l'Arsenal, 1, rue de Sully, Paris.

Godard, Delphine, *L'Identité en question. Une lecture de la partie fiction de W ou le souvenir d'enfance, de Georges Perec*, Thèse de doctorat, Université Paris IV, 1997.

Hartje, Hans, *Georges Perec écrivant*, Thèse de doctorat, Université Paris VIII, mai 1995.

Molteni, Patrizia, *Perec me pinxit, Paintings and Painterly Practice in Georges Perec*, Ph.D., University of Manchester, 1993.

Neyman, Nicolas, *Un homme qui dort, Analyse et description des brouillons de Georges Perec*, Mémoire de DEA, Université Paris VII, 1996/1997.

Ribière, Mireille, *Bridging the Gap. A Study of Three Works by Georges Perec*, Ph.D., University of London, Birkbeck College, 1985.

AUTRES TEXTES CITÉS

Antelme, Robert, *L'Espèce humaine*, Gallimard, «Tel», 1978 [1947].

Aron, Raymond, *Dix-huit leçons sur la société industrielle*, Gallimard, «Idées», 1962.

Balzac, Honoré de, *Le Chef-d'œuvre inconnu, Etudes philosophiques*, Gallimard, «Bibliothèque de la Pléiade», tome X, 1992, pp. 393-438.

Butor, Michel, *Portrait de l'artiste en jeune singe*, Gallimard, 1967.

— *La Modification*, Minuit, 1957.

Camus, Albert, *L'Etranger*, dans *Théâtre, Récits, Nouvelles*, Gallimard, «Bibliothèque de la Pléiade», 1962.

Cayrol, Jean, *Poèmes de la nuit et du brouillard*, Seghers, 1946s.

— *Les Corps étrangers*, Seuil, 1959.

— 'Témoignage et littérature', *Esprit*, 21ᵉ année, n° 201, avril 1953, pp. 575-578.

Céline, Louis-Ferdinand, *Voyage au bout de la nuit*, Gallimard, «Livre de Poche», 1967.

Chaix, Marie, *Les Lauriers du lac de Constance. Chronique d'une collaboration*, Seuil, «Points», 1998 [1974].

«Les Classiques de l'art», *Tout l'œuvre peint de Carpaccio*, Flammarion, 1981 [1967].

«Les Classiques de l'art», *Tout l'œuvre peint de Giorgione*, Flammarion, 1988 [1971].

Delbo, Charlotte, *Le Convoi du 24 janvier*, Minuit, «Grands Documents», 1998 [1965].

— *Aucun de nous ne reviendra*, Minuit, «Documents», 1970.

— *Une connaissance inutile*, Minuit, «Documents», 1970.

— *Mesure de nos jours*, Minuit, «Documents», 1971.

Descartes, René, *Discours de la méthode, Méditations*, Minuit, 1963.

Dokter, Betsy & Carry van Akerveld, *Een Kunstolympiade, reconstructie van de tentoonstelling D.O.O.D. 1936 in Amsterdam*, Zwolle, Ed. Waanders, 1996.

Flaubert, Gustave, *L'Education sentimentale*, Gallimard, «Folio», 1993.

— *Correspondance*, Gallimard, «Bibliothèque de la Pléiade», tome II, 1988.

Gorz, André, *Le Traître* (préfacé par Sartre), Seuil, «Points», 1978 [1958].

Jardin, Pascal, *La Guerre à neuf ans*, Grasset, «Les Cahiers Rouges», 1992 [1971].

Joffo, Joseph, *Un sac de billes*, Lattès, 1973.

Kafka, Franz, *Préparatifs de noce à la campagne* (trad. de Marthe Robert), Gallimard, «L'Imaginaire», 1988 [1957].

— *Le Procès*, (trad. d'Alexandre Vialatte), Gallimard, «Bibliothèque de la Pléiade», tome I, 1976.

— *Le Château*, (trad. d'Alexandre Vialatte), Galllimard, «Bibliothèque de la Pléiade», tome I, 1976.

— *La Colonie pénitentiaire*, Gallimard «Folio», 1980.

— *Sämtliche Erzählungen*, Frankfurt/Hamburg, Fischer Verlag, 1973.

Klee, Paul, *Pädagogisches Skizzenbuch*, Compendium des leçons données par Klee au Bauhaus de Weimar, *Neue Bauhausbücher*, Hans M. Wingler éd., Mainz/Berlin, Florian Kupferberg, 1965.

Kofman, Sarah, *Paroles suffoquées*, Galilée, «Débats», 1987.

— *Rue Ordener, Rue Labat*, Galilée, 1994.

Leiris, Michel, *Nuits sans nuit et quelques jours sans jour*, Gallimard, 1961.

— *L'Age d'homme*, Gallimard, «Folio», 1979 [1939].

Levi, Primo, *Se questo è un uomo* [1947] (première trad. française, *C'est un homme*, Julliard, 1961).

Mann, Thomas, *La Montagne magique* (traduit par Maurice Betz), Arthème Fayard, 1931 [1924].

— *Le Docteur Faustus* (traduit par Louise Servicen), Albin Michel, 1952 [1947].

— *L'Elu* (traduit par Louise Servicen), Albin Michel, 1952 [1951].

Maspero, François, *Le Figuier*, Seuil, 1988.

Masson, Jeffrey Moussaieff, *Lost Prince*, New York, The Free Press, 1996 (trad. anglaise du texte de Paul Johann Anselm Ritter von Feuerbach,

Kaspar Hauser, Beispiel eines Verbrechens am Seelenleben des Menschen, Ansbach, 1832).

Melville, Herman, *Moby Dick*, New York, The Modern Library, 1982.

— *Bartleby the scrivener, A Story of Wall Street*, 1853. Trad. franç. par Michèle Causse avec une postface de Gilles Deleuze, Flammarion, 1989.

Modiano, Patrick, *La Place de l'Etoile*, Galllimard, 1968.

— *Livret de famille*, Gallimard, 1977.

— *Un cirque passe*, Gallimard, 1992.

— *Dora Bruder*, Gallimard, 1997.

Montesquieu, *De l'Esprit des lois*, Garnier-Flammarion, 1979.

Nabokov, Vladimir, *Speak, Memory*, New York, Putnam Publishing Group, 1966.

Nizan, Paul, *La Conspiration*, Gallimard, «Folio», 1990 [1938].

Oulipo, *La Littérature potentielle (Créations, re-créations, récréations)*, Gallimard, «Idées», 1973.

— *Atlas de littérature oulipienne*, Gallimard, «Idées», 1981.

— *La Bibliothèque oulipienne*, Vol. I, II, et III, Genève — Paris, Slatkine, 1981 ; Ramsay, 1987 ; Seghers, 1990.

Orwell, George, *Nineteen Eighty-Four*, Londres, Penguin Books, 1990 [1949].

Paulhan, Jean, *Les Fleurs de Tarbes ou la Terreur dans les lettres*, Gallimard, 1941.

Peretz, Itzhak Leibush, *Selected Stories*, New York, Schocken Books, 1975.

Proust, Marcel, *A la Recherche du temps perdu*, Gallimard, «Bibliothèque de la Pléiade», 1968.

Queneau, Raymond, *Chêne et chien*, roman en vers, Gallimard, «Poésie», 1969 [1937].

— *Odile*, Gallimard, 1937.

— *Cent mille milliards de poèmes*, Gallimard, 1961.

Robbe-Grillet, Alain, *Les Gommes*, Minuit, 1953.

— *Le Voyeur*, Minuit, 1955.

— *La Jalousie*, Minuit, 1957.

— *Le Miroir qui revient*, Minuit, 1984.

— *Angélique ou l'enchantement*, Minuit, 1987.

— *Les Derniers Jours de Corinthe*, Minuit, 1994.

Roubaud, Jacques, *Autobiographie, chapitre dix. Poèmes avec des moments de repos en prose*, Gallimard, 1977.

Roussel, Raymond, *Impressions d'Afrique*, Pauvert, 1963 [1910].

— *Comment j'ai écrit certains de mes livres*, Pauvert, 1963 [1935].

Rousset, David, *L'Univers concentrationnaire*, Minuit, «Pluriel», 1993 [1946].

Sarraute, Nathalie, *Enfance*, Gallimard, 1983.

Schwartz-Barth, André, *Le Dernier des Justes*, Seuil, 1959.

Simon, Claude, *Les Géorgiques*, Minuit, 1981.

— *L'Acacia*, Minuit, 1989.

— *Le Jardin des plantes*, Minuit, 1997.

Stendhal, *Le Rouge et le Noir*, Gallimard, «Bibliothèque de la Pléiade», tome I, 1968.

— *La Chartreuse de Parme*, dans *ibid.*, tome II.

Vasari, Giorgio, *Vie des peintres, sculpteurs et architectes*, Just-Tessier, Libraire-Editeur, 1841. [*Le vite de' piu eccelenti Architetti, Pittori e Scultori Italiani*, Florence, 1550, 1568.]

Verlaine, Paul, *Œuvres poétiques*, Gallimard «Bibliothèque de la Pléiade», 1962.

Verne, Jules, *Les Enfants du capitaine Grant*, Gallimard, «Le Livre de poche», 1989 [1867].

— *Vingt mille lieues sous les mers*, Gallimard, «Le Livre de poche», 1990 [1869].

— *L'Ile mystérieuse*, Gallimard, «Le Livre de poche», 1991 [1873-1875].

— *Michel Strogoff*, Gallimard, «Le Livre de poche», 1992 [1876].

— *Les Cinq cents millions de la Bégum*, Gallimard, «Le Livre de poche», 1992 [1879].

— *Le Phare du bout du monde*, Toulouse, Ed. Ombres, 1997 [1905].

Voragine, Jacques de, *La Légende dorée* (traduite du latin par Teodor de Wyzewa) Perrin et Cie, 1905.

Wiesel, Elie, *La Nuit*, Minuit, 1958.

Yourcenar, Marguerite, *Nouvelles orientales*, Gallimard, «L'Imaginaire», 1984 [1963].

Zola, Emile, *Les Rougon Macquart, L'Œuvre*, Gallimard, «Bibliothèque de la Pléiade», tome IV, 1997.

OUVRAGES ET ARTICLES D'ORIENTATION GÉNÉRALE

Arendt, Hannah, *Les Origines du totalitarisme. Partie III, Le Système totalitaire*, Seuil, «Points. Politique», 1972. [*The Origins of Totalitarianism*, New York, Harcourt Brace & Co, 1951].

— *The Jew as Pariah : Jewish Identity and Politics in the Modern Age*, R.H. Feldman éd., New York, Grove Press, 1978.

Armel, Aliette, 'Nouveau Roman und Autobiographie', Wolfgang Asholt éd., *Intertextualität und Subversivität, Studien zur Romanliteratur der achtziger Jahre in Frankreich*, Heidelberg, Universitätsverlag, 1994.

Barthes, Roland, *Le Degré zéro de l'écriture*, Gonthier, 1964 [1953].

— *Mythologies*, Seuil, «Points», 1970 [1957].

— *Roland Barthes par Roland Barthes*, Seuil, «Ecrivains de toujours», 1975.

— *Le Bruissement de la langue (Essais Critiques IV)*, Seuil, 1984.

Barthes, Roland, L. Bersani, Philippe Hamon, Michel Riffaterre, Ian Watt, *Littérature et réalité*, Seuil, «Points», 1974.

Baudouin, Frans, 'De 'Constkamer' van Cornelis van der Geest, geschilderd door Willem van Haecht', *Pietro Paolo Rubens*, Anvers, Mercatorfonds, 1977, pp. 283-301.

Baudrillard, Jean, *Simulacres et simulation*, Galilée, 1981.

Bernard, Jacqueline, *Le Parti communiste et la question littéraire, 1921-1939*, Grenoble, P.U.G., 1967.

Bertho, Sophie, 'Asservir l'image, fonctions du tableau dans le récit', Leo H. Hoek éd., *L'Interprétation détournée*, *C.R.I.N.*, n° 23, Amsterdam/ Atlanta, Rodopi, 1990, pp. 25-36.

— 'Ruskin contre Sainte-Beuve : le tableau dans l'esthétique proustenne', *Littérature*, n° 103, octobre 1996, pp. 94-112.

Blanchot, Maurice, 'Kafka et la littérature' [1949], *De Kafka à Kafka*, Gallimard, 1981, pp. 74-93.

— *L'Entretien infini*, Gallimard, 1969.

Boschetti, Anna, *Sartre et 'Les Temps modernes'*, Minuit, 1985.

Bourdieu, Pierre, *Les Règles de l'art. Genèse et structure du champ littéraire*, Seuil, 1992.

Brandt Corstius, Hugo, *De Opperlandse taal- & letterkunde*, Amsterdam, Querido, 1981.

Butor, Michel, *Répertoire*, Minuit, 1960.

— *Répertoire III*, Minuit, 1968.

— *Les Mots dans la peinture*, Genève, Skira «Les sentiers de la création», 1969.

— *Essais sur le roman*, Gallimard, 1975.

Cayrol, Jean, 'Témoignage et littérature', *Esprit*, 21ᵉ année, n° 201, avril 1953, pp. 575-578.

Robert Champigny, *Pour une esthétique de l'essai. Analyses critiques, Breton, Sartre, Robbe-Grillet,* Minard, 1967.

Compagnon, Antoine, *La Seconde Main ou le travail de la citation,* Seuil, 1979.

Dällenbach, Lucien, *Le Récit spéculaire. Essai sur la mise en abyme,* Seuil, 1977.

Deleuze, Gilles, 'Bartleby ou la formule', *Critique et Clinique,* Minuit, 1993.

Dillingham, W.B., *Melville's Short Fiction, 1853-1856,* Athens, The University of Georgia Press, 1977.

Dresden, Sem, 'De literaire getuige', *Raster,* n° 57, Amsterdam, De Bezige Bij, 1992, pp. 13-41 [1959].

— *Vervolging, vernietiging, literatuur,* Amsterdam, Meulenhoff, 1992. Trad. franç. *La Littérature de l'extermination,* Paris, Nathan, 1997.

Eakin, Paul John, *Fictions in Autobiography. Studies in the Art of Self-Invention,* Princeton, Princeton University Press, 1985.

Fokkema, Douwe, Elrud Ibsch, *Literatuurwetenschap en cultuuroverdracht,* Muiderberg, Coutinho, 1992.

Forest, Philippe, *Histoire de Tel Quel, 1960-1982,* Seuil, 1995.

Foucault, Michel, *Les Mots et les choses,* Gallimard, 1966.

Fournel, Paul, *Clefs pour la littérature potentielle,* Denoël, «Les Lettres Nouvelles», 1972.

Frédérix, Pierre, *Herman Melville,* Gallimard, 1950.

Gombrich, Ernst H., *Art and Illusion, A study in the psychology of pictorial representation,* Oxford, Phaidon Press, 1980 [1960].

Genette, Gérard, *Figures III,* Seuil, 1972.

— *Palimpsestes, la littérature au second degré,* Seuil, 1982.

— *Nouveau Discours du récit,* Seuil, 1983.

— *Seuils,* Seuil, 1987.

Grafton, Anthony, *Faussaires et Critiques. Créativité et duplicité chez les érudits occidentaux,* Les Belles Lettres, 1993. (Trad. franç. de *Forgers and Critics. Creativity and Duplicity in Western Scholarship,* Princeton, Princeton University Press, 1990).

Grüter-Munster, Doris, 'Autobiographie im Zeitalter des Mißtrauens : *Le miroir qui revient* d'Alain Robbe-Grillet und *Livret de famillle* von Patrick Modiano', Wolfgang Asholt éd., *Intertextualität und Subersivität,* Heidelberg, Universitätsverlag, 1994, pp. 197-214.

Held, Julius S., 'Artis pictoriae amator : an Antwerp patron and his collection', *Rubens and his circle : studies*, Princeton, Princeton University Press, 1982, pp. 35-64.

Hillenaar, Henk, *Roland Barthes, existentialisme, semiotiek, psychoanalyse*, Assen, Van Gorcum, 1982.

Hoek, Leo H., 'La transposition intersémiotique, Pour une classification pragmatique', Leo H. Hoek en Kees Meerhoff éd., *Rhétorique et Image*, Amsterdam/Atlanta, Rodopi, 1995, pp. 65-79

— *De titel uit de doeken gedaan*, Amsterdam, VU Uitgeverij, 1997.

Houppermans, Sjef, *Alain Robbe-Grillet autobiographe*, Amsterdam/Atlanta, Rodopi, 1992.

Hutcheon, Linda, *A Poetics of Postmodernism. History, Theory, Fiction*, New York/Londres, Routledge, 1988.

Huszar Allen, Marguerite de, *The Faust Legend. Popular Formula and Modern Novel*, New York, Bern, Frankfurt, Peter Lang, Germanic Studies in America, n° 53, 1985.

Ibsch, Elrud, 'Literatuur en Shoa : Van getuigenis naar postmodern verhaal', Elrud Ibsch, Anja de Feijter & Dick Schram éd., *De lange schaduw van vijftig jaar. Voorstellingen van de Tweede Wereldoorlog in literatuur en geschiedenis*, Leuven/Apeldoorn, Garant, 1996, pp. 127-139.

Jong, Mels de, *Sprekend nog met de nacht*, Swets & Zeitlinger, 1991.

Jongeneel, Else, *Michel Butor. Le Pacte romanesque, Ecriture et lecture dans* L'emploi du temps, Degrés, Description de San Marco *et* Intervalle, José Corti, 1988.

Jouvet, Michel, *Le Sommeil et le rêve*, Odile Jacob, 1992.

Judt, Tony, *Un passé imparfait. Les intellectuels en France, 1944-1956*, Fayard, 1994.

Kaspi, André, *Les Juifs pendant l'Occupation*, Seuil, 1991.

Kerbrat-Orecchioni, Catherine, *L'Enonciation de la subjectivité dans le langage*, Armand Colin, 1980.

Kibédi Varga, Aron, *Discours, Récit, Image*, Liège-Bruxelles, Pierre Mardaga, 1989.

— 'De Zeuxis à Warhol, figures du réalisme', *Protée*, n° 26, Printemps 1996, pp. 101- 110.

Kohl, Stephan, *Realismus, Theorie und Geschichte*, München, Wilhelm Fink Verlag, 1977.

Korthals Altes, Liesbeth, *Le Salut par la fiction ? Sens, valeurs et narrativité dans* Le roi des Aulnes *de Michel Tournier*, Rodopi, 1992.

Kousbroek, Rudy, *De logologische ruimte. Opstellen over taal*, Amsterdam, Meulenhoff, 1984.

Kurz, Otto, *Fakes*, Londres, Faber and Faber, 1948.

Lagarde, Pierre, *La Nationalité française*, Dalloz, 1989.

Laurich, Claudia, *Der französische Malerroman*, Institut für Romanistik der Universität Salzburg, *Salzburger Romanistische Schriften*, VIII, 1983.

Lejeune, Philippe, *Le Pacte autobiographique*, Seuil, «Points», 1996 [1975].

— *La Mémoire et l'oblique, Georges Perec autobiographe*, POL, 1991.

Lévi-Strauss, Claude, *Anthropologie structurale I*, Plon, 1958.

Lignes, n° 21, numéro spécial consacré à 'Robert Antelme : Présence de L'Espèce humaine', Hazan, janvier 1994.

Lottman, Herbert, *Jules Verne*, Flammarion, 1996.

Lukács, György, *La Signification présente du réalisme critique*, traduction franç. (Maurice de Gandillac), Gallimard, 1960. [*Wider den missverstandenen Realismus*, Hamburg, Claassen, 1958]

— *La Théorie du Roman*, Denoël/Gonthier, 1963 [1920].

— *Problèmes du réalisme* (trad. de Claude Prévost et Jean Guégan), L'Arche, 1975.

Maeyer, Marcel de, *Albrecht en Isabella en de schilderkunst*, Bruxelles, Paleis der Academiën, 1995.

Marrus, Michaël R. & Robert O. Paxton, *Vichy et les juifs*, Calmann-Lévy, 1981.

Mayoux, Jean-Jacques, *Melville par lui-même*, Seuil, 1958.

Mitterand, Henri, *L'Illusion réaliste. De Balzac à Aragon*, Presses Universitaires de France, 1994.

Montfrans, Manet van, 'Rêveries d'un riverain, La topographie parisienne dans l'œuvre de Patrick Modiano', *C.R.I.N.*, n° 26, Jules Bedner éd., Amsterdam, Rodopi, 1993, pp. 85-101.

— 'Eigenlijk liever niet', *De Onrust van Europa*, W.T. Eijsbouts & W. H. Roobol éd., Amsterdam, Amsterdam University Press, 1993, pp. 252-261.

Morrissette, Bruce, *Les Romans d'Alain Robbe-Grillet*, Minuit, «Arguments», 1963.

— *Narrative "You", Novel and Film. Essays on Two Genres*, University of Chicago Press, 1985.

Nadeau, Maurice, *Grâces leur soient rendues, Mémoires littéraires*, Albin Michel, 1990.

Parrau, Alain, *Ecrire les camps*, Belin, 1995.

Pavel, Thomas, *Le Mirage linguistique*, Minuit, 1988.

Paxton, Robert Owen, *La France de Vichy 1940-1944*, Seuil, 1973.

Paxton, Robert Owen & Michaël R. Marrus, *Vichy et les juifs*, Librairie générale française, 1981.

Puppi, Lionello e.a., *Pisanello*, Hazan, 1996.

Ricardou, Jean, *Lire Claude Simon*, Colloque de Cérisy, UGC, 10/18, 1975.

Risset, Jacqueline, *Puissances du sommeil*, Gallimard, 1997.

Robbe-Grillet, Alain, *Pour un nouveau roman*, Gallimard, «Idées», 1963.

Robert, Marthe, *Seul, comme Franz Kafka*, Calmann Levy, «Agora», 1979 [1960].

— *Roman des origines et origines du roman*, Grasset, 1972.

— *La Traversée littéraire*, Grasset, 1994.

Roger, Philippe, *Roland Barthes, roman*, Grasset, 1986.

Rogin, Michael Paul, *Subversive Genealogy. The politics and art of Herman Melville*, Berkeley/Los Angeles/London, University of California Press, 1985.

Roobol, W.H., 'In search of an Atlantic Identity', J. Th. Leerssen, Menno Spiering éd., *Yearbook of European Studies*, n° 4, *National Identity*, Amsterdam/Atlanta, Rodopi, 1991, pp. 1-14.

Rossignol, D., *Histoire de la propagande en France de 1940-1944, L'utopie Pétain*, PUF, 1991.

Rossum-Guyon, Françoise van, *Critique du roman. Essai sur* La Modification *de Michel Butor*, Gallimard «Tel», 1995 [1970].

— 'De Claude Simon à Proust : un exemple d'intertextualité', *Le Cœur critique*, Amsterdam/Atlanta, Rodopi, 1997, pp. 115-136.

Rousso, Henry, *Le Syndrome de Vichy, 1944-198...*, Seuil, «XXᵉ siècle», 1987.

Sarraute, Nathalie, *L'Ere du soupçon*, Gallimard, 1956.

Sartre, Jean-Paul, *Situations II*, Gallimard, 1964 [1948].

Schönau, Walter, 'Der Kaspar Hauser-Stoff und der 'Familienroman', Henk Hillenaar et Walter Schönau éd., *Fathers and Mothers in Literature*, Amsterdam/Atlanta, Rodopi, 1994, pp. 29-42.

Schulte-Nordholt, Annelies, *Maurice Blanchot. L'Ecriture comme expérience des limites*, Corti, 1995.

Schwartz, Gary, 'Love in the Kunstkamer, Additions to the work of Guillam van Haecht (1593-1637)', *Tableau, Fine Arts Magazine*, Volume 18, 1996, pp. 43-52.

Sheringham, Michael, *French Autobiography. Devices and Desires. Rousseau to Perec*, Oxford, Clarendon Press 1993.

Speth-Holterhoff, S., *Les Peintres flamands de cabinets d'amateurs au XVII*^e *siècle*, Bruxelles, Elsevier, 1957.

Starre, Evert van der, 'De Oulipo', *Raster*, n° 54, Amsterdam, De Bezige Bij, 1991, pp. 7-21.

Toonder, Jeanette M.L. den, *"Qui est je ?" Etude sur l'écriture autobiographique des nouveaux romanciers*, Thèse de doctorat, Université de Leiden, 1998.

Verdès-Leroux, Jeannine, *Au service du parti. Le parti communiste, les intellectuels et la culture, 1944-1956*, Fayard, 1983.

Weber, Eugen, *Fin de siècle. La France à la fin du XIX*^e *siècle*, Fayard, 1986.

Wieviorka, Annette, *Déportation et Génocide. Entre la mémoire et l'oubli*, Plon, 1992.

Winock, Michel, *Le Temps de la guerre froide*, Seuil, 1994.

Zima, Pierre, *L'Indifférence romanesque. Sartre, Moravia, Camus*, Sycomore, 1982.

Index